高等学校"十四五"医学规划新形态教材

（供临床·基础·预防·护理·口腔·检验·药学等专业用）

大数据健康科学

Dashuju Jiankang Kexue

主　　审：王建安

主　　编：吴息凤　高　福

副 主 编：胡志斌　舒晓鸥

编　　者：（以姓氏拼音为序）

Christopher CHEN Li Hsian（新加坡国立大学）　卜佳俊（浙江大学）

陈　文（复旦大学）　丛杭青（浙江大学）

高　福（中国疾病预防控制中心）　何　纳（复旦大学）

胡国清（中南大学）　胡志斌（南京医科大学）

李　霓（中国医学科学院肿瘤医院）　李文渊（浙江大学）

李晓明（浙江大学）　潘　安（华中科技大学）

施小明（中国疾病预防控制中心）　舒晓鸥（美国范德堡大学）

孙长颢（哈尔滨医科大学）　涂华康（浙江大学）

王　慧（上海交通大学）　王海帅（浙江大学）

王友发（西安交通大学）　吴息凤（浙江大学）

夏　敏（中山大学）　徐　欣（浙江大学）

徐小林（浙江大学）　杨　芊（浙江大学）

杨仕贵（浙江大学）　詹思延（北京大学）

张　本（海南省人民医院）　钟节鸣（浙江省疾病预防控制中心）

编写秘书：徐小林

中国教育出版传媒集团

高等教育出版社·北京

内容简介

　　大数据健康科学是一门前沿交叉学科,本教材系统阐述了其基本理论、基本知识和基本技能,以及大数据健康科学在公共卫生和医学各主要领域的实际应用。本教材内容主要包括大数据健康科学的导论、研究设计、大数据库的建立、统计分析、挖掘、数据治理和伦理,以及大数据在公共卫生及人群健康各领域的应用,包括人群遗传学、药物流行病学、环境、营养、心理、全球健康、卫生政策与管理、传染病、慢性非传染性疾病及精准健康等。

图书在版编目（CIP）数据

大数据健康科学 / 吴息凤, 高福主编 . -- 北京：高等教育出版社, 2025. 9. -- ISBN 978-7-04-064835-5

Ⅰ. R1

中国国家版本馆 CIP 数据核字第 20252AM089 号

策划编辑　龙　杰　　责任编辑　瞿德竑　　特约编辑　柳鸿鹏　　封面设计　贺雅馨
责任印制　耿　轩

出版发行	高等教育出版社	网　　址	http://www.hep.edu.cn
社　　址	北京市西城区德外大街4号		http://www.hep.com.cn
邮政编码	100120	网上订购	http://www.hepmall.com.cn
印　　刷	山东临沂新华印刷物流集团有限责任公司		http://www.hepmall.com
开　　本	889mm×1194mm　1/16		http://www.hepmall.cn
印　　张	29.25		
字　　数	740 千字	版　　次	2025 年 9 月第 1 版
购书热线	010-58581118	印　　次	2025 年 9 月第 1 次印刷
咨询电话	400-810-0598	定　　价	89.00元

新形态教材网

数字课程（基础版）

大数据健康科学

主编　吴息凤　高福

abooks.hep.com.cn/64835

使用方法：

1. 电脑或移动设备访问课程网站。

2. 注册并登录后，进入"个人中心"。

3. 刮开图书封底防伪码涂层，通过扫描二维码或
   手动输入 20 位密码，完成防伪码绑定。

4. 绑定成功后，即可开始本数字课程的学习。

如有使用问题，请点击页面下方的"疑问"按钮。

序

今天，大数据和人工智能已经成为推动各行各业进步的核心动力。在医疗健康领域，大数据的应用已经开启了前所未有的变革和发展机遇。健康医疗大数据，作为这一变革的重要产物，已经成为全球各国竞相抢占的重要战略资源。近年来，我国政府高度重视大数据在医疗健康领域的应用，将其视为提升国家健康治理水平、推动医疗科技创新、促进全民健康的关键举措。

随着大数据、云计算、人工智能等技术的飞速发展，健康医疗数据的采集、存储、分析及应用能力得到了前所未有的提升，催生了大数据健康科学这一新兴学科。在这一过程中，我们需要思考如何将其更好地融入医药健康事业发展当中，并关注大数据健康科学本身的概念关系、技术方法、应用研究、平台建设相关伦理与法律法规等问题。通过推动互联网、大数据、人工智能和医药健康深度融合，带动多学科交叉，以标准化、系统化为导向，提高我国大数据健康科学的整体水平，助力"健康中国"和"数字中国"的宏伟蓝图。

在这一伟大征程中，培养大数据健康科学的专业人才显得尤为重要。大数据健康科学作为一个交叉学科，需要既懂医学知识又擅长数智技术的复合型人才。因此，必须加强大数据健康科学的教育与培训，构建多层次、宽领域的人才培养体系，包括在高等教育中增设大数据健康科学相关的专业方向，优化课程设置，强化实践教学，培养具备扎实理论基础和实践能力的大数据健康科学专业人才。

在此背景下，编写一本系统阐述大数据健康科学基本理论、方法及其在各领域应用的教材，不仅符合国家战略需求，更是紧跟时代发展潮流的重要举措，具有深远的学术价值和现实意义。

本教材各章节内容翔实且结构清晰。首先在绪论部分，对大数据健康科学的起源、发展、内涵及其研究范畴进行了全面梳理和详尽阐述，概要介绍了大数据技术在健康医疗领域的应用现状和未来趋势，为读者勾勒出一个清晰的大数据健康科学图景。

在基础理论部分，本教材详细介绍了大数据健康科学的核心概念和支撑理论，包括数据类型、数据治理、研究设计、数据挖掘技术、生物信息学和多模态数据融合辨析等。这些理论为大数据健康科学的研究提供了坚实的理论基础和技术支持。通过对这些理论的深入学习和掌握，读者可以更好地理解大数据健康科学的研究方法和思路，为后续的研究和应用奠定坚实的基础。

在应用方法部分，本教材聚焦大数据在人群遗传学、药物流行病学、环境营养、心理、全球健康、卫生政策与管理、传染病、慢性非传染性疾病和数智赋能的精准健康等领域的具体应用场景和案例。通过对这些案例的深入剖析，读者可以直观地感受到大数据健康科学在医疗健康领域中的巨大潜力和应用价值，以及跨学科合作在推动大数据健康科学发展中的重要性。

总的来说，《大数据健康科学》教材的编写，恰逢其时。这是一部集理论性、实践性和前瞻性于一体的著作，不仅符合国家战略的需求和医疗健康事业发展的方向，也将为培养医药智能化领域的专业人才提供有力支持，对于推动大数据在医疗健康领域的应用和发展具有重要意义。

我相信，这本教材能够成为连接理论与实践、教育与应用的桥梁，引领更多学生、从业者和学者深入探索大数据健康科学这一重要领域。同时，我也期待《大数据健康科学》的出版能够激发更广泛的关注与思考，为推动医疗健康事业的数智化转型和高质量发展贡献力量。

最后，我要向本书编者团队致以崇高的敬意！感谢他们勇敢地推进了这一重要的交叉领域，感谢他们的辛勤付出和卓越贡献！

潘云鹤

2025 年 6 月

前言

当今世界，以大数据和人工智能为代表的新一轮科技革命深刻改变了人类认识世界和改造世界的能力，成为培养和发展卫生健康新质生产力的关键引擎和发力点，并正在重塑全球发展格局。在卫生健康领域，加快发展新一代大数据和人工智能技术，既是我国赢得全球科技竞争主动权的战略选择，也是推动生命健康科技实现跨越式发展、促进产业优化升级和生产力整体跃升的重要突破口，对服务健康中国、数字中国建设，乃至构建人类卫生健康共同体均具有重大意义。

《"健康中国2030"规划纲要》将科技创新确立为核心战略方向，明确提出大力推进医学交叉学科体系建设。全民健康领域的全面数字化为大数据技术的应用提供了坚实的基础，而健康医疗大数据的市场潜力和需求则为吸引人工智能等前沿技术的应用提供了动力。在此背景下，"大数据健康科学"作为新时代科技与健康深度融合的产物，迅速发展成为一门新兴学科，展现出强大的生命力，并逐渐受到诸多国际知名高校的重视。浙江大学顺应时代发展趋势，率先于2019年设立"大数据健康科学"这一前沿交叉学科，旨在培养兼备医学与大数据背景的新型复合型人才。这一举措彰显了浙江大学在大数据与公共卫生领域的学科建设远见与创新精神，也为我国健康科学的进步提供了坚实的人才支持和技术保障。

推动大数据健康科学的发展，不仅是科技革命和产业变革的必然要求，更是实现"健康中国"宏伟目标的重要途径。然而，在数字化驱动健康医疗模式变革之际，我们需要深入思考如何挖掘健康医疗大数据的潜力、提升数据向医学证据转化的效率、推动人工智能技术赋能医学等关键问题。通过切实推动互联网、大数据、人工智能和实体经济深度融合，真正实现多学科融合，对标国际标准，提高我国大数据健康科学水平，最终实现"健康中国"的宏伟目标。当前，相较于健康医疗大数据领域的快速发展和实际需求，我们的人才培养体系相对滞后。因此，必须加强大数据健康科学相关课程的设置，尤其是在医学、数据科学与人工智能的交叉领域，需要优化课程结构、注重实践环节，从而培养具备综合素质的复合型人才。

《大数据健康科学》教材的编写与出版正是在这一背景下应运而生，具有重要的学术价值与现实意义。本教材系统介绍和解释了大数据健康科学的基本内涵、理论框架、基础知识和核心技能，以及大数据健康科学在公共卫生和医学各领域的实际应用。教材分成两篇，第一篇以大数据健康科学的导论、研究设计、大数据库的建立、统计分析、挖掘以及数据治理和伦理为主；第二篇侧重大数据在公共卫生及人群健康各领域的应用，包括人群遗传学、药物流行病学、环境、营养、心理、全球健康、卫生政策与管理、传染病、慢性非传染性疾病、精准健康等方面。

本教材的编写过程中，承蒙高等教育出版社、浙江大学及其他高水平公共卫生学院建设单位、中国疾病预防控制中心等单位的大力支持。全体编者和编写人员虽经反复讨论和修改，然限于学识，书中难免存有疏漏与不足之处。恳请广大读者批评指正，以便再版时修订完善。

希望本教材的出版，能够为大数据健康科学应用体系建设和发展注入新的活力，为培养高素质复合型专业人才、推动"健康中国"战略贡献力量。

吴息凤

2025 年 6 月

目录

第一篇　健康医疗大数据基础

V

第二篇　大数据在健康医疗领域的应用

第一章

绪　论

思维导图

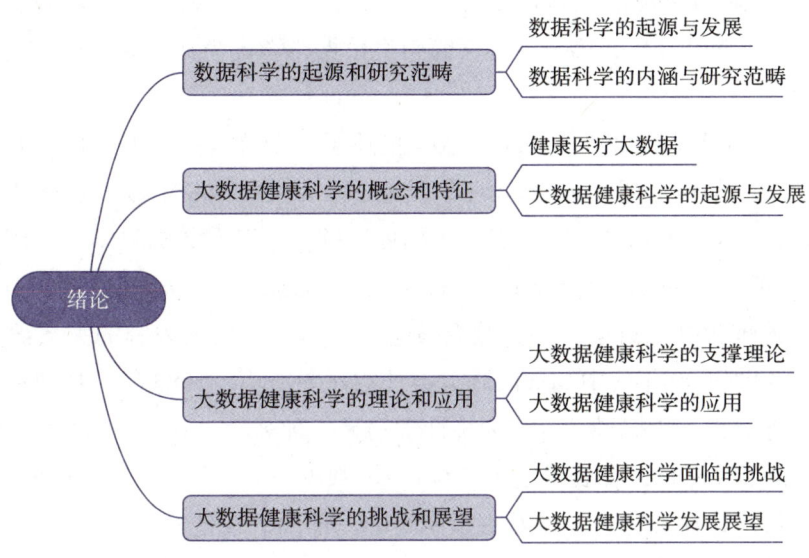

第一节 数据科学的起源和研究范畴

一、数据科学的起源与发展

数据科学（data science）亦称资料科学，是一门利用数据进行知识探索的学科。其核心目标是从数据中提取有价值的部分，以生产数据产品。数据科学涵盖了数据获取、处理、分析等全过程，凡与数据有关的科学活动均属数据科学。作为大数据健康科学学科发展的基石。数据科学结合了诸多领域中的理论和技术，包括应用数学、统计、模式识别、机器学习、数据可视化、数据仓库及高性能计算。这些技术不仅帮助我们有效处理数据，还推动了人类在生物学、社会科学、人类学等领域的研究。美国国家标准技术研究所于2015年发表7卷大数据参考框架（NIST Big Data Reference Architecture，NBDRA），第一卷定义篇中将数据科学定为在理论科学、实验科学和计算科学之后的第四科学。

早在1962年，统计学家与数学家John Tukey描述了一个称为"数据分析"的领域，这与现代数据科学的概念相似。另一个术语，"数据学"（datalogy），在1968年被著名计算机科学家、图灵奖获得者Peter Naur引入，被定义为"数据和数据处理的科学"。"数据科学"一词最早可能出现在文献中，是在1974年Naur在其著作 *Concise Survey of Computer Methods* 的前言中。书中写到，数据科学被定义为"处理数据的科学，一旦数据被建立，其与所代表内容的关系被委托给其他领域和科学"，后来在20世纪90年代中期被国际分类社团联盟所用。1985年，吴建福在北京中国科学院的一次讲座中，首次将"数据科学"作为统计学的另一种名称。1997年11月，他在被任命为密歇根大学的H. C. 卡弗教授时，发表了题为"统计 = 数据科学？"的就职演讲，提出将统计工作描述为数据收集、数据建模和分析，以及决策制定的三部曲。在他的结论中，开创了"数据科学"（而非"计算机科学"）这个术语的现代用法，并提倡将统计学重命名为数据科学，而统计学家则应命名为数据科学家。他认为数据科学家就是能够从大型数据集中析取出数据，并进行统计推断的统计学家。

2001年，William S. Cleveland提议将数据科学设立为一个新的学科，与"计算在数据方面获取的进展"融合，作为统计学的延伸。在接下来的几年里，"数据科学"一词逐渐普及：2002年，科学与技术数据委员会推出了 *Data Science Journal*。2003年，哥伦比亚大学创办了 *The Journal of Data Science*。2005年9月，美国国家科学基金会发表了《长存的数码数据收集：使21世纪的研究与教育成为可能》，文中将数据科学家定义为"信息与计算机科学家、数据库与软件工程师与程序员、跨学科专家、保管员及专业注释者、图书馆员、档案馆员和对数字化数据收集成功管理至关重要的人员。"2008年，Jeff Hammerbacher与DJ Patil分别在Facebook、LinkedIn领导全球第一支数据科学团队，至此数据科学越来越被广泛流行，并应用到公共卫生、市场、金融、社会等各个领域。2012年，数据科学家被《哈佛商业评论》称为"21世纪最性感的职业"，从而进一步提升了数据科学的社会影响力，并被《纽约时报》等主要媒体引用。根据谷歌搜索趋势报告，对"数据科学"一词的搜索兴趣在2016年后有显著上升。此外，全球数据科学平台市场研究（Global Data

Science Platform Market Research）报告称，截至 2021 年，全球数据科学平台市场规模为 45 941.83 亿美元，预计在预测期间以 16.29% 的复合年增长率扩大，到 2027 年将达到 113 603.92 亿美元。全球数据科学市场以稳健态势持续增长，蓬勃发展进一步巩固了其在全球的重要地位。数据科学作为关键驱动力，不断推动着创新与发展，为各行业带来了广泛的成果与机遇。

二、数据科学的内涵与研究范畴

（一）数据科学的学科定义

尽管数据科学这一概念的提出已有近 70 年的历史，但它仍然是一门新兴的综合性学科。涉及从数据中提取知识和信息的各种方法、工具和技术。它结合了统计学、计算机科学、数学等领域的专业知识，旨在理解和分析各种类型的数据，以从中获取洞察力、模式和趋势，并进一步获得信息和知识，但由于其学科边界仍然在不断变化，不同背景的研究者对其定义存在多样性。

数据科学涉及从多种渠道收集数据，包括但不限于传感器、社交媒体、互联网和实验室实验。数据科学家在进行研究时，首先需要处理原始数据，对原始数据进行清洗和整理，以确保数据的质量和可用性。随后，利用统计学和机器学习等技术开展深入的数据分析，揭示其中的模式、关系和趋势，并从中提取有价值的信息。这些分析结果通过可视化手段，如图表、图形和仪表板，以直观的方式呈现，有助于更好地理解数据模式，同时也使得复杂的信息更易于向非专业人员传达。

数据科学还包括模型的建立与预测，通过构建基于数据分析的模型，实现对未来趋势的预测或对新数据的分类。这些模型不仅在科学研究中有广泛应用，同时在决策支持方面发挥了关键作用，可以帮助组织优化流程和资源分配，做出更明智的决策。

随着技术的不断发展，数据科学逐渐涉及实时数据处理，能够高效处理大规模的数据，推动了科技创新和社会进步。综合而言，数据科学在整个数据生命周期中扮演着关键的角色，通过提供丰富的方法和工具，深入分析和理解数据，提供有针对性的见解，推动创新、提高效率和解决复杂问题。

（二）数据科学的研究范畴

数据科学是一门涵盖面广、不断演进的综合性学科。随着技术进步、数据规模和复杂性的不断加大，数据科学的研究领域也在持续扩展，其研究核心聚焦于数据本身，通过深入分析，获取对自然、生命和行为的深刻理解，从而提取有价值的信息和知识。相较于传统的计算机科学、信息科学和知识科学，数据科学在研究对象、研究目的和研究方法等方面有本质区别。它不仅支持自然科学和行为科学的研究，而且通过直接面向数据进行研究，带来了革命性的变化，使得数据科学愈加数据驱动，进而深化了对自然和社会的理解。数据科学为科学研究提供了全新的视角，通过对大规模、多源、高维度数据的分析，揭示了隐藏在数据背后的模式和关联，推动了跨学科研究的蓬勃发展。因此，数据科学在推动科学前沿的同时，也为我们带来了更为丰富和综合的视野。

数据科学的研究涉及多个领域，包括但不限于以下几个领域。这些研究领域相互交叉，共同构成了数据科学这一跨学科领域。

1. 数据收集与存储 研究如何有效地收集各种渠道的数据，包括传感器、社交媒体、网络爬虫等，并研究数据的存储、管理和维护。

2. **数据清洗和预处理** 研究如何处理原始数据，包括去除噪声、处理缺失值、标准化数据格式等，以确保数据的质量和可用性。

3. **统计学和数学基础** 数据科学家需要具备统计学和数学的知识，以开发和理解数据分析的方法，包括假设检验、回归分析、概率论等。

4. **机器学习和模型建立** 研究如何利用机器学习算法，构建能够从数据中学习并做出预测的模型，包括监督学习、无监督学习、深度学习等。

5. **数据挖掘** 研究在大规模数据集中发现隐藏模式、关联和规律的技术和方法，包括聚类、关联规则挖掘、异常检测等。

6. **信息可视化** 研究如何通过图表、图形和其他可视化手段，以直观的方式呈现复杂的数据分析结果，帮助非专业人员理解和利用这些信息。

7. **大数据技术** 研究如何处理和分析大规模、高维度的数据集，包括分布式计算、云计算、流处理等技术。

8. **数据伦理与隐私** 研究在数据收集、分析和共享过程中如何处理伦理和隐私问题，确保数据使用的合法性和公正性。

9. **实时数据处理** 研究如何处理和分析实时数据流，包括流式处理、复杂事件处理等技术。

10. **应用领域** 数据科学在各个领域都有应用，包括医疗、金融、社交网络、物联网、生物信息学等，研究者探索如何应用数据科学方法在这些领域中解决实际问题。

总的来说，数据科学的研究内容可以划分为以下4个方面：① 基础理论研究，专注于数据观察方法和数据推理理论，包括数据的存在性、数据测度、数据代数、数据相似性与簇论、数据分类与数据百科全书等方面；② 实验和逻辑推理方法研究，要求建立数据科学的实验方法，提出多个科学假说和理论体系，并通过这些实验方法和理论体系来深入研究数据，以深刻认识各种数据类型、状态、属性及其变化形式和规律，揭示自然界和人类行为的现象和规律；③ 数据资源开发利用的方法和技术，主要关注数据挖掘、清洗、存储、处理、分析、建模、可视化、展现等一系列过程中所涉及的技术难题和挑战；④ 领域数据科学研究（应用），着眼于将数据科学的理论和方法应用于各种领域，形成专门领域的数据科学。

第二节　大数据健康科学的概念和特征

一、健康医疗大数据

（一）大数据的概念和特征

1854 年，当霍乱席卷伦敦时，现代流行病学之父约翰·斯诺耗尽心力记录了受影响家庭的地理位置。经过漫长而艰苦的工作，他发现布罗德街的水泵是霍乱暴发的源头，当时还不知道霍乱是由弧菌引起。约翰·斯诺从一个合理的假设开始，知道在哪里寻找，即选择什么数据进行研究。他拆掉水泵的把手，减轻了霍乱的传播，这从相关性到因果关系的转变和有效干预展示了"大数据"对公共健康的潜在影响。然而，伴随着大数据的发展，人们也声称"科学方法本身变得过时"，因为下一代计算机，如 IBM 沃森，能够在数字世界中筛选海量信息，提供基于大数据的预测模型。将真正的信号从巨大的噪声中分离出来不容易，但如果要将信息转化为社会福利，更是一个巨大的挑战。

大数据作为一个概念的诞生，通常与 Doug Laney 的 META 集团报告有关，该报告题为"三维数据管理：控制数据量、速度和种类"。进一步发展表明，大数据问题可以通过所谓的"5V"来识别：海量（volume）、高速（velocity）、多样（variety）、真实（veracity）和价值（value）。长期以来，大数据技术的发展与商业智能和大科学（如欧洲核子研究中心的大型强子对撞机）相关。在2009 年流感暴发时，数据学家仅仅通过分析谷歌查询，就能像疾病预防控制中心一样准确地预测流感发病率，而疾病控制中心则依赖极其复杂且昂贵的监测网络。一些数据科学家开始声称，现代医疗的所有问题都可以通过大数据来解决。

大数据包括医疗、环境、金融、地理和社会媒体信息，这些数字信息中的大部分在 10 年前是无法获得的。目前，这种数据正处于爆发式增长阶段。大数据通过提供疾病原因和结果的证据，为精准医疗提供更好的药物目标，以加强对疾病的预测和预防，从而改善健康。此外，科学家将越来越多地使用这些信息来促进健康和保健。大数据可以促进我们对生活方式的理解（吸烟、饮酒等），并加速传播知识。大数据的优势在于发现关联，而不是直接证明这些关联的意义。

不同来源的大数据构成了各自的集合，而各个集合之间既有区别，又有联系。例如，公共卫生大数据一般是指与公共卫生相关的海量数据集合，这些数据来源于多个渠道，包括但不限于疾病监测、人口统计、环境监测、社会经济因素等。大数据涵盖了从个体健康状态到群体健康趋势的广泛信息，用于支持公共卫生决策、疾病防控、健康促进等活动。公共卫生大数据具有体量巨大、种类繁多、价值密度低、处理难度大等特点，需要借助先进的数据处理和分析技术来挖掘其潜在价值，而健康医疗大数据则主要来源于医疗机构的日常运营，如电子病历、医学影像、用药记录、手术记录等，它还包括了医药保险数据、生物传感器数据、社交媒体上的健康相关信息等。健康医疗大数据不仅关注个体的健康状况和诊疗过程，还通过大规模数据的分析来揭示疾病的发病规律、治疗效果评估及医疗资源优化等问题。健康医疗大数据同样具有大数据的普遍特点，如海量性、多样性、快速性等，并且由于医疗行业的特殊性，还具有精确性、安全性等独特要求。两者的区别主要体现在：① 数据来源，公共卫生大数据的数据来源更加广泛，涉及社会、经济、环境等多个方面；健康医疗大数据主要来源于医疗机构和患者的诊疗过程。② 关注焦点，公共卫生大数据更侧重于群体健康和公共卫生事件的监测与应对，而健康医疗大数据则更关注个体健康状况和诊疗效果的提升。③ 应用场景，公共卫生大数据在疾病预防控制、公共卫生政策制定等方面发挥重要作用，而健康医疗大数据则主要应用于临床决策支持、医疗资源优化等方面。尽管公共卫生大数据和健康医疗大数据在定义和应用上存在差异，它们之间也存在着紧密的联系。首先，两者都是大数据在健康医疗领域的重要应用，共同推动了健康医疗行业的数字化转型和智能化升级。其次，在实际应用中，公共卫生大数据和健康医疗大数据需要相互结合、互为补充。此外，随着数据共享和交互操作性的提高，公共卫生大数据和健康医疗大数据之间的界限也将逐渐模糊，共同为提升公众健康水平和医疗服务质量贡献力量。

另一类生物组学大数据是指利用高通量技术产生的大规模生物学数据集，这些数据集覆盖基因组、转录组、蛋白质组和代谢组等多个生物学领域，结合了生物学、计算机科学、统计学和数据科学等多个学科的知识和方法，旨在通过大规模数据的收集、存储、管理、分析和可视化，深入理解生物系统的复杂性，揭示生命的基本规律，为生物学研究和医学应用提供支持。基因组学数据来自全基因组测序、整合基因组测序、外显子测序等，常被用来揭示生物体的遗传信息，包括基因序列、变异等。转录组学数据来自 RNA-Seq、微阵列芯片等，可被用于研究生物体在特定时期内转录的信使 RNA（mRNA）分子的信息，反映基因表达水平。蛋白质组学数据一般来自质谱分析（如 MALDI-TOF、ESI-LC-MS 等）、蛋白质结构数据（核磁共振、X 射线晶体学等），可以被用来研究生物体蛋白质的种类、结构和功能等信息。代谢组学数据来自质谱分析（如 GC-MS、LC-MS 等）、核磁共振等，以研究生物体在特定条件下产生的代谢产物的信息，反映生物体的代谢状态。此外，生物组学大数据还可能来源于表观遗传学、微生物组学等其他生物学领域，这些数据共同构成了生物组学大数据的丰富内容。

（二）健康医疗大数据的概念和特征

1. 健康医疗大数据的分类 健康医疗大数据即健康医疗领域的大数据，属于大数据的一个子集，指为实现健康医疗和公共卫生目标而生成或挖掘的大量数据，包括但不限于在诊疗过程中产生的数据，是大数据健康科学发展的基础。健康医疗大数据有助于健康医疗和公共卫生目标的实现。2022 年印发的《促进大数据发展行动纲要》指出，医疗健康服务大数据工程的实现需要建设覆盖公共卫生、医疗服务、医疗保障等环节的大数据应用体系，可见健康医疗大数据的范畴主要围绕健康管理、医疗医药和公共卫生治理目标的达成。

按照数据产生的来源，健康医疗大数据可以分为临床大数据、健康大数据、生物大数据和经营运营大数据四类。

2. 健康医疗大数据的来源 健康医疗大数据的来源涵盖了多个渠道和数据类型，主要包括公卫大数据、健康医疗大数据、生物组学大数据与经营运营大数据，具体如表 1-1 所示。

表 1-1 健康医疗大数据的分类和来源

类别	描述	数据来源
公卫大数据	监测个人体征数据、个人偏好数据、康复医疗数据、健康知识数据等	基层医疗机构、体检机构
健康医疗大数据	电子病历（EMR）数据、电子健康记录（EHR）医学影像数据，患者终生就医、住院、用药记录，标准化临床路径数据等	医院、基层医疗机构、第三方医学诊断中心、药企、药店
生物组学大数据	不同组学的数据，如基因组学、转录组学、蛋白质组学、代谢组学等	医院、第三方检测机构
经营运营大数据	成本核算数据，医药、耗材、器械采购与管理数据，不同病种治疗成本与报销，药物研发数据，消费者购买行为数据，产品流通数据，第三方支付数据等	医院、基层医疗机构、社保中心、商业保险机构、药企、药店、物流配送公司、第三方支付机构

3. 健康医疗大数据的特征　健康医疗大数据特征的考察必须结合健康医疗和公共卫生领域的特性，即高度专业性与广泛全面性并存、强人格属性与公共治理价值并存、数据形态非结构化与结构化并存。

（1）高度专业性与广泛全面性并存

1）高度专业性：医疗卫生领域具有较高专业门槛，许多高价值医疗卫生数据的采集、分析和使用都以专业医疗操作为前提。例如，高价值的医疗卫生数据，如病理检测结果、基因组测序数据等，通常需要设备进行采集和专业人员解读。此外，数据的精确性和可靠性依赖于严格的医疗操作和标准。

2）广泛全面性：在"健康中国"的视野下，对健康的理解要覆盖全人群和全生命周期。健康医疗大数据的来源不仅可以来自医疗机构和疾病防控机构，也可以来自饮食、运动、睡眠等日常场景。在公共卫生治理中，还常需援用来自交通、农业和工业等领域的大数据。健康医疗大数据的广泛全面性是充分挖掘数据价值的重要条件，这也与健康医疗和公共卫生管理目标的复杂性相关。健康医疗大数据的高度专业性与广泛全面性并存的特点是大数据嫁接至医疗健康和公共卫生领域后呈现的独特状态，既显示了医疗卫生领域的特殊性，也验证了大数据的技术路径。

（2）强人格属性与公共治理价值并存

1）强人格属性：健康医疗大数据涉及大量个人隐私信息，如病历记录、诊断结果、基因数据等。这些信息具有高度的私密性，保护这些数据不被滥用是数据管理的重要原则。隐私保护的方式包括人格权保护和财产权保护，对于高度私密的"敏感信息"，通常采用人格权的方式进行保护，以防止信息公开对信息所有者带来困扰和风险。

2）公共治理价值：在健康医疗大数据中，也包括了一些需要公开或可以共享的医疗、疾控、公共管理数据。这些数据对于公共卫生政策的制定、疾病预防和控制具有重要价值。对于这些数据，在确保合法合理的前提下，应该推进数据共享，以发挥其公共治理价值。健康医疗大数据的强人格属性和公共治理价值并存，要求在保护公民隐私的同时，最大化利用数据的社会效益。

（3）数据形态非结构化与结构化并存

1）结构化数据：医疗行业是具有严格信息记录"传统"的行业。诊疗部门需要按要求记录患者的诊疗信息，检验部门和医药部门也有严格的信息存档要求，疾病控制机构须按法律规定进行信息报送等。大数据概念未提出之前，在健康医疗和公共卫生部门运营的过程中，已经存在以病历、用药医嘱、检验数据、信息报告等为代表的结构化数据，这些结构化数据保障了相关机构的管理和风险控制。

2）非结构化数据：大数据在医疗领域的使用不仅提高了这些结构化数据的电子化水平和管理效率（如医院信息系统的建立），还促进了医疗机构非结构化数据的信息挖掘和利用，如医生的文本记录、医学影像、病理切片、基因组数据等。概括来说，在引入大数据技术之前，医疗领域的数据即呈现出明显的非结构化与结构化并存的特征，在引入大数据技术之后，大数据技术进一步提高了健康医疗领域结构化数据和非结构化数据的价值。在一定程度上，健康医疗领域的数据挖掘和分析是验证大数据技术的重要领域。

（三）健康医疗大数据的治理和伦理问题

在数据时代，健康医疗数据的全生命周期很可能有了更多的收集方法和更多的责任方。健康医疗大数据的数据治理是指对医疗领域内产生的大数据进行全面、系统、有效的管理和利用过程，这一过程涵盖了数据的采集、存储、处理、分析、共享、保护以及价值挖掘等多个环节，旨在提高医疗数据的质量、安全性和利用价值，推动医疗服务、医学研究和健康管理的优化升级。健康医疗数据的重要性不言而喻。这些数据不仅事关个体的生命安全、隐私与个人信息安全，更关乎整个国家的信息安全与医疗系统安全。如何保证大数据时代的健康医疗数据的安全，以及数据的细节增加、使用空间变深，代表健康医疗数据的收集和使用会带来更多的利益；数据收集方法的增加，代表数据攻击的范围变广、难度降低；数据责任方的增加，代表"不负责任的责任方"增多，使数据泄露的渠道扩大。以上因素均给数据安全带来了巨大的挑战。可以从以下 3 个方面来更好地理解数据治理，即法律法规治理、技术治理与伦理治理。法律法规治理主要是指通过法律或政策规范来对数据治理进行整体管控；技术治理则指发展数字安全技术，通过技术来加强数据的安全性；伦理治理就是根据各地的文化体系，通过伦理教育、日常行为规范等方式来进行指导，以教会人们什么是"对"的，什么是"错"的。

通常来说，由于数据的掌握和使用主要可能影响到人的隐私权和知情同意权，关于健康医疗数据的伦理审查规范主要是针对人类受试者。而隐私保护和知情同意也是健康医疗数据伦理审查的重点内容。伦理审查规范不仅要保障数据的采集和共享机制，对数据的使用、修改、删除等操作，均应当进行定期审查，以保证健康医疗数据的使用合理规范。例如，数据的控制方要对数据的访问记录和利用方式进行有效地记录和整理，以确保审查能追溯到每一个数据的使用行为。

二、大数据健康科学的起源与发展

（一）大数据健康科学的起源

1. 大数据与第四研究范式 互联网的发展和大数据与人工智能等技术的兴起，使以数据为基础的"第四研究范式"受到广泛关注，越来越多的学科积极探索其与数据科学的交叉和融合。大数据健康科学是大数据技术和健康领域的交叉融合，起源于医学和生物信息学领域。随着科技的不断进步，医学研究越来越需要利用更多的数据来支持和指导研究和实践。在过去的几十年里，医疗信息技术得到了飞速发展，这为大数据健康科学的发展提供了坚实的基础。

2. 基因组学的推动作用 1990 年初，美国国立卫生研究院推出了一项名为"基因组计划"的计划，旨在发现所有人类基因，并阐明其在染色体上的位置，从而在整体上破译人类遗传信息，并推进基因组学的发展。该计划的启动标志着大数据健康科学在生物医学领域的开始。

2008 年，美国国立卫生研究院推出了"基因组学数据共享计划"，旨在通过共享和整合基因组学数据来促进疾病的研究和诊断。此后，美国政府陆续推出了一系列大数据计划，例如"癌症基因组图谱计划""精准医疗计划"等，这些计划为大数据健康科学的发展奠定了基础。

3. 电子医疗记录与数据积累 计算机技术的不断发展和普及也为大数据的处理和存储提供了支持。电子医疗记录开始被广泛使用，并产生了大量的健康数据。这些数据包括患者的病历、医学影像、生命体征、药品处方等，但是由于数据量太大、种类繁多、质量难以保证，很难有效地挖掘其中的信息。随着互联网技术的发展，人们开始依赖互联网来获取健康信息，并分享个人健康数据，从而产生了大量的健康数据。

4. 生物技术的创新 生物技术的进步，如高通量基因测序和蛋白质组学技术，也产生了大量的生物信息数据，这些数据需要通过大数据技术进行挖掘和分析，以揭示人类健康和疾病的本质。例如，高通量基因测序能够生成海量的基因组数据，为疾病的诊断和治疗提供重要参考。

因此，大数据健康科学的起源可以归结为 3 个方面：计算机和网络技术的发展、医疗信息化的进步，以及生物技术的创新。这些因素的交互作用促进了大数据健康科学的发展，也为医学和生物学领域的研究提供了更强大的工具和方法。

（二）大数据健康科学的概念和特征

大数据健康科学是指利用健康医疗大数据，从医疗、健康管理、生物医学研究等方面对数据进行收集、整合、分析和挖掘，以发现规律、提取信息、识别风险和预测趋势，从而为个性化医疗、疾病预防和控制、药物研发、医疗质量和效率提升、个人健康管理等方面提供科学依据和决策支持。大数据健康科学集成了医学、统计学、计算机科学和生物信息学等多个领域的知识和技术，旨在从大数据中发现、提取和分析有关健康和疾病的信息，为健康决策和健康管理提供科学依据。大数据健康科学的应用范围广泛，包括但不限于基因组学、药物研发、临床实践、流行病学、公共卫生和医疗保健等方面。通过大数据健康科学的研究，人类可以更好地了解健康和疾病的本质，探索新的预防和治疗方法，以促进健康事业的发展。

大数据健康科学的核心在于挖掘和利用健康医疗大数据，包括结构化数据和非结构化数据。结构化数据通常包括电子病历、医学图像、生化数据、基因数据等，而非结构化数据则包括医学文献、社交媒体数据、语音数据、视频数据等。这些数据来源广泛，且种类繁多，因此需要利用先进的技术和算法来对数据进行整合、处理和分析，以发现其中的模式、趋势和规律。大规模人群队列研究在当前被认为是获得高标准、高质量、跨规模、多模态大数据和生物样本的最佳方法，这些研究不仅收集了问卷调查、生物样本、临床和表型数据等基线数据，而且还对这些数据进行了长达数十年的长期随访。

大数据健康科学将大数据技术与健康领域的研究相结合，旨在挖掘海量数据中的规律和模式，为健康研究和医疗决策提供支持和指导，其主要特征具体如表 1-2 所示。

表 1-2 大数据健康科学的特征及说明

特征	说明
数据规模大	大数据健康科学的研究对象是海量的医疗数据，包括临床病例、医疗记录、生物信息等，数据规模通常是传统研究的数十倍甚至数百倍
数据类型多样	大数据健康科学所涉及的数据类型多种多样，包括结构化数据（如电子病历、检查报告等）和非结构化数据（如影像数据、语音数据、文本数据等）
数据来源广泛	大数据健康科学的数据来源广泛，包括医院、社区卫生机构、公共卫生部门等，也包括生命科学研究的数据来源
统计分析方法多样	大数据健康科学采用的统计分析方法和模型多样，包括机器学习、深度学习、人工智能等，能够挖掘出数据中的关联和规律
跨学科交叉	大数据健康科学需要跨越医学、生命科学、计算机科学等多个领域，需要多学科的交叉融合，从而实现对健康科学的深入研究
实时性高	大数据健康科学所涉及的数据通常具有实时性，能够及时反映疾病的发展和变化，为医疗决策提供重要支持

续表

特征	说明
个性化定制	大数据健康科学所能提供的信息和指导具有个性化和定制化的特点，能够为医疗人员和患者提供更加精准的医疗服务和个性化的治疗方案
风险评估能力强	大数据健康科学能够对患者的风险进行评估和预测，帮助医疗人员制订更加有效的治疗计划，降低治疗风险和提高治疗效果
隐私保护	大数据健康科学所涉及的数据涉及患者的隐私信息，因此隐私保护是一个重要的问题，需要采用安全可靠的数据存储和处理方法，确保数据的安全性和保密性

这些特征为健康科学的研究和医疗决策提供了新的视角和方法，为健康事业的发展和进步带来了巨大的推动力。

（三）大数据健康科学的学科发展

大数据健康科学的发展是一个不断演进的过程，其进步离不开医学科学、计算机科学、统计学等多个学科的紧密合作，其发展历程大致可以分为以下几个阶段。

1. **数据积累阶段** 20世纪90年代至21世纪初，医院、保险公司等机构开始建立大量的电子健康记录（electronic health record，EHR）系统，他们将患者的临床数据数字化，使得研究人员可以利用这些数据开展基础医学和流行病学研究，如利用电子病历数据研究疾病的流行趋势、风险因素和治疗效果等。同时，基因组学技术也在逐渐发展，使科学家可以更加深入地了解基因组和疾病之间的关系。计算机技术、互联网技术和数据库技术的不断发展，为大数据健康科学的发展提供了基础支持。

2. **数据整合阶段** 2000—2010年，数据整合成为重要任务。生物信息学、医学信息学等交叉学科的发展，加速了分子生物学、基因组学和蛋白质组学等生命科学研究数据的积累和整合。人们开始意识到共享数据的重要性，一些大型医学数据共享计划开始出现，例如基因组数据共享（Genomic Data Sharing，GDS）计划和临床数据交换标准协会（Clinical Data Interchange Standards Consortium，CDISC）。这些计划的出现加速了大数据健康科学的发展。同时，医疗信息标准化和互操作性等技术也逐渐成熟，实现了多源数据的整合和共享。

3. **数据挖掘阶段** 2010年至今，数据挖掘成为重要任务。研究人员开始尝试利用机器学习、人工智能等技术对大量的医疗和生物信息数据进行深入分析，以期发现更多的健康相关性。同时，大数据技术的应用也为个性化医疗和精准医学的实现提供了技术支持，提高了大数据的处理和分析能力，为研究人员提供了更多的机会和手段，如预测疾病发生风险、提高诊断准确度和治疗效果、优化医疗资源配置等。

4. **个性化医疗阶段** 随着大数据、云计算技术的快速发展及其与医疗行业的融合发展，使得依托于该技术的个性化医疗服务有了实现的可能性；此外，随着我国老龄化群体人口占比越来越高，人们对医疗资源的需求相继增多；同时随着物质生活水平的日益提高，人们关注自身健康状态的个性化医疗需求也逐渐增多；再加上国家政府层面采取的医疗大数据相关的积极政策等，这些现实因素也将极大地促进大数据与医疗行业的融合发展。通过对个体基因组、生理数据和环境数据等进行综合分析，研究人员可以为每个人提供定制化的医疗服务和预防方案，这将成为未来健康医疗的重要趋势。

（四）国外大数据健康科学发展情况

大规模队列研究被认为是获得高标准、高质量、跨规模、多模态大数据和生物样本的最佳方法。部分欧美发达国家很早就开始注重大数据健康科学的发展，及医疗卫生信息化建设和健康医疗大数据的管理、存储、共享及使用，较早将其纳入国家数字战略，同时建设了大型前瞻性人群队列、大型数据库和生物样本库，搭建了较为成熟的健康医疗大数据服务平台，为健康医疗大数据的管理、开发与共享使用奠定了基础。一些大型项目包括：在西欧 10 个国家招募了超过 50 万名参与者的欧洲癌症与营养前瞻性调查（EPIC）项目、全美研究项目（All of Us Research Program）和英国生物银行（UK Biobank）等。

1. **美国** 美国是世界上较早推动医疗信息化和健康医疗大数据应用的国家，作为大数据技术的推动者及大数据应用发展的先行者，其非常重视各行各业数据的开放，尤其是医疗行业大数据的开放共享，其目的在于鼓励社会主体挖掘健康医疗大数据中隐藏的应用价值。弗雷明汉心脏研究（Framingham Heart Study）由美国国立卫生研究院（NIH）于 1948 年启动，招募了超过 15 000 名不同年龄和背景的参与者，该队列取得了许多对临床诊断与治疗实践产生深远影响的重要成果，为心血管疾病的预防、诊断和治疗提供了有力支持。20 世纪 70 年代，美国开始进行医疗卫生信息化工作，在 20 世纪 90 年代推进医疗卫生信息化标准的相关战略研究。2010 年美国政府大力推动健康医疗大数据国家战略，并于 2014 年发布了《美国联邦政府医疗信息化战略规划：2015—2020》。2012 年 3 月，美国政府为促进大数据技术在医学生物领域的应用发展，投资两亿美元实施"大数据研究与开发计划"；而在 2015 年 1 月，奥巴马政府宣布实施精准医疗计划，而在此前已经开展了"人类基因组计划"项目，前者承接后者，力图通过增加医学研究经费，将大数据相关技术更好地应用于精准医疗的发展中，目的在于了解疾病形成机制，实现药物的精准研制开发，基于分析患者的基因组信息来为其制定个性化的精准治疗方案，从以上几个方面来促进精准医学的发展；2016 年 6 月，美国启用首个癌症"登月计划"中名为"基因组数据公用"的开放数据库，目的在于共享癌症基因组学数据，推动精准医学发展，为临床、科研工作者进行癌症相关研究提供公共研究平台；此外，美国还拥有完整的国内健康医疗大数据数据库，已经建成本土全覆盖的 12 个区域电子病历数据中心、9 个医疗知识数据中心及 8 个医学影像与生物信息数据中心。全美研究项目（All of Us Research Program）旨在在美国招募至少 100 万名多样化的个体，以加速生物医学研究并改善研究个体的健康状况。截至 2019 年 7 月，已有超过 175 000 名参与者捐献了生物样本。超过 80% 的参与者来自在生物医学研究历史上代表性不足的群体。该计划已经收集了来自 34 个站点的 112 000 多名参与者的 EHR 数据。目前，美国已经建立了国家级健康医疗大数据开放共享平台，公开数据内容包括医疗卫生服务信息、医疗卫生服务提供者信息、医疗卫生服务知识和科学知识，以逐步实现健康医疗大数据共享，推动健康医疗大数据的创新应用。

2. **英国** 英国早在 1994 年就开始建立覆盖全国医疗卫生机构的卫生信息网络，并于 2002 年将医疗卫生信息化正式纳入国家发展战略。2013 年 5 月，英国政府联合牛津大学共同成立首个应用大数据技术的医药卫生科研中心，旨在帮助学者、科学家更好地探索和研究新药物开发，以及特定疾病的诊疗方案；同年英商务部颁布《英国数据能力发展战略计划》，在提高数据能力的前提下，结合各行业深入挖掘大数据的潜在价值，促进国家社会经济的发展。当前，英国政府投资 55 亿英镑，用来建设全国一体化的医疗护理服务系统，该系统收集和存储了 2.3 万多个医疗卫生数据系统，收录融合了超过 23 000 个医疗信息系统及其数据，覆盖了 5 000 多万居民的健康医疗服务信息，能够为一百三十多万医务人员和所有居民提供数据驱动的健康医疗服务。英国政府还专门建立了包含健康医疗在内的公共数据公开网站，以提高数据的公开度和透明度，促进健康医疗大数据的创新应用。截至 2020 年 12 月，该网站汇集卫生健康领域的公开数据集 2 071 个，包括精神卫生、儿童健康、健康医疗资源与服务等。此外，自 2006 年以来，英国生物银行（UK Biobank）作为大规模的生物医学数据库和研究资源，在英国居住的 40～69 岁的 50 万人身上收集了前所未有的生物和医学数据，并且在全球范围内对经批准的研究人员和从事最常见和危及生命的疾病研究的科学家开放。

3. **日本**　日本一直非常重视医疗卫生信息化产业发展，自 2001 年起，日本在国家层面陆续出台了"电子日本（e-Japan）战略""信息日本 2015（i-Japan 2015）战略"等，这些战略有效推动了医疗卫生信息化的发展，80% 的医院实现了电子病历的应用。近年来，日本基于疾病预防、临床诊疗、健康管理等大数据，不断探索应用云计算、人工智能等技术解决高龄化、医护资源不足及分布不均等问题。例如，日本生物银行（BioBank Japan）项目收集了超过 20 万名参与者的生物样本和临床信息，并致力于根据个体基因信息发展精准医疗。

（五）我国大数据健康科学的发展情况

我国大数据健康科学正处于快速发展阶段，并取得了显著进展，具有广阔的应用前景和巨大的潜力，政府、企业、学术界等也在积极推动该领域的发展。自 2016 年起，我国发布重点研发计划精准医学研究等重点专项，国内队列研究的种类和数量迅速增加，队列人群总体规模超百万，其中较为著名的是中国慢性疾病前瞻性研究（Kadoorie Study of Chronic Disease in China，KSCDC，后更名为 China Kadoorie Biobank，CKB）。该项目于 2004 年 6 月至 2008 年 7 月完成了对 51.2 万余名中国城市和农村人口的身体健康状况基线调查，包括体格检查、生物样本采集和问卷 3 部分内容，并保存了所有调查对象的血液样本，以供长期病因学和相关危险因素的研究。泰州人群健康跟踪调查（Taizhou Longitudinal Study，TZL，简称"泰州队列"）于 2007 年在江苏省泰州市启动，已经采集了 20 万人的表型数据以及 200 余万份、20 余种的生物样本，包括血样及血液制品、尿液、唾液、粪便和 DNA 等，建成了占地近 1 000 m² 的生物样本库，成为我国单一地区最大遗传资源平台之一。

1. **加大政府支持力度**　我国政府将大数据健康科学列为国家战略性新兴产业，且一直高度重视医疗卫生信息化和健康大数据的应用与发展。20 世纪 90 年代以来，我国实施了国家信息化重大应用项目建设，2000 年党的十五届五中全会将信息化纳入国家战略。医疗卫生信息化战略自 2006 年开始，《2006—2020 年国家信息化发展战略》明确提出加强医疗卫生信息化建设、推进医疗服务信息化等战略重点。相继出台了《关于加快推进人口健康信息化建设的指导意见》《关于印发促进大数据发展行动纲要的通知》《关于印发"十三五"全国人口健康信息化发展规划的通知》《关于加强全民健康信息标准化体系建设的意见》等一系列政策文件，从夯实基础平台建设、完善业务应用系统、健全健康医疗大数据标准、强化健康医疗大数据安全防护等方面不断加强医疗卫生信息化建设，为健康医疗大数据应用提供有力支持。2013 年 10 月，国务院发布《国务院关于促进健康服务业发展的若干意见》，这是我国首个健康医疗大数据相关推进政策，奠定了健康医疗大数据的发展基础。2015 年 7 月，国务院发布《国务院关于积极推进"互联网＋"行动的指导意见》，标志着中国第一份明确提出加快大数据发展的权威性文件正式出台；同年 9 月发布的《促进大数据发展行动纲要》阐明了建设健康医疗管理和服务大数据应用体系、开展医疗大数据创新应用研究等发展规划，这是首次提出建设数据强国，全面推广健康医疗等领域的数据应用计划。2016 年 6 月，国务院办公厅《关于促进和规范健康医疗大数据应用发展的指导意见》明确指出将健康医疗大数据的应用发展纳入国家大数据战略布局；同年 10 月中共中央联合国务院印发《"健康中国 2030"规划纲要》，该纲要进一步指出健康医疗数据要在规范的前提下开放共享，鼓励医疗领域相关主体参与到医疗大数据的价值深度挖掘和服务应用中来。2018 年 8 月，国务院印发《深化医药卫生体制改革 2018 年下半年重点工作任务》，通知中明确提出要大力促进"互联网＋医疗健康"的应用发展，做到有序推动各医疗机构等相关医疗主体间的医疗信息共享，加快智慧型医院建设和全民健康信息系统平台建设等。2018 年 9 月，国家卫生健康委员会印发的《国家健康医疗大数据标准、安全和服务管理办法（试行）》首次从国家政策指引层面对相关服务管理进行规范。新型冠状病毒感染流行初期，国家卫生健康委员会《关于加强信息化支撑新型冠状病毒感染的肺炎疫情防控工作的通知》要求强化数据采集分析应用，充分凸显健康医疗大数据在科学防治、精准施策上的关键作用。体系构建方面，发达国家已陆续搭建了较为成熟的健康医疗大数据服务平台。以上颁布的一系列文件政策为大数据相关技术与医疗行业的深度融合发展应用提供了积极有力的政策支持。依托国家战略布局，近年来中国正逐步从战略规划、技术能力及应用管理等层面加速领域发展。目前，中国已基本建成国家全面健康信息平台，并将进一步研究建立全国统一的电子健康记录、电子病历、药品器械、公共卫生、医疗服务、医保等信息标准体系，以逐步实现互联互通、信息共享和业务协同。

2. 加强基础平台建设 我国正在不断加强医疗卫生信息基础设施平台建设。物联网、移动互联网、可穿戴设备及大数据等相关技术的发展已经足够支持现阶段医疗行业大数据发展的业务场景需要。物联网技术可将各种终端设备连接起来，实现医疗等设备的万物互联；移动互联网技术的发展解决了人们随时随地上网的需求，缩小了医疗行业业务发展受时间、空间限制的局限性；可穿戴设备相关技术的发展则实现了人与物的连接；大数据相关技术的发展也解决了海量数据的存储、处理、挖掘分析等技术难点。各地区及有关部门正在协调推进国家卫生信息平台建设，加强全民、基本医疗、公共卫生、医疗保障等方面的数据收集，探索建立区域医疗卫生信息平台。当前，国家健康医疗大数据中心正处于探索建设阶段，省级健康医疗大数据中心和区域卫生信息平台建设初见成效，市、县级区域卫生信息平台建设也正在逐步推进。至 2020 年 12 月，我国 30 个省已经建成了区域卫生信息平台，建设率达到 100%，市、县区域卫生信息平台建设率分别达到 62.8% 和 46.4%。通过区域卫生信息平台，省级平台采集医疗机构数据和基层医疗卫生机构数据的比例为 63.1% 和 59.3%，县级平台采集医疗机构数据和基层医疗卫生机构数据的比例为 42.5% 和 44.7%。平台基本覆盖数据上报、平台主索引、注册服务、数据采集与交换等 12 项基础功能。卫生健康、医疗保障、中医药与教育、科技、工业和信息化等跨部门健康医疗数据共享机制正在逐步探索建立。

3. 完善业务应用系统 我国正在不断强化健康医疗服务相关机构业务应用系统的建设，医疗卫生服务、公共卫生等机构或部门的业务应用系统功能不断完善，覆盖范围不断扩大。"十三五"期间，我国计划生育应用信息系统已覆盖 13.7 亿人，以电子病历为核心的医疗机构和基层医疗卫生机构信息化建设已经基本实现了全覆盖，公共卫生信息体系基本建立。"十三五"期间我国建成病案首页库（5亿条）、全员人口库（14亿条）、死亡信息库（每年600万条）、药品编码库（17万条）、医疗卫生机构库（98万家）等数据资源。仅上海市医联工程建立的健康医疗信息库就汇聚了就诊记录4.2亿份，处方21.09亿条，检验检查报告2.78亿份，影像数据量达到1 210 TB，中国疾病预防控制中心系统已累计储存病历信息1.5亿人次，每年新增病历信息1 000万人次。

4. **制定健全人口健康信息标准**　我国人口健康信息标准体系不断健全，截至2020年12月，我国已制定《卫生信息基本数据集编制规范》《卫生信息共享文档编制规范》《健康档案共享文档规范》《电子病历基本数据集》《信息安全技术　健康医疗数据安全指南》等200多项健康医疗相关标准与规范。我国还制定了国家卫生信息平台、医院信息化和国家公共卫生信息化建设等相关系统或平台标准和规范，制定印发了省统筹区域人口健康信息平台和医院信息平台的应用功能指引，有力地支撑了健康医疗大数据的发展与应用。

5. **重点关注精准医学研发**　精准医学是我国健康医疗大数据发展中的一项重要内容，科技部对"精准医学研究"展开了重点专项立项，2017年获批项目36个，2018年获批项目6个，带动多学科的汇聚融合发展，促进国家及队列建设，搭建标准化、可共享、可持续的精准医学大数据平台，加快精准医学研究成果在全国的应用推广，建立符合中国人群遗传背景与疾病特征的精准预防措施。

6. **强化健康医疗大数据安全防护**　我国不断完善健康医疗大数据安全防护相关制度建设，相继出台了《网络安全法》《网络安全等级保护条例》《国家健康医疗大数据标准、安全和服务管理办法（试行）》《数据安全管理办法（征求意见稿）》《数据安全法》《人类遗传资源管理条例》《个人信息保护法》等相关法律法规，强化信息安全防护体系建设和数据安全保护，对个人信息安全和健康医疗数据安全等做出明确规定，有利于我国建立和完善个人隐私信息保护制度，推动健康医疗大数据的规范应用与发展。

第三节　大数据健康科学的理论和应用

一、大数据健康科学的理论

（一）大数据健康科学的支撑理论

大数据健康科学是一门将大数据技术与健康科学领域相结合的交叉学科，依托于多个理论框架，其中包括但不限于数据挖掘、机器学习、生物信息学、数据可视化等，具体如表1-3所示。这些理论的综合运用构建了一个多层次、多维度的研究体系，能够深化大数据技术在健康科学领域的潜力。通过深度分析庞大的健康数据集，大数据健康科学为精准医疗、健康管理及疾病预防等方面的创新奠定了理论基础。

这些理论方法是大数据健康科学的基石，用这些方法可以处理和分析大规模的健康数据，提取有用的信息和知识，为疾病预测、药物研发和健康管理等方面提供支持。

表1-3 大数据健康科学的相关理论及说明

相关理论	说明
数据挖掘	数据挖掘是从大规模数据中自动发现模式和知识的过程。在大数据健康科学中，数据挖掘技术被广泛应用于疾病预测、药物研发、医疗质量评估、流行病学等方面。数据挖掘技术包括聚类分析、分类器、关联规则挖掘和异常检测等方法，通过这些方法可以发现在数据中隐藏的有用信息
机器学习	机器学习是一种基于数据构建模型，以实现预测或决策的方法。在大数据健康科学中，机器学习技术可用于疾病预测、药物研发、医疗影像分析等方面。近年来，朴素贝叶斯、遗传算法、模糊逻辑、聚类、支持向量机、决策树和随机森林等机器学习算法已广泛应用于疾病的精准检测、诊断、治疗和风险评估。机器学习是一种通用的人工智能方法，可以从数据中学习关系，而无须事先定义。机器学习方法可以大致分为两大类：有监督学习和无监督学习。有监督学习的技术涉及从输入 x 到输出 y 的推断映射函数 $y = f(x)$。有监督学习任务的示例包括回归和分类，算法包括逻辑回归和支持向量机。相反，无监督机器学习技术的目标是学习有关 x 本身分布的属性或特征，无监督学习任务的示例包括聚类和密度估计。机器学习算法主要的优势是能够获得预测模型的能力，无须对潜在机制进行强有力的假设，而这些假设通常是未知或定义不充分的。典型的机器学习工作流程包括 4 个步骤：数据协调、特征学习、模型拟合和评估
深度学习	深度学习是机器学习神经网络领域的一系列新技术。总的来说，深度学习有以下几个方面的优势：① 无须依赖专家定义的特征，这些特征可能代表也可能不代表经过分类信号的信息内容；② 分析程序类似于人类专家，因为整个信号段都具有一个连续的、临床规模的输出；③ 可以使神经网络适应单个患者；④ 随着越来越多可用数据的积累，基于深度学习的框架可产生更好的结果，这对疾病的精准防治至关重要。目前，深度学习的算法模型发展迅速，日新月异，较常见的神经网络多达 20 余种。其中，适合处理多源异构的健康医疗数据，并在疾病精准诊断、风险评估、个体化治疗和用药等精准医疗方面得到较多应用的，主要有卷积神经网络（convolutional neural network，CNN）、递归神经网络（recurrent neural networks，RNN）、受限玻尔兹曼机（restricted Boltzmann machines，RBM）和自动编码器（autoencoder，AE）等。在大数据健康科学中，深度学习技术可用于医疗影像分析、基因组学和转录组学等方面。深度学习技术可以发现数据中的高级特征，对于数据分析和预测有着更好的效果
生物信息学	生物信息学是一种研究生物学数据的学科，其主要通过计算机科学和统计学方法来处理和分析生物学数据。在大数据健康科学中，生物信息学技术可用于基因组学、转录组学、蛋白质组学等方面。生物信息学技术包括序列比对、基因注释、蛋白质结构预测等方法，通过这些方法，人类可以理解基因组学数据的含义
数据可视化	数据可视化是将数据呈现为视觉元素的过程。在大数据健康科学中，数据可视化技术可用于探索和呈现医疗数据的特征和趋势。数据可视化技术包括直方图、散点图、热图等方法，这些方法可以使人类更好地理解和发现数据中的模式
医疗知识图谱	医疗知识图谱是将医学知识以图谱形式进行组织和展示的方法。在大数据健康科学中，医疗知识图谱可用于发现和探索医疗领域的知识和关系。医疗知识图谱技术包括自然语言处理、实体识别、关系抽取等方法，运用这些方法，可以从医学文献中自动地提取出有意义的信息，构建医疗知识图谱
健康管理模型	健康管理模型是一种用于管理和预测健康状况的方法。在大数据健康科学中，健康管理模型可用于预测患病风险、个性化治疗和健康管理等方面。健康管理模型技术包括风险评估、决策树、生存分析等方法，这些方法可以预测和管理健康状况
健康数据安全和隐私保护	健康数据安全和隐私保护是保护个人健康数据安全和隐私的方法。在大数据健康科学中，健康数据安全和隐私保护技术是必不可少的。健康数据安全和隐私保护技术包括数据加密、身份验证、访问控制等方法，这些方法可以确保个人健康数据的安全和隐私
社会网络分析	社会网络分析是一种分析社会关系和结构的方法。在大数据健康科学中，社会网络分析技术可用于探索医疗专业人员、患者和家庭成员之间的关系。社会网络分析技术包括网络图、节点度数、聚类系数等方法，应用这些方法可以发现和理解医疗领域中的社会关系和结构

（二）大数据健康科学的研究方法

大数据健康科学的研究方法可以理解为一种数据密集型科学发现范式，其核心特征是通过大规模的数据收集、存储、分析和可视化来进行科学研究，以揭示新的知识、模式或规律。这一范式的兴起主要受益于先进的计算技术和大数据处理方法。在传统的科学研究中，科学家通过小规模实验、观察或数学模型来进行研究，而数据密集型科学发现范式则突破了这种传统的研究方式，它依赖于大规模数据集，这些数据可能来自问卷调查、电子病历、体检记录、传感器、社交媒体、卫星遥感、生命组学测序等多个来源。通过对这些海量数据的处理和分析，研究者能够更全面、深入地研究健康问题。

数据密集型科学发现范式的关键特点：① 大规模数据集，使用大量、多样化的数据，这些数据通常是由高性能计算设施处理的大型数据集，以涵盖广泛的实验条件或现象；② 高性能计算，利用高性能计算技术，包括分布式计算、并行计算、云计算等，以有效地处理大规模数据和进行复杂的计算任务；③ 复杂分析技术，使用先进的数据分析技术，如机器学习、人工智能、统计分析等，从数据中提取模式、关联和趋势；④ 可视化：将分析结果以可视化的方式呈现，帮助科学家和决策者更好地理解数据模式，并发现新的科学见解。

这体现了从"假设驱动"到"数据驱动"的转变，即在决策制定和运营中，使用数据来指导和支持决策过程。这一概念强调通过收集、分析和解释数据获取洞察力，做出更明智的决策。大数据健康科学与数据驱动的研究方法紧密关联，共同强调通过数据的收集、分析和利用来推动科学研究和决策制定。在数据收集方面，两者都注重从多个来源获取全面、多样化的数据，大数据健康科学聚焦于庞大的健康数据，而数据驱动方法强调收集与决策、业务相关的数据。数据分析是它们的共同重点，涉及先进的统计学、机器学习等技术，以从数据中提取有价值的信息。模型的建立是两者共有的特点，大数据健康科学可能建立预测疾病风险或制订个性化治疗方案的模型，而数据驱动方法同样强调建立模型，以支持决策制定。决策支持是两者的共同目标之一，大数据健康科学的研究结果用于辅助医疗决策、公共卫生政策和个体健康管理，而数据驱动方法旨在为业务决策提供支持。实时数据处理、业务绩效评估和优化等方面也是它们共同的关注点，对数据的不断监测和优化不仅推动了科学研究的深入，也提高了业务决策的效率和效果。综合而言，大数据健康科学和数据驱动方法在方法论和理念上相互补充，共同推动科学和决策的进步。

开展大数据健康研究需要使用合理的研究设计和分析方法。流行病学是研究人群中疾病与健康状况的分布规律，探索病因并制订防控策略和措施，并最终降低疾病负担和促进健康的科学。依据研究目的不同，采用的研究设计方法也不一样。例如，在描绘疾病的流行或分布特征时可通过描述性流行病学方法实现；在从现象入手分析疾病病因时，可使用分析性流行病学方法进行检验；在寻找防控对策时，可采用实验流行病学方法验证。本书后续章节也将对此进行详细阐述。

健康医疗大数据的分析包括传统统计学方法、机器学习方法和生物信息学方法等，而根据不同分析任务，常见的分析方法一般可以归纳为描述性分析、预测性分析和因果推断分析。

1. 描述性分析

（1）描述统计分析：主要用于总结和描述数据的基本特征，包括中心趋势（均值、中位数）、离散程度（标准差、范围）、分布形状（偏度、峰度）等指标。这帮助研究者了解数据的集中趋势和分散程度，评估数据的整体特征。

（2）可视化分析：使用直方图、散点图、箱线图等可视化工具展现数据分布、数据间的关系和异常值。可视化能够使数据更加直观，有助于发现模式和趋势。

2. 预测性分析

（1）回归分析：通过建立数学模型，探究自变量与因变量之间的关系，预测未来数值。线性回归、多元回归等是常见的方法。

（2）时间序列分析：针对时间序列数据，发现趋势、季节性和周期性，以便进行未来值的预测。常用方法包括移动平均、指数平滑、ARIMA 模型等。

（3）机器学习：适用于复杂的非线性关系和大规模数据。包括监督学习（如决策树、支持向量机、神经网络）和无监督学习（如聚类分析、降维方法），用于构建预测模型。

3. 因果推断分析

（1）随机对照试验：是因果推断的"金标准"，通过随机分配实验组和对照组，控制其他变量，以确保对因果关系的准确推断。

（2）倾向评分匹配：在非实验性研究中，采用匹配处理组和对照组观察单元的方法，减小处理组和对照组之间的观测值差异，从而进行因果推断。

（3）差异法：通过对比实验组和对照组的差异来推断因果关系，但该方法在控制其他变量方面可能存在挑战。

4. 分类与聚类分析

（1）分类分析：用于将数据分为不同的类别，常见方法包括决策树、支持向量机、逻辑回归等，该方法广泛应用于图像识别、文本分类等任务。

（2）聚类分析：将数据分组成相似的子集，常用方法有 K 均值聚类、层次聚类等，该方法用于数据探索和模式识别。

需要特别指出的是，真实世界的健康医疗大数据包含多种不同类型数据形式的大数据集。这些数据形式被称为"模态"，每种模态都蕴含着丰富的信息，能够为健康医疗领域提供更为全面和深入的分析视角。多模态健康医疗大数据通常包括调查问卷的结构化数据、文本数据、医学影像数据、声音数据、视频数据、生物信号数据和生物组学数据等。多模态融合是指将来源不同模态的数据进行整合，以创建基于这些来源的、互补的、冗余的或合作的信息状态。多模态融合的期望是将不同来源的数据进行融合，以提供更稳健可靠的结果，因为它依赖于多种信息因素而不是单一类型。传统的统计学分析往往基于单一模态，人工智能技术的发展使多模态融合计算成为可能。多模态融合策略大部分可以根据融合层的输入状态分为 3 种类型：数据级融合（早期）、特征级融合（中期）、决策级融合（后期）。

二、大数据健康科学的应用

（一）大数据健康科学与其他学科的关系

大数据健康科学是一项非常复杂的任务，需要涉及多个学科领域的知识和技术，包括机器学习、人工智能、数据挖掘、生物统计学、数据管理和分析等，具体如表 1-4 所示。因此，需要建立跨学科的合作机制，以便不同领域的专家能够共同协作，解决复杂的健康问题。

表1-4　大数据健康科学所涉及学科及其关系

学科	关系
数据科学	大数据健康科学的核心是数据的收集、处理和分析，因此其与数据科学密切相关。数据科学提供了从大量数据中提取信息、构建模型和预测的技术和工具，为大数据健康科学提供了基础
生物医学	大数据健康科学的目标是提高健康状况和预防疾病，因此其与生物医学领域密切相关。生物医学提供了有关疾病发生机制、治疗方法和预防措施的知识，为大数据健康科学提供了理论支持
信息学	大数据健康科学需要有效地收集、存储和传输健康数据，与信息学密切相关。信息学提供了有关信息管理和通信的技术和工具，为大数据健康科学提供了基础
统计学	大数据健康科学需要处理和分析大量的健康数据，与统计学密切相关。统计学提供了有关数据分析和模型构建的知识和技术，为大数据健康科学提供了理论基础
人工智能	大数据健康科学需要从海量的健康数据中提取有价值的信息，与人工智能密切相关。人工智能提供了有关机器学习、数据挖掘和自然语言处理等方面的技术和工具，为大数据健康科学提供了理论和技术支持
计算机科学和生物工程	大数据健康科学需要处理和分析大量的健康数据，与计算机科学和生物工程密切相关。计算机科学提供了有关软件和硬件的技术和工具，为大数据健康科学提供了技术支持。生物工程提供了有关生物样本采集、处理和分析的技术和工具，为大数据健康科学提供了实验基础

（二）大数据健康科学的应用实例

大数据健康科学的应用涉及医疗、健康管理、药物研发等多个领域，有着广泛的应用前景，具体如表1-5所示。利用大数据技术可以更加深入地了解人类健康的本质，为健康政策的制定和医疗机构的发展提供科学支持。大数据健康科学将在未来的医疗领域发挥越来越重要的作用，为人们的健康提供更加全面和精准的支持。

表1-5　大数据健康科学的应用

应用	说明
疾病预测	基于大数据的技术和方法，疾病预测可以预测个体患病的概率，提前进行干预和治疗。例如，通过分析个体基因、生物标志物、生活方式等因素，预测患病风险，进而帮助研究人员制订相应的预防和治疗策略
个性化医疗	通过大数据技术和方法，医疗机构可以针对个体患者的特点，制订个性化的医疗方案。例如，基于患者的基因、病史、影像等数据，为患者量身定制治疗方案和用药方案
药物研发和精准医学	大数据技术可以支持药物的研发和精准医学的发展。精准医疗作为以卫生健康信息数据为驱动的新型医疗服务模式，在投入临床应用过程中，需要以卫生大数据为分析基础，并将分析结果作为其应用技术的支撑。例如，通过分析大量的生物信息学数据，可以发现新的治疗靶点和候选药物，为药物研发提供新的思路和方向。另外，通过结合个体化的基因信息、临床数据等多方面信息，开发出更加精准的医疗方案，以提高治疗效果
健康管理与预防	大数据技术和方法可以对个体和群体的健康状况进行监测和管理。例如，通过分析大规模的健康数据，发现和预测慢性病的趋势和规律，从而对人群的健康状况、疾病风险等进行分析，为健康政策的制定提供支持，为健康管理和疾病预防提供科学依据。例如，结合医疗数据和生活习惯数据，开发出个性化的健康管理和预防方案，帮助人们更好地保持健康

续表

应用	说明
医疗资源管理	医疗资源管理是大数据健康科学的另一个重要应用。通过分析医疗数据，优化医疗资源的配置，提高医疗效率和质量。例如，通过分析就诊数据，预测就诊患者的数量和种类，为医疗资源的分配提供支持
医学教育和培训	大数据技术和方法可以用于医学教育和培训，例如，通过模拟和虚拟实验，提高医学生的实践能力和技能水平
人工智能在医疗中的应用	人工智能是大数据健康科学的重要组成部分。未来，人工智能可以在医疗领域发挥更加重要的作用，例如，通过自动化分析医学图像和数据，为医生提供更加准确和快速的诊断和治疗方案
基于云计算的医疗服务	云计算技术可以支持医疗机构实现医疗服务的数字化和网络化，将医疗服务推向更广泛的人群。未来，基于云计算的医疗服务将得到更加广泛的应用
医疗数据的安全和隐私保护	医疗数据的安全和隐私保护是大数据健康科学的重要问题。未来，需要更加完善的数据安全和隐私保护机制，确保医疗数据的安全和隐私不被侵犯
社会大数据在健康领域中的应用	社会大数据包含了大量的社交媒体数据、移动设备数据、公共交通数据等，未来可以通过社会大数据来更加深入地了解人们的健康状况和生活方式，为健康政策的制定提供更加全面和准确的支持

吴息凤教授团队在《柳叶刀》上发表题为 "Minimum amount of physical activity for reduced mortality and extended life expectancy: a prospective cohort study" 的研究。该研究基于健康人群筛检队列，报道了运动时间、运动量与死亡、预期寿命的关系，研究纳入了近 42 万名参与者，根据自填问卷中显示的每周运动量，参与者被分为五类运动量中的一类：不活动，或低、中、高，或非常高的活动量。该研究计算了参与运动的各组与非活动组相比的死亡率风险的危险比，并计算了各组的预期寿命。该研究揭示与非活动组相比，每周平均运动 92 min 或每天运动 15 min 的低运动量运动组的全因死亡率降低了 14%，预期寿命延长了 3 年。每天至少运动 15 min 基础上每多运动 15 min，全因死亡率进一步降低 4%，全因癌症死亡率进一步降低 1%。运动的益处适用于所有年龄组和性别，以及有心血管疾病风险的人群。结果显示，每天走路 15 min，即可延长寿命 3 年，降低死亡率 14%。

根据研究结果，在国务院印发的《全民健身计划（2021—2025 年）》中，明确到 2025 年，全民健身公共服务体系更加完善，各运动项目参与人数持续提升，县（市、区）、乡镇（街道）、行政村（社区）三级公共健身设施和社区 15 min 健身圈实现全覆盖。而在具体实施计划中，多地关键指标的要求都超"国标"，浙江省在实施计划中提出了"10 min 健身圈"基本建成，广东省则提出了珠三角地区实现"10 min 健身圈"全覆盖，力求为百姓提供更优质的全民健身服务。

推进全民健身智慧化发展也列入了多省《全民健身实施计划（2021—2025 年）》中。贵州省提出了优化完善"贵州省全民健身公共服务平台"的功能；黑龙江省提出了推进体育数字化发展；作为"十四五"时期体育领域全国唯一的数字化改革国家级试点，浙江省提出了实施数字体育引领工程，包括整合健身场地、赛事活动、健身指导、体质测试等便民事项，打造公共体育一站式服务应用。智慧化发展还包括研发智慧场馆管理系统，推进智慧健身路径、智慧健身步道、智慧体育公园建设。

推进全民健身数字化改革，即聚焦"体有所健"领域，打造全民健身"一站式"服务平台。

全面优化全民健身地图，全面提升公共体育场馆智慧化服务和智能化管理水平，加快实施体育赛事"一件事"集成改革，方便群众在"家门口"参与健身锻炼，形成全民健身整体智治新格局。

推动社会力量参与全民健身改革，完善社会资本进入全民健身领域的政策措施。可以鼓励社会力量参与全民健身设施、体卫融合实体机构建设和体育场馆运营管理。推进全民健身赛事活动管理体制与运行机制改革创新，形成多元化投入、多样化经营、市场化办赛的全民健身赛事活动机制。

体育数字化后将拥有更加广阔的空间和丰富的产业业态、产品形态以及服务类型。数字化让人民群众"体有所健"，像"浙里健身"、嘉兴"运动家"等"体育＋智慧"的数字化平台，让全民健身运动更有活力，不断提升人民群众在城市中的幸福感。

第四节　大数据健康科学的挑战和展望

一、大数据健康科学面临的挑战

（一）数据安全与隐私挑战

随着数据规模的扩大，健康医疗大数据的个人隐私保护面临诸多挑战，包括传统安全策略漏洞、法规不健全等。机构缺乏专业管理和隐私保护能力，导致数据沉积、利用率低。需采取有效的措施确保数据安全和隐私，制定健全法规。健康医疗大数据的安全涉及国家利益，健康医疗大数据的安全涉及国家利益和公民权利，充分实现大数据价值与维护安全隐私之间存在伦理和法律矛盾。在健康医疗领域，数据融合超级关键，但数据所有者的知情同意权在每个技术环节都面临着复杂的法律保护。例如，医疗机构能否在未再次确认患者同意的情况下进行大数据技术处理，以及科技机构在使用穿戴设备数据时是否需要用户同意，这些都是待解决的问题。个人数据泄露可能导致生活困扰和社会污名，机构数据被侵犯则会引发信任危机和影响运营决策，对国家安全也构成负面影响。

（二）数据壁垒与共享困境

大数据健康科学的发展需要大量的数据，但当前数据共享机制并不完善。不同数据源存在格式和接口不一致，导致难以共享。在"健康中国"背景下，健康医疗大数据技术尚未全面推广，如政府部门、医疗机构等因路径依赖、激励不足等原因而拒绝数据分享，这加剧了信息孤岛现象。解决这一问题需要建设统一的数据标准和接口，加强数据的集成和标准化，同时解决法规不完善、数据共享动力和信任的问题，提供安全、可靠的环境。

（三）标准应用不足与数据质量问题

随着健康医疗大数据应用程度的不断深入和开放共享需求的急剧增加，健康医疗数据术语代码类标准不健全、相关标准执行不到位、健康医疗数据内容与格式不统一、数据质量良莠不齐、数据缺失等问题突出，为数据协调带来了一定的困难。同时还存在以下问题：卫生健康与人口数据标准应用管理体制机制不健全，国家对地方及行业的标准应用管理缺乏有效的衔接和管理机制，部分数据标准并未真正得到应用。

（四）共享机制不健全与控制权问题

由于缺乏健康医疗大数据控制权、使用权、应用准入和退出机制，因此数据资源不断被浪费。这就需要解决法律法规和治理机制的缺失，为数据共享提供安全、可靠的环境。

（五）缺乏权威数据管理平台与流程问题

由于数据共享业务流程涉及收集、汇交、管理、存储、共享和利用等多个环节，容易出现数据内容、数据质量、数据格式不统一的现象，因此迫切需要加快建设统一、权威、互联的国家和地方医疗卫生数据管理中心和管理平台，建立和完善数据资源共享的开放系统，通过统一的数据管理平台建立数据资源目录，从而实现跨机构、跨部门、跨地区的数据开放共享和协同应用。

（六）技术和人才短缺问题

大数据技术发展快速，但人才供给不足。需加强相关学科的教育和培训，鼓励跨学科交流，提高人才水平。解决人才短缺的问题，培养健康医疗大数据领域的专业人才。

（七）技术推广障碍与数据应用困境

健康医疗大数据在中西部地区推广受限，医疗机构信息化依赖财政和技术支持。存在数据粒度矛盾和难以使用的数据问题。需解决地区差异，促进技术推广和解决法规矛盾。

未来，我们可以期待看到更多技术创新和应用场景的涌现，为人民群众提供更好的医疗服务和健康管理，为推进全球医疗卫生事业的发展做出更多贡献。

二、大数据健康科学发展展望

（一）全面推动大数据健康科学

1. **强化数据的量与质** 健康医疗大数据的基础在于数据的"量"，而保障在于数据的"质"。我们需要充分发挥健康医疗大数据在真实性、样本量和信息广度方面的优势，同时对研究质量进行严格控制。为此，要不断开发、改进关键技术和方法，克服未知混杂、数据高度异构等客观局限，重视研究设计和因果关系判断的基本要素，以确保研究结论的可靠性。

2. **建立跨学科的人才体系** 推动大数据健康科学的发展，需要广泛吸纳和培养来自流行病学、卫生统计学、临床医学、生物信息学、计算机技术、人工智能等多学科的高水平人才。通过快速填补当前人才空缺，建立"健康医疗大数据 +"的学科交叉人才培养体系，以促进跨学科的合作和创新。

3. **加快关键技术研究** 推动大数据健康科学的全面发展，需要加快关键技术研究，包括多方位监测数据链路打通、个体化医疗信息收集、海量变量精准筛选等。同时，制订数据分级分类、安全隐私保护等标准规范，以提高数据格式的统一性、记录的完整性、数据的真实性与连续性、数据的丰度与安全性，推动健康医疗大数据的互联互通及共享使用。

4. 推动协同创新与资源整合 我们可以依托健康医疗大数据协同创新体系、高质量资源整合与配置，以及多学科交叉专业人才等基础，开展健康医疗大数据驱动下的流行病学研究。这将为建设千万级大规模人群队列、规范化系统管理海量健康医疗大数据提供支持，有助于实现对健康医疗大数据的高效汇集、集成管理和全面共享。

5. 建设国家科学数据中心 我国已经建立了包括健康医疗等相关领域在内的国家科学数据中心，汇聚了健康医疗领域的业务数据、监测数据、研究数据等，覆盖健康管理、公共卫生、生物医学、临床医学、药学等数据类型，为健康医疗科学数据汇交整合与共享应用提供了基础平台和组织保障。但是，由于当前国家科学数据中心的数据资源总量有限，国家科学数据中心对医药卫生科技创新与前沿性研究支撑作用有限，制约了健康中国战略和国家创新驱动发展战略迈向纵深，因此须有高价值的健康医疗大数据进一步转化为健康医疗科学数据，以挖掘数据资源的价值。

6. 推动数据规范管理与共享 国家已发布的《科学数据管理办法》对科学数据生成、安全、汇交、存储及共享等方面做出了明确、具有可操作性的规定。该方法将健康医疗大数据转化为科学数据，通过去隐私化等方式保护隐私安全，利用结构化和标准化等技术打通数据壁垒。从技术、标准、法律等方面对科学数据进行规范管理，推动卫生健康与人口数据的整合汇交和加工整理。在规范化管理的基础上，采用已有的科学数据共享机制来实现健康医疗科学数据的充分、有效共享利用和数据挖掘。

7. 预测与经济价值 根据已有数据预测，我国 3 万家综合性医院每年新增数据量可达 EB 级，2020 年我国健康医疗大数据量估计已达 2.26 ZB，数据呈指数型增长，到 2030 年将达到 10 ZB。按照英国国民健康系统 5 500 万名患者记录数据价值 96 亿英镑显性商业价值推算，我国健康医疗大数据潜在价值超 2 万亿元。由于信息的时效性，大部分健康医疗大数据的价值随着时间的推移而降低，甚至消失，因此及时将健康医疗大数据转化为科学数据，可以明确数据使用权，有效解决数据孤岛、数据流失、隐私保护和数据安全等方面的问题，可以在保障国家和数据安全的条件下，最大限度地发挥健康医疗大数据资源价值，更好地支撑国家科技创新、经济社会发展和国家安全。

（二）大数据在健康科学领域的未来展望

1. 个性化医疗 随着越来越多的医疗数据被收集和分析，医生将能够更好地了解每个患者的特殊情况，从而提供更加个性化的治疗方案。例如，一种基于可穿戴式设备的健康信息感知系统，依托传感器和无线通信技术，基于穿戴式心率传感器，实现了用户通过移动终端对自身健康数据的实时监测。

通过社交媒体和在线健康社区，收集人们在该平台上讨论的关于某些药物使用后的结果数据，首先是通过关联规则模型来分析数据，识别发现所监测药物存在的不良反应问题，其次是通过时间序列分析模型分析药物早期的安全状况，并验证以上工作的有效性。

利用决策树算法进行乳腺癌的诊断，基于此，构建了一种计算机辅助诊断系统（CADx），该模型从医学超声图像中提取纹理信息并进行分析，以达到对肿瘤良性或恶性的分类，结果表明，该系统的诊断准确率高达 95.50%，可作为辅助医护人员做出高效的临床诊断决策。若患者被诊断出患有乳腺癌，医生可以采集她的基因组数据，分析其中的基因变异情况，并根据这些数据来制定个性化的治疗方案。根据这位患者的基因数据，医生可能会发现她患有一种罕见的基因变异，这种基因变异可以导致她对某些传统的化疗药物产生耐药性。基于这些信息，医生可以选择另一种更加适合这位患者的化疗药物，从而提高治疗效果。此外，医生还可以基于患者的基因数据来确定患者的癌症风险和治疗响应率，并在治疗期间对患者进行跟踪监测和个性化调整。这个例子展示了个性化医疗如何通过收集和分析患者的基因数据，以及根据这些数据来制订更加个性化的治疗方案，从而提高治疗效果和生存率。

2. **预测和预防疾病** 通过对大规模数据进行分析，我们可以发现疾病的早期迹象，从而采取相应的预防措施。假设某个城市的公共卫生部门正在使用大数据来预测一种传染病在未来几个月内的传播趋势。他们使用各种来源的数据，包括社交媒体、天气数据、医院就诊记录、病例报告等。他们发现，最近有大量的人在社交媒体上发布了关于类似流感的症状和疾病的内容，同时在同一地区的几个医院中也有增加的病例报告。此外，天气数据显示，在未来几天中有较低的温度和高湿度，这些因素可能会导致传染病的传播更为严重。基于这些数据，公共卫生部门可以采取相应的措施，例如，在社交媒体上提醒公众采取预防措施，向医院提供额外的资源来处理更多患者，加强对该地区的监测和隔离措施等。这个例子展示了大数据如何通过整合和分析多种来源的数据来预测和预防疾病的传播，并采取相应的措施来保护公众健康。

3. **健康管理** 大数据可以帮助人们更好地管理自己的健康。例如，智能手环和智能手表可以收集人们的健康数据，并提供个性化的健康建议和指导。为了有效整合和利用健康医疗大数据，我们有必要开发面向不同场景和患者需求的智能服务平台，涵盖数据采集、AI健康助手、风险评估、健康画像、筛查方案推荐、物联网设备接入等主要模块，并面向用户和医生提供服务。假设用户需要管理和监控自己的健康状态，该平台可提供一个智能健康应用程序，用户使用该应用程序记录自己的身体指标、日常活动和饮食习惯等数据。这些数据被收集和分析，从而为个人提供有关健康状况的实时反馈和建议。如果血糖水平过高，该应用程序可以向用户发送提示，建议采取一些措施来控制血糖水平，比如增加锻炼量或调整饮食习惯。此外，该平台可以基于用户的健康数据和医疗历史记录，推荐适合自己的保险计划和医疗服务。通过这种方式，用户可以更好地管理和监控自己的健康状况，并获取个性化的建议和服务，从而提高个人的健康水平和生活质量。这个例子展示了大数据如何通过整合和分析多种来源的健康数据，为个人提供个性化的健康管理和监测服务，从而提高健康水平和生活质量。

4. **医学研究** 大数据可以为医学研究提供更广泛的数据来源和更准确的数据。假设研究人员想要探索某种罕见疾病的病因和治疗方法。他们可以收集来自世界各地患者的基因组数据、医疗历史记录和生活方式等信息，并使用大数据技术来分析这些数据。通过对大量患者数据的分析，研究人员可能会发现一些与疾病相关的基因变异、生活习惯和环境因素等风险。例如，他们可能会发现某种基因突变是这种疾病的主要致病因素之一，或者发现患者的特定生活方式和环境因素与疾病发病率密切相关。此外，研究人员还可以使用临床决策支持工具来探索新的诊断方法和治疗方案。临床决策支持工具是指基于人工智能、大数据、云计算等技术，对临床数据进行分析和挖掘，给临床医生和患者提供决策的辅助工具，以提高医疗质量和效率。他们可以使用这些工具来分析大量医学数据，如 MRI、CT 和 PET 等图像数据，可以发现新的疾病标志物和诊断方法，开发新的疾病诊断工具或者确定最有效的治疗方案。

5. **健康数据共享和整合** 大数据技术可以帮助研究人员收集和整合来自不同数据源的健康数据，包括基因组数据、临床数据、生物标志物和生活方式等数据。这些数据可以用于发现新的疾病风险因素和治疗方法。

6. 药物开发和临床试验 大数据技术可以帮助研究人员对大量的临床试验数据进行分析，以确定新的药物疗效和副作用，并开发出更加有效和安全的药物。

7. 在健康政策制定方面 大数据技术可以帮助政府和医疗保健机构制定更加科学和有效的健康政策，例如，基于大数据的疾病预警系统、疫苗接种计划和医疗资源分配等。

（三）"健康中国"背景下大数据健康科学的发展方向

"健康中国"战略提高了我国政策制定的要求，也深化了健康医疗大数据的内涵。"健康中国"背景下的健康医疗大数据突破了以往医疗专业机构诊疗数据的局限，覆盖了健康医疗、公共卫生和其他影响全民健康的领域。在数字经济社会转型的过程中，要充分认识到健康医疗大数据的战略资源定位，更要意识到其在实现"全民健康""数据安全"和"新基建"目标中的重要作用。发展健康医疗大数据必然要面对诸如安全隐私保护的相关问题，但在采取相应防范措施的前提下，健康医疗大数据技术的发展给全民健康带来的"利"要大于"弊"。如何在健康医疗大数据技术的发展过程中应对这些问题和挑战，是数字经济时代给我们提出的新考验，我们无法通过拒绝技术发展去回避这些问题，只能用更多的勇气和谨慎去应对挑战。

（吴息凤）

🔍 思考题 ⋯⋯⋯○

1. 大数据健康科学如何与传统医疗相结合，为医疗行业带来哪些变革？

2. 大数据健康科学在药物研发领域和精准医疗领域当中扮演着什么样的角色？

3. 除了医疗领域，大数据健康科学还有哪些潜在的应用领域？它们将如何影响人类生活？

4. 在大数据健康科学中，如何解决数据质量和数据置信度的问题？

ℯ 数字资源详见 新形态教材网

🏛 学习目标 🖥 内容提要 📄 本章小结 🖨 参考文献

第一篇

健康医疗大数据基础

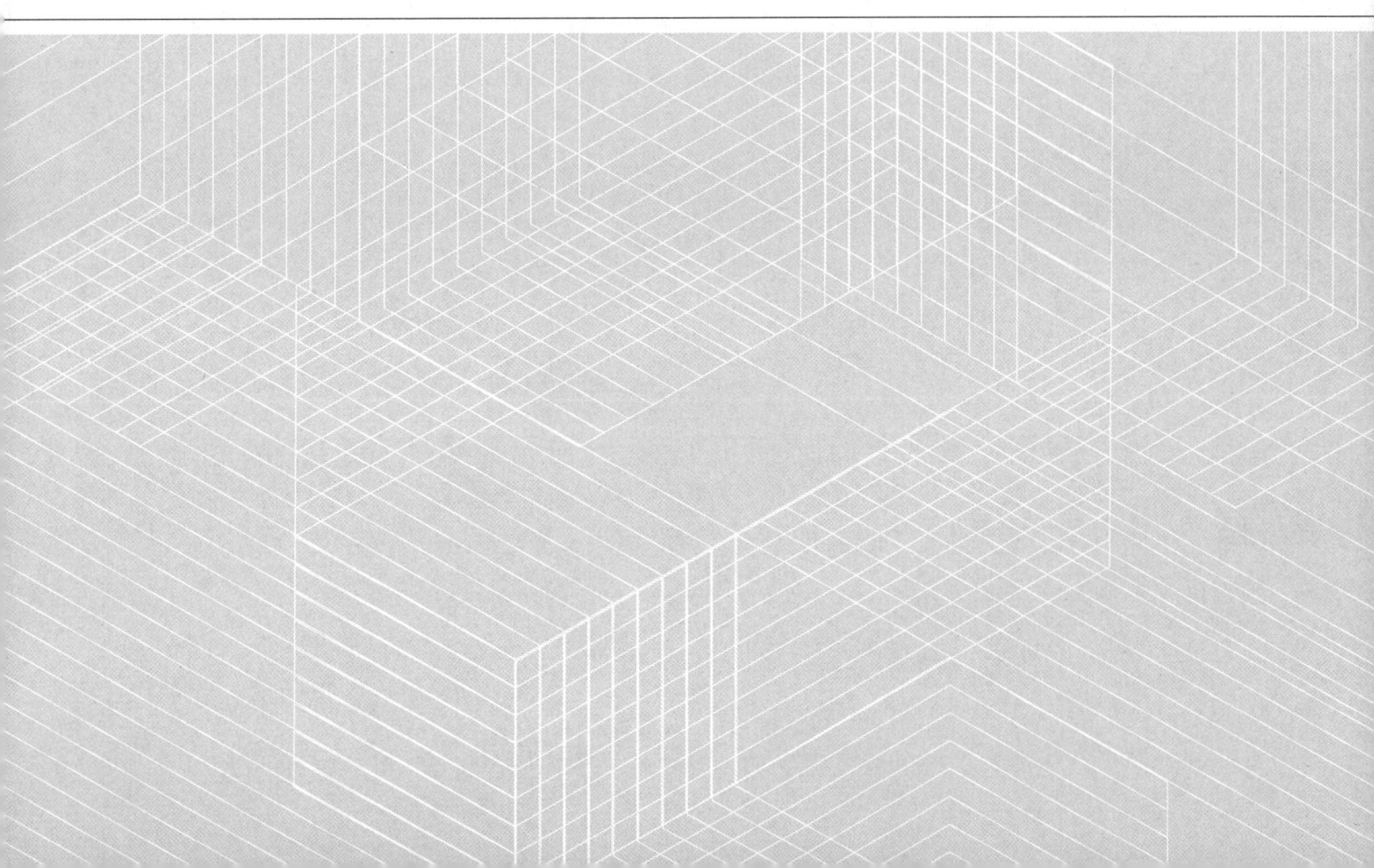

第二章

公共卫生大数据

思维导图

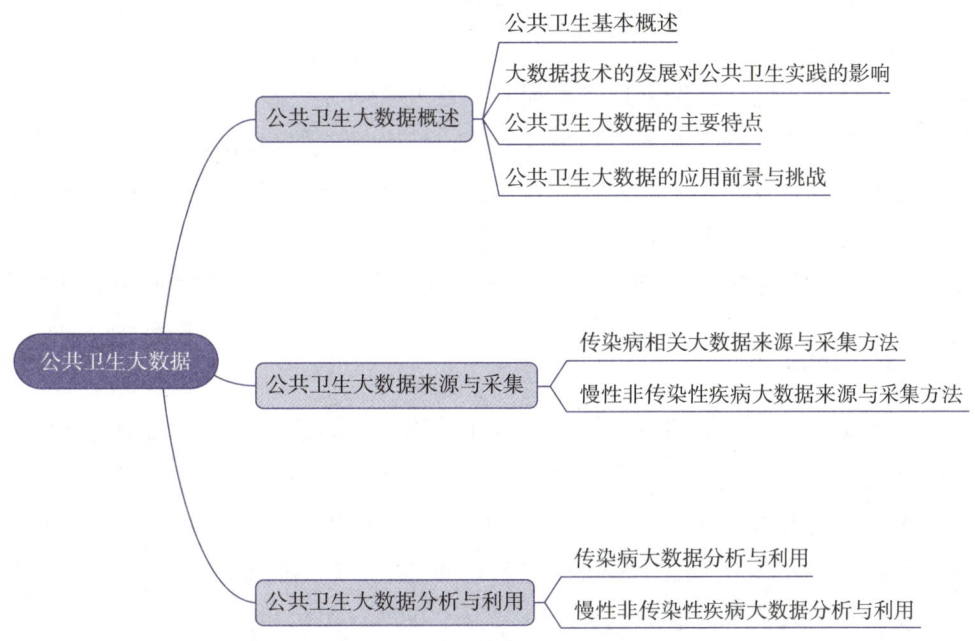

公共卫生大数据概述 —— 公共卫生基本概述

大数据技术的发展对公共卫生实践的影响

公共卫生大数据的主要特点

公共卫生大数据的应用前景与挑战

公共卫生大数据来源与采集 —— 传染病相关大数据来源与采集方法

慢性非传染性疾病大数据来源与采集方法

公共卫生大数据分析与利用 —— 传染病大数据分析与利用

慢性非传染性疾病大数据分析与利用

第一节 公共卫生大数据概述

一、公共卫生基本概述

（一）公共卫生的概念

公共卫生（public health）是指通过采取一系列措施来预防和控制疾病、促进健康、保护公众健康的一门学科和技术，它的目标是减少疾病和促进健康，维护公共卫生安全，保护公众健康和环境。公共卫生是一个跨学科领域，涉及医学、生物学、环境科学、社会学、经济学、政治学等多个领域。其技术手段包括疾病监测、流行病学研究、卫生宣传教育、卫生管理和评估、疫苗接种、卫生防护等。

公共卫生的主要任务包括：疾病预防和控制，通过科学方法和技术手段，预防和控制疾病的发生和传播，如艾滋病、乙肝、流感、肺炎等疾病；健康促进和健康教育，通过宣传和教育，提高公众的健康意识和健康素养，促进公众健康水平和生活质量的提高；卫生管理和评估，通过对卫生资源的管理和评估，保证卫生服务的质量和效率，提高公共卫生整体水平；疾病监测和信息管理，通过疾病监测和信息管理，及时发现和控制疾病的发生和传播，保障公共卫生安全。

（二）公共卫生的意义

公共卫生的重要性越来越受到人们的关注，在保障公众健康、维护社会稳定和经济发展方面发挥着越来越重要的作用。公共卫生通过深入研究疾病和健康的相关问题，推广健康教育、疫苗接种、卫生改善等预防和控制措施，改善公共卫生政策和实践，有助于预防疾病的传播和发生，降低人们患病的风险。公共卫生工作不仅促进个人的健康，还可保护整个社会的健康，提供平等的健康保障，确保每个人获得健康的机会。公共卫生在预防疾病和提高人们生活质量的同时，还可促进社会和谐，减少医疗费用和医疗资源，降低医疗成本，对于个人和整个社会都有益。此外，公共卫生体系也在应对紧急情况和大规模灾害时发挥重要作用，包括自然灾害、传染病暴发、恐怖袭击等，它可以提前准备、协调响应和恢复工作。总之，公共卫生在维护社会健康、预防疾病、降低医疗成本、增强社会稳定等方面具有重要的意义，对于一个社会的整体繁荣和福祉都至关重要。

（三）公共卫生的挑战

随着社会的发展、环境的变迁以及人们生活方式的改变，疾病的相关病因和危险因素也在不断发生变化，特别是一些传染病的再次暴发和新发传染病的不断涌现，不仅威胁到人类的健康，还会对社会和经济的稳定产生深远影响，使得当前公共卫生也面临着诸多挑战。

1. 多种新发传染病频发 新发传染病是指造成地区性或国际性公共卫生问题的、新识别的或以往未知的传染病，常由新种或新型病原微生物引起。近几十年来，受宿主–病原体动态互作以及气候变化和环境破坏等因素的综合影响，病原微生物环境适应性进化加速，致使新发传染病不断涌现和暴发，不仅威胁到人类健康，还对社会和经济稳定产生了深远影响，近年来，全球及我国发生了多起重大新发传染病公共卫生事件，从 2003 年我国广东首次报道严重急性呼吸综合征（SARS）到 2009 年新型甲型 H1N1 流感跨种传播感染人类，再到 2019—2022 年新型冠状病毒感染，新发传染病层出不穷、复杂多变，持续威胁着人们的公共卫生安全。

2. 慢性非传染性疾病日益增加 慢性非传染性疾病已成为全球主要的健康负担，这些疾病包括心血管疾病、癌症、糖尿病和慢性呼吸道疾病。慢性非传染性疾病的治疗需要长期的医疗护理，这需要患者支付高昂的医疗费用，对个体和家庭的经济状况产生巨大负担。慢性非传染性疾病的病因通常较为复杂，包括遗传、生活方式、环境和社会因素的相互作用，这也同时增加了预防和治疗的复杂性。近年来，人口老龄化、不健康的饮食习惯、缺乏体育锻炼、吸烟、酗酒及环境污染等因素综合影响，导致了全球慢性非传染性疾病的发病率不断上升。

3. 环境污染导致的疾病风险增加 环境污染可以导致疾病发病风险显著增加，虽然近年来的环境污染控制效果很好，但环境污染毒性效应造成的急性或慢性病高发风险不容忽视。2019 年《柳叶刀》发表了 2017 年中国疾病负担相关研究，研究表明空气污染为我国排名第四的健康风险因素。不同的污染物质、暴露方式以及个体的敏感性对人类健康产生不同影响。空气中的颗粒物、挥发性有机化合物（VOCs）、一氧化碳、二氧化硫等有害物质如果被吸入到人体的呼吸道中，患者会出现呼吸系统疾病，如哮喘、慢性阻塞性肺疾病（COPD）和肺癌的风险增加。水污染包括河流、湖泊和地下水的污染，主要污染源包括工业废水、城市排水、农业化肥和农药流入水体，以及挥发性有机化合物的泄漏。污染的土壤可以导致食物链中有毒物质的积累，毒物通过食物进入人体，增加了食物污染相关疾病的风险，如重金属中毒等。人类暴露于工作场所或日常生活中的化学物质，如农药、有机溶剂、重金属等，也可能导致中毒和慢性疾病（如白血病、神经系统疾病和癌症）发病增加。同样，噪声污染也对人类健康产生不利影响，长期暴露于高噪声环境可能导致听力损伤、引发心血管疾病和睡眠障碍等健康问题。气候变化引发的极端天气事件和气温上升可以导致疾病传播的加剧。此外，微塑料、有机氯化合物、重金属和其他非生物物质的污染也在全球范围内引起担忧。这些物质可能通过食物链进入人类体内，对健康和生态系统产生不利影响。环境污染对健康的影响是复杂而多样化的，不同类型的污染物质和暴露方式可能导致不同类型的疾病风险增加。

4. 儿童和青少年的健康问题 儿童和青少年的健康问题涵盖了多个领域，包括生理健康、心理健康和社会健康。肥胖在儿童和青少年中逐渐成为全球性问题。不良的饮食习惯、缺乏锻炼和生活方式因素可能导致体重过重，增加了糖尿病、心血管疾病和其他健康问题的风险。儿童和青少年也面临着越来越多的心理健康问题，如焦虑症、抑郁症、自杀和自伤行为。社交压力、学校压力和社交媒体的使用可能对心理健康产生负面影响。儿童和青少年滥用药物、乙醇和其他有害物质对青少年的健康构成威胁，这可能导致成瘾、心理问题和社会问题。早期性行为和不安全的性行为也会给儿童和青少年的健康带来严重问题，这不仅可能导致青少年受孕，青少年妊娠可能伴随着产前健康问题和社会挑战。

5. 食品安全问题依然突出 食品安全问题在全球范围内仍然是一个持续关注的议题。食品中的微生物污染，如细菌、病毒和寄生虫可以在食品中引发食源性疾病，导致食品中微生物污染的问题仍然存在。食品中可能存在农药残留、兽药残留、重金属和其他化学物质残留的问题，这些残留物质可对人体健康产生严重影响。遗传工程食品，特别是与转基因食品相关的争议仍然存在。此外，食品欺诈和食品供应链的复杂性，也将对食品安全构成威胁。

二、大数据技术的发展对公共卫生实践的影响

随着科技的不断进步，数据的产生、存储和处理能力也在不断提高。这种数据的爆炸式增长催生了大数据时代，为各个领域带来了全新的机遇和挑战。其中，公共卫生领域作为关乎整个社会健康的重要领域，人们正在逐步认识到大数据的价值。我国作为世界人口基数大国，具有其他国家难以比拟的基础数据优势，我国有海量公共卫生大数据亟待挖掘、整合、利用。公共卫生相关大数据的积累以及大数据技术的应用对公共卫生学科的发展起到积极的推动作用。

（一）揭示隐藏关联和趋势

大数据的优势在于能够揭示事物之间隐藏的关联和趋势，这在公共卫生领域尤为重要。通过分析来源不同的海量数据，研究人员可以发现一些在传统数据中难以察觉的关联。例如，互联网和社交媒体可以提供大量难以发现的群体活动信息和健康相关风险因素，大数据分析可以揭示环境污染与某种健康问题之间的关联、特定生活模式人群对某种疾病的易感性，追踪某些新发传染病的感染源头。这些发现有助于更精准地定位健康风险，根据不同人群实施更加具有针对性的措施，最终更高效地提升社会整体健康水平。

（二）完善疾病的监测预警和趋势预测

公共卫生监测是长期、连续、系统地收集有关健康事件、卫生问题的资料，经过科学分析和解释后获得重要的公共卫生信息，并及时反馈给需要这些信息的人或机构，用以指导制定、完善和评价公共卫生干预措施与策略的过程。公共卫生监测是公共卫生实践的重要组成部分，监测内容一般包括疾病（传染病、慢性非传染性疾病）、死因、行为危险因素、环境因素、预防接种副作用及药物不良反应等。公共卫生监测数据主要来源于各级疾病预防控制机构、各种医疗机构、实验室和健康保险公司等。大数据技术对疾病监测中数据的采集、收集与整合发挥了重要作用；同时大数据技术也可以整合多模态、多维度的多源异构数据，如社交媒体活动、基因组信息、环境因素等，从而发挥更加系统、更加全面的监测功能。

公共卫生大数据的另一个重要应用是对疾病流行趋势进行预测和早期预警。通过分析全球范围内的公共卫生大数据，可以识别不同地区和人群中疾病的流行趋势，这对于卫生部门和政府决策者来说非常重要，可以帮助他们制定更有效的公共卫生政策和资源分配策略。通过实时监测公共卫生数据和医疗数据流，可以及早发现疾病的暴发迹象。例如，在大规模传染病暴发时，大数据可以跟踪感染病例，识别疫情热点，并预测未来疫情的发展趋势。这有助于卫生部门更快速地采取控制措施，减缓疫情的传播。

（三）驱动公共卫生决策

在公共卫生领域，决策往往需要基于全面、准确的信息，以确保对健康问题做出及时、恰当的响应。公共卫生相关大数据资源及大数据分析技术为公共卫生领域带来了前所未有的进步。传统的公共卫生数据通常来自医疗机构电子或纸质病例的报告或专题流行病学调查，但由于人力等

各方面的限制，这些数据难以覆盖足够的范围和深度。然而，大数据技术可以收集和整合来自多种渠道的数据，包括个人电子健康记录数据、环境监测数据以及社交媒体、移动应用、传感器等数据。通过收集和分析大规模系统的医疗记录、流行病学调查、社交媒体等数据，决策者可以更好地了解疾病流行特征、病因及影响因素、传播模式、患者需求变化、卫生服务利用趋势等，为循证公共卫生决策提供准确、有效的支持，使得决策者能够依据更系统的数据，从更广泛、更深入的角度进行决策。例如，美国华盛顿大学健康测量与评价研究所（IHME）进行的全球疾病负担（GBD）研究项目是利用大数据对世界人群进行全面的健康测量与评价，其数据库来源广泛（包括世界卫生组织、各国的疾病预防控制机构、民政、统计、公安等部门，医疗机构以及专项调查等数据），该项目可为政府合理分配卫生资源、形成正确公共卫生决策提供有价值的信息。这些数据能够为政策制定者提供更具有洞察力的信息，让政策制定者制定更有针对性的卫生政策，从而更好地保障社会健康。

（四）个性化医疗与健康管理

利用大数据技术可以更好地对个体或人群进行健康监测和健康管理，并对不同个体提供差异化的医疗服务。传统的医疗模式由于缺少个人多维度相关数据支持，诊疗过程往往是"一刀切"，这就忽视了个体之间的差异。然而，利用大数据技术就是通过收集人体遗传、生理和行为等监测数据，构建含有健康状况和疾病风险等重要信息的个体健康大数据，通过挖掘分析个人的生活方式、居住环境、医疗历史等数据，可以获得个体较为完整的健康状态及疾病预警信息（尤其是针对个体在某一时期可能发生的重大疾病进行预警），结合个人基因谱和完整病史数据，将健康危险因素进行关联比对分析，跟踪病程进展，判断短期风险和长期风险，从而为医生制定更有效、个性化的临床干预和健康提供指导。这种方法有助于提高治疗效果，避免不必要的药物使用，从而降低医疗费用和个人健康风险。

此外，大数据还可以用于健康管理，为个体提供定制化的健康监控和建议，帮助人们更好地管理自己的健康。例如，微软开发的 HealthVault 网络平台健康云服务、苹果开发的 HealthKit 平台以及内置健康监测功能的 Apple Watch 等。患者可以使用这些智能设备和健康应用程序来跟踪自己的健康数据，如心率、血压、血糖等。将这些数据实时传输给医疗专业人员，使他们能够远程监测患者的健康状况，并及时采取行动，进行早期干预。通过分析患者的健康数据和生活方式信息，这些应用程序可以向患者提供关于如何改善他们健康的建议，包括饮食建议、锻炼计划、药物管理等。这种个体化的健康教育可以帮助患者更好地管理自己的健康，减少疾病的风险。

（五）卫生事件响应与资源优化

突发公共卫生事件多为突然发生，且具有不确定性，其危害性复杂，不仅对人的健康影响很大，而且对环境、经济及政治也有重要影响，因此在突发公共卫生事件发生时，如自然灾害、疫情暴发等，需要多方面的支撑，卫生资源的合理调配和响应至关重要。大数据技术可以帮助各级卫生部门更好地管理资源，通过实时监测医疗卫生设施的使用情况、药品库存及人员分布情况，卫生部门可以迅速做出决策，将资源分配到最需要的地方，从而提高应对突发公共卫生紧急事件的效率，最大限度地减少损失。

（六）跨界合作与知识共享

大数据的应用促进了公共卫生领域与其他领域的跨界合作和知识共享。例如，新型冠状病毒感染防控中，我国及美国、欧盟、新加坡等开发了一系列疫情预测、流调和防控等人工智能技术平台，辅助流调数据的收集并指导防控工作。我国在新型冠状病毒感染流行期间，也通过健康码系统收集相关人员的活动轨迹信息，对不同风险人员的流动进行了分类管理。这些都使得疫情能够得到快速有效控制。此外，大数据还促进了全球范围内的知识共享，不同国家和地区的卫生数据和疾病防控经验可以相互借鉴，从而提高整体的公共卫生水平。

三、公共卫生大数据的主要特点

随着社会和科技的不断发展，以及数字化时代的到来，大数据逐渐成为各个领域的核心资源，尤其是在公共卫生领域，大数据的应用为卫生政策制定、传染病疫情监测和预测、个性化医疗等各个方面提供了新的可能性。公共卫生大数据是指在公共卫生领域内产生的庞大且多样的数据集合，这些数据来源多样，包括医疗机构的电子病历、健康调查数据、社交媒体与健康相关的言论、传感器收集的生物数据、环境卫生数据等。这些繁杂且全面的数据通过大数据技术的采集、存储、分析和应用，为卫生领域带来了全新的视角和机会。因此，与大数据本身的海量（volume）、高速（velocity）、多样（variety）、真实（veracity）和价值（value）五个特征相比，公共卫生大数据更加突显其规模庞大、复杂多样、时效性和共享性等特征。

（一）规模庞大

随着数字化和信息化的普及，医疗行业发展迅速，各个渠道不断产生的公共卫生数据信息日益增多，疾病预防控制机构的疾病和危险因素监测数据、社区卫生服务机构的电子健康档案数据、医疗机构的电子病历数据，以及各类第三方商业机构的健康应用与管理相关的生物传感器数据等，每时每刻都在不断积累。此外，公共卫生实践过程通常涉及多学科、多行业、多部门的联动，只有整合全面系统、大规模的疾病与健康相关数据，公共卫生研究和决策才能更全面、更准确。因此，公共卫生大数据与其他领域大数据相比，其数据规模更加庞大。

（二）复杂多样性

公共卫生数据类型丰富，来源多样，除了传统的疾病预防控制机构和医疗机构大数据、社交媒体数据、移动应用产生的健康数据，各种地理环境数据、温湿度等气象数据，以及人口流动与人口结构等社会数据也成为公共卫生研究的重要组成部分。这些不同类型的数据为公共卫生问题的综合分析提供了更丰富的信息来源，有助于揭示不同维度的特征、趋势和模式。例如，将医疗机构的健康档案和电子病历与居民饮食习惯、睡眠状况、生活方式、生活压力、心理状态、工作强度、体育锻炼、经济收入等数据进行关联分析，可揭示生活习惯与健康问题之间的关联；将疾病相关数据与地理环境、气象数据进行关联分析，可揭示环境变化与疾病发生的关系。这种复杂性的数据关系需要借助大数据分析技术来识别和分析。

（三）时效性

公共卫生大数据可以实时收集、分析和传递关于疫情暴发、传播和趋势的信息，公共卫生大数据的时效性有助于卫生机构及时采取应对措施，迅速控制疫情的蔓延。及时、有效的公共卫生大数据有助于卫生部门迅速分析各地区的医疗资源需求，优化医疗资源的分配，确保患者得到及时的医疗服务；及时、有效的公共卫生大数据可以帮助政府和卫生机构及时向公众传达健康信息和建议，以应对突发的公共卫生事件。例如，在新型冠状病毒感染大流行期间，Tyler 等研究使用人际互动的匿名图进行一种新形式的接触者追踪，研究根据用户过去的互动，评估他们的风险水平，并通过网络匿名向同伴报告健康状态，此种追踪方式不收集位置信息或其他个人数据，可尊重用户隐私。新加坡政府推出了 TraceTogether 系统，该系统可以记录并与附近的 TraceTogether 设备交换匿名接近数据，识别密切接触者。我国在新型冠状病毒感染流行期间研发的健康码系统，通过大数据平台进行数据整合和智能分析，将人群划分为新型冠状病毒感染者、密切接触者、时空伴随者及与新型冠状病毒感染患者无任何接触的人，最后生成红、黄、绿 3 种颜色的二维健康码，这些二维码可方便各级政府、机构和社区采取相应的预防、控制和管理措施。该健康码系统在疫情防控和复工复产中发挥了不可替代的作用。

（四）共享性

公共卫生大数据的共享性是指将卫生领域的大数据资源开放给广泛的研究者、卫生机构、政府部门和公众，以促进信息共享、合作，以及共同应对公共卫生挑战。公共卫生实践过程通常涉及多学科、多行业、多部门的联动，只有整合全面、系统的大规模疾病与健康相关数据，公共卫生研究和决策才能更全面、更准确，因此公共卫生大数据的有效共享是公共卫生实践的前提之一，公共卫生大数据来源广泛、多样的特点，使得其成为跨界合作的桥梁。数据科学家、医疗专家、社会学家等不同领域的专业人士可以共同参与数据的采集和分析，从而为人们提供更全面的视角和解决方案。这种跨界合作有助于从不同维度理解卫生问题，为综合性解决方案的提出提供支持。

公共卫生大数据应该尽可能开放，以便社会各界更广泛地使用和分析这些数据，这有助于发现新的洞察和解决卫生问题。共享的公共卫生大数据应该提供相关信息的透明度，包括数据的来源、处理方法、时间戳等，以确保数据的质量和置信度。公共卫生大数据的共享性还需要公众共同参与卫生数据的收集、分析和解释，以增加公众对健康问题的了解，提高卫生教育水平和卫生意识。公共卫生大数据的共享性是其应用中至关重要的原则，它有助于更好地利用数据资源，提高卫生决策的质量，促进卫生领域的科学研究和创新。

四、公共卫生大数据的应用前景与挑战

随着数据科学的发展和大数据技术的进步，大数据在公共卫生领域的角色将会不断拓展。未来大数据可能会在早期疾病诊断、预防控制、药物和疫苗研发、卫生资源分配等方面发挥更大的作用，为公共健康带来更多的创新解决方案。然而，公共卫生大数据也面临一些挑战，如数据质量的保障、数据隐私和安全问题等。新型冠状病毒感染流行期间就曾发生相关人员个人隐私数据泄露的问题，使当事人的日常生活遭到难以预料的侵扰。保护个人隐私、确保数据的准确性和可靠性将是未来发展的关键议题。此外，健康大数据的收集、存储、维护及使用方面不仅涉及个人

的隐私问题，还牵涉公众利益甚至国家安全。因此，公共卫生大数据的使用过程既要破除壁垒，让信息互联互通，又要充分考虑到隐私保密，以杜绝隐患。

第二节　公共卫生大数据来源与采集

公共卫生大数据的来源多种多样，包括疾病监测数据、流行病学调查、疫情报告数据、医疗机构疾病诊疗数据、自然因素和社会因素数据、社交媒体及传感器等。不同的数据来源有各自的特点和优势，综合利用这些数据可以更全面地了解疾病的流行及其影响因素，更准确地制订公共卫生预防控制措施。但在数据采集过程中，还需要考虑数据质量、隐私保护等因素，同时也要关注技术创新对数据采集方法的影响。

一、传染病相关大数据来源与采集方法

（一）传染病相关大数据来源

传染病相关大数据的来源丰富多样，主要涵盖了传染病病原学数据、疫情报告数据、医疗机构诊疗数据、流行病学调查数据、自然因素和社会因素数据、社交媒体及传感器数据等。

1. **传染病病原学大数据**　传染病病原学的数据主要用于识别和了解导致传染病发病的微生物（如细菌、病毒、真菌和寄生虫）等相关数据。这些数据通常包括病原体的种类、亚种、毒株或变种，通过基因测序、显微镜检查和培养技术来进行识别。其中，病原体的基因组序列对于理解传染病的传播方式特别重要，包括任何已知的突变或基因变异。此外，传染病病原学的数据还包括病原体的抗药性数据，即病原体对各种抗生素和抗病毒药的敏感性或抗药性。

2. **传染病疫情报告数据**　传染病疫情报告数据主要基于传染病防治法，报告对各类法定传染病的个案病例和暴发疫情数据进行呈现，数据包括病例数目，含确诊、疑似及治愈的病例数以及死亡病例数，数据涉及地理分布，如病例在国家、地区、城市等不同地理层面的分布情况，病例发病的时间序列分布，如病例随时间的变化趋势，可用于追踪疫情的发展和波峰。这些数据对于理解疫情的规模、分布和趋势，制定有效的公共卫生应对措施，以及评估防控策略的效果至关重要。通过对这些疫情数据进行分析，卫生行政人员和研究人员可以更好地理解疫情的动态，并制订相应的应对策略。

3. **传染病医疗机构诊疗数据**　医疗机构传染病诊疗数据是传统传染病数据的重要来源之一。医疗机构通过记录传染病患者的就诊信息、诊断、治疗方案等，获得了广泛的医疗数据，并使用电子病历对数据进行记录、存储和分析。传染病诊疗数据包括患者临床基本特征，如年龄、性别、职业、旅行史等基本信息；临床特征数据，如病原体引起的疾病症状、严重程度和疾病进程；实验室检测数据，包括检测病例的数量、使用的检测方法、检测结果等；宿主免疫反应数据，包括人或动物宿主对病原体的免疫反应，抗体产生和细胞的免疫反应。例如，传染病临床诊疗数据中包含的患者年龄、性别、症状等信息，这些信息有助于分析传染病的患者流行病学特征，利用是否发热、咳嗽等症状信息分析传染病的发病特征，利用用药情况分析传染病的有效治疗手段。

4. 传染病流行病学调查数据 传染病流行病学调查数据主要通过问卷调查、面对面访谈等方式，获取传染病疫情的感染来源、传播方式和主要传播途径，如空气传播、飞沫传播、接触传播等；接触追踪信息，如确诊病例的接触者数量和追踪情况；防控措施实施情况，如隔离政策、旅行限制、疫苗接种情况等；医疗资源配置情况，如医院床位数、ICU 床位数、医疗人员数量、呼吸机等重要医疗资源的可用情况。传染病流行病学调查是追溯传染病疫情感染来源、发现传染源、明确传播途径、确定密切接触者、判定风险区的最关键手段。通过有效的流调数据可以在疫情发生时及时控制疫情地进一步蔓延。

5. 环境因素数据 环境因素数据对于理解病原体的生存条件、传播途径和潜在威胁至关重要，有助于专家制订有效的疾病预防和控制策略。自然因素数据是指与传染病传播相关的环境因素，如气温、湿度、降雨量、风速、日照时间、空气中的颗粒物等。自然因素不同程度地影响病原体在环境中的存活和传播，从而影响传染病的流行。气候变化，如温度升高、极端天气事件等，可能影响病原体的地理分布和活动模式。例如：流感在寒冷干燥的环境中传播较快；某些肠道传染病在高温潮湿天气高发等。此外，野生动物和宠物作为病原体的宿主或媒介，其种群数量、迁移路径与疾病传播密切相关。

6. 社会因素数据 社会因素数据涵盖了影响传染病传播的社会因素，如人口密度、人口流动、人际接触、健康行为、城市化水平等。人类活动如农业活动、工业排放、城市化程度、旅行和贸易活动等，可以改变病原体的传播途径和范围。社会因素可以直接或间接影响传染病的传播速度和范围。例如，人群的流动性强会促进传染病跨地区传播；人口密度大地区的传染病传播更快；健康意识低的人群更易感染传染病等。社会因素数据可以通过人口普查、移动手机信号数据、社交媒体等渠道获得。

（二）采集方法

不同的数据采集目的和使用场景需要不同的数据采集方法。例如，疫苗研发需要详细的实验室数据，而公共卫生政策的制定可能更依赖于流行病学和统计数据。传染病数据可以是临床数据、实验室检测结果、流行病学调查数据、环境监测数据等，每种数据类型都有其特定的采集方法。例如，临床数据通常来自医院记录，而环境监测数据可能来自野外调查或远程感应技术。不同的数据来源存在数据采集技术的差异，可能需要不同的技术进行采集。例如，实验室测试可能使用分子生物学技术，如聚合酶链式反应（PCR）检测，而疫情追踪可能依赖于数据挖掘和大数据分析技术。在数据采集过程中，由于数据的可接近性和质量对数据采集产生重要影响，来自公共卫生机构的数据通常是经过验证和标准化的，而来自非正式渠道（如社交媒体或自报问卷调查）的数据可能需要额外的处理和验证，来确保其准确性和可靠性。此外，在数据采集时，需要考虑个人隐私和伦理问题，依据数据来源，数据采集可能需要遵循不同的隐私保护和伦理标准。例如，直接从患者处收集的数据需要严格遵守医疗隐私法规。

在公共卫生实践过程中，传染病相关大数据的采集方式可分为主动数据采集、被动数据采集和实时数据采集等。

1. 主动数据采集 主动数据采集是指个体或组织自愿地、有意识地参与数据收集过程。健康调查机构通过问卷调查收集数据、医疗机构记录患者的就诊信息、个体在社交媒体上分享健康信息、个体线上填写相关意愿调查等都属于主动数据采集。主动数据采集能够获取详细的个体信息，但也可能存在记忆偏差和其他主观因素的影响导致数据质量不够高。

2. 被动数据采集　被动数据采集是指在不干预个体行为的情况下收集现有数据，来获取相关信息。例如，医疗机构的电子病历系统自动记录患者的就诊信息、智能设备实时记录用户的生理参数、搜索引擎记录使用者相关信息（搜索频次和时间）。被动数据采集通常更为客观，但可能受到用户隐私问题的制约，以及存在其他较多无关信息，从而影响数据质量的问题。

3. 实时数据采集　传染病实时数据采集通过信息技术手段实时获取相关数据，有助于更及时地获取传染病相关数据。社交媒体数据、传感器技术数据等都具备实时性，可以用于实时监测传染病流行趋势、个体健康状态等。传染病实时数据采集的目的是尽可能快速准确地收集关于传染病病例、传播、治疗和控制的信息，以便进行实时数据分析，及时进行疫情防控决策和提供传染病防控措施。传染病实时数据采集可快速响应传染病暴发，及时制定和调整公共卫生策略。然而，传染病实时数据采集系统的建立和维护需要充足的资源投入和技术支持。

二、慢性非传染性疾病大数据来源与采集方法

慢性非传染性疾病（简称慢性病）具有起病隐匿、病程长、病因复杂且病情迁延不愈的特点，主要包括心脑血管疾病、恶性肿瘤、慢性呼吸系统疾病、糖尿病等。慢性病是我国居民生命和健康的最大威胁，具有高致残率和致死率，给居民造成了严重的疾病负担。慢性病大数据在慢性病防控方面有着重要作用，它揭示了我国慢性病及相关危险因素的流行现况，寻找慢性病的潜在病因，为制定防控策略和措施提供了科学依据。慢性非传染病大数据来源广泛，主要来自公共卫生慢性病监测、重点慢性病专项调查等。

（一）慢性病监测

随着疾病谱的改变，疾病监测的范围由以传染病为主扩大到包含慢性非传染病等其他疾病。慢性非传染病相关监测包括长期、连续、系统地收集慢性病发病、患病、死亡及其危险因素等信息。通过监测，可以掌握我国居民主要慢性病的发生、发展规律及其危险因素的流行状况和变化趋势，为确定疾病预防控制优先领域、制定慢性病防控策略和措施及评价干预效果提供科学依据。目前，我国已经建立了包括心脑血管疾病、恶性肿瘤、糖尿病和慢性阻塞性肺疾病等慢性非传染病及其危险因素监测、死因监测等多个监测体系，为开展慢性病防控积累了宝贵的数据资源。

1. 患病 / 发病监测　慢性病患病监测，通常在充足的样本量条件下，采用多阶段分层整群抽样方法，使调查结果具有全国或地区代表性。监测病种包括心脑血管病、恶性肿瘤、糖尿病、慢性阻塞性肺疾病等，监测内容主要包括：① 问卷调查：性别、年龄等人口学资料，慢性病史和诊疗史，相关危险因素状况如吸烟、饮酒等，身体活动、膳食等生活方式，地理、社会、经济和环境等信息；② 身体测量：包括身高、体重、腰围、血压等；③ 实验室检测：血常规、尿常规等；④ 辅助检查：包括心电图、B超、肺功能检查等。

在恶性肿瘤方面，国家肿瘤登记报告按一定的组织系统连续地收集、保存、整理、分析和评价恶性肿瘤发病、现患、死亡、诊断方法、肿瘤期别分布、治疗方法和生存资料等信息，包括以人群和医院为基础的肿瘤登记。前者用于评价肿瘤的疾病负担及发展趋势，为肿瘤病因和防治研究提供基础数据，并评价国家肿瘤防控项目的效果。后者主要用来评价诊断和治疗癌症的效果。我国肿瘤登记采用国际公认的肿瘤信息收集方法，收集的信息包括姓名、性别、年龄、出生日期、

居住地址、肿瘤名称、肿瘤具体部位、诊断日期、诊断单位、诊断依据，死亡日期，还要求填报组织学类型、诊断时分期等。肿瘤登记处定期获得在肿瘤登记报告范围内的记录居民最终死亡原因的数据库，与肿瘤发病数据库进行核对，利用死亡数据补充发病数据。在肿瘤防治网络完善的地区，推荐主动随访，了解肿瘤病例的生存情况，通过定期上门访视，可以获取患者的生存状况、居住地址和户口地址变迁状况等信息，还可以收集患者进一步诊断、治疗、转移、复发等信息。

我国已建立中国居民心脑血管事件报告系统，实时收集辖区内所有居民心脑血管疾病相关事件的信息。心脑血管事件报告的登记事件包括：急性心肌梗死、心脏性猝死；致死性和非致死性脑卒中，包括蛛网膜下腔出血、脑出血、脑梗死及未分类脑卒中。以上均为急性发作事件，并以发病 28 天为期，一次事件记录为一个病例。发病 28 天后，若再次急性发作，按又一新病例报告。基于心血管疾病趋势和决定因素监测（multinational monitoring of trends and determinants in cardiovascular disease，MONICA）研究和既有科学证据，制定了统一的《心脑血管事件报告卡》。辖区内的各级各类医疗机构均为报病单位，具体上报内容包括门诊号、住院号、姓名、身份证号、性别、出生日期等基本信息，疾病诊断、诊断依据、确诊时间、是否首次发病、确诊单位等疾病信息。

2. 行为及行为危险因素监测 慢性病的发生、发展与行为因素密切相关，监测居民健康相关行为，可以帮助探寻慢性病病因线索，同时预测人群健康和疾病状况。2004 年，中国疾病预防控制中心慢性非传染性疾病预防控制中心建立了中国慢性病及行为危险因素监测系统，此后每 3 年在全国疾病监测系统开展一次现场调查，收集慢性病患病与控制、行为生活方式等资料，并进行生物样本的检测。监测所收集资料包括吸烟、饮酒、膳食、身体活动、自报健康状况和慢性病患病及其控制情况等问卷调查信息，身高、体重、腰围、臀围和血压等身体测量信息，血糖、血脂、糖化血红蛋白等生化检测指标。2014 年，在原国家卫生计生委领导下，中国疾病预防控制中心对现有慢性病及其危险因素监测和营养与健康状况监测进行了整合及扩展，开展了中国成人慢性病与营养监测。2016 年开展了中国儿童与乳母营养健康监测，此后定期开展现场流行病学调查，建立了覆盖全生命、全周期的营养状况、慢性病及危险因素监测系统，全面掌握我国居民营养状况、主要慢性病患病及相关因素的现况和变化趋势。2014 年，国家将慢性阻塞性肺疾病监测纳入中国居民慢性病与营养监测体系中，在监测点开展问卷调查、身体测量、肺功能检测等，以掌握我国慢性阻塞性肺疾病及相关因素的流行现状及变化趋势。

3. 死因监测 死因监测是通过定期、系统地收集人群死亡资料，并进行统计分析，研究人群死亡水平、死亡原因及变化趋势和规律的一项基础性工作。2004 年，中国疾病预防控制中心在 31 个省（自治区、直辖市）确定了 161 个监测点，开展居民死因监测工作，此后监测点不断扩大，监测范围不仅具有全国、城乡和东、中、西部代表性，还具有省级代表性。

监测内容以原国家卫生计生委规定的《居民死亡医学证明（推断）书》作为统计凭证，进一步规范死因监测，登记个人基本信息、生前主要疾病诊断单位、死亡地点、死亡日期、死亡原因、诊断级别、诊断医院等信息。目前中国疾病预防控制中心慢性非传染性疾病预防控制中心负责全国死因监测工作，并且定期组织死因回顾调查，以补充漏报信息。

（二）重点慢性病专项调查

对于不适合通过疾病监测手段收集的相关慢性病信息，我国每隔一段时期开展重点慢性病的流行病学调查，如全国脑血管病流行病学调查、心血管疾病流行病学调查、精神障碍流行病学调查、口腔流行病学调查等，以补充监测信息的不足。慢性病专项调查在全国抽取具有代表性的样本，通过问卷调查收集对象的基本信息、生活习惯和疾病史，有些还开展了体格检查和实验室检查收集患者身体健康信息，并通过统计分析，产出患病率等核心指标，为疾病防控策略和措施的制定提供了重要依据。

（三）临床诊疗数据

随着医疗机构信息系统的不断发展和完善，各级医疗机构在提供医疗卫生服务的过程中产生并储存了海量的临床诊疗数据，涵盖了服务对象"从生到死"在公共卫生机构和医疗机构接受所有服务的过程中所产生的数据，包括患者诊断、体格检查、实验室检查、影像检查、用药、手术操作、基因测序、诊疗路径记录等，以及其医疗费用支付及医保数据，涵盖了患者支付记录、报销记录、医药流通记录等。这些数据主要来自医院信息系统（HIS），其中包括电子病历系统、实验室信息系统、临床决策系统等。在慢性病领域，社区卫生服务机构还面向高血压、糖尿病患者提供健康体检建档和定期随访服务，动态追踪患者血压、血糖水平，获取患者健康和疾病状况。通过区域信息化平台积累了社区慢性病管理大数据，为慢性病社区管理效果评估、优化慢性病综合防控政策和措施提供了重要依据。

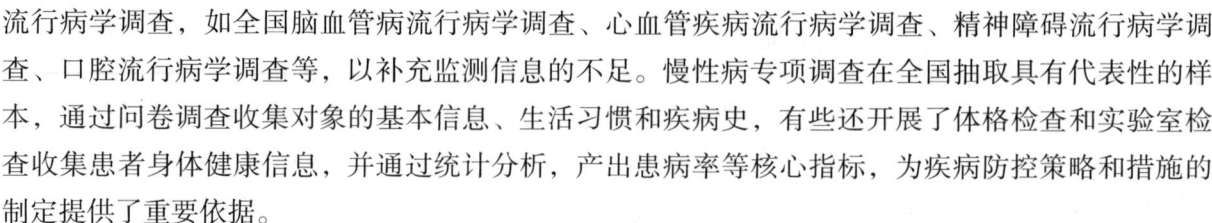

第三节 公共卫生大数据分析与利用

随着数字化时代的到来，传统的分析方法已不足以有效应对规模和复杂性不断增加的公共卫生大数据。然而，人工智能等大数据分析技术是快速处理、分析和解释各种公共卫生大数据并获得有价值信息的方法和工具。数据挖掘、机器学习、人工智能等大数据分析技术的发展为公共卫生大数据的分析和利用提供了更强大的工具，这些技术可以帮助我们从海量且错综复杂的数据中挖掘隐藏的信息、关联模式，为疫情监测、预测和防控提供科学依据，从而支持传染病疫情应对措施和公共卫生决策。

一、传染病大数据分析与利用

（一）传染病预测预警

传染病预测预警是通过及时获取、分析和解释传染病相关数据，帮助公共卫生机构和决策者更好地理解、预测疫情的发展趋势，并及时作出预警，以便采取相应的防控措施。传染病预测预警是公共卫生领域中至关重要的一部分。随着大数据分析技术的不断发展，大数据分析技术已成为传染病预测预警的强大工具，该技术可不断提高传染病预测预警的准确性和效率。大数据分析技术通过挖掘、整合、分析大规模的传染病数据，帮助卫生部门和决策者更好地评估传染病暴发和传播的风险，从而及时制订有效的防控策略。

1. 传染病相关数据整合清洗与分布描述 传染病数据来源多样，包括医疗机构报告、实验室检测数据、流行病学调查等。专家需要整合不同数据源的信息，并对这些信息进行清洗，去除异常值和错误数据，并进行标准化，以确保数据的准确性和一致性。利用时空分析技术，将传染病数据与地理信息系统（GIS）相结合，可以绘制传染病的疫情地图和热图，揭示疫情在时空上的分布模式，帮助发现疫情暴发的热点区域和趋势。通过分析社交媒体数据、移动电话通话记录等，帮助识别可能的疫情传播源和传播路径，构建传染病的传播网络，分析不同人群之间的接触和联系方式，揭示传播途径。

2. 传染病预测 传染病预测旨在根据该传染病的历史数据和现有信息，预测未来的发展趋势和可能的传播情况，相关部门可以提前制订预防控制策略，减轻公共卫生负担。以下是常见的传染病预测方法：

（1）时间序列分析（time-series analysis）：将历史数据分解为四部分（趋势、周期、时期和不稳定因素），综合这些因素，总结时间趋势，进而预测未来的传染病流行趋势。这种方法适用于具有周期性流行趋势的传染病，如流感，有助于预测疫情的高峰期和低谷期，为防控策略的制订提供时间窗口。

（2）传染病传播动力学模型：通过数学模型来描述传染病的传播速度、空间范围、传播途径、动力学机制等问题，帮助预测疫情的传播速度和范围，指导对传染病的有效预防和控制。常见的传染病传播动力学模型按照传染病类型分为 SI（易感者 – 感染者）、SIR（易感者 – 感染者 – 康复者）、SIRS（易感者 – 感染者 – 康复者 – 易感者）、SEIR（易感者 – 暴露者 – 感染者 – 康复者）模型等，按照传播机制又可将其分为基于常微分方程、偏微分方程、网络动力学的不同类型。

（3）数据驱动模型：利用大数据分析技术，通过深度学习等方法挖掘数据中的规律和关联，从而预测传染病流行趋势。与时间序列分析等方法相比，数据驱动模型能更准确地捕捉复杂数据中的潜在关系。

（4）机器学习预测模型：机器学习技术可以利用大量的传染病数据构建预测模型，根据各种影响因素（如人口流动、气候等）帮助预测疫情的传播趋势。例如，支持向量机、随机森林等模型可以根据不同的特征预测传染病的发展情况。这些模型可以根据实时数据对数据进行更新，以提供更准确的预测结果。

综合以上技术，大数据分析可以实现更精准、实时的传染病预测。通过对不同数据源的综合分析，大数据可揭示疫情的传播规律、高风险区域和趋势，并对风险区域进行预警，为公共卫生决策者提供重要的参考依据。例如，当预测模型显示某地区的传染病病例出现上升趋势时，卫生部门可以迅速采取针对性的防控措施，包括加强宣传、提供疫苗、限制人员流动等，以降低疫情的影响。

在实际应用中，传染病监测预警技术已经取得了显著成果。例如，基于机器学习的预测模型可以帮助预测登革热在不同地区的暴发风险，从而引导疫情防控策略的制定；基于 ARIMA 和 LSTM 神经网络的乌鲁木齐市乙型肝炎发病预测研究表明，机器学习的 LSTM 循环神经网络比 ARIMA 模型更准确，适用于乙类传染病的预测。另外，我国在新型冠状病毒感染流行期间广泛应用大数据分析技术，实现了疫情趋势的精准预测和传染源的智能追踪，为疫情防控提供了重要的技术支持。

（二）数据驱动的传染病公共卫生事件应急响应与资源调度

1. 公共卫生资源优化　通过数据驱动的资源需求预测，可对公共卫生资源进行智能分配。利用历史传染病数据，结合机器学习和时间序列分析等技术，可预测未来传染病的暴发规模、时间、地点。基于这些预测，卫生部门可以合理安排医疗资源，如床位、医疗设备和药品，以应对未来的病例激增，并且可以将紧急医疗资源优先分配给最需要的地区。通过分析疫情数据、人口密度、交通情况等信息，实现资源的智能调配，确保疫情高发地区得到充足的医疗资源。此外，大数据分析可以帮助优化传染病患者的临床诊疗路径，确保患者能够及时得到准确的诊断和治疗。通过分析临床数据，可以及时调整治疗方案，提高治疗效果，降低病死率。

2. 应急响应　在传染病突发公共卫生事件中，通过实时监测和分析数据，可迅速捕捉疫情的实时发展趋势。卫生部门可以建立实时数据平台，汇集各类数据源，包括病例报告、实验室检测、移动电话数据等，以及时发现疫情暴发。借助机器学习和传播模型等技术，可以预测疫情的蔓延趋势和高风险区域，从而提前做好资源调配准备，以便在疫情暴发时迅速作出应急响应。与此同时，大数据分析可以促进医疗机构之间对突发公共卫生事件的协同合作。通过共享疫情数据、患者信息等，医疗机构可以更好地协调资源分配和病例转诊，实现更高效的应急响应。此外，大数据分析可以帮助卫生部门制定更精准的信息发布和公众宣传策略。通过分析社交媒体数据、搜索引擎、关键词检索频率等，了解公众关注的焦点和其疑虑，从而更好地传递防疫信息，提高公众意识。

3. 资源调度与救援　在传染病暴发事件中，医疗资源和人员的快速调度是关键。大数据分析可以基于实时数据，实现资源和人员的快速调度，以应对突发情况，如疫情突然升级、患者集中、重症患者增多等。在实际应用中，大数据分析技术在医疗资源优化和应急响应中已经取得了显著成果。例如，中国在新型冠状病毒感染流行期间充分利用大数据分析，实时监测了疫情数据，预测了疫情趋势，优化了医疗资源分配，实现了精准应急响应。在疫情高发地区，医疗队伍、药品和设备得到了及时调配，有力地支持了疫情的防控。

医疗资源优化与应急响应是传染病防控的重要组成部分。通过大数据分析技术，可以更精准地预测疫情趋势，优化医疗资源分配，并实现实时的应急响应。尽管面临数据质量、隐私保护、模型的准确性、不同地区的医疗资源情况和应急响应体系存在差异等挑战，但大数据技术的不断发展将进一步增强卫生部门和决策者在传染病暴发事件中的应对能力，保障公众的健康。

（三）个体健康风险评估与个性化建议

1. 个体感染与传播风险评估　个体健康风险评估不仅需要整合包括医疗记录、实验室检测结果、基因信息等的个体健康数据，还需要考虑包括生活方式（如运动习惯、饮食习惯）、社交媒体（言论、社交圈子）等的多源数据，以获得更全面的个体信息，制定更具有针对性的个体健康风险评估。利用机器学习、数据挖掘等大数据技术，基于个体健康数据和多源数据建立个体健康风险模型，通过分析大量的历史健康数据，识别与传染病感染相关的风险因素。模型还可以考虑如年龄、性别、基因遗传等多种因素，为个体的健康风险进行更精确的量化评估。

2. 个性化的个人防护智能管理　首先，根据个体健康风险评估模型量身定制个体健康建议。针对高风险个体，提供更严格的预防策略，包括避免拥挤场所、加强个人卫生、接种疫苗等；对低风险个体，则可以提供更为灵活的建议。其次，根据个体的生活方式、健康习惯、社交网络、接触情况等提供更具有针对性的建议等。例如，对于体育爱好者，可以推荐在健康的条件下继续锻炼，但要避免拥挤的训练场所。对于密切接触高风险人群的个体，可以为他们提供更为具体的隔离建议。此外，根据个体的特点、健康风险和患病预测，为他们提供相关的健康教育、预防策略和宣传资料，这可以有针对性地提高个体的健康意识，促使他们采取更积极有效的预防措施。另外，个性化健康建议可以根据疫情的变化、个体生活方式的改变而随时更新。此外，还可以通过移动应用等方式与个体进行互动，提供实时的健康监测、优化建议和成果反馈，增强个体的参与感、成就感与合作意愿。

综上所述，大数据分析技术在个体健康风险评估和个性化建议方面发挥了重要作用。通过整合多源数据、建立个性化风险模型及结合传播模型，大数据可以为个体提供量身定制的健康管理建议，帮助他们更好地预防传染病的感染。然而，在实际应用过程中，数据隐私保护和模型可解释性等问题也需要充分考虑。总体而言，大数据分析技术的应用可为个体健康保驾护航，以提供了更科学、精准的传染病防控策略，促进公众健康的提升。

（四）传染病大数据分析的前景与困境

针对新发传染病，实时数据监测与响应将更加重要。大数据技术的发展将支持更实时、精准的传染病监测、分析，促使人员更迅速地应急响应。同时随着数据的积累、技术的进步和科学的发展，预测模型将更加精细化。基于个体健康数据、地理信息、社交网络等多源数据，传染病的预测将更加准确，有助于精细化防控策略，帮助政府实现"零级预防"，并且基于大数据和人工智能，可以将结果转化为实际决策的支持，生成决策建议，协助政策制定者做出准确决策。

在传染病相关的大数据分析中，不可避免地涉及个人健康数据的隐私信息，包括身体现况、健康史、个人信息，甚至基因、蛋白数据等，如若这些信息泄露，极可能会使患者个体的日常生活遭到难以预料的侵扰。随着信息时代的发展，健康大数据更专注于通过信息技术手段获取电子数据，导致面临的伦理学问题挑战更为复杂多样。大数据分析结果的可靠性与数据质量直接相关，然而传染病数据来自不同机构、地区、来源，半结构化和非结构化数据量呈几何级数增长，数据质量差异较大。为了便于进行健康大数据分析，需要解决数据的多源异构性和数据的质量问题。数据清洗、标准化等工作仍然具有挑战性，要认识到大数据中存在垃圾数据，以及有责任维护数据的完整性和准确性。除此之外，还有数据信息孤岛问题普遍存在，标准化难以实施等技术和非技术困难尚未得到有效、彻底解决。此外，传染病传播模型复杂，受多种因素的影响，不同的预测场景、预测目的都需要应用不同的传染病传播模型。选择并建立准确的预测模型需要考虑更多因素，模型的不确定性成为大数据技术高效应用的制约因素之一。

二、慢性非传染性疾病大数据分析与利用

慢性非传染性疾病，如心血管疾病、糖尿病、肥胖和某些癌症等，其发病率和死亡率不断增大，给社会和个人带来了沉重的负担。因此，深入研究慢性非传染性疾病的风险因素，并制订相应的预防策略具有深远意义。大数据时代为其提供了全新的机遇。通过收集和分析庞大的健康数据，可以准确地识别各种慢性病风险因素，为疾病的早期干预和预防控制提供科学依据，为制订个性化的预防策略提供参考。

（一）慢性病风险因素识别

目前慢性非传染性疾病风险因素的识别主要依赖于传统的流行病学方法和医学统计模型。然而，这些方法存在一定的局限性。首先，它们依赖样本的代表性，但在大数据时代，样本量往往更加庞大且多样，能够更好地反映个体的真实情况。其次，传统的流行病学方法往往只能分析已知的风险因素，无法识别更多的潜在影响因素，传统医学统计模型在处理大数据时，可能会遇到数据噪声和异方差等问题，导致结果的准确性和可靠性受到影响。同时，这些模型往往缺乏对个体特征和需求差异的考虑，难以制订个性化的预防策略。因此，大数据分析在慢性非传染性疾病风险因素识别方面具有明显的优势。它可以处理海量的个体数据，发现隐藏在数据背后的潜在影响因素。通过机器学习和人工智能技术，大数据可以自动挖掘出数据中的模式和关联，而无须人工干预。大数据分析方法还可以考虑个体的社会经济背景、教育背景、环境因素等潜在影响因素，从而有助于国家更加全面地了解慢性非传染性疾病的形成机制和传播规律。

（二）慢性病防控策略制定

1. 病例跟踪与监测系统　病例跟踪与监测系统负责收集个案信息，并对其进行整合，该系统能够实时跟踪慢性病患者的疾病状态、治疗效果和生活习惯等信息，为慢性病的防控提供科学依据。在病例信息收集与整合方面，病例跟踪与监测系统利用大数据技术实现对慢性病患者各类信息的收集与整合，包括基本信息（如姓名、性别、年龄）、疾病诊断信息、医学检查结果、治疗过程等。通过与医院信息系统的连接，可以将多来源的信息进行汇总，形成全面的慢性病患者档案。除此以外，病例跟踪与监测系统在大数据技术的支持下，还可以对数据进行病例特征分析与预警。通过大数据分析方法可以识别与慢性病相关的特征变量，并为患者提供风险预警，为慢性病的防控提供及时的指导。在病例特征分析与预警方面，病例跟踪与监测系统可以通过大数据分析的算法（如机器学习和人工智能）对个案数据进行处理和分析，发现与慢性病发生和发展相关的特征变量。例如，通过预测模型的建立和训练数据的学习，找出与慢性病关联度较高的因素。这些因素可能包括生理指标（如血压、血糖），饮食习惯（如高盐、高脂饮食）、生活方式（如缺乏运动）和心理因素（如焦虑、抑郁）等各个方面。

2. 公共卫生监测系统　在公共卫生监测系统中，大数据技术可以应用于区域性疾病趋势分析，通过收集、整合和分析大量的健康数据，系统能够实时掌握区域内慢性病的发病趋势、疾病分布特点和疾病负担等信息，为公共卫生决策提供科学依据。通过大数据分析方法，系统可以对这些数据进行统计分析，发现疾病发病的趋势和分布特点，例如，系统可以计算出区域内某类慢性病的发病率、死亡率、疾病负担等指标，并根据时间、地区和人群等因素进行趋势分析。公共卫生监测系统还可以利用地理信息系统（GIS）技术，将疾病发病数据与地理位置信息相结合，实现对疾病分布特点的分析，通过绘制疾病地图，清晰地展示区域内慢性病的空间分布特征，为卫生部门制订防控策略提供可视化的支持。同时，还可利用大数据分析方法对疾病发病的影响因素进行分析和研究，例如，通过多元回归分析等方法，发现区域内慢性病的发病与某些风险因素（如饮食结构、运动水平、遗传因素等）之间存在关联。

3. 健康行为追踪与干预　在慢性病防控中，大数据技术可以应用于健康行为追踪与干预，健康素养提升是其中一个重要的应用。通过收集和分析大量的健康数据，系统可以追踪并干预个体的健康行为，以提高慢性病的预防和管理效果。健康素养提升项目的基本目的是通过慢性病患者的健康行为改变，促进患者的自我管理和健康习惯的养成，从而提高患者的健康素养，在此过程中，大数据技术可以发挥重要的作用。在健康教育与宣传方面，大数据技术也可以发挥重要作用。通过大数据分析，可以更深入地了解慢性病患者的健康需求和习惯，从而制订更具有针对性的健康教育方案和宣传策略。大数据可以提供丰富的数据资源，包括个体的健康数据、人口统计数据、媒体接触数据等。这些数据有助于了解慢性病患者的健康知识和行为习惯，为制定健康教育方案提供依据。大数据分析有助于识别影响慢性病患者的关键因素，例如，根据数据分析结果，针对特定群体制定相应的健康教育内容，如饮食、运动、心理调节等。大数据还可以帮助用户预测健康教育的影响和效果，为宣传策略的调整提供依据。

（三）优化医院门诊慢性病管理

门诊是慢性病管理的关键环节，但是以往的疾病管理措施往往以"重治疗、轻预防"为主要模式，忽视了个人的自我管理和生活方式方面的改善，在一定程度上限制了慢性病管理的效果。因此，门诊环节需要加强患者的主动参与和自我管理。采用基于医疗大数据的医院门诊慢性病管理策略，不仅可以提高慢性病管理的效率，还能为患者提供更加个性化、精细化的医疗服务。在慢性病管理的过程中，可通过搭建统一的数据平台，整合患者的基本信息、病历、检查报告等数据，实现对慢性病患者的全面了解。通过对多来源数据进行挖掘和分析，发现患者的健康问题和需求，为慢性病管理提供科学依据。同时，基于大数据技术，医生可以根据患者的病情、身体状况、家庭资料等信息，为患者定制个性化的诊疗方案，还可以通过远程医疗、在线问诊等方式，提高医疗服务的便捷性。这一策略的实施有助于推动医疗资源的合理配置，降低医疗成本，提升公共卫生服务水平，促进我国慢性病防治事业的发展。

（杨仕贵 钟节鸣 陈丽锦 林静静）

🔍 思考题⋯⋯⋯○

1. 讨论大数据在公共卫生领域应用的潜力及其可能带来的挑战。

2. 公共卫生大数据的主要特点有哪些？

3. 探讨大数据技术如何改善疾病监测系统和健康干预措施的效率，包括具体的技术和方法。

4. 考虑目前公共卫生领域使用的大数据技术，预测未来十年内可能出现的新技术或方法及其潜在影响。

📧 数字资源详见　新形态教材网

🔍 学习目标　🖥 内容提要　📄 本章小结　🖨 参考文献

第三章

健康医疗大数据

思维导图

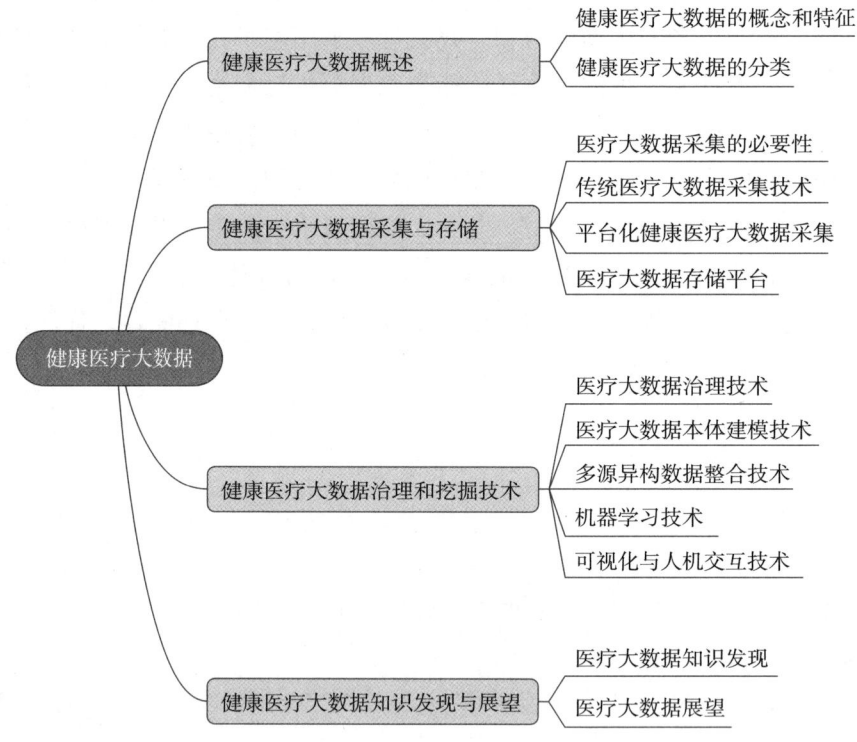

第一节　健康医疗大数据概述

随着新一代信息技术的迅速发展，无处不在的移动终端、智能设备、无线传感器等每分每秒都在产生大量的数据。例如，在互联网领域，数以亿计的用户时时刻刻在产生大量的交互，百度每天需要处理几十 PB 的数据，Twitter 每天会产生 7 TB 的数据，而 Facebook 每天生成 300 TB 以上的日志数据。在健康医疗领域，中国部分大型医院年门诊量超过 200 万人次，日均门诊量超过 8 000 人次，与诊疗过程密切相关的医院信息系统（hospital information system，HIS）、实验室信息管理系统（laboratory information management system，LIMS）、影像存储与传输系统（picture archiving and communication system，PACS）、放射信息系统（radiology information system，RIS）、电子病历（electronic medical record，EMR）等核心生产业务每天会产生大量的业务数据。每个患者不仅有病历资料中包含的信息，还会有实验室检查、多种影像或病理切片检查等生物学信息。数据类型也十分复杂，包括仪器检查或实验室产生的数字，图片，影像，视频，声，光，电信号数据。这些数据产生的速度快，需要处理的数据量巨大，并且数据的价值也在不断显现。大数据时代的到来，为金融服务、健康、教育、农业、医疗等多个重要领域带来了前所未有的机遇。与此同时，大数据时代的到来也为传统的数据处理技术带来了更大的挑战。大数据处理需要更高的实时性、有效性和安全性，需要融合多个学科的关键技术，来满足大数据的发展。

一、健康医疗大数据的概念和特征

（一）健康医疗大数据的概念

健康医疗大数据是涵盖人的全生命周期，既包括个人健康，又涉及医药服务、疾病防控、健康保障和食品安全、养生保健等多方面数据的汇聚和集合。健康医疗大数据对改进健康医疗服务模式、促进经济社会发展都有着重要的作用，是国家重要的基础性战略资源。

健康医疗大数据的发展与应用将带来健康医疗模式的深刻变革，有利于提升健康医疗服务的效率和质量，满足人民群众多层次、多样化的健康需求，为打造健康中国提供有力支撑。

（二）健康医疗大数据的特征

健康医疗大数据作为大数据众多类型中的一类，除符合大数据的 5V 特征［海量（volume）、高速（velocity）、多样（variety）、真实（veracity）和价值（value）］外，同时也有健康医疗大数据特有的一些特征，具体表现在以下几方面：

1. **不完整性**　由于技术的限制，目前无法全部搜集、处理和反映疾病的全部信息，导致数据存在一定的偏差和残缺，造成健康医疗数据的不完整性。

2. **长期保存性**　按照相关规定，门急诊患者的数据保存不得少于 15 年，住院患者的数据保存时间不得少于 30 年，影像数据建议无限期保留。

3. **时间波动性**　疾病的发生发展随着时间变化表现出不同的特征，例如，同一疾病在不同时期的症状、病情、就诊情况都会有所不同。同时，医学检验的波形和图像都是时间函数，这体现了健康医疗数据的时间波动性。

二、健康医疗大数据的分类

健康医疗大数据可以从不同维度进行分类，按照数据结构的不同，健康医疗大数据可以分为结构化数据、半结构化数据和非结构化数据 3 类：结构化数据就是数字和符号；非结构化数据包括图片、声音、视频等；半结构化数据介于结构化数据和非结构化数据两者之间，通常指结构变化很大的结构化数据，如各式各样的患者病历数据。

相较于非结构化数据，结构化和半结构化数据更易于存储和分析，诊疗数据、电子病历、电子账单等都属于这类数据，但是基因序列、医疗影像等都属于非结构化数据，无法像结构化数据那样易于存储和分析。目前，各类应用都在尝试如何充分利用这些数据，进一步挖掘数据的潜在价值。

健康医疗大数据按数据产生的来源，可以分为临床医疗大数据、健康大数据、生物大数据和经营运营大数据 4 类。

根据《信息安全技术 健康医疗数据安全指南》（GB/T 39725-2020），健康医疗数据包括个人健康医疗数据，以及由个人健康医疗数据加工处理之后得到的健康医疗相关电子数据。其中，个人健康医疗数据是指单独或者与其他信息结合后能够识别特定自然人或者反映特定自然人生理或心理健康的相关电子数据，涉及个人过去、现在或将来的身体或精神健康状况，接受的医疗保健服务和支付的医疗保健服务费用等。健康医疗数据可分为 6 大类，包括个人属性数据、健康状况数据、医疗应用数据、医疗支付数据、卫生资源数据和公共卫生数据，具体如表 3-1 所示。

表 3-1 健康医疗数据类别与范围

数据类别	范围
个人属性数据	1）人口统计信息，包括姓名、出生日期、性别、民族、国籍、职业、住址、工作单位、家庭成员信息、联系人信息、收入、婚姻状态等 2）个人身份信息，包括姓名、身份证、工作证、居住证、社保卡、可识别个人的影像图像、健康卡号、住院号、各类检查检验相关单号等 3）个人通讯信息，包括个人电话号码、邮箱、账号及关联信息等 4）个人生物识别信息，包括基因、指纹、声纹、掌纹、耳廓、虹膜、面部特征等 5）个人健康监测传感设备 ID 等
健康状况数据	主诉、现病史、既往病史、体格检查（体征）、家族史、症状、检查检验数据、遗传咨询数据、可穿戴设备采集的健康相关数据、生活方式、基因测序、转录产物测序、蛋白质分析测定、代谢分子检测、人体生物检测等
医疗应用数据	门（急）诊病历、在院记录、检查检验报告、用药信息、病程记录、手术记录、麻醉记录、输血记录、护理记录、入院记录、出院小结、转诊（院）记录、知情告知信息等
医疗支付数据	1）医疗交易信息，包括医保支付信息、交易金额、交易记录等 2）保险信息，包括保险状态、保险金额等
卫生资源数据	医院基本数据、医院运营数据等
公共卫生数据	环境卫生数据、传染病疫情数据、疾病预防数据、出生死亡数据等

而根据其来源，健康医疗大数据大致可分为：来自医疗机构的电子病历（EMR）数据、医学影像数据，患者终身就医、住院、用药记录、康复医疗数据，标准化临床路径数据等；来自体检中心和第三方检测机构的个人电子健康记录及实验室检查指标；来自医疗保险机构的医保结算信息；来自可穿戴设备的健康医疗相关数据，包括由传感器采集的，并且可以单独或与其他数据结合，用来对可穿戴设备的用户健康状况或者疾病风险进行判断的数据；来自个人的自填报流行病学问卷数据和生物样本，以及由生物样本衍生的检查或检验指标等。

第二节 健康医疗大数据采集与存储

一、概述

精准医疗是一种应用现代组学、分子影像学、医疗大数据、生物信息等医学前沿技术，结合患者临床诊疗、遗传、环境与生活方式等信息，实现疾病的精准诊断与分类，为患者"量体裁衣"地制订个性化精准治疗方案，从而提高疾病预防及诊治效率与质量的新型医学模式。精准医疗涉及临床诊疗、生物信息、公共卫生、监管监测、互联网等领域的多源异构数据，其发展与应用离不开对健康医疗大数据的集成处理与深入挖掘，而数据采集是大数据处理的基础与前提。

数据采集技术是指通过对健康医疗大数据资源进行提取、转换、加载等方式解决数据可及性的问题，是大数据技术中最基础、最根本的环节。这些健康医疗大数据可以有多个来源，包括网络、传感器、数据接口等。网络爬虫（web scraping）是一种自动化程序，可以浏览互联网并提取网页上的信息，通过模拟人类浏览行为来抓取结构化的数据。在医疗大数据中，网络爬虫可以用于抓取医学文献、研究报告、患者反馈等信息，以建立更全面的数据库。网络爬虫的优点包括大规模信息的获取和实时数据的更新，但缺点是网站结构的变化可能导致数据质量问题，以及法律和伦理方面的考虑；传感器技术可以测量和记录环境中的物理量，如温度、湿度、血压等。在医疗领域，生物传感器也用于监测生理指标，可用于患者监测、实时健康状况追踪、药物管理等方面，可以为医疗专业人员提供即时的数据支持。其优势在于实时监测和生成高精度数据，但可能面临设备成本高和隐私问题的挑战；数据接口技术允许系统之间共享数据，该技术用于整合不同医疗设备和信息系统，以建立全面的患者健康档案，支持医疗决策。有助于数据集成和可操作性，但可能面临标准化和安全性方面的问题。这些技术在医疗大数据采集中可以相互结合，以形成更全面的数据集。

面对海量的健康医疗大数据，传统的数据采集技术手段较为单一，且存储、管理和分析的数据量也相对较差，难以满足日益增长的、针对多源异构的健康医疗大数据资源采集的需求。健康医疗大数据的种类很多，且不同数据资源产生的方式不同。采集技术是健康医疗大数据整合、共享与取用的首要条件，利用该技术可快速、准确地获得各种类型的结构化、半结构化及非结构化的健康医疗大数据资源。但是，目前尚无研究对面向精准医疗的大数据采集及其支撑体系进行探索。因此，通过分析大数据采集的必要性和重点考虑因素，基于对传统数据采集手段及其局限的讨论，本章提出一套面向精准医疗的大数据采集方法，并对其支撑要素进行探讨，可以为明确大

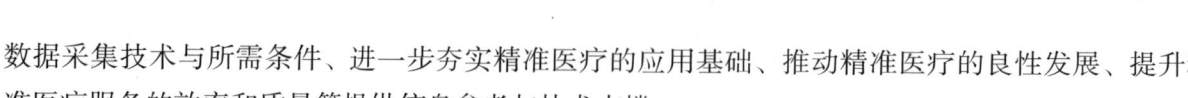

数据采集技术与所需条件、进一步夯实精准医疗的应用基础、推动精准医疗的良性发展、提升精准医疗服务的效率和质量等提供信息参考与技术支撑。

二、传统医疗大数据采集技术

健康医疗大数据来源广泛，包含文本、图片、音视频、数据库等各类结构化、半结构化及非结构化数据。因此，数据采集方法的选择不但要根据数据分析与应用的目的，还要考虑数据源的性质与特点。目前常用的传统数据采集手段有系统日志文件、网络数据采集技术、移动互联网技术、射频识别技术、传感器技术、条形码技术及数据检索分类工具（如百度和谷歌等搜索引擎）等。

（一）系统日志采集技术

系统日志采集技术的主要功能是记录系统中的硬件、软件和系统问题的信息，同时还能监视系统中发生的事件。用户可以通过它来检查错误发生的原因或者寻找系统受到攻击时攻击者留下的痕迹。该技术主要包含系统日志、应用程序日志和安全日志。其中，系统日志主要用于记录操作系统组件产生的事件，包括驱动程序和系统组件等的崩溃与错误等；应用程序日志主要用于记录程序运行方面的事件；安全日志主要用于记录系统的安全审计事件，包含各种类型的登录日志、进程追踪日志和账号管理等事件。目前，较为主流的日志采集法包括基于 Hadoop 平台开发的 Chukwa、Cloudera 的 Flume 以及 Facebook 的 Scribe 等。完整的日志数据具有非常重要的作用，可用于信息查找、服务诊断和数据分析等。

随着健康手表和智能眼镜等可穿戴健康医疗设备的广泛普及，这些设备使用中产生的日志信息量正快速增长。通过对这些设备中大量日志文件的分析提取出有价值的信息，结合数据挖掘算法，可构建设备健康管理系统，进而实现对用户健康状态的实时评估，并通过设置系统的关键指标和监测点阈值等方式实现可穿戴设备的健康预警功能。例如，智能手环、智能手表等设备可以记录用户的心率、血压、运动量等健康数据，通过分析这些日志数据，可以帮助医疗机构更好地了解用户的健康状况，并提供更加个性化的医疗服务。

大型医疗设备日志数据采集系统可以从各种医疗设备中采集和汇总日志数据，分析、提取出其中有价值的部分，发挥医疗辅助作用。我国医疗服务机构拥有数字 X 射线设备、核磁共振、计算机体层成像和 B 超等大量的大型医疗设备，这些设备使用时会产生大量的日志数据，通常采用日志文件的方式来保存，这些数据具有数据维度多、时效性好、价值和数据质量高的特点，对于临床使用或后续开展科研活动具有重要意义。这些数据可以帮助医疗机构提高设备的运行效率，优化治疗方案，提高医疗质量等。

（二）网络数据采集技术

网络数据采集是指利用互联网搜索引擎实现有针对性、行业性、精准性的数据抓取，并按照一定规则和筛选标准进行数据归类，进而形成数据库文件的一个过程。目前，较为主流的网络数据采集技术主要包括应用程序接口和网络爬虫法。

1. 应用程序接口 应用程序接口（application programming interface，API）是网站管理者为了便于用户操作而编写的一种程序接口。API 给用户提供了一组方法，用户可以使用这组方法向应用层发送业务请求、信息和数据，网络中的各层间依次响应，最终完成网络数据传输。API能够通过简单的应用程序调用来实现对数据的请求功能，从而有效屏蔽网站底层的复杂算法。例如，各省市构建的人口健康信息平台就是充分依托"互联网+"的资源优势，把患者在各医疗机构产生的医疗数据资源进行集成、汇总，利用API设计开发出数据抽取、处理、上传等的应用程序，设置统一的健康医疗信息互通共享的管理平台，实现健康医疗大数据即时、完整、高效的传输功能。

2. **网络爬虫**　网络爬虫是一种可按照一定的规则，自动地抓取互联网信息的程序或脚本。网络爬虫技术可以帮助我们快速大量地获取互联网上的数据，并且可以实时更新数据，是采集健康医疗大数据的有力工具，也是进一步实现数据分析的关键与前提。机构可将设计好的爬虫应用于已获得授权医疗服务网站的健康医疗大数据中，进而通过数据库系统对健康医疗大数据进行解析、整理与导出。如基于互联网健康数据构建的面向用户的爬虫算法及基于网络爬虫技术建立的数据采集整理系统等。设计爬虫的关键步骤包括选择目标网站、制定爬取策略、模拟浏览器行为以及处理异常情况。爬虫可以抓取各种数据类型，包括结构化数据、文本数据、多媒体数据和元数据。获取的数据通过数据库存储，如MySQL或MongoDB，也可以以文件的形式保存。网络爬虫的应用场景广泛，包括搜索引擎的建立、数据挖掘、新闻聚合和价格监控等。利用该技术可有效解决、快速获取及整理大规模互联网健康医疗数据的难题，为健康医疗领域的数据分析与挖掘工作提供扎实的数据基础，促使丰富的互联网健康医疗大数据资源得以充分利用，并提高其利用效率。

3. **条形码技术**　条形码技术是伴随着计算机的广泛应用与实践产生并发展起来的一项高新技术，与电子标签（label）类似，其目的也是快速准确地进行数据收集。条形码是由一组按一定规则进行排列的条、空及对应的字符所组成的标记，这里"条"是对光线反射率较低的部分，而"空"是对光线反射率较高的部分，由"条"和"空"结合所组成的标记表达、传递一定的信息，并能够通过特定的设备进行识别、读取，接着转换成同计算机兼容的二进制或十进制信息，达到信息采集、传送的目的。对于某一特定的物品，赋予它的条形码通常是唯一的，计算机上的应用程序能够通过事先建立与物品一一对应的条形码数据库，对采集、传递至计算机的条形码所含信息进行识别、读取及进一步的操作和处理。条形码技术具有信息采集速度快、信息采集量大、设备结构简单、成本低、准确度高、可靠性高、实用、灵活、自由度大等优点，目前已被用来进行个人识别、跟踪药物使用、患者收款、质量控制、订单输入、物品追踪、库存控制、检进检出、生产过程监视、文件追踪、仓库物流管理和交通路线管理等，广泛应用于医疗保健、交通、邮政、图书管理、工业生产过程控制、仓储物流等领域。

此外，条形码技术在医疗领域应用广泛，涵盖了药品管理、患者身份识别、医疗设备管理等多个方面。首先，在药品管理方面，条形码技术广泛用于药品标识和追踪。每个药品包装上的唯一条形码能够存储关键信息，如药品批次、生产日期、有效期等，有助于药品的准确入库、追溯和管理，提高医院和药房的药品管理效率，同时降低患者因误服药物而导致的风险。其次，在患者身份识别方面，条形码技术可以应用于患者身份标识、医疗档案管理等方面。通过患者身份证或腕带上的条形码，医护人员可以迅速准确地识别患者，避免患者信息混淆或错误，这有助于确保患者得到准确的治疗，提高医疗服务的质量和安全性。此外，在医疗设备管理方面，条形码技术也用于追踪和管理医疗设备。每个设备上贴有唯一的条形码，通过扫描可以快速获取设备的信息，包括购置日期、维护记录等，这有助于医院更有效地进行设备维护、更新和替换，确保设备处于良好的工作状态，提高医疗设备的使用寿命。

（三）传统医疗大数据采集技术的局限性

精准医疗数据涉及生物、医药、保险、临床、公共卫生等诸多领域，常规采集技术难以支撑精准医疗数据采集需求。第一，如何从大量的数据中有针对性地采集所需信息是首先需要考虑的问题，而传统的数据采集手段却无这方面的技术储备；第二，针对原始数据标准不统一、结构化程度低等问题，需统一数据标准，便于数据交互共享，但目前尚无统一的数据采集标准；第三，精准医疗研究涉及数据量大、维度复杂、时间跨度长，对数据存储、调用、传输的速率要求高，传统的数据采集工具往往难以实现；第四，健康医疗大数据是动态的，可实时更新，传统的数据采集技术多以静态采集为主，在处理上文提及的动态数据采集方面作用有限。因此，数据采集之前，宜基于具体的精准医疗服务明确数据准入、抽取标准，而现有数据采集方法处理此类问题往往力不从心，会造成数据采集工作的重复和资源的浪费。此外，在数据采集过程中，数据安全和隐私保护至关重要。数据采集可能面临的问题包括数据泄露、未经授权的访问、合规性和数据所有权等。为确保数据安全，需要采取适当的措施，如加密数据传输、匿名化或脱敏敏感信息、确保合规性及明确数据使用权限。透明度和知情同意也是保护隐私的重要步骤，应向数据主体提供清晰的信息，让其了解数据采集的目的和可能的风险，并获得主体的明确同意。此外，安全的数据存储措施也是必要的，包括使用防火墙、入侵检测系统和定期的安全审计。这些措施综合起来，有助于保证数据在采集、传输和存储整个过程中的合法性、安全性和隐私性。

三、平台化健康医疗大数据采集

随着大数据分析技术的日渐成熟和精准医疗服务的深入应用，面向健康医疗大数据的采集势在必行。鉴于现有数据采集技术已无法对具有多源异构、数量巨大、产生速度快、冗余性和隐私性等特点的精准医疗领域大数据进行有效采集，有必要探索并提出一套面向精准医疗的平台化大数据采集手段。

（一）平台化技术

所谓平台化是指基于一定的需求，封装了为实现这些需求而搭建的一些基本功能和执行逻辑的软件框架网。该框架与具体的业务、技术和数据无关，仅定义为实现所需求业务而必须具备的接口。平台即为通过这些接口而搭建起来的一个完整的、可运行的软件框架。平台化技术具有以下优势：一是通过对复杂的软件系统进行分层，简化了应用服务的实现方式与路径，同时也兼顾了不同用户的个性化应用需求网；二是通过对软件业界现有的成果进行集成整合，可实现以需求为导向的灵活功能架构，从而提升软件应用开发与业务运行的效率。

（二）基于平台化技术的医疗大数据采集

精准医疗涉及的数据繁杂，各类专病应用子模块众多，面向精准医疗的大数据采集包括数据采集、传输、整理和数据入库等技术需求模块，且不同精准医疗专病应用对数据的采集有个性化要求。平台化技术需要对现有技术进行集成，以实现精准医疗各类应用的功能定位。因此，为了避免精准医疗服务过程中信息交换规范不统一、专病模块间存在信息"孤岛"、数据传输不畅等问题，基于平台化技术的数据采集共享是未来的发展趋势，并成为精准医疗领域大数据采集的最佳选择口。基于医学数字成像和通信（Digital Imaging and Communications in Medicine，DICOM）、医疗信息系统集成（Integrating the Healthcare Enterprise，IHE）、卫生信息交换标准（Health Level Seven，HL7）等协议与行业标准，由研究人员提出了一套面向精准医疗的大数据采集共享平台，该平台利用前置机进行数据采集，并通过开放接口将采集到的数据进行共享。对于不支持标准协议的部分医疗信息系统，通过 FTP、数据链接等其他有效手段进行数据采集。数据采集平台的物联网管理模块同时兼容 HL7、IHE 等数据格式，通过配置数据采集网关，支持实时的数据采集，并且采集的数据通过开放接口进行共享，以满足第三方医疗卫生机构或企事业单位自行开发各类精准医疗应用的需求，实现精准医疗服务驱动的健康监测设备的网络接入和数据采集。另外，物联网管理模块通过支持对大量健康医疗物联网终端设备的连接和管理，包括状态监测、远程控制等，可有效降低运维成本。

精准医疗的各类应用离不开健康医疗大数据深入挖掘的支撑，而数据采集是大数据集成分析的基础与前提。因此，如何针对多源异构数据进行高效率、高质量、更安全的采集是开展面向精准医疗健康医疗大数据集成分析与应用的关键。基于对大数据采集的必要性、需要考虑因素、现有数据采集技术及其局限性等的探讨，提出了一套面向精准医疗的大数据采集方法，并对其涉及的关键技术与支撑要素进行了论述，从而为明确精准医疗领域的大数据采集技术与所需条件、夯实精准医疗的应用基础、推动精准医疗服务的良性与精细化发展及提升其效率和质量等，提供了信息参考与技术支撑。

四、医疗大数据存储平台

（一）存储平台架构及组成

随着大数据时代的到来，系统中需要存储的数据越来越多，数据也呈现出多源异构的特征。如何对海量数据进行组织、存储和管理变得尤为重要。通过建设健康医疗大数据平台，汇集公共卫生、医疗服务、医疗保障、药品管理、计划生育、综合管理、临床研究、基因组学、转化医学等涵盖个人全生命周期的健康医疗大数据，构建便捷高效的医疗卫生服务，有利于疾病的预防、治疗、康复和自我健康管理。健康医疗大数据平台可以为医务人员提供辅助诊疗服务，医务人员可借助过往各类病例和各类数据源，深入分析相关病症，并寻找、推荐最优的治疗方案，为个性化诊疗提供基础。同时，在医学科研领域，面对海量数据，科研人员可从健康医疗大数据平台直接查找相关数据信息，进行深层次分析挖掘，进而获取有关人类疾病或健康的新知识，并将其转化应用到公共卫生或临床实践中。健康医疗大数据平台建设从医学研究、临床决策、疾病管理、患者参与以及医疗卫生决策等方面推动健康医疗服务模式的转型升级，进一步提升健康医疗服务的效率和质量，不断满足人们多层次、多样化的健康需求。

作为数据的存储和管理中心，存储平台架构的设计将直接影响整个大数据平台的可扩展性和安全性。健康医疗大数据平台架构自下而上分为数据采集层、数据存储与处理层、数据分析层、数据访问层及医学应用层，还包括一个纵向的管理平台层（图 3-1）。

健康医疗大数据平台的关键组成部分之一是数据存储。数据存储是将经过预处理的数据以某种形式保存到计算机内部或外部的存储介质上。在大数据时代，单台计算机和传统的关系型数据库难以满足海量数据的存储和管理要求，分布式文件系统、分布式数据库系统、图数据库、虚拟

图 3-1　健康医疗大数据平台架构

存储技术、云存储技术等一系列大数据存储与管理技术应运而生。

（二）存储平台关键技术

高效的数据存储与管理是进行数据挖掘、推动健康医疗大数据转化应用的重要保障，下文将对数据存储关键技术进行介绍。

1. 分布式数据库系统　分布式数据库系统（distributed database system，DDBS）包括分布式数据库（distributed database，DDB）和分布式数据库管理系统（distributed database management system，DDBMS）。在分布式数据库系统中，数据库分别存储在不同的机器上，由不同的数据库管理系统（database management system，DBMS）管理和不同的操作系统支持，被不同的通信网络连接在一起，在逻辑上是一个统一的整体，用户可以对数据库进行透明操作。

分布式数据库系统可以分为 3 类：① 同构同质型，各场地都采用同一类型的数据模型（如都是关系型数据库），并且数据库管理系统的型号相同；② 同构异质型，各场地采用同一类型的数据模型，但使用不同型号的数据库管理系统；③ 异构型，各场地使用不同的数据模型，如部分场地使用关系型数据库，其他场地使用非关系型数据库等。

分布式数据库系统通常可以抽象为 4 层结构模式，分别是全局外层、全局概念层、局部概念层和局部内层，各层之间有相应的层间映射。这 4 层模式既适用于同构型分布式数据库，又适用于异构型分布式数据库。

常见的分布式数据库有 HBase 数据库、MySQL 分布式集群、Redis 数据库、MongoDB 数据库等。其中，HBase 数据库是一个开源、高可靠性、分布式、可扩展的 NoSQL 数据库，适用于存储非结构化和半结构化的松散数据，如社交媒体数据、日志数据等，能够处理由超过 10 亿行数据和数百万列元素组成的大规模数据表。MySQL 是一个开源的关系型数据库管理系统，可通过 Web 对数据进行轻松、安全的访问，是医院信息系统使用的主流数据库之一，MySQL 分布式集群适用于几十亿的页面浏览量对数据库进行访问，可解决海量存储和访问的难题。Redis 数据库是一个高性能的 Key-Value 存储系统，运行速度快，可以用于常规计数、记录用户信息变更，并作为 MySQL 的缓存和日志收集系统。MongoDB 数据库可以存储网站上的实时数据，用作信息基础设施的缓存层，可存储大规模但低价值的数据，以及来自数十台或数百台服务器的数据库、对象以及 JSON 数据。

2. **分布式文件系统** 分布式文件系统（distributed file system，DFS）是一种通过网络实现文件在多台主机上进行分布式存储的文件系统。分布式文件系统与分布式数据库系统的本质区别在于所存储数据的结构化程度，分布式数据库系统主要存储和管理结构化数据，分布式文件系统主要存储和管理非结构化文件。

分布式文件系统在物理结构上由计算机集群中的多个节点构成。系统在存储时，客户端先从名称节点获得分配的存储位置，再把数据直接写入相应的数据节点；系统在读取时，客户端先从名称节点获得数据节点和文件块的映射关系，再到相应位置访问文件块。数据节点也要根据名称节点的命令创建、删除数据块，以及进行冗余复制。常见的分布式文件系统包括 MooseFS、HDFS（Hadoop 分布式文件系统）、Lustre、mogileFS、TFS、FastDFS 等。其中，MooseFS、HDFS 和 Lustre 适用于通用文件系统，MogileFS、FastDFS 和 TFS 适用于存储小文件和图片。

健康医疗领域的文件数量巨大，格式众多，有小到 kB 级的病历表文件，中到 MB 级的医学影像文件，大到 GB 级的诊疗视频文件等。HDFS 等分布式文件系统可满足健康医疗信息系统中海量文件的存储需求，流式数据处理可以应对健康医疗信息的非结构化问题，多副本存放策略可有效避免因某个服务器宕机而造成的数据损失，高扩展性可以满足健康医疗信息系统中特殊需求带来的功能扩展。

3. **图数据库** 图数据库是以图论为基础的数据库。图是由一组顶点和连接顶点的边构成的一种抽象数据模型，图中顶点可以代表对象或概念，边可以代表这些对象或概念间的关系。如果图是有向的，即连接两个顶点的边都有从一个顶点到另一个顶点的方向，那么关系就是单向的；如果图是无向的，即边是没有方向的，那么关系就是双向的。图数据结构很好地表达了数据之间的关联性，通过数据的关联性，可以从包含噪声信号的健康医疗大数据中抽取有用的信息。

图数据库使用图作为数据模型来存储数据，可以高效地存储不同顶点之间的关系。典型的图数据库有 Neo4j、OrientDB、InfoGrid、Infinite Graph、GraphDB 等。图数据库的优点是灵活性高，支持复杂的图算法，适用于构建复杂的关系图谱，并可高效地处理实体之间的关系，特别适合知识图谱、模式识别、依赖分析、推荐系统以及路径寻找等领域；然而，其缺点在于复杂性高，所能支持的数据规模有限。Neo4j 是目前最常用的图数据库，可以高效地处理疾病、症状、身体部位、治疗、药物等实体之间的关系。图数据库在疾病风险预测、辅助疾病诊断、蛋白质功能注释、蛋白质 – 蛋白质交互作用网络构建、药物 – 蛋白质相互作用网络构建等领域均具有广阔的应用前景。

在健康医疗领域，疾病、症状、身体部位、治疗、药物等实体之间存在复杂多样的关联性。医学知识图谱可描述这些实体或概念，及其之间的关系或关联，它是由顶点（医学命名实体）和标注的边（实体间的关系）组成的一种基于图数据模型的医学知识表示方式。医学知识图谱可以将健康医疗大数据转变为高质量、表示规范、语义自描述、知识可计算、结果可解释的机器可理解的数据。医学知识图谱需要应用图数据库进行灵活的存储和管理。

4. 虚拟存储技术 虚拟存储技术是指将存储系统的内部功能从应用程序、计算服务器、网络资源中进行抽象、隐藏或隔离，最终使其独立于应用程序、网络存储与数据管理。虚拟存储技术将底层存储设备进行抽象化统一管理，底层硬件的异构性、特殊性等特性都将被屏蔽，对于服务器层来说只保留其统一的逻辑特性，从而可实现存储系统资源的集中，提供方便、统一的管理。虚拟存储使管理员将不同的存储作为单个集合的资源并进行识别、配置和管理，存储资源的调度、存储设备的增减对于用户来说是透明的。相比于传统的存储，虚拟存储技术磁盘利用率高，存储灵活，管理方便，并且性能更好。

5. 云存储技术 云存储是凭借分布式文件系统、集群应用、网络技术等功能，通过应用软件将网络中大量不同类型的存储设备集合起来协同作用，从而实现对外共同提供数据存储及业务访问功能的一个系统，既保证了数据的安全性，又节约了存储空间。

云存储是一种新型存储系统，便于处理高速增长的数据。云存储系统包含存储设备、网络设备、应用软件、接入网、公用访问接口、服务器、客户端程序等。存储设备是各部分的核心，对外提供的数据存储以及业务访问服务是通过应用软件来完成的。云存储系统由存储层、基础管理层、应用接口层和访问层组成。

存储层是云存储最基础的部分。存储设备可以是 IP 存储设备，也可以是 DAS 存储设备。云存储中的存储设备通常分布在不同地域，且数量非常庞大，通过互联网、广域网或 FC 光纤通道，将各个存储设备连接在一起。统一存储设备管理系统在存储设备的上一层，能够完成多链路冗余管理、存储设备的逻辑虚拟化管理以及硬件设备的状态监控与故障维护。基础管理层的主要任务是使云存储中多个存储设备之间协同工作，以便对外提供统一服务。它所采用的主要技术有集群系统、分布式文件系统和网格计算。为了保证云存储中的数据不会被未授权的用户访问，它还提供了 CDN 内容分发系统以及数据加密技术。同时，为确保云存储中的数据不丢失以及云存储自身的安全和稳定，它还采取各种数据备份、数据容灾技术和措施。

应用接口层是云存储中最为灵活的部分。由于实际业务类型不同，不同的云存储运营单位开发的应用服务接口及提供的应用服务也不相同。一旦用户获得云存储系统的授权，就可以通过标准的公共应用接口进行登录，并享受云存储服务。云存储提供的访问类型和访问手段根据云存储运营单位的不同而有所差异。

第三节 健康医疗大数据治理和挖掘技术

一、医疗大数据治理技术

健康医疗大数据是国家的重要基础战略资源，在健康医疗行业的融合应用上必将带来服务模式的深刻变革，为健康中国战略实施和医药卫生体制改革提供更有力的支撑。然而，多源异构的健康医疗大数据不仅需要利用大数据技术来进行分析挖掘，还需要通过大数据治理来明确数据使用规范、权责划分，从而提高健康医疗大数据的质量和价值。大数据治理涵盖了大数据全生命周期内的技术、管理规范与政策制度，从技术层面来看，包括大数据管理、存储、质量、开放共享、安全与隐私保护等多个方面。

（一）健康医疗大数据治理的主要挑战

首先，数据质量问题是健康医疗大数据治理面临的首要挑战。多源异构数据的整合、分析、挖掘与应用是一项艰巨的任务，需要严格的数据质量控制标准来确保数据的准确性和分析应用的合理性。其次，数据存储问题也是治理的一大挑战。数据存储技术应确保数据安全，同时，数据存储系统构架也应为数据分析和处理提供便利。此外，风险管控也是一个重要的挑战。健康医疗大数据采集、存储、分析、应用过程中存在隐私泄漏、数据丢失、信息失真等风险，需要加强数据的风险管理。最后，权利分配问题也是数据治疗需要面临的挑战。当利益相关方对结构迥异的数据进行整合利用时，关于相关所有权的分配目前尚没有明确的标准。健康医疗领域对数据质量的要求较高，而有效的大数据治理可以为高质量医疗服务提供支持。下文将结合最新研究和文献资料探索健康医疗大数据治理框架，为健康医疗大数据治理提供参考。

（二）健康医疗大数据的治理框架

1. **战略目标** 健康医疗大数据治理的目标是提供高质量的数据服务，挖掘大数据价值，达到对疾病的精准化诊治，使医疗资源最优化，诊疗风险与副作用最小化，治病效益最大化。

2. **治理域** 健康医疗大数据的治理域是治理过程中的重点，包括数据质量评价和标准、数据采集信息的标准化存储、数据隐私和安全、数据生命周期、数据服务与创新、大数据架构等。

3. **数据质量评价和标准** 数据质量评价和标准体系的建立，一方面要求对数据的来源进行规范和控制，以便于数据整合、分析与应用；另一方面要求对存储、管理、使用和传输等过程中的数据进行数据质量监控。数据质量评价和标准有利于对结构迥异的数据进行传输、存储和共享，可实现数据的规范一致性和开放共享性。

4. **数据采集、存储与处理的标准化** 应建立一套完整的数据标准化处理、标准化存储、入库格式化检查等严格的存储标准体系，以便于数据的调取、使用及融合，增加数据的利用价值。

5. **数据隐私和安全** 健康医疗大数据的开发应用离不开各数据库的开放和共享，个人敏感信息需要完善的管理规范和安全策略来提供保障。数据治理主体要建立一套完整的安全管控体系，完善安全策略。

6. **数据生命周期** 数据的生命周期是指数据由采集到消亡的过程。对医疗数据生命周期的管理应注重全程管理，基于云计算技术，在成本可控的情况下对大数据进行有效的管理，可有效提升数据价值。在使用数据的同时，对生命周期的每个流程不断进行优化，从而进一步加强机构的数据治理能力。

7. **数据服务与创新** 健康医疗大数据治理的目标是推动面向智慧医疗、精准医疗的数据服务应用与创新。

8. **大数据架构** 大数据架构是指数据层依托大数据分析技术所采用的大数据基础设施和相关组件，为业务需求分析、功能架构设计、服务创新模式、数据价值实现等提供指导。

9. **治理保障** 治理保障由促成因素和内外部环境构成。促成因素是指在健康医疗大数据治理过程中起关键性作用的因素，如流程与制度、技术与工具、组织文化等。内外部环境是数据治理所处的内部环境和外部环境，如市场竞争力、行业法规和政策规范等。机构在适应技术环境、战略环境和大数据环境后，形成自身的数据治理文化氛围，通过实践，使用不同技术工具，支撑数据治理的工作开展，可提高大数据治理的能力和效率。机构通过制度规范化和流程优化来进行有效的风险管控，从而保障健康医疗大数据的价值创造、服务创新。

10. 实施与评估 实施与评估主要是对健康医疗大数据治理所需的实施环境、步骤和效果进行评价。具体的评估方法可以包括成熟度评估、审计等，均可度量大数据治理的能力与效果，为健康医疗大数据治理及其进一步完善提供决策依据。

二、医疗大数据本体建模技术

医疗大数据本体建模技术是对医疗领域内的数据进行结构化表示的一种方法。本体建模旨在明确医疗数据的概念、属性及相互关系，从而构建一个统一、共享的知识体系。这种技术有助于解决医疗数据多样性、异构性的问题，提高数据的一致性和可理解性。通过本体建模，可以更加精确地描述和分类医疗数据，为后续的数据分析、挖掘和应用提供坚实的基础。本体（ontology）是对共享概念模型的明确、形式化且详细的规范说明。

医疗大数据本体建模技术为大数据治理提供了数据标准化的基础。通过本体建模，可以明确医疗数据的定义、分类和关系，有助于制定统一的数据标准，提高数据的一致性和可比性，这对于大数据治理中的数据整合、分析和应用至关重要。大数据治理强调数据质量的重要性，而医疗大数据本体建模技术有助于数据质量的提升。通过本体建模，可以对医疗数据进行严格的定义和约束，减少数据冗余和错误，提高数据的准确性和可靠性。这对于基于医疗大数据的决策支持、疾病预测、个性化治疗等应用具有重要意义。在医疗领域，数据安全与隐私保护是大数据治理的重要方面。医疗大数据本体建模技术有助于组织更好地理解和管理医疗数据，从而制订更有效的数据安全策略和隐私保护措施。例如，通过本体建模可以明确哪些数据是敏感信息，需要采取额外的保护措施；哪些数据可以公开共享，以促进医疗科研和临床合作。大数据治理的最终目标是实现数据价值的最大化利用。医疗大数据本体建模技术为数据价值的挖掘和利用提供了有力支持。通过本体建模，可以构建更加精准、全面的医疗知识图谱，为医疗决策支持、临床路径优化、新药研发等提供有力支持。同时，本体建模还有助于实现医疗数据的跨机构、跨平台共享和互操作，促进医疗资源的优化配置和高效利用。通过本体建模技术的应用，可以提升医疗数据的质量、一致性和可理解性；而通过大数据治理的实施，可以确保医疗数据的安全、合规和高效利用。两者共同作用于推动医疗行业的数字化转型和发展。

本体的定义体现了 4 层含义：

1. 概念模型（conceptualisation） 本体是通过将客观世界中现象的相关概念抽象形成模型，其表达的含义与具体环境状态无关，独立存在。

2. 明确（explicit） 本体对使用的概念及其约束有明确的定义，确保其语义的准确性。

3. 形式化（formal） 本体以计算机可读的方式存在，具有计算机处理的能力。

4. 共享（share） 本体包含共同认可的知识，可反映特定领域公认的概念集合，面向群体而非个体。本体为领域知识提供了结构化的形式化表达方法，同时赋予其推理能力，本体构建并促进了知识的共享和重复利用。

基于其强大的知识表达和推理能力，本体已在多个领域广泛应用，如语义 Web、知识工程、自然语言处理、数据库、信息获取、信息整合、生物医学、军事科学等领域，用于促进异构信息源互操作、辅助组织内外人际交流等。在医疗领域，本体可以包括疾病、症状、治疗方案等概念及其之间的关系。医学系统命名法——临床术语（Systematized Nomenclature of Medicine—Clinical Terms，SNOMED CT）是一种广泛应用于医学领域的本体，用于标准化表示临床术语及医学概念。该系统提供了详尽而全面的术语集，包括疾病、症状、手术、药物等多个方面，以促进医学信息的一致性表示和共享。SNOMED CT 的特点包括层次结构、定义性关系和多语言支持，为临床实践、研究和信息系统的互操作性提供了强大的支持。

健康医疗领域的大数据需要在跨区域、跨机构之间进行数据采集、交换、信息处理与分析。这就需要相应的健康医疗信息本体。本体建模牵涉到一系列相关技术，包括数据集成与融合、数据仓库与数据挖掘、数据呈现与系统集成等环节。本体建模是高度集成的基础性技术，为综合应用提供支持。同时，还需要将医学和健康领域的知识转化为计算机可处理的形式，将健康数据、诊疗数据等信息与之结合，构建健康医疗信息的本体模型。在应用本体模型的基础上为大数据应用，需要研究并构建多种分析模型和算法，以提供智能分析功能，包括对比分析、统计分析、预测预警分析、因果分析等，从而显著提升健康医疗领域的业务水平。

三、多源异构数据整合技术

我国医疗卫生信息化建设起步较晚，于近年来才开始重视和发展信息标准体系，各级各类信息系统也不断涌现。然而，面对访问分布式、异构且自治的数据资源时，大数据应用系统面临着一系列挑战，如数据模型、查询语言、系统结构等方面的差异使用户无法使用统一的方式和查询语言进行访问。这导致在解决不同类型数据管理系统之间的信息标准和互操作问题方面存在困难，此时信息融合技术显得至关重要。

在健康医疗大数据的应用系统中，数据采集、加工和处理需要涵盖不同地点、不同系统、不同数据类型及不同标准的数据源。解决异构信息融合技术成为实现大数据应用的关键。该技术的首要任务是确立健全的信息标准体系，并在整个应用体系中深入实施这一标准体系，逐步提升数据源端应用系统的信息标准成熟度。与传统数据采集、数据交换和数据整合技术不同的是，在大数据环境下需要积极采用效率更高、整合更便捷的通用大数据技术。这些技术包括针对大数据的 ETL（抽取、转换、加载）、分布式文件系统 HDFS、分布式计算框架 MapReduce，以及面向分布式数据库的 NoSQL 查询等，将这些技术和功能综合应用，才能更好地支持多源异构信息的融合。

典型的多源异构数据整合技术是美国的电子医疗信息交换网络（Health Information Exchanges，HIEs），它旨在整合来自不同地点、系统和类型的医疗数据，以提供患者的全部信息。HIEs 允许医生、护士、药剂师、其他医疗服务提供者和患者以电子方式访问患者的重要医疗信息，从而提高患者护理的速度、质量、安全性和成本。通过标准化，传输的数据能无缝集成到接收方的电子病历中，从而确保医疗数据的一致性和互操作性。

四、机器学习技术

学习能力是智能行为的重要特征，尽管至今我们对学习的机制尚不十分清楚。在机器学习领域，人们曾提出使用多种定义来描述学习：H. A. Simon 认为，学习是系统的适应性变化，使得系统在下一次完成相同或类似任务时变得更为有效；R. S. Michalski 认为，学习是构建或修改所经历事物的表示；而在专家系统研究中，人们更倾向于认为学习是知识的获取。这些观点各有其侧重点，第一种观点着重强调学习的外部行为效果，第二种观点则更加强调学习的内部过程，而第三种观点主要从知识工程的实用性角度出发。无论是哪种观点，学习都扮演着重要的角色。学习使得系统能够适应环境变化，从而在不同任务中提高系统的效率。从知识工程的角度来看，学习有助于系统获取新的知识，克服知识获取的难题。学习的内部过程包括构建、调整和优化系统内部的表示，以适应新的信息和情境。

（一）知识库的表达形式

知识库在设计学习系统时具有重要影响。知识可以通过多种表示形式来表达，包括特征向量、一阶逻辑语句、产生式规则、语义网络和框架等。这些不同的表示方式各自具有独特的特点，在选择适当的表示方式时，需要兼顾以下 4 个方面：表达能力、推理便捷性、知识库的修改易用性及知识表示的扩展性。

1. 表达能力强　表示方式应能够准确地捕捉领域知识和复杂关系，以便学习系统能够有效地理解和处理不同类型的信息。一个强大的表示方式可以更好地反映真实世界的复杂性，从而提升学习系统的性能。

2. 易于推理　所选的知识表示方式应当能够支持推理和推导，使得学习系统能够从已有知识中推断出新的结论。这对于解决问题和应用领域中的复杂情况非常重要。

3. 容易修改知识库　知识库在实际应用中可能需要频繁地进行更新和修改。因此，所选的表示方式应当使修改知识库变得方便，以便适应新的信息和变化。

4. 知识表示易于扩展　随着领域知识的不断扩充，知识库也需要不断扩展。所选的知识表示方式应当能够轻松地扩展，以便将新的知识集成到系统中。学习系统不能在全然没有任何知识的情况下凭空获取知识，要求每一个学习系统都具有某些知识，来理解环境所提供的信息，并对这些信息进行分析比较，做出假设、检验，并修改这些假设。因此，更确切地说，学习系统是对现有知识的扩展和改进。

在医学领域，典型的知识库是 Semantic Scholar。Semantic Scholar 是一个面向科学研究文献的搜索引擎，其利用知识图谱的方式整合了大量的医学文献信息。它不仅能够提供文献的基本信息，还可对文献内容进行语义分析，构建出实体之间的关系，形成知识图谱。这种知识图谱的表示方式强调了医学领域中不同文献、领域、疾病、治疗方法等之间的关系。用户可以通过 Semantic Scholar 更深入地了解医学领域的知识，并通过图谱的方式展示文献之间的联系，方便研究人员获取更全面的信息。

（二）机器学习方法分类

机器学习是一种多领域交叉学科技术，涉及概率论、统计学、逼近论、凸分析、算法复杂度理论等多门学科。该技术专门研究计算机怎样模拟或实现人类的学习行为，以获取新的知识或技能，从而重新组织已有的知识结构，使其自身性能不断改善。机器学习是人工智能的核心，是使计算机具有智能的根本途径，其应用已遍及人工智能的各个分支，如专家系统、自动推理、自然语言理解、模式识别、计算机视觉、智能机器人等领域。尤其典型的是专家系统中的知识获取瓶颈问题，人们一直在努力试图采用机器学习的方法对此问题加以克服。机器学习方法可分为以下六类：

1. **经验性归纳学习（empirical inductive learning）** 这种方法使用一些数据密集的经验技术，如版本空间法、ID3法和定律发现方法，来对例子进行归纳学习。通常，例子和学习结果使用属性、谓词、关系等符号表示。这类方法相当于分类中的归纳学习，但并不包括连接学习、遗传算法和强化学习等内容。

2. **分析学习（analytic learning）** 分析学习方法从一个或少数几个实例出发，运用领域知识进行分析。这种方法的主要特点为推理策略主要是演绎而不是归纳。分析学习使用过去的问题解决经验（实例）来指导新的问题解决，或者生成更有效的应用领域知识的搜索控制规则。分析学习的目标是提高系统性能，而不是生成新的概念描述。其中的技术包括解释性学习、演绎性学习、多级结构组块以及宏操作学习等。

3. **类比学习（analogical learning）** 这类方法类似于分类学习中的类比学习。它通过将过去经历的具体事例与当前问题进行类比来进行学习，也称为基于案例的学习（case-based learning）。

4. **遗传算法（genetic algorithm）** 遗传算法模拟生物进化的突变、交叉和自然选择过程。问题的可能解被编码成向量（个体），其中每个元素是基因。然后，使用目标函数对群体中的每个个体进行评估，根据适应度值进行选择、交叉和变异等遗传操作，生成新的个体。遗传算法适用于复杂和困难的环境，如噪声和无关数据丰富的环境、问题目标不明确或无法精确定义的环境。

5. **连接学习（connectionist learning）** 典型的连接模型是人工神经网络，该网络由简单计算单元（神经元）和它们之间的加权连接组成。这种学习方法通过调整连接权重来进行学习，以适应给定任务。

6. **强化学习（reinforcement learning）** 强化学习的特点是通过与环境的交互来确定和优化动作选择，以实现序列决策任务。在这类任务中，学习机制通过选择和执行动作来改变系统状态，同时可能立即获得奖励信号，目标是通过选择适当的策略来最大化累积奖励。

五、可视化与人机交互技术

（一）计算机视觉

计算机视觉技术是涉及使机器具备"视觉"能力的一系列相关技术的总称，包括利用摄像机和计算机来模仿人类的视觉系统，从而实现目标的识别、跟踪、测量等任务，同时将图像数据处理为更适合人类或仪器检测的形式。在健康医疗领域，计算机视觉专注于处理医学图像和视频，解决目标分类、识别、分割等任务，进而协助医生确定患者的医学图像是否含有恶性肿瘤，并在远程会诊中帮助医生更精确地判断病情。

卷积神经网络（convolutional neural network，CNN）是计算机视觉的核心算法之一，可以在各种医学图像领域（如X射线、皮肤病、眼科和病理学等）进行训练。CNN通过一系列卷积、池化、全连接等操作，将医学图像转换为扁平向量，并输出有关疾病或目标特征的存在概率。在训练过程中，算法通过迭代调整网络层内部的参数来提高预测的准确性。一般来说，低层网络负责学习简单图像特征，如边缘和基本形状，而这些特征将影响高层网络的表达。

然而，计算机视觉需要大量的标注图像作为训练数据。在医学领域，获取大规模标注医学图像数据的成本往往较高，因此迁移学习成为解决此问题的关键方法。迁移学习的思想是首先在通用图像数据集（如 ImageNet）等大规模数据上进行模型预训练，让 CNN 学习自然统计数据，如线条、颜色等，再利用与目标任务密切相关的小规模医学图像数据集对高层网络进行重新训练，以解决特定的图像识别和目标定位问题。

图像分割也是计算机视觉在医学领域的重要应用。其旨在将医学图像精确划分为有意义的部分，如器官、病变或组织。这项技术广泛应用在病灶检测、器官定位、手术规划和治疗监测上。分割方法涵盖传统的基于阈值和边缘检测技术，以及近年来兴起的深度学习方法，如卷积神经网络和 U-Net。U-Net 以其独特的 U 形结构、编码器提取特征和解码器还原分辨率的设计，以及跳跃连接的引入，在医学图像分割中取得显著成功，尤其在肿瘤定位和器官分割等任务中表现卓越。

计算机视觉技术，特别是卷积神经网络等方法，在皮肤病学、放射学、眼科学和病理学等领域的复杂诊断任务上，已经达到或超过了人类医生的诊断准确率。它可以用于区分痣和黑色素瘤、识别糖尿病视网膜病变、预测心血管疾病风险、检测乳腺癌病变、识别眼科疾病病灶、分析脊椎磁共振成像等。计算机视觉技术能够提供第二意见和标记图像中的目标区域，从而帮助医生更高效、准确地进行疾病诊断和预后判断。

（二）生物识别

生物识别技术（biometrics technology）是一种利用人体固有的生理和行为特征进行个人身份鉴定的技术，其通过将计算机科学、光学、声学、生物传感器和生物统计学等领域结合，实现个人身份验证与识别。该技术研究的生理特征包括脸型、指纹、掌纹、虹膜、视网膜等，同时也包括行为特征，如笔迹、语音、步态、键盘敲击频度等。这些特征通常具备唯一性、遗传性或终生不变性，且具有可以测量或自动识别和验证的特点。

生物识别技术的核心步骤包括获取个人生理和行为特征，将这些特征转化为数字信息后存储在计算机中，然后使用可靠的匹配算法进行身份验证和识别。具体的生物识别技术包括人脸识别、指纹识别、掌纹识别、虹膜识别、视网膜识别、签字识别、语音识别、步态识别、键盘敲击识别、DNA 识别、嘴唇运动识别等。

生物识别技术具有多重优点，包括不易遗忘、难以伪造或盗取、可随身携带和随时可用等。相较于传统的身份验证方式如用户名密码和电子卡证件，生物识别技术更具有安全性、保密性和便捷性，因此在当前的安全防范中占据主导地位。该技术在政府、军队、安全防务、银行、电子商务、社会福利保障、健康医疗等多个领域应用广泛。除了在安全防范领域应用外，生物识别技术在健康医疗领域也应用广泛。医疗领域有大量的个人敏感数据，如医疗记录、处方、病历等。在电子病历等计算机终端的访问控制中，生物识别技术可以用于提高电子病历系统的安全性，能确保只有经过授权的人员才能访问患者的敏感信息，从而有效地保证患者信息的安全和隐私，避免医保诈骗，确保患者接受适当和准确的治疗。

（三）自动问答

自动问答（question answering，QA）指的是计算机能够以自然语言回答人们提出的日常问题，或者给出一组答案。自动问答不仅需要满足用户进行自然信息交互的需求，还要满足用户通过这种方式获取精确高效信息的需求。与搜索引擎相比，自动问答系统提供的答案不仅仅是简单排列的文档，更加注重用自然语言表达信息的语义内涵。

根据问答的会话管理方式，自动问答可以分为单轮问答和多轮问答两类。一次用户提问和系统的一次针对性回答构成了一轮问答。多轮问答则需要处理问答之间的交互与依赖，因此需要构建跟上下文相关的会话过程，从而引入对话管理模块。在健康医疗领域，单轮问答通常用于科普类问题，例如解释"高血压是什么"等简单问题。若要用于辅助问诊，则通常需要进行多轮问答，以收集更全面和有针对性的病史和症状信息，从而实现问题的聚焦并提供诊疗建议。

根据数据来源，自动问答技术可以分为结构化问答、社区问答和知识库问答。结构化问答通过将问题转化为查询，然后在结构化数据中进行查询，返回查询结果作为答案，适用于回答"血压的正常值范围是多少？"等事实性问题。社区问答是用户在问答社区进行互动、提问或回答问题，分析用户行为模式后，为用户提供高质量的回答。社区问答包括专家推荐、相似问题检索和答案质量评估等核心任务。在"互联网＋"健康医疗环境下，在线轻问诊是社区问答的典型应用。知识库问答可根据语义理解和解析自然语言问题，基于医学知识库进行知识提取和推理，以获取与问题相关的信息，从而回答问题。核心技术包括语义解析、信息抽取、向量建模、知识库构建和推理等。

回答的范围，自动问答可以分为开放领域问答和垂直领域问答两种类型。开放领域问答指的是问答系统不限定于特定领域，可以回答任何领域的问题。垂直领域问答也被称为限定领域问答，主要在特定背景领域内进行问答。健康医疗领域就是一个典型的垂直领域应用。健康医疗领域问答的关键技术在于健康医疗问句分类与理解、医学命名实体和实体关系抽取、医学知识图谱构建和医学知识推理等方面。

深度学习为问答系统提供了一种简洁高效的解决方案，它将复杂的文本语义信息（包括词汇、短语、句子、段落和篇章等）映射到低维的语义空间中。这种方法利用低维空间中的向量计算，实现对问题的理解、阅读材料的解析以及答案的生成。基于相似性匹配的深度学习方法是问答系统中的重要策略，其核心思想在于从观测数据中学习问题与知识的语义表示，以确保正确答案与问题在所学向量空间中的相似度最高。阅读理解可以分为两种类型：抽取式阅读理解和生成式阅读理解。抽取式阅读理解主要借助循环神经网络和指针网络等技术，但其生成的答案局限于已有文本中的字词，难以实现灵活和贴近人性的问答。生成式阅读理解则注重产生更符合日常语言习惯的答案，其中常采用序列到序列（sequence to sequence，Seq2Seq）技术。通常情况下，抽取式理解和生成式理解相互结合。在"抽取"阶段，抽取式模型从文本中提取多个片段，将这些片段作为生成答案所需的依据。在"合成"阶段，这些证据将被用作特征，通过 Seq2Seq 模型、内容建模、答案验证等方法生成答案。在健康医疗问答系统中，常需要从大量电子病历和医学文献中抽取与提问相关的信息，然后通过自然语言理解、自动摘要、序列到序列等技术进行信息整合，以自然语言的方式输出答案或建议，并同时附上相关的证据。

在健康医疗领域，结合人工智能开发的医疗自动问答系统有许多软件和网站，典型的应用是爱达健康（Ada Health）。爱达健康通过自然语言处理和机器学习技术，与用户进行对话式交流，以收集关于症状、疾病史等方面的信息，然后提供可能的疾病诊断和医学建议，它能够根据用户提供的信息进行个性化健康风险评估，并向用户推荐适当的医疗建议，例如就医建议、药物信息等。

（四）决策支持

医学决策支持是指在基于收集、整理、加工和分析医学信息的基础上，将低层数据转化为医学知识，为决策者在制订治疗方案、医疗处置和公共卫生决策等方面提供可靠、有效的解决方法。医学决策支持的应用领域广泛，包括辅助诊断、用药指导、医嘱自动评估、自动预警、提示和警戒等多个方面。医学决策支持系统的价值体现在提高医疗准确性、推动个性化治疗、降低错误率，以及改善患者结果等方面。通过整合丰富的医学知识和大数据分析，该系统可为医疗专业人员提供即时的信息支持，推动更为精准的医学决策，进而提升整体医疗质量和患者护理效果。

医学决策支持的主要方法包括贝叶斯模型、决策树、专家系统和人工智能技术。贝叶斯逐步问诊模型可模仿医生的诊断过程，通过逐步提问和分析，获取与疾病相关的症状信息，并利用模型进行综合分析和判断。尽管贝叶斯决策方法具有强大的解释性优势，但其局限在于难以估计先验概率和条件概率，以及条件之间的线性独立性。

决策树生成的结果简洁明了，易于理解，并能提取相关的诊断、检查和治疗规则。然而，决策树的适用范围有限，无法处理那些无法用数量或启发式规则表示的决策情况。专家系统利用逻辑演绎或专家经验规则来模拟人类推理，一般包括人机交互界面、知识库、推理引擎、解释器、综合数据库和知识获取等组件。知识库和模型库构成医学决策的核心，前者提供已知的专家和事实知识，后者提供决策方法和手段，如各种分析和预测模型。

专家系统的优点在于具有强大的针对性、启发性和透明性，其缺点为需要大量的专家知识，构建和维护成本较高，且难以涵盖目标疾病所需的全部知识。人工智能是机器模拟人类推理、学习和联想功能，数据挖掘、知识发现、计算机视觉、自动问答等都是人工智能辅助医学决策支持的不同方面。

医学决策支持广泛应用于临床诊断、处方用药、医院管理、公共卫生管理等多个领域。

1. 临床决策支持系统 用于辅助临床诊疗工作，收集患者信息，包括基本信息、病历、病程、医嘱、检验、影像、护理等，帮助临床医生对患者疾病进行诊断和治疗。典型系统包括美国的专家系统（MYCIN）、快速医学参考系统，以及英国医学知识地图等。

2. 智能药物处方系统 促进合理用药，提高处方的准确性，减少患者用药风险，包括医生医嘱录入系统、药物相互作用和不良反应审查系统、药房处方计算机审查系统等。通过实时更新医学知识库，系统能够辅助医生制定更精准的治疗方案，提升医疗效果，为患者提供更安全、有效的医疗服务。

3. 医院管理决策支持系统 从医学信息系统中提取医疗、教学、科研和管理信息，将信息加工、分析后，为管理者提供决策支持的有用知识。典型系统包括美国退伍军人事务部的分布式医院计算机程序系统等。

4. 公共卫生管理决策支持系统 用于疾病防控和应急处理。集成流行病学数据、疫苗接种信息、环境监测等多源数据可为卫生决策者提供实时而全面的信息支持。该系统可追踪疾病传播，评估公共健康干预效果，有助于制定科学、合理的防控策略。系统应用价值在于提高公共卫生规划与管理的决策科学性，加强应对传染病和突发公共卫生事件的应变能力，最终促进全社会的健康水平。该系统包括加拿大的公共卫生监测系统和美国的疾病监测报告系统等。

5. 医保管理决策支持系统 旨在控制保险计划、管理成本和保险基金支持，服务于参保者和管理者。通过优化费用结构、合理制定报销政策，从而促进医疗资源的合理利用，确保医保制度的可持续性，实现全民医保的长远目标。典型系统包括美国的卫生保健集成总账会计系统等。

6. 卫生政策分析与决策支持系统　整合卫生政策研究信息资源，满足卫生决策人员和研究人员的需求。典型系统有中国医学科学院卫生政策与管理研究中心研发的卫生政策研究知识服务平台等。

例如，混合专家临床决策支持系统是一种创新的医疗辅助工具，旨在整合不同医学领域专家的知识与经验，系统结合人工智能算法，为临床医生提供全面、精准的临床决策支持。这一系统对于提升医疗服务质量、促进医疗资源共享具有重要意义。其核心功能包括辅助诊断、个性化治疗方案推荐、风险评估与预警，以及知识查询与学习，能够根据患者的具体情况和临床需求，提供个性化的决策建议。通过集成多领域专家的智慧和最新研究成果，该系统可有效提高临床决策的效率与准确性，优化患者的治疗方案，进而有助于降低医疗成本。其创新性和实用性在于打破了地域限制，实现了医疗资源的优化配置，并为医生提供了便捷的学习和自我提升平台。

第四节　健康医疗大数据知识发现与展望

一、医疗大数据知识发现

知识发现是从数据集中识别出有效、新颖、潜在有用且最终可理解的模式，将信息转化为有价值的知识。这种过程类似于从数据"矿山"中发掘出有价值的知识"金块"，对知识创新和知识经济的发展具有重要贡献。在健康医疗领域，大数据的应用价值为从海量数据中获得新的知识。这些知识有助于个人健康管理、临床诊疗、管理决策、公共卫生管理等，并能够通过实际业务验证，进一步优化大数据分析模型，不断校准知识的准确性。

在健康医疗大数据应用中，可以综合采用以下技术来实现知识发现。

1. 基于大数据的数据挖掘　借助 Hadoop 等大数据架构，数据挖掘能够在分布式环境中对海量医疗数据深入分析。通过对患者病历、医学影像、基因数据等多源数据的总结、分类、聚类、关联分析、预测和异常检测，将数据转化为有意义的知识，以实现对疾病的预防以及早期诊断。

2. 数据总结　这一步类似于统计分析，在对数据进行浓缩的同时，提供数据的紧凑描述，例如通过平均值和标准差来总结血压、血糖等数据。数据总结通过描述性分析，可以从数据中提取有关变量的基本信息，以形成对数据特征的初步认识，从而为数据分类、统计分析提供基础信息。

3. 数据分类　通过有监督学习算法（如逻辑回归、决策树、支持向量机、集成学习等）对输入的数据进行分析和学习，将数据映射到给定类别中，从而实现数据的分类。其目标是使模型能够在输入新的未标记数据时正确地将其归类到已知的类别中。通常，数据分类被应用在临床诊断模型中，可为疾病诊断提供科学支持。

4. 统计分析　例如聚类分析和关联分析。聚类分析可以应用于患者群体的分类中，发现相似病例和疾病模式，为个性化治疗和预防提供基础。关联分析可帮助识别病患间的潜在关系，揭示症状、疾病之间的相互影响，促进病因研究和医学知识的深入理解。

5. 预测　通过分析对象的发展规律，预测未来趋势。时间序列模型被广泛应用于预测中。在新型冠状病毒感染流行期间，通过收集过去每日感染人数数据，应用时间序列分析技术，如ARIMA、Prophet、LSTM 或 RNN 等，预测未来几天、几周或几个月的感染趋势。这样的预测模型有助于卫生部门、政府机构和公众更好地准备应对未来的疫情发展，以采取相应的控制和防护措施。

6. 异常检测　这一步来源于数据总结，通过了解数据的分布找到数据中的离散值，揭示分析对象中的极端特例，从而发现内在的原因。

综合应用上述技术，健康医疗领域可以从大数据中获取有益的知识，进而优化医疗决策、提升患者管理，改进医疗流程，以为医疗行业带来更大的效益和创新。

二、医疗大数据展望

健康医疗大数据和精准医疗的发展日渐受到医疗机构、企事业单位的重视与关注。本章通过对健康医疗大数据采集、大数据存储、平台构建与运维、大数据治理与挖掘等方面的阐述，对精准医疗领域的健康医疗大数据相关内容进行了深入探讨，围绕健康医疗大数据开展研究，促进健康医疗大数据应用于精准医疗，在临床预防、诊断和治疗中发挥作用。健康医疗大数据的综合处理和深度挖掘研究有助于加快精准医疗的发展，优化医疗资源配置，减少无效医疗、过度医疗，创新医疗服务模式，助力"健康中国"目标的实现。医疗大数据可进一步促进医药生物技术的发展和医疗体制改革，在形成新的经济增长点的同时，带动整个大健康产业的发展。伴随着计算机处理、信息技术、个体化智能医疗的快速发展，面向精准医疗的健康医疗大数据必将迎来新一轮研究热潮，其发展前景值得期待。

（胡志斌　戴俊程）

🔍 思考题 ·········○

1. 生成式阅读理解在健康医疗问答系统中的作用是什么？
2. 在健康医疗大数据治理中，为什么数据生命周期管理至关重要？
3. 健康医疗知识库问答系统的核心技术有哪些？为什么这些技术重要？
4. 医疗大数据本体建模在数据治理中的作用是什么？
5. 未来健康医疗大数据的发展方向有哪些？你认为哪个方向最具潜力？

ℯ 数字资源详见　新形态教材网

👤学习目标　　🖥内容提要　　📄本章小结　　🖨参考文献

第四章

组学大数据

思维导图

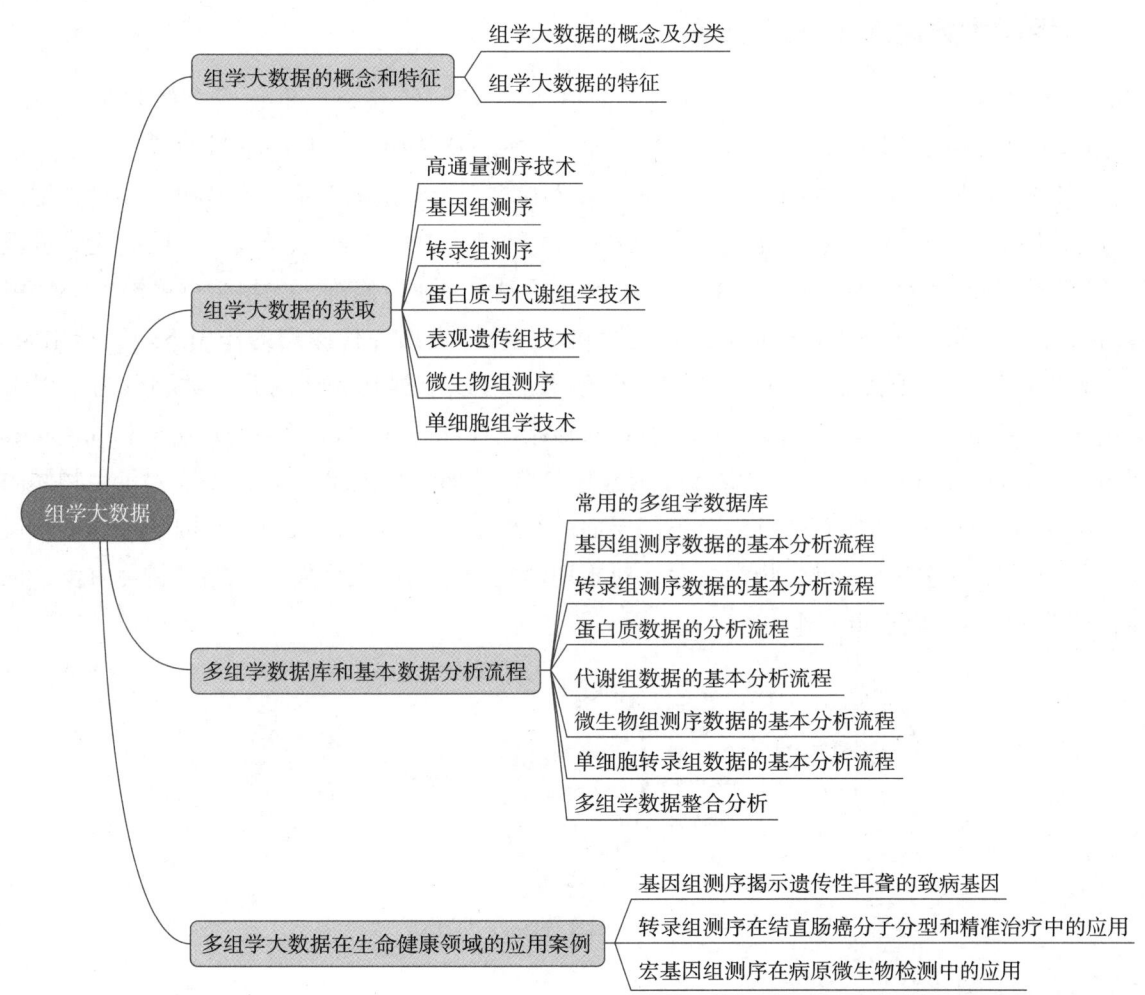

组学大数据

- 组学大数据的概念和特征
  - 组学大数据的概念及分类
  - 组学大数据的特征

- 组学大数据的获取
  - 高通量测序技术
  - 基因组测序
  - 转录组测序
  - 蛋白质与代谢组学技术
  - 表观遗传组技术
  - 微生物组测序
  - 单细胞组学技术

- 多组学数据库和基本数据分析流程
  - 常用的多组学数据库
  - 基因组测序数据的基本分析流程
  - 转录组测序数据的基本分析流程
  - 蛋白质数据的分析流程
  - 代谢组数据的基本分析流程
  - 微生物组测序数据的基本分析流程
  - 单细胞转录组数据的基本分析流程
  - 多组学数据整合分析

- 多组学大数据在生命健康领域的应用案例
  - 基因组测序揭示遗传性耳聋的致病基因
  - 转录组测序在结直肠癌分子分型和精准治疗中的应用
  - 宏基因组测序在病原微生物检测中的应用

65

1953 年，英国科学家弗朗西斯·克里克和詹姆斯·沃森发现了 DNA 双螺旋结构，阐明了生物遗传的基因密码构成。2003 年，由美、英、日、法、德、中六国参与的"人类基因组计划"宣告完成，人们获得了人类基因组的全部 DNA 序列。这项人类历史上的伟大工程开启了生命科学研究的新时代，基因组学、蛋白质组学、生物信息学、精准医学、基因编辑等学科和产业应运而生，推动了生物医学领域的研究和应用。自此，人们对生命和疾病的理解已经逐步从宏观深入到微观，从临床表型深入到分子机制。从临床样本采集、高通量测序到生物信息挖掘，再回到生物实验与临床验证，这一流程逐渐成为生物医学研究的新范式。

第一节　组学大数据的概念和特征

一、组学大数据的概念及分类

组学数据中的"组"这一概念源自英文词根"–ome"，代表一类事物或个体的集合，相应地，"组学"（–omics）是研究"组"的构成、结构、功能及其相互关联的学科领域。在分子生物学中，"组学大数据"特指那些通过高通量实验技术在多个组学层面获取的大规模生物学数据。根据中心法则（图 4–1），生命体中的遗传信息从 DNA 转录为 RNA，再翻译成蛋白质。这一过程受到复杂调控机制的影响，如 DNA 和 RNA 会受到一系列表观遗传修饰，如组蛋白修饰、DNA 甲基化、RNA 甲基化等，进而影响相应基因的表达和功能。蛋白质在代谢酶的作用下最终转化为糖、脂类、氨基酸等小分子代谢产物。相应地，组学数据可以根据其表征的分子类型分为基因组学（genomics）、转录组学（transcriptomics）、表观遗传组学（epigenetics）、蛋白质组学（proteomics）、代谢组学（metabonomics）等数据。深入分析这些多维度的组学大数据，可以全面揭示生物体内复杂的生物学过程和调控机制。通过整合不同层面的组学数据，可以深入阐明基因转录调控、蛋白质相互作用、代谢通路等关键生物学过程，对于理解复杂疾病的发生发展机制、新药研发、推进个体化精准医疗等都具有重要作用。

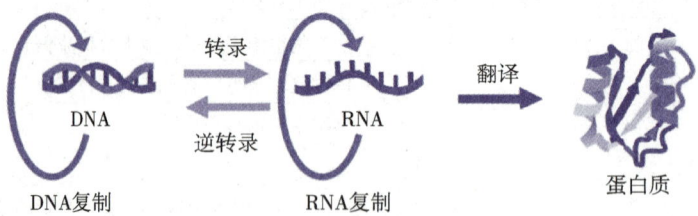

图 4–1　遗传信息传递的中心法则

各类组学数据的主要含义如下：

1. **基因组数据**　涵盖了与生物体基因组结构和功能相关的数据，包括生物体基因的序列、结构、功能，以及各种调节元件等。常用的数据类型包括基因序列数据和基因组变异数据（如单核苷酸多态性、拷贝数变异、结构变异等）。

2. **转录组数据**　特定组织或细胞在某一状态下转录出的所有 RNA 的总和。转录组学数据主要通过 RNA 测序技术获得，包括 mRNA 的表达水平、非编码 RNA 的表达及剪接变异等。转录组数据是基因功能研究的基础，对理解生物体发育和疾病的发生发展机制具有重要作用。

3. 蛋白质组数据　特定条件下细胞或生物体中表达的蛋白质的集合。常见的数据类型包括蛋白质表达数据、蛋白质修饰数据（如磷酸化、乙酰化等）及蛋白质互作数据等。

4. 代谢组数据　特定条件下细胞或生物体产生的所有低分子量代谢物的类型及其组成。主要数据类型包括质谱数据和核磁共振数据，它们有助于解析代谢途径、代谢物浓度和代谢物之间的关系等。

5. 表观遗传组数据　表观遗传是指不改变基因的 DNA 序列，可以调控基因表达的可遗传机制。表观遗传组数据指表征特定生物样本表观遗传状态的数据，主要包括 DNA 甲基化、组蛋白修饰、RNA 修饰和染色质可及性等。

6. 微生物组数据　指生态群落中的全体微生物（细菌、古细菌、真核生物和病毒等各种生命体形式）的组成和其基因组信息。包括对于微生物全基因组进行研究的宏基因组学数据，以及针对微生物中特定保守区域（16S、18S、ITS 等）的扩增子数据。

7. 单细胞组学数据　单细胞组学技术是指在单细胞水平上检测细胞内的多种遗传物质或功能分子，从而揭示细胞在不同分子层面上的异质性。单细胞组学数据涵盖多种数据类型，包括单细胞转录组数据、单细胞基因组数据、单细胞蛋白质组数据以及单细胞表观遗传组数据（如 DNA 甲基化、染色质构象和染色质可及性等）。

二、组学大数据的特征

与其他类型的大数据相比，组学大数据呈现出高维度、高噪声、异质性强的特点。所谓"高维度"，是指组学数据通常包含大量的特征，如人类的转录组测序可以揭示超过 25 000 个基因的表达水平；全基因组亚硫酸盐测序可以定量超过 25 000 000 个 CpG 位点的甲基化状态；而人体内已知的代谢物（包括氨基酸、脂类、糖类分解产物等）也达到数千种。然而，与高维"特征"相对应的是相对较少的"样本"数量，例如，一个典型的转录组实验通常只有几个到几十个样本。这种"高维度、小样本"的特点为后续的数据挖掘带来了巨大的挑战。

组学大数据的另一个典型特性是高噪声。所谓"噪声"，是指在数据采集和处理过程中可能产生的随机或系统误差，包括实验误差、测量误差、样本差异、技术偏差等，这些误差可能掩盖数据中的真实信号，降低数据挖掘的可靠性和准确性。如在基因突变检测中，随机产生的测序误差可能与低频突变难以区分，从而降低变异检测的准确性。为此，研究人员需要采取一系列数据预处理和消除噪声的方法，以减少对分析结果的影响。

最后，组学数据具有较高的异质性，指的是所检测分子信息类型的多样性和检测样本的差异。例如，生物多组学数据通常来自多个生物样本，涉及不同的组织和器官，以及不同的时间点和条件。此外，异质性也可能源于产生组学数据的不同实验技术和平台，如基因组测序技术的不同可能会导致数据质量和覆盖范围的差异。

第二节　组学大数据的获取

一、高通量测序技术

自 20 世纪中叶起，随着遗传物质的生物化学基础及 DNA 双螺旋结构的成功揭示，DNA 测序技术得到了迅速发展，逐渐形成了以 Sanger 测序为代表的第一代测序技术，以 Illumina 测序为代表的第二代测序技术（next-generation sequencing，NGS），以及以 Nanopore 公司的纳米孔测序（nanopore sequencing）和 PacBio 公司的单分子实时测序技术（single-molecular real time sequencing，SMRT）为代表的第三代测序技术（third-generation sequencing，TGS）。

Sanger 测序采用链终止法技术实现了电泳和序列结果的自动读取，成为人类基因组计划的主要测序工具。该方法将基因组 DNA 分解并克隆到质粒载体，经纯化后进行循环测序反应。利用特定浓度的 dNTPs 和 ddNTP，每次测序可以生成数百至数千碱基的链终止产物。这些片段起止位置各异，但终止在不同的核苷酸上，可通过高分辨率变性凝胶电泳分离大小不同的片段，凝胶处理后可用凝胶电泳或 X 射线胶片放射自显影法确定待测分子的 DNA 序列。Sanger 测序读长可达到 1 000 bp（碱基对），并具有极高的准确性（99.999%），但其测序成本高、通量低的缺点限制了其在临床上的大规模应用。

为克服第一代测序技术的缺陷，以 Illumina 平台为代表的第二代测序仪采用基于荧光信号图像的桥式 PCR 边合成边测序技术，在保证 99.9% 准确率的同时大幅提高了测序通量。相对第一代 Sanger 测序，第二代测序技术能够并行测定数十万到数百万条 DNA 分子的序列。尽管其读长相对较短，但通过拼接多个短 DNA 片段，可重建完整的序列信息，实现对基因组和转录组的深入分析，因此第二代测序又被称为深度测序（deep sequencing）或高通量测序（high-throughput sequencing）。相对于 Sanger 测序，第二代测序在处理大规模样品、测序速度及测序通量上具有无可取代的地位，是目前组学研究中的主流技术（如无特殊声明，本章提到的高通量测序均指第二代测序）。然而，其测序读长较短、测序深度受 GC 含量影响等缺点也限制了 NGS 技术在大量重复片段或高 GC 含量区域的测序表现。

2011 年后，以 PacBio 和 Oxford Nanopore 为代表的第三代测序技术崭露头角。与前两代技术不同，TGS 不依赖 PCR 扩增，能直接对单个 DNA 分子进行测序，生成较长的读段，标志着测序技术的新里程碑。TGS 的主要特点包括单分子测序（SMS）、实时测序、长读取及其相对较高的错误率。TGS 可以提供长度超过 10 000 bp 的读段，有助于精确确定全长序列和检测特定变异。但需注意，TGS 的测序误差通常超过 10%，有些甚至达到 20%，这为数据处理带来了额外的挑战。

二、基因组测序

基因组涵盖了生物体的所有 DNA 序列，不仅包括编码蛋白质的基因，还有调控基因活性的非编码区域及线粒体或叶绿体的 DNA。基因组学旨在测序整个基因组，并深入探索其中的基因及其调控元件的功能。根据测序目标区域的不同，基因组测序可分为全基因组测序（whole genome sequencing，WGS）、全外显子测序（whole exome sequencing，WES）和靶向测序（target sequencing）等。

1. 全基因组测序 旨在获取生物体整个基因组的完整 DNA 序列，以分析不同样本之间的基因组差异，包括单核苷酸多态性（SNP）、插入或缺失变异、重复和其他结构变异。

2. 全外显子测序 利用序列捕获技术将外显子区域及重要调控功能的非转录区域（untranslated regions）捕获并富集后进行高通量测序。外显子是基因中编码蛋白质的部分，仅占整个基因组的 1%～2%，但其包含了大部分与遗传疾病相关的变异。

3. 靶向测序 是指针对基因组中已知的与特定功能、疾病相关的区域进行测序，可用于疾病相关基因的测序、肿瘤测序以及药物反应研究等。

三、转录组测序

转录组是特定组织或细胞在某一发育阶段或功能状态下转录出的 RNA 的集合。转录组测序可以根据测序目标和分辨率进行分类。根据所要检测 RNA 分子的不同，转录组测序可分为 mRNA 测序、小 RNA 测序、长链非编码 RNA 测序和环状 RNA 测序等。其中，mRNA 测序主要针对特定条件下转录出的全部信使 RNA（mRNA），小 RNA 测序主要针对 18～40 个核苷酸的小分子 RNA（比如 miRNA、snoRNA 等）进行分析，其在构建文库前通过片段选择来富集目标小分子 RNA；而对于环状 RNA 测序，则需要先使用 RNase R 降解掉线性 RNA 分子。根据测序分辨率的不同，转录组测序可以分为批量转录组测序（bulk RNA-seq）、单细胞转录组测序（single-cell RNA-seq，scRNA-seq）和空间转录组（spatial transcriptomics，ST）测序。通常所说的转录组测序（RNA-seq）一般指批量转录组测序，它是目前应用最广泛、技术最成熟的转录组测序方式。

RNA-seq 可以从整体上研究基因的表达模式，相对于早期的基于寡核苷酸芯片的 mRNA 定量方式，其具有定量准确、可重复性高、检测范围广等优点。除了能分析基因表达水平，RNA-seq 还能发现新的转录本、单核苷酸多态性（SNP）位点、融合基因、可变剪切位点等。此外，它还能够提供等位基因特异性表达信息，从而揭示特定生物学过程或疾病发展进程中的分子机制。

RNA-seq 测序的基本实验流程为：

1. 总 RNA 提取 从组织、血液、细胞等样本中提取总 RNA，常用的方法有梯度密度离心法、氯仿抽提法、离子交换法、盐析法、硅胶膜法等。提取后的总 RNA 要进行纯度（purity）、浓度（quantity）、完整性（RIN）的质量检查。

2. mRNA 分离与片段化 上述方法抽取出的总 RNA 中通常绝大部分都是核糖体 RNA（rRNA），以人类的细胞或组织为例，一般抽提到的总 RNA 中 95% 都是 rRNA，仅有 2%～3% 是 mRNA。因此，RNA-seq 建库中的关键一步是去除 rRNA。以 Illumina 公司的 TruseqRNA 建库方法为例，其核心原理是利用高等真核生物成熟 mRNA 有 ploy（A）尾的特点，可以用 poly（T）磁珠与 mRNA 的 poly（A）尾特异性结合，从而去除其他 RNA。然后用镁离子溶液进行处理，可以将纯化的 mRNA 片段化。

3. 逆转录为 cDNA 利用随机引物逆转录出 cDNA 片段，并进行末端修复。

4. 构建测序文库 在双链 cDNA 的两端加接头，进行 PCR 扩增，达到一定浓度后进行上机测序。

四、蛋白质与代谢组学技术

（一）蛋白质组检测与定量

蛋白质是生物功能的最终执行者，在生物体中发挥着结构维持、代谢、运输、免疫、信号调节等诸多作用。基因通过 DNA 的转录形成 mRNA，随后经翻译过程产生蛋白质，这一过程涉及一系列精细的表达调控机制，如转录调控、翻译调控、转录后修饰等，因此 mRNA 的表达水平并不能完全代表蛋白质的表达水平。目前的研究表明，mRNA 与蛋白质丰度的相关性仅为 0.3~0.5，有时甚至会出现不相关甚至负相关的情况。因此，准确了解蛋白质的表达水平及其修饰情况，才能更好地反映生物体发育或疾病发生发展的生物学机制。

随着人类基因组计划的完成，蛋白质组学应运而生。蛋白质组是指在一个生物系统或状态下表达的全部蛋白质的集合。蛋白质组学致力于系统分析细胞、器官、组织或有机体的蛋白质组成、结构、功能及其相互作用网络，其目标在于从分子层面揭示生命活动和疾病发生发展的分子机制。蛋白质组的复杂性远高于基因组，如人类大约有 25 000 个基因，但经 mRNA 剪切和翻译后修饰将产生 20 万~200 万个蛋白质。

根据检测通量的不同，蛋白质组学技术可以分为低通量技术和高通量技术两类。低通量技术包括：① 基于抗体的方法，通过蛋白质与特异性抗体的结合来检测目标蛋白质，如酶联免疫吸附试验（ELISA）和 Western blot 试验；② 二维凝胶电泳法，即利用蛋白质的电荷和分子质量在二维凝胶中分离。该方法可以用于比较蛋白质在不同实验条件下的表达差异，也可以用来分离蛋白质，用于下游的质谱分析；③ 色谱分离法，即利用样品的流动相（如气体或液体）在固定相（固定于柱或平板上的物质）中的互动进行成分分离，由于不同的组分与流动相具有不同的互动强度，其在柱中的流出速度也不同，可以实现物质的分离、定性及定量分析。

蛋白质的高通量检测主要采用质谱分析，即利用质谱仪识别蛋白质多肽的分子量和氨基酸序列，以及蛋白质的结合位点和翻译后修饰等。质谱技术在准确性、分辨率、敏感性以及定量分析等方面的优势使得其在蛋白质科学和大分子研究中处于核心地位。质谱分析的基本原理是使试样中各组分在离子源中发生电离，生成不同荷质比的带正电荷的离子，经加速电场的作用形成离子束，进入质量分析器，再利用电场和磁场使其发生相反的速度色散，将它们分别聚焦而得到质谱图，从而确定其质量。

（二）代谢组检测与定量

细胞内的生命活动是由众多基因、蛋白质及小分子代谢物共同参与承担的，且上游的核酸、蛋白质大分子功能变化最终会体现在代谢层面，如神经递质的变化、激素调控、受体作用效应、细胞信号释放、能量传递和细胞间通信等。因此，代谢组处于生物系统的最下游，与生物表型直接相关，被称为"最接近生物表型的组学"。

一般来说，代谢组学主要关注相对分子质量在 1 000 以下的小分子化合物，根据所研究的对象及目的的不同，代谢组主要分为如下两类：

1. **靶向代谢组**　有针对性地对某一些特定的代谢物进行监测分析。主要目的是验证样本中是否包含某种目标代谢物。该方法可以对目标代谢物在生物样本中的绝对浓度进行定量检测，具有特异性强、敏感性高、定量准确的优点。

2. **非靶向代谢组** 对生物体内所有代谢物进行全面分析，可以检测出更多的代谢物，反映样本的总体代谢物特征，是一种无偏的代谢物分析方法。非靶向测序仅能得到代谢物的相对丰度，所采用的方法有核磁共振（NMR）、气质联用（GC-MS）和液质联用（LC-MS）方法。

五、表观遗传组技术

表观遗传修饰是指在不改变 DNA 序列的情况下，可以影响基因表达调控的一系列化学修饰过程，包括 DNA 甲基化、组蛋白修饰、染色质结构和 RNA 修饰等。表观遗传修饰发生在 DNA、组蛋白乃至整个染色质结构层面，构成了一个复杂精细的调控网络，它们能够影响基因的时空特异性表达，在细胞分化、器官发育、疾病发生等过程中起到关键作用。表观遗传组是指一个生物个体中所有表观遗传修饰的总和，对表观遗传组的研究有助于深入理解基因表达的调控机制，并揭示疾病发生过程中表观遗传异常的作用。

根据表观遗传修饰类型的不同，表观遗传组技术主要包括如下 4 类：

1. **DNA 甲基化测序** 检测基因组中胞嘧啶（C）的甲基化修饰状态，其基本原理是利用重亚硫酸盐处理基因组 DNA，将未被甲基化的胞嘧啶转化为尿嘧啶（U），而甲基化的胞嘧啶保持不变，再进行高通量测序，并与参考基因组进行比较，即可得到目标区域的甲基化状态。代表性方法包括全基因组重亚硫酸盐测序（whole genome bisulfite sequencing，WGBS）、简化基因组重亚硫酸盐测序（reduced representation bisulfite sequencing，RRBS）等。其中，WGBS 可以在全基因组尺度上无偏地对所有胞嘧啶进行绝对定量，而 RRBS 利用限制性内切酶（主要是 Msp I 和 Bgl II）对基因组进行酶切，富集启动子及 CpG 岛等重要的表观遗传区域再进行重亚硫酸盐测序。与 WGBS 相比，RRBS 显著提高了 CpG 岛的测序深度，是一种高效、经济的甲基化研究方法，在大规模临床样本研究中更具优势。

2. **组蛋白修饰技术** 组蛋白是染色质中的核心结构蛋白，其 N 端的氨基酸残基可以发生多种化学修饰，如乙酰化、甲基化、磷酸化、泛素化等。这些修饰会改变染色质的结构和状态，从而对基因的转录活性产生调控作用。定量组蛋白修饰的方法主要包括免疫印迹法、染色质免疫共沉淀技术、质谱技术和免疫组化方法等。

3. **染色质可及性和构象捕获技术** 主要包括用于检测染色质可及性的 ATAC-seq（assay for targeting accessible-chromatin with high-throughput sequencing）和染色质三维空间构象捕获技术 Hi-C（high-through chromosome conformation capture）。在真核生物中，核小体是染色质的基本结构单位，由 DNA 与组蛋白结合后形成，核小体经进一步折叠压缩后最终形成染色质。DNA 的复制和转录需要打开染色质的高度紧密结构，使调控因子有效结合到 DNA 上。这部分被解开的染色质称为开放染色质，其允许调控因子结合的特性称为染色质的可及性（或开放性）。ATAC-seq 技术结合 DNA 转座酶和高通量测序技术可实现染色质可及性分析。在 ATAC-seq 试验中，细胞或组织样本在核质分离后，细胞核被单独富集，并通过转座酶对核内的染色体进行随机打断。紧密包裹的染色质 DNA 不会受到转座酶的打断，而开放区域的染色质 DNA 会被转座酶随机插入并打断。将这些打断后的 DNA 收集在一起，再进行后续的建库、测序、分析，即可得到开放染色质的信息。Hi-C 技术是一种研究染色质三维空间结构的高通量测序方法，它结合了高通量测序技术与生物信息学分析方法，目的是在全基因组范围内探讨染色质 DNA 的空间位置关系，并获得高分辨率的染色质三维结构信息以及染色质调控元件相互作用图谱。

4. RNA 修饰检测技术　RNA 修饰指 RNA 分子上的化学修饰。目前已经报道了超过 100 种 RNA 修饰，广泛存在于 mRNA、tRNA、rRNA 和 miRNA 等 RNA 分子上。这些修饰影响着 RNA 的合成、转运、功能和代谢，进而在细胞功能的调节中发挥关键作用。主要包括 7- 甲基鸟嘌呤（7-methyl guanosine，m7G）、N6- 甲基腺嘌呤（N6-methyl adenosine，m6A）、5- 甲基胞嘧啶（5-methyl cytidine，m5C）、2- 氧甲基化（2′–O–methylation，Nm）、5- 羟基甲基胞嘧啶（5–hydroxymethyl cytosine，hm5C）、假尿嘧啶（Ψ）等。RNA 修饰的主要检测方法有两种，一是基于抗体的免疫共沉淀技术（RIP-seq），这个方法常用来研究 m6A、m7G 等修饰；另外一种是基于化合物转换法，比如重亚硫酸氢盐测序，一般用来研究 m5C 和 Ψ 等修饰（也称 BID-seq）。

六、微生物组测序

微生物广泛存在于人体皮肤、肠道、土壤、海洋等各种环境中，其在医学研究、农业育种、食品加工、环境治理等领域都得到了广泛的应用。特定环境中所有微生物的种类及其遗传信息的集合统称为微生物组。随着高通量测序技术的发展，研究者逐步认识到，人体微生物组（尤其是肠道菌群）在维护宿主的生理过程中发挥着关键作用，且可能成为疾病发生发展的生物标志物和药物靶点，因此，微生物组也被称为人类的"第二基因组"。更重要的是，微生物组测序可以克服传统微生物组研究中绝大部分菌株难以分离培养的问题，使得对样本中的全部微生物进行定性和定量成为可能。

根据目标区域的不同，微生物组测序可分为扩增子测序和宏基因组测序（表 4–1）。其中扩增子测序主要针对微生物基因组的特定保守和可变区域，以捕捉多数微生物并区分微生物种类。常见的扩增子测序包括针对细菌的 16S rDNA 测序及真核生物的 18S rDNA 和 ITS 测序。16S rDNA 是原核微生物染色体上的一个"分子时钟"基因序列，可反映物种的多样性，它既有高度保守的序列区域，又有中度保守和高度可变的序列区域。利用保守区序列设计引物，将 16S rRNA 基因片段进行 PCR 扩增并测序，可根据可变区序列的差异对不同种属的微生物进行物种鉴定和分类。ITS 序列全称为内在转录间隔区（internal transcribed spacer，ITS）序列，是真核生物核糖体 RNA（rRNA）基因非转录区的一部分，常用于真菌类群的物种鉴定和群落组成分析。但受限于扩增子区域的分辨率，16S 和 ITS 测序通常仅能在属水平上得到物种的丰度。

表 4–1　扩增子和宏基因组测序的主要区别

区别点	扩增子测序	宏基因组测序
测序区域	16S rRNA 基因（16S rDNA）编码原核生物核糖体小亚基 rRNA	全部微生物的总 DNA
研究目的	群落组成、多样性、进化关系	群落组成、多样性、进化关系、基因功能
新物种鉴定	否	是
微量微生物鉴定	否	是
物种鉴定分辨率	一般可鉴定到"属"水平，少数可鉴定到"种"水平	通过基因组拼接，可鉴定到"种"水平，甚至"菌株"水平
数据文件大小	通常 50 MB/ 样本	通常 10 GB/ 样本
分析复杂度	简单	较复杂

宏基因组测序是指对微生物群落的全基因组进行测序，并不需要对特定区域或特定微生物种群进行富集和测序。通过序列组装和基因注释，可以得到群落中各种微生物（细菌、真菌、古菌、病毒等）的基因序列及基因功能注释信息。宏基因组学研究能全面精细地展示微生物群落整体的功能代谢谱和物种精细组成谱，从原理上阐明微生物群落在生态系统中发挥作用的根本机制。

扩增子测序和宏基因组测序主要针对已分离的 DNA 进行测序，但这两种方法都无法直接确定这些 DNA 是否来源于活跃的细胞或其相关基因是否表达。借助于转录组测序技术，可以准确阐明微生物群落中哪些基因在何种条件下转录，从而能够更准确地阐明特定微生物在环境中的潜在功能。然而，宏转录组测序面临的一个关键挑战是如何从混合的总 RNA 样本中有效地分离出微生物的特异 mRNA。对于真核生物，可以设计 poly（T）引物合成 cDNA 来选择 mRNA。但原核生物 mRNA 缺乏 poly A 尾巴，无法通过引物富集和合成 cDNA，需要研究者采用其他策略或技术来有效地捕获和分析原核微生物的 mRNA。

七、单细胞组学技术

上述组学检测技术都是在细胞群体（bulk）水平上对各类组学特征进行检测，然而在组织发育、疾病发生发展等过程中，细胞在多个组学维度上存在异质性，基于细胞群体测序获取的生物信号实际上是大量细胞信号的组合，掩盖了单个细胞的特征（图4-2）。例如，肿瘤免疫微环境是由癌细胞、各种基质和免疫浸润细胞组成。研究表明，同种癌症类型的治疗方案对不同患者的疗效往往是不同的，这种差异性与肿瘤微环境中浸润的免疫细胞有关。当采用批量细胞测序时，来自稀有细胞群体或细胞类型的驱动肿瘤发生或治疗抗性的真正信号可能会被平均基因表达谱所掩盖。

近年来兴起的单细胞测序技术是指在单个细胞水平上对基因组、转录组、表观组等进行高通量定量的一项新技术。与传统的群体水平分析相比，单细胞组学能够深入探索生物系统的细胞异质性，为我们提供前所未有的细胞分子水平视角，在肿瘤学、发育生物学、免疫学、神经科学等领域发挥着重要作用。因此，单细胞组学技术已成为近期科研领域的热点，并被 *Nature Methods* 杂志评为 2019 年年度技术。

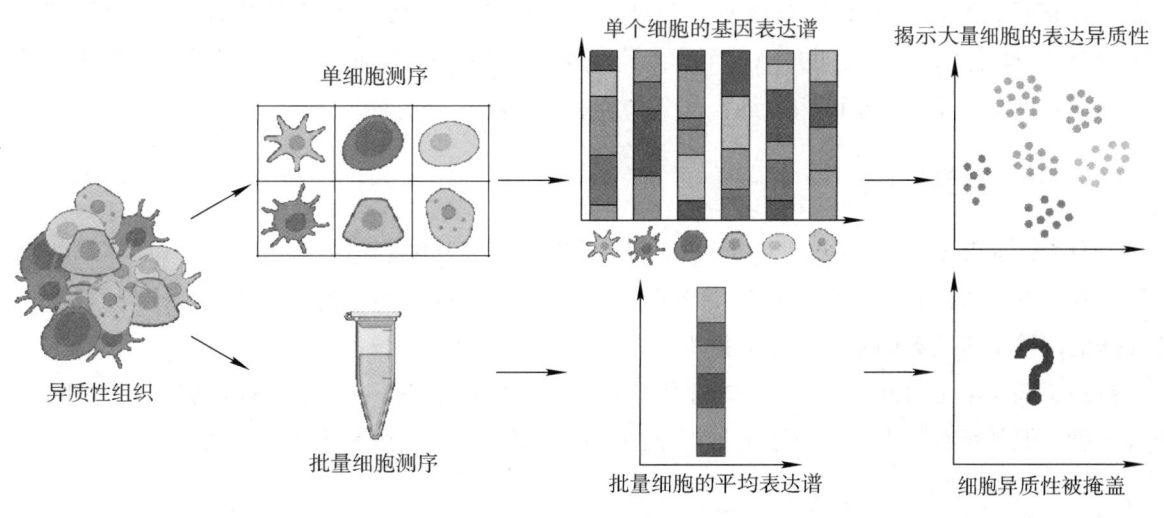

图 4-2　单细胞测序与批量细胞测序的区别

目前，主要的单细胞组学技术包括单细胞转录组测序（scRNA-seq）、单细胞表观组测序、单细胞蛋白质组技术及单细胞多组学联合检测技术等。单细胞转录组测序实验和分析的一般流程如下所述。

1. **单细胞分离**　利用流式细胞术或微流控技术将组织或样品分离成单个细胞悬液。

2. **单细胞捕获**　将单个细胞装载到微流控芯片或微滴上进行分选和捕获。

3. **细胞裂解和核酸提取**　对捕获的单个细胞进行裂解，提取 DNA、RNA 等核酸分子。

4. **文库构建**　利用特殊引物和酶对提取的核酸进行扩增和文库构建。

5. **高通量测序**　利用高通量测序技术，如 Illumina、BGI-seq 等对构建的文库进行测序。

6. **生物信息学分析**　应用单细胞生物信息学分析软件对测序数据进行分析，包括聚类、细胞亚群鉴定、差异基因表达、细胞通信等。

第三节　多组学数据库和基本数据分析流程

一、常用的多组学数据库

（一）基因组数据库

GenBank：美国国家生物技术信息中心（NCBI）维护的全球最大的 DNA 和蛋白质序列公共数据库。GenBank 收集整理了来自基因组计划、高通量测序项目，以及个体科研人员提交的核酸序列数据，目前拥有超过 5 000 亿个碱基的序列数据。用户可以在 GenBank 中获得基因组注释信息、编码区预测、同源基因比对等服务。

Ensembl：由欧洲生物信息学研究所（EBI）开发的基因组数据库，提供了数百个物种的基因组序列、基因模型、变异信息等多组学数据。

COSMIC（Catalogue of Somatic Mutation in Cancer）：Sanger 研究所建立的肿瘤体细胞突变及其影响的数据库，2019 年 9 月发布版本为最新版本，该数据库共发布了超过 140 万个肿瘤样本中 9 733 455 个编码区突变、12 099 101 个非编码区突变、19 396 个基因融合事件、1 207 190 个拷贝数变异等，数据库涵盖了基因组中绝大部分与肿瘤相关的变异信息。

（二）转录组数据库

GEO（Gene Expression Omnibus）：由 NCBI 维护的公共基因表达数据库，用户可以在其中提交和获取各种基因表达谱芯片和测序实验数据。当前 GEO 数据库拥有超过 100 万个样本的基因表达谱数据集，是全球最大的基因表达数据库。

ArrayExpress：由 EBI 开发的公共基因表达数据库。ArrayExpress 与 GEO 数据库拥有部分共享的数据集，但其所有数据均进行了更加严格的注释，对于数据再分析研究更加友好。

（三）蛋白质组数据库

UniProtKB/Swiss-Prot：由 UniProt 联盟维护的蛋白质序列和功能注释数据库，目前收录了超过 1 亿条蛋白质序列和信息，是最大的蛋白质数据库。用户可以在其中获得丰富的基因本体、亚细胞定位、蛋白质结构、相互作用等数据。

PRIDE：由 EBI 开发的蛋白质组数据库，专门用于提交和检索质谱相关的蛋白质组学实验数据。

（四）代谢组数据库

HMDB：人类代谢物数据库，收集了文献和实验鉴定的超过 4 万种人类内源性代谢物数据。HMDB 对每一种代谢物都进行了详尽的注释，包括结构信息、参考谱图、生物合成和代谢途径、正常浓度范围以及相关的疾病和检验等。

MetaboLights：EBI 开发的一个公共代谢组学数据库，包含原始的质谱图数据。

（五）单细胞转录组数据库

Single Cell Portal：由 Broad 研究所建立和维护的多物种单细胞转录组数据库，包含单细胞 RNA 测序数据、细胞表型信息及细胞类型标识等。当前数据库总共整合了 100 多个数据集，涵盖小鼠（mouse）、人类（human）等十多个物种，数据量达到了数百万个细胞。用户可以在数据库中交互地分析和可视化单细胞数据，以及利用丰富的分析工具对数据进行处理。

Single Cell Expression Atlas：由 EMBL-EBI 建立的单细胞转录组数据库。该数据库专注于对公开单细胞转录组数据进行系统性整合和再分析，为用户提供了质量控制、基因表达图谱、细胞类型注释等下游分析结果。

（六）微生物组数据库

IMG/M（Integrated Microbial Genomes and Microbiomes）：美国国家微生物基因组研究所维护的微生物基因组和宏基因组综合数据库。其所包含的数据类型包括微生物基因组序列、基因注释、基因家族、代谢途径、菌群结构及宏基因组序列和注释等。当前数据库共整合了来自不同环境的，超过 13 000 个微生物基因组及上千个宏基因组数据集。

HMP（Human Microbiome Project）：美国国立卫生研究院主导的人体微生物组计划。该数据库收集了上万个人体多个部位（肠道、口腔、皮肤等）的微生物组测序数据，并提供了丰富的微生物基因组注释、分析报告及交互分析工具。

（七）综合数据库

TCGA（The Cancer Genome Atlas）：由美国国家癌症研究所和国家人类基因组研究所于 2006 年联合启动的一项里程碑式癌症研究项目，旨在通过系统性的肿瘤基因组学研究来改进对癌症的预防、诊断和治疗策略。该项目收集整理了来自 34 种癌症类型的近 2 万名肿瘤患者的多维度组学数据，为全球癌症研究者提供了一个大型、免费的癌症研究参考数据库。

ICGC（International Cancer Genome Consortium）：跨国合作组织，致力于推动全球范围内的癌症

基因组学研究，其主要目的是鉴定与各种癌症相关的致癌基因和突变，并为全球科学家提供有关癌症的遗传变异和分子机制的数据资源。

CCLE（Cancer Cell Line Encyclopedia）：由癌症研究人员和生物技术公司共同建立的数据库，旨在提供大量肿瘤细胞系的分子特征数据。该数据库包含了多种癌症细胞系的基因组、转录组和药物反应等信息，为癌症药物研发和个体化治疗策略制定提供了重要的参考依据。

ENCODE（Encyclopedia of DNA Elements）：一个国际合作项目，旨在识别和分析人类基因组中的所有功能元件。其目标是绘制出人类基因组中的所有功能元件，包括基因、转录调控区域和非编码 RNA 等，为理解基因组的功能和调控提供全面的数据资源。

NGDC（National Genomics Data Center）：由中国国家基因组科学数据中心建立的综合数据库。该数据库汇聚了多种生物学研究的数据资源，包括基因组、转录组、蛋白质组和代谢组等。NGDC还提供了大规模第二代测序及其他高通量组学数据的存储、管理和分析服务，为国内外科学研究人员提供数据资源和技术支持。

二、基因组测序数据的基本分析流程

本部分以全基因组测序（WGS）为例，介绍基因组测序数据的基本分析流程，全外显子测序或靶向测序数据分析可以通过调整相应参数得到。全基因组测序数据的基本分析流程可以分为以下几个部分（图 4-3）。

（一）数据质控

以 Illumina 测序仪为例，其下机数据通常为二进制的 bcl（binary base call）格式，对应同一个测序通道（lane）下所有样本的序列及数据质量。在后续分析之前，需要利用 bcl2fastq 软件进行样本拆分，得到每个样本的 fastq 文件，该文件包含了每个读长（read）的编号、序列信息、测序质量信息等。

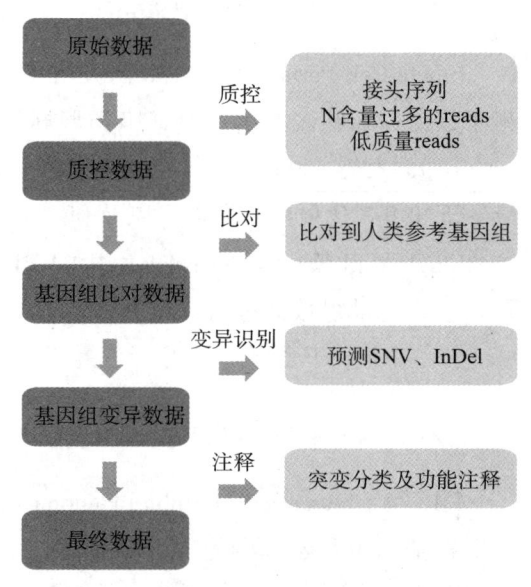

图 4-3　全基因组测序数据的标准分析流程

后续可以利用 FastQC 软件全面评估数据的质量，包括读长中每个位置的碱基质量、碱基总体质量分布、GC 含量分布、未识别碱基的比例、接头序列的含量等。得到每个样本的 FastQC 质控报告后，可以用 MultiQC 软件对质控报告进行整合，以进行更好的可视化。原始数据往往不能直接分析，这是因为部分读长的测序质量较低，或含有较多未识别的碱基（N）。此外，有些测序片段的长度太短，会导致 3′ 端的接头序列也被检测到，这些接头序列也需要从读长中去除。比较常用的去除接头的软件有 Trim Galore、Trimmomatic、cutadapt 等。

（二）序列比对

得到质控后的读长文件后，需要将其与该物种的参考基因组进行比较，来确定每一条读长在参考基因组上的位置，这个过程称为比对（alignment）或回帖（mapping）。序列比对本质上是一个寻找最长公共子字符串的问题，核心的难点是如何将海量的（通常超过几百万条）读长在较长的参考基因组（如人类基因组包含约 30 亿个碱基对）进行快速回帖，并且允许少量的碱基错配或丢失。目前主流的 BWA 和 Bowtie 比对算法都采用了 BWT（Burrows-Wheeler transform）的数据转换算法，可以在序列比对的时候进行快速搜索和定位。

经 BWA 或 Bowtie 回帖后的结果包含每个读长在参考基因组中的位置信息，包括染色体序号、所在染色体位置、回帖状态、回帖质量等。下一步，需要利用 SAMtools 软件对回帖后的 bam 文件进行排序，使得所有读长按照其在染色体上的位置先后排序，以方便后续的去重和分析。受 PCR 扩增的影响，测序文库中可能存在大量的重复序列，这些重复序列可能会增加后续变异检测结果的假阳性和假阴性率，因此在后续变异检测之前，去除重复序列是至关重要的。对于排序后的比对结果，如果多个序列都定位到基因组上相同的位置，并且序列信息也是一致的，则可以判断其为重复序列。目前常用的重复序列标记和去重工具有 Picard 和 SAMtools 等。

（三）突变检测及注释

基因组上的变异大致可以分为 3 个主要类别：

1. 单碱基变异　即基因组上单个核苷酸的改变，如 A 突变成了 T，C 突变成了 G，也称单核苷酸多态性（single-nucleotide polymorphism，SNP），是最普遍的基因组变异形式。SNP 在人类基因组上广泛存在，平均每 1 000 个碱基中就有一个，总数可达 300 万个。

2. 短的插入或删除，合并称为 Indel　指基因组上某个位置上发生的较短长度的序列插入或者删除。Indel 的长度通常在 50 bp 以下，可以通过 Smith-Waterman 算法检测出来。

3. 结构变异　指较长的片段发生序列变化或位置变化，包括长片段的插入删除（delete），染色体倒位（inversion）、易位（translocation）、串联重复（tandem repeat）、拷贝数变异（copy number variation，CNV）等。

上述前两种变异类型，即 SNP 和 Indel，可以利用短读长的测序数据（第二代测序）中较为准确地检测出来，但结构变异情况较为复杂，第二代测序很难准确检测其存在或类型，需要借助读长更长的第三代测序技术。

最后可通过 ANNOVAR 软件对各样本的 SNP 过滤结果进行注释，主要包括基于基因、基因组区域以及功能 3 个层面。其中，基于基因的注释主要统计变异所在的基因、是否影响编码蛋白以及对应的氨基酸位置信息；基于基因组区域的注释主要关注该变异所在的基因组功能区域，如基因、外显子（UTR，CDS）、转录因子结合位点等；基于功能的注释主要关注该变异是否出现在一些常见数据库中及该变异的保守性和致病性等。

三、转录组测序数据的基本分析流程

本部分主要介绍批量转录组测序数据的基本分析流程。与基因组测序数据相比，转录组测序数据的分析流程更丰富，可划分为上游分析和下游分析两部分。上游数据分析包括数据质控、预处理、比对、定量四个主要步骤，下游数据分析包括差异基因表达分析、聚类和可视化、功能富集分析（GO、KEGG）、基因集富集分析（GSEA）、网络和互作分析、可变剪接分析等。

（一）数据质控与预处理

转录组数据的数据转换、质控、预处理流程与基因组数据类似，都是先将下机数据拆分为每个样本的 fastq 格式文件，然后用 FastQC 软件进行质量评估，用 Trim Galore 或 Trimmomatic 软件去除接头并过滤掉低质量序列。

（二）比对

转录组测序的比对方法可以分为三类：基因组比对（genome mapping）、转录组比对（transcriptome mapping）、无参转录组组装（reference-free assembly）（图 4-4）。基因组比对是将读长回贴到已组装并注释好的基因组上。考虑到转录过程中内含子区域会被剪切掉，因此回帖软件需要能够处理由内含子缺失带来的缺口（gap），常用的转录组数据回帖软件包括 STAR、HISAT2 和 TopHat 等。转录组比对是指将读长回帖到注释好的转录本库上，虽然这类方法无法发现新的转录本，但速度最快，代表性工具有 Kallisto 和 Salmon。无参转录组组装是指当无法获取参考基因组时，直接将测序读长拼接成重叠群（contig）或者转录本，主要工具有 Trinity、SOAPdenovoTrans 等。与基因组数据分析类似，转录组数据回帖后，也需要利用 SAMtools 软件对回帖后的 sam 文件进行格式转换、排序并生成索引文件，以便进行后续的定量分析。

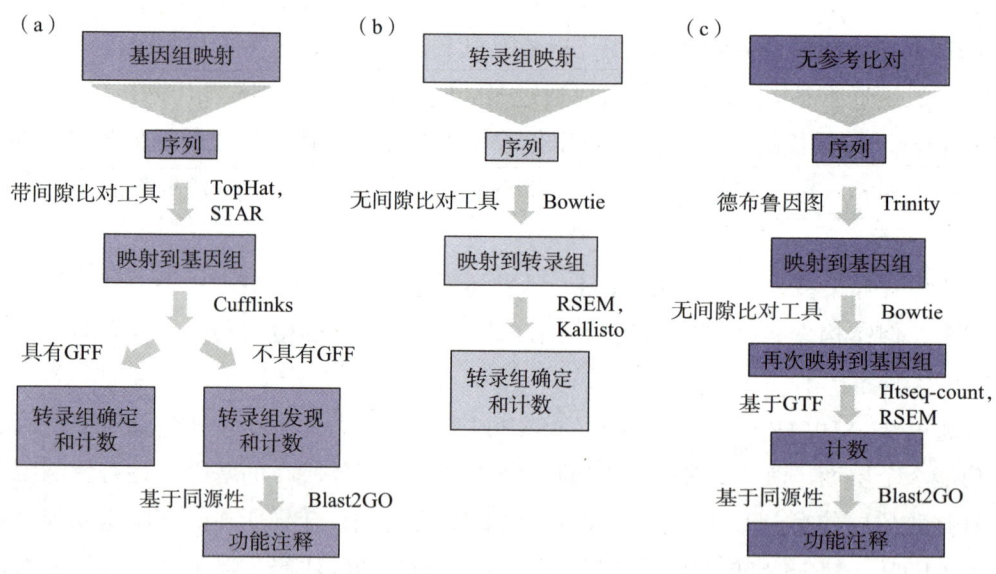

图 4-4　序列回帖和转录本定量的三种策略

（三）定量

RNA-seq 数据分析中，定量是指统计比对到转录本或基因上读长的数量，所采用的工具主要有 featureCounts 和 HTSeq-count。定量过程中需要用到基因转移格式（gene transfer format，GTF）文件和排序后的 bam 文件，最终得到一个转录本或基因为行、样本为列的矩阵，矩阵中的元素为该基因在对应样本中的读数计数值。

由于基因计数矩阵受测序深度和基因长度的影响，因此在某些下游分析（如聚类分型）之前需要对其进行标准化，从而使基因表达在不同样本间，或在同一样本的不同基因之间具有可比性。

此外，还要考虑 GC 含量和测序仪器的系统偏差，通常对计数矩阵进行标准化的方法有 RPKM（针对单端测序数据）、FPKM（针对双端测序数据）、TPM、TMM 等。

（四）差异分析

差异分析的目标是判断给定基因在两组样本（处理和对照）之间的表达量是否有显著差异，即判断该基因表达的差异是由个体间的差异导致还是处理因素导致的。由于 RNA-seq 测序得到的基因表达为计数数据，因此无法直接采用 t 检验、方差分析（ANOVA）等基于正态分布假设的统计分析方法，常用的差异分析工具为 DESeq2 和 edgeR，这两种软件都是基于基因表达计数数据的负二项分布进行建模，并利用似然比检验鉴定差异基因。这两种工具的主要区别是对数据离散度的估计方法不同，DESeq2 采用最大似然法估计数据的离散度，而 edgeR 利用经验贝叶斯方法估计数据的离散度。

差异分析后会得到每个基因在对照组和处理组之间的差异倍数及 P 值。由于待检验的基因有很多，需要对 P 值进行多重假设检验校正，以控制犯第一类错误的概率。常用的多重检验校正方法包括 Bonferroni 校正、Holm 校正、Benjamini–Hochberg 校正等。

（五）基因功能富集分析

基因功能富集分析的目标是检验差异表达基因是否在特定生物过程或功能的基因上集中显著富集，通常采用卡方检验、Fisher 精确检验等统计学方法进行该项分析。根据富集分析过程中基因选择、注释数据库的不同，常用的富集分析可以分为 GO 功能富集、KEGG 通路富集、MSigDB 基因集富集等。

四、蛋白质数据的分析流程

本部分以质谱数据为例介绍蛋白质数据的标准分析流程。

（一）原始数据预处理

数据预处理的目的是去除原始质谱数据中的噪声和冗余信息，以提高后续分析的准确性和可靠性，主要步骤包括峰识别、去同位素峰、质荷比校准、峰面积提取等。常用软件有 MaxQuant、Proteome Discoverer 等。

（二）肽段识别

肽段识别是质谱分析的核心步骤，其目的是解析出样本中包含肽段的氨基酸序列。通常采用数据库搜索方法进行肽段识别，如利用 Mascot、Andromeda 等工具对质谱图中的肽段片段进行数据库匹配，进而识别出最佳匹配肽段。

（三）蛋白质组装与定量

首先将上述步骤识别的重叠肽段进行拼接，组装成完整的蛋白质序列。蛋白质定量分为相对定量和绝对定量两种，其中相对定量主要用于比较不同样本中特定蛋白的表达水平，能够反映不同状态下蛋白质表达量的变化，更适合筛选差异蛋白。绝对定量是确定样品中目标蛋白的准确物质的量浓度或拷贝数量，结果以单位体积中包含的物质的量或单位细胞中包含的拷贝数来表示，更适合作为生物标志物检测。

（四）差异和功能富集分析

蛋白质组学差异分析是指比较两个或多个生物学状态（如疾病与正常）的蛋白质表达谱，筛选出在这些状态之间表达量存在显著变化的差异蛋白质。采用差异蛋白质的功能注释分析方法可以揭示样品间存在差异的分子机制、信号通路和生物学过程，从而理解表型变化的内在联系。蛋白质组差异分析的方法与基因表达数据类似，主要方法有 t 检验、ANOVA 等。

功能富集分析是从差异蛋白质的功能水平分析实验观察到的细胞表型或过程的分子机制，一般通过 GO 富集分析、KEGG 通路分析等对差异蛋白质进行功能注释，确定关键生物学过程和路径。

五、代谢组数据的基本分析流程

代谢组分析是对生物样本中所有低分子量代谢产物（如有机酸、脂肪酸、糖类）进行定性和定量分析，以研究代谢物变化与生理病理变化之间的关系。代谢组数据分析可分为几个步骤：数据预处理、代谢物定性定量、差异代谢物鉴定、差异代谢通路分析等。

1. 数据预处理 对来自质谱和核磁共振等高通量分析技术获得的原始数据进行数据预处理，步骤包括降噪、基线校准、解卷积、峰对齐、峰识别、归一化等。

2. 代谢物定性定量

（1）峰检测与整合。对原始数据进行峰检测、对齐、整合，以获得各样品中代谢物的检测情况。

（2）代谢物鉴定。根据检测到的质谱特征，如分子量、碎片离子信息等，结合文献数据库（如 HMDB、METLIN）、标准品信息等，推断代谢物的化学结构。一般需要多种证据的综合确认。

（3）代谢物定量。针对鉴定的代谢物，利用内标法或外标法等方法对代谢物进行定量分析，获得各样品中代谢物的含量信息。

3. 差异代谢物鉴定 采用 t 检验、ANOVA 等方法，评估各代谢物在不同样本间的显著性差异，筛选出潜在的差异代谢物。

4. 差异代谢通路分析 对差异代谢物进行通路富集分析，发现受影响的关键代谢通路。利用 Cytoscape、MetScape 等网络分析工具整合代谢物信息，构建代谢物之间的相互作用网络，分析关键节点代谢物及其在生物学过程中的作用。

六、微生物组测序数据的基本分析流程

微生物组测序分为扩增子测序和宏基因组测序两类，其中扩增子测序数据可以通过 QIIME2 或 USEARCH 软件完成，分析流程相对简单，本文仅对宏基因组数据分析流程进行介绍。

（一）数据质控

宏基因组测序一般用的是 Illumina 第二代测序技术。第二代测序技术的一般过程为：先把样本

基因组中的 DNA 随机打断，再使用酶将两端补平，然后在这些片段两端加上接头、索引，对 PCR 扩增后再上机测序。原始测序数据存在一些含有接头、低质量的序列，为了保证信息分析质量，必须对原始读长（raw reads）进行过滤，得到纯净读长（clean reads），后续分析都基于纯净读长。

宏基因组测序中的序列大多数来自宿主，仅有一小部分是微生物相关的 DNA 序列，因此在下游分析之前需要去除宿主污染。可以用 KneadData 工具去除宿主污染，该工具整合了 Trimmomatic 和 Bowtie 2 软件，其中 Trimmomatic 可以剔除文库引物、接头序列，并剪切低质量序列，Bowtie 2 软件可以将序列与宿主基因组比对，去除宿主相关序列。KneadData 前后，均可用 FastQC 检测质控合理性和效果。

（二）基于读长的分析

基于读长的分析是将上述步骤得到的纯净读长直接比对到参考基因组，从而得到特征表。采用的主要工具有 Kraken 2、HUMAnN 2、MetaPhlAn 2 等。其中 Kraken 2 是基于 k-mer 匹配方法，将微生物序列与 NCBI 中的非冗余序列数据库进行比较，利用最低共同祖先（LCA）算法对序列进行物种分类。在完成 Kraken 分类后，通常使用 Bracken 对 Kraken 2 得到的分类结果进行分类后贝叶斯重新估算丰度，来估算宏基因组样本的物种水平或属级丰度。MetaPhlAn 2 是基于标志物的定量分析方法，该方法可以一键获得微生物群体中种水平精度的组成，包括细菌、真菌、古菌、病毒等，包含 17 000 个参考基因组，汇集了超过 100 万个类群特异性标志基因。HUMAnN 2 不仅能获得微生物的物种丰度信息，还能准确有效地获得微生物代谢途径和功能模块信息。一般来说，相对于基于组装的物种注释，基于读长的宏基因组物种注释方法更加全面和准确。

（三）基于组装的分析

基于组装的分析流程除了可以得到物种丰度外，还可以得到基因功能注释信息。大致流程如下：① 使用 MEGAHIT 或 metaSPAdes 软件将所有样本去宿主基因后的纯净读长进行组装，得到重叠群；② 利用 CD-HIT 软件对上一步得到的基因集进行去冗余处理，以消除重复和高度相似的序列；③ 采用基于比对的 Bowtie 2 或基于非比对的 Salmon 软件生成基因丰度表；④ 使用 eggNOG-mapper 和 DIAMOND 软件将去冗余后的基因与已知数据库进行匹配，从而实现基因的功能注释。

（四）可视化与统计分析

得到物种组成表后，研究人员可以开展一系列下游分析和结果展示，包括物种多样性分析（包括 alpha 和 beta 多样性）、特征微生物挖掘等。其中 alpha 多样性描述了样本内菌群的多样性，包括该群落内物种的个数及各物种比例的均匀度，常见的指标包括辛普森指数、香农指数、均匀度指数等。beta 多样性则描述了不同个体间微生物组成的差异性，这种度量是通过比较样本间的微生物丰度变化或进化关系来计算的，常用计算方法包括 Bray-Curtis 距离、Jaccard 距离和欧式距离。通常采用 PCoA 图或 MDS 图对 beta 多样性的结果进行可视化，如果两组样本的肠道菌群在 PCoA 图或 MDS 图上能够明显分开，那么可以推测"分组变量"很可能和肠道菌群有联系。

七、单细胞转录组数据的基本分析流程

单细胞组学技术是目前生物医学研究的热点，其中单细胞转录组技术被 *Science* 评为 2018

年年度突破技术，单细胞多组学技术被 *Nature Methods* 评选为 2019 年年度技术。本部分以 Chromium™ Single Cell Gene Expression Solution 技术为例，介绍单细胞转录组数据分析的基本流程。该技术建立在 GemCode 技术的微流体平台上，将带有条形码和引物的凝胶珠和单个细胞包裹在油滴中，然后在每个油滴内裂解细胞，释放 mRNA，通过逆转录产生用于测序的带条形码的 cDNA。液体油层破坏后，cDNA 用于文库构建，并通过 Illumina 平台进行测序。该技术具有高通量、高准确度的优点，能够一次性分离数百至数万个细胞，目前在免疫学、肿瘤异质性分析、神经系统发育等多个研究领域得到了广泛的应用。

单细胞转录组测序数据的分析流程包括比对与定量、质量控制、批次效应校正、降维聚类、分群注释、差异表达分析、拟时序分析、细胞互作等分析，具体如下。

（一）比对与定量

使用官方开发的 CellRanger 软件可对 10X Genomics 单细胞转录组数据进行比对和定量。CellRanger 具有多种功能，它可以直接输入 Illumina 原始数据（dBm，bcl 或 FastQ），直接进行文库拆分、细胞拆分、输出表达定量矩阵、降维，聚类（graph-based 或 *K*-means）及可视化（t-SNE、UMAP）结果可以结合配套的 Loupe Cell Browser 浏览器进行各种可视化展示。

与常规的混合组织转录组测序技术不同，10X Genomics 单细胞测序利用条形码技术（barcode）标记细胞，用唯一分子标识符（UMI）来标记转录本，避免 PCR 扩增带来的偏倚，可以更准确地定量基因表达量。CellRanger 的输出信息是一个唯一分子标识符的计数矩阵，行为条形码，列为基因。注意条形码并非与细胞一一对应，因为在制作微珠时，单个液滴里可能包含多个细胞，称之为双细胞或多细胞（doublets 或 multiplets），或是没有细胞被捕获（空液滴），这些都需要在后续的质量控制中去除。

（二）质量控制

单细胞转录组的质量控制可以对以下几个指标进行分析：① 细胞计数，即检测出唯一细胞条形码的数量。考虑到 10X 平台的捕获效率，细胞计数应占样本中预估总细胞量的 50% ~ 60%；② 每个细胞的 UMI 计数，应在 1 000 以上，以确保足够的转录本覆盖度；③ 线粒体细胞比例，应在 20% 以下，高比例可能表明样本中存在过多的死亡细胞或线粒体污染；④ 检测出的基因总数，检测到的基因数量应超过 500 个，可以根据基因数量的分布对具体阈值进行设定。对细胞和基因进行过滤应基于这些指标执行，当然，质量控制的指标并不是固定的，要根据实验目的和所测序样本的具体情况设定，一般情况下要先设定一个较为宽松的质量控制阈值，然后根据下游聚类分析结果的合理性来调整阈值。

此外，将样本进行分组操作可能会带来批次效应，如不同芯片、不同测序通道或在不同时间点收集的细胞都表现出特异的基因表达模式，因此在下游分析中，可能被聚类为不同的组。由于单细胞转录组测序需要新鲜组织，且保存和运输条件苛刻，因此几乎无法避免将不同批次测得的单细胞转录组数据进行整合。对单细胞数据进行批次效应校正常见的方法有基于线性回归的方法、基于典型相关分析的方法和相互最近邻方法等。

（三）聚类与注释

细胞聚类是单细胞转录组数据分析中的一个关键步骤，其目的是根据细胞中基因表达模式的相似性，将一组细胞划分为几个类，以分别对应不同的细胞类型或细胞亚群。单细胞转录组聚类的算法有很多，包括层次聚类、K 均值聚类、谱聚类、社区检测算法和基于深度学习的聚类方法等。目前比较主流的是两个基于模块度的社区检测算法，即 Louvain 和 Leiden，它们均已集成在基于 R 语言的 Seurat 包和基于 Python 的 Scanpy 包中。该算法首先计算每个细胞的 K 最近邻（K nearest neighbor）细胞，并构建共享最近邻相似图（SNN），然后通过最优化模块度函数来获取最优的社区划分。相对 K 均值聚类等经典聚类算法，社区检测算法不依赖于数据正态分布的假设，并通过一个分辨率参数自动识别聚类个数。

细胞聚类后，可利用 t-SNE 或 UMAP 进行聚类可视化。两种算法的目的均为在高维空间中寻找保持邻近关系的低维表示，但具体实现方法有所区别。一是计算高维距离时，t-SNE 会计算所有点之间的距离，通过困惑度（perplexity）参数调整全局结构与局部结构间的软边界，而 UMAP 则只计算各点与最近 k 个点之间的距离，严格限制局部的范围；其次，两种算法在对信息损失的计算方法不同，t-SNE 使用 KL 散度衡量信息损失，在全局结构上存在失真的可能，而 UMAP 使用二元交叉熵，全局和局部结构均有保留。

细胞类型的注释方法可分为手动注释和自动注释两类。手动注释利用差异分析软件（如 Seurat 软件中的 FindAllMarkers 函数）找到特定细胞类型的标志基因，然后利用数据库中已知细胞类型的标志基因进行匹配（如 CellMarker、PanglaoDB、MarkerDB 数据库等）。自动注释是通过特定软件（如 SingleR、deCS、scAnno 等）对每个细胞类型进行直接注释。

（四）轨迹推断

scRNA-seq 文库包含数千个细胞的转录特征，其异质性主要由细胞发育的动态性质决定。重建细胞发育轨迹的方法也称为伪时序分析（pseudotime analysis），即根据细胞表达谱的相似性，将研究样本中的细胞沿着建模的时间轨迹排列。这种排序在视觉上表现为一条从根（初始）细胞开始至末端（分化）细胞的连续线路。通过绘制发育轨迹，研究者可以深入探讨各种生物过程，如细胞分化、细胞周期和动态免疫反应。

构建发育轨迹的常用工具是 R 包 Monocle，Monocle 首先利用降维方法（如 PCA、UMAP）将细胞投影到低维空间，在自动选择的一组数据质心上构造一棵生成树，然后将每个细胞移动到它们最近树的顶点，更新顶点的位置以适应细胞，并学习一棵新的生成树。迭代地执行上述过程，直到树和细胞的位置收敛。除 Monocle 外，目前已经提出了其他多种方法，这些方法在构建图的方式和轨迹推断算法上有所不同，如根细胞和末端细胞的识别、图的类型（直接、线性伪时间、循环伪时间、结束状态概率、聚类评估、正交投影和细胞图）和轨迹的类型（无界和有界图、循环和无环图以及树状图）等。

与细胞轨迹推断类似，La Manno 等提出了 RNA 速率的概念，即利用新转录中未剪接的前体 mRNA 和成熟的剪接 mRNA 之间的比例刻画细胞的转录状态。该方法不仅测量基因活性，还测量它们在单个细胞中的变化（RNA 速率），这是研究细胞分化的新方法。基于这个思想，Bergen 等开发了 scVelo，通过使用基于似然的动力学模型求解剪接动力学的完整转录动力，将 RNA 速率推广到包括瞬态细胞状态的各种系统。

（五）细胞通信分析

生物体中，细胞之间通过多种介质进行通信，如钙离子、脂质、多肽、蛋白质、外泌体以及电信号等，但基于单细胞转录组数据的细胞通信分析通常仅限于蛋白质配体 – 受体复合物介导的细胞间通信，其分析基础是基因表达数据和配体 – 受体数据库。如转录组数据表明 A、B 细胞分别表达了基因 α 和 β，通过数据库查询 α 和 β 是配体 – 受体关系，则认为 A–B 通过 α–β 途径进行了通信。一般情况下，只有当接收细胞和发送细胞距离比较近，且受体配体基因有足够的表达时才会发生细胞通信，而单细胞转录组测序丢失了细胞之间的空间距离信息，这可以通过空间转录组测序数据进行弥补。另外，细胞信号转导发生在蛋白质水平，由配体和受体的转录组数据可能无法反映蛋白质水平的表达。为了降低识别假阳性概率，可以在受体基因表达的前提下，进一步检查由配体 – 受体结合引起的下游靶基因反应来进一步评估通信情况。

八、多组学数据整合分析

上述分析方案均是针对单一组学数据的，然而生物系统的复杂性使单一组学数据往往无法全面描述生物系统的全貌，多种组学数据类型的整合分析可以提供更全面的生物学信息，有助于发现潜在的生物学规律和机制，如癌症等复杂疾病的发生受遗传、外部环境等多种因素的影响，需要综合考虑基因组、转录组、表观组测序数据，结合单细胞测序技术才能准确定位变异驱动因素和效应细胞类群。因此，多组学整合分析方法应运而生，其目的为对多种生物医学大数据进行全面、系统分析，发现不同数据类型中的共性和特异性，并探索生物系统中多种数据类型之间的相互作用和内在关联。

多组学数据整合可以按照所要整合数据的类型、目的和方法等多个层面进行分类。由于多组学数据的异质性，不同组学数据具有不同的数据维度、尺度和格式，如转录组数据定量所有基因的表达水平、DNA 甲基化数据表征每个 CpG 位点的甲基化程度（取值为 0 ~ 1）、蛋白质组数据定量每个蛋白质产物的表达水平等，因此选用何种组学数据进行整合分析决定了后续整合模型和方法的选择。同样，按照数据整合的目的划分，用多组学数据整合可以发现不同数据类型之间的关联，可以综合多种类型组学数据对样本进行分型，以对患者进行更有针对性和精准的治疗，或得到高维多模态数据的低维表示等。从数据整合方法的角度出发，多组学数据整合方法可以分为基于统计模型的方法、基于网络的方法、基于数据融合的方法、基于相似性的方法及基于深度学习的方法。本文仅从基于整合方法的角度进行详细阐述。

（一）基于统计学模型的方法

此类方法通过构建统计学模型实现多组学数据的融合，包括寻找多组学数据之间的相关关系，寻找多组学数据的公共低维嵌入等，代表性方法如下：

1. 典型相关分析（canonical correlation analysis，CCA）　一种多元统计方法，能够揭示两组变量之间的内在联系，其基本思想是试图找到两组变量各自的线性组合，使得组合后的向量相关性最大。

2. 偏最小二乘回归（partial least squares regression，PLS）　一种多因变量（Y）对多自变

量（X）的回归建模方法。该方法在回归过程中，既考虑了尽量提取 X 和 Y 中的主成分，又考虑了从 X 和 Y 提取出的主成分之间的相关性最大。

3. 多组学因子分析（multi-omics factor analysis，MOFA）模型　MOFA 模型建立在因子分析的框架下，可对多组学数据进行整合分析。该方法假设不同组学的数据具有相同的公共因子，然后利用公共因子作为低维空间中的表示，从而对样本进行可视化、聚类分析或缺失值填充。

4. 联合独立成分分析（joint independent component analysis，JICA）　是一种多组学数据整合的方法，它能够寻找多个组学数据之间的独立成分，并将这些成分映射到同一空间中，从而推断这些数据之间的相关性。

（二）基于网络的方法

基于网络的数据整合算法可针对不同的数据类型分别构建样本网络，然后通过特定算法对多个网络进行整合。代表性方法是相似性网络融合（similarity network fusion，SNF）方法，该方法分别利用单一组学数据构建样本相似性网络，然后利用一个基于信息传导理论的非线性网络融合算法构建融合后的样本相似性网络。

（三）基于深度学习的方法

由于深度学习具有灵活的网络架构，近年来也逐渐将该方法应用到多模态数据整合的任务中，其在诸多下游分析问题中表现出色。如基于深度学习的 scJoint 方法利用迁移学习整合了单细胞转录组和单细胞染色质可及性（accessibility）数据，在下游的细胞类型注释中准确性较高。GLUE 算法通过变分图自动编码器和图耦联策略学习单细胞转录组和单细胞染色质可及性数据的低维表示，实现了对百万级单细胞多组学数据的聚类和调控关系推断。

第四节　多组学大数据在生命健康领域的应用案例

一、基因组测序揭示遗传性耳聋的致病基因

听力障碍是一种残障性疾病，也是胎儿出生缺陷中较多见的疾病。世界范围内新生儿耳聋发病率为 2‰~3‰，其中遗传因素导致的先天性耳聋占比超过 50%。我国新生儿耳聋发病率为 1‰~3.47‰，每年大约新增 3 万名聋儿，其中遗传因素致聋的比例高达 50%~60%。听力障碍不仅影响新生儿语言相关系统的发育，还会进一步影响患儿的认知能力、学习能力和社交能力，增加家庭以及社会的负担。因此，遗传性耳聋已经成为我国乃至全球范围内公共卫生领域的重大疾病之一。

基因组测序技术的进步为遗传性耳聋的诊断和治疗带来了新的曙光。通过对遗传性耳聋患者的全基因组测序研究，目前人们已经发现了超过 120 个基因与遗传性耳聋相关，其中大多数耳聋患者（约占 70%）是由 GJB2、GJB3、SLC26A4、线粒体 DNA12SrRNA 4 个热点基因突变所致。因此，通过基因测序技术确定遗传性耳聋的致病基因突变，可为疾病的诊断和后续的精准治疗奠

定基础。

二、转录组测序在结直肠癌分子分型和精准治疗中的应用

结直肠癌（colorectal cancer）是严重威胁人类健康的恶性肿瘤之一，其发病率和死亡率均居高位。2020 年，全球新发结直肠癌病例约 190 万例，约占全部恶性肿瘤发病数的 9.7%，死亡病例高达 92 万例，约占全部恶性肿瘤死亡病例的 9.2%。我国是结直肠癌发病率很高的国家，每年新发病例达 40 万例，在全部恶性肿瘤中发病数居第二位。

越来越多的证据表明，结直肠癌并非由单一基因突变导致，而是表现出高度的异质性，不同分型的结直肠癌患者在临床进程和治疗反应上存在显著差异。因此，充分认识这些异质性对于结直肠癌的精准诊断和治疗都具有重要的意义。传统的病理分期如 TNM 分期或 Dukes 分期，主要根据肿瘤浸润肠道的深度或是否有淋巴结转移及转移远近情况进行分期，未考虑到肿瘤的异质性，临床指导效果也差强人意。

随着高通量组学技术的发展，各种组学技术（如全基因组测序、转录组测序、蛋白质组学等）逐渐应用到结直肠癌的分型中，并取得了持续的进展。2015 年，国际结直肠癌分型联盟搜集了 4 000 多个结直肠癌样本的转录组测序数据，提出了基于基因表达的 CMS 分型，即微卫星未定免疫活化型（CMS1）、经典肠癌型（CMS2）、代谢型（CMS3）和间质型（CMS4）。目前，CMS 分型已经成为结直肠癌患者临床治疗的重要依据之一。

三、宏基因组测序在病原微生物检测中的应用

感染性疾病是由细菌、病毒、真菌等病原体或其毒性产物引起的局部或全身性炎症或器官功能障碍，具有较高的危害性和病死率。近年来，全球感染性疾病的发病率不断上升，且病原体呈现多样化和复杂化的发展趋势，对人类健康构成了严重威胁。

快速、准确的诊断对于感染性疾病的有效治疗、病情监测和疾病蔓延控制至关重要。随着分子检测技术的不断发展和完善，该技术在病原微生物感染诊断及治疗监测方面的临床应用日益广泛，已成为一些重要感染性疾病诊断和疗效评价中不可缺少的重要工具之一。

在感染性疾病领域，获得病原体的活体是感染性疾病诊断的金标准，但传统的体外培养方法耗时长，操作复杂，且大多数病原体微生物难以培养。近年来，快速发展的第二代测序（NGS）技术打破了传统培养技术的局限性，在微生物检测领域展现了广阔的应用前景。NGS 技术不需要对病原体进行分离培养，也不依赖已知核酸序列，可以直接对样本进行测序鉴别，在未知物种及难以培养的病原体鉴定方面优势显著。

（王慧　郑小琪）

🔍 思考题 ⋯⋯⋯○

1. 多组学数据包含哪些重要的数据类型？它们各自可以描述哪些生物学特征？

2. 请以一类组学数据为例，简要描述其生信分析流程，并介绍分析过程中所涉及的数学或统计学理论。

3. 请阐述多模态数据联合分析的主要方法及其优缺点。

4. 除本文提到的几个应用案例，高通量测序及多组学数据分析方法在精准医疗领域还有哪些潜在的应用？请举例说明。

🅮 数字资源详见　新形态教材网

🅰 学习目标　　🖥 内容提要　　📝 本章小结　　🖨 参考文献

第五章

伦理与数据治理

思维导图

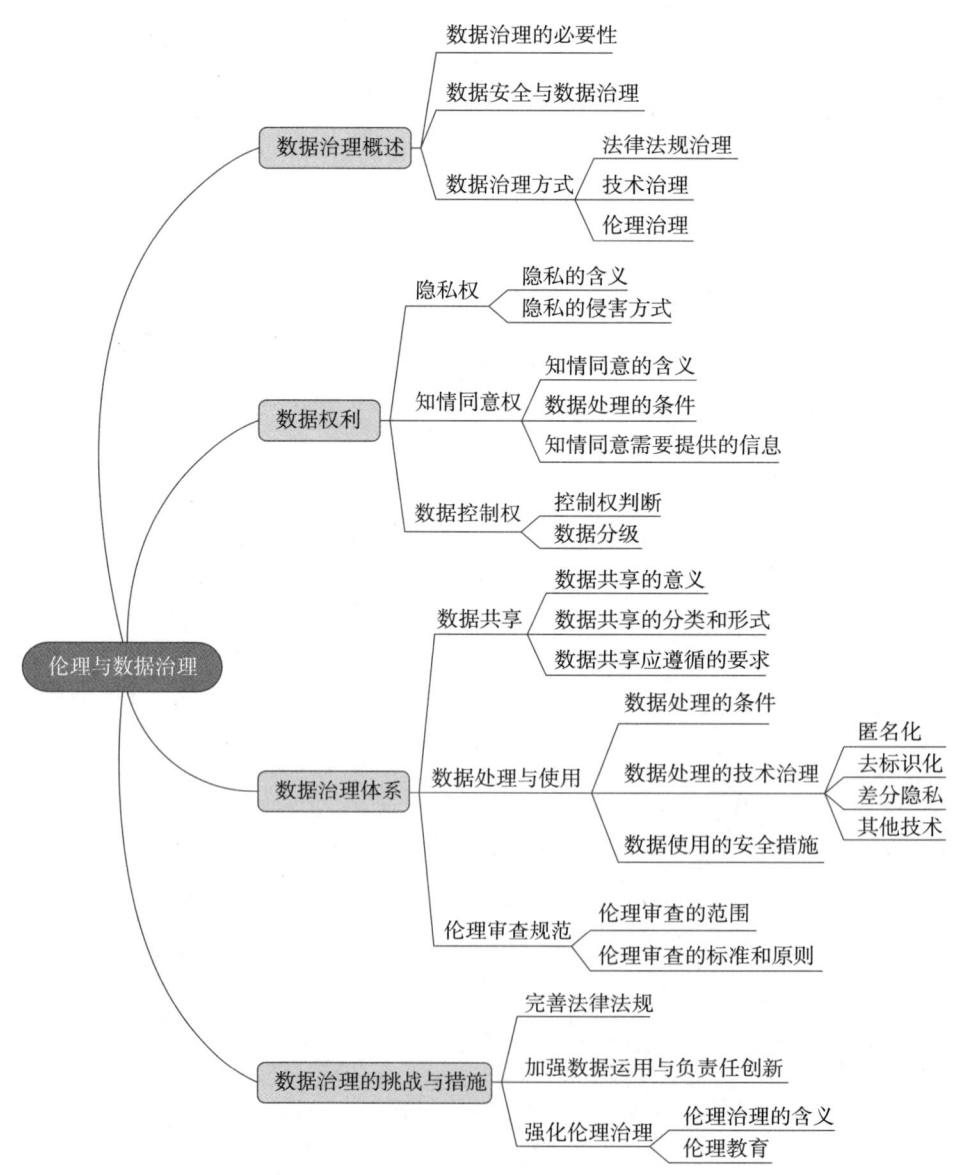

第一节 数据治理概述

一、数据治理的必要性

随着信息时代的进程，健康医疗系统电子化与信息化不断发展。大数据概念的提出和应用使健康医疗数据有了更广的来源渠道与更深的应用空间。以谷歌早年的流感预测技术为例，如今健康医疗数据的收集和应用相比传统意义已经大相径庭。2008 年谷歌推出名为"谷歌流感趋势（ Google Flu Trends，GFT ）"的产品，根据用户搜集的关键词来预测流感的发展情况，关键词包括"感冒症状""温度计""肌肉疼痛"等。该产品能够根据各地区用户的搜索情况创建流感地图，与疾病控制中心的数据相比，其能够更快地预测流感发展的趋势。虽然该产品后续受到了许多批评，但是我们仍能从中感受到大数据的重要应用。

在数据时代，健康医疗数据的全生命周期有了更多的收集方法和更多的责任方。对于收集方法，搜索引擎、GPS 定位、监控系统、购物订单记录等数据来源均有可能和健康医疗相关。通过对这些看起来敏感性很低的数据分析，也可以推测个体的健康状况、区域的医疗系统现状、感染率等。而对于责任方，上述收集方法的延伸使得搜索引擎、地图软件、购物平台等一系列企业均有能力通过数据来分析个体与人群的健康医疗状况。

健康医疗数据的重要性不言而喻，这些数据不仅事关个体的生命安全、隐私与个人信息安全，更关乎整个国家的信息安全与医疗系统安全。如何保证大数据时代健康医疗数据的安全，数据的细节增加、应用空间变深代表健康医疗数据的收集和应用会带来更多的利益；数据收集方法的增加代表数据攻击的范围变广，难度降低；数据责任方的增加代表"不负责任的责任方"增多，使数据泄露的渠道增加。这些因素均给数据安全带来了巨大的挑战。

二、数据安全与数据治理

数据安全是健康医疗数据必然面临的问题。《中华人民共和国数据安全法》有如下阐述："数据安全，是指通过采取必要措施，确保数据处于有效保护和合法利用的状态，以及具备保障持续安全状态的能力。"

数据治理是保护数据安全的必要方法。2021 年 7 月 14 日，在由中国信息通信研究院召开的"2021 中国互联网大会——数据治理高峰论坛"上，中国信息通信研究院云计算与大数据研究所发布了以《数据安全治理能力评估方法》（ T/ISC-0011-2021 ）为基础的《数据安全治理实践指南（ 1.0 ）》。在此基础上，在 2023 年 1 月 5 日的第二届数据安全治理峰会上，中国信息通信研究院云计算与大数据研究所又发布了《数据安全治理实践指南（ 2.0 ）》。《数据安全治理实践指南》提到，为了发展数字经济、加快培育发展数据要素的市场，数据安全和数据治理应当放在突出的位置。也就是说，只有进行合理的数据治理，保障数据安全，以数据为基础的行业才能得到更好的发展。

《数据安全治理实践指南》认为，数据安全治理应当从广义和狭义两个视角来进行理解。从广义的视角来看，数据安全治理"是在国家数据安全战略的指导下，为形成全社会共同维护数据安全、促进开发利用和产业发展的良好环境，国家有关部门、行业组织、科研机构、企业、个人共同参与和实施的一系列活动集合，包括完善相关政策法规，推动政策法规落地，建设实施标准体系，研发应用关键技术，培养专业人才等。"从狭义的视角来看，数据安全治理"是指在组织数据安全战略的指导下，为确保组织数据处于有效保护和合法利用的状态，以及具备保障持续安全状态的能力，内外部相关方协作实施的一系列活动集合，包括建立数据安全治理组织架构，制定数据安全制度规范，构建数据安全技术体系，建设数据安全人才梯队等。"

图 5-1 是《数据安全治理实践指南》对数据安全治理的总体视图。

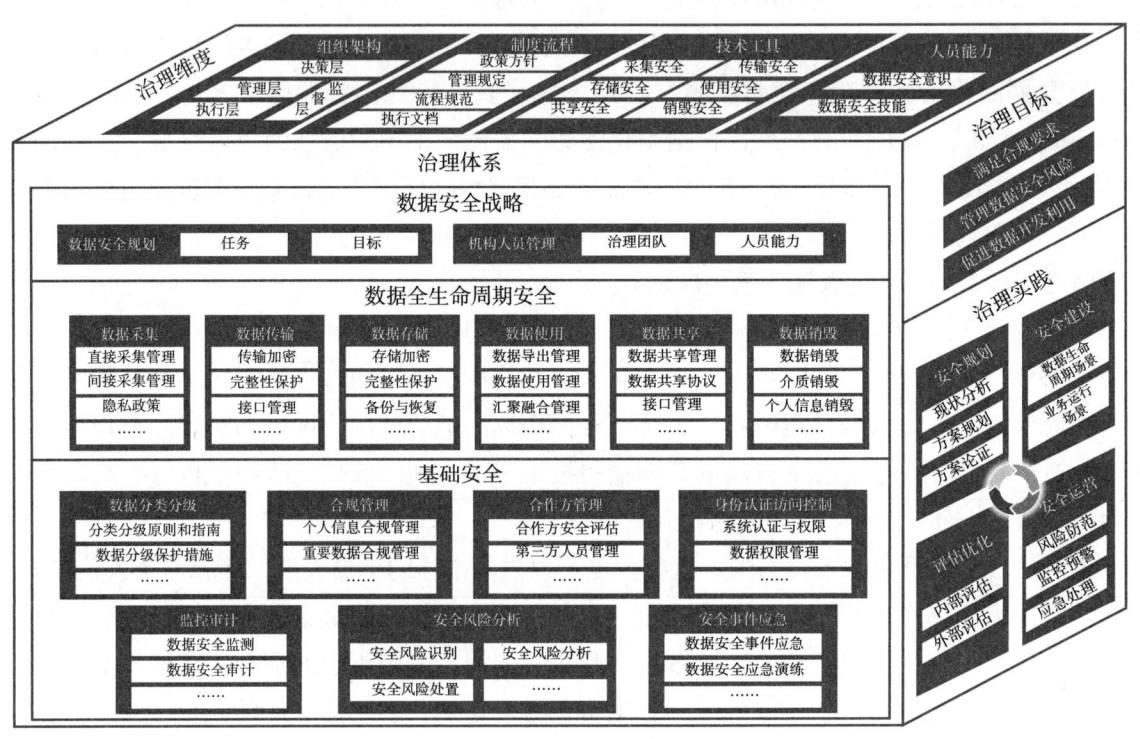

图 5-1　数据安全治理总体视图

可以从法律法规治理、技术治理与伦理治理 3 个方面来更好地理解数据治理。

法律法规治理主要是指通过法律或政策规范来对数据治理进行整体管控。目前关于健康医疗数据的治理法律，主要有以下几部法律可供参考：

（1）《中华人民共和国个人信息保护法》（简称《个人信息保护法》）。《个人信息保护法》的目的主要是"为了保护个人信息权益，规范个人信息处理活动，促进个人信息合理利用"。

（2）《中华人民共和国数据安全法》（简称《数据安全法》）。《数据安全法》的目的主要是"规范数据处理活动，保障数据安全，促进数据开发利用，保护个人、组织的合法权益，维护国家主权、安全和发展利益"。

（3）《中华人民共和国网络安全法》（简称《网络安全法》）。《网络安全法》的目的主要是"保障网络安全，维护网络空间主权和国家安全、社会公共利益，保护公民、法人和其他组织的合法权益，促进经济社会信息化健康发展"。

（4）《中华人民共和国生物安全法》（简称《生物安全法》）。《生物安全法》的目的是"维护国家安全，防范和应对生物安全风险，保障人民生命健康，保护生物资源和生态环境，促进生物技术健康发展，推动构建人类命运共同体，实现人与自然和谐共生"。

（5）《中华人民共和国医师法》（简称《医师法》）。《医师法》目的是"保障医师合法权益，规范医师执业行为，加强医师队伍建设，保护人民健康，推进健康中国建设"。

这五部法律对健康医疗数据安全均有涉及，可以参照。

关于政策规范，国务院办公厅早在2016年就发布了《国务院办公厅关于促进和规范健康医疗大数据应用发展的指导意见》（简称《健康医疗大数据应用发展的指导意见》），并在2018年发布了《国务院办公厅关于促进"互联网＋医疗健康"发展的意见》。虽然这些政策规范（或行政法规）没有以"法"字配称，但也应被严格执行。此外，《中华人民共和国人类遗传资源管理条例》（简称《人类遗传资源管理条例》）也有对健康医疗数据的相关规定。

技术治理是指通过技术来加强数据的安全性。目前关于数据治理的技术发展已经具备了一定的规模。数据加密、访问控制等技术能够保障数据安全，而数据脱敏、差分隐私、同态加密等技术能够保障数据隐私。本章后文会详细介绍几种简单的技术手段。

法律法规治理和技术治理并不能解决所有问题，这是显而易见的，因为法律法规的治理并不能涉及所有情形，也不可能杜绝违规行为；技术之间的攻防战也在不断进行，不能确保安全，且技术治理的门槛有时很高，并不是所有的技术手段都能适用。在这样的背景下，伦理治理就被提上了日程。伦理治理，即根据各地的文化习俗，通过伦理教育、日常行为规范等方式来进行规训与指导，以教会人们什么是"对"的，什么是"错"的。

第二节　数据权利

一、隐私权

要了解健康医疗大数据伦理与治理，首先要理解人们对健康医疗数据的权利需求。正是因为这些需求，才使得健康医疗数据的治理如此重要。

隐私权与数据关联最大，也是人们从古至今的一项重要权利。一般认为，隐私权是人格权的一种体现。隐私权是人们对隐私需求与保护衍生的一种权利。《中华人民共和国民法典》（简称《民法典》）将隐私描述为"隐私是自然人的私人生活安宁和不愿为他人知晓的私密空间、私密活动、私密信息"。作为一种权利，隐私权在各国的法律中均有比较明确的规定，例如，《民法典》规定："自然人享有隐私权。任何组织或者个人不得以刺探、侵扰、泄露、公开等方式侵害他人的隐私权。"从其叙述中可以看出，隐私权的拥有者是自然人。

《民法典》在此基础上描述了6种对隐私的侵害方式：① 以电话、短信、即时通讯工具、电子邮件、传单等方式侵扰他人的生活安宁；② 进入、拍摄、窥视他人的住宅、宾馆房间等私密空间；③ 拍摄、窥视、窃听、公开他人的私密活动；④ 拍摄、窥视他人身体的私密部位；⑤ 处理他人的私密信息；⑥ 以其他方式侵害他人的隐私权。

人们对隐私有重大的需求。近年来，数据泄露相关案例的传播与隐私不能脱开关系。在近年来的法律与政策（如《民法典》《数据安全法》《个人信息保护法》等）中，隐私信息、个人信息，尤其是敏感个人信息经常被提及并作为保护的对象。《个人信息保护法》明确把健康医疗信息归到了"敏感个人信息"中。以下是《个人信息保护法》对"敏感个人信息"的界定:"敏感个人信息一旦泄露或者非法使用,容易导致自然人的人格尊严受到侵害或者人身、财产安全受到危害的个人信息,包括生物识别、宗教信仰、特定身份、医疗健康、金融账户、行踪轨迹等信息,以及不满十四周岁未成年人的个人信息。"这些信息"一旦泄露或者非法使用,容易导致自然人的人格尊严受到侵害或者人身、财产安全受到危害"。

因此,健康医疗数据收集与使用必须考虑到对隐私权的保护。《日内瓦宣言》是古代西方医生在开业时宣读的一份有关医务道德的誓词。1948 年,世界医学协会(World Medical Association)对该宣言进行了修改。在《日内瓦宣言》的宣誓中,对医生的要求为"患者的健康应为我的首要的顾念;我将要尊重所寄托给我的秘密",而 1964 年由世界医学协会通过的《赫尔辛基宣言》也明确"参与医学研究的医生有责任保护研究受试者的生命、健康、尊严、健全、自我决定权、隐私和个人信息"。随着数据时代的发展,这些宣言不仅作为对医生的要求,也作为对每一个健康医疗数据相关的责任人与责任方的要求。

虽然上文提到,隐私权是自然人才拥有的一种权利,但是隐私权衍生出了许多更大的问题——个体隐私权被侵犯,在很多时候也代表个体所在组织的利益被侵犯。政府保护人们的隐私权也是在保护企业更好地发展,保障国家的安全,维护社会的稳定和谐。因此,为了维护社会的整体稳定与繁荣进步,也为了帮助健康医疗的研究与系统安全,对隐私权的维护与治理是重要的环节。

二、知情同意权

顾名思义,知情同意权就是个体知晓自己健康医疗数据的收集情况、知道自己的数据得到了何种使用等,并且自愿同意这种收集或使用的权利。

在医学界,最早被普遍接受的知情同意条例出现于《纽伦堡法典》。《纽伦堡法典》出于第二次世界大战后对医学相关战犯的审判,系纽伦堡军事法庭制定的国际公认的医学人体实验行为规范。《纽伦堡法典》规定,"受试者的自愿同意绝对必要。"在这之后,《赫尔辛基宣言》《贝尔蒙特报告》也涉及了知情同意部分。《赫尔辛基宣言》规定"参加医学研究的受试者必须是自愿的""必须充分告知受试者医学研究的目的、研究方法、资金来源、利益冲突等"。《贝尔蒙特报告》对知情同意进行了一个简单但有效的总结:"信息、理解、自愿"。其中信息指医生或研究者必须让受试者拥有关于医学研究的充足信息;理解指受试者必须具有正常的认知状态(孩童、部分老年人和精神病患者通常不具有这种能力),并充分理解和评估这些信息;而自愿则指受试者在有了充足的信息和对信息的充分理解后,必须做出一个有效的"同意"(如口头同意、签字等)。从以上三点出发,基本能够理解何谓医学研究的"知情同意"。

知情同意是健康医疗数据收集与使用的重要法律与伦理要求,但是大数据时代下的知情同意面临着更严峻的情形。虽然在传统的医疗行业,知情同意体系已经较为完善,但在大数据时代下责任方的增加使得健康医疗大数据的知情同意变得十分脆弱。用户在使用软件、产品时很少观看知情同意告知书,很难对自己数据的收集、流通、使用等有直接的把握。尤其在一些"不负责任的责任方"的处理下,人们更加难以做到对自己的数据"知情同意"。2022 年 7 月,滴滴全球股份有限公司因过度使用乘客数据受到巨额罚款。滴滴公司存在"违法过度收集手机用户信息"的问题，并且其没有向乘客告知数据的处理方式，也就是说，滴滴的用户并没有机会行使"知情同意"权。有一条让人心惊胆战的罚款原因——"在未明确告知乘客情况下，分析乘客出行意图信息 539.76 亿条"。如果其分析准确，那么将有无数乘客何时搜索和去往医院的数据已经被泄露，就像谷歌流感趋势能做到的那样——这是传统健康医疗行业不曾也难以设想的，是新时代健康医疗数据保护要面临的巨大难题。

对于知情同意，法律也有很明确的规定。《个人信息保护法》将知情同意规定为"基于个人同意处理个人信息的，该同意应当由个人在充分知情的前提下自愿、明确作出"。虽然除了知情同意外，《个人信息保护法》还规定了一些其他的处理个人信息数据的条件，但是这些条件均很严格。《个人信息保护法》规定，必须满足以下 7 个条件之一，才能对个人信息进行处理：① 取得个人的同意；② 为订立、履行个人作为一方当事人的合同所必需，或者按照依法制定的劳动规章制度和依法签订的集体合同实施人力资源管理所必需；③ 为履行法定职责或者法定义务所必需；④ 为应对突发公共卫生事件，或者紧急情况下为保护自然人的生命健康和财产安全所必需；⑤ 为公共利益实施新闻报道、舆论监督等行为，在合理的范围内处理个人信息；⑥ 依照本法规定在合理的范围内处理个人自行公开或者其他已经合法公开的个人信息；⑦ 法律、行政法规规定的其他情形。

其中，第四条与健康医疗数据有较大的关联。也就是说，在公共利益最大化的前提下，医生或医疗行业的研究者可以有"知情同意豁免"，在后文的"数据处理与使用"一节中，也会详细介绍这一点。

此外，《个人信息保护法》还规定了知情同意需要提供的信息。其规定：个人信息处理者在处理个人信息前，应当以显著方式和清晰易懂的语言真实、准确、完整地向个人告知下列事项：① 个人信息处理者的名称、姓名和联系方式；② 个人信息的处理目的、处理方式，处理的个人信息种类、保存期限；③ 个人行使本法规定权利的方式和程序；④ 法律、行政法规规定应当告知的其他事项。

这些法律法规面向整体的数据产业，也适用于健康医疗行业。

在健康医疗行业内部，在《涉及人的生物医学研究伦理审查办法》（简称《审查办法》）中有详细的关于知情同意书的要求：

知情同意书应当含有必要、完整的信息，并以受试者能够理解的语言文字表达。知情同意书应当包括以下内容：① 研究目的、基本研究内容、流程、方法及研究时限；② 研究者基本信息及研究机构资质；③ 研究结果可能给受试者、相关人员和社会带来的益处，以及给受试者可能带来的不适和风险；④ 对受试者的保护措施；⑤ 研究数据和受试者个人资料的保密范围和措施；⑥ 受试者的权利，包括自愿参加和随时退出、知情、同意或不同意、保密、补偿、受损害时获得免费治疗和赔偿、新信息的获取、新版本知情同意书的再次签署、获得知情同意书等；⑦ 受试者在参与研究前、研究后和研究过程中的注意事项。

同时，"受试者不能以书面方式表示同意时，项目研究者应当获得其口头知情同意，并提交过程记录和证明材料。对无行为能力、限制行为能力的受试者，项目研究者应当获得其监护人或者法定代理人的书面知情同意。"

任何数据样本的收集和使用都应经过知情同意，除了以下的两种情形：① 利用可识别身份信息的人体材料或者数据进行研究，已无法找到该受试者，且研究项目不涉及个人隐私和商业利益的；② 生物样本捐献者已经签署了知情同意书，同意所捐献样本及相关信息可用于所有医学研究的。

三、数据控制权

健康医疗数据的重要性不言而喻，那么应该由谁来保管、操作、删除健康医疗数据，数据的"管理权""财产权""控制权"等数据权利，也是数据权利的重要部分。一般来讲，这些权利包含了"对数据生成、传播、管理、控制、利用与保护的权利"等。

《信息安全技术　健康医疗数据安全指南》（GB/T 39725—2020，简称《安全指南》）给出了国家标准。《安全指南》给出了"健康医疗数据控制者（health data controller）"的术语，指"能够决定健康医疗数据处理目的、方式及范围等的组织或个人。示例：提供健康医疗服务的组织、医保机构、政府机构、健康医疗科学研究机构、个体诊所等"。因此，无论是政府机构，还是企业和个人，均能够拥有健康医疗数据的产权，但是根据数据的敏感程度不同，并不是所有上述机构与个人均能成为任何种类数据的使用者。

《安全指南》也给出了判断控制者是否拥有数据使用权的方式。判断组织或个人是否能决定处理目的、方式及范围，可以遵照以下指引：① 是否是履行法律法规所必需；② 是否是行使其公共职能所必需；③ 是否能够由该处理数据的组织或个人自行，或与其他组织或个人共同决定；④ 是否得到了数据主体的相关个人或政府的授权。

此外，《安全指南》将健康医疗数据按照重要程度、风险级别进行了分级。不同级别的数据应采用不同的处理方式，涉及的控制者和使用者也应不同。一般来说，健康医疗数据应当分为以下五级：① 可完全公开使用的数据，包括可以通过公开途径获取的数据，例如，医院的名称、地址、电话等，可直接在互联网上面向公众公开；② 可在较大范围内供访问使用的数据，例如，不能标识个人身份的数据，各科室医生经过申请审批后用于研究分析；③ 可在中等范围内供访问使用的数据，如果未经授权披露，可能对个人健康医疗数据主体造成中等程度的损害，例如，经过部分去标识化处理，但仍可能重标识数据，仅限于获得授权的项目组范围内使用；④ 在较小范围内供访问使用的数据，如果未经授权披露，可能会对个人健康医疗数据主体造成较高程度的损害，例如，可以直接标识个人身份的数据，仅限于参与诊疗活动的医护人员访问使用；⑤ 仅在极小范围内，且在严格限制条件下供访问使用的数据，如果未经授权披露，可能会对个人健康医疗数据主体造成严重损害，例如，特殊病种（如艾滋病、性病）的详细资料，仅限于主治医护人员访问且需要进行严格管控。

五级数据从一到五，重要程度和风险级别逐次上升，对控制者的身份要求也越来越严格。

此外，不同的医生对医疗数据的控制有严格的权限管理。譬如《安全指南》对各个角色医生的权限有明确规定，见表5-1。

表5-1　角色权限示例表

角色	权限
科室医生	仅可调阅本科室患者数据
住院医师	仅可调阅普通病种资料及概要级特殊病种资料
主治医师	仅可调阅普通病种资料及摘要级特殊病种资料
主任医师	仅可调阅普通病种资料及详细级特殊病种资料
诊疗组	仅可调阅本诊疗组管辖范围内患者资料，不可调阅本科室其他诊疗组内患者资料

《中华人民共和国基本医疗卫生与健康促进法》规定，"国家保护公民个人健康信息，确保公民个人健康信息安全。任何组织或者个人不得非法收集、使用、加工、传输公民个人健康信息，不得非法买卖、提供或者公开公民个人健康信息。"因此，在涉及健康医疗大数据的采集、处理、删除等操作时，要拥有足够的法律和伦理敏感性，避免可能存在道德伦理问题。在进行数据的各种操作时，可参考《安全指南》和本章上文提及的相关法律法规。

第三节　数据治理体系

一、数据共享

健康医疗大数据的发展和应用在很大程度上会给人民带来利益，满足人民群众对健康、医疗的需求。数据共享是开放健康医疗大数据的重要环节，是推动健康医疗大数据发展与应用的重要环节。虽然数据共享能够促进健康医疗大数据的传播，但显而易见的是，共享操作同时也带来了巨大的隐私风险与信息泄露风险，因此保证数据共享中的数据安全可控也非常重要。

在介绍数据安全共享的治理体系前，需要明确的是，没有绝对安全的数据系统或数据体系。不论是在法律层面还是技术层面，数据的使用必然带来安全风险。同时，数据的使用与数据的安全在很大程度上是互相矛盾的——数据的安全性越高，其可利用率就相对越低——虽然这种矛盾也取决于法律法规监管和技术手段的协调运用，但是这种矛盾趋势通常是存在的。因此，如何平衡健康医疗大数据的使用与安全，是一个好的治理体系必须考虑的问题。

《健康医疗大数据应用发展的指导意见》的3个基本原则就落实了平衡利用与安全的观点："坚持以人为本，创新驱动""坚持规范有序、安全可控""坚持开放融合、共建共享"。随着大数据时代生活节奏的不断加快，为了应对人们的健康医疗需要，健康医疗大数据的开放共享与安全平衡非常关键。《国家科技资源共享服务平台管理办法》（简称《管理办法》）也强调了数据开放共享的重要性，并落实了管理手段。

《管理办法》提出，"国家科技资源共享服务平台"应推进科技资源向社会开放共享，提高资源利用效率，促进创新创业。该平台主要的任务如下：① 围绕国家战略需求持续开展重要科技资源的收集、整理、保存工作；② 承接科技计划项目实施所形成的科技资源的汇交、整理和保存任务；③ 开展科技资源的社会共享，面向各类科技创新活动提供公共服务，开展科学普及，根据创新需求整合资源开展定制服务；④ 建设和维护在线服务系统，开展科技资源管理与共享服务应用技术研究；⑤ 开展资源国际交流与合作，参加相关国际学术组织，维护国家的利益与安全。

有关健康医疗数据共享的国家平台也应遵循《管理办法》的有关规定，确保数据开放共享的有效性和安全性。

数据共享在医学界早已不是一个新的话题。1997年美国就有了关于药品临床治疗数据的在线数据库。关于数据共享的例证也有许多，如美国国立卫生研究院也建立了基因组数据库的共享系统、美国国家人类基因组研究所要求其资助项目进行数据共享等。健康医疗数据共享不可避免地会产生一些利益冲突：比如数据的共享可能使共享方利益受损，个体数据的共享可能使个体的隐私遭到泄露；相反，如果在亟需数据时，数据共享不能到位也可能给国家造成巨大的损失。例如，在疫情到来之际，数据共享能让生物医疗专家快速地掌握健康医疗数据，从而为疫情的防治提供有效帮助；但如果这些数据掌握在其他国家和地区的手中，并受到管控，那么数据的缺乏则会造成严重的国家安全问题。

《安全指南》对健康医疗数据共享进行了分类，分别是"完全公开共享""受控公开共享"和"领地公开共享"。① 完全公开共享指在互联网上直接公开发布健康医疗数据，这种共享方式对数据的控制是最难的，因为数据可能会通过无数渠道流通；② 受控公开共享指通过数据使用协议等要求，对数据的使用进行约束；③ 领地公开共享指在物理或虚拟领地范围内共享数据，数据不能流通到领地范围以外。

数据常见的开放形式有 5 种：网站公开、文件共享、API 接入、在线查询和数据分析平台共享。根据《安全指南》，表 5-2 介绍了这五种常见的数据开放形式。

表 5-2　常见的数据开放形式

开放形式	说明	适用公开共享类型
网站公开	统计概要类数据或经匿名处理后的数据，向大众开放，可自行下载分析	完全公开共享
文件共享	由数据系统生成文件并推送至 SFTP 接口设备或应用系统，或采用移动介质进行共享	受控公开共享
API 接入	系统之间通过请求响应方式提供数据，由数据系统提供实时或准实时面向特定用户的数据服务应用接口，需求方系统发起请求，数据系统返回所需数据，如通过 WebService 接口	受控公开共享
在线查询	在数据系统提供的功能页面上查询相关数据	完全公开共享（匿名查询）受控公开共享（用户查询）
数据分析平台	提供系统环境、分析挖掘工具及去标识后的样本数据或模拟数据。平台用户共享专用硬件和数据资源，可以部署自有数据和数据分析算法，可以查询权限内的数据和分析结果。平台所有原始数据不能导出；分析结果的输出、下载必须经审核通过后才能对外输出	领地公开共享

此外，前文提到《安全指南》给健康医疗数据划分了 5 个等级，第 1 级是完全公开的数据；第 2 级到第 5 级分别是在较大、中等、较小、极小范围内可访问使用的数据——第 5 级数据因其重要性，还应有严格的使用限制条件。对于不同的数据类型，数据开放也应有限制。《安全指南》规定，数据开放应当遵循以下几点要求：① 遵循"最少必要原则"，即非必要数据不予开放；② 数据开放的目的、内容、使用方法等需经过数据安全委员会审批，确保符合法律法规、正当性和必要性的要求；③ 根据使用目的尽可能地去标识化；④ 明确数据开发和使用目的、使用方需要承担的安全责任、安全措施等，并签署相应的协议；涉及出境的宜依照规定进行安全评估，涉及重要数据的应依照规定进行评估审批。

在数据的传输过程中，也需要保护数据安全。当数据传输时，要确保数据的传输方法安全、端口安全，并实施访问控制。同时，数据的完整性和有效性也应当得到保障。

此外，《安全指南》规定，对于数据的访问申请，数据拥有者需要对申请者的身份加以限制，比如一些数据仅能开放给医疗机构相关人员，不允许随意共享给无关人员等。最重要的是，除了知悉和遵守数据共享相关规定以外，当公开或共享数据时，要进行一定的技术处理（实际上在数据保存时就建议进行技术处理，详见"数据处理与使用"部分），且要得到对应数据安全或伦理委员会的批准（详见"伦理审查规范"部分）。

二、数据处理与使用

如何处理健康医疗数据才能最大限度地避免风险，除了上文对数据开放和共享（一种数据流通的方式）的处理以外，如果对数据操作不当，同样会造成巨大的问题。例如，在防控新型冠状病毒感染的早期，一些行程和医疗信息与患者的个人信息一同公开的不当处理造成了严重后果。数据的控制者和使用者都有义务对自己控制或使用的健康医疗数据负责。

数据处理和使用与数据医疗权利息息相关。首先，数据的处理和使用必须尊重个人的隐私权。即如果该处理可能侵犯个人隐私，那么就是处理不当；其次，需要考虑知情同意。满足知情同意的方式有多种：

（1）直接取得个人或组织的同意。

（2）泛知情同意。指让个体签署的个人数据处理的同意书，而不必在每次进行数据处理时均告知个体并征得同意。泛知情同意要求必须保证个体的权益，尊重个体的隐私，同时要求个体能够随时选择退出协议。《审查办法》中的"生物样本捐献者已经签署了知情同意书，同意所捐献样本及相关信息可用于所有医学研究的，可以免除签署知情同意书"，就是泛知情同意的一种。

（3）知情同意豁免。例如，对具有社会价值和科学价值，并且去标识化的重要健康医疗数据信息处理，就可能满足知情同意豁免的要求，在这种情况下对数据的处理不需要征得个体的知情同意。如《个人信息保护法》规定，如果满足个人信息数据是"为应对突发公共卫生事件，或者紧急情况下为保护自然人的生命健康和财产安全所必需"的情况，如果个人知情同意就可以得到豁免。

（4）特别的知情同意规则。如果处理的健康医疗数据来源是"不具有知情同意能力的人群"，如未满14岁的未成年人、残障人士等，需要制定特别的知情同意规则。

最后，要尊重数据处理的产权和拥有权，不能随意处理和使用任何来源不明的数据，必须满足如得到数据控制者的审批同意等要求。

除了以上要求外，为了更好地保障数据安全，结合法律法规的要求，还要对健康医疗数据进行必需的数据安全技术处理。通常而言，用数据脱敏和差分隐私技术对健康医疗数据进行必要的处理。依照《安全指南》，这些数据技术手段不应当仅在数据流通或共享时进行，而应当在储存前就完成，这样在数据泄露时会规避一部分风险。一般的健康医疗数据原型都会有具体的个人信息，包括但不限于姓名、身份证号、电话号码、电子邮件、医保号、生物识别信息等。一般来说，譬如"姓名"这样的无关数据当然可以进行直接删除；但是直接删除年龄等个人信息变量显然并不妥当，因为进行大数据健康分析时不可避免地要分析例如"年龄与某种疾病感染率的关系"等，因此要利用数据脱敏或差分隐私技术来进行信息的"去标识"，使数据可用且不能直接对应到个体。

数据脱敏指将敏感信息排除的一种技术，在尽量不影响分析与使用的前提下，降低数据的敏感性可以达到防止信息泄露的目的。数据脱敏主要分为两种，即"匿名化"和"去标识化"。在个人信息中，姓名"建议直接删除或空置"，联系方式（如电话号码）也"建议直接删除、空置或泛化"。这种删除是不可逆的，《信息安全技术　个人信息安全规范》（GB/T 35273—2020）将这种数据脱敏技术定义为匿名化："指通过对个人信息的技术处理，使得个人信息主体无法被识别或者关联，且处理后的信息不能被复原的过程。"而另一种也许可以复原（没有不可复原要求）的数据脱敏则是"去标识化"，在《信息安全技术　个人信息安全规范》中被定义为"通过对个人信息的技术处理，使其在不借助额外信息的情况下，无法识别或者关联个人信息主体的过程。"因此，在储存和传输健康医疗数据前，建议对数据进行一定程度的数据脱敏，使得个人健康医疗信息不容易被泄露。此举不仅是为了个人隐私，也是为了组织的安全。

通常来说，生日（年龄）、性别等变量并不算敏感变量，但是随着这些"非敏感变量"数目的增加，就会使医疗数据安全受到影响。在 20 世纪 90 年代，美国马萨诸塞州的保险委员会发布了政府雇员的医疗数据，这份数据的姓名、身份证号、住址等敏感信息已经得到了删除，而保留了生日（对应年龄）、性别和邮编（对应地区）等变量，便于更好地使医疗行业的研究者分析这份数据。卡内基梅隆大学的斯威尼博士将这份数据进行了破解，他发现，生日、性别和邮编是能够组成唯一性数据的。例如，与时任马萨诸塞州州长的韦尔德先生同一天生日的人少之又少，而在这些人中，符合州长先生的性别和邮编的数据只有 1 条。这无疑使得州长的医疗数据得到了破解和泄露。

在现有技术手段的基础上，又出现了一种名为差分隐私的技术手段。差分隐私技术是指在原有数据基础上加入一个噪声，比如"生日"项，可以在生日中加入一个随机值（通常而言，伴随着严密的数学算法），使得在该个体数据中，生日并非真实值，故人们无法辨认该数据代表个体的具体生日，这对"年龄和某种疾病感染率的关系"的分析仅仅造成了微弱的影响，由于差分隐私所加入的噪声一般来说并不大，因此差分隐私技术对数据分析的影响不大。差分隐私技术要求，在保障数据非敏感的情况下，数据最大化的可用，但是这种数学上的严谨性对部分医疗行业并不十分友好。为此，《安全指南》中有对于各种数据的处理建议，比如对于"日期"，《安全指南》的建议是加入随机偏移量 100（即在真实的日期上随机加减 100 以内的数值），这样即使数据没有"最大化的可用"，但也实现了差分隐私技术的简单要求。《安全指南》对于每种属性的数据均给出了处理建议，见表 5-3。

表 5-3　数据处理建议实例

属性	方法建议	适用数据
姓名	建议删除或空置	受试者姓名、医生姓名、研究者姓名、家庭成员姓名
联系方式	建议删除或空置、泛化 例如：住址只具体到市县级，隐藏县级以下地址	个人电话号码、邮箱、账号、住址
日期	建议采用"时间偏移方法"、转换法或泛化，例如，为不同研究项目定义不同的随机偏移量，通过日期时间 + 或 – 随机偏移量进行数据扰动，以实现数据的去标识化。例如： 入院日期 2018-01-01+ 随机偏移量 100 = 入院日期：2018-04-11 出院日期 2018-04-01+ 随机偏移量 100 = 出院日期：2018-07-10 出院日期 – 入院日期 = 90 天 该方法可以在保证数据去标识化的同时，保证计算逻辑正确 转换法即用其与其他日期运算得到结果来替换，例如，住院天数 泛化只保留年月，甚至只保留年	医疗应用数据中能通过数据分析关联到个人的时间信息：如入院日期、出院日期、手术日期等

续表

属性	方法建议	适用数据
出生日期	建议删除、空置或者替换为年龄	出生日期
年龄	建议采用"数据泛化"方法 例如： ——年龄 ≤ 89 或者 > 89 ——年龄区间 < 25，25 ~ 29，30 ~ 34，…，85 ~ 89，> 89 注：> 89 不能再继续细分	年龄
号码	建议删除或空置 如需要利用号码的唯一性进行逻辑分析，如通过身份证号判断多份病历是否属于同一个人的场景，可采用基于原数据的随机化产生唯一标识进行替换 如需要利用邮编等隐含地理信息的号码，可采用扰动和泛化方法进行处理，例如，原始邮编记录 100080，去标识化后为 100***	身份证号、社保卡号、工作证号、居住卡号
医疗机构内部所用号码	建议置换或删除 通过这些号码进行逻辑分析而需要保留的，可采用基于原数据的随机化产生唯一标识进行替换 如不需要这些号码进行逻辑分析，则删除这些号码	检验结果报告单号、检查报告单号、住院号、门（急）诊号等

除此以外，诸多密码学技术也可以被应用于健康医疗大数据的管理。例如，同态加密、联邦学习、安全多方计算等能够增强数据的保密性，区块链技术能够保证数据的完整性。这些技术也是对数据的必要处理，能保证数据共享、流通和使用的安全。但需要注意，数据脱敏或加密的一系列技术手段通常会使数据的可用性降低。技术手段的目的是让人们的隐私权免受侵害，但过度使用会使数据不再具有应有的分析价值。

《安全指南》指出，在数据使用的过程中应当有如下措施。

（1）利用数据库管理数据，宜确保数据管理过程可追溯。数据库锁定是为防止对数据库文档进行无意或未授权的更改而采取的取消数据库编辑权限。数据库锁定过程和时间宜有明确的文档记录，对于盲法临床试验，数据库锁定后才可以揭盲。如果对数据库锁定和开锁过程进行记录和控制，数据库开锁的流程宜至少包括：通知项目团队；给出要进行更改的内容、更改原因以及更改日期；并由主要研究者、数据管理人员和统计分析师等人员共同签署。

（2）第一次数据录入以及每一次更改、删除或增加，其稽查轨迹都宜保留在临床研究数据库系统中。稽查轨迹宜包括更改的日期、时间、更改人、更改原因、更改前数据、更改后数据。此稽查轨迹宜被系统保护，不宜被任何人修改和编辑。稽查轨迹记录宜存档并可查询。

（3）数据宜在去标识化后进行使用，宜支持患者信息去标识化设置，例如，去除患者姓名、家庭地址、身份证号、手机号码、联系人姓名、联系人电话等。

（4）建立数据权限管理机制，包括授权查看、授权使用、可查看、可使用的数据。

（5）在临床试验中所有观察结果和发现都宜加以核实，以保证数据的可靠性，确保临床试验中各项结论来源于原始数据。在数据处理的每一个阶段宜采取质量控制，以保证所有数据的可靠性和数据处理的正确性。

（6）在多中心试验场景下数据宜实施集中管理与分析，并宜满足数据传输安全各项条件。

（7）建立数据访问控制机制，如只有被授权的角色可以访问被授权的数据对象。

（8）数据传输宜使用加密技术、身份验证技术和数据完整性校验技术，保证数据以安全的方式传输给指定的对象。

（9）为主要研究者、数据管理员、统计分析师等不同角色的不同人员配置不同的账号，且赋予不同的权限。

三、伦理审查规范

任何涉及人与动物实验的学科对伦理审查都不陌生。伦理审查无疑是保障受试者权利的重要方法。《赫尔辛基宣言》明确指出："医学研究要遵循那些促进和确保尊重人体受试者、保护他们的健康和权利的伦理标准；尽管医学研究的主要目的是产生新的知识，但这一目的永远不能超越个体研究受试者的权益。"

在医学和动物学、生物学研究中，涉及实验的伦理审查规范较为完整。美国、欧盟等发达国家和地区的伦理审查制度相对完善。美国有独立的机构审查委员会（institutional review board，IRB），欧盟也有独立的伦理委员会（ethics committee，EC）。涉及人或动物实验的研究通常需要上报到伦理委员会进行审批，得到伦理委员会的支持后才能进行研究。伦理委员会负责项目的审批、定期审查等。

我国的伦理委员会制度发展较快，在医学、药学等学科的伦理审查现在也相对完善。针对任何涉及人的实验，可参考《涉及人的生物医学研究伦理审查办法》。该办法涉及的研究包括：① 采用现代物理学、化学、生物学、中医药学和心理学等方法对人的生理、心理行为、病理现象、疾病病因和发病机制，以及疾病的预防、诊断、治疗和康复进行研究的活动；② 医学新技术或者医疗新产品在人体上进行试验研究的活动；③ 采用流行病学、社会学、心理学等方法收集、记录、使用、报告或者储存有关人的样本、医疗记录、行为等科学研究资料的活动。

由于"样本、医疗记录、行为"中包含了大量的数据，健康医疗数据也在这份法规的管控范围内。

针对动物实验，我国也有相应的规范。其一是《实验动物管理条例》，对"经人工饲育，对其携带的微生物实行控制，遗传背景明确或者来源清楚的，用于科学研究、教学、生产、鉴定以及其他科学实验的动物"规定了操作性的程序。在上述规范（2017 年的第三次修订）中除了对动物可能造成问题的管理外，也规定了实验人员的伦理规范，如"对实验动物必须爱护，不得戏弄或虐待"；其二是国家标准《实验动物 福利伦理审查指南》（GB/T 35892—2018），其中也涉及伦理审查的规范，指建立专门的伦理委员会，以审查使用实验动物的必要性、合理性和规范性，提倡动物福利，保障实验动物的权利（包括免于饥渴，免于不适，免于痛苦，伤害和疾病，表达天性和免于恐惧和焦虑）。

通常来说，由于数据的掌握和使用可能影响人的隐私权和知情同意权，关于健康医疗数据的伦理审查规范主要是针对人类受试者。而隐私保护和知情同意也是健康医疗数据伦理审查的重点内容。《审查办法》提出，"从事涉及人的生物医学研究的医疗卫生机构是涉及人的生物医学研究伦理审查工作的管理责任主体，应当设立伦理委员会，并采取有效措施保障伦理委员会独立开展伦理审查工作。医疗卫生机构未设立伦理委员会的，不得开展涉及人的生物医学研究工作。"伦理委员会批准研究项目的基本标准应有如下 7 点：① 坚持生命伦理的社会价值；② 研究方案科学；③ 公平选择受试者；④ 合理的风险与受益比例；⑤ 知情同意书规范；⑥ 尊重受试者权利；⑦ 遵守科研诚信规范。

《健康医疗大数据应用发展的指导意见》指出，"应加快健康医疗数据安全体系建设，建立数据安全管理责任制度，制定标识赋码、科学分类、风险分级、安全审查规则。"健康医疗数据管理相关机构应设置伦理管理体系或授权审核委员会，以进行伦理审查的相关工作。《医学科学数据共享与使用的伦理要求和管理规范（七）伦理审核指南专家共识》一文指出，风险和收益的评估应当是管理和审核的依据。此外，该文详细提出了一整套伦理审查办法：

伦理审查委员会的组成应有详细规定。首先，伦理审查委员会人数应不得少于某特定人数（在这份伦理审查办法中，医学科学数据共享服务机构的审核委员会人数不应少于 9 人），同时应由不同的领域、学科的专家学者共同组建，其中选举 1 人为主席，并选出若干副主席。其次，审核形式应包含书面审核和会议审核。当涉及风险较大的审核申请时，应采取会议审核的模式。再次，审核应遵循一定的原则，这些原则也印证了对健康医疗数据进行采集、使用所需遵循的规范，有以下 7 条。

1. 依法进行审核原则 数据共享使用应该遵守国家法律法规、相关政策和规范。医学数据共享和使用应保障数据利益相关者的权益，明确利益相关者的责任。利益相关者应履行相关的责任，做到权、责、利统一。

2. 符合伦理要求原则 数据共享和使用应该符合国际伦理准则中规定的生命和医学基本伦理原则，参照国际共识。数据共享和使用应符合国家相关伦理要求。

3. 权益兼顾平衡原则 数据共享和使用应该兼顾平衡个体权益和公众利益；对数据共享和使用进行风险收益评估，既不能损害个人权益，也不能损害群体和国家权益。

4. 个体权益优先原则 数据共享和使用审核应该遵循个体权益保护优先原则，即使有助于群体或社会公益，仍然不能在明知对个体损害的情况下共享或使用数据。

5. 分类分级审核原则 数据审核应该根据数据类型和涉及相关信息的隐私敏感性、数据价值和数据安全等进行分类、分级审核，根据风险等决定审核方式和审核重点内容；对涉及敏感数据、遗传资源的数据，或者弱势人群（参照涉及人体的医学研究界定）的数据，以及具有个人可识别信息或重新识别潜在性的数据，应严格审核标准，避免造成损害或安全问题。

6. 促进数据共享原则 应该促进无风险地去识别数据或重新识别风险很小数据的共享使用，应该促进现有数据的共享使用，充分发挥数据的社会价值和科学价值。

7. 独立审核决定原则 审核机构应独立作出科学、合理和公正的审核决定，审核结果不受任何机构、组织和个人的干预。审核委员存在利益冲突的，应该主动申请回避。

《安全指南》也给出了数据使用管理办法和审批的规范，包括但不限于"建立健康医疗数据安全委员会，对健康医疗数据安全工作全面负责，讨论决定健康医疗数据安全重大事项。""建立健康医疗数据安全工作办公室，指定专人负责健康医疗数据安全日常工作。"

伦理审查规范不仅要保障数据的采集和共享机制，对数据的使用、修改、删除等操作，均应定期审查，以保证健康医疗数据的合理规范使用。例如，数据的控制方要对数据的访问记录和利用方式进行有效记录和保存，以确保审查能追溯到每一个数据的使用行为。

第四节　数据治理的挑战与措施

一、完善法律法规体系

目前，健康医疗大数据治理基本能够做到有法可依。无论是关于数据治理的宏观法律法规，如《个人信息保护法》《数据安全法》或《网络安全法》，还是健康医疗行业相关的《生物安全法》或《医师法》等，均能够找到和健康医疗数据治理相关的内容。在政策、规范方面，作为国家标准的《安全指南》几乎涵盖了健康医疗大数据保护和数据安全的方方面面；《人类遗传资源管理条例》等规范也进一步明确了数据安全的重要地位。此外，发表于《中国医学伦理学》上的多篇有关"医学科学数据共享与使用的伦理要求和管理规范"的文章，也对于健康医疗数据治理有着重要的参考意义。

但是，目前健康医疗大数据的法律法规体系尚不完善。首先，关于健康医疗数据未经伦理审查的滥用、数据挖掘等技术的滥用仍层出不穷。如今掌握个人信息的责任方过多，几乎不可能受到法律法规的严格管控；其次，目前国家科技资源共享服务平台等数据资源仍在发展中，许多领域的数据还缺乏有效的积累，数据战略资源有限，规划不易；最后，在健康医疗大数据的使用中可能会出现"非健康医疗相关机构"能够掌握部分健康医疗大数据的情形，目前还难以建立有效的监管机制。

伦理审查流程仍存疑。目前的伦理审查规范已经被提上日程，但缺乏操作性，例如，许多规范仅仅给出了总体框架性要求，在具体实施上有不足。目前，给出操作性要求的政策规范是《审查办法》，但这份规范主要针对实验研究（也可以说是数据的采集），而非数据的存储、调取、共享等，因此尚有许多数据操作未得到有效审查。目前，对数据进行健康医疗研究伦理审查时，通常是由各个研究机构的伦理审查委员会进行的，暂时还没有统一的伦理规范。因此，有必要继续完善整个数据治理的法律法规和规范体系，以更好地引导人们善用数据。

二、加强数据运用与负责任创新

在大数据时代，数据的量变或多或少地引起了质变。如今数据的价值越来越高，人们应当加强对健康医疗数据的使用，以更好地通过数据造福人类。

首先，目前的医疗数据共享机制既存在"放得过开"的问题，也存在"放得不够开"的问题。一些重要数据被泄露而遭到流失；而一些基本数据，尤其是已经进行了深度脱敏的数据，流通渠道依然不透明。当然，目前国家科技资源共享服务平台已经解决了部分这样的问题，但正如前文所述，类似的共享平台仍需长远地发展，不能松懈。

其次，数据运用的能力还不够强。我国对健康医疗大数据的运用能力还需加强，例如，可通过培养更多的数据与医疗行业的交叉综合人才，以加强健康医疗数据的应用。

最后，数据运用还需要完善负责任创新机制。负责任创新指在数据运用、科学研究的创新过程中，责任方应当通过风险预测、价值分析等手段，提前对该创新应用做出判断，以负责任地预估该过程可能带来的后果。最常见的负责任创新模型是"预测、反思、协商、反馈"四维度模型。

其中，预测指对潜在风险的预测；反思指不断反思数据运用的合理性；协商指与不同的权益相关者进行对话和交流；而反馈指创新研究、项目完成后，回顾其对社会的影响。在运用健康医疗大数据时，应当思考其意义和价值——如果医疗或研究几乎不能给人们带来实质的益处，反而给人们带来了实质的数据隐私风险，乃至给国家带来了安全问题，那么这种数据运用显然是不合理的。医生、研究者们应当在健康医疗数据运用的过程中负起责任，以更好地杜绝风险。

三、强化伦理治理

在整个健康医疗大数据的治理体系中，伦理治理是最容易被忽略的一环，但它反而可能是最重要的一环。上文提到，由于法律和技术治理并不能彻底保障数据治理的有效性，伦理治理也就应当放在重要的地位上。不同于法律法规治理和技术治理，伦理治理是长远发展所需的。虽然不能非常直观地看到伦理治理的成效，但伦理治理依然是必要的。

伦理是关于"是非对错"的学科，每个人在日常行为中都有一套自己的行为规范。伦理治理自古以来一直是"治天下"的有效手段。例如，引导人们学习中国文化，以巩固社会稳定，同时提高人民的幸福感。通常人们对伦理的理解是从传统文化中发源而来的，中国传统文化博大精深，中国的伦理体系发展也源远流长。虽然当今世界信息出现扁平化，各个国家均吸收借鉴他国的文化和做法，但是文化依然占据重要的地位。从数据治理上看，欧盟的法律法规，如大名鼎鼎的《通用数据保护条例》（General Data Protection Regulation，GDPR）十分重视人格权；相反，美国相关的法律法规，如《隐私法案》（Privacy Act），或《加州消费者隐私法案》（California Consumer Protection Act，CCPA）（州立），就十分重视个人利益。数据的社会文化背景是十分重要的，我国也应该在数据伦理体系中加入文化的熏陶，以更好地适应社会的需要。以这样的方式，通过对健康医疗数据相关行业进行伦理引导，让相关行业的人对健康医疗数据安全有更深刻的理解，也会使人们在进行数据共享、处理等行为时更少犯错。

此外，伦理治理还有一块重中之重，即伦理教育。在大数据时代，应当发展有关数据的伦理教育，并针对不同的学科背景设置不同的教育方式方法。伦理教育的目的主要有以下3点：第一，是树立人们的道德敏感性，遇到数据治理相关的事件，能够很快察觉其特殊和敏感之处；第二，是提升人们的道德判断能力，人们应能够第一时间辩证性地判断事物的是非对错；第三，是提升人们的道德选择能力。在处理数据问题时，应当审慎地从多方视角思考，并做出恰当的选择。健康医疗数据关乎人们的幸福安定，同时也有着许多独特的法律法规、政策规范以及标准的引导，应当针对健康医疗有关人员，进行更完善的数据伦理教育，以保障人们的幸福生活，保障国家的长远发展。

（丛杭青 李阳 涂华康）

🔍 思考题 ·········o

1.《贝尔蒙特报告》对"知情同意"作出了哪三个词的总结？它们分别代表什么意思？

2. 对健康医疗数据进行脱敏处理时，数据主体的姓名、生日分别应当如何处理？

ℯ 数字资源详见 新形态教材网

🗺 学习目标　　💻 内容提要　　📄 本章小结　　🖨 参考文献

第六章

大数据研究设计

思维导图

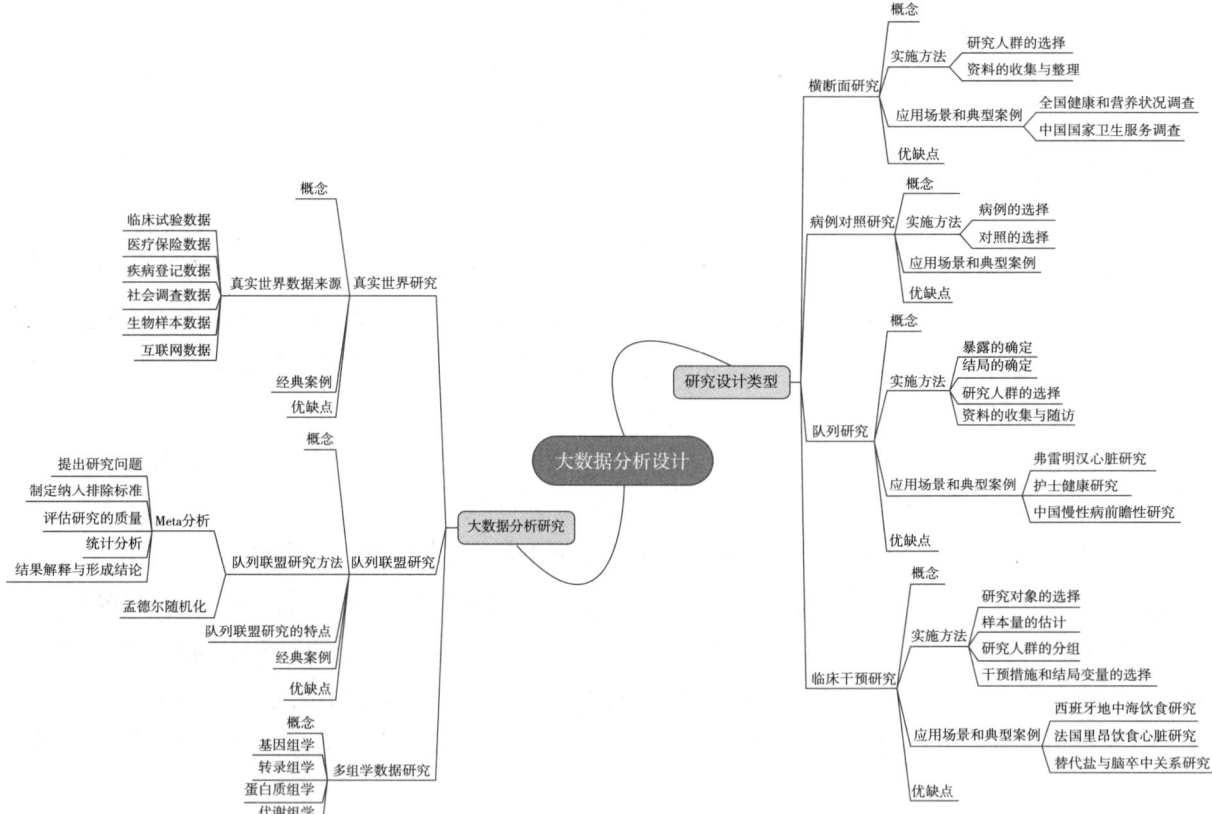

第一节 研究设计类型

一、概述

开展大数据健康研究需要应用合理的研究设计和分析方法。流行病学是研究人群中疾病与健康状况的分布规律，探索病因，并制订防控策略和措施，最终降低疾病负担和促进健康的一门学科。依据研究目的不同，采用的研究设计方法也不一样。

流行病学常见研究设计主要分为以下几种基本方法（图6-1）：

1. 观察法

（1）横断面研究：描述疾病或健康状况在某一时间点的分布情况。

（2）纵向研究：描述疾病或健康状况在一段时间内的变化情况。

（3）描述性研究：详细描述疾病或健康状况的分布情况，不施加任何实验措施。

（4）分析性研究：如病例对照研究和队列研究，旨在找出影响疾病分布的决定因素。

2. 实验法

（1）干预研究：评估某种干预措施对疾病或健康状况的影响。

（2）实验性研究：如随机对照试验（RCT），研究因果关系。

值得注意的是，不同研究设计获得的结果具有不同的证据强度。不同研究设计的证据强度等级是衡量研究结果可靠性和应用价值的重要指标。这些等级通常基于研究的严谨性、样本量、控制偏倚的能力，及结论的可推广性等因素来划分。

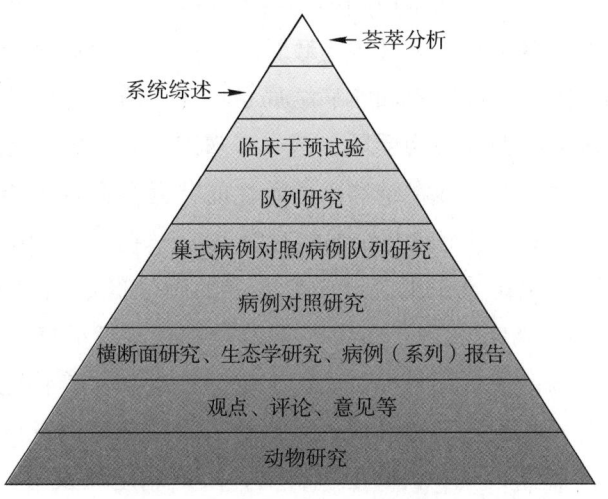

图6-1 流行病学常见研究设计

二、横断面研究

（一）概念

横断面研究（cross-sectional study）是最常见的流行病学研究设计之一，用于探究在特定时间点或时间段内，特定人群的疾病状况或健康相关特征分布，以及不同群体或个体之间的分布差异。

（二）实施方法

在横断面研究中，研究人员根据研究目的，确定适宜的人群选择方法，通过在一个时间点或时间段内对研究对象进行资料的收集，然后将这些资料进行整理、分析和比较，以了解不同变量之间的关系。

1. 研究人群的选择　横断面研究的关键环节是人群的选择，研究人员应根据研究目的对人群的地域范围、时间范围及分布特征进行明确规定，并结合实际情况确定合适的研究对象，根据涉及研究对象的范围，可将其分为普查和抽样调查。横断面研究常采用抽样的方法，抽样可分为随机抽样和非随机抽样。随机抽样在现实研究中较为常见，抽样需遵循随机化原则，以保证样本的代表性。常见的随机抽样方法包括：单纯随机抽样、分层抽样、系统抽样、整群抽样和多阶段抽样等。

2. 资料的收集与整理　在横断面研究中，研究者一旦确定拟收集资料的内容及相应的资料收集方法，在整个研究过程中不可变更，以保证研究数据的一致性。所有参与研究的调查员需接受统一培训，以规范资料的收集方法和标准，减少不同调查员导致的系统误差。对于横断面研究收集到的原始资料，应仔细检查和核对其完整性和准确性，并按照疾病、健康状态或已明确规定好的标准，将全部研究对象进行归类后，按不同时间、空间及人群中的分布进行描述。

（三）应用场景和典型案例

横断面研究可广泛用于评估和阐述特定群体中的疾病或健康状况，及其相关影响因素的流行和分布特征，初步识别影响疾病或健康状况的危险因素。了解人群的健康状态将有助于优化医疗资源配置，也为公共卫生政策（如疾病防治策略和措施）和医疗卫生计划的制定等提供了资料基础。因为暴露因素和疾病结局是在同一时间点测量的，时序关系较难判断，因此横断面研究在进行因果推断时较为受限；但当暴露因素是研究对象固有的，且一成不变的暴露因素（如基因、种族、血型等）或在结局事件发生前就已存在且不会受到结局因素影响时，横断面研究还是可以提供相对真实的暴露与结局的时序关联，并进一步开展因果推断分析。

美国国家卫生统计中心开展的国家健康与营养调查（National Health and Nutrition Examination Survey，NHANES），是一项具有全国代表性的横断面调查研究，以两年为周期进行持续的数据收集，该调查可用于提供美国人口的健康和营养状况的全面信息。NHANES 的数据可用于监测健康和营养状况的趋势，识别疾病的风险因素，以及评估公共卫生干预措施的有效性。NHANES 的数据被研究人员、公共卫生官员、政策制定者及其他人员广泛应用，以促进公共卫生政策的制定、识别健康差距，并监测健康和营养趋势。

中国国家卫生服务调查是由国家卫生健康委员会组织领导的，旨在了解居民健康、卫生服务需求及利用等方面的横断面调查研究，该调查始于 1993 年，每 5 年进行一次。通过国家卫生服务调查研究可以了解居民卫生服务需要、需求、利用、医疗费用，以及对医疗服务的满意度等信息，客观反映卫生改革与发展的成就和问题，分析卫生服务的需要、需求及利用的变化趋势，为制定卫生发展规划、评价医疗改革实施效果提供客观依据。

（四）优缺点

横断面研究的优点是其可以快速和有效地提供关于一个时间点或时间段内不同人群之间差异和相似之处的信息，特别是关于疾病的患病率这一基础数据。此外，横断面研究通过比较不同人群中疾病和影响因素的分布差异，有助于产生研究假设，为后续的研究（如队列研究）提供基础，以进一步探究疾病的病因。一些横断面研究在设计之初并未考虑随访问题，但在实际运行过程中，如增加随访内容，特别是借助于疾病和死亡登记系统或者电子医疗数据等资源，可以将其转化为队列研究，如美国的 NHANES 项目。

然而，横断面研究也有局限性。例如，横断面研究无法反映疾病或健康状况随时间和空间的变化情况。其次，由于暴露因素和结局变量是同一时间点测量的，因此在很多情况下无法准确地提供暴露和结局之间的先后顺序，产生"先有鸡还是先有蛋"的问题，且容易出现反向因果关联。另外，样本的代表性是横断面研究中非常关注的一个方面，如果抽样形成的样本不能代表所要研究的总体人群，则样本中产生的结果较难外推到总体人群，从而出现选择偏倚。由于以上的一些局限性，由横断面研究产生的结果在因果推断中处于较低等级。

三、病例对照研究

（一）概念

病例对照研究（case-control study）是另一种重要的流行病学研究设计，用于评估某种疾病与一个或多个危险因素之间的关系，其基本原理是选择一组诊断出患有目标疾病的个体作为病例组，以一组与病例在年龄、性别和其他相关因素方面相似但不患有该疾病的个体作为对照组，然后比较这两组在不同暴露条件或不同危险因素影响下的差异。

（二）实施方法

病例对照研究的基本设计：研究人员根据研究目的提出研究假设，通过选择病例组和对照组，收集其既往各种可能危险因素的暴露史，测量并比较这两组中各种因素的暴露比例，并由此估计暴露与疾病之间的联系。病例对照研究的关键在于病例和对照的合理选择。

1. **病例的选择** 病例的来源主要有两种：① 从医院患者选择，即从某一所或若干所医院选择某时期内就诊或住院的某种病的全部病例。病例应符合统一的、明确的疾病诊断标准。病例最好是新诊断的，如果病例患病已经很长时间，那么在患病之前暴露的危险因素可能会由于疾病诊断和治疗后更难准确获取，这受研究对象的记忆偏颇影响。病例的选择范围应要求能代表产生病例的人群，即该人群只要发生该种病例均可能进入该院治疗，从而进入病例组。这种研究称为以医院为基础的（hospital-based）病例对照研究；② 从特定人群选择病例，即以符合某一明确规定的人群在某时期内（数月或数年，视病例发生多少而定）的全部病例或当病例数过多时，以其中的一个随机样本为研究对象。其优点是相对于以医院为基础的病例对照研究，选择偏倚较小，结论推及该人群的可信程度较高。这种研究称为以人群为基础的（population-based）病例对照研究。

2. **对照的选择** 在病例对照研究中，获得合适的病例来源并不困难，而选择对照常面临很大的挑战，对照选择是否恰当是病例对照研究成败的关键之一。如果病例来自某所医院，则可从同医院同时就诊或住院的其他病例中选择对照；如果病例组来自某一特定人群，则可以以该人群非病例（即未患该种疾病的人）的一个随机样本作为对照。理想情况下，对照应满足两个要求。第一，在任何匹配标准的限制下，他们暴露于风险因素和混杂因素的情况应代表"有风险"成为病例的人群，即未患有正在调查的疾病，但如果患有正在调查的疾病，即可作为病例被纳入研究对象。换言之，每一病例在未发病前就应该是合格的对照，而每一对照若发病都有可能成为病例组的成员。第二，对照组的暴露水平应该具有和病例组相似的测量精度。换言之，病例组和对照组应采用同样的暴露测量方法和质控方案。

设置对照的作用在于平衡除了暴露以外的其他可能影响患病的因素，即如果暴露与所研究的疾病不存在联系的话，病例组的暴露比例（率）应该与对照组无显著差别；如果发现显著差别，由于病例组与对照组在其他有关方面具有可比性，因此可以推断患病与否可能与暴露率的差别有关系。为使两组具有可比性，首先可以通过限制选择病例与对照的范围（例如年龄范围、性别、民族等），使有关因子尽可能均衡。

除了限制以外，另一个选择对照的重要方法是匹配（matching），就是在选择病例与对照时，使两者的某些特征或变量相同或相似。具体做法有两种：一种是频数匹配，即在选择好一组病例之后，在选择对照组时要求其某些特征或变量的构成比例与病例组一致（即在两组的总体分布一致），例如性别、年龄构成一致。另一种是个体匹配，就是以每一病例为单位，选择少数几个关键特征或变量作为匹配指标，使得对照与病例保持一致（例如同一性别或年龄）。一个病例匹配一个对照（即 1∶1 匹配）一般称为配对，也就是说由一个病例和一个对照组成的对子（pair）为一个计数单位。理论上，一个病例也可以匹配多个对照，但研究证明病例与对照之比超过 1∶4 时，统计效率并不会明显增加，但工作量却显著增大。如果病例与对照来源都充足，调查费用又差不多，则以 1∶1 匹配最合适；如果病例数有限而对照易得，则可采用一个病例匹配多个对照的办法以提高统计效率。在匹配的过程中也应注意避免匹配过度的情况，即如果匹配的因素与暴露有联系，就可能人为造成更多的病例与对照暴露史相近的对子，增加了工作难度，同时导致暴露和结局之间的关联产生偏倚，反而降低了研究效率。

（三）应用场景和典型案例

病例对照研究也是一种观察性研究，主要应用于探究疾病病因或危险因素，特别是当研究的疾病相对罕见，难以进行大规模队列研究时，这种研究设计尤为有用，如罕见疾病、出生缺陷、癌症等。

例如，对一组肺癌患者（病例组）和一组未患肺癌但有可比性的人（对照组）调查他们的吸烟（暴露）历史（包括现在是否吸烟、过去是否吸烟、开始吸烟年龄、吸烟年数及最近每天吸烟支数；如已戒烟，则询问戒烟前每日吸烟数量、已戒烟时间等），通过比较两组吸烟史的差别，检验吸烟（可疑病因）与疾病（肺癌）因果关联的假设。这就是病例对照研究。

（四）优缺点

病例对照研究的主要优点之一是研究罕见疾病（即疾病的发病率或患病率较低）具有特别的适用性。在流行病学研究中，研究者通常需要耗费较长的时间或者在较大的人群基数中才能够收集到足够的病例数量，从而开展研究。而病例对照研究的设计本身就是直接从寻找病例出发，即便是罕见病例，也因为有就医需求而容易在医疗机构收集到足够的病例。由于病例已经确定，因此从普通人群中选择对照更容易且成本更低。病例对照研究的另一个优点是可以同时研究多个暴露因素与某种疾病之间的联系。此外，病例对照研究通常比其他类型的研究（如队列研究）更节省人力、物力、财力和时间。

然而，病例对照研究也存在一些局限性。首先，由于病例和对照的选择并非随机，易产生选择偏倚。在获取既往信息时，病例组和对照组对于信息的回忆和汇报准确性上可能存在系统差别，因此可能存在回忆偏倚。一般而言，病例更有可能回忆和报告他们认为与疾病有关的暴露。此外，病例对照研究中也可能存在混杂偏倚。混杂偏倚是指所研究因素与结局的联系被其他外部因素所混淆，这个外部因素就叫混杂变量。混杂变量是疾病结局的一个危险因素，又与暴露因素有联系，但不是中间因素。另外，病例对照研究还较难判断暴露和疾病的时间先后顺序，因果关联证据等级较低。

四、队列研究

（一）概念

队列研究（cohort study）是流行病学中用于调查疾病病因最强大的研究设计之一。队列是一群拥有共同经历或条件的人，队列研究是将一群（组）研究对象（队列）按照是否暴露于某研究因素分为暴露组与非暴露组（对照组），追踪观察一段时间，比较两组之间研究结果（如疾病或死亡事件）的发病率（或死亡率）的差异，从而判断这个（些）暴露因素与疾病之间有无关联及关联大小的一种观察性研究方法。队列研究是纵向研究的一种，跟踪队列的人群，以确定疾病的发病率，并确定与疾病相关的危险因素。

队列研究可以分为前瞻性队列研究（prospective cohort study）及回顾性队列研究（retrospective cohort study）。前瞻性队列研究是指从现在开始观察，根据每个研究对象的暴露情况进行分组研究，追踪观察到将来某个时间，了解其发病或死亡情况，以确定某暴露因素与疾病的关系。回顾性队列研究是指以过去某个时间为起点，收集基线和暴露资料，以当时人群对研究因素的暴露情况，将其分为暴露组和非暴露组，追踪观察到过去某个时间点或者现在的发病或死亡的结局情况，以研究暴露与疾病的关系。回顾性队列研究中，暴露与结局的数据均来源于有关的历史纪录，如医院的病历资料、个人的医疗档案、职业史和职业暴露等。同时包括前瞻性队列研究及回顾性队列研究的设计为双向性队列研究，也称混合性队列研究。

（二）实施方法

队列研究基于所提出的研究假设，按照一定的标准选择合适的人群或样本，设置合理的随访计划，并特定性地收集研究人群的相关信息和结局数据。

1. 暴露的确定　队列研究中的暴露因素（研究因素）通常是在描述性研究提供的病因线索和病例对照研究初步检验病因假设的基础上确定的。暴露因素的选择要遵循明确及可测量的原则。暴露的测量应采用敏感、精确、简单和可靠的方法。在数据收集时，除了要确定暴露因素外，还应同时确定需要调整的其他混杂因素，如人口学特征，以便于未来深入开展研究时，排除混杂因素对结果的影响。

2. 结局的确定　队列研究中预期出现的结局事件是研究的观察终点，但一个研究的观察终点不是整个队列的观察终点，队列研究的结局可能包括疾病的发生或其所致的死亡；疾病的痊愈、进展或死亡等。研究结局应明确规定统一的结局变量判定标准，并在研究过程中严格遵守。如以某种疾病发生为结局一般会采用国际或国内通用的诊断标准，通常选择国际疾病分类第九版/第十版（The International Classification of Disease，ICD-9/ICD-10）。

3. 研究人群的选择　研究人群分为暴露组与非暴露组，暴露组中有时还包含不同暴露水平的亚组。暴露人群即暴露于待研究因素的人群，根据不同的研究目的，暴露人群可以来自社区人群、特殊暴露人群、职业人群、其他有组织的人群等。非暴露人群可以来自同一人群的对照（内对照），也可以来自不同人群（外对照）。

4. 资料的收集与随访　队列研究在确定研究对象后，需要详细收集每个研究对象在研究起始时的基本情况，一般称为基线资料。基线资料一方面可作为判定暴露组与非暴露组的依据，同时也有助于今后数据处理过程中调整混杂因素，避免研究偏倚。

目前，队列随访的方法主要有两种。第一种是主动随访，即定期接触研究对象，通过自报、体检、生物样本检测等方式获取结局信息，既可以是临床终点，也可以是替代终点。随访间隔可视研究结局的变化速度、可投入的人力和资源等条件而定。主动随访的优势在于除了可以获取结局信息，还有机会了解暴露因素的动态变化，并根据检测技术的发展增加一些新的测量内容。第二种随访方法是被动随访，即不需要直接接触研究对象，而是通过个体的身份识别信息（如姓名、性别、地区和身份证号码等）匹配当前持续运行的各类监测系统或常规业务中形成的信息系统，获取结局信息。例如，通过居民死亡登记系统、妇幼卫生监测网等可获取死亡信息；通过卫生健康系统的重大疾病发病登记、医疗保险系统、医院病案信息系统等可获取疾病诊疗信息。这种随访方法确定的主要是临床终点；如果可以利用医院病案信息或常规体检信息，也可以确定替代终点。然而，我国目前尚未为研究者提供充分开放的渠道以使用各类健康医疗信息系统数据，导致数据的可获取性较为有限。

（三）应用场景和典型案例

队列研究作为一种高证据级别的流行病学研究方法，具有较强的检验病因假设的能力，能够应用于暴露于一种或多种结局之间的关联检验。同时基于其长期随访的特性，可以从人群的角度观察疾病发生和发展的自然规律。当某些预防措施是研究对象的自然行为而非人为干预时，也可通过队列研究对该种预防措施进行预防效果评估，也称为"人群自然实验"。

流行病学中有很多队列研究的例子。最著名的队列研究之一是 1948 年由美国国立卫生研究院（National Institute of Health，NIH）资助，在马萨诸塞州开展的弗雷明汉心脏研究（Framingham Heart Study）。1957 年弗雷明汉心脏研究报道了首个主要发现，即定义高血压为血压 ≥160/95 mmHg 时，研究人员发现高血压人群的冠心病发生率升高近 3 倍；几年后，研究人员发现脑卒中也是高血压的主要结局之一。最为人知的是，1998 年由 Wilson 等报道针对冠心病的弗雷明汉风险评分（Framingham risk score），该评分成为美国国家胆固醇教育项目成人治疗方案计算冠心病发病风险的基础。和之前发表的评分相比，该评分使用危险分层代替连续变量，有助于医生快捷地进行危险评估。该评分采用的是 10 年风险评分，为将来患冠心病低、中、高危人群进行分类提供了方便的方法。

另一个典型的例子是美国护士健康研究（Nurses' Health Study）。护士健康研究始于 1976 年，由美国哈佛大学医学院附属布莱根妇女医院钱宁实验室、哈佛医学院和哈佛公共卫生学院发起，由美国 NIH 资助。它召集了美国各地年龄在 30～55 岁的 12 万余名注册护士来回答一系列问卷调查。护士之所以被特别选中，是因为他们有能力较为准确地完成与健康相关的、通常有技术性的问卷调查。该研究每两年邮寄问卷给研究对象，要求研究对象填好后寄回问卷。该研究失访率较低，也说明护士群体对于长期研究的支持。此外，在研究随访过程中，部分随访周期研究对象也被要求提供了血液、尿液和其他样本。

中国慢性病前瞻性研究（Kadoorie Study of Chronic Disease in China，KSCDC，后更名为 China Kadoorie Biobank，CKB）项目是 2002 年卫生部批准立项，先后由中国疾病预防控制中心、中国医学科学院、北京大学与英国牛津大学合作开展的一项大型慢性病前瞻性国际合作研究项目。CKB 项目于 2004—2008 年开展了项目基线调查，在 5 个省（浙江、湖南、甘肃、四川、河南）的农村地区和 5 个省（自治区）（黑龙江、山东、江苏、广西、海南）的城市地区纳入了 512 891 名调查对象，对他们进行问卷调查、体格检查及生物样本采集，并对数据库和生物样本库进行规范化管理，开展长期检测随访。目前 CKB 项目已完成了第三次重复调查工作，项目组已组织撰写长期随访、样本库建设与管理、数据库及数据共享平台建设与管理等技术规范，集结整理成册并出版《大型人群队列研究技术规范》，并撰写了大型自然人群队列现场调查、长期随访、生物样本库建设、数据处理、数据安全等团体标准，推动项目数据开放和数据共享，持续生产高质量的本土化科学证据。作为一项具备代表性的自然人群队列研究，项目持续利用队列数据开展高质量科学研究，为中国人群本土化的慢性病病因学，以及针对中国人群常见的健康问题提供了较高级别的研究证据。

（四）优缺点

队列研究的优势包括：① 时序关系较为明确，队列研究允许研究人员建立暴露和结果之间的时序关系。通过长期跟踪个体，研究人员可以确定暴露于危险因素是否先于疾病的发展。② 多因多果，队列研究通常可以调查多种结局。同时，研究人员可以收集多种暴露因素的数据，如生活方式因素、遗传易感性和环境暴露，以调查这些变量与疾病发展之间的关系。③ 罕见暴露，队列研究有助于调查罕见暴露或其他研究设计中可能无法捕捉到的结果，因为该研究起始于暴露发生之前，从而有助于观察到长期的健康影响。

尽管队列研究比其他研究设计有明显优势，但也存在一些缺点：首先，队列研究，尤其是主动随访的队列研究既耗时又昂贵。队列研究的随访期可能长达几十年，需要投入大量的时间和资源。其次，队列研究过程中可能发生失访。参与者可能会退出研究，这会给研究结果带来选择偏倚。最后，队列研究也不可避免地存在混杂偏倚，可能会影响队列研究的结果。

五、临床干预试验

（一）概念

临床干预试验（clinical intervention trial）是一种实验性流行病学研究方法，旨在评估某种干预措施对健康的影响。干预措施可以是新药物、治疗方法、预防措施、健康促进活动等。这种试验通过比较干预组与对照组的差异，确定干预措施的效果、安全性、剂量等。临床干预试验中最常见的类型是随机对照试验（randomized controlled trial，RCT）。

（二）实施方法

临床干预试验的研究设计包括确定研究对象、研究目的、干预措施、对照组设定、随访计划等。一般研究问题包含 4 个主要内容：患者（patient）、干预（intervention）和对照的措施

（comparison）、临床结局（clinical outcome），简称为 PICO。

1. 研究对象的选择 根据研究设计，招募符合入选标准的受试对象。研究对象的范围由入选标准和排除标准来界定和限制，入选标准界定了研究者希望未来使用该干预措施或推广该研究结果的患者范围。用来制订排除标准的因素主要包括：① 疾病的严重程度；② 有无并发症和合并症；③ 患者的年龄、性别；④ 病史和既往治疗史。对研究对象的界定也是对入选患者范围宽窄的界定，需要平衡代表性、可行性和伦理性等多方面因素。从科学角度讲，入选的患者范围越窄越好，因为同一治疗方法在不同人群的效果可能不同，将具有不同效果的人群混在一起，势必会导致使用药物时不能确定最适应的人群，以及错误地治疗不需治疗的患者。因此，疗效明显不同的人群，必须用独立的临床试验或同一试验的亚组分析分别进行研究。但是当入选患者的标准太窄时，会使适合进入研究的总人数大大减少，从而使研究难以在短期内完成，其研究结果也只适用于很小范围的人群，影响其外推性。因此，任何临床试验中研究对象入选范围的界定都是对科学性和可行性审慎平衡的结果。

2. 样本量的估计 试验组和对照组干预效果差异的大小是决定样本量大小的主要因素。其他的因素还包括结局事件在人群中发生的频率、个体间的差异（方差或标准差）、Ⅰ类错误及Ⅱ类错误的概率。另外需要注意的是，失访对试验结局及统计学检验也会产生影响，确定样本量时，应在计算样本量的基础上增加 10%~15% 作为实际应用的样本量。

3. 研究人群的分组 研究人群分组通常需要遵守对照、随机化、盲法的三重原则。

设立对照的目的是排除非研究因素的干扰，因此要求两组的研究对象具有可比性。临床试验常用的对照方法包括标准对照（standard control）或阳性对照（positive control）、安慰剂对照（placebo control）或阴性对照（negative control）、交叉对照（crossover control）、互相对照（mutual control）及自身对照（own control）。

随机化的简单理解就是使所有的参与者有相同的机会被分配到干预组或是对照组中，常采用随机分组。随机分组将符合入选标准的研究对象随机分配到干预组或对照组中。临床试验常用的随机分组方法包括简单随机（simple randomization）、区组随机（block randomization）、分层随机（stratified randomization）等。随机分组可以在分配治疗方案时消除混杂偏倚；有利于对研究者及参与者进行干预措施或可能使用的安慰剂的设盲。

盲法是为了避免受研究对象和研究者的主观心理因素的影响而出现信息偏倚。在盲法临床试验研究中，盲法可分为单盲（single blind）和双盲（double blind）。单盲是一种简单的实验方法，一般是指对试验对象保密分组，从而避免研究对象有意或无意在实验中造成偏倚。双盲是指对试验对象和研究者均保密分组情况的一种研究设计。双盲将进一步避免试验对象或进行试验人员（包括收集资料、分析解释研究结果的统计学家等）的主观偏向影响试验的结果，所以双盲试验得出的结果相对更加严谨。

4. 干预措施和结局变量的选择 干预措施的选择完全基于研究目的或者研究假设的设定，由于临床干预研究是以人为研究对象，是人为施予干预措施的试验性研究，干预措施的选择有时候也需要考虑伦理学的要求，其安全性及有效性需要得到前期基础性研究和观察性研究的充分验证。

临床干预研究的效应通过结局变量进行衡量，在研究开始前就应当明确此次研究的主要结局和次要结局的具体测量指标和测量方法。

（三）应用场景和典型案例

临床干预研究主要用于评价各种干预措施的效果，经常用于对某种药物或治疗方法的效果进行检验和评价，也可以用于人群预防措施的试验，如基于研究现场或社区整体对某种预防措施或方法的响应程度进行考核或评价。

Prevención con Dieta Mediterránea（PREDIMED）研究是著名的关于地中海饮食（Mediterranean diet）与心脑血管疾病的干预研究。此研究是一项在西班牙开展的针对 7 447 名心脑血管疾病高风险人群的大型、多中心、随机化分配地中海饮食的干预试验，研究对象被随机分为补充特级初榨橄榄油的改良地中海饮食组、补充坚果的改良地中海饮食组和仅建议减少膳食脂肪的对照组中的一组。跟踪随访 4.5 年后，结果显示，与对照组相比，两种地中海饮食组的主要心血管事件（心肌梗死、脑卒中及心血管疾病死亡）风险分别下降了 31% 和 28%。此研究支持地中海饮食对心脑血管疾病一级预防的有益作用，是此领域里程碑式的研究。

法国里昂饮食心脏研究（The Lyon Diet Heart Study）是研究地中海饮食干预对心脑血管疾病预后效果的又一个里程碑式试验。该研究在 1988—1992 年招募了 605 名首次发生心肌梗死事件的幸存患者，并对其进行随机分组，研究人员鼓励干预组患者增加蔬菜、水果、面包和鱼肉的摄入，减少红肉的摄入，并使用富含 α- 亚麻酸的人造黄油代替传统地中海饮食中的橄榄油，对照组则进行常规护理。在随访 46 个月后，地中海饮食组非致死性心肌梗死的复合终点、心脑血管疾病死亡及总死亡的风险分别比对照组降低了 72%、65% 和 56%。

另外，替代盐与脑卒中关系研究（Salt Substitute and Stroke Study，SSaSS）是一项在中国北方 5 个省份 600 个村庄进行的大规模、开放、整群随机对照试验研究。该研究从 2014 到 2015 年共招募了 21 003 名参与者，以 1∶1 的比例将这些村庄随机分配到干预组和对照组中，干预组参与者食用代盐（约含 75% 氯化钠和 25% 氯化钾），而对照组参与者食用普通盐（100% 氯化钠）。经过长达 5 年的随访，研究结果显示，在心脑血管疾病高危人群中，食用代盐组比普通食盐组脑卒中风险降低了 14%，主要心脑血管疾病事件减少了 13%。最近的一项系统综述和荟萃分析纳入了欧洲、西太平洋地区、美洲和东南亚的 21 项国际临床试验，结果也进一步证明替代盐能够使心脑血管疾病死亡风险降低 13%，心脑血管疾病发病风险降低 11%。

（四）优缺点

临床试验的优点包括：① 精确的数据收集，通过精确的数据收集和研究设计，临床试验可以提供高质量的证据，以评估医疗干预措施的安全性和有效性。② 有效性的评估，临床试验可以控制干预措施的变量，以评估其真实的有效性，通过随机分组和盲法，试验可以减少其他因素可能对结果的影响，从而提高结果的可靠性。③ 伦理标准，临床试验必须遵守伦理标准，确保患者的安全性和尊重患者的权利，这些标准可以保护受试者的权益，并确保试验的结果是合法和道德的。④ 发现新的干预措施，临床试验是发现新的干预措施和治疗方法的有效途径。这些试验可以证实某些干预措施的安全性和有效性，从而为新的治疗方法提供证据。

缺点包括：① 费用高，临床试验需要大量的资源，包括人力、物力和财力。试验需要付出昂贵的成本，包括试验设计、病人招募、干预措施、数据收集和分析。② 时间长，临床试验一般需要较长时间才能完成，从设计试验到获得结果，可能需要数年或数十年的时间。③ 限制性，临床试验的纳入和排除标准比较多且严格，患者必须符合特定的纳入与排除标准，才能参与试验。这意味着试验结果可能不具有普遍性，不能推广到整个人群中。④ 伦理问题：有些人认为，将患者分为接受干预措施和不接受干预措施的组别，可能会侵犯他们的权利。同时，一些暴露和结局之间的关联由于伦理学的限制而无法通过临床干预研究来证实，如吸烟与肺癌之间的关系。因此，如何兼顾干预措施的有效性和必要的伦理问题是临床干预试验面临的一个挑战。

各类研究设计的优缺点，如表 6-1 所示。

表6-1　各类研究设计的优缺点比较

	横断面研究	病例对照研究	队列研究	临床干预试验
优点	1. 快速有效地提供关于某一时间点或时间段内不同人群之间的差异和相似之处的信息 2. 一次调查可以同时观察多种因素，是疾病病因探索过程中不可或缺的基础工作之一，有助于产生研究假设，为后续的研究提供基础	1. 适用于罕见疾病、潜伏期长的疾病的病因研究 2. 节省人力、物力、财力和时间，研究成本低，易于组织和实施 3. 可同时研究多个暴露与某种疾病的关联（多因一果） 4. 广泛应用于临床研究	1. 通过长期跟踪，建立暴露和结局之间的相对时序关系 2. 可分析调查多种结局，收集多种暴露的数据，以调查这些变量与疾病发展之间的关系（多因多果） 3. 提供了定量数据，以确定暴露和结果之间的关联强度 4. 资料完整可靠，信息偏倚相对较小 5. 有助于调查不常见的暴露因素	1. 数据收集和研究设计较精确，可提供高质量的数据 2. 可以控制干预措施（剂量、时间、强度），以评估干预措施的有效性和安全性 3. 随机化分组和盲法可以减少混杂因素和偏倚对结果的影响，从而提高结果的真实性和可靠性 4. 遵守伦理标准，确保患者的安全性和尊重患者的权利 5. 是发现和验证新的干预措施和治疗方法的有效途径
缺点	1. 只反映调查当时个体的信息，无法提供个体的变化信息 2. 只反映调查当时的某个时间点或时间段内不同变量之间的关系，难以确定因果时序关系 3. 对于样本代表性要求高，样本如果不能代表所要研究的目标人群，可能会出现选择偏倚	1. 不适用人群暴露比例低的因素（罕见暴露） 2. 容易出现选择偏倚 3. 容易出现回忆偏倚 4. 因果时序性较难判断，论证因果能力较弱	1. 不适用于发病率很低的疾病（如罕见疾病）的病因研究 2. 随访时间较长，参与者的依从性难以确定，易产生失访偏倚 3. 耗费时间以及人力、物力、财力 4. 队列研究也存在混杂偏倚，可能会影响结果	1. 试验设计和实施要求高，需要大量的资源，包括人力、物力、财力和时间 2. 受干预措施的影响，研究对象代表性相对不够，试验结果可能不具有普遍性，不能推广到整个人群 3. 临床试验需要较长时间才能完成，受试者依从性不易保证 4. 兼顾干预措施的有效性和必要的伦理问题是临床干预试验面临的一个挑战，并不是所有暴露和结局的因果关联都可以通过临床干预试验来论证

第二节　大数据分析研究

随着信息技术的迅速发展，我们正处于一个数据爆炸的时代。从社交媒体到电子商务，从移动应用到智能家居，每天都有海量的数据产生和存储。然而，数据本身并没有什么价值，只有通过对数据的分析和挖掘，才能从中获得真正有用的信息和知识。这就是大数据分析的核心内容。

大数据分析是一种利用先进的计算机技术和算法，对大规模数据进行处理和分析的方法。它可以帮助我们从数据中发现隐藏的规律和趋势，提取有用的信息和知识，进而支持决策和预测。在各个领域中，大数据分析都扮演着越来越重要的角色。例如，在医疗领域，大数据分析可以帮助医生诊断疾病、预测患者病情的发展趋势和制订个性化的治疗方案。

大数据分析的研究可以分为两个主要方向：一是算法和技术方面的研究，二是应用方面的研究。在算法和技术方面，研究人员致力于开发更加高效和准确的数据处理和分析方法。例如，机器学习、数据挖掘、自然语言处理等技术都可以用于大数据分析中。此外，大数据的存储和管理也是一个重要的问题。研究人员需要设计出高效、安全、可扩展的数据存储和管理系统，以便更好地处理和利用大数据。

在应用方面，研究人员将大数据分析应用于各个领域，并尝试解决实际问题。例如，在医疗领域，研究人员可以利用大数据分析方法从医疗记录中发现新的病例，识别疾病的风险因素，优化治疗方案等。本章将以真实世界研究、队列联盟研究及多组学数据研究为例，介绍大数据分析研究在健康医疗领域的应用。

一、真实世界研究

（一）概述

真实世界研究（real-world study，RWS）是一种基于真实世界数据（real-world data，RWD），经过科学分析，获取真实世界证据（real-world evidence，RWE）的研究模式。它涵盖了广泛的领域，包括社会学、心理学、经济学和医学等，旨在了解人类行为、社会现象和医疗实践等活动。在医学研究领域，真实世界研究是指在真实世界环境中收集相关数据（例如电子病历、医保数据、社区调查等），分析以评估医疗资源配置的合理性及医疗干预的效果、安全性、成本效益等方面，其主要研究类型包括观察性研究（病例报告、横断面研究、病例对照研究、队列研究）和试验性研究（实效性临床研究），与随机对照试验（RCT）是互补关系，并不对立。高质量的真实世界研究产生的循证医学证据可作为随机对照试验的延续和补充。判断真实世界研究和随机对照试验的标准不是试验设计和研究方法，而是研究实施的场景。与随机对照试验严格的标准化环境不同，真实世界研究更贴近临床实践中的实际情况，能够提供更加客观和全面的证据，并指导医疗实践和政策制定。

真实世界研究在评估医疗干预方面具有重要的作用，尤其是在实际临床实践中，往往存在一些难以通过 RCT 和实验室研究来解决的问题。例如，研究某种疾病的长期治疗效果，研究患者在实际医疗实践中的药物依从性，研究不同患者群体的治疗效果差异等。此外，真实世界研究的应用还能为医疗决策提供更加可靠的依据，帮助制定更加有效的医疗政策和临床指南。2016 年底，美国国会公布的《21 世纪治愈法案》提出将真实世界研究产生的证据用于医疗器械的审批。2021 年 4 月 13 日，我国国家药品监督管理局药品审评中心制定了《用于产生真实世界证据的真实世界数据指导原则（试行）》，该原则可进一步指导和规范申办者利用真实世界数据生成真实世界证据，来支持药物研发。

（二）真实世界数据来源

1. **临床试验数据** 临床试验是评估药物、治疗方法、诊断工具等在特定人群中的疗效和安全性的方法。研究者可以从临床试验中获得丰富的数据。

2. **医疗保险数据** 包括医疗记录、药物处方、医疗费用等信息。这些数据可以帮助研究者了解疾病的流行病学特征、治疗模式、药物使用情况及治疗费用等。

3. **疾病登记数据** 指公共卫生部门或疾病控制中心收集和记录的关于疾病的信息。这些数据可用于了解疾病的分布、发病率、死亡率等信息。

4. **社会调查数据** 包括问卷调查、访谈调查等方式获得的数据。这些数据可以帮助研究者了解人群的生活方式、健康行为等信息。

5. **生物样本数据** 包括血液、尿液、组织等生物样本的分析结果。这些数据可以帮助研究者了解生物标志物的变化、疾病的发生发展机制等。

6. **互联网数据** 包括社交媒体、搜索引擎、电子邮件等互联网平台上产生的数据。这些数据可以帮助研究者了解人群的健康信息需求、健康行为等信息。

（三）经典案例

真实世界研究在糖尿病防治中应用广泛。糖尿病是全球主要的健康问题之一，而中国目前是糖尿病患者人数最多的国家，中国病例占全球糖尿病病例的四分之一以上。流行病学研究表明，糖尿病与癌症存在共同的危险因素，与癌症的发生发展密切相关。探讨糖尿病与癌症的关联对糖尿病患者的管理及开展特异性癌症筛查至关重要。但既往研究结论并不一致，且研究主要集中在西方人群，在中国大陆人群中开展的研究仍缺乏。研究者基于 2013 年创建的中国上海医院链接中心系统的真实世界数据，提取 2013—2016 年临床确诊 2 型糖尿病患者随访期间的所有住院和门诊诊断记录，采用国际疾病分类第十版对癌症进行定义，与中国上海普通人群相比，中国上海 2 型糖尿病患者患 23 种常见癌症的风险。研究纳入了 410 191 例 2 型糖尿病患者，其中 204 080 例为男性，206 111 例为女性，随访直到参与者被诊断出任何类型的癌症、死亡，或截至 2017 年 12 月 31 日。在随访期间发现了 8 485 例新诊断的癌症病例。研究结果显示，相较于非糖尿病人群，糖尿病患者中男性和女性的总癌症标准化发病风险比分别为 1.34 和 1.62。患 2 型糖尿病的男性患某些特异性癌症，如前列腺癌、白血病、皮肤癌等发病风险显著增加。患 2 型糖尿病的女性患鼻咽癌、肝癌、食管癌等风险显著增加。

（四）真实世界研究的优缺点

1. 优点

（1）具有外部有效性　真实世界研究的结果更具有代表性和普适性，因为研究数据是从真实世界中获取的，可以更好地反映日常医疗实践中的情况。

（2）丰富的数据来源　真实世界研究可以利用多种数据来源，包括医疗保险数据、病历记录、生物样本数据、社交媒体数据等，有助于获取更全面、准确的信息。

（3）长期跟踪　真实世界研究可以跟踪观察对象的整个疾病进程，了解治疗效果的长期影响。

（4）低成本　相比随机对照试验，真实世界研究更容易进行，且成本相对较低。

2. 缺点

（1）潜在的偏倚　由于真实世界研究是非随机的、自然发生的，可能存在潜在的偏倚，如治疗选择偏倚、资料缺失偏倚等。

（2）数据质量问题　真实世界研究所利用的数据来源并非专门为研究而收集的，数据质量可能会受到一定的影响。

（3）多因素干扰　真实世界研究受到多种干扰因素的影响，如患者的不同基线特征、不同医疗实践、治疗接受的时间、药物剂量等。

（4）数据缺失　由于真实世界研究所使用的数据来自日常医疗实践，因此可能会出现数据缺失或不完整的情况，这会影响研究结果的准确性。

（5）研究结果受到研究者的主观影响　真实世界研究中的数据分析和结论需要研究者的主观判断，可能存在主观影响的风险。

二、队列联盟研究

（一）概述

大型队列是实现精准医学的基础和保障，通过队列可以准确、持续地收集遗传、环境多样性的人群信息，发现、验证生物标志物及制订个体化预防和诊疗方案。但现有的队列多自成体系、独立存在，缺乏足够的信息曝光度，队列间合作程度不高，数据共享程度不足，造成所收集和存储研究数据的学术价值未被充分挖掘和利用。资金和人力等资源的持续投入极大地增加了新建大型人群队列的难度，而队列间的联盟及数据共享则能够提供另一种具有同等科学性，且更加高效和高性价比的研究方式。

一个队列协作联盟需要多个研究小组合作努力，他们汇集数据和资源来研究一个具体的研究问题或主题。通常，队列协作联盟涉及来自多个纵向研究或队列的数据组合，这样可以获得更多样化的样本和更大的样本量，并具有更大的统计效力，以检测暴露和结果变量之间的关联或因果关系。

队列协作联盟在流行病学和遗传学等需要对大规模人群进行长期研究的研究中特别有用，以提供有关各种疾病和疾病情况的自然史、风险因素和结果的重要见解。通过汇集多个队列的数据，研究人员可以更好地理解遗传和环境因素之间复杂的相互作用，探究这些因素共同导致疾病的发生机制，并确定疾病新的风险因素和治疗目标。

（二）队列联盟研究的方法

队列联盟的数据常来源于各个地区具有不同生活方式、环境暴露和文化背景的人群，因此常采用先在队列联盟中的单个队列进行数据分析，根据研究问题应用相应的分析方法，如 Cox 比例风险模型和 GWAS 研究，后将单个队列的数据汇总并进行 meta 分析（meta-analysis），整合所有队列数据的方法可更精准地评估医疗保健的效果，有利于探索各研究证据的一致性及差异性。此外，队列联盟获得的更大的样本量和统计效力，也为检测暴露与结局变量之间的因果关联提供了数据基础，如开展孟德尔随机化研究。

1. meta 分析 最早可追溯到英国统计学家卡尔·皮尔森（Karl Pearson）1904 年发表的一篇关于伤寒疫苗有效性的研究，该研究被认为是首次使用 meta 分析的方法理念，而最早的命名和定义则由美国统计学家基恩·格拉斯（Gene V. Glass）于 1976 年提出。meta 分析是一种对某一研究问题的多项独立研究的结果进行收集、合并和统计分析的方法，既能提高统计效能和效应值估计的精确度，又能解释不同研究结果间的异质性。meta 分析最开始是基于临床随机对照试验的直接比较，后将其应用于观察性研究，以探讨疾病的发病率、患病率、危险因素等，现进一步发展到基于临床随机对照试验的累积 meta 分析、间接比较、网状 meta 分析和试验序贯分析等。同时，越来越多的研究也开始汇集个体病例数据（individual patient data，IPD），开展 IPD meta 分析。meta 分析的过程一般包括提出研究问题、制定纳入排除标准、研究质量评估、统计分析、结果解释与形成结论等。

（1）提出研究问题：在进行 meta 分析之前需要确定研究的问题。

（2）制定纳入排除标准：合理纳入排除标准是高质量 meta 分析的关键。根据纳入排除标准获取资料，一般包括文献检索和数据获取，避免检索的文献过宽或过严。一般需要有两名以上的研究人员同时独立进行文献查阅，不一致的情况须进行协商或询问资历更高的研究者。

（3）评估研究的质量：使用简明的清单对每一项研究进行独立评价。

（4）统计分析

1）常规的 meta 分析以合并研究的效应量为主，选择效应值进行计算。

2）进行研究的异质性评价，常用的方法包括 Q 检验、I^2 值判断、H 值判断等。Q 检验的 P 值 > 0.1 说明研究间无异质性；I^2 值是衡量研究间异质性的占比情况，通常 $I^2 > 50\%$ 认为异质性较高；H 值 > 1.5 说明存在异质性。

3）采用森林图展示 meta 分析的结果，包括各文献效应量及 95% 置信区间、权重、异质性检验的指标等。

4）识别和校正发表偏倚：发表偏倚是指具有统计学显著性的研究结果较无显著性结果研究被报告和发表可能性更高的情况。可通过漏斗图、Egger 检验、Begg 检验、Harbord 检验、Peters 检验等方法估计偏倚的大小。使用剪补法（trim-and-fill method）等进行校正。

5）meta 回归和亚组分析：当纳入的研究数量较多，异质性检验发现较明显的异质性，或想探索在某些特征人群中某效应的情况时，可采用 meta 回归评价异质性的大小和来源。

6）敏感性分析：不同研究的纳入排除标准、研究方法和水平等存在差异，为了探讨这些差异对 meta 分析结果稳定性的影响，可以进行敏感性分析。常用的方法包括剔除研究质量较差的研究重新进行分析、纳入或排除一些介于这些标准间的研究后重新估计、采用不同的统计模型重新分析等。

（5）结果解释与形成结论：考虑研究的局限性，包括发表偏倚等，证据的强度、适用性、意义及对未来的启示。

2. 孟德尔随机化（Mendelian randomization，MR） 是在观察性流行病学中使用遗传变异作为工具变量（instrumental variables，IV）评估因果关联的一种遗传流行病学方法，最早由荷兰科学家 Katan 于 1986 年提出。MR 是依据孟德尔独立分配定律，即在减数分裂过程中配子的等位基因遵循随机分配的原则，个体在出生时自然携带或不携带与暴露相关的遗传变异，该遗传变异不受外界因素的影响，且与结局事件的时序性相关，因此可以避免传统观察性研究存在的潜在混杂和反向因果关联。

MR 的研究设计包括按照研究暴露与结局是否来源于相同的样本，分为单样本和两样本 MR；按照研究的暴露数目分为单变量和多变量 MR；按照研究的目的分为两步 MR、双向 MR、析因 MR 等。MR 分析时选择的 IV 需要满足 3 个核心假设：① IV 与暴露因素存在强相关关系（关联性假设）；② IV 独立于暴露与结局之间的混杂因素（独立性假设）；③ IV 对结局无直接影响，只通过暴露影响结局（排他性假设）。常用的 MR 分析方法包括：两阶段最小二乘法（two-stage least square，2SLS）、逆方差加权法（inverse-variance weighted，IVW）、加权中位数估计（weighted median，WM）、MR-Egger 法、MR-PRESSO 法等，其中 2SLS 法常用于有个体层面数据的单样本 MR，而 IVW 不需要个体层面的数据，可以直接利用汇总数据计算因果效应值，是 MR 汇总数据的标准方法，常用于两样本 MR。MR-Egger 法和 MR-PRESSO 法可用于检测和调整 MR 分析中遗传变异的多效性。为了评估 MR 结果的稳健性，常进行敏感性分析，包括基因多效性检验、异质性检验、留一法（leave-one-out）等。

（三）队列联盟研究的特点

（1）既可通过单个队列研究观察到相应结果，又可整合数据以进行更精确和细致的分析，验证单个队列的研究结果可得到更接近真实情况的统计分析结果；

（2）通过在不同人群中开展分析，增加结果的可推广性。

（四）经典案例

数据共享常见于遗传流行病学和基因组学研究中。目前，国际上已经存在采用类似模式运行的大型人群队列项目（表 6-2），如欧洲的 EPIC（European Prospective Investigation into Cancer and Nutrition）项目就是在欧洲普通人群中进行的，该项目主要研究膳食模式、生活方式、遗传特征与肿瘤等慢性病关系的多中心大型队列，由欧洲 10 国 23 个研究中心共同参与，总样本量达 52 万人，覆盖地域广泛，研究人群多样。美国国家癌症研究所（National Cancer Institute，NCI）于 2007 年牵头成立的 NCI 队列联盟（NCI Cohort Consortium）也是这样一类联合体，由 50 多个高质量的队列研究组成，覆盖了超过 700 万人群，其成员发起了 40 多项研究项目，发表了近百篇高水平研究论文。亚洲队列联盟（the Asia Cohort Consortium，ACC）是集合了来自太平洋沿岸国家队列研究的一个大型联盟，包括来自中国、印度、孟加拉国、日本、韩国、马来西亚、新加坡、泰国、美国及其他国家地区约 50 个成员。我国的知名队列联盟为中国队列共享平台（China Cohort Consortium）。中国队列共享平台首批纳入来自北京大学公共卫生学院主持和参与的十余项队列及

表 6-2　国内外知名队列联盟

名称	相关研究内容	相关研究成果
China Cohort Consortium（CCC）	中国队列共享平台设立三级共享模式，从公开队列信息、标准化变量信息和整合数据资源三个维度进行队列数据共享，并在网站界面对各个队列资源进行规范化的信息展示。内容涉及药物流行病学、数据整合方法与统计模型、出生队列、生态健康队列、营养遗传流行病学、环境暴露与人群健康等多个方面	中国队列共享平台已经纳入 50 个共享队列，来自北京大学、首都医科大学、天津医科大学、山东大学、中山大学等 28 家单位，涵盖了慢性病、职业病、妇幼健康、老龄健康等多个研究领域。平台已经成立 12 个研究工作组将在不同领域开展数据整合与实际课题研究
DIAbetes Genetics Replication and Meta-analysis（DIAGRAM）	DIAGRAM 联盟致力于以欧裔人群为主进行大规模研究，以表征 2 型糖尿病的遗传基础	DIAGRAM 的成员和范围随着该领域合作规模的扩大而发展。DIAGRAM（"DIAGRAM v1"）的初始实例结合了来自英国（WTCCC），DGI 和 FUSION 研究组的 2 型糖尿病（T2D）全基因组关联（GWA）分析：鉴定出 6 个影响 T2D 风险的新位点。增量荟萃分析（meta-analysis）增加了来自另外五项研究（DGDG、KORA、Decode、Rotterdam、EUROSPAN）的 GWA 数据及结合其他 20 个队列研究，鉴定出另外 17 个影响 T2D 风险的位点。来自 Framingham、ARIC 和 NHS 研究的 GWA 完整数据随后被合并为当前欧裔人群中最大的 GWA 数据集（data set）。除此之外，DIAGRAM 数据还支持了 200 多个内部和外部研究项目
Early Growth Genetics（EGG）Consortim	EGG 联盟旨在结合多个全基因组关联分析（GWAS）的数据，对来自多项研究的遗传数据进行联合分析，以确定影响与早期生长（胎儿到青年）相关的各种人类特征的基因组位点。通过开展合作研究，提高对疾病潜在生物学机制、疾病起因和健康相关结局的认识和理解	EGG 联盟中广泛的可供研究的表型为许多研究工作组提供了机会，有大量的同行评议论文发表。在 EGG 领导的许多 GWA 分析中，达到全基因组统计学意义的遗传位点数量最多的是出生体重（65 个位点）、特应性皮炎（31 个）、儿童 BMI（15 个）、过敏反应（10 个）和青春期生长（10 个）。除了侧重于单个遗传变异的典型 GWA 荟萃分析外，现在越来越多地扩展到多变量、多基因分析，评估多个相关遗传变异的联合影响，并应用这些信息来解决因果关系问题
Malignant Germ cell International Consortium（MaGIC）	MaGIC 汇集了世界领先的生殖细胞肿瘤（GCT）专家，旨在通过开展科学研究探索更有效的治疗 GCT 的方法	MaGIC 与临床试验学家、基础科学家、生物信息学家、病理学家、统计学家、外科医生、流行病学家等学科专家开展了广泛合作。自 2009 年成立至今，MaGIC 已经发展到来自 11 个国家、40 多个机构的临床学和基础科学专家成员，他们通过分享经验和专业知识，继续为 GCT 研究领域的发展创造新的机会

续表

名称	相关研究内容	相关研究成果
The Cohorts for Heart and Aging Research in Genomic Epidemiology（CHARGE）Consortium	CHARGE 联盟旨在促进全基因组关联分析荟萃分析，并为多个大型和表型良好的队列研究中提供复制机会。CHARGE 联盟包括来自美国和欧洲的 5 项前瞻性队列研究（AGES、ARIC、CHS、FHS、Rotterdam），通过高质量的分析，在多种心血管和衰老相关表型中发现可靠和有效的结论	CHARGE 联盟包含 5 个队列研究，利用总共约 38 000 人的全基因组数据，测量了大量与健康相关的表型。对 5 个队列的数据进行前瞻性荟萃分析，并适当选择全基因组统计显著性水平，是发现与表型关联的新的遗传位点的有力方法。该联盟为合作调查疾病风险因素的遗传决定因素、亚临床疾病的测定方法和临床事件提供了机会
Meta-Analyses of Glucose and Insulin-Related Traits Consortium（MAGIC）	MAGIC 通过联合多个 GWAS 的数据，确定影响血糖和代谢特征的额外基因位点	MAGIC 联盟最初研究了空腹血糖、空腹胰岛素、2 小时血糖和糖化血红蛋白等指标，并对有关胰岛素分泌和胰岛素敏感性的更复杂指标进行了荟萃分析。MAGIC 联盟已经确定了影响这些特征的数十个基因位点，也发现其中一个子集也会影响 2 型糖尿病的发病风险。这些荟萃分析的结果可以通过官方网站的数据下载页面获得

相关研究项目，如中国慢性病前瞻性研究（CKB）、双生子队列等，涵盖慢性病、传染病、妇幼健康、职业病等多个研究领域，数据来源覆盖全国各省、自治区和直辖市，为平台的顺利启动提供了支撑。

（五）队列联盟的优缺点

从实际操作层面来说，建立和维护大型前瞻性人群队列需要巨大的投入，要求研究地区具备较好的医疗卫生服务基础和医疗信息化技术力量，同时也要求研究机构具备相当的生物样本处理、基因测序和数据分析能力。另外，一个新建立的大型队列需要经过一段相当长的建设和维护时间（至少 10 年），才能获得相关观测变量的结果。

1. 优点

（1）更大的样本量：队列联盟汇集了多个研究小组的数据，使得研究人员可以利用更多样化的样本和更大的样本量进行分析和研究。

（2）更高的统计效能：由于队列联盟可以获得更大的样本量，因此可以提高统计功效，从而更容易检测到暴露和结果变量之间的关联或因果关系。

（3）更广泛的研究范围：通过汇集多个队列的数据，研究人员可以涵盖不同地区、种族和文化背景的人群，从而更好地了解不同群体之间的差异和相似之处。

（4）更深入的研究：队列联盟可以跟踪参与者长达数年甚至几十年，从而使研究人员可以更深入地了解疾病的自然史、风险因素和预后。

（5）更好的可重复性：由于队列联盟使用的是标准化研究方法和测量工具，因此可以提高研究的可重复性和可比性，从而使研究结果更可靠。

2. 缺点

（1）费用高　队列联盟需要投入大量的时间、人力和财力，从而增加了研究成本。

（2）数据标准化难度较大　由于队列联盟需要汇集来自多个研究小组的数据，因此需要进行数据标准化，以确保数据的一致性和可比性。然而，标准化数据可能会面临挑战，如不同研究小组可能使用不同的测量工具或方法。

（3）潜在的选择偏倚　队列联盟可能会面临选择偏倚，即参与研究的人群可能不代表整个人群。例如，参与队列联盟的人可能比整个人群更健康或更富裕。

（4）时间和资源限制　由于队列联盟需要进行长期的追踪和数据收集，因此需要投入大量的时间和资源，从而可能限制研究人员在其他项目上的投入。

（5）数据隐私问题　由于队列联盟涉及汇集大量个人数据，因此需要采取措施，保护数据隐私，并确保研究人员遵守伦理准则。

三、多组学数据研究

（一）概述

多组学数据研究是一种利用多种高通量技术对生物体系进行综合分析的方法，包括基因组学、转录组学、蛋白质组学、代谢组学、宏基因组学等多学科领域，通过分析多组学数据来获得更全面、深入的生物信息学分析结果。这种方法在生物医学领域中应用广泛，可用于研究疾病的发病机制、诊断和治疗方法的开发等方面。

多组学数据研究的主要步骤包括实验设计、样品收集、高通量测序、数据分析和结果解释等。在实验设计阶段，需要确定研究对象、样品收集方法、高通量技术和分析策略等。在样品收集阶段，需要注意样品数量、样品处理方法和质量控制等。在高通量测序阶段，需要使用不同的技术对样品进行测序，如基因组测序、转录组测序、蛋白质组测序和代谢组测序等。在数据分析阶段，需要使用生物信息学工具对数据进行质量控制、数据预处理、差异分析、通路分析和功能注释等。最后，在结果解释阶段，需要将分析结果与现有知识结合，解释生物学意义。详细阐述请见本书第四章。

（二）基因组学

基因组学是研究生物体的基因组结构、功能和演化的一门学科。基因组学的目标是解析基因组的信息，并理解基因组的功能和相互作用，从而探索生命的本质和进化机制。

1. **基因组序列测定和分析**　利用高通量测序技术对生物体的基因组进行全面测序，然后对基因组序列进行比对、注释和分析，以揭示生物体的基因组组成、结构和功能。

2. **基因调控网络**　研究基因在不同生物过程中的调控网络，包括转录因子、miRNA 和表观遗传学等分子机制。

3. **基因组演化**　研究生物基因组的演化和多样性，包括基因重组、突变和基因家族扩增等进化机制。

4. **基因组医学**　利用基因组学的方法研究疾病的遗传基础和分子机制，开发基于个体基因组信息的个性化医疗。

（三）转录组学

转录组学是研究生物体所有转录信息（RNA 分子）的学科。转录是将 DNA 信息转换为 RNA 的过程，RNA 分子可以传递基因信息，并在细胞中执行许多不同的功能。转录组学的目标是了解 RNA 的类型和数量及其作用，以更好地理解生物体的基因调控和表达。

在转录组学中，科学家研究基因组中所有的 RNA 分子，包括信使 RNA（mRNA）、转运 RNA（tRNA）、核糖体 RNA（rRNA）等，通过对这些 RNA 进行定量和序列分析，识别哪些基因被表达，并确定它们在生物过程中的作用。在医学领域，转录组学可以帮助发现新的基因和基因变异，并研究它们与疾病之间的关系。例如，在肺癌的治疗研究中，研究人员比较了不同转移类型的肺癌组织的转录组，他们发现一组与癌转移有关的基因。这些发现有助于了解肺癌的转移机制，并可用于发现新的治疗靶点。

（四）蛋白质组学

蛋白质组学是一种研究生物体内蛋白质组成和功能的一门学科。该学科通过对生物体内蛋白质的表达、定量、修饰和互作等方面的研究，揭示蛋白质与生物学、疾病和药物等方面的关系，以及发现新的生物标志物和治疗靶点。

蛋白质组学研究通常包括以下几个方面：

1. 蛋白质组成分析 蛋白质组学通过大规模鉴定、定量和分类蛋白质，建立蛋白质组学数据库，从而加深对生物体蛋白质组成的认识。

2. 蛋白质修饰分析 蛋白质修饰是指在蛋白质的氨基酸上发生的化学修饰反应，包括磷酸化、甲基化、乙酰化等。这些修饰可以影响蛋白质的功能和结构，进而影响生物学过程。

3. 蛋白质互作分析 蛋白质在生物体内不是孤立存在的，它们与其他蛋白质相互作用，参与生物学过程。蛋白质组学可以用于研究蛋白质之间的相互作用网络，揭示生物学过程的调控机制。

蛋白质组学可以用于发现新的生物标志物，从而改善疾病的诊断结果和治疗效果，也可以用于研究疾病的发生和发展机制，并发现新的治疗靶点和生物标志物。例如，研究人员对心肌梗死患者的血浆样本进行了蛋白质组学分析，发现了一些与心肌梗死相关的生物标志物，如肌钙蛋白 I、肌红蛋白、心肌纤维蛋白等。这些标志物可以用于心肌梗死的早期诊断和预测。另外，研究人员对心力衰竭患者和正常人的血浆样本进行了蛋白质组学分析，发现了一些与心力衰竭相关的生物标志物，如 B 型钠尿肽、肌钙蛋白 I、胶原蛋白等。这些标志物可以用于心力衰竭的诊断和预测。

（五）代谢组学

代谢组学是对生物体在代谢水平上进行全面分析的一门学科。代谢是生物体内发生的所有化学反应的集合，包括合成和分解物质的过程。代谢组学技术用于研究代谢产物的种类和数量，并探索代谢产物与生物体健康和疾病之间的关系。

在代谢组学中，研究人员使用高通量技术分析生物样本中的代谢产物，如蛋白质、核酸、脂质和代谢物。然后，使用统计学方法将代谢产物的变化与生物体的生理状态、环境因素和疾病风险相关联。在医学领域，代谢组学可以帮助诊断和治疗疾病，如肿瘤、心血管疾病和糖尿病等。在糖尿病领域，代谢组学已经发现与 2 型糖尿病相关的多种标志物，包括糖类、糖代谢相关标志物、氨基酸、脂类和酰基肉碱等。

（潘安）

🔍 思考题⋯⋯⋯ᴑ

　1. 简述不同流行病学研究设计的优缺点和适用范围。

　2. 流行病学不同研究设计中常见的偏倚有哪些？如何控制？

　3. 真实世界研究与随机对照研究的区别是什么？

　4. 队列联盟的特点和用途是什么？

　5. 简述多组学研究的优点和局限性。

ℯ 数字资源详见　新形态教材网

　🔍 学习目标　　🖥 内容提要　　📝 本章小结　　🖨 参考文献

第七章

健康医疗大数据常用统计分析方法

思维导图

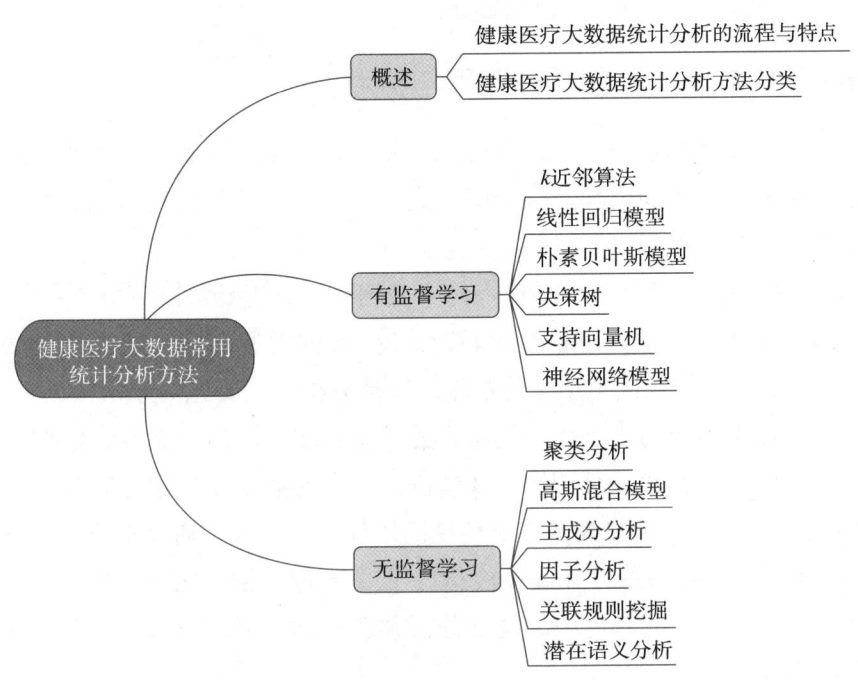

第一节 概 述

健康医疗大数据来源广泛，涉及医疗服务、疾病预防与控制、医疗保险、生物标本检测、健康产业与卫生健康管理等领域。除了具备大数据的"5V"基本特征，健康医疗大数据还具有专业性、冗余性、隐私性、不完整性、时效性等特征。按数据结构不同，可分为结构化数据、半结构化数据、非结构化数据。

对于结构化数据，目前国内外已建立一套相对成熟的统计分析方法，而对于半结构化数据和非结构化数据，研究者先利用自然语言处理、图像处理、音频分析、视频处理等技术对原始数据进行结构化处理，再在此基础上开展统计分析。本章结合健康医疗大数据的主要应用，对其统计分析的流程、特点与和常用统计方法予以简要介绍。

一、健康医疗大数据统计分析的流程与特点

大数据分析常被称作数据挖掘（data mining），是指从大量不完整、有噪声、模糊的数据中提取潜在有用的信息和发现知识的过程。健康医疗大数据统计分析的流程包括数据采集、数据预处理、数据挖掘分析、结果呈现等步骤。

与传统的健康医疗数据分析相比，健康医疗大数据统计分析具备以下特点：① 以计算机和网络为基础平台，数据量大，对硬件设备要求较高。② 数据类型多样，通常涉及文本、图像、音频、视频等不同类型的非结构化或半结构化数据，统计分析前需要先对原始数据进行结构化处理。非结构化及半结构化数据的结构化是指采用特殊的信息提取手段，将文本、图像、音频和视频转化为结构化变量，再结合专业知识对结构化变量进行恰当的数量化处理，以为后续的数据分析做好准备。③ 对统计分析方法提出更高要求。传统的统计分析方法是通过随机抽取样本，利用样本统计量推断总体参数（包括参数估计和假设检验）。与之不同，健康医疗大数据虽然获取便利，但大多数情况下为非概率样本，此时传统的统计分析方法不再适用，需采用复杂统计模型或特定假设来实现对数据的分析。

二、健康医疗大数据统计分析方法分类

按照数据集是否预设因变量，可将健康医疗大统计分析方法分为有监督学习（supervised learning）和无监督学习（unsupervised learning）两大类，如图7-1所示。

有监督学习基于训练数据集来拟合自变量和因变量间的最佳函数形式，然后利用所拟合统计模型对因变量进行预测，主要用于解决分类、回归等统计分析问题，常用的方法包括k近邻算法、朴素贝叶斯法、决策树、支持向量机、广义线性回归等。

无监督学习不需要在训练数据集中预设自变量和因变量，它是通过挖掘训练数据集的隐藏结构把观测对象或研究变量简化为若干组别或集群，主要用于解决聚类和降维问题，常用的方法包括聚类分析、主成分分析、高斯混合模型、因子分析、关联分析、潜在语义分析等。

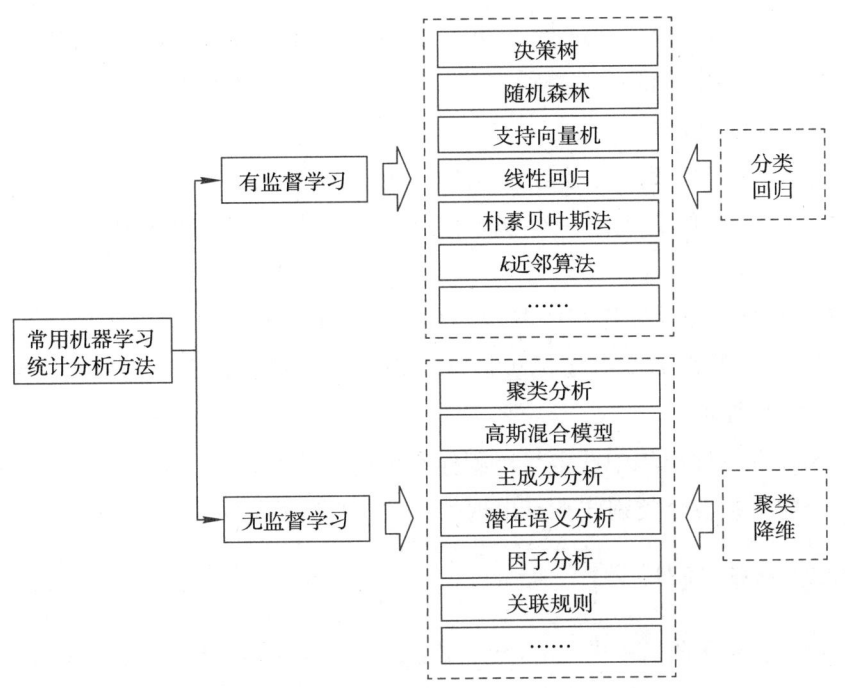

图 7-1 健康医疗大数据常用统计分析方法分类

第二节 有监督学习

一、*k* 近邻算法

（一）简介

k 近邻算法（*k*-nearest neighbor algorithm）由 Thomas 等于 1967 年提出，其优点在于精度高，对异常值敏感性低，对数据分布无特定要求等，常用于文本分类、图像分类等模式识别问题，还可用于疾病分类、疾病诊断、癌症预测等回归分析。

（二）定义

k 近邻算法是一种基于实例的分类算法，也被称为消极学习算法。*k* 近邻算法不是在整个样本空间上一次性地估计目标函数，而是针对每个待分类的新观测个体做出局部的相应估计。

k 近邻算法包括三个要素：*k* 值选择、距离度量及分类决策规则。*k* 值越小，*k* 近邻算法越复杂。当训练样本集、距离度量、*k* 值及分类决策规则确定后，*k* 近邻算法的结果是唯一确定的。

（三）基本原理

假设存在一个训练样本数据集，样本集中各观测数据都存在具体的取值，即已知样本集中各观测变量取值与所属分类存在对应关系。在纳入无归属类别的新观测数据时，将新观测数据的各观测变量取值与训练样本集中数据进行比较，然后将与该样本最相似的观测数据（最近邻）的所属分类作为该新纳入观测数据的所属类别，此即为 k 近邻算法的基本原理。

k 近邻算法基本实施步骤如下：

（1）构建训练样本集合 X，设定初始 k 值。k 值的确定没有统一的方法，不同问题选取的 k 值可能存在较大不同。一般先确定一个初始值，然后根据分类结果不断调试，最终达到最优分类效果。

（2）计算待分类样本和训练样本中各观测样本点间的距离。样本之间是否"近邻"一般采用欧式距离来度量。常用的距离度量指标包括欧氏距离、曼哈顿距离、切比雪夫距离、闵氏距离、标准化欧式距离、马氏距离等。

（3）根据距离在训练样本集中选出与待测样本距离最近的 k 个样本。

（4）确定 k 个样本中各个类别样本点出现的频率，将待测样本分类为频率最高的类别。

（四）常用统计分析软件

k 近邻算法可以通过 R 语言中的 class 包、kknn 包及 caret 包、MATLAB、Python 等软件实现。

（五）应用注意事项

在实际应用 k 近邻算法时，有以下几点注意事项：

1. k 值选择　k 值不能过大，否则会增加近似误差；k 值也不能过小，否则会增加估计误差。具体 k 值选择需根据实际情况而定，通常是采用交叉验证来确定合适的 k 值（以 $k=1$ 为基准）。

2. 距离度量指标　通常选择欧氏距离。

3. 数据标准化及归一化　当不同观测变量的量纲不同或数值差距过大时，分类结果会受到较大影响。此时，需对原始观测数据进行标准化及归一化处理。

（六）实例分析

UCI 数据库是加州大学欧文分校共享的用于自主学习机器学习方法的数据库。为比较不同 k 值下 k 近邻算法的分类准确率，选取 UCI 心脏病开源数据集中的克利夫兰医学中心和匈牙利心脏病研究所提供的心脏病患者数据作为训练数据集。排除缺失数据后，该心脏病数据集共有 591 条观测数据，其中 297 条来自克利夫兰医学中心数据集，另外 294 条则来自匈牙利心脏病研究所数据集，心脏病数据包括 14 个观测变量，其中前 13 个变量（X_1-X_{13}）用于预测，第 14 个变量（Y）为结局变量，用于判断分类准确情况（表 7-1）。由于心脏病数据集中各属性的取值不为 0~1，故需对其进行归一化处理。

表 7-1　心脏病数据集属性描述

变量	变量中文名称	赋值说明
X_1	年龄（岁）	实际观测值
X_2	性别	女 = 0，男 = 1
X_3	胸痛类型	典型心绞痛 = 1，非典型心绞痛 = 2，非心绞痛 = 3，无症状 = 4
X_4	静息血压（mmHg）	实际观测值

续表

变量	变量中文名称	赋值说明
X_5	胆固醇（mg/dl）	实际检测值
X_6	空腹血糖	血糖含量 ≤ 120 mg/dl = 0，血糖含量 > 120 mg/dl = 1
X_7	静息心电图	正常 = 0，ST–T 波异常 = 1，通过 Estes 标准显示可能或确定的左心室肥大 = 2
X_8	最大心率	正整数
X_9	运动诱发心绞痛	运动未诱发心绞痛 = 0，运动诱发心绞痛 = 1
X_{10}	运动相对于休息 ST 段压低	实际观测值
X_{11}	在运动高峰 ST 段斜率	上升 = 1，持平 = 2，下降 = 3
X_{12}	透视检查看到的血管数	实际检测值（0~3）
X_{13}	心脏缺陷种类	正常 = 3，固定缺陷 = 6，可逆缺陷 = 7
Y	通过心血管造影情况诊断患心脏病与否	管腔直径变窄的心血管不到一半 = 0，超过一半的心血管管腔直径变窄 = 1

本例采用 Python 实现 k 近邻算法分类，选取欧氏距离衡量样本之间的相似性。采用 5 折交叉验证法评价不同算法的准确性（图 7-2），k 值分别选取 3、7、11 和 15，对克利夫兰医学中心心脏病数据集和匈牙利心脏病研究所心脏病数据集数据分别进行 4 次计算，结果如下：

由表 7-2 可知，当 $k = 7$ 时，k 近邻算法对克利夫兰医学中心的心脏病数据集的合计分类准确率最高，为 79.51%。

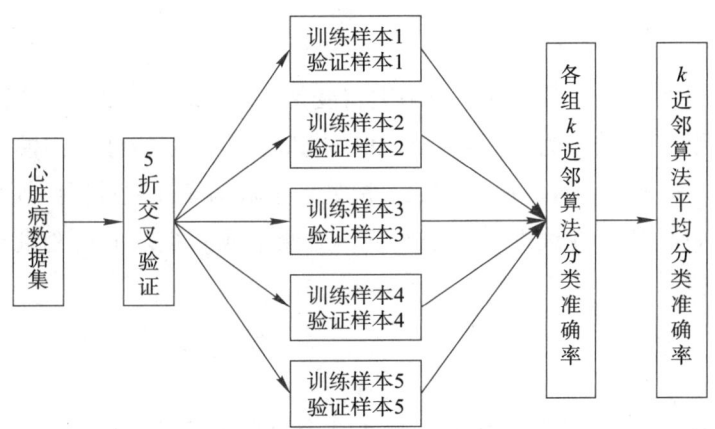

图 7-2　k 近邻算法在心脏病数据集上的分类应用流程

表 7-2　k 近邻算法对克利夫兰医学中心心脏病数据集的分类结果

k 值	错误分类例数					合计分类准确率 /%
	第一组	第二组	第三组	第四组	第五组	
3	18	11	12	13	10	78.51
7	17	9	11	12	12	79.51
11	20	11	11	9	14	78.19
15	20	13	11	7	12	78.87

由表 7-3 可知，当 $k = 11$ 时，k 近邻算法对匈牙利心脏病研究所的心脏病数据集的合计分类准确率最高，为 79.26%。

表 7-3　k 近邻算法对匈牙利心脏病研究所心脏病数据集的分类结果

k 值	错误分类例数					合计分类准确率 /%
	第一组	第二组	第三组	第四组	第五组	
3	12	10	13	14	12	79.25
7	11	13	16	14	12	77.56
11	10	13	12	12	14	79.26
15	9	13	14	13	13	78.93

二、线性回归模型

（一）简介

线性回归模型是统计学中应用最为广泛的模型之一，也是其他许多统计模型研究或应用的基础。它能从众多因素中筛选出对因变量影响最大的因素，控制混杂因素，分析交互作用，探索自变量与因变量间的数量依存关系，已被广泛应用于探索疾病发生的危险因素、疾病预测、病情发展趋势预测，以及药物剂量预测等医学领域。

（二）定义

线性回归模型的目的是研究因变量 Y 与一组自变量（X_1，X_2，$\cdots$，X_i）之间的线性关系。根据自变量与因变量的个数，将其分为单因素线性回归模型和多因素线性回归模型两类，本节将重点介绍多因素线性回归（multiple linear regression）模型，也称为多元线性回归模型。多因素线性回归是简单线性回归的扩展，用于在线性相关条件下，对两个或两个以上自变量与一个因变量的数量变化关系进行分析。

（三）基本原理

假定某一项研究通过观察测定了因变量 Y 与 m 个自变量（X_1，X_2，$\cdots$，X_m）的值，所得数据如下所示：

$$Y = \begin{bmatrix} y_1 \\ y_2 \\ \vdots \\ y_n \end{bmatrix} \quad X = \begin{bmatrix} x_1 \\ x_2 \\ \vdots \\ x_n \end{bmatrix} = \begin{bmatrix} x_{11} & x_{12} & \cdots & x_{1m} \\ x_{21} & x_{22} & \cdots & x_{2m} \\ \vdots & \vdots & \vdots & \vdots \\ x_n & x_{n2} & \cdots & x_{nm} \end{bmatrix}$$

因变量 Y 可以近似表示为自变量（X_1，X_2，$\cdots$，X_m）的线性函数，线性回归模型的一般形式表述如下

$$Y = \beta_0 + \beta_1 X_1 + \beta_2 X_2 + \cdots \beta_m X_m + e \tag{7-1}$$

式中：β_0 为常数项；β_1，β_2，$\cdots$，β_m 为偏回归系数或回归系数，表示在其他自变量保持不变时，

X_i 增加或减少一个单位时 Y 的平均变化量；e 为去除 m 个自变量对 Y 的影响后的随机误差，也称残差。

在实际应用多因素线性回归模型时，为避免遗漏对因变量 Y 有重要作用的自变量 X，回归模型最初观测的自变量数量应尽可能充足。但由于这些自变量间可能存在相互关系（即存在多重共线性），且某些自变量与因变量 Y 间可能并不具有线性关系，若把所有自变量都引入回归方程，不但会导致回归模型过于复杂、计算量大，而且还可能使得模型失真，难以准确地进行估计。因此，在构建线性回归模型时，可参考以下方法进行变量筛选，再由筛选出的自变量建立最优回归方程。

1. 最优子集法　是对自变量各种组合所建立的回归模型进行比较。根据某种模型"最优"的判断准则，从中选择一个或几个"最优"回归模型，称为最优子集法，也称全局择优法。该方法可选出固定自变量个数时的最优回归方程。缺点是计算量较大，一般适用于自变量个数不多的情形。常用方法是校正决定系数 R_c^2 选择法和 C_p 选择法

$$R_c^2 = 1 - \frac{MS_{残}}{MS_{总}} \tag{7-2}$$

$$C_p = \frac{(SS_{残})_p}{(MS_{残})_m} - \left[n - 2(p+1) \right] \tag{7-3}$$

式中：n 为样本含量；R_c^2 为包含 p 个自变量回归方程的决定系数（$p \leqslant m$），R_c^2 最大者即为最优模型；$(SS_{残})_p$ 是由 p 个自变量做回归得到的误差平方和；$(MS_{残})_m$ 是从全部 m 个自变量的回归模型得到的残差均方，可以证明，当由 p 个自变量拟合的方程达到最优时，C_p 的期望值是 $p+1$。

2. 局部择优法　也称为逐步选择法，该方法通过计算自变量对因变量作用的大小，来决定是否将其引入回归方程。自变量作用的大小通常采用偏回归平方和，即偏 F 检验来判断，也可以采用模型评优的方法来确定，如 AIC 准则。

局部择优法包括三种筛选模式：前进法、后退法和逐步回归法。其中，前进法是回归模型中的自变量从无到有，依次逐一筛选有统计意义的自变量进入模型，而后退法则与前进法相反，回归模型中首先包含所有的自变量，然后再逐一剔除无统计意义的自变量。

逐步回归法是前进法和后退法的综合，它需要预先确定自变量的纳入标准和剔除标准，再根据纳入标准，逐一筛选模型外具有最优意义的自变量纳入方程。同时，在每引入一个新的自变量时，还需要通过基于偏回归平方和的 F 检验评价所有已纳入模型的自变量的意义，剔除无统计学意义的自变量，重复以上过程，直至不能再选入或剔除新的自变量，但在实际应用过程中，应注意纳入自变量的检验水准应小于或等于剔除自变量的检验水准。

（四）常用统计分析软件

线性回归模型简单易懂，可通过多种软件和语言实现，包括 R 语言中的 lm 函数、Python 中的 scikit-learn 库、SPSS、SAS、MATLAB 软件等。

（五）应用注意事项

在实际应用线性回归模型时，有以下几点注意事项：

（1）在医学领域，线性回归模型可用于探索某现象发生的原因及其影响因素，也可用于确定

不同自变量对因变量影响的贡献程度，并利用建立的线性回归模型进行预测。

（2）线性回归模型的应用需满足以下条件：因变量与自变量间呈线性关系、各观察值间相互独立、线性模型的残差符合正态分布，且满足方差齐性。

（六）实例分析

某研究根据 2017 年 1 月至 2020 年 8 月某市 13 家公立医院糖尿病患者住院记录，应用多因素线性回归模型探讨了糖尿病患者住院费用的影响因素。研究依据国际疾病分类第 10 版（ICD-10），提取编码为 E10～E14 的糖尿病患者就诊相关信息，删除住院时间小于 1 天、就诊信息存在逻辑错误或信息不齐备，且无法有效补充的数据，最终纳入有效病例 4 886 例。

如表 7-4 所示进行变量赋值，利用 SPSS 26.0 软件进行单因素和多因素线性回归。单因素分析结果（表 7-5）显示不同性别、入院次数、医院级别、医院类型、并发症与合并症、糖尿病类型的患者，住院时间差异具有统计学意义（$P < 0.05$）；而不同性别、年龄、入院次数、住院时间、医院级别、医院类型、手术与操作、并发症与合并症、糖尿病类型以及 DRG 改革前后的患者，住院费用差异具有统计学意义（$P < 0.05$）。以住院时间（Y_1）和住院费用（Y_2）对数变换值为因变量，分别将单因素分析中具有统计学意义的变量作为自变量，建立多因素线性回归模型。

多因素线性回归模型的计算结果如表 7-6 所示，最终建立的住院天数（Y_1）回归模

表 7-4　自变量及因变量赋值表

变量	变量名称	哑变量设置	变量赋值
Y_1	住院时间	–	log（实际住院天数）
Y_2	住院费用	–	log（实际住院费用）
X_1	性别	–	0 = 男，1 = 女
X_2	民族	–	0 = 汉族，1 = 其他
X_{3-0}	年龄	< 45 岁（对照）	
X_{3-1}		45～60 岁	0 = 否，1 = 是
X_{3-2}		> 60 岁	0 = 否，1 = 是
X_4	入院次数	–	0 = 1 次，1 = 2 次及以上
X_5	医院级别	–	0 = 二级，1 = 三级
X_6	医院类型	–	0 = 中医院，1 = 综合医院
X_7	手术与操作	–	0 = 否，1 = 是
X_{8-0}	并发症与合并症	伴有轻微并发症和合并症（对照）	
X_{8-1}		伴有并发症与合并症	0 = 否，1 = 是
X_{8-2}		伴有较严重并发症与合并症	0 = 否，1 = 是
X_{9-0}	糖尿病类型	1 型糖尿病	
X_{9-1}		2 型糖尿病	0 = 否，1 = 是
X_{9-2}		其他类型糖尿病	0 = 否，1 = 是
X_{10}	DRG 改革 [a]		0 = 改革前，1 = 改革后

a：该市于 2019 年 10 月正式实施 DRG 医保支付方式结算。

表 7-5 糖尿病患者住院天数与住院费用单因素分析结果

变量	样本量 /%	住院天数			住院费用		
		$M(P_{25}, P_{75})$	统计量	P 值	$M(P_{25}, P_{75})$	统计量	P 值
X_1							
男	3 114（63.73）	11（8, 14）	$z = -5.353$	<0.001	4 395.12（2 913.73, 6 144.76）	$z = -6.964$	<0.001
女	1 772（36.27）	10（8, 13）			3 783.28（2 576.69, 5 562.91）		
X_2							
汉族	4 877（99.82）	10（8, 13）	$z = -1.219$	0.223	4 149.68（2 770.92, 5 989.23）	$z = -0.987$	0.324
其他	9（0.18）	13（9.50, 14）			5 380.60（3 129.82, 6 230.74）		
X_3							
X_{3-0}	724（14.82）	11（8, 14）	$H = 0.208$	0.901	3 958.26（2 709.07, 5 548.72）	$H = 10.968$	0.004
X_{3-1}	2 045（41.85）	10（8, 14）			4 080.26（2 716.04, 6 031.77）		
X_{3-2}	2 117（43.33）	10（8, 13）			4 244.67（2 841.03, 6 107.29）		
X_4							
1次	4 855（99.37）	10（8, 13）	$z = -2.412$	0.016	4 131.25（2 771.24, 5 977.57）	$z = -2.147$	0.032
2次及以上	31（0.63）	14（8, 16）			5 781.04（2 851.66, 7 169.52）		
Y_1							
1～7天	732（14.98）	6（5, 7）	$H = 3 411.565$	<0.001	2 416.73（1 868.24, 3 266.40）	$H = 1 683.458$	<0.001
8～14天	3 269（66.91）	10（9, 12）			3 984.78（2 846.97, 5 438.82）		
15～21天	791（16.19）	16（15, 17）			6 879.41（5 615.95, 8 237.70）		
22～28天	72（1.47）	24（23, 25）			8 535.23（7 227.02, 11 325.59）		
29天及以上	22（0.45）	31（29, 32.25）			10 866.36（9 313.48, 13 924.82）		
X_5							
二级	3 055（62.53）	10（8, 12）	$z = -19.683$	<0.001	3 358.99（2 391.10, 5 230.32）	$z = -24.731$	<0.001
三级	1 831（37.47）	12（10, 15）			5 272.71（4 023.80, 6 518.28）		

续表

变量	样本量/%	住院天数			住院费用		
		$M(P_{25}, P_{75})$	统计量	P值	$M(P_{25}, P_{75})$	统计量	P值
X_6							
中医医院	1 268 (25.95)	12 (9, 15)	$z=-12.962$	<0.001	5 188.97 (3 129.29, 6 541.29)	$z=-10.756$	<0.001
综合医院	3 618 (74.05)	10 (8, 13)			3 807.44 (2 734.27, 5 611.78)		
X_7							
否	4 489 (91.87)	10 (8, 13)	$z=-1.949$	0.051	4 107.48 (2 744.31, 5 988.94)	$z=-2.185$	0.029
是	397 (8.13)	10 (8, 13)			4 368.50 (3 191.14, 6 041.14)		
X_8							
X_{8-0}	4 758 (97.38)	10 (8, 13)	$H=213.692$	<0.001	4 077.93 (2 748.97, 5 861.78)	$H=160.612$	<0.001
X_{8-1}	35 (0.72)	16 (11, 19)			7 000.80 (3 133.10, 9 869.84)		
X_{8-2}	93 (1.90)	18 (16, 20)			8 214.58 (6 628.17, 9 791.74)		
X_9							
X_{9-0}	115 (2.35)	9 (7, 13)	$H=96.643$	<0.001	4 087.32 (2 667.20, 5 277.38)	$H=321.739$	<0.001
X_{9-1}	3 357 (68.71)	11 (9, 14)			4 721.68 (3 085.90, 6 307.18)		
X_{9-2}	1 414 (28.94)	10 (8, 12)			3 202.23 (2 423.19, 4 555.23)		
X_{10}							
改革前	3 075 (62.93)	10 (8, 13)	$z=-0.154$	0.877	3 899.18 (2 718.15, 5 774.06)	$z=-11.746$	<0.001
改革后	1 811 (37.07)	10 (8, 13)			4 489.54 (2 947.34, 6 326.82)		

注：Mann-Whitney U 检验采用 z 统计量；Kruskal-Wallis 检验采用 H 统计量。

表 7-6 糖尿病患者住院时间与住院费用多因素线性回归结果

变量	log（实际住院天数）				log（实际住院费用）			
	回归系数	标准化回归系数	t	P 值	回归系数	标准化回归系数	t	P 值
常量	0.786		21.208	< 0.001	2.382		59.234	< 0.001
X_1	−0.012	−0.036	−2.685	0.007	−0.017	−0.037	−3.661	< 0.001
X_4	0.036	0.018	1.324	0.185	−0.003	−0.001	−0.109	0.913
X_5	0.069	0.210	13.235	< 0.001	0.111	0.240	20.082	< 0.001
X_6	−0.016	−0.045	−2.824	0.005	0.058	0.113	9.532	< 0.001
X_8（对照：X_{8-0}）								
X_{8-1}	0.138	0.074	5.488	< 0.001	0.022	0.008	0.827	0.408
X_{8-2}	0.205	0.177	13.084	< 0.001	0.061	0.037	3.658	< 0.001
X_9（对照：X_{9-0}）								
X_{9-1}	0.084	0.247	5.943	< 0.001	−0.002	−0.004	−0.137	0.891
X_{9-2}	0.050	0.143	3.437	0.001	−0.077	−0.156	−5.027	< 0.001
X_3（对照：X_{3-0}）								
X_{3-1}					0.024	0.053	3.526	< 0.001
X_{3-2}					0.037	0.083	5.369	< 0.001
X_7					−0.020	−0.025	−2.325	0.020
X_{10}					0.030	0.065	6.270	< 0.001
log（实际住院天数）					0.861	0.608	58.051	< 0.001

型（$F = 83.275$，$P < 0.001$，$R^2 = 0.120$）和住院费用（Y_2）回归模型（$F = 425.034$，$P < 0.001$，$R^2 = 0.531$）分别为：

$$Y_1 = 0.786 - 0.012X_1 + 0.069X_5 - 0.016X_6 + 0.138X_{8-1} + 0.205X_{8-2} + 0.084X_{9-1} + 0.050X_{9-2}$$

$$Y_2 = 2.382 - 0.017X_1 + 0.024X_{3-1} + 0.037X_{3-2} + 0.111X_5 + 0.058X_6 - 0.020X_7 +$$
$$0.061X_{8-2} - 0.077X_{9-2} + 0.030X_{10} + 0.861Y_1$$

三、朴素贝叶斯模型

（一）简介

朴素贝叶斯模型是基于贝叶斯定理和特征条件独立假设提出的分类算法，对缺失数据的敏感性较低，算法简单，分类速度快，适用于目标分类变量间相关性较小的情况，对小样本数据的分类效果较好。根据变量类型不同，朴素贝叶斯模型可分为高斯、多项式和伯努利等朴素贝叶斯模型，常用于解决文本分类、医疗诊断和症候分类等医学问题。

（二）定义

1. 先验概率和后验概率

（1）先验概率：即事前概率。可以根据历史数据、背景常识或研究者主观经验确定，用 $P(x)$ 或 $P(y)$ 表示。

（2）条件概率：是在一个事件发生的基础上另一个事件发生的概率。一般的形式为 $P(x|y)$，表示在事件 y 发生的条件下事件 x 发生的概率。

（3）后验概率，即事后概率 $P(y|x)$，指事件 x 发生后反向求得事件 y 发生的概率。

2. 贝叶斯算法

以贝叶斯原理为基础，利用概率统计学知识对样本数据集进行分类。其特点是结合先验概率和后验概率，既可避免只使用先验概率的主观偏见，也可避免单独使用样本信息的过拟合现象。贝叶斯公式为

$$P(A|B) = \frac{P(A)P(B|A)}{P(B)} \tag{7-4}$$

式中：$P(A)$、$P(B)$ 分别为事件 A 和事件 B 发生的先验概率；$P(B|A)$ 是条件概率，一般通过历史数据统计得到；$P(A|B)$ 是后验概率，也即求解的目标。

（三）基本原理

朴素贝叶斯模型是在贝叶斯原理基础上的拓展，其前提假设是用于目标分类的变量之间相互独立，此假设虽然在一定程度上降低了贝叶斯分类算法的准确性，但在实际应用场景中，它极大地降低了贝叶斯模型的复杂性。

设研究对象有 g 类，记为 $Y = \{y_1, y_2, \cdots, y_g\}$，$m$ 个判别指标为 $X = \{x_1, x_2, \cdots, x_m\}$。如某研究对象各判别指标的取值为 $S = \{S_1, S_2, \cdots, S_m\}$，可得到该对象属于第 k 类的后验概率，见式7-5。

$$P(Y_k|S_1 S_2 \cdots S_m) = \frac{P(Y_k) \cdot P[X_1(S_1)|Y_k] P[X_2(S_2)|Y_k] \cdots P[X_m(S_m)|Y_k]}{\sum_{k=1}^{g} P(Y_k) \cdot P[X_1(S_1)|Y_k] P[X_2(S_2)|Y_k] \cdots P[X_m(S_m)|Y_k]} \tag{7-5}$$

1. 先验概率

常用模型在计算先验概率时，需要假设其服从特定的分布类型，先验概率的常见数学分布包括以下3种类型。

（1）高斯朴素贝叶斯模型：当特征变量为连续型变量且样本数据服从正态分布时，可使用正态分布概率密度函数来计算先验概率，计算公式如式7-6所示。

$$P(x|y) = \frac{1}{\sqrt{2\pi\sigma^2}} \exp\left[-\frac{(x-\mu)^2}{2\sigma^2}\right] \tag{7-6}$$

式中：μ、σ 分别表示在类别为 y 的样本中，特征变量 x 的总体均值和总体标准差。

（2）多项式朴素贝叶斯模型：当特征变量为离散型变量且特征变量取值为非负值，同时各特征 x_i 在各类别 y 下符合多项式分布时，先验概率计算公式如式7-7所示。

$$P(x_i|y) = \frac{N_{y_i} + \alpha}{N_y + \alpha n} \tag{7-7}$$

式中：α 为平滑系数；N_y 为类别 y 的样本中，所有特征发生（出现）的次数；N_{y_i} 为特征 i 在类别 y 中发生（出现）的次数；n 为特征变量个数。

（3）伯努利朴素贝叶斯模型：当特征变量是布尔型变量且各特征 x_i 在各个类别 y 下符合伯努利分布（二项分布），如抛硬币时，其特征变量取值只有 0 和 1 两种结果，可采用式 7-8 和 7-9 计算先验概率。如果特征变量不是二值变量，需先对变量取值进行二值化处理。

$$P(x_i = 1 \mid y) = \frac{N_{y_i} + \alpha}{N_y + 2\alpha} \qquad (7\text{-}8)$$

$$P(x_i = 0 \mid y) = 1 - P(x_i = 1 \mid y) \qquad (7\text{-}9)$$

式中：α 为平滑系数；N_y 为属于类别 y 所有的样本例数；N_{y_i} 为属于类别 y，特征变量 x_i 取值为 1 对应的样本例数。

2. 实施步骤

（1）确定特征属性和观测个体归属类别，计算先验概率和条件概率：设有样本数据集 $D = \{d_1, d_2, \cdots, d_n\}$，对应样本数据的特征属性集为 $X = \{x_1, x_2, \cdots, x_d\}$，其中 $x_1, x_2, \cdots, x_d$ 相互独立且随机分布。类变量 $Y = \{y_1, y_2, \cdots, y_m\}$，也即 D 可以分为 y_m 类别，据此可计算先验概率 $P(X)$、$P(Y)$ 以及条件概率 $P(X \mid Y)$。

（2）计算后验概率。

$$P(Y \mid X) = \frac{P(Y) P(X \mid Y)}{P(X)} \qquad (7\text{-}10)$$

在给定类别为 y_m 的前提下，上式可进一步表示为

$$P(X \mid Y = y_m) = \prod_{i=1}^{d} P(x_i \mid Y = y_m) \qquad (7\text{-}11)$$

由以上两个式子可计算出后验概率为

$$P_{\text{post}} = P(Y \mid X) \frac{P(Y) \prod_{i=1}^{d} P(x_i \mid Y)}{P(X)} \qquad (7\text{-}12)$$

（3）确定待测样本 x 属于的类：可根据如下公式将待测样本划分为后验概率最大的一类。

$$y = \arg\max P(Y) = \prod_{i=1}^{d} P(x_i \mid Y) \qquad (7\text{-}13)$$

（四）常用统计分析软件

朴素贝叶斯模型可通过常用的机器学习和 NLP 软件包实现，如 Apache Mahout、Mallet、scikit-learn 等。此外，编程软件（如：C/C++、Java、C#）也可用于朴素贝叶斯模型的构建。

（五）应用注意事项

在实际应用时，需要注意以下几个方面。

（1）朴素贝叶斯模型要求不同特征变量之间相互独立。若不同特征变量间存在相关，模型分类的准确性会受到影响。

（2）朴素贝叶斯模型需要先确定先验概率，而先验概率多来自经验或既有的知识。

（3）此种方法依赖先验概率及样本数据对观测对象进行分类，存在一定的错误率。

（4）朴素贝叶斯模型特别适合因变量为分类变量的情况，如文本分类、垃圾邮件识别等。

（六）实例分析

为判定患者支气管炎类型，随机抽取了30名支气管炎患者开展问卷调查，结合专业知识，对特征变量进行数量化处理，构建朴素贝叶斯模型，对患者所患的支气管炎进行分类。

用于支气管炎分类的特征变量有9个，具体包括：发病性质（x_1）、是否具有支气管炎及慢性咳嗽咳痰病史（x_2）、胸闷胸痛（x_3）、咳嗽咳痰持续时长（x_4）、发热（x_5）、每年发病持续时长（x_6）、病程长短（x_7）、喘息（x_8）、打喷嚏（x_9），每个特征变量有3个取值（$j = 1，2，3$）（表7-7）。支气管炎（Y）有3种类型：急性支气管炎（c_1）、慢性支气管炎（c_2）、细支气管炎（c_3）。

表7-7　支气管炎症状特征变量及取值

特征变量（x_i）	特征变量取值（x_{ij}）
发病性质（x_1）	急
	慢
	非常慢
是否具有支气管炎及慢性咳嗽咳痰病史（x_2）	不清楚
	有
	无
胸闷胸痛（x_3）	基本无
	偶尔有
	经常有
咳嗽咳痰持续时间（x_4）	1周
	2~3周
	长期且反复
发热（x_5）	基本无
	偶尔有
	经常有
每年发病持续时间（x_6）	小于1个月
	1~2个月
	3个月及以上
病程长短（x_7）	不足1年
	1~2年
	2年以上
喘息（x_8）	基本无
	偶尔有
	经常有
打喷嚏（x_9）	基本无
	偶尔有
	经常有

1. 数量化处理　根据问卷调查获得 30 位患者的数据，对支气管炎症状特征 X 及支气管炎病症类型 Y 的数据进行数量化处理（表 7-8）。

表 7-8　数量化的支气管炎诊断模型

患者编号	x_1	x_2	x_3	x_4	x_5	x_6	x_7	x_8	x_9	Y
1	1	2	2	2	2	1	1	3	1	2
2	2	1	1	3	1	3	3	2	1	2
...	...	...	...	...	...	...	...	...	...	...
29	1	3	3	1	2	3	1	2	2	1
30	2	2	2	2	2	3	3	2	2	1

2. 计算先验概率及条件概率　根据朴素贝叶斯模型对表 7-8 调用 MATLAB 程序，计算得到先验概率及条件概率。

3. 计算后验概率　若某患者 9 个特征变量分别取 $\{x_1 = 1, x_2 = 1, x_3 = 3, x_4 = 2, x_5 = 3, x_6 = 1, x_7 = 1, x_8 = 1, x_9 = 1\}$，根据后验概率公式，可得出其相应的后验概率。

$$P_{post}(Y = c_1) = 1.003 \times 10^{-5}$$
$$P_{post}(Y = c_2) = 5.861 \times 10^{-8}$$
$$P_{post}(Y = c_3) = 6.939 \times 10^{-6}$$

因为 $P_{post}(Y = c_1)$ 最大，故将该名患者判定为 $Y = 1$，即急性支气管炎（c_1）。

4. 得出结论　若患者表现出的特征为：x_1 为急，x_2 为不清楚，x_3 为经常，x_4 为 2 ~ 3 周，x_5 为经常，x_6 为不足 1 个月，x_7 为小于 1 年，x_8 为基本不，x_9 为基本无，可判定该名患者所患的支气管炎类型为急性支气管炎。

四、决策树

（一）简介

决策树（decision tree）是一种分类预测模型，代表的是对象属性和对象值之间的一种映射关系。在统计分析中，常用的决策树算法包括 ID3、C4.5、CART 等，目前主要用于医学中疾病诊断治疗、基因与高分子序列分析、医疗卫生保健、医院信息系统挖掘、医疗政策分析、医疗资源利用评价等问题的解决。

（二）定义

决策树是一种基于各类情况发生概率评价项目风险、判断其可行性的决策方法，是直观运用概率分析的一种图解法，其通过训练数据集"学习"出一系列规则，对新样本示例进行分类。

当我们对"患者是否会患糖尿病"这样的问题进行决策时，通常会进行一系列的"子决策"，我们先判断"患者是否有糖尿病家族史？"如果"有"，再判断"患者 BMI 数值是否过高？"如果是"高"，那接着判断"患者是否吸烟或饮酒？"等问题。通过一系列的"子决策"，得出最终决策，患者可能会患糖尿病。显然，决策的最终结果是我们需要的判定结果"是否可能患糖尿病"，而决策过程中提出的每一个问题都是对患者某一属性的"测试"，如"糖尿病家族史""BMI""吸烟或饮酒史"等，每个测试的结果导出进一步的测试问题，或者导出最后的决策结果。因此，一般的决策树都包括一个根节点（初始属性）、若干个内部节点（其他属性）及若干个叶节点（属性类别或决策结果），而决策树学习的目的就是产生一棵"对新输入样本示例分类能力强"的树，即泛化能力强的树。

（三）基本原理

根据当前内部节点属性的不同取值，将训练样本数据集分为若干个子集，每个子集形成下一个内部节点。针对这些子集，重复之前的步骤，进而形成训练样本的分类决策树。注意，一旦某个属性出现在某个节点上，则不必再在该节点的后代中考虑这个属性。当满足如下任意一个条件时，终止分类：① 给定节点的所有样本均属于同一类；② 没有剩余属性可以用来进一步划分样本。

因此，决策树构建可以分两步进行：

第一步，生成决策树：基于训练样本集，选取最优化分属性来构建决策树。一般情况下，训练样本数据集是根据实际需要选取的有代表性的（即涵盖所有可能属性和类别），且适用于数据分析处理的数据集。

第二步，决策树的剪枝：在决策树训练过程中，节点划分的过程将不断进行，为了避免决策树内部节点过多，可通过主动去掉一些内部节点来降低过拟合的风险。

此外，在实际构建决策树时，还需要对属性进行选择与处理。例如，有些属性可能是连续型随机变量，需将其转化为分类变量。利用决策树算法进行数据分类的处理步骤如下所述。

1. 划分选择最优属性　训练数据集中，每个样本可能存在多个属性，且不同属性作用不一，因此需要选择最优划分属性，使决策树的叶节点所包含的样本尽可能属于同一类别。信息增益（information gain）是在划分选择中常用的准则。假设当前训练样本集 D 中第 k 类样本所占的比例为 p_k（$k = 1, 2, \cdots, |y|$），则 D 的信息熵（information entropy）可表示如下

$$\text{Ent}(D) = -\sum_{k=1}^{|y|} p_k \log p_k \tag{7-14}$$

若属性 a 有 V 个可能的取值 $\{a^1, a^2, ..., a^V\}$，即可能有 V 个分支，D^V 表示任一分支上的所有节点，信息增益可通过如下公式进行计算

$$\text{Gain}(D, a) = \text{Ent}(D) - \sum_{V=1}^{V} \frac{|D^V|}{|D|} \text{Ent}(D^V) \tag{7-15}$$

信息增益越大，说明属性 a 对决策树划分准确性的价值越大。除信息增益之外，也可以用增益率（gain ratio）和基尼指数（Gini index）等作为特征选择的准则。

2. 剪枝（pruning）　主要目的是避免过拟合问题。由于在构建决策树时需要不断重复节点划分过程，可能会造成分支过多，而误将训练集特有的特征视为对所有数据集通用的一般性质，剪枝则可主动去除一些过细的分支，使其退回到上级内部节点，以此来降低过拟合的风险。剪枝的基本策略主要包括划分节点前评估的"预剪枝"（pre-pruning）和决策树生成后评估的"后剪枝"（post-pruning），两者均通过评估节点的分类性能，来决定是否替换或调整当前节点的设置。

3. 连续值处理　在构建决策树时，可采用二分法处理连续型随机变量。通过在该属性取值中寻找一个划分点，将其取值转换为两个类别，在此基础上再进行特征选择。

（四）常用统计分析软件

决策树可以通过 R 语言的 rpart 包、Python 的 scikit-learn 库、SPSS、SAS、SQL、MATLAB、Orange 等软件实现。

（五）应用注意事项

在实际应用中应注意以下事项：

（1）决策树模型非常直观，对数据分布没有严格要求，且无须特殊处理缺失值，也不易受异常值的影响，但决策树模型的预测结果极易受训练数据的影响，且做出的选择往往是局部最优选择。

（2）决策树模型可用于处理分类变量，但当某些分类变量的类别过多时，则可能出现过拟合的问题。

（3）决策树模型通常利用测试数据集来验证模型的可靠性。

（六）实例分析

某研究为了解冠心病心绞痛合并糖尿病患者临床常规检测指标与气虚证的关联模式，从某医院收集了 108 例冠心病不稳定型心绞痛合并糖尿病患者的临床基本资料、中医四诊信息及临床常规检测指标，对这些指标进行综合分析，初步选取患者的血、尿常规、生化、凝血、甲状腺功能、心电图、彩色超声心动图等临床检测指标，共计 149 项，以"是否气虚证"作为因变量，采用决策树方法进行诊断规律的挖掘。

首先，利用 t 检验、非参数检验以及 Spearman 相关分析筛选具有统计学意义的临床常规理化指标，将射血分数、P-R 间期、尿糖、尿比重、前白蛋白、腺苷脱氨酶 6 个临床常规指标作为自变量，纳入决策树模型，用于判断气虚证，并利用二分法对连续型随机变量进行分类处理。

再按照信息增益计算各属性的重要性，其重要性排序依次为：射血分数、P-R 间期、尿糖、尿比重、前白蛋白、腺苷脱氨酶，据此构建如图 7-3 所示的决策树结构。

图 7-3 中，"TRUE"代表气虚证，"FALSE"代表非气虚证。括号中的数字：分子表示该类的样例数，分母表示错误分类到该类的样例数。气虚证决策树模型的评价见表 7-9，模型总体的检测正确率为 77.78%，阴性检测正确率为 67.30%，阳性检测正确率为 87.50%。

表 7-9 基于决策树的气虚证判断模型评价表

类别	实际样本数	识别样本数	阴性检测正确率 /%	阳性检测正确率 /%	检测正确率 /%
气虚证	56	49	67.30	87.50	77.78
非气虚证	52	35			

五、支持向量机

（一）简介

支持向量机（support vector machines，SVM）理论是由 Vapnik 等于 1995 年首先提出，是一种

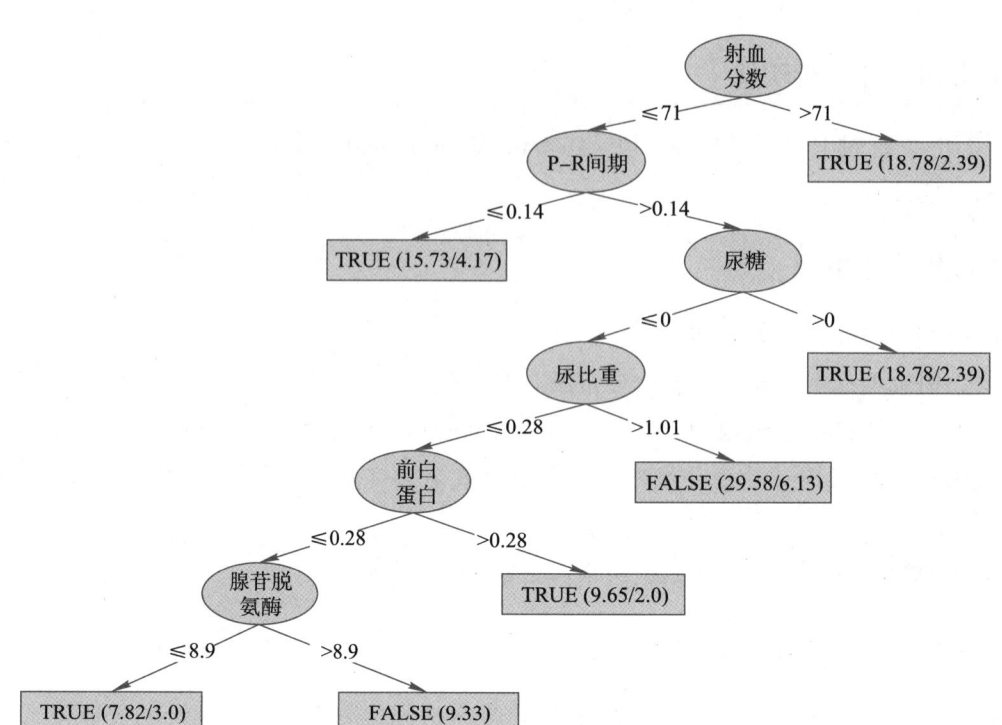

图 7-3　基于决策树方法的气虚证判断模式图

建立在统计学习理论基础上的数据挖掘方法，适用于处理回归问题和模式识别等诸多问题。根据训练样本的数据类型，SVM 又可分为硬间隔线性 SVM、软间隔线性 SVM 及多分类 SVM 等类型，已被广泛应用于解决 DNA 微阵列、医疗诊断模型、医学图像分割、影像学诊断等医学问题。

（二）定义

SVM 是建立在 VC 维（Vapnik–Chervonenkis dimension）理论和结构风险最小化（structural risk minimization）原理之上的一种二分类模型算法，VC 维数越高，算法运行时产生的经验风险（训练误差）与真实误差（包括经验风险和置信区间）则越大；而结构风险最小化理论将函数集划分为多个子集，将每个子集按照 VC 维数排列，在每个子集中寻找最小的经验风险，同时尽量缩小置信区间，使得到的泛化误差最小。

SVM 在高维或无限维空间中构建超平面或超平面集合，可用于分类、回归或其他任务。超平面是分割输入变量空间的线或面，支持向量机通过选择最佳超平面，将输入空间中的点进行分类。例如，二维空间中可以将该超平面视为一条线，这条线可以将所有的输入点完全分开，如图 7-4 所示。

支持向量机接受这些数据点，并输出一个超平面（图 7-4 右图黑线），以将两类分割开来。在实际应用中，训练数据集可分为 3 种，分别是：线性可分数据集、近似线性可分数据集和非线性可分数据集。对于前两种数据类型，可分别采用硬间隔线性 SVM 和软间隔 SVM 进行分类，而对于非线性可分数据集，其分割超平面是一个不规则的超曲面，因此需要在上述两种方法的基础上引入核函数。

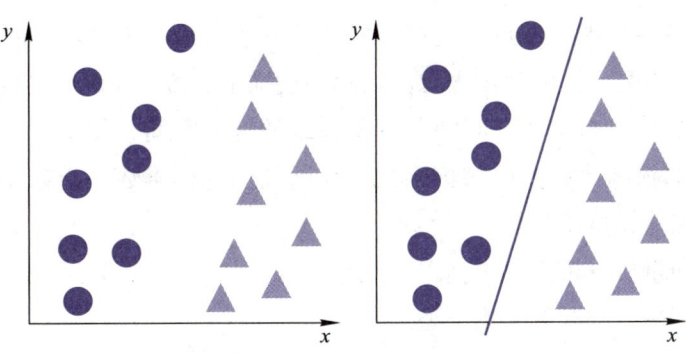

图 7-4　支持向量机原理示意

左图为分类前，右图为分类后

（三）基本原理

支持向量机的原理是找到一个超平面，使各类样本点到该超平面的距离最远，即找到最大间隔超平面。以硬间隔 SVM 方法为例，假设数据集 D 是线性可分的，阳性样本的分类标签为 $y_i = +1$，阴性样本的分类标签为 $y_i = -1$，那么分隔超平面可以用以下线性方程来描述。

$$\omega^{\mathrm{T}}x + b = 0 \tag{7-16}$$

式中：ω^{T} 为超平面的法向量，即超平面的方向；b 为截距，即原点与超平面的距离。

可通过最大化输入数据中"阳性个例"和"阴性个例"间的"距离"来求解最优超平面。

n 维空间点 $x = (x_1, x_2, ..., x_n)$ 到平面的距离定义如下

$$d = \frac{|\omega^{\mathrm{T}}x + b|}{\|\omega\|} \tag{7-17}$$

其中 $\|\omega\| = \sqrt{\omega_1^2 + \omega_2^2 + \cdots + \omega_n^2}$ 。同时，任意一个点到分隔超平面的垂直距离为：

$$\gamma_i = \frac{|\omega_x^{\mathrm{T}} + b|y_i}{\|\omega\|} \tag{7-18}$$

其中，γ_i 可以反映分类的准确性，若 γ_i 符号为正，则分类正确，反之分类错误，同时其大小反映分类方法的置信度，因此 γ_i 的绝对值越大越好。在分类正确的前提下，阴性和阳性的样本点到超平面的距离 $d \geq \dfrac{1}{\|\omega\|}$，两类样本点关于超平面的总距离为 $\dfrac{2}{\|\omega\|}$。考虑到 $\max \dfrac{2}{\|\omega\|}$ 等价于 $\min \dfrac{1}{2}\|\omega\|^2$，因此 SVM 的核心问题就是解决以下最优化问题。

$$\min_{\omega, b} \frac{1}{2}\|\omega\|^2$$

$$s.t.\, y_i(\omega^{\mathrm{T}}x_i + b) \geq 1, \quad i = 1, 2, ..., m \tag{7-19}$$

此即为 SVM 的基本型。可以采用 Lagrange 乘数法和 KKT 条件对该问题进行求解。最终确定分类决策函数为

$$L = \mathrm{sign}(\omega^{\mathrm{T}}x + b = 0) \tag{7-20}$$

假设阳性样本的分类标签为 $y_i = +1$，阴性样本的分类标签为 $y_i = -1$，若式中所有的阳性样本 x_1 满足 $(\omega^{\mathrm{T}}x_i + b) \geq -1$，而所有的阴性样本 x_2 满足 $(\omega^{\mathrm{T}}x_i + b) \geq -1$，则分类正确。

当样本集中存在一些违规异常点，这些异常点不满足 $|\omega^{\mathrm{T}}x_i+b|\geq-1$ 时，可引入松弛变量 φ，使得 $|\omega^{\mathrm{T}}x_i+b|\geq1-\varphi$。当引入松弛变量也无法消除违规样本点的影响时，意味着数据是非线性可分的，则需要引入核函数将原始特征空间映射到更高维的特征空间，使映射到更高维特征空间中的样本线性可分。常用的核函数有多项式核函数、高斯径向基核函数、指数型径向基核函数、多层感知器样条核函数、张量积核函数等。

综上所述，支持向量机分析主要包括以下几个步骤：

（1）输入训练数据集，判断数据集类型。

（2）构建并求解约束最优化问题，以求解最优的分隔超平面。

（3）建立分类决策函数。

（4）通过最优分割超平面和分类决策函数对未分类的样本点进行分类。

（四）常用统计分析软件

支持向量机模型可以通过 LIBSVM、MATLAB、SAS、SVMlight、Python 的 scikit-learn 库、JkernelMachines 等软件实现。

（五）应用注意事项

在实际应用支持向量机模型时，有以下几点注意事项：

（1）使用支持向量机模型，需要对输入数据进行标准化处理，且受缺失值、异常值的扰动较大。

（2）传统的支持向量机模型主要用于解决二分类问题，其在解决多分类问题时存在困难。

（3）支持向量机算法难以解决大规模训练样本的问题，当样本量很大时，支持向量机算法的存储和计算将耗费大量的机器内存和运行时间。

（六）实例分析

为构建重度急性胰腺炎早期疾病预测模型，随机抽取某医院 2013 年 1 月至 2015 年 3 月诊断为急性胰腺炎的电子病历 323 例，其中非重度 203 例，重度 120 例，分为训练集（$n=242$）和测试集（$n=81$），最终选取的研究变量包括年龄、血压、腹痛发作时间、是否神志清醒、是否器官衰竭、是否有胰腺炎、是否有胸腔积液等 20 个变量，以此建立重度胰腺炎早期预警模型。本例通过 Python 中的 scikit-learn 模块来调用 SVM。

基于训练集数据建立上述 20 个变量与是否重度急性胰腺炎间的分类预测模型，再基于测试集计算所建立模型预测准确率，分别设置 3 种核函数：线性核函数、多项式核函数、径向基核函数，预测性能如表 7-10 所示。

表 7-10 显示，不同核函数对应分类模型的预测准确率存在一定的差异，针对测试集数据，采用多项式和径向基核函数的预测准确率较高，分别为 69.14%、70.37%。在此基础上，选用径向基核函数，再结合网格搜索和交叉验证方法，选择该径向基核函数的最优核参数，预测性能如表 7-11 所示。

表 7-11 显示，参数优化可显著提高模型训练集准确率，虽然对测试集数据准确性的提高作用不大，但能减少支持向量的个数，从而简化预测函数。

表 7-10　不同核函数分类预测性能

核函数类别	c	g	v	sv	bsv	trA/%	teA/%
线性	1	—	242	179	171	69.83	67.90
多项式	1	0.05	242	182	178	60.33	69.14
径向基	1	0.05	242	183	178	59.09	70.37

注：c、g 为核参数；v 为交叉验证折数；sv 为支持向量数；bsv 为边界支持向量数；trA 为训练集准确率；teA 为测试集准确率。

表 7-11　径向基核函数参数优化前后预测性能

参数优化前后	c	g	v	sv	bsv	trA/%	teA/%
优化前	1	0.050 0	242	183	178	59.09	70.37
优化后	16	0.062 5	242	175	159	69.01	67.90

注：c、g 为核参数；v 为交叉验证折数；sv 为支持向量数；bsv 为边界支持向量数；trA 为训练集准确率；teA 为测试集准确率。

六、神经网络模型

（一）简介

1943 年，心理学家沃伦·麦卡洛克和数理逻辑学家沃尔特·皮茨在分析、总结神经元基本特性的基础上，首先提出神经元的数学模型。该模型沿用至今，并且始终影响着这一领域研究的发展。神经网络（neural network）也称为人工神经网络（artificial neural network），是机器学习的子集，也是深度学习算法的核心，已广泛应用于智能导诊、辅助诊断、提供诊疗建议、建立电子病历、医学影像分析、癌症早期筛查等医学领域。

（二）定义

神经网络模型是一种模仿动物神经网络行为特征，进行分布式并行信息处理和非线性转换的数学模型算法。这种网络依靠系统的复杂程度，通过调整内部大量节点之间相互连接的关系，来解决含有大量复杂的变量且变量之间相关性高的回归问题。

人工神经网络按其模型结构，大体可以分为感知器（单层神经网络）、前馈型网络（也称为多层感知机网络）和反馈型网络等类型。常用的前馈神经网络包括卷积神经网络（convolutional neural network）、全连接神经网络（full connected neural network）、生成式对抗网络（generative adversarial network）等。常用的反馈型神经网络有循环神经网络（recurrent neural network）、长短期记忆（long short-term memory，LSTM）网络及 Hopfield 网络等。

1. 人工神经元（neuron）　是神经网络的基本计算单元，也被称作节点（node）或者单元（unit）。它可以接受来自其他神经元的输入或者外部数据，并计算相应的输出值。这种"阈值加权和"的神经元模型称为 M-P 模型，也是神经网络的一个处理单元。

如图 7-5 所示，$x = [x_1, x_2, ..., x_n]$ 代表该网络的输入，每一个输入都有相应的权重 $w =$

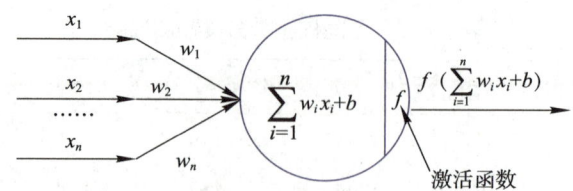

图 7-5 单层神经网络模型结构图

$[w_1, w_2, ..., w_n]$。b 为偏差值或阈值，函数 f 为激活函数，偏差值可以向上或向下调整激活函数。一旦确定了输入层，就会分配权重，这些权重有助于确定任何给定变量的重要性，较大的权重对输出的贡献更大。将所有输入乘以其各自的权重并求和，并通过一个激活函数传递输出，如果该输出超出给定阈值，那么它将激活该节点，将数据传递到网络中的下一层。神经网络的输出函数可表示如下

$$output = f\left(\sum_{i=1}^{n} w_i x_i + b\right)\left(\sum_{i=1}^{n} w_i x_i + b\right) \tag{7-21}$$

2. 激活函数 向神经网络中引入非线性因素，激活函数可以使神经网络拟合各种曲线，进而增强神经网络的适应能力。激活函数主要分为饱和激活函数和非饱和激活函数，包括 sigmoid 函数、tanh 函数和 ReLU 函数等。

sigmoid 函数将神经网络的输出映射在（0,1）之间，当输入趋向于无穷小时，输出为 0，反之输出为 1，函数梯度均趋近于 0，这种饱和现象不利于参数的收敛，且输出不以 0 为中心，导致后一层的神经元将上一层非 0 均值的信号作为输入，从而对神经网络的梯度产生影响。因此，目前在训练神经网络时，已较少使用 sigmoid 函数。tanh 函数由 sigmoid 函数平移缩放得到，故也存在饱和问题，不利于参数的收敛。而 ReLU 函数能将 $x < 0$ 的取值全部压制，在正区间上有优良的梯度特性，可以有效节省计算资源，使神经网络学习的周期大大缩短，因此在神经网络中应用最为广泛。

（三）基本原理

神经网络由节点层组成，包含一个输入层、一个或多个隐藏层和一个输出层。如图 7-6 所示，该网络包含一个输入层、两个隐藏层和一个输出层。每个单元也称为一个人工神经元，它们连接到另一个单元，具有相关的权重和阈值。层与层之间每个单元之间均相互连接，因此又称为全连接网络。如果任何单个节点的输出高于指定的阈值，那么该节点将被激活，并将数据传输到网络的下一层。搭建完神经网络之后，需要选择合适的损失函数来对网络进行训练，一般用输出层结果与样本真实值求均方误差，以此作为损失函数，来评估模型的拟合程度。

（四）常用统计分析软件

神经网络模型可通过 Python、MATLAB、R 语言中的 nnet 包、AMORE 包以及 neuralnet 包等进行实现。

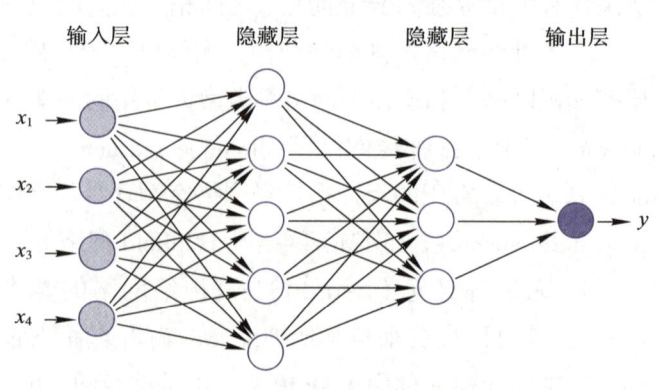

图 7-6 四层神经网络算法流程图

（五）应用注意事项

在应用神经网络模型时，有以下几点注意事项：

（1）用于神经网络训练的数据集应该足够大，能够覆盖问题域中所有已知且可能出现的问题。

（2）在使用神经网络时，对数据进行预处理非常重要，这样可以提升模型的收敛速度和精度。一般来说，零均值和归一化处理是最常用的方法。

（3）设计网络结构，如选择几层神经网络、每层输入和输出的矩阵格式、选择各层的激活函数等，均需要根据研究实例的具体需求进行设计。

（4）在训练神经网络之前，还需要初始化权重。不良的初始化极易造成梯度消失或梯度爆炸。常用的初始化方法有随机初始化、预训练（pre-training）、Xavier 初始化，以及 He 初始化等。

（5）通过正则化来控制神经网络，可避免神经网络过度拟合，从而提高网络的泛化性，加快训练速度。

（6）搭建完神经网络之后，需要选择合适的损失函数来对网络进行训练，评估模型的拟合程度。

（六）实例分析

为降低患者的高、低血糖风险和再入院风险，某研究对糖尿病住院患者的风险隐患进行分析，利用改进的卷积神经网络（convolutional neural network）辅助医生对患者进行诊断评估。研究使用的实验数据集为 DirecNet 中心实验室（儿童糖尿病研究网络）的 1 型糖尿病患者的连续葡萄糖监测系统（continuous glucose monitoring system，CGMS）数据，该数据集包含基于 CGMS 读数和其他属性，如患者 ID（PtID）、检测日期（BGDate）、检测时间（BGTime）和血糖数据（BGLevel）。

该研究的实验环境是 GPU（graphics processing unit）服务器，可以加速神经网络的收敛。研究主要使用的编程语言是 Python，使用 JupyterNotebook 和 Pycharm 进行开发实验。模型结构如图 7-7 所示。

在所有患者中选取血糖 CGMS 测量次数最多的 6 位患者进行研究，患者编号分别为 19，11，13，32，4，22。首先将患者的数据进行清洗，包括缺失值处理和降噪处理（缺失值处理后的源数据还可能存在噪声，会影响预测模型的精度，故需进行降噪处理）。经过数据预处理后 6 位患者的

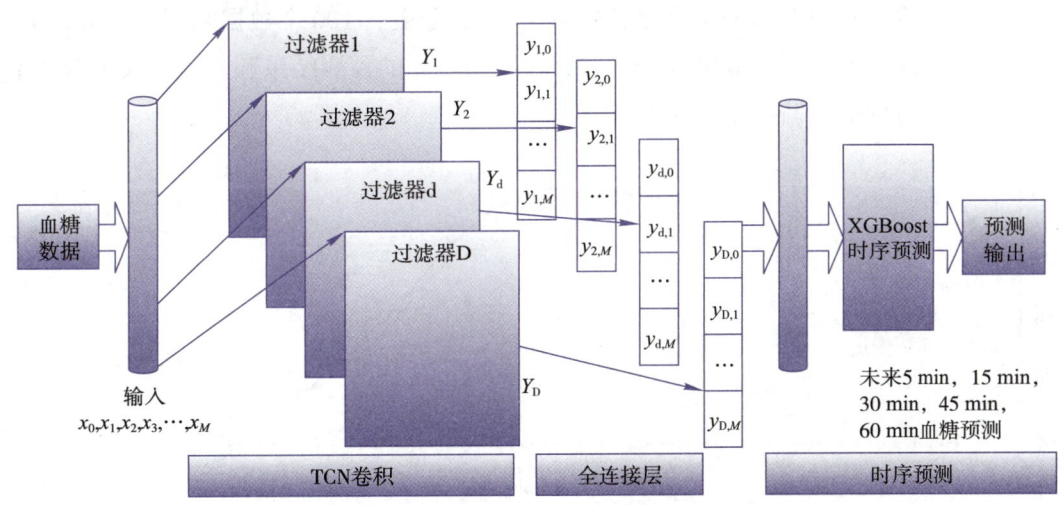

图 7-7　TCN-XGBoost 模型结构图

血糖统计数据如表 7-12 所示。

表 7-12 患者预处理后数据展示

患者编号	19	11	13	32	4	22
检测时间 /d	9	8	7	7	7	7
样本含量	2 699	2 365	2 276	2 211	2 191	2 152
最小值	53	73	61	45	65	44
最大值	396	337	400	377	291	221
平均值	182	175	203	158	152	121

接着使用滑动窗口的数据变换算法对数据进行变换，然后对处理好的数据使用时间卷积神经网络进行特征提取，数据经过特征提取后会被分为训练集和测试集。根据通常训练集和测试集的划分原则，选取比例为 25% 的数据作为测试集，比例为 75% 的数据作为测试集。为了便于观察实验图表，考虑到每位患者的总数据量大小不一，为 2 000 多条，对每一位患者都选取最后 500 个数据作为测试集，其余作为训练集。基于测试集得到的 6 种模型的评价结果如表 7-13 所示。

表 7-13 基于测试集得到的 6 种模型的评价结果

评价指标	TCN-XGBoost	SVR	XGBoost	KNN	TCN	LSTM
MAE	1.276	1.688	1.826	1.888	1.598	1.771
RMSE	1.763	1.937	2.096	2.171	1.843	2.046
R^2	0.997	0.996	0.996	0.995	0.997	0.996

注：MAE：平均绝对误差（mean absolute error）；RMSE：均方根误差（root mean square error）；R^2：决定系数（coefficient of determination）。TCN-XGBoost、SVR、XGBoost、KNN、TCN、LSTM 分别为 6 种不同的模型。

结果显示，TCN-XGBoost 模型的 MAE、RMSE 最低，R^2 最高，表明 TCN-XGBoost 模型比传统机器学习方法的预测效果更准确。

该项研究分别对 6 位患者进行了拟合测试，19 号患者的数据量最大，训练最充分，在 RMSE 中取得了最好的成绩，所以为了便于观察，选取 19 号患者最后 100 个数据测试结果进行拟合图形展示。如图 7-8 所示，在最后 100 个数据中，TCN-XGBoost 的预测结果和真实曲线拟合效果较好，表明模型可以进行有效的血糖时序数据预测。

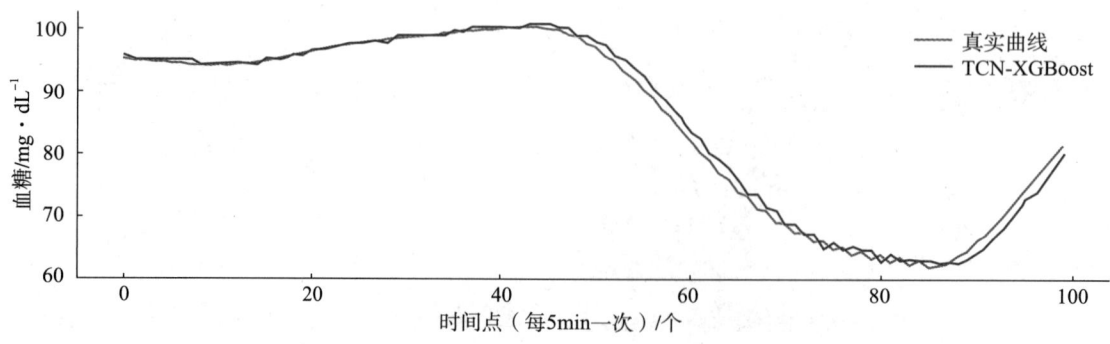

图 7-8 19 号患者 5 min 预测拟合曲线

第三节 无监督学习

一、聚类分析

（一）简介

聚类分析起源于分类学，在古老的分类学中，人们主要依靠经验和专业知识来实现分类。随着科学技术的发展，人们将多元分析的技术引入到数值分类学中，从而形成了聚类分析。聚类分析可以通过特征提取来降低健康医疗大数据的维度，优化数据的复杂程度，进而提升医疗健康大数据的处理速度。聚类分析已在医学领域应用较广，例如，在进行医学图像数据挖掘时，可以利用聚类分析挖掘正常人体各组织器官影像特征数据的分布规则和关系，为人体组织器官图像的自动分类和病变组织图像的自动识别开辟新的途径。

（二）定义

聚类的主要目的是按照某个特定标准，把一个数据集分割成不同的类或簇，使同一簇内数据对象的相似性尽可能大，同时不同簇中数据对象的差异性也尽可能大。聚类分析是一种典型的无监督学习任务，按其分类目的，可分为 Q 型聚类（样品聚类）和 R 型聚类（指标聚类）。按其分类算法分，可分为层次聚类（系统聚类）、划分聚类（K 均值聚类）和其他聚类算法。

（三）基本原理

1. **Q 型聚类** 也称为样品聚类，其目的是找出样品间的共性，以指导实际工作。例如，某研究测量了 n 个病例（样品）的 m 个变量（指标），Q 型聚类则是指将 n 个样品进行归类的方法。Q 型聚类的第一步需给出样品间相似性的度量——相似系数（coefficient of similarity）的定义。将 n 例样品看成是 m 维空间上的 n 个点，用两点间距离定义相似系数，距离越小表明两样品间的相似程度越高。Q 型聚类常用的相似系数有欧氏距离、绝对距离、Minkowski 距离和马氏距离。

2. **R 型聚类** 也称为指标聚类，其目的是进行指标降维，以便于在每类中选择有代表性的变量，或者利用少数几个重要变量进行其他分析，如回归分析、Q 型聚类或判别分析等。如上例，R 型聚类则是指将 m 个指标归类的方法。设 X_1，X_2，…，X_m 表示 m 个变量，R 型聚类常用简单相关系数 r_{ij} 的绝对值定义变量 X_i 与 X_j 间的相似系数。r_{ij} 绝对值越大，表明两变量间的相似程度越高。

3. **聚类算法** 按照分类算法分，聚类分析可分为层次聚类（系统聚类）、划分聚类（K 均值聚类）和其他聚类算法。

（1）层次聚类：基本原理是先将需要聚类的观测样品或变量各自看成一类，并计算类间相似性度量矩阵，从而选择最接近的两类，将其合并成一个新类，计算新类与其他各类之间的距离，再选择最接近的两类，将这两类合并成一个新类，直到所有的观测都合并成一类为止。层次聚类不指定具体的类别个数，而只关注类之间的远近，最终形成一个树形图或谱系图。谱系图中聚类结果呈嵌套关系或者层次关系，层次聚类也由此得名。常见的层次聚类算法有 BIRCH 算法、CURE 算法、CHAMELEON 算法。层次聚类算法一般步骤如下：

1）初始将 n 个样品独自看作一类，计算类之间的相似系数。常用的相似系数计算方法有最小相似系数法、最大相似系数法、重心法、类平均法等。

2）将相似系数最大或距离最小的两个类合并成一个新类，重新计算新类与其他所有类之间的相似系数。

3）重复第 2 步，直到所有类别最后合并成一类。

层次聚类算法距离和规则的相似度容易定义，限制少，不需要预先制定聚类数，可以发现类的层次关系。

（2）划分聚类：划分聚类先指定类的个数 k，随即观测值被随机分成 k 类，再重新形成聚合的类。划分聚类中最常用的算法是 K 均值（K-means）聚类，对 K-means 算法进行优化改进，又形成了 K-medoids、K-modes、K-medians、kernel K-means 等算法。K-means 聚类分析事先要给定类别数 K，再进行初始分类，然后按照某种准则，对这一初始分类进行逐步修改，直到分类的结果比较合理和稳定，其步骤如下。

1）选择初始凝聚点（质心）：从数据中随机抽取 K 个样品，将其作为初始聚类的中心，并代表各个类。各个类的重心即为 K 个样品观测值构成的向量，记作 X_1，X_2，$\cdots$，X_K。

2）进行初始分类：根据欧氏距离最小原则，将每个数据点划分到离它最近的那个凝聚点所代表的类中，直至所有样品全部归类。计算归类后每一类的平均值，作为 K 类新的重心，记作 X_1，X_2，$\cdots$，X_K。

3）重复第 2 步，直至所有样品的归类与上一步相同为止。

K-means 算法对于大型数据集来说简单高效，分类快速，时间复杂度、空间复杂度低。但需要预先设定 K 值，即分类数目。

（3）其他聚类算法：为了优化和弥补层次聚类、划分聚类方法存在的缺陷和局限，出现了许多其他的聚类算法。两步聚类算法充分利用层次聚类和划分聚类的优点，可以得到更加精细的聚类结果，提高聚类效率和稳定性。基于密度的算法可以解决 K-means 算法无法解决不规则形状聚类的问题，克服基于距离的算法只能发现"类圆形"聚类的缺点，如 DBSCAN 算法、OPTICS 算法等。为了对高维大数据进行特征提取，以降低维度，需要对大数据进行深入、立体、多层面的信息挖掘，涌现出了许多大数据聚类算法。大数据聚类算法关注的焦点是以最小化地降低聚类质量为代价，提高算法的可扩展性与执行速度。常用的大数据聚类算法有分布式聚类（distributed clustering）、并行聚类（parallel clustering）和高维聚类（high-dimensional clustering）。

（四）常用统计分析软件

聚类算法简单易懂，可通过 SPSS、MATLAB、R 语言中的 hclust 函数、Python 中的 scikit-learn 库等进行实现。

（五）应用注意事项

在应用聚类分析时，有以下几点注意事项：

（1）进行聚类分析前需要对变量进行预处理，例如，标准化或极差变换，剔除无效、缺失过多的变量等。

（2）层次聚类算法计算复杂度比较大，所以仅适用于小数量级样品聚类。

（3）层次聚类过程最明显的特点是不可逆性，对象在合并或分裂后，下一次聚类会在前一次聚类基础上继续合并或分裂，也就是说，一旦聚类结果形成，便不能用再重新合并的方法来优化聚类的性能。

（4）在K-means算法的实际应用中，K值可以根据专业知识来事先确定，但在有些问题中则难以确定K值。若不好事先确定分类数目，可先尝试指定集合分类数目，再根据实际和分类结果判断分为多少类更为合理。

（5）在实际应用中，应将聚类算法所得结果与对应专业知识密切结合，综合应用多种聚类算法，优化和弥补各类算法的缺陷，才能得到较为理想的结论。

（六）实例分析

为探讨恶性肿瘤患儿家庭管理的分型，制订更有针对性的家庭管理干预策略提供依据，某研究采用一般资料问卷和家庭管理量表的方式对某市某三级甲等儿童医院的176例恶性肿瘤患儿及主要照顾者进行调查，并通过聚类分析对患儿家庭管理进行分类，比较不同家庭管理类型患儿的一般特征。

该研究使用SPSS进行数据处理和聚类分析。用聚类分析方法对恶性肿瘤患儿家庭管理进行分类，具体分析过程如下：首先以家庭管理量表的6个维度（患儿日常生活、疾病管理能力、家长相互关系、疾病管理负担、家庭生活困难及疾病相关担心）为聚类变量，将各维度得分进行标准化转换，以消除数据取值范围差异对结果的影响；然后采用系统聚类法，选择离方差平方和法，并以欧氏平方根距离为度量标准，初步确定可能的聚类个数。最后采用K均值聚类法确定最佳聚类个数，将各维度得分进行排序，得到聚类结果。

最终确定最优聚类数为4类，分为乐观实践型（Ⅰ类）、焦虑适应型（Ⅱ类）、能力欠缺型（Ⅲ类）和管理困难型（Ⅳ类），记作Ⅰ～Ⅳ类。不同类型患儿的数量分别为43（24.4%）、16（9.1%）、75（42.6%）和42（23.9%）。F值反映各变量的类间差异相对大小，F值越大，表明该变量在各类间的差异越明显。研究中6个聚类变量的F值为5.170～175.354，相应的P值均小于0.01，表明各类间的差异有统计学意义，具体结果见表7-14。恶性肿瘤患儿家庭管理类型聚类分析结果如表7-15所示。

表7-14 恶性肿瘤患儿家庭管理类型各维度得分及序位情况

变量	Ⅰ类（n=43）		Ⅱ类（n=16）		Ⅲ类（n=75）		Ⅳ类（n=42）		F值	P值
	得分	序位	得分	序位	得分	序位	得分	序位		
维度1	18.86±3.28	①	17.31±3.55	②	16.19±2.44	③	14.50±3.84	④	14.456	0.01
维度2	40.14±4.39	②	49.69±3.81	①	39.32±2.80	③	38.74±4.13	④	39.436	0.01
维度3	29.23±4.08	②	31.83±4.45	①	27.60±3.78	④	28.06±4.78	③	5.170	0.01
维度4	28.58±4.10	④	31.31±5.10	③	33.89±3.52	②	37.93±3.51	①	44.399	0.01

续表

变量	Ⅰ类（n=43）		Ⅱ类（n=16）		Ⅲ类（n=75）		Ⅳ类（n=42）		F值	P值
	得分	序位	得分	序位	得分	序位	得分	序位		
维度 5	33.88 ± 4.88	④	40.81 ± 5.41	③	44.29 ± 3.14	②	54.29 ± 4.36	①	175.354	0.01
维度 6	13.12 ± 2.14	④	15.63 ± 2.31	②	14.83 ± 2.11	③	16.90 ± 2.26	①	22.167	0.01

注：维度 1~6 分别表示患儿日常生活、疾病管理能力、家长相互关系、疾病管理负担、家庭生活困难及疾病相关担心。

表 7-15　恶性肿瘤患儿家庭管理类型聚类分析结果

类别	名称	管理行为	预期结果	例数
Ⅰ	乐观实践型	疾病管理能力较强	对日常生活影响很小	43
Ⅱ	焦虑适应型	疾病管理能力很强	对日常生活影响较小	16
Ⅲ	能力欠缺型	疾病管理能力较差	对日常生活影响较大	75
Ⅳ	管理困难型	疾病管理能力很差	对日常生活影响很大	42

临床医护人员可将以上这些特征作为识别不同恶性肿瘤患儿家庭管理类型的参考依据，从患儿特征指标识别患儿家庭管理水平，如新确诊或复发的患儿、频繁再入院的患儿、居住在农村或城镇的患儿，以及主要照顾者文化程度低的患儿，把他们作为重点人群，加强引导和教育。

二、高斯混合模型

（一）简介

高斯混合模型（hybrid model）于 1997 年由 Friedman 和 Russel 首次提出，是单一高斯概率密度函数（正态分布曲线）的延伸，它的主要思想是采用多个高斯概率密度函数精确地量化变量分布，进而将变量分解成若干个基于高斯概率密度函数分布的统计模型，已被广泛应用于临床诊断中医学图像的去噪、分割和识别等问题中。

（二）定义

混合模型（hybrid model）是一个可以用来表示在总体分布（distribution）中含有 K 个子分布的概率模型，也即混合模型表示了观测数据在总体中的概率分布。高斯分布是呈钟形曲线的连续概率分布，因此高斯混合模型是基于若干个含有未知参数的高斯分布生成的，主要包括均值向量和协方差矩阵两个重要组成部分。

高斯混合模型主要应用于医学图像处理中，设医学图像为 $I_{m \times n}$，表示为 G 个不同的区域，第 k 个区域服从均值为 μ_k，标准差为 σ_k 的高斯分布。设医学图像的像素点表示为三维矢量，即

$$x = \{x \mid x_i = (x_{i1}, x_{i2}, x_{i3})\}, \ i = 1, 2, ..., N, \ N = m \times n$$

式中：x_{i1}，x_{i2}，x_{i3} 分别表示像素点的行、列、灰度值，不同部位的像素点服从不同的高斯分布，因此医学图像可以用基本概念中的高斯混合模型进行表示。高斯混合建模从图像数据集中像素强度高的高斯分布中提取全局统计信息，以此来执行图像分类，在医学中应用广泛。

（三）基本原理

当样本数据 x_k 是一维数据时，高斯分布遵从下方概率密度函数：

$$P\left(x_k|\theta\right)=\frac{1}{\sqrt{2\pi\sigma_k^2}}\exp\left[-\frac{\left(x_k-\mu_k\right)^2}{2\sigma_k^2}\right] \tag{7-22}$$

式中：μ_k 为数据均值；σ_k 为数据标准差。

当样本数据是多维数据时，高斯分布遵从下方概率密度函数

$$P_k\left(x_k|\theta_k\right)=\frac{1}{\left(2\pi\right)^{\frac{d}{2}}|\Sigma_k|^{\frac{1}{2}}}\exp\left[-\frac{\left(x_k-\mu_k\right)^{\mathrm{T}}\Sigma_k^{-1}\left(x_k-\mu_k\right)}{2}\right] \tag{7-23}$$

式中：d 为数据 x_k 的维度；μ_k 为数据均值；Σ_k 为协方差，令 $\theta_k=\left(\mu_k,\Sigma_k\right)$。

当我们研究各类数据时，假设数据有 K 个类别，且同一类别的数据均服从同一高斯分布，此时可利用高斯混合模型来进行分类。首先，高斯混合模型 $P\left(x|\theta\right)$ 可表示如下

$$P_k\left(x_k|\theta\right)=\sum_{k=1}^{K}\omega_kP_k\left(x_k|\theta_k\right) \tag{7-24}$$

式中：ω_k 为系数，满足 $\omega_k\geqslant0$ 且 $\sum_{k=1}^{K}\omega_k=1$，$\left(\omega_k,\mu_k,\Sigma_k\right)$ 构成混合高斯模型所有的求解参数。

对于单高斯模型，可以通过极大似然法估算参数 θ 的值

$$\theta=\arg\max_{\theta}L\left(\theta\right) \tag{7-25}$$

假设数据点 $x_1,x_2,\cdots,x_N$ 相互独立，那么似然函数 $L\left(\theta\right)$ 可以通过概率密度函数获得，即

$$L\left(\theta\right)=\prod_{k=1}^{N}P\left(x_k|\theta_k\right) \tag{7-26}$$

当所有数据点的发生概率均较小时，连乘形式似然函数 $L\left(\theta\right)$ 的值过小而不利于计算和观察，此时通常采用极大对数似然函数 $\log L\left(\theta\right)$ 代替似然函数 $L\left(\theta\right)$，公式可改写为

$$\log L\left(\theta\right)=\sum_{j=1}^{N}\log P\left(x_j|\theta\right)=\sum_{j=1}^{N}\log\sum_{k=1}^{K}\omega_kP\left(x_k|\theta_k\right) \tag{7-27}$$

在实际应用中，常利用期望最大化（expectation maximization，EM）算法实现对高斯混合模型的参数估计。EM 算法是一种迭代算法，其在既定的模型假设下，通过数据的多次迭代计算，来获得混合模型参数的最优解，能有效简化参数估计的过程。

（四）常用统计分析软件

高斯混合模型可以通过 R 语言的 gmm 包、MATLAB、Python 中的 scikit-learn 库、OpenCV 等软件实现。

（五）应用注意事项

在实际应用高斯混合模型时，有以下几点注意事项：

（1）高斯混合模型假设数据是从混合、具有未知参数的高斯分布中生成的，因此实现模型构建的关键是估算高斯分布的参数和估计来自每个分布的数据比例。

（2）在进行聚类分析时，当数据集大且数据集间相关性小时，K-means 聚类更快，更准确；

而当数据集小、数据集间相关性大或存在大量数据缺失时，高斯混合模型的聚类效果更佳。

（3）为提高高斯混合模型分类的准确性，可以有机结合 K-means 聚类算法和 EM 算法来估计高斯混合模型的参数，再进行聚类，此法通常应用于医学图像的聚类分析。

（六）实例分析

为验证高斯混合模型能否提升 K-means 算法对医学图像聚类的准确性，某研究采集了某医院近几年 2 000 个病例 40 000 余幅腹部 CT 图像，将这些图像作为实验数据进行分析。建模过程通过 VC++ 以及 MATLAB 软件进行。

首先对图像进行预处理，随机选取像素点所在位置的行、列，以及灰度值构成训练样本，利用 K-means 算法划分所得样本，计算出各类样本所占训练样本的比例 ω_k，并计算各类别 k 的均值向量 μ_k 和协方差矩阵 Σ_k，在此基础上，利用 EM 算法迭代求解各参数值。最后，计算当前样本 x_k 属于各类别的后验概率，x_k 归属为后验概率最大的类别。

实验每次选取训练样本数为 2 500，根据先验知识和预实验确定高斯混合模型的最佳类别数为 12，应用多个不同的训练样本集确定最终的高斯混合模型，在此基础上对医学腹部图像分别聚类 20 次，并对重要器官（肝、肾、脾）聚类的正确率和误判率进行比较。其中，正确率 / 误判率是指每个部位（肝、肾、脾等）的像素点被判别为属于 / 不属于此部位的像素点数占此部位总像素点数的百分比。其结果如表 7-16 所示。

表 7-16　模型验证结果对比

器官	K 均值聚类		基于高斯混合模型的 K 均值聚类	
	平均正确率	平均误判率	平均正确率	平均误判率
肝	53.84	16.16	85.41	5.18
肾	75.73	24.54	87.89	1.16
脾	77.14	49.73	86.28	9.26

研究结果显示，基于高斯混合模型的 K 均值聚类对各器官的聚类平均准确率高于 K 均值聚类，而平均误判率均低于 K 均值聚类。图 7-9 是原始医学图像和预处理后的图像，预处理后的图像比原始医学图像更为清晰。

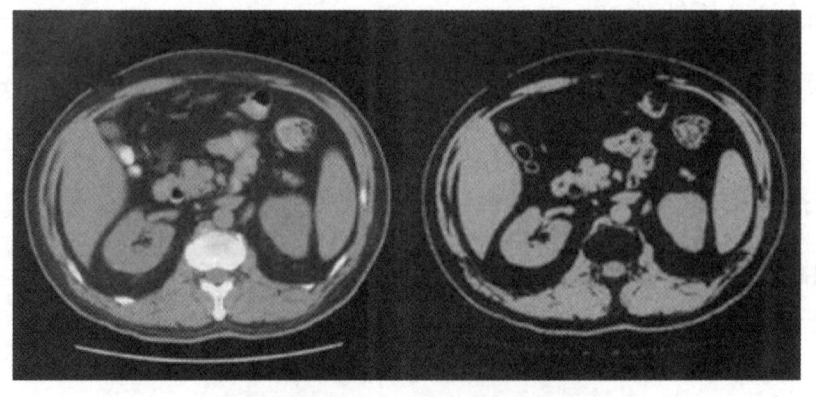

图 7-9　原始图像（左图）与预处理后图像（右图）对比

三、主成分分析

（一）简介

主成分分析（principal component analysis）由 Karl Pearson 于 1901 年提出，于 1933 年发展的一种处理多指标的多元统计方法，该方法可通过原始指标的相互关系，找出少数几个线性组合来解释绝大多数信息。主成分分析是一种化繁为简，将指标数尽可能压缩的降维技术，在医学中常用于减少指标变量的个数，以及解决多重共线性问题。常用方法包括：非线性迭代偏最小二乘法（NIPALS）、乘幂法（power method）、奇异值分解（SVD）和特征值分解（EVD）等。

（二）定义

主成分分析是从众多原始指标之间的相互关系入手，寻找少数综合指标，以概括原始指标信息的多元统计方法。这些综合指标是原始指标的线性组合，既保留了原始指标的主要信息，又互不相关，称为主成分。

（三）基本原理

1. 数学模型　主成分分析的基本方法是按照一定的数学变换方法，用线性变换的方法将给定的多维度原始样本数据转成另一组线性不相关的数据，这些新的数据按照方差依次递减的顺序排列。

主成分分析的目的是寻找可以囊括 X_1，X_2，$\cdots$，X_m 这 m 个指标主要信息的综合指标 Z_1，Z_2，$\cdots$，Z_m，即寻找一组常数 a_{i1}，a_{i2}，$\cdots$，a_{im}（$i = 1$，2，$\cdots$，m），使这 m 个指标的线性组合能概括 m 个原始指标 X_1，X_2，$\cdots$，X_m 的主要价值，且 Z_i（$i = 1$，2，$\cdots$，m）互不相关。

$$\begin{cases} Z_1 = a_{11}X_1 + a_{12}X_2 + \cdots + a_{1m}X_m \\ Z_2 = a_{21}X_1 + a_{22}X_2 + \cdots + a_{2m}X_m \\ \cdots \\ Z_m = a_{m1}X_1 + a_{m2}X_2 + \cdots + a_{mm}X_m \end{cases} \tag{7-28}$$

在线性变换中保持原始样本数据的总方差不变，使变换后获取的第一维数据具有最大的方差，称为第一主成分；第二维数据的方差次之，并且和第一维数据呈线性不相关，称为第二主成分，依此类推。m 个指标最多有 m 个主成分，越靠后主成分的方差越小，对计算任务的贡献也越小。因此，实际工作中确定的主成分总是小于原始指标的个数，同时达到以较少个数的综合指标来反映全部原始指标主要信息的目的。

2. 因子载荷　为了解各主成分与各原始指标之间的关系，在主成分的表达式中，第 i 主成分 Z_i 对应特征值的平方根 $\sqrt{\lambda_i}$ 与第 j 个原始指标 X_j 的系数 a_{ij} 的乘积 $q_{ij} = \sqrt{\lambda_i}\, a_{ij}$ 称为因子载荷（factor loading）。

由因子载荷构成的矩阵为

$$\boldsymbol{Q} = (q_{ij})_{m \times m} = \begin{pmatrix} \sqrt{\lambda_1}a_{11} & \sqrt{\lambda_1}a_{12} & \cdots & \sqrt{\lambda_1}a_{1m} \\ \sqrt{\lambda_2}a_{21} & \sqrt{\lambda_2}a_{22} & \cdots & \sqrt{\lambda_2}a_{2m} \\ \vdots & \vdots & \vdots & \vdots \\ \sqrt{\lambda_m}a_{m1} & \sqrt{\lambda_m}a_{m2} & \cdots & \sqrt{\lambda_m}a_{mm} \end{pmatrix} \tag{7-29}$$

$\boldsymbol{Q}$ 称为因子载荷阵。事实上，因子载荷 q_{ij} 就是第 i 主成分 Z_i 与第 j 原始指标 X_j 之间的相关系数，反映主成分 Z_i 与原始指标 X_j 之间联系的密切程度与作用的方向。

3. 基本步骤 假设有 n 条数据记录，每条记录都是 m 维，记为 $n \times m$ 矩阵 A。

（1）对矩阵 A 的每一列求出平均值，对于 A 中的每一个元素，减去该元素所在列的平均值，得到一个新的矩阵 B。

（2）计算矩阵 A 的 $m \times m$ 维协方差矩阵 Z

$$Z = \frac{B^{\mathrm{T}}B}{n-1} \tag{7-30}$$

（3）计算矩阵 Z 的特征值 D 和特征向量 V，其中 D 是 $1 \times m$ 维矩阵，V 是一个 $m \times m$ 维矩阵，D 中的每个元素都是 Z 的特征值，V 中的第 i 列是第 i 个特征值对应的特征向量。

（4）从 D 中挑选出 k 个最大的特征值，然后从 V 中挑选出 k 个相应的特征向量，组成一个新的 $m \times k$ 矩阵 N。

（5）矩阵 N 中的每一列即 A 的主成分。计算 $A \times N$ 得到 $n \times k$ 维矩阵 C，获得源数据降维后的结果，每条数据记录的维数由 m 降至 k。

（四）常用统计分析软件

主成分分析可以通过 SPSS、R 语言的 psych 软件包、MATLAB、Python 等软件实现。

（五）应用注意事项

主成分分析在实际应用时，需要注意以下几个方面：

（1）主成分分析的主要作用是在基本保留原始指标信息的前提下，以互不相关的少数综合指标反映原始指标信息。在数据挖掘中，主成分分析常用于数据的预处理、消除噪声和数据属性间的相关性、降低数据的维数，以减少计算量并提高运算速度。

（2）主成分分析可作为一种探索性方法，利用因子载荷矩阵的结构，进一步探索各主成分与多个原始指标之间的相互关系，弄清楚原始指标对各主成分的影响。

（3）主成分个数确定时，所选主成分与原始指标必须显著相关。

（六）实例分析

某研究者对评价医学生人文素质的指标进行了主成分分析，该数据共包括 11 个班 200 名医学生实例，每个实例包括 9 个指标，分别是：道德伦理知识、法律知识、心理知识、思辨能力、创新精神、团队精神、爱国敬业精神、社交能力、卫生习惯（表 7-17）。

分析前先将原始数据进行标准化处理，利用 SAS 统计分析软件，可得表 7-18、表 7-19 的结果。

表 7-17 11 个班医学生人文素质评价结果

班级	道德伦理知识 X_1	法律知识 X_2	心理知识 X_3	创新精神 X_4	团队精神 X_5	爱国敬业精神 X_6	思辨能力 X_7	卫生习惯 X_8	社交能力 X_9
1	71.53	74.15	76.18	72.46	76.02	69.97	73.13	77.27	77.37
2	74.50	75.60	74.52	72.54	77.46	76.42	76.50	78.89	77.95
3	79.55	74.77	78.20	74.98	77.32	80.69	76.13	80.81	79.95
4	74.43	75.81	77.07	73.94	73.83	78.13	74.43	75.81	77.07
5	74.50	75.60	74.52	72.54	77.46	76.42	76.50	78.89	77.95
6	78.02	79.15	82.60	76.33	79.94	78.95	78.35	78.02	79.15
7	74.50	75.60	74.52	72.54	77.46	76.42	76.50	78.89	77.95
8	76.79	88.45	88.37	78.16	87.52	89.74	78.23	89.98	88.44
9	77.47	81.45	80.72	79.54	80.97	85.08	84.37	81.94	80.98
10	84.67	81.26	82.24	80.72	84.37	82.74	84.18	85.08	84.37
11	76.79	78.45	88.37	88.16	77.52	89.74	78.23	89.98	78.44

表 7-18 相关系数矩阵的特征值

指标	特征值	差值	贡献率	累计贡献率
X_1	2.774 9	0.411 4	0.308 3	0.308 3
X_2	2.363 5	1.059 7	0.262 6	0.570 9
X_3	1.303 8	0.121 7	0.144 9	0.715 8
X_4	1.182 1	0.666 2	0.131 3	0.847 1
X_5	0.516 0	0.069 8	0.057 3	0.904 5
X_6	0.446 2	0.224 8	0.049 6	0.954 1
X_7	0.221 4	0.046 0	0.024 6	0.978 7
X_8	0.175 4	0.158 6	0.019 5	0.998 1
X_9	0.016 8	—	0.001 9	1.000 0

表 7-19 相关系数矩阵特征值对应的特征向量

项目	Z_1	Z_2	Z_3	Z_4
X_1	−0.396 9	0.200 6	0.273 2	0.271 8
X_2	−0.374 2	0.178 1	0.575 2	0.101 0
X_3	−0.392 7	0.343 3	−0.241 4	−0.118 3
X_4	0.235 2	0.489 9	0.100 8	0.218 4
X_5	0.291 6	0.510 7	−0.065 6	−0.036 0
X_6	0.190 1	0.426 0	−0.153 0	−0.485 7
X_7	0.444 2	0.132 6	0.511 1	0.174 8
X_8	0.258 0	−0.302 9	0.418 6	−0.478 1
X_9	0.328 3	−0.136 5	−0.248 7	0.598 2

对计算结果的解释：

1. 主成分个数的选取 由表 7-18 可知，只有 $X_1 \sim X_4$ 四个指标的特征值大于 1，第一主成分对应的特征值 $\lambda_1 = 2.774\ 9$，解释了原始变量总变异的 30.83%；第二主成分对应的特征值 $\lambda_2 = 2.363\ 5$，解释了原始变量总变异的 26.26%；第三主成分对应的特征值 $\lambda_3 = 1.303\ 8$，解释了原始变量总变异的 14.49%；第四主成分对应的特征值 $\lambda_4 = 1.182\ 1$，解释了原始变量总变异的 13.13%。故取前 4 个主成分较为适宜，此时累积贡献率为 84.71%。

2. 列出主成分的表达式 由表 7-19，根据各主成分所对应的特征向量，可得前 4 个主成分为

$$Z_1 = -0.397X_1 - 0.374X_2 - 0.393X_3 + 0.235X_4 + 0.292X_5 + 0.190X_6 + 0.444X_7 + 0.258X_8 + 0.328X_9$$

$$Z_2 = 0.201X_1 + 0.178X_2 + 0.343X_3 + 0.490X_4 + 0.511X_5 + 0.426X_6 + 0.133X_7 - 0.303X_8 - 0.136X_9$$

$$Z_3 = 0.273X_1 + 0.575X_2 - 0.241X_3 + 0.101X_4 - 0.066X_5 + 0.153X_6 + 0.511X_7 + 0.419X_8 - 0.249X_9$$

$$Z_4 = 0.272X_1 + 0.101X_2 - 0.118X_3 + 0.218X_4 - 0.036X_5 - 0.486X_6 + 0.175X_7 - 0.478X_8 + 0.598X_9$$

其中，Z_1，Z_2，Z_3，Z_4 分别表示第一主成分、第二主成分、第三主成分和第四主成分，X_i 表示原始变量标准化处理后的变量（$i = 1，2，\cdots，9$）。

3. 求因子载荷矩阵 9 个项目在 4 个主成分上的载荷系数见表 7-20。

表 7-20 9 个项目在 4 个主成分上的载荷系数

项目	Z_1	Z_2	Z_3	Z_4
X_1	−0.661	0.308	0.312	0.296
X_2	−0.623	0.274	0.657	0.110
X_3	−0.654	0.528	−0.276	−0.129
X_4	0.392	0.753	0.115	0.238
X_5	0.486	0.785	−0.075	−0.039
X_6	0.317	0.655	−0.175	−0.528
X_7	0.740	0.204	0.584	0.190
X_8	0.430	−0.466	0.478	−0.520
X_9	0.547	−0.210	−0.284	0.650

由此可知，第一主成分中道德伦理知识、心理知识、法律知识和思辨能力的权重系数较大，表明思辨能力和医学人文方面的基础知识是影响第一主成分的主要因素；第二主成分中创新精神、团队精神和爱国敬业精神的权重系数较大，表明医学人文精神是影响第二主成分的主要因素；第三主成分中法律知识和思辨能力的权重系数较大，表明法律知识和思辨能力是影响第三主成分的主要因素；第四主成分中卫生习惯和爱国敬业精神的权重系数较大，表明卫生习惯和爱国敬业精神是影响第四主成分的主要因素。

由以上讨论可知，经主成分分析，在基本保留原数据信息量的前提下，将 9 个具有一定相关性的原始指标降维为 4 个相互独立的主成分，可为利用主成分开展进一步的统计分析奠定基础。

四、因子分析

（一）简介

因子分析（factor analysis）是指从变量群中提取共性因子的统计技术，最早由英国心理学家 Spearman 提出。因子分析可通过对变量或样本降维来简化观测系统，该技术可用于解决医学领域中病因研究、中医药设计、疾病治疗效果判断等问题。

（二）定义

多变量的实测数据可呈现出相关性，可能对应同一个不可观测的潜在因素，称为潜变量（latent variable）或因子（factor）。例如，精神分裂症患者的刻板思维、抽象思维困难、定向障碍、注意障碍的情况是可观测变量（observed variable），对应的因子可能是患者的认知功能（潜变量）。因子分析就是从多个原始指标的相互关系入手，寻找支配这种相关关系的有限个不可观测的潜变量，来解释原始指标之间的相关性或协方差关系的多元统计分析方法。

（三）基本原理

1. 数学模型　假设对 n 例样品观测到了 m 个指标 X_1，X_2，$\cdots$，X_m。分析实测数据 X_1，X_2，$\cdots$，X_m 之间的相关性，存在 q 个不可观测的公共因子 F_1，F_2，$\cdots$，F_q（$q \leqslant m$），则可建立如下模型（假设各 X_i 为标准化数据）

$$
\begin{aligned}
X_1 &= a_{11}F_1 + a_{12}F_2 + \cdots + a_{1q}F_q + e_1 \\
X_2 &= a_{21}F_1 + a_{22}F_2 + \cdots + a_{2q}F_q + e_2 \\
&\cdots \\
X_m &= a_{m1}F_1 + a_{m2}F_2 + \cdots + a_{mq}F_q + e_m
\end{aligned}
\tag{7-31}
$$

在式（7-31）中，令

$$
X = \begin{pmatrix} X_1 \\ X_2 \\ \vdots \\ X_m \end{pmatrix}, \quad
A = \begin{pmatrix} a_{11} & a_{12} & \cdots & a_{1q} \\ a_{21} & a_{22} & \cdots & a_{2q} \\ \vdots & \vdots & \vdots & \vdots \\ a_{m1} & a_{m2} & \cdots & a_{mq} \end{pmatrix}, \quad
F = \begin{pmatrix} F_1 \\ F_2 \\ \vdots \\ F_m \end{pmatrix}, \quad
e = \begin{pmatrix} e_1 \\ e_2 \\ \vdots \\ e_m \end{pmatrix},
$$

由于 F_1，F_2，$\cdots$，F_q 与每一个 X_i 都有关，故称 F_1，F_2，$\cdots$，F_q 为各 X_i 的公共因子（common factor），而各 e_i 只与相应的 X_i 有关，故 e_i 称为 X_i 的特殊因子（specific factor），又称为个性因子。

上述联合方程需满足如下的条件：

（1）各指标 X_i、公共因子 F_j 以及特殊因子 e_i 均满足均数为 0、方差为 1（即 $\overline{X}_i = 0$，$S_i^2 = 1$；$\overline{F}_j = 0$，$S_{F_j}^2 = 1$；$\overline{e}_i = 0$，$S_{e_i}^2 = \sigma_i^2$）；

（2）各公共因子之间的相关系数为 0，即 $r_{F_i, F_j} = 0$；各特殊因子之间的相关系数为 0，即 $r_{e_i, e_j} = 0$；各公共因子与特殊因子之间的相关系数为 0，即 $r_{F_j, e_i} = 0$。原始指标向量 X 的协方差矩阵 Σ_X 为相关矩阵；公共因子向量 F 的协方差矩阵 Σ_F（此时为相关矩阵）为单位矩阵；特殊因子向量 e 的协方差矩阵 Σ_e 为对角矩阵。

2. 因子模型的性质　由上述条件 1 和条件 2 可知，X 的协方差阵为

$$\Sigma_X = E(AF + e)(AF + e)' = AA' + \sum_e \tag{7-32}$$

（1）公共度：由上述两个公式得到

$$1 = \mathrm{Var}(X_i) = \sum_{k=1}^{q} a_{ik}^2 + \sigma_i^2, \; i = 1, \; 2, \; \cdots, \; m \tag{7-33}$$

记 $h_i^2 = \sum_{k=1}^{q} a_{ik}^2$，则有 $1 = h_i^2 + \sigma_i^2$。h_i^2 反映全体公共因子对原始指标 X_i 的影响和依赖程度，称为公共度（communality），又称作"共性方差"。当 $h_i^2 = 1$ 时，表明 X_i 只由公共因子的线性组合表示，而与特殊因子无关；当 h_i^2 接近于 0 时，表明原始指标 X_i 受公共因子的影响不大，而主要由特殊因子来描述。

（2）因子贡献及因子贡献率：矩阵 A 中第 j 列元素 $g_j^2 = \sum_{i=1}^{m} a_{ij}^2$ 反映了第 j 个公共因子 F_j 对所有原始指标的影响。g_j^2 的值越大，则 F_j 对原始指标的影响也越大。

数据标准化后，全部原始指标的总方差为指标个数 m，故称为公共因子 F_j 对原始指标的方差贡献率。

$$\frac{g_j^2}{m} = \frac{\sum_{i=1}^{m} a_{ij}^2}{m} \tag{7-34}$$

（3）因子载荷及因子载荷矩阵：由上述公共度的公式可得原始指标 X_i 与公共因子 F_j 之间的协方差为

$$\mathrm{Cov}(X_i, F_j) = \sum_{k=1}^{q} a_{ik} \mathrm{Cov}(F_k, F_j) + \mathrm{Cov}(e_i, F_j) = a_{ij} \tag{7-35}$$

由于假定各原始指标与各公共因子的方差均为 1，故有

$$a_{ij} = r_{X_i, F_j} \tag{7-36}$$

即 a_{ij} 就是 X_i 与 F_j 之间的相关系数，反映 X_i 与 F_j 之间相互联系的密切程度；而称矩阵 $A = (a_{ij})_{m \times q}$ 为因子载荷矩阵。

3. 因子旋转　若矩阵 A 是因子载荷矩阵，$\boldsymbol{T}$ 是任一正交矩阵，则 $\boldsymbol{AT}$ 仍是因子载荷矩阵。在实际工作中，若因子载荷矩阵 A 不理想，则可右乘一个正交矩阵 $\boldsymbol{T}$，使 $\boldsymbol{AT}$ 能有更好的实际意义。这种变换因子载荷矩阵的方法，称为因子轴的正交旋转，或称因子正交旋转。通过因子旋转，可更容易地解释各公共因子的专业意义，便于分析实际问题。

4. 基本步骤　因子分析算法的具体流程如下：

（1）将原始数据标准化，以消除变量在数量级和量纲上的不同。

$$X_i = \frac{X_i - E(X_i)}{\sqrt{\mathrm{Var}(X_i)}} \tag{7-37}$$

（2）求标准化数据的相关矩阵。

（3）求指标间的约相关矩阵 R^*。

1）R^* 的非对角元素与相关矩阵 R_x 的非对角元素相等，即

$$r_{ij}^* = r_{ij}, \; i \neq j \tag{7-38}$$

2）R^* 的对角线元素为共性方差 h_i^2，即 $r_{ii}^* = h_i^2$。

（4）求约相关矩阵的特征值和特征向量。

（5）计算方差贡献率与累积方差贡献率。

（6）确定因子：设 F_1，F_2，$\cdots$，F_q 为 q 个因子，其中前 n 个因子包含的数据信息总量（即其累积方差贡献率）不低于 80% 时，可提取前 n 个因子。

（7）因子旋转：若所得的 n 个因子无法确定或其实际意义不明显，可将因子进行旋转，以获得较为明显的实际意义。

（8）用原始指标的线性组合来求得各因子的得分，可采用回归估计法、Bartlett 估计法。

（9）计算综合得分：以各因子的方差贡献率为权，由各因子的线性组合得到综合评价指标函数

$$F = \frac{\gamma_1 F_1 + \gamma_2 F_2 + \cdots + \gamma_n F_n}{\gamma_1 + \gamma_2 + \cdots + \gamma_n} = \sum_{i=1}^{n} \omega_j F_j \qquad （7-39）$$

式中，ω_j 为旋转前或旋转后因子的方差贡献率。

（四）常用统计分析软件

因子分析可通过 SPSS、R 语言的 psych 软件包、MATLAB、Python 等软件实现。

（五）应用注意事项

因子分析可用于简化观测系统及对变量或样本进行分类，在实际应用时，需要注意以下两个方面：

（1）因子分析要求样本量不能太小，至少是变量数的 5 倍，样本总量应大于 100，且提取出的各公共因子具有实际意义。

（2）因子分析前应进行 Bartlett 球形检验和 KMO（Kaiser-Meyer-Olkin）检验。Bartlett 球形检验不具有显著性，则各变量相互独立，不可进行因子分析。KMO 检验可以比较变量间的简单相关系数和偏相关系数，当所有变量间的简单相关系数平方和大于偏相关系数平方和时，KMO 值越接近 1，变量间的相关性越强，因子分析效果越好，KMO 值在 0.6 以下时原有变量不适合作因子分析。

（六）实例分析

某研究者为了评价重庆市卫生资源配置，收集了 2016 年重庆市每千人口基层医疗卫生机构、每千人口医院的数量等 7 个指标数据（表 7-21）。现利用 SPSS 统计分析软件，采用因子分析方法，在主成分解的基础上，进行方差最大正交旋转，探讨其综合评价体系。

由表 7-22 可知，前 2 个特征值大于 1，且累积贡献率为 0.974 1。

由表 7-23 可知，发现因子 1 在每千人口基层医疗卫生机构数（X_1）和每千人口医院数（X_2）有较大的载荷，可以认为第一公共因子反映的是"卫生机构配置"；因子 2 在每千人口卫生技术人员数（X_3）、每千人口执业（助理）医师数（X_4）、每千人口注册护士数（X_5）、每千人口实际开放床位数（X_6）、每千人口卫生机构万元以上设备数（X_7）有较大的载荷，可以认为第二公共因子反映的是"卫生资源设施配置"。所选取指标的公共度最小为 0.889 0，最大为 0.997 9，可知所提取的 2 个公共因子对原始变量的解释能力很强，能较好地反映各指标所包含的大部分信息。

表 7-21 2016 年重庆市的卫生资源配置有关指标的说明

变量	内容说明
X_1	每千人口基层医疗卫生机构
X_2	每千人口医院数量
X_3	每千人口卫生技术人员数量
X_4	每千人口执业（助理）医师数量
X_5	每千人口注册护士数量
X_6	每千人口实际床位数量
X_7	每千人口卫生机构万元以上设备数量

表 7-22 约相关矩阵的特征值

指标	初始特征值			提取平方载荷的总和			旋转平方载荷的总和		
	特征值	方差贡献率	累计贡献率	特征值	方差贡献率	累计贡献率	特征值	方差贡献率	累计贡献率
X_1	4.862	0.694 6	0.694 6	4.862	0.694 6	0.694 6	4.804	0.686 2	0.686 2
X_2	1.957	0.279 5	0.974 1	1.957	0.279 5	0.974 1	2.015	0.287 9	0.974 1
X_3	0.150	0.021 5	0.995 6	—	—	—	—	—	—
X_4	0.021	0.003 0	0.998 6	—	—	—	—	—	—
X_5	0.007	0.001 0	0.999 6	—	—	—	—	—	—
X_6	0.002	0.000 3	0.999 9	—	—	—	—	—	—
X_7	0.001	0.000 1	1.000 0	—	—	—	—	—	—

表 7-23 旋转后的因子载荷及公共度 h_i^2

指标	因子 1	因子 2	公共度
X_1	0.008	0.998	0.986 1
X_2	0.109	0.993	0.997 9
X_3	0.996	0.067	0.996 5
X_4	0.988	0.100	0.986 1
X_5	0.996	0.047	0.994 2
X_6	0.971	0.121	0.957 5
X_7	0.942	−0.041	0.889 0

五、关联规则挖掘

（一）简介

关联规则（association rule）表示一个事物与其他事物之间的相互依存性和关联性，如果两个或多个事务之间存在一定的关联关系，那么，通过其中一个事物的发生就能够预测与其相关联的其他事物的发生。Agrawal 等于 1993 年首先提出可以通过挖掘顾客交易数据库的关联规则，进而发现数据库中不同商品之间是否存在某种关联关系，以探索顾客购买行为模式。目前，关联规则已被广泛应用于医学领域，如确定疾病风险因素间的相关性、评估个体特征和治疗效果的关系、解释和标注生物基因表达数据、探索蛋白质交互网络，以及预测生物分子定位等。

（二）定义

关联规则的挖掘过程通常是基于事务数据库进行的，主要由事务的编码和事务不同变量属性的取值（项目）组成。如表 7-24 中的数据所示，每起交通事故就是一个事务，每一个事故因素可以看作该事务包含的项目，如"高速公路"和"一级公路"是归属同一变量的两个单独项目（item）。所有待研究项目构成项集（itemsets），表示为 $I = \{I_1, I_2, \cdots, I_m\}$。一个项集包含的项目个数称为此项集的维度或项集的长度，长度为 k 的项集则为"$k-$项集"，例如，$\{$驾龄 7~14 年，高速公路$\}$是一个 2-项集。

表 7-24　交通事故因素数据表的示例

交通事故 ID	事故因素
1	驾龄小于 7 年、一级公路、超载……
2	驾龄 7~14 年、高速公路、超速、变道……
3	驾龄 7~14 年、高速公路、疲劳驾驶、变道……
4	驾龄小于 7 年、一级公路、超速、变道……
……	……

（三）基本原理

一条关联规则可表示为 $X \rightarrow Y$ 的形式，其中，$X \subseteq I_1$，$Y \subseteq I_2$，且 X 与 Y 为两个独立事件，则将 X 称为前项，Y 称为后项，表示事件 X 发生时，可能伴随事件 Y 的发生。关联规则关注的是两组变量对应项集之间相互依存的可能性，其常用的指标为支持度（support）和置信度（confidence）。

支持度表示 X 和 Y 同时出现在一个事务中的频率，如式（7-40）所示。

$$\text{Support，} s(X \rightarrow Y) = \frac{\sigma(X \cup Y)}{N} \tag{7-40}$$

式中：$\sigma(X \cup Y)$ 为同时包含 X 和 Y 的事务数；N 为总事务数。

支持度取值越大，表示该规则在数据库中出现得越普遍。如果支持度的值过小，则说明该关联规则是偶然发生的。

置信度表示在每件事务中，出现项集 X 时出现项集 Y 的概率，如式 7-41 所示。

$$\text{Confidence，} c(X \rightarrow Y) = \frac{\sigma(X \cup Y)}{\sigma(X)} \tag{7-41}$$

式中：$\sigma(X \cup Y)$ 为同时包含 X 和 Y 的事务数；$\sigma(X)$ 为包含 X 的事务数。置信度越大，表示关联规则的可靠性越高。

支持度和置信度的取值范围均为 $[0, 1]$。通常研究的主要目的是为了发现置信度和支持度都比较高的关联规则，即强规则。因此，需要根据已有文献和专业背景设置最小支持度阈值

（minsup）和最小置信度阈值（minconf），以便发现支持度和置信度高于所定阈值的关联规则。在实际应用中，研究者可以通过生成一个所有可能组合的列表，统计每种组合出现的频率，进而发现满足条件的关联规则。当数据库较大时，上述做法则非常耗时。此时，可采用 Apriori 关联规则挖掘和频繁模式增长算法（Frequent Pattern Growth，FP-Growth）挖掘关联规则。下文将以 Apriori 算法为例介绍关联规则挖掘的具体实施步骤。

（四）步骤

关联规则挖掘可分解为两个主要步骤：

1. 生成频繁项集　找到所有满足给定最小支持度阈值的项目或事件，满足条件的所有项目集合即为频繁项集。

2. 生成规则　从第一步生成的频繁项集中提取所有满足给定最小置信度阈值的规则，即强规则。

Apriori 算法是发现频繁项集的一种经典方法，按项集内包含项目数从小到大的顺序重复扫描数据库。

在利用 Apriori 算法进行关联规则分析时，首先需要将数据变量转化为事务数据库要求的数据格式，并根据研究目的明确关联的前项和后项。例如，某研究拟探讨家庭室内环境因素联合作用对儿童哮喘患病的影响，研究将家庭室内环境因素作为前项，儿童哮喘健康指标作为后项。然后，在统计窗口或代码中输入最小支持度阈值、最小置信度阈值和最大频繁项集数等参数，统计工具可直接输出符合条件的强规则。

上述关联规则筛选过程基于"支持度－置信度"框架。然而，有时置信度并不能正确反映前项和后项的关联。因此，还需要基于专业判断或客观指标对筛选出的关联规则做进一步评估。除支持度和置信度外，最常用的客观评价指标为提升度（lift），表示前项发生对后项发生的影响程度，当提升度大于 1 时，表明前项的发生增大了后项发生的可能性。

（五）常用统计分析软件

Apriori 算法可以通过 R 语言的 arules 包、SPSS Clementine、Python、SAS 等软件实现。当处理大数据时，可采用 MapReduce 或 Spark 分布式计算框架克服计算能力和存储容量的限制。

（六）应用注意事项

在应用关联规则挖掘时，需要注意以下三点：

（1）Apriori 关联规则挖掘算法简单易懂，且容易实现，但该算法要求数据为分类资料。当数据为计量资料时，须先进行数据转换。

（2）关联规则挖掘需要人为设置最小支持度阈值和最小置信度阈值。阈值设置过高或过低都会降低算法的性能，因此需要结合现有文献和专业知识，谨慎设置阈值。

（3）Apriori 算法可帮助研究者识别大量的关联规则，但其中大多数规则并非研究者感兴趣的，这些规则可能会误导研究者。因此，还需采用主观或客观指标进一步筛选所识别关联规则。

（七）实例分析

欲了解公立医院高额住院费用病例的特征，为控制医疗费用不合理增长提供相应的科学依据，筛选某医院 2018 年一次住院费用在 10 万元以上的病例，使用 SPSS Clementine12.0 的 Apriori 算法进行关联规则分析。

将原始数据按照事务数据库要求的数据格式进行离散化处理，部分变量的离散化处理如表 7-25 所示。

表 7-25 变量的离散化整理

项目	组数	赋值
科室	22	全科医疗科 = 1，肿瘤科 = 2，康复医学科 = 3，重症医学科 = 4，呼吸内科 = 5，消化内科 = 6，神经内科 = 7，心血管内科 = 8，血液内科 = 9，肾病学专业 = 10，内分泌专业 = 11，免疫病专业 = 12，老年病专业 = 13，普通外科 = 14，神经外科 = 15，骨科 = 16，泌尿外科 = 17，胸外科 = 18，心脏大血管外科 = 19，放射治疗科 = 20，内科专业 = 21，其他专业 = 22
有无手术	2	无手术 = 0，手术 = 1
住院时间	5	[1 ~ 23] = 1，[24 ~ 53] = 2，[54 ~ 100] = 3，100 天以上 = 5
出院情况	4	治愈 = 1，好转 = 2，未愈 = 3，死亡 = 4
总费用	5	[10 万 ~ 20 万] = 1，[20 万 ~ 30 万] = 2，[30 万 ~ 40 万] = 3，[40 万 ~ 50 万] = 4，50 万元以上 = 5
药费	10	[1 000 ~ 2 000] = 1，[2 000 ~ 3 000] = 2，[3 000 ~ 5 000] = 3，[5 000 ~ 8 000] = 4，[8 000 ~ 12 000] = 5，[12 000 ~ 18 000] = 6，[18 000 ~ 30 000] = 7，[30 000 ~ 50 000] = 8，[50 000 ~ 80 000] = 9，[80 000 元以上] = 10

在规则提取过程中，设定最小支持度 = 20%、最小置信度 = 50% 和提升度 > 1 作为强关联判定规则。经过数据分析，共得到 180 条强关联规则，表 7-26、表 7-27 展示了主要结果，显示神经外科、骨科和心外科的高额药费与手术具有强关联规则，肿瘤科、神经内科、神经外科、普外科的高额住院病历药品费占比也较高。高额住院病例主要与药品、科室住院费用等强关联。

表 7-26 出院科室与有无手术的关联规则分析

前项	后项	支持度 /%	可信度 /%	提升度 /%	案例数
科室 = 16	有手术 = 1	34.286	98.002	6.372	55
科室 = 15	有手术 = 1	57.669	97.163	3.859	47
科室 = 19	有手术 = 1	42.155	91.753	1.865	43

表 7-27 出院科室与药费的关联规则分析

前项	后项	支持度 /%	可信度 /%	提升度 /%	案例数
科室 = 2	药品费 = 8	28.69	85.92	2.325	25
科室 = 7	药品费 = 8	31.57	87.07	3.655	28
科室 = 15	药品费 = 9	29.45	91.69	1.857	52
科室 = 16	药品费 = 8	48.12	91.12	3.220	66

六、潜在语义分析

（一）简介

潜在语义分析（latent semantic analysis，LSA）也称为潜在语义索引（latent semantic indexing，LSI），是由 Deerwester 等于 1990 年提出的一种数据挖掘方法。它主要通过对文本集进行处理，提取词的潜在语义结构，结合对词–文本矩阵的奇异值分解，从而实现信息过滤和去除噪声的目的。在文本挖掘领域，潜在语义分析主要应用于文本主题归类、信息检索自动匹配等方面。近年，也有学者基于潜在语义分析提出基于概率分布的概率潜在语义分析（probabilistic latent semantic analysis，pLSA）和基于贝叶斯学习的潜在狄利克雷分配（latent Dirichlet allocation，LDA）等方法。

（二）基本原理

潜在语义分析的基本原理是：把高维的向量空间模型表示的内容映射到低维的潜在语义空间中，这种语义空间是词语在上下文语境信息的总和。映射可以通过对词–文本矩阵的奇异值分解实现。

词–文本矩阵的行由词组成，列则表示不同的训练文本。矩阵中的每个单元可以是某词在各文本中出现的次数，也可以是该词的加权词频。对矩阵的奇异值分解本质上是矩阵分解，提取 k 维语义空间的向量距离。通过此种处理方法，则可以将同一个空间中描述的文本与词语、词语与文本，以及文本与文本之间的相似度转换为它们在语义空间的位置向量距离。

（三）步骤

潜在语义分析包括数据准备和潜在语义分析两部分，具体实施过程可体现为 7 个步骤：① 获取文本语料库；② 采用正则表达式删除标点、数字、特殊符号；③ 去除停用词；④ 分词和特征词选择；⑤ 构建空间向量模型；⑥ 奇异值分解，定义输出维度；⑦ 在低维语义空间计算相关度，实施文本比较、信息检索等操作。

其中，第⑤步可采用共现频次矩阵或通过词频–逆文档频率（term frequency-inverse document frequency，TF-IDF）生成的归一化矩阵予以实现。由于 TF-IDF 权重可以将最大权重赋予在小部分文档出现次数较多而在大部分文档中不常出现的词，这些词能更好地区分不同主题的文档，故 IF-IDF 方法被普遍采用。

第⑦步相关度计算算法常表示为相似度计算模型，常用的相似度计算模型有内积公式、皮尔逊公式、Dice 系数法公式、Jaccard 系数法公式、距离函数公式、余弦公式等。

（四）常用统计分析软件

潜在语义分析可以通过 R 语言的 lsa 包、Python 的 NumPy 包、SAS、Java 等软件实现。

（五）应用注意事项

在应用中需注意以下事项：

（1）潜在语义分析可使用非概率话题分析模型，也可使用概率模型完成文本挖掘、图像处理、生物信息处理等任务。除奇异值分解法外，潜在语义分析还可以通过非负矩阵分解予以实现。

（2）潜在语义空间维度 k 的取值直接影响潜在语义分析的提取效果。当维度 k 取值过大时，结果可能包含大量噪声；当维度 k 取值过小时，潜在有意义的信息则可能被排除在外。

（六）应用实例

某研究从某地三甲医院收集了 2 500 份第一次诊断为胃癌患者的出院记录，从中随机抽取 1 500 份出院记录作为训练集，剩余 1 000 份作为测试集。准备工作包括提取出院记录的治疗方案和临床术语。首先通过查看病历资料和咨询临床医生，将胃癌治疗方案与关键词予以对应，见表 7-28。然后，使用 Java 语言和"ICTCLAS + 自定义词典 + 统计分词策略"对 1 500 份训练样本进行切分，统计每个临床术语的出现频次，抽取临床术语出现频次大于等于 15 的词汇，得到 1 092 个词汇。

表 7-28　治疗方案与关键词对应表（部分示例）

治疗方案	关键词
手术治疗	全麻、（全）麻、行胃镜下、胃癌根治术、胃次全切除术、局麻、胃全切除…
放化疗	化疗、放疗和放化疗相关药品名称

在该研究中，临床术语相当于"词"，治疗方案相当于"文档"。在人工提取的治疗方案和临床术语基础上，可构建训练集 1 092 条临床术语和 4 个治疗方案的临床术语 – 治疗方案共现频次矩阵（表 7-29）。利用 Python 的 NumPy 包实现矩阵的奇异值分解，取维度 $k = 2$、3、4，则可计算临床术语和治疗方案在二维、三维和四维语义空间内的坐标向量，临床术语和治疗方案在三维语义空间的坐标向量示例分别见表 7-30 和表 7-31。

表 7-29　临床术语 – 治疗方案共现频次矩阵（部分结果展现）

临床术语	治疗方案			
	手术 + 放化疗	手术	对症治疗	放化疗
无压痛	116	308	168	127
大弯	81	372	13	8
免疫	20	101	90	64
伴恶心	10	10	7	1
广泛转移	4	3	2	10
弱阳性	1	5	12	12
……	……	……	……	……

表 7-30　临床术语在三维语义空间的坐标向量示例

临床术语	三维语义空间坐标		
无压痛	– 0.100 7	– 0.063 8	0.004 5
大弯	– 0.038 4	0.066 2	0.010 7

续表

临床术语	三维语义空间坐标		
免疫	− 0.013 9	− 0.043 9	0.012 2
伴恶心	− 0.001 4	− 0.001 6	− 0.002 6
广泛转移	− 0.000 9	− 0.002 8	− 0.007 2
弱阳性	− 0.001 1	− 0.008 8	− 0.001 2

表 7-31　治疗方案在三维语义空间的坐标向量示例

治疗方案	三维语义空间坐标		
手术 + 放化疗	− 0.231 1	0.002 2	− 0.643 2
手术	− 0.919 1	0.327 0	0.158 7
对症治疗	− 0.246 9	− 0.765 5	0.481 5
放化疗	− 0.202 3	− 0.554 2	− 0.573 8

当需要查询单个或多个临床术语与某一治疗方案的相关关系时，只需将待查询的临床术语投影到所构建的潜在语义空间中，计算其在语义空间内的坐标向量，采用余弦夹角定理，即可计算出临床术语或临床术语组合的坐标向量与各治疗方案之间的语义距离。在 NumPy 库中，编写程序计算待查询向量与所有治疗方案的相关度，并以相关度最大的治疗方案作为推荐治疗方案，建立治疗方案选择的决策支持模型。最后，利用收集 1 000 份病历作为测试集，评价不同决策模型的效果。结果显示，二维、三维、四维语义空间的准确率分别为 50.4%、60.5% 和 52.9%，模型在三维语义空间的准确率最高。

（胡国清）

🔍 思考题 ⋯⋯⋯○

1. 请简述聚类算法的主要目的和分类。

2. 请简述 k 近邻算法中 k 值的不同取值对算法的影响。

3. 设某工厂有甲、乙、丙三个车间生产同一种产品，已知各车间的产量分别占全厂产量的 25%，35%，40%，而且各车间的次品率依次为 5%，4%，2%。现从待出厂的产品中检查出一个次品，试判断它是由甲车间生产的概率。

4. Apriori 算法中的最小支持度阈值和最小置信度阈值如何设置？

ℯ 数字资源详见　新形态教材网

🖥 学习目标　　🖥 内容提要　　📄 本章小结　　🖨 参考文献

第八章

生物信息学方法

思维导图

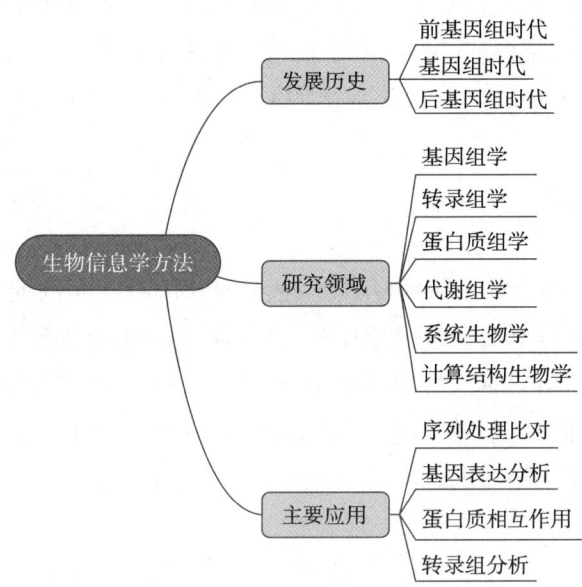

第一节　生物信息学概述

一、生物信息学的发展历史

生物信息学是在分子生物学的基础上建立的，生物信息学的发展依托于分子生物学的发展，分为三个时代：前基因组时代、基因组时代及后基因组时代。

（一）前基因组时代

前基因组时代（pre-genomic era）指 20 世纪初到 70 年代末的时期，这个时代的主要特点是在没有基因组测序技术的情况下，主要使用实验方法来研究生物体内的基因和蛋白质。研究者通过克隆和测序 DNA 片段、研究蛋白质的结构和功能等方法来了解基因的组成和表达。这个时代的一个重要里程碑是 Watson 和 Crick 于 1953 年提出的 DNA 双螺旋结构，该结构揭示了遗传信息的分子基础。

（二）基因组时代

基因组时代（genomic era）始于 1980 年代，这个时代的特点是高通量测序技术发展较快，科学家们能够迅速、准确地测序和分析基因组中的 DNA 序列。这一突破性的技术进展为生物信息学的发展提供了可靠的数据基础。标志性事件是 1990 年启动的人类基因组计划，该计划成功地完成了人类基因组的测序，并催生了许多其他生物基因组测序项目。在这个时代，生物信息学的研究重点主要集中在基因组测序、序列比对和基因功能注释等方面。

（三）后基因组时代

后基因组时代（post-genomic era）从 2000 年代开始，并延续至今。在基因组测序技术成熟并广泛应用的基础上，后基因组时代进一步拓展了生物信息学研究的范畴。这个时代注重对基因组数据的挖掘和深入分析。随着转录组学、蛋白质组学、代谢组学等高通量测序方法的发展，科学家们能够更深入地研究基因表达、蛋白质组成和代谢组成等方面的信息。此外，系统生物学、计算结构生物学等领域的快速发展也为生物信息学的进一步发展提供了支持。

需要强调的是，这 3 个时代的划分是为了更好地理解生物信息学的历史和发展趋势，并不是绝对的分界线。不同时代的研究领域存在相互交叉和重叠，而且随着技术的不断进步，各个领域之间的界限逐渐模糊。生物信息学作为一门跨学科的学科，需要综合运用多种技术和方法解决生命科学的问题，并不断推动其自身的发展。

二、生物信息学的研究领域

生物信息学是一门跨学科的领域，结合了生物学、计算机科学和统计学等多个学科的知识和方法，致力于研究和解析生物学中的大量数据，并从中获取有关生物体结构、功能和进化的信息。

生物信息学涵盖了许多不同的研究方向和应用领域。

（一）基因组学

基因组学（genomics）是研究生物体基因组的科学，包括其基因序列、结构、功能和相互作用等方面。基因组学的发展主要得益于高通量测序技术的进步。研究者可以通过测序技术获取生物体的全基因组序列，并通过基因功能注释等手段揭示基因的功能和作用。

（二）转录组学

转录组学（transcriptomics）研究生物体在特定条件下所有基因的转录活动。通过分析转录组数据，研究者可以了解基因的表达变化、调控机制和代谢途径等信息。转录组学在疾病研究、药物研发和生物进化等方面具有重要的应用价值。

（三）蛋白质组学

蛋白质组学（proteomics）致力于研究生物体中所有蛋白质的组成、结构和功能。通过质谱技术和蛋白质组学的方法，研究者可以对生物体内蛋白质的表达水平、修饰模式和相互作用等信息进行分析，从而深入了解蛋白质的功能和调控机制。

（四）代谢组学

代谢组学（metabonomics）研究生物体内代谢产物的组成和变化，包括代谢物、中间产物和代谢途径等。通过分析代谢组学数据，研究者可以获得生物体代谢的全貌，发现与健康、疾病和环境因素相关的代谢异常，并推断生物体的代谢途径和调控机制。

（五）系统生物学

系统生物学（systems biology）是通过研究和建模生物体内各种分子组分、相互作用和调控网络，来解释和预测生物系统的行为。系统生物学结合了实验数据和数学模型，旨在揭示生物体的整体性质、动力学过程和新型治疗方法。

（六）计算结构生物学

计算结构生物学（structural biology）是利用计算机模拟方法研究生物分子的结构和功能的学科。通过计算分子的结构和运动，研究者可以预测蛋白质的三维结构、蛋白质－蛋白质和蛋白质－配体等相互作用，进而推断其功能和与疾病相关的机制。

除了以上研究方向，生物信息学还应用于医学基因组学、进化生物学、环境生物学和农业基因组学等领域。生物信息学的发展为我们理解生命的基本原理、疾病的诊断和治疗、农作物改良等提供了强大的工具和方法。通过整合多学科的知识和技术手段，生物信息学在推动生物科学的发展和解决现实问题等方面发挥着重要作用。

三、生物信息学的研究工具

生物信息学工具开发和算法研究是生物信息学领域的重要组成部分，它们致力于开发和优化用于处理和分析生物学数据的软件和算法。

（一）序列处理与比对算法

1. 序列比对算法 目前已开发和优化了多种主流序列比对算法，例如 Smith–Waterman 算法和 Needleman–Wunsch 算法，以及更快速的近似比对算法，如 BLAST 和 FASTA。

2. 序列模式识别算法 用于识别和预测序列中的模式，如启动子序列、转录因子结合位点和修饰位点等。这包括使用隐马尔可夫模型、支持向量机和深度学习等方法进行模式识别和预测。

3. 序列聚类算法 将相似的序列聚类到一起，用于序列家族和物种进化研究。聚类方法包括层次聚类、K–means 聚类和分子进化模型等。

（二）基因表达分析算法

1. 基因表达谱聚类 用于将基因表达数据进行聚类分析，以发现相关基因表达模式，并研究基因功能和调控网络。

2. 差异表达分析 通过比较不同条件下的基因表达水平，确定与特定条件相关的差异表达基因，常用的方法有 t 检验、差异表达指数和基因表达模型等。

3. 基因调控网络构建 根据基因表达数据构建基因调控网络模型，可以通过关联分析、关联规则挖掘和基因网络推理等方法实现。

（三）结构预测和蛋白质相互作用算法

1. 蛋白质二级结构预测 基于氨基酸序列预测蛋白质的二级结构，如 α- 螺旋、β- 折叠和无规卷曲等。常用的方法包括基于机器学习的方法、基于物理模型的方法和基于进化信息的方法。

2. 蛋白质三维结构预测 根据蛋白质的氨基酸序列预测其三维结构，包括基于比较模型、基于折叠自由度和基于进化信息等方法。

3. 蛋白质 – 蛋白质相互作用预测 用于预测蛋白质与其他蛋白质之间的相互作用，包括基于结构模型、基于生物信息学和基于系统生物学的方法等。

（四）基因组学和转录组学数据分析工具

1. 基因组注释工具 对基因组测序数据进行注释，包括注释基因位置、功能、调控元素、编码区域和非编码区域等信息。

2. SNP 分析工具 用于鉴定和分析个体间的单核苷酸多态性，研究基因组变异与疾病风险的关系。

3. RNA–seq 数据分析工具 处理和分析转录组测序数据，包括差异表达分析、基因剪接分析、功能富集和通路分析等。

（五）数据可视化工具

1. 生物学数据可视化软件 提供各种图表、图形和网络等可视化方式，如基因表达热图、基因网络图和基因组浏览器等，有助于研究者直观理解和分析生物学数据。

2. 交互式数据分析平台 提供用户友好的界面和功能，用于探索性数据分析和快速数据处理，例如 Jupyter Notebook 和 R Studio 等。

这些工具和算法的研究和开发可以高效、准确和可视化处理和分析生物学数据，支持生物信息学研究、基因组学、转录组学、蛋白质组学等生命科学领域的研究和应用。

四、生物信息学的研究与分析流程

生物信息学的分析流程是指对生物体中的基因组、转录组、蛋白质组和代谢组等信息进行分析的一系列步骤。该过程涉及数据采集、数据预处理、差异分析、功能注释和结果解释等阶段。

（一）数据采集

根据研究目的，选择适当的实验设计和取样方法，对生物样本进行数据采集。例如，基因组学研究中可以使用基因组测序技术获取基因组序列信息，转录组学研究可以使用 RNA 测序技术获得转录组信息，蛋白质组学研究可以使用质谱技术获取蛋白质组信息，代谢组学研究可以使用质谱和色谱技术获取代谢物信息。

（二）数据预处理

原始数据可能包含噪声和其他干扰因素，需要对数据进行预处理来提高其质量。这包括质量控制、去除低质量数据、去除技术性偏差和标准化等步骤，以确保后续分析的准确性和可靠性。

（三）差异分析

通过比较不同样本组间的数据差异，识别出差异表达的基因、转录本、蛋白质或代谢物，可以采用统计学方法和机器学习算法来识别相关特征，并确定差异的基因集合。

（四）功能注释

对差异的生物分子进行功能注释，以理解其在生物学过程中的作用和意义。这包括基因本体论（gene ontology）分析、通路富集分析、蛋白质互作网络构建和代谢通路解析等，将差异生物分子的功能与生物学知识库进行关联。

（五）结果解释

根据差异分析和功能注释的结果，对研究问题提出解释和假设，并进一步验证和探索研究的意义。这可能涉及进一步实验验证、数据挖掘和建模等方法，以深入理解生物学的相关机制和过程。

需要强调的是，生物信息学的分析流程按照具体的研究问题和技术平台的不同而有所变化。此外，生物信息学的分析涉及大量的数据处理和统计学方法，对于数据分析的准确性和解释的可靠性，研究者需要具备相关的技术和专业知识。

第二节　生物信息学研究方法与技术

一、生物信息学常用数据库

近年来，大量生物学实验的数据积累形成了当前数以百计的生物信息数据库。它们各自按一定的目标收集和整理生物学实验数据，并提供相关的数据查询、数据处理的服务。随着互联网的普及，这些数据库大多可以通过网络来访问，或者通过网络来下载。

一般而言，这些生物信息数据库可以分为一级数据库和二级数据库。一级数据库的数据都直接来源于实验获得的原始数据，这些数据只经过简单的归类整理和注释；二级数据库是在一级数据库、实验数据和理论分析的基础上，针对特定目标衍生来的，是对生物学知识和信息的进一步整理。

国际上著名的一级核酸数据库有 GenBank 数据库、European Bioinformatics Institute（EMBL）核酸序列数据库和 DNA Data Bank of Japan（DDBJ）库等；蛋白质序列数据库有 Swiss-Prot Protein Sequence Database（SWISS-PROT）、The Protein Information Resource（PIR）等；蛋白质结构库有 PDB 等，如图 8-1。国际上二级生物学数据库非常多，它们因具有不同的研究内容和需要而各具特色，如人类基因组数据库（Genome Sequence Archive for Human，GSA-Human）、转录因子和结合位点库 TRANSFAC、蛋白质结构家族分类库（Structural Classification of Protein，SCOP）等。除此之外，随着生物信息数据库的大量应用，基于多个数据库的集合，如京都基因与基因组百科全书（Kyoto Encyclopedia of Genes and Genomes，KEGG），人类孟德尔遗传在线（online Mendelian inheritance in man，OMIM），PubMed 等专用数据库，使得研究人员可以更加便捷地获取有用信息。

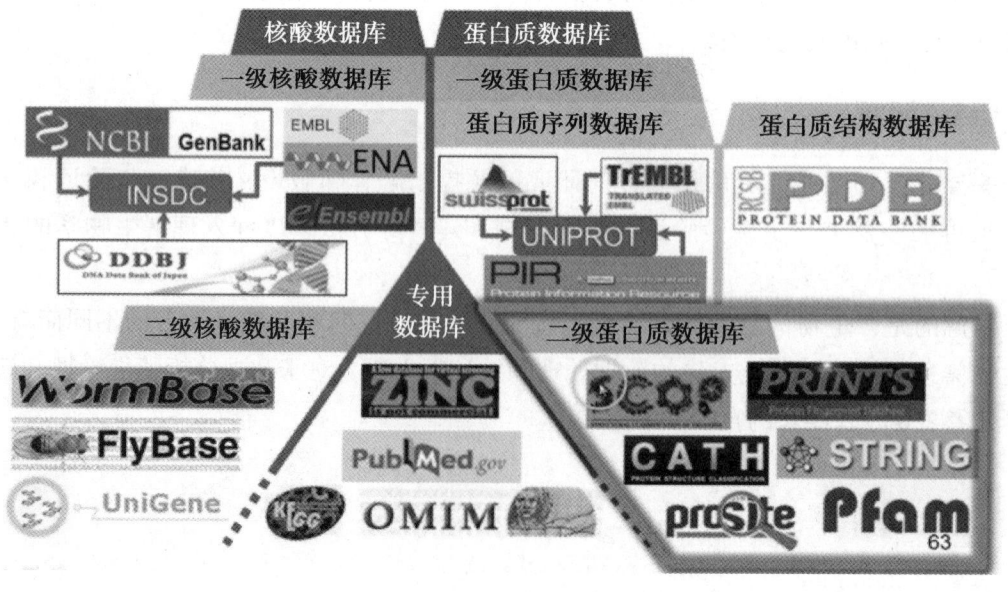

图 8-1　生物信息学常用数据库

（一）一级数据库

1. GenBank 包含所有已知的核酸序列和蛋白质序列，以及与它们相关的文献著作和生物学注释。它是由美国国家生物技术信息中心（NCBI）建立和维护的。它的数据直接来源于测序工作者提交的序列，由测序中心提交的大量 EST 序列和其他测序数据，以及与其他数据机构协作交换数据而来。GenBank 每天都会与 EMBL 数据库和 DDBJ 交换数据，使这三个数据库的数据同步。到 1999 年 8 月，GenBank 收集的序列数量达到 460 万条，34 亿个碱基，而且数据增长的速度还在不断加快。GenBank 的数据可以从 NCBI 的 FTP 服务器上免费下载完整的库，或下载积累的新数据。NCBI 还提供数据查询、序列相似性搜索及其他分析服务，用户可以从 NCBI 的主页上找到这些服务。

GenBank 库里的数据约 55 000 个物种，其中 56% 是人类的基因组序列（所有序列中的 34% 是人类的 EST 序列）。每条 GenBank 数据记录包含了对序列的简要描述，它的科学命名、物种分类名称、参考文献、序列特征表，以及序列本身。序列特征表里包含对序列生物学特征的注释，如：编码区、转录单元、重复区域、突变位点或修饰位点等。所有数据记录被划分在若干个文件里，如细菌类、病毒类、灵长类、啮齿类数据，以及 EST 数据、基因组测序数据、大规模基因组序列数据等 16 类，其中 EST 数据等又被分成若干个文件。

2. EMBL 核酸序列数据库 由欧洲生物信息学研究所（EBI）维护的核酸序列数据构成，由于与 GenBank 和 DDBJ 的数据合作交换，因此该数据库也是一个全面的核酸序列数据库。该数据库由 Oracal 数据库系统管理维护，可以通过因特网上的序列提取系统（SRS）服务完成查询检索。可以采用基于 Web 的 WEBIN 工具，也可以用 Sequin 软件来完成向 EMBL 核酸序列数据库提交序列。

3. DDBJ 也是一个全面的核酸序列数据库，与 GenBank 和 EMBL 核酸序列数据库合作交换数据，可以使用其主页上提供的 SRS 工具进行数据检索和序列分析。可以用 Sequin 软件向该数据库提交序列。

4. PIR 和 PSD 国际蛋白质序列数据库（PSD）是由 PIR、慕尼黑蛋白质序列信息中心（Munich Information Center for Protein Sequences，MIPS）和日本国际蛋白质序列数据库（Japan International Protein Information Database，JIPID）共同维护的国际上最大的公共蛋白质序列数据库。这是一个全面的、经过注释的、非冗余的蛋白质序列数据库，包含超过 142 000 条蛋白质序列（至 1999 年 9 月），其中包括来自几十个完整基因组的蛋白质序列。所有序列数据都经过整理，超过 99% 的序列已按蛋白质家族分类，一半以上还按蛋白质超家族进行了分类。PSD 的注释中还包括对许多序列、结构、基因组和文献数据库的交叉索引，以及数据库内部条目之间的索引，这些内部索引帮助用户在包括复合物、酶－底物相互作用、活化和调控级联和具有共同特征条目之间方便地检索。每季度都发行一次完整的数据库，每周可以得到更新部分。

PSD 数据库有几个辅助数据库，如基于超家族的非冗余库等。PIR 提供三类序列搜索服务：基于文本的交互式检索；标准的序列相似性搜索，包括 BLAST、FASTA 等；结合序列相似性、注释信息和蛋白质家族信息的高级搜索，包括按注释分类的相似性搜索、结构域搜索 GeneFIND 等。

（二）二级数据库

1. GSA-Human 为人类基因组计划（HGP）保存和处理基因组图谱数据。其目标是构建关于人类基因组的百科全书，除了构建基因组图谱之外，还开发了描述序列水平的基因组内容的方法，包括序列变异和其他对功能和表型的描述。目前，其中有：人类基因组区域［包括基因、克隆、扩增引物 PCR 标志物（amplimers PCR markers）、断点（breakpoints）、细胞遗传标志物（cytogenetic markers）、脆性位点（fragile sites）、EST 序列、综合区域（syndromic regions）、重叠群（contigs）和重复序列］；人类基因组图谱（包括细胞遗传图谱、连接图谱、放射性杂交图谱、content contig 图谱和综合图谱等）；人类基因组内的变异（包括突变和多态性，加上等位基因频率数据）。GDB 数据库以对象模型来保存数据，提供基于 Web 的数据对象检索服务，用户可以搜索各种类型的对象，并以图形方式观看基因组图谱。

2. Pfam 是蛋白质结构域家族的集合。蛋白质一般由一个或多个功能区域组成，这些功能区域通常称为结构域（structural domain）。在不同的蛋白质中，结构域以不同的组合出现，形成了蛋白质的多样性。识别结构域对了解蛋白质的功能具有重要意义。

3. SCOP 在搜集、整理、分析 PDB 数据中已知的蛋白质三维结构的基础上，详细描述了已知结构的蛋白质在结构、进化事件与功能类型三个方面的关系。

（三）专用数据库

1. KEGG 是关于基因、蛋白质、生化反应及通路的综合生物信息数据库，由多个子库构成。

KEGG 是系统分析基因功能，联系基因组信息和功能信息的知识库。基因组信息存储在 GENES 数据库里，包括完整和部分测序的基因组序列；更高级的功能信息存储在 PATHWAY 数据库里，包括图解的细胞生化过程，如代谢、膜转运、信号转导、细胞周期，还包括同系保守的子通路等信息；KEGG 的另一个数据库是 LIGAND，包含关于化学物质、酶分子、酶反应等信息。KEGG 提供 Java 的图形工具来访问基因组图谱、比较基因组图谱和操作表达图谱，以及免费获取其他序列比较、图形比较和通路计算的工具。

2. OMIM 是人类遗传病数据库。人类孟德尔遗传（Mendelian Inheritance in Man，MIM）是一个将遗传病分类并链接到相关人类基因组中的数据库，用于提供遗传疾病及相关基因位点的详细信息。

3. PubMed 是 NCBI 维护的文献引用数据库，提供对 MEDLINE、Pre-MEDLINE 等文献数据库的引用查询和对大量网络科学类电子期刊的链接。利用 Entrez 系统可以对 PubMed 进行查询检索。

除了以上提及的数据之外，还有许多专门的生物信息数据库，这些数据库涉及当前生物学研究的各个层面和领域，由于篇幅所限无法一一详述。国内也有一些大数据库的镜像站点和自己开发的有特色数据库，如欧洲分子生物学网络组织 EMBNet 中国节点北京大学分子生物信息镜像系统，上海博容基因公司与上海嘉瑞软件公司合作开发的国产汉化基因数据库及分析管理系统，同时国家级的生物信息学中心也在筹建中。我们期待国内能有更多高质量和使用便利的数据库资源，来推动我国生物信息学和整个生命科学的发展。

二、生物信息学数据库检索

（一）常见数据库的检索

常见的数据库有 EMBL、DDBJ、Pfam 等，可直接访问网址，并根据需要下载，数据库检索包括以下步骤：

1. **访问数据库网站**　人类核酸数据库可通过访问相关网站（如 NCBI）来进行使用。搜索核酸序列：用户可以使用关键词、序列、特定物种等来搜索所需要的核酸序列。搜索结果将包含有关核酸的详细信息、序列信息和相关文献等。

2. **下载核酸序列**　用户可以根据需要下载核酸序列，下载格式包括 .FA，.Fasta 等。

3. **进行分析**　用户可以使用一些相关工具和软件对核酸序列进行进一步的分析，如序列比对、多序列比对、核酸结构预测等。

需要注意的是，在使用人类核酸数据库时，用户需要遵守相关的规定和条款，尤其是在进行核酸序列的使用和传播方面。

（二）其他数据库的检索

1. **GenBank 数据检索**　NCBI 的数据库检索查询系统是 Entrez。Entrez 是基于 Web 界面的综合生物信息数据库检索系统。利用 Entrez 系统，用户不仅可以方便地检索 GenBank 的核酸数据，还可以检索来自 GenBank 和其他数据库的蛋白质序列数据、基因组图谱数据、来自分子模型数据库（MMDB）的蛋白质三维结构数据、种群序列数据集，以及由 PubMed 获得 Medline 的文献数据。

Entrez 提供了方便实用的检索服务，所有操作都可以在网络浏览器上完成。用户可以利用 Entrez 界面上提供的限制条件、索引、检索历史和剪贴板等功能来实现复杂的检索查询工作。对于检索获得的记录，用户可以选择需要显示的数据，保存查询结果，甚至以图形的方式查看检索获得的序列。更详细的 Entrez 使用说明可以在该主页上获得。

2. **向 GenBank 提交序列数据**　测序工作者可以将自己工作中获得的新序列提交给 NCBI，并添加到 GenBank 数据库中。这个任务可以由基于 Web 界面的 BankIt 或独立程序 Sequin 来完成。

BankIt 是一系列表单，包括联络信息、发布要求、引用参考信息、序列来源信息，以及序列本身的信息等。用户提交序列后，会从电子邮件收到自动生成的数据条目，GenBank 的新序列编号，以及完成注释后完整的数据记录。用户还可以在 BankIt 页面下修改已经发布序列的信息。BankIt 适合于独立测序工作者提交少量序列，而不适合大量序列的提交，也不适合提交很长的序列，EST 序列和 GSS 序列也不应用 BankIt 提交。BankIt 使用说明和对序列的要求可详见其主页面。

大量的序列提交可以由 Sequin 程序完成。Sequin 程序编辑和处理复杂注释很方便，其包含一系列内建的检查函数，为提高序列质量提供保证。该程序还可用于提交来自系统进化、种群和突变研究的序列，可以加入比对的数据。Sequin 除了用于编辑和修改序列数据记录外，还可以用于序列的分析，任何以 FASTA 或 ASN.1 格式序列为输入数据的序列，分析程序都可以整合到 Sequin 程序下。在不同操作系统下运行的 Sequin 程序都可以在 Sequin 的使用网页找到。

三、生物信息学常用分析软件

分子生物学软件可以快速有效地完成在载体构建前期所需要的序列分析、载体图谱分析。常用的分子生物学软件包括 Chromas、Gene Runner、Lasergene、Snapgene、Vector NTI 等。下面逐一介绍各种软件的功能。

（一）Chromas

Chromas 是一款主要用来查看和编辑 DNA 的峰形图，支持 .ab1、.scf 及 .ztr 格式的图谱文件，并支持自动删除低质量序列或矢量序列；以纯文本、FASTA、FASTQ、EMBL、GenBank 或 GCG 格式导出序列，或使用基本编号格式化以进行演示；将序列以纯文本、FASTA 或 FASTQ 格式复制到剪贴板，以粘贴到其他应用程序中；反转和补充序列和色谱图；通过精确匹配或最佳对齐搜索子序列等功能。

（二）Gene Runner

Gene Runner 是一款专业实用的生物基因分析工具，能够帮助实验室工作人员对基因进行数据模拟分析，可提供数据的可视化查看，支持多种序列分析，可以在一个界面上模拟不同组的序列，利用颜色及图形的方式区别基因组的变化过程。

（三）Lasergene

Lasergene 是美国 DNAStar 公司发行的综合性序列工具软件。Lasergene 功能丰富，具有发现和注释 DNA 序列中的基因、碱基序列存储标记、酶切位点分析、蛋白翻译、序列比对、引物评估、蛋白序列分析等一系列功能。

现阶段版本的 Lasergene 包括 EditSeq、MapDraw、SeqMan、GeneQuest、PrimerSelect、Megalign、Protean 应用程序，具有序列的编辑、转换、开放阅读框的查找、引物设计、填切作图、序列比较等功能。

（四）Snapgene

Snapgene 是一款综合性的分子生物学软件，功能包括聚合酶链式反应（polymerase chain reaction，PCR）、酶切、质粒、载体构建、电泳等。Snapgene 已支持在中国直接购买，目前应用较广。

Snapgene 软件拥有清晰的使用界面，可以方便、全面地记录经常生成的所有结构。Snapgene 可完成所有克隆，并且优化改善策略，快速创建质粒图谱，提供信息丰富的窗口，用于模拟各种常见的克隆和 PCR 方法。使用 Snapgene 软件可节省大量的时间和金钱。该软件具有容易操作的可视化和模拟，可提前预测可能发生的错误，并提醒进行改善，整个过程中，每一个操作都会自动记录。

（五）Vector NTI

Vector NTI 是一套功能强大、界面美观而友好的分子生物学应用软件包，主要包括 4 个组件，这 4 个组件分别对 DNA、RNA 和蛋白质进行各种分析和操作。Vector NTI 目前广泛应用于生物科技领域，方便研发人员对序列进行分析演算。

第三节　基因组学

一、基因组学概述

基因组学（genomics）的概念最早于 1986 年由美国遗传学家 Thomas H. Roderick 提出。基因组学是对生物体所有基因进行集体表征、定量研究，以及不同基因组比较研究的一门交叉生物学学科。基因组学主要研究基因组的结构、功能、进化、定位和编辑等，以及它们对生物体的影响。

基因组学的目的是对一个生物体的所有基因进行集体表征和量化，研究基因之间的相互关系及其对生物体的影响。基因组学还包括基因组测序和分析，通过使用高通量 DNA 测序和生物信息学来组装和分析整个基因组的功能和结构。基因组学同时也研究基因组内的一些现象，如上位性（一个基因对另一个基因的影响）、多效性（一个基因影响多个性状）、杂种优势（杂交活力）以及基因组内基因座和等位基因之间的相互作用等。

基因组学的进步引发了以发现为基础的研究和系统生物学领域的一场革命，促进了对大脑等最复杂生物系统的理解。基因组学与转录组学、蛋白质组学和代谢组学一起构成了系统生物学的组学（omics）基础。

基因组学出现于 20 世纪 80 年代，随着几个物种基因组计划的启动，基因组学在 20 世纪 90 年代发展较快。1977 年，噬菌体 Φ-X174 单链（约 5 386 碱基对）完全测序，成为第一个测定的基因组；1981 年，第一个完整真核细胞器人类线粒体（16 568 bp，约 16.6 kb）的基因组序列测序完成；1992 年，第一个真核细胞酿酒酵母Ⅲ染色体（约 315 kb）测序完成；1995 年，第一个活体物种流感嗜血杆菌（*Haemophilus influenzae*，约 1.8 Mb）的基因组测序完成；1996 年，第一个真核生物酿酒酵母的完整基因组序列（约 12.1 Mb）测序完成；2001 年，人类基因组计划公布了人类基因组草图，为基因组学研究揭开了新的一页。到 2012 年 10 月，研究完成了 1 092 个个体的基因组测序。

（一）功能基因组学

功能基因组学（functional genomics）是分子生物学的一个领域，它试图利用基因组项目（如基因组测序项目）产生的大量数据来描述基因（和具有基因修饰功能的蛋白质）的功能和相互作用。功能基因组学侧重于基因转录、翻译和蛋白质－蛋白质相互作用的动态变化，与基因组提供的 DNA 序列或结构等静态信息截然相反。功能基因组学试图从基因、RNA 转录本和蛋白质产品三个水平上回答有关 DNA 功能的问题。功能基因组学研究的一个关键特征是具有回答这些问题的全基因组方法，通常涉及高通量方法，而不是传统的"个案基因"方法。

功能基因组学又被称为后基因组学（postgenomics），其利用结构基因组提供的信息和产物，发展和应用新的实验手段，通过在基因组或系统水平上全面分析基因的功能，使生物学研究从对单一基因或蛋白质的研究转向多个基因或蛋白质同时进行系统的研究。功能基因组学是在基因组静

179

态的碱基序列弄清楚之后转入对基因组动态的生物学功能学研究，研究内容包括基因功能发现、基因表达分析及突变检测。基因的功能包括：生物学功能，如作为蛋白质激酶对特异蛋白质进行磷酸化修饰；细胞学功能，如参与细胞间和细胞内信号传递途径；发育功能，如参与形态建成等。采用的手段包括经典的减法杂交、差示筛选、cDNA 代表差异分析以及 mRNA 差异显示等，由于普通的差异分析技术无法解决基因数据分布的冗杂性，新的基因分析技术在近几年开始出现，包括基因表达的系列分析（serial analysis of gene expression，SAGE）、cDNA 微阵列（cDNA microarray）、DNA 芯片（DNA chip）和序列标志片段显示（sequence tagged fragments display）技术、微流控芯片实验室等。

（二）结构基因组学

结构基因组学（structural genomics）是以全基因组测序为目标，确定基因组的组织结构、基因组成及基因定位的基因组学的一个分支。结构基因组学试图描述由给定基因组编码的每个蛋白质的三维结构。这种基于基因组的方法允许通过实验和建模相结合的方法进行蛋白结构鉴定。结构基因组学与传统结构预测的主要区别在于，结构基因组学试图确定基因组编码的每一种蛋白质结构，而不是专注于一种特定的蛋白质。随着全基因组序列的公开，通过实验和建模相结合的方法可以更快地完成蛋白质结构预测，特别是大量测序基因组和以前解析蛋白质结构的公开，使得科学家可以根据已有同源物的结构对蛋白质结构进行建模。

结构基因组学涉及大量的结构鉴定方法，包括利用基因组序列的试验方法、基于已知同源蛋白质的序列或结构同源性基础上的建模方法，或基于没有任何已知结构同源性蛋白质的化学和物理特性的建模方法。与传统的结构生物学相反，结构基因组学确定的蛋白质结构常常（但并不总是）先于对其功能的了解。这对结构生物信息学提出了新的挑战，例如，要从蛋白质的三维结构中确定其功能。

（三）表观基因组学

表观基因组学（epigenomics）是研究表观基因组，即生物体中所有表观修饰遗传物质的学科。表观遗传修饰是对细胞 DNA 或组蛋白的可逆修饰，可在不改变 DNA 序列的情况下影响基因表达。两种最具特征的表观遗传修饰是 DNA 甲基化和组蛋白修饰。表观遗传修饰在基因表达和调控中起着重要作用，并参与许多细胞过程，如分化、发育和肿瘤发生。直到最近，基于基因组高通量分析技术，研究者才可能在全基因组范围研究表观遗传学。

（四）宏基因组学

宏基因组学（metagenomics）又叫微生物环境基因组学、元基因组学。它通过直接从环境样品中提取全部微生物的 DNA，构建宏基因组文库，利用基因组学的研究策略研究环境样品所包含的全部微生物遗传组成及其群落功能。该学科是在微生物基因组学的基础上发展起来的一种研究微生物多样性、开发新的生理活性物质（或获得新基因）的新理念和新方法。其主要含义是：对特定环境中全部微生物的总 DNA 进行克隆，并通过构建宏基因组文库和筛选等手段获得新的生理活性物质；或者根据 rDNA 数据库设计引物，通过系统学分析获得该环境中微生物的遗传多样性和分子生态学信息。

宏基因组学这一概念最早于 1998 年由威斯康星大学植物病理学部门的 Jo Handelsman 等提出，是将来自环境中基因集在某种程度上当成单个基因组研究分析的想法，而宏的英文是"meta-"，具有更高层组织结构和动态变化的含义。后来伯克利分校的研究人员 Kevin Chen 和 Lior Pachter 将宏基因组定义为"应用现代基因组学的技术直接研究自然状态下微生物的有机群落，而不需要在实验室中分离单一的菌株"的科学。

宏基因组学研究的对象是特定环境中的总 DNA，不是某特定的微生物或其细胞中的总 DNA，不需要对微生物进行分离培养和纯化，这为我们认识和利用 95% 以上的未培养微生物提供了一条新的途径。已有研究表明，利用宏基因组学对人体口腔微生物区系进行研究，发现了 50 多种新的细菌，这些未培养的细菌很可能与口腔疾病有关。此外，在土壤、海洋和一些极端环境中也发现了许多新的微生物种群和新的基因或基因簇，通过克隆和筛选，获得了新的生理活性物质，包括抗生素、酶及新的药物等。

随着新一代测序技术的迅猛发展，研究宏基因组的方法也已经发生了翻天覆地的变化：传统的方法是测定微生物基因组上的 16S rRNA 基因，这些基因的长度通常在 1 500 个碱基左右，广泛分布于原核生物中，其不仅能提供足够的信息，而且具有相对缓慢的进化过程；其保守性与特异性并存，通过保守区和特异区来区别微生物的种属。基于这些特性，科学家们通过选择这些基因区域，方便地研究环境中物种的组成多样性，但是还不能全面分析环境中的基因功能。通过新一代高通量低成本测序技术的广泛应用，科学家们可以对环境中的全基因组进行测序，在获得海量的数据后，全面地分析微生物群落结构及基因功能组成等。

二、基因组学在医学研究中的应用

基因组学在许多领域（包括医学、生物技术、人类学和其他社会科学等）得到了充分的应用。

（一）精准医学时代基因组学在常见病中的应用

测序技术的成熟使医学工作者能够依据患者基因组学的不同，对目前为数不少的疾病（如肿瘤、心血管疾病、骨科疾病等）进行预防、诊断和治疗。以肿瘤为例，通过基因组学研究可对肿瘤进行分子细胞学诊断和个体化治疗。研究表明，携带突变肿瘤抑制基因 *BRCA1* 或 *BRCA2* 的妇女具有高乳腺癌（60% ~ 80% 累积风险）及卵巢癌风险。针对携带突变肿瘤抑制基因 *BRCA1* 或 *BRCA2* 的妇女人群，预防性双乳房切除术和卵巢切除术成为乳腺癌和卵巢癌的风险控制策略，可使 *BRCA1* 或 *BRCA2* 基因突变携带者患乳腺癌的风险降低 90%。*APC* 基因突变与家族性腺瘤息肉病密切相关，多数患者在 40 岁前恶性变为结肠癌。因此对于 *APC* 基因突变的家族性腺瘤息肉综合征患者，应该推荐手术。

（二）宏基因组学在医学上的应用

宏基因组技术突破了大量微生物无法通过纯培养方法而进行研究的束缚，为新药的开发和利用提供了技术支持。宏基因组技术的出现为新药物的探索和发现提供了可能的技术支持，并扩大了微生物代谢产物及分子活性物质筛选平台。随着宏基因组技术的成熟，宏基因组技术在医学中的应用将逐渐加快。宏基因组学未来将在人体微生物抗药性的研究、人体与不可培养病原菌相互关系的探索等方面将做出重大贡献。

三、基因组学数据基础分析方法

随着测序技术的发展，各类基因组相关研究计划接踵而至，为生物多样性、物种进化、分子育种、临床治疗等研究提供了宝贵的数据资源。基因组数据分析主要包括基因组组装、基因组注释、基因组变异分析等。基因组序列和注释信息包含了生物体的所有遗传信息和功能信息，是多种组学研究的重要基础数据。基因组变异分析可以解析基因组变异对表型、物种进化、疾病等的影响。但是测序数据分析时间往往远大于测序数据产出时间，无法匹配数据爆发式增长的趋势，这是基因组数据分析面临的最大挑战之一。

（一）转录组测序数据分析

转录组测序是一种用于研究生物体基因表达的全面调查方法。在进行转录组测序后，需要进行数据分析，以获取有关基因表达水平、剪接变异、新转录本等重要信息。数据分析步骤包括数据质控、序列比对、基因表达量估计、差异表达基因分析、功能注释、剪接变异分析和新转录本分析等。这些分析方法提供了关于基因功能、调控模式和生物学过程的重要见解，为进一步理解生物体的基因表达调控和疾病发生机制奠定了基础。

（二）表观组测序数据分析

表观组测序是研究生物体表观遗传修饰的关键方法之一。在表观组测序后，需要对产生的数据进行基本分析，以获取关于 DNA 甲基化、染色质修饰、组蛋白修饰等信息。数据分析步骤包括质量控制、比对到参考基因组、甲基化位点的识别和注释、染色质修饰和组蛋白修饰的分析等。这些分析方法有助于揭示表观遗传调控的机制，以及表观修饰在基因组的功能和调控中的重要作用。通过表观组测序数据的基本分析，能够更好地理解生物体的表观遗传调控网络，进一步推动生命科学和医学领域的研究和应用发展。

第四节　蛋白质组学

一、蛋白质组学概述

蛋白质组学（proteomics）处于早期"发育"阶段，这个领域的专家否认它是单纯的方法学，就像基因组学一样，不是一个封闭的、概念化的稳定知识体系，而是一个领域。

（一）主要功能

蛋白质组学集中于动态描述基因调节，对基因表达的蛋白质水平进行定量测定，鉴定疾病、药物对生命过程的影响，以及解释基因表达调控的机制。作为一门科学，蛋白质组研究并非从零开始，它是已有 20 多年历史的蛋白质（多肽）谱和基因产物图谱技术的一种延伸。多肽图谱依靠双向凝胶电泳（two-dimensional gel electrophoresis，2-DE）和进一步的图像分析；而基因产物图谱依靠多种分离后的分析，如质谱技术、氨基酸组分分析等。由于存在可变剪辑及 RNA 编辑，许多基因可以表达出多种不同的蛋白质。因此，蛋白质组的复杂度要比基因组的复杂度高得多。如果某物种的基因组全序列已经破译，并不代表该物种的蛋白质组也已破译。具体分析某个基因的蛋白质产物要综合基因组水平、转录水平和翻译水平的修饰及调控来确定。

（二）研究内容

蛋白质组学研究内容主要有两方面，一是结构蛋白质组学，二是功能蛋白质组学。结构蛋白质组学：主要是蛋白质表达模型的研究，包括蛋白质氨基酸序列、分析及空间结构的解析种类分析及数量确定；功能蛋白质组学：主要是蛋白质功能模式的研究，包括蛋白质功能及蛋白质间的相互作用。此外，随着蛋白质组学研究的深入，又出现了一些新的研究方向，如亚细胞蛋白质组学、定量蛋白质组学等。蛋白质组学是系统生物学的重要研究方法。

（三）技术原理

1. 双向凝胶电泳（2-DE）技术 双向凝胶电泳技术与质谱技术是目前应用最为广泛的研究蛋白质组学的方法。双向凝胶电泳技术利用蛋白质的等电点和分子量差别，将各种蛋白质区分开来。虽然二维凝胶电泳难以辨别低丰度蛋白，对操作要求也较高，但其通量高、分辨率和重复性好及可与质谱联用的特点，使其成为目前最流行、可靠的蛋白质组研究手段。双向凝胶电泳技术及质谱基础的蛋白质组学研究程序为样品制备→等电聚焦→聚丙烯酰胺凝胶电泳→凝胶染色→挖取感兴趣的蛋白质点→胶内酶切→质谱分析确定肽指纹图谱或部分氨基酸序列→利用数据库确定蛋白质。蛋白质组研究要求有高分辨率的蛋白质分离及准确、灵敏的质谱鉴定技术。凝胶电泳中蛋白质的着色不仅影响蛋白质分离的分辨率，同时也影响后续的质谱鉴定。蛋白质的染色可分为有机试剂染色、银染、荧光染色及同位素显色四类。

2. 高效液相色谱（HPLC）技术 尽管双向凝胶电泳（2-DE）是常用的对全蛋白组的分析方法，但其存在分离能力有限、歧视效应、操作程序复杂等缺点，对于分析动态范围大、低丰度以及疏水性蛋白质的研究，该技术很难得到满意的结果。Chong 等使用 HPLC/ 质谱比较分析恶性肿瘤前和癌症两种蛋白质差异表达。利用 HPLC 分离蛋白质，并用 MALDI-TOF-MS 鉴定收集的组分，从而在两种细胞中的差异表达中对蛋白质进行定量分析。多维液相色谱作为一种新型分离技术，不存在相对分子质量和等电点的限制，通过不同模式的组合，消除了双向凝胶电泳的歧视效应，该技术具有峰容量高、便于自动化等特点。二维离子交换色谱 - 反相液相色谱（2D-IEC-RPLC）是蛋白质组学研究中最常用的多维液相色谱分离系统。

3. 同位素标记亲和标签（ICAT）技术 是一种用于蛋白质分离的分析技术，是蛋白质组研究技术中的核心技术之一。该技术用具有不同质量的同位素标记亲和标签（ICAT）标记处于不同状态下细胞中的半胱氨酸，利用串联质谱技术，对混合的样品进行质谱分析。来自两个样品中的同一类蛋白质会形成易于辨识比较的两个不同峰形，能非常准确地比较出两份样品蛋白质表达水平的不同。ICAT 的好处在于它可以对混合样品直接测试；能够快速定性和定量鉴定低丰度蛋白质，尤其是膜蛋白等疏水性蛋白质等；还可以快速找出重要功能蛋白质。

4. 生物信息学技术 生物信息学在生命科学研究中起着越来越重要的作用。利用生物信息学对蛋白质组的各种数据进行处理和分析，也是蛋白质组研究的重要内容。生物信息学是蛋白质组学研究中不可缺少的一部分。生物信息学的发展已不仅是单纯的对基因组、蛋白质组数据进行分析，而且可以对已知的或新的基因产物进行全面分析。在蛋白质组数据库中储存了有机体、组织或细胞所表达的全部蛋白质信息，通过用鼠标点击双向凝胶电泳图谱上的蛋白质点就可获得。

二、蛋白质组学在医学研究中的应用

1. 发现新的疾病标志物，鉴定疾病相关蛋白质作为早期临床诊断标志　通过高通量的方式筛选和鉴定出疾病特异的生物标志物分子，可为疾病的诊断，特别是早期诊断提供重要依据。例如，Lei 等通过 2-DE 和基质辅助激光解吸电离飞行时间质谱等蛋白质组学相关技术对膀胱癌患者的尿蛋白进行分离鉴定，获得 14 个差异表达的蛋白质，这些差异表达的蛋白质可能是诊断和检测膀胱癌的潜在尿标志物。

2. 探索疾病的发病机制和治疗途径　寻找差异蛋白质，找出与疾病相关的蛋白质，进一步研究这些异常蛋白质在疾病发生发展过程中的作用，从而帮助从分子水平揭示疾病的发病机制。例如，Polprasert 等应用蛋白质组学方法对遗传性球形红细胞增多症（HS）的红细胞膜蛋白变化进行研究，分离鉴定出 56 个差异表达的蛋白质，通过蛋白质网络分析出包括细胞死亡、细胞周期及遗传性和血液性紊乱 3 个 HS 相关的重要网络，为进一步研究和了解 HS 相关的发病机制提供了参考。

3. 研究膜蛋白及膜相关蛋白，推进预防工作　鉴定出某种病原体具有特异高免疫学活性的新蛋白质，有助于抗某种病原体疫苗的研究和开发。例如，Liu 等利用比较膜蛋白组学方法对 H5N1 病毒分别感染 6、12、14 小时的人肺腺癌细胞 A549 进行蛋白质分析鉴定，得到 24 个差异表达的蛋白质，其中 57% 为膜蛋白或膜相关蛋白，通过 siRNA 技术鉴定出与病毒增殖相关的几种蛋白质。

4. 为快速、特异、高通量的药物研究提供技术支持　利用蛋白质组学方法研究健康或疾病生物体蛋白质间的相互关系、疾病病理基础，识别潜在药物靶点，检查选定蛋白质靶点的抗药性，设计和开发针对候选治疗性蛋白质靶点的新药物，或鉴定药物成分、毒性和作用机制，从而改进药效和药物安全性。例如，Lin 等应用蛋白质组学技术对多柔比星处理的人子宫癌细胞的蛋白质表达变化进行研究发现，有 37 种差异表达的蛋白质，为多柔比星抗性子宫癌细胞的治疗提供了诊断和治疗标志物。

三、蛋白质组学数据分析方法

（一）蛋白质组学数据分析常用序列分析软件包

1. DNAMAN　是美国开发的高度集成化的分子生物学应用软件，可以完成核酸和蛋白质序列分析工作，包括多重序列比对、PCR 引物设计、限制性酶切分析、蛋白质分析和质粒绘图等。

DNAMAN 为蛋白质序列分析提供了多种工具，包括从两个 DNA 起始的所有六个阅读框中进行翻译、遗传密码表的变化、阅读框概述、密码子使用分析、氨基酸组成、亲水性曲线、电荷和 π 分析、二级结构预测和反向翻译。

2. MEGA　在做功能基因组学研究时，经常会用到多序列比对，其主要用于描述一组序列之间的相似性关系，以便对一个基因家族的特征有一个简明扼要的了解。MEGA 是最强大的多序列比对软件之一，它用于多序列比对和可视化，以及构建系统发育树的免费程序。

MEGA 也为蛋白质序列分析提供了方法，即系统发育树。一般我们会通过蛋白质的氨基酸序列进行比对，随后建成系统发育树。

（二）使用网络上的分子生物学信息资源进行蛋白质组学分析

通常使用蛋白质数据库进行蛋白质组学分析。蛋白质数据库是存储蛋白质序列、结构、功能、相互作用等信息的在线数据库，是生物信息学和蛋白质学研究的重要工具。以下是一些主要的蛋白质数据库。

1. UniProt 是一个综合性的蛋白质数据库，包含大量物种的蛋白质序列、结构、功能、相互作用等信息。UniProt 数据库包括人类、小鼠、细菌等众多物种的蛋白质信息。

2. PDB 是一个存储蛋白质三维结构的数据库，收录了大量的晶体结构、核磁共振结构、电子显微镜结构等信息。PDB 数据库包括人类、小鼠、细菌等众多物种的蛋白质结构信息。

3. Pfam 是一个蛋白质家族数据库，收集了多种物种的蛋白质序列信息，并将它们聚类成蛋白质家族。

4. STRING 是一个蛋白质相互作用数据库，收集了包括人类、小鼠、细菌等众多物种的蛋白质相互作用信息，并构建了蛋白质相互作用网络。

（夏敏）

🔍 思考题·········◦

1. 简述常见数据库检索的步骤。

2. 生物数据库根据其存储的数据类型可以分为几类？

3. 常用的生物信息学数据可视化工具有哪些？

4. 蛋白质组学研究中，如何处理和分析大规模质谱数据？

5. 基因组学在医学领域中的应用有哪些？举例说明其在诊断、治疗和预防疾病方面的潜力。

6. 基因组学技术的快速发展和普及可能带来的伦理和社会问题是什么？

ℯ 数字资源详见 新形态教材网

🗺 学习目标 🖥 内容提要 📝 本章小结 🖨 参考文献

第九章

跨尺度多模态生物医学数据融合辨析

思维导图

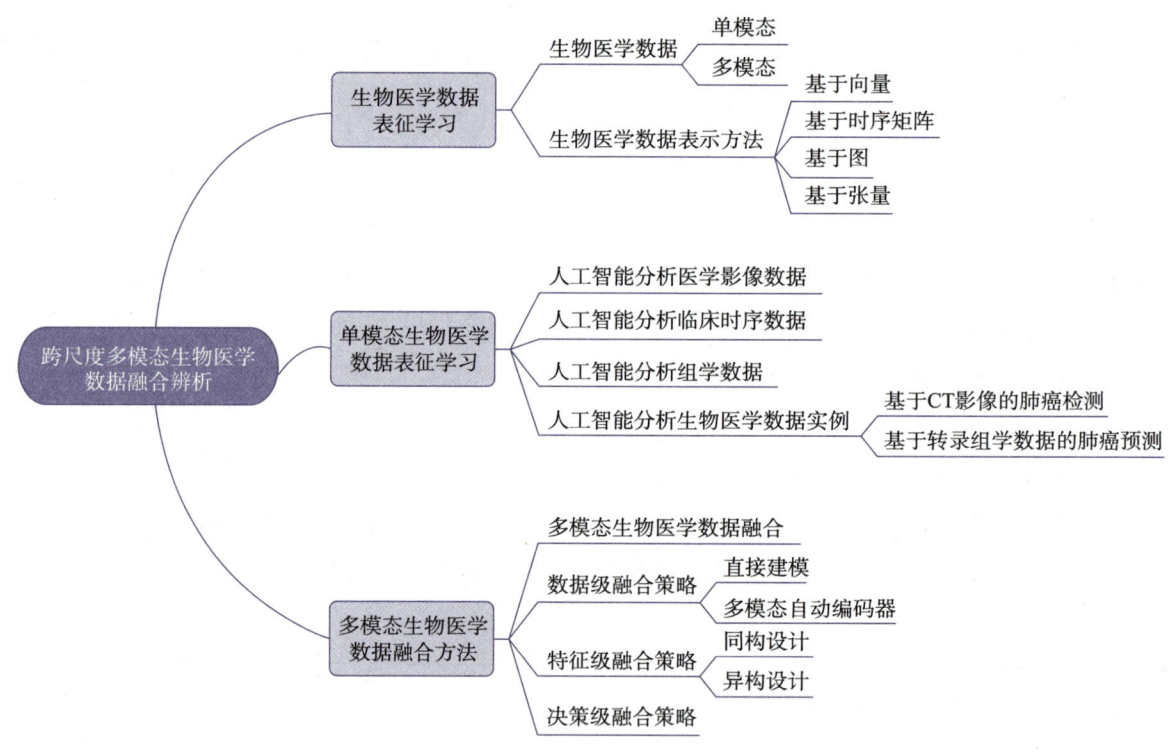

第一节　生物医学数据表征学习

生命科学领域信息化建设的蓬勃发展加速了生物医学数据的产生速度，生物医学正加速进入大数据时代。面对庞大而复杂的生物医学数据，采用数据统计、数据挖掘、机器学习等数据分析技术辅助对提高疾病临床诊断的准确度、推动个性化精准医疗有重大意义。基于人工神经网络的深度学习算法在从复杂数据中提取特征和学习模式方面显示出了巨大的潜力，然而，生物医学数据中包含的信息和当前的深度学习方法能够提取到的知识之间存在巨大差异，导致利用深度学习等人工智能技术分析生物医学数据存在生物医学数据表征学习的巨大挑战，即有效地将生物医学数据从原始格式转换为深度学习格式，从而将数据转换为可以通过算法进一步理解的有意义的信息。在深度学习中，表征学习的任务是从原始数据中自动学习和提取好的特征表示，以解决生物医学数据组分析中许多具有挑战性的特征问题，如未经整理（数据没有经过仔细选择和精心组织或呈现）、质量差（数据很少受制于质量审计）、高维（大量的不同医学数据或基因数据）、稀疏（大量零值）、异构（从不同资源中提取）、时效（数据收集于不同时间）、不完整（缺失值）和多模态（多种数据模态）。用于提高疾病诊断、表型和预后预测模型的有效性在很大程度上取决于此特征表示的质量。

常用的生物医学数据表示方法包括基于向量的特征表示、基于时序矩阵的表示、基于图的表示和基于张量的表示方法。在基于向量的生物医学数据表示中，每个样本都由一个数学向量表示。向量是一系列数字的集合，向量中数字元素的个数为样本向量的表示维度。基于时序矩阵的特征表示中，时序矩阵表示了不同时刻的生物医学原始特征数据，每个样本由一个二维矩阵表示，其中一维与时间相关，另一维与来自实际事件产生的数据相关。基于图的表示中，图结构表示了数据/样本之间的拓扑结构关系，相似的样本之间有连边，图中的每个节点表示一个样本。基于张量的表示中，通过将一系列具有某种共同特征的数进行有序的组合来表示一个更加广义的"数"。其中，二阶张量在形式和性质上与二维矩阵有着高度的一致性。

生物医学数据预测建模的一个关键要素是有效地将数据从原始格式转换为机器学习格式，即将生物医学数据转换为可以通过算法进一步理解的有意义的信息。虽然当前的表征学习方法在单模态的生物医学数据上已经取得了一定的进展，但是生物医学数据中通常包含多种模态信息，例如，医学影像、医学文本、多组学数据、生理体征信号、药物分子结构数据、DNA序列数据等。从数据层面，多模态数据可被看作多种数据类型的组合，通过整合多种模态的生物医学数据，研究人员能够更好地理解、推理和学习疾病发展的内在规律。对多源异构数据的挖掘分析可被理解为多模态学习。异质模态的表征融合和对齐是多模态学习的主要挑战之一。

第二节　单模态生物医学数据表征学习

生物医学数据在生物医学领域中具有非常重要的意义，可以用于疾病诊断和治疗、健康管理、药物研发、医学研究等方面。生物医学数据的特点是具有高度的复杂性和异质性，需要通过各种技术手段进行处理和分析，以提取有用的信息并支持生物医学研究和临床实践。多模态生物医学数据表征学习首先要对不同的单模态进行表征学习，然后对不同的表征进行融合。单模态生物医学数据是指只包含一种类型的数据，如仅包含图像、语音、生理信号等数据（如图 9-1 所示）。在传统的医学研究中，单模态生物医学数据的分析通常需要耗费大量的时间和精力，而且通常需要依赖人类专家进行解读和分析。但是，深度表征学习技术的出现为单模态生物医学数据的分析提供了全新的解决方案。

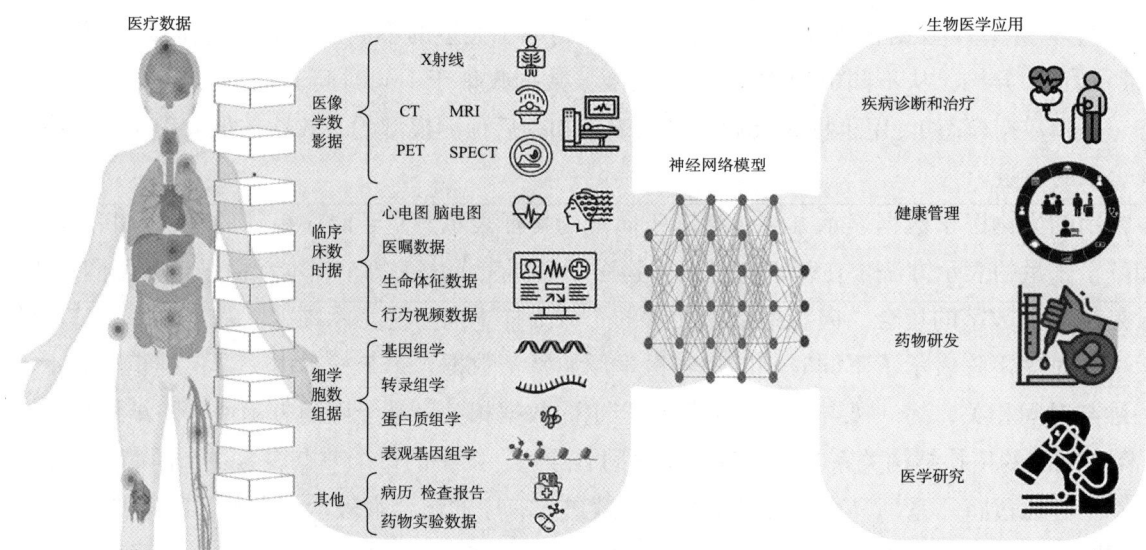

图 9-1　不同模态生物医学数据与分析任务

深度学习等算法可以自动学习单模态生物医学数据的特征，并且可以在短时间内处理大量的数据。例如，在医学影像分析中，深度学习技术可以自动识别和定位疾病标志物，从而辅助医生进行早期诊断和治疗。在生理信号分析中，深度学习技术可以自动识别和分类不同信号，如心电图、脑电图等，从而帮助医生快速、准确地判断患者的病情。常见的神经网络架构及其描述如表 9-1 所示。

尽管深度学习技术在单模态生物医学数据分析应用中已经取得了许多成果，但是该领域仍面临着许多挑战和机遇。例如，如何设计特定的神经网络结构以有效处理不同类型的生物医学数据，如何建立有效的模型，以及如何提升模型的可解释性等问题都需要进一步研究和探索。本章节介绍了各种类型的生物医学数据，并详细介绍了人工智能在医学影像分析、临床时序数据分析、多组学数据分析，以及其他医疗数据分析任务中的应用。

表 9-1　生物医学数据表征学习的神经网络常用架构

架构	描述
全连接神经网络（fully connected neural network，FCNN）	FCNN 是最传统的深度神经网络（deep neural network，DNN）。在一个层中，每个神经元都连接到后续层中的所有神经元
卷积神经网络（Convolutional Neural Network，CNN）	CNN 能够对空间结构进行建模，如图像或 DNA 序列。每个神经元都连接到后续层中的所有神经元。在卷积层中，内核在输入数据上滑动以对局部信息进行建模
循环神经网络（recurrent neural network，RNN）	RNN 通过维护对先前时间的信息进行编码的状态向量来很好地建模顺序数据。该状态由网络的隐藏单元表示，并在每个时间步更新
图神经网络（graph neural network，GNN）	GNN 对由实体及其连接组成的图进行建模，这些实体表示，如组织的分子或细胞核。GNN 的层可以采用不同的形式，如卷积和循环
自动编码器（auto-encoder，AE）	AE 由编码器（encoder）和解码器（decoder）两部分构成，通过编码器首先压缩输入数据，然后使用解码器重构原始输入数据来学习输入数据的低维编码。编码器和解码器可以任意地 DNN，如 FCNN 或 CNN
生成式对抗网络（generative adversarial network，GAN）	GAN 由两部分组成：生成器（generator）和判别器（discriminator）。这两个部分通过对抗的博弈方式来训练网络，并最终让生成器产生出与真实数据相似的数据

一、人工智能分析医学影像数据

医学影像技术是现代医学领域的重要组成部分。随着技术的不断进步和发展，现代医学已经出现了许多成像技术。这些成像技术可以提供高分辨率的影像数据，帮助医生了解人体内部器官的结构、形态、功能和代谢活动等。医学影像不仅可以用于疾病的诊断和治疗，还可以用于疾病的预测和预防，以及药物研发和临床试验等。

（一）数据类型

最常见的医学影像数据包括以下几种：

1. **X 射线影像**　是通过 X 射线透过人体部位后产生的影像，主要用于检测骨骼、肺部等部位的病变。

2. **计算机体层成像（CT）影像**　利用 X 射线穿过人体的特性，通过计算机重建成三维图像，用于检测内脏器官、骨骼等部位的病变。

3. **磁共振成像（MRI）影像**　利用磁场和无线电波对人体进行成像，主要用于检测脑、脊髓、关节、软组织等部位的病变。

4. **正电子发射断层成像（PET）影像**　利用放射性核素注射到人体内，通过探测器记录核素的放射性衰变，用于检测肿瘤、心脏等部位的代谢活动。

5. **单光子发射计算机断层成像（SPECT）影像**　利用放射性核素注射到人体内，通过摄影机进行成像，可以用于检测人体内放射性核素的分布情况，以及对器官和组织进行成像。

这些影像数据的区别主要在于成像原理不同，即利用不同的物理原理对人体进行成像，以检测不同的部位和病变。X 射线影像和 CT 影像主要用于检测骨骼和肺部等硬组织，MRI 影像主要用于检测软组织和神经系统等组织，PET 影像主要用于检测代谢活动和肿瘤等病变，SPECT 影像主要用于心肌灌注扫描、肾功能检查、脑部功能成像等。不同的成像方式会对影像的分辨率、对比度、噪声等方面产生不同的影响。

（二）分析及应用

在医学领域，医学图像的处理和分析一直是一个重要的研究领域。人工智能技术的发展为医学图像的分析提供了新的思路和方法。人工智能技术可以对大量的医学图像进行处理和分析，并从中提取出有用的特征，帮助医生进行诊断和治疗。相较于人类放射科医生，人工智能技术可以更加准确、快速地分析医学影像。深度神经网络在图像分析处理任务中取得了非常好的结果，而且往往可以超过人类领域的专家。卷积神经网络（CNN）和自动编码器是目前图像分析的主流模型。

CNN是一种专门用于处理图像数据的深度学习模型，它可以自动地从图像中提取出特征。在医学图像分析中，CNN被广泛应用于图像分类、图像分割、疾病检测等任务。CNN通过卷积层和池化层来提取图像的特征，然后通过全连接层来实现图像的分类或者分割。在医学图像分析中，CNN通常需要进行一些特殊的处理和优化，以适应医学图像的特点。例如，医学图像通常具有较大的尺寸和复杂的结构，需要进行数据增强、批标准化、丢弃（dropout）等技术的处理，以提高模型的准确性和泛化能力。例如，基于CNN的肺部CT图像的病灶检测算法可以自动从肺部CT图像中检测出病灶区域，帮助医生进行早期诊断和治疗。基于CNN的乳腺癌检测算法可以自动地从乳腺X射线摄影图像中检测出乳腺癌的位置和大小，帮助医生进行诊断和治疗。

自动编码器是一种常见的无监督学习模型，它可以用于执行医学图像分析中的降噪、重建、特征提取等任务。自动编码器的基本思想是通过训练一个编码器和解码器来学习数据的低维表达，从而实现数据的压缩和重建。在医学图像分析中，自动编码器可以对医学图像编码和解码过程中的特征进行提取，来实现医学图像的特征提取和降维处理。同时，自动编码器也可以通过训练重构误差，实现医学图像的降噪和重建。例如，基于自动编码器的肺部CT图像特征提取算法可以通过训练一个自动编码器模型，将肺部CT图像进行编码和解码，从中提取出具有判别性的特征，帮助医生进行肺部疾病的诊断和治疗。同时，基于自动编码器的肺部CT图像的降噪算法可以通过训练一个自动编码器模型，实现对噪声干扰的肺部CT图像进行重建，从而对肺部CT图像进行降噪处理。

transformer是一种基于自注意力机制的深度学习模型，它最初是由Google在2017年提出的，用于自然语言处理任务，但也逐渐被应用于其他领域，如计算机视觉、语音识别等。transformer模型的核心是自注意力机制（self-attention），它可以对序列中的每个元素进行加权，进而构建出每个元素对其他元素的注意力矩阵。通过这种方式，transformer可以同时考虑序列中所有元素的信息，从而实现更高效、准确的序列建模。由于transformer在自然语言处理领域取得了巨大的成功，研究人员也研发了一种基于transformer模型的图像处理方法vision transformer（ViT）。ViT可以将图像转换为序列数据，从而实现图像的处理任务。ViT的核心思想是将图像划分成若干个小块（例如16×16），并将每个小块作为序列中的一个元素，然后通过transformer模型进行处理。ViT的主要优势是处理尺寸不同的图像，并且可以有效地捕捉图像中的空间关系。ViT模型通常由编码器和解码器两部分组成。在编码器中，输入图像经过一系列的注意力机制和前馈神经网络的处理，生成一个新的、更抽象的表示。在解码器中，输出图像的每个像素都是根据前面已经生成的像素和编码器的输出进行生成的，因此可以实现图像生成、图像分割等任务。同时，由于transformer模型具有较强的并行计算能力，因此在处理较大的图像时，相比于传统的卷积神经网络等模型更具优势。在医学图像领域，vision transformer可以应用于医学图像的识别、分割和重建等任务。例如，基于vision transformer的肺部CT图像分割算法可以自动地对肺部CT图像进行分割，帮助医生进行肺部疾病的诊断和治疗；基于vision transformer的医学图像重建算法可以自动地对医学图像进行重建，帮助医生获取更清晰的图像信息。

基于上述人工智能技术，在医学影像数据分析中的应用主要包括以下方面：

1. 图像识别和分类 使用深度学习等技术对医学影像进行自动识别和分类，例如自动检测和定位肿瘤、血管等结构。

2. 图像分割 自动将医学影像中的组织结构进行分割，例如分割肝、肺部、心脏等结构，该功能可用于手术规划、疾病诊断和治疗等方面。

3. 特征提取 自动提取医学影像中的特征，例如，对肿瘤的形状、大小、纹理等特征，可以辅助医生进行诊断。

4. 三维重建 利用医学影像数据进行三维重建，如重建肺部、心脏等结构，为手术规划、疾病诊断和治疗提供更精确的信息。

5. 预测分析 使用机器学习等技术对医学影像数据进行分析和预测，如预测肿瘤的发展趋势、疾病的转移等，为医生决策提供参考。

人工智能技术在医学影像数据分析中的应用价值不仅限于提高医生的诊断准确性和缩短诊断时间，还可以推动医学领域的数字化转型和智能化发展。随着人工智能技术的不断发展和进步，医学影像分析已经从传统的手工分析向自动化和智能化方向发展。人工智能技术可以通过对大规模数据的学习和分析来发现医学影像中的隐含信息和规律，提高医学影像的解读和识别能力。此外，人工智能技术还可以用于医学影像的数据管理和分析，加速医学影像数据的共享和交流，促进医学研究和临床实践的不断进步和发展。因此可以预见，人工智能技术在医学影像数据分析中的应用前景将会越来越广阔。

二、人工智能分析临床时序数据

临床时序数据分析可以对数据进行处理和挖掘，并从中提取出有用的信息，帮助医生更准确地诊断和治疗疾病。临床时序数据是指按时间顺序记录的临床数据，例如，随时间变化中记录的心电数据构成的心电图数据可以帮助医生判断患者是否存在心律失常、心肌缺血等问题；针对不同时刻收集的血糖数据可以帮助医生了解患者的糖尿病控制情况，调整药物治疗方案；针对行为视频数据的分析可以帮助医生观察患者的行为变化，诊断认知障碍等问题。此外，临床时序数据的分析还可以帮助医疗机构进行资源规划和优化，提高医疗效率和质量。

（一）数据类型

主要的临床时序数据包括以下几类：

1. 生理信号数据 包括心电图、脑电图、血压、呼吸、体温等生理参数的时间序列数据。这些数据通常由生理监测设备收集，可以用于监测患者的生命体征状态，诊断疾病和评估治疗效果。

2. 随访医学影像数据 包括CT、MRI、X射线等医学影像数据的时间序列数据。这些数据可以用于诊断和监测疾病的进展，如肿瘤的生长和转移等。

3. 医疗事件数据　包括医疗操作、用药、检查和诊断等医疗事件的时间序列数据。这些数据可以用于评估医疗过程的质量，如手术的持续时间和术后并发症的发生率等。

4. 行为视频数据　患者行为数据可以用于神经退行性疾病诊断、精神疾病诊断、呼吸系统疾病诊断等。

临床时序数据包含了大量的生理信号和病理指标，这些数据可以反映患者的生理状态和病情变化，因此具有更高的信息量，可以帮助医生进行临床决策，提高诊疗效率和准确性，也为临床研究提供了大量的数据资源。然而，相较于医学影像数据，临床时序数据的分析难度更大，需要进行更加复杂的信号处理和分析，同时需要结合临床医学知识进行判断和诊断。因此，分析临床时序数据的代价也更加昂贵，需要专业的医学知识和技能，以及先进的人工智能技术支持。

（二）分析及应用

人工智能技术分析时序数据的关键点在于捕获序列间的信息，这需要使用适当的模型来处理序列数据，并且需要考虑时间序列中的时序关系和时序间的相关性。常用的模型包括循环神经网络（RNN）及 RNN 的变种等。

RNN 是一种适用于序列数据分析的人工神经网络模型。与传统神经网络模型不同的是，RNN 在处理序列数据时，会将前一时刻的输出及当前时刻的序列数据作为当前时刻的输入，这样就可以捕捉到序列数据中的时序关系。RNN 的基本结构包括一个循环的隐藏层和一个输出层，隐藏层中的神经元可以通过时间步的传递来存储序列数据的信息，输出层可以根据序列数据进行相应的预测。RNN 的变种主要有以下几种：

1. 长短时记忆（long short-term memory，LSTM）　是一种特殊的 RNN，它在隐藏层中增加了三个门（输入门、遗忘门、输出门），可以有效避免梯度消失、梯度爆炸等问题，同时可以处理长序列数据，如自然语言处理、语音识别等。LSTM 可以通过输入门、遗忘门、输出门等机制，有效地控制信息的输入和输出，从而实现长短期记忆的能力。相对于传统的 RNN 模型，LSTM 可以更好地处理长序列数据，且不会出现梯度消失、梯度爆炸等问题。

2. 门控递归单元（gated recurrent unit，GRU）　是一种介于 RNN 和 LSTM 之间的模型，只有两个门（更新门和重置门），可以在一定程度上减少模型参数和计算量，同时也可以处理长序列数据。GRU 的更新门可以控制输入的更新程度，重置门可以控制是否重置上一步的隐藏状态，从而实现与 LSTM 相似的长短期记忆能力。相对于 LSTM，GRU 的参数更少，因此在一定程度上减少了计算量，同时也可以处理长度较长的序列数据。

3. 双向循环神经网络（bidirectional RNN，BiRNN）　是一种双向 RNN，它可以同时利用前向和后向的上下文信息，提高模型的准确性和预测能力，常用于序列标注和序列分类等任务。在传统的 RNN 模型中，每个时间步的隐藏状态仅由前一个时间步的隐藏状态和当前时间步的输入组成，无法利用后续的上下文信息，而通过引入双向 RNN，BiRNN 可以同时考虑前向和后向的上下文信息，使得模型能够更加全面地捕捉序列中的信息，从而提高模型的准确性和预测能力。

4. 注意力循环神经网络（attention RNN）　是一种基于注意力机制的模型，它可以根据输入序列的不同部分给予不同的权重，从而更加准确地捕捉序列数据中的关键信息。在传统的 RNN 模型中，每个时间步的输入仅由上一个时间步的隐藏状态和当前时间步的输入组成，无法直接处理序列中不同部分的重要性差异。通过引入注意力机制，attention RNN 可以根据输入序列的不同部分自适应地调整权重，使得模型能够更加关注序列中的关键信息，从而提高模型的性能。

除此之外，transformer 也经常被用于处理序列数据。transformer 是一种基于自注意力机制的模型，最初被提出用于自然语言处理任务中序列到序列的学习，如机器翻译、问答系统和文本摘要等任务。相较于传统的基于循环神经网络（RNN）的模型，transformer 可以直接处理序列数据，不需要使用 RNN，这使得 transformer 模型可以并行化处理，提高了模型的训练速度和效率。同时，transformer 模型采用了一种全新的编码器 - 解码器结构，其中编码器和解码器均由多个编码层和解码层构成，每个编码层和解码层都包含多头自注意力和前馈神经网络两个子层。这种结构使得 transformer 模型可以捕捉序列中的长距离依赖关系，从而更好地处理序列数据。

在时序数据分析中，人工智能技术可以提高数据的处理效率和准确性，同时也可以发掘出数据中的潜在特征，帮助医生进行更加准确的诊断和治疗。在实际应用中，需要充分考虑数据的特点和算法的局限性，结合临床经验和医学知识进行分析和判断，以提高诊断的准确性和治疗效果。人工智能技术在临床时序数据分析中被广泛应用，可以用于以下几个方面：

1. 生命体征监测　对患者的生命体征进行实时监测，如心电图、脉搏、血压、血氧等，利用机器学习等技术对数据进行分析和预测，提前发现可能出现的异常情况，及时采取应对措施。

2. 疾病预测　对患者的临床数据进行分析和预测，如预测糖尿病、心脏病等疾病的发病风险，及时采取防控措施，降低疾病发生的概率或减轻病情。

3. 个性化治疗　利用机器学习等技术，根据患者的个体化特征和临床数据，为患者提供个性化的治疗方案，如合理用药，制订适宜的健康计划等。

4. 医疗决策支持　利用机器学习等技术，对临床数据进行分析，帮助医生进行诊断和治疗决策，提高诊疗效率和精度。

总之，人工智能技术在临床时序数据分析中的应用可以提高医生的工作效率和诊疗水平，同时也可以为医学研究和临床治疗提供更可靠的数据支持。

三、人工智能分析组学数据

组学（omics）数据在分子水平上表征细胞、组织和器官的行为，并提供对人类疾病病因的全面了解。omics 数据是高维的，但其中只有一小部分具有重要意义。因此，当我们使用 omics 数据时，有效的特征选择和特征提取策略意义重大。基因组学、转录组学、蛋白质组学和表观基因组学是 omics 数据的 4 个主要类别。

组学数据维度更高，需要更加复杂的数据分析和处理方法。例如，转录组学数据需要进行基因表达量分析、可变剪接分析、差异表达分析等；蛋白质组学数据需要进行蛋白质定量分析、蛋白质交互作用网络分析、蛋白质修饰分析等；表观基因组学数据需要进行 DNA 甲基化分析、组蛋白修饰分析、非编码 RNA 分析等。这些数据分析方法往往需要使用统计学、生物信息学、机器学习等领域的工具和算法，以帮助我们更好地理解组学数据背后的生物学意义。

相比于医学影像数据和临床时序数据，组学数据维度更高，往往需要一定的统计工具或机器学习工具辅助数据的分析处理。以单细胞数据分析为例，单细胞测序技术 scRNA-seq 会产生大量高维、稀疏、异质、富有噪声的数据，如对一个人的一组外周血单核细胞（peripheral blood mononuclear cell，PBMC）进行单细胞测序会产生约 1 万个细胞的测序信息，约 2 万个基因的计数结果，即维度约为 10 000×20 000 的细胞 - 基因特征矩阵；基因总数巨大，但是在单个细胞中只有一部分基因有所表达，这使得细胞 - 基因特征矩阵通常是稀疏的；细胞中信息丰富，现有的测序技术不仅可以测到细胞中基因的表达量，还可以测到细胞中的 ATAC（assay for transposase accessible chromatin）、ADT（antibody-derived tags）等信息；由于测序技术的原因，细胞测序的结果中通常存在批效应造成的数据损失和误差带来的噪声。而且，由于单细胞数据的复杂性，细胞的标注信息通常是珍贵且稀缺的。使用传统的机器学习方法分析单细胞组学数据具有挑战性，而且基于深度学习的机器学习方法比传统的机器学习有着更高的性能。

基于时序表示的组学数据分析：FCNN、CNN、transformer、AE、GNN 等深度模型经常被用来处理分析组学数据，以提取其中的信息和模式。由于每一个细胞的特性表示成了一维的向量（即时序数据），FCNN、一维的 CNN、transformer 等模型，因此该方法可以用于处理表示后的向量数据，用于组学数据的分析，并用于执行细胞标注等任务。但是由于组学数据具有维度高、富有噪声等特性，现有的算法需要使用一定的数据预处理技术来处理组学数据，以保证模型的正常训练并提升预测的效果，如提取 HVG（highly variable gene）、批效应消解等。

基于图表示的组学数据分析：由于其稀疏的特性，组学数据也被建模成图数据。图神经网络（GNN）也用于组学数据的分析。GNN 是一种用于处理基于图的组学数据的深度学习模型。通过图卷积层，可以从组学数据中提取出细胞特征和基因特征，帮助实现对细胞的分类和预测。

由于组学数据的稀疏性和复杂性，传统的机器学习模型往往难以处理这些数据。因此，近年来，图神经网络被广泛应用于组学数据的分析中。GNN 是一种基于图结构数据的深度学习模型，它可以对图数据中的节点和边进行学习和预测。以转录组学为例，可以将细胞 - 基因的关系图看作一个无向图，其中每个节点表示一个细胞或一个基因，每条边表示一个基因在一个细胞中的表达量。通过使用 GNN，可以从这个图中提取出细胞和基因的特征，帮助实现对细胞类型的分类和预测。具体来说，GNN 使用图卷积层来对图中的节点进行特征提取和消息传递，从邻居节点中收集信息进行聚集，从而获得节点的新特征表示。这些特征表示可以用于细胞分类、基因表达预测等任务，帮助研究人员更好地理解组学数据中的信息和关系。

具体来说，GNN 使用图卷积层来对图中的节点进行特征提取和消息传递，从邻居节点中收集信息进行聚集，从而获得节点的新特征表示。这些特征表示可以用于细胞分类、基因表达预测等任务，帮助研究人员更好地理解组学数据中的信息和关系。

此外，GNN 在组学数据分析中的一个显著优势在于其能够捕捉数据中的局部和全局依赖性。例如，GNN 可以利用基因之间的相互作用和共表达关系，捕捉到复杂的基因调控网络。此外，GNN 具有高度可扩展性，可以处理大规模的组学数据集，并支持多种类型的图结构，如有向图、异构图等。总的来说，GNN 通过有效建模和处理复杂的图结构数据，提供了一种强大而灵活的工具，用于揭示组学数据中的潜在模式和关系，促进生物医学领域的创新研究。

然而，由于组学细胞中标签信息非常珍贵且难以获得，传统的监督学习方法在分析组学数据时可能会受到限制。此时，基于无监督学习的方法就显得尤为重要。其中，自动编码器和生成式对抗网络 GAN 是常用的无监督学习模型，也被广泛应用于组学数据的分析中。

自动编码器是一种能够自动地学习输入数据压缩表示的神经网络。在组学数据分析中，自动编码器可以用于无监督特征学习，即学习数据的抽象特征表示。具体来说，自动编码器将输入数据压缩成一个低维度的向量，然后再将其还原回原始数据。通过重构的过程，自动编码器通过学习输入数据的特征，提取数据的潜在结构和模式。这些特征表示可以用于细胞类型聚类、异常检测等任务，帮助研究人员更好地理解组学数据中的信息和关系。GAN是一种生成式深度学习模型，常用于组学数据的生成和重构。GAN模型由两个神经网络组成，分别是生成器和判别器。生成器通过学习真实数据的分布，生成新的组学数据，而判别器则负责判断生成器生成的数据是否真实。两个网络通过对抗训练的方式不断优化，使得生成器生成的数据越来越逼真。在组学数据中，GAN模型常用于生成新的基因表达数据、蛋白质结构数据等。通过生成器生成的数据可以帮助研究人员更好地理解数据的分布和规律，从而挖掘出其中的信息和模式。同时，GAN模型也可以用于数据的重构和去噪，通过学习数据的内在表征，实现对数据的还原和修复，提高数据的质量和可靠性。

人工智能技术在组学数据分析中应用广泛，有助于从海量的数据中提取信息和模式，从而更好地理解生物体的生命过程和疾病机制，更好地帮助医学研究，主要体现在以下几个方面：

1. **疾病预测**　是组学数据分析中的一个重要应用场景，利用人工智能技术可以帮助医务人员更快、更准确地预测发生的疾病和类型，从而提高疾病的诊断和治疗效果。在组学数据分析中，疾病预测通常基于机器学习和深度学习技术，利用已有的组学数据（如基因表达数据、蛋白质组数据等）进行模型训练，然后利用该模型对新的组学数据进行预测。与传统的预测任务相似，疾病预测涉及特征提取、特征选择、模型训练等多个步骤，需要依赖大量的数据和领域知识。人工智能技术在疾病预测中的应用可以帮助医务人员更快、更准确地预测疾病的发生和类型，从而提高疾病的诊断和治疗效果。例如，在肿瘤预测中，可以利用深度学习技术，对基因表达数据进行分析，预测肿瘤的类型和分级。

2. **信息补全**　是组学数据分析中的一个重要问题，因为在测序和实验过程中，组学数据可能会存在部分数据的丢失或者噪声，而且同时检测细胞中多种组学的技术成本高昂。这些问题会严重影响数据的质量和可靠性，从而影响研究结果的准确性和可解释性。因此，需要对组学数据进行信息补全，以提高数据的完整性和准确性，并减少测序的成本。人工智能技术可以通过学习数据的内在规律和特征，实现对组学数据的补全。例如，可以使用自动编码器和生成式对抗网络等深度学习模型，学习数据的内在表征，实现对组学数据的重构和补全。此外，还可以利用多模态深度学习技术，将多种组学数据进行整合和融合，实现对缺失数据的补全。这些技术不仅可以提高组学数据的完整性和准确性，还可以减少组学数据分析的成本，加速研究进程。

3. **细胞聚类分析**　是单细胞分析中的一个重要任务，它可以帮助研究人员描述给定组织中不同细胞类型的分布情况，并揭示不同细胞群之间的多样性。单细胞测序技术为细胞聚类提供了非常重要的数据支持。通过对单个细胞的基因表达数据进行分析，可以发现不同细胞群之间的差异和相似性，进而确定细胞类型和亚型。在细胞聚类中，基于自监督的人工智能技术经常被用于捕获组学数据的特性。自监督学习是一种无监督学习方法，该方法利用数据的内在结构来进行学习，不需要依赖于标注数据。在细胞聚类中，自监督学习可以帮助学习细胞的特征表示，从而更好地区分不同的细胞类型和亚型。

人工智能技术在组学数据分析中的应用，可以帮助研究人员更深入地理解生命科学，发现潜在的生物标志物和疾病的发病机制，同时也可以为医学研究和临床治疗提供更可靠的数据支持。

四、人工智能分析生物医学数据实例

（一）基于 CT 影像的肺癌预测

本部分将以肺癌预测为例，分别展示基于 CT 影像的肺癌预测和基于转录组学的肺癌预测，以此来展示人工智能技术处理医学数据的基本流程和处理不同模态医疗数据之间的差异。

人工智能技术处理医疗数据的基本流程包括数据收集、特征提取、预处理、模型训练、模型评估等。以图 9-2 中基于 CT 影像的肺癌预测为例，具体的流程如下：

1. **数据收集** 收集肺部 CT 影像数据及其对应的肺癌病灶标注数据。在数据采集时需要注意采集参数、扫描层厚度和间隔等因素，以保证肺部 CT 影像数据的质量尽可能与真实应用场景中的数据保持一致。这些数据可以来自医院的影像数据库，或向合作伙伴和科研机构获取。

2. **特征提取** 通过计算机视觉技术对肺部 CT 影像进行特征提取，提取出与肺癌相关的特征，将原始的 CT 影像数据转化为机器能处理分析的向量张量数据。比如在图 2-2 的示例中，$W \times H$ 个像素点构成的 CT 影像可以表示 $W \times H$ 维的张量，张量中每一个元素的值是 CT 影像的灰度值。

3. **预处理** 对提取出的特征进行预处理，包括数据清洗、裁剪、归一化、平衡等。此外，还需要对数据进行降噪处理，以提高模型的准确性和可靠性。比如在图 2-2 的示例中，算法将特征提取后的特征尺寸统一，并对数值进行归一化处理，从而方便后续深度模型的统一处理。

4. **模型训练** 使用预处理后的特征数据及标注数据，训练合适的人工智能模型，分析输入特征，并在下游任务中进行预测。如图 9-2 示例中使用常见的 CNN 结构对 CT 图像是否有肺癌病灶进行分类预测。在训练过程中，需要选择合适的优化器对 CNN 的模型参数进行参数更新调优，输入训练集的数据拟合对应的标注标签，使 CNN 模型逐步捕获数据特性，拥有判断 CT 图像是否有肺癌病灶的能力。为了使模型在验证集、测试集及正式的应用场景中有更好的性能，需要进行超参数调优。常见的超参数包括学习率、批量大小、训练迭代次数、正则化系数等。同时，为了避免过拟合，还可以采用加入正则项、使用早停策略、加入 dropout 等方式对模型的训练过程进行优化。

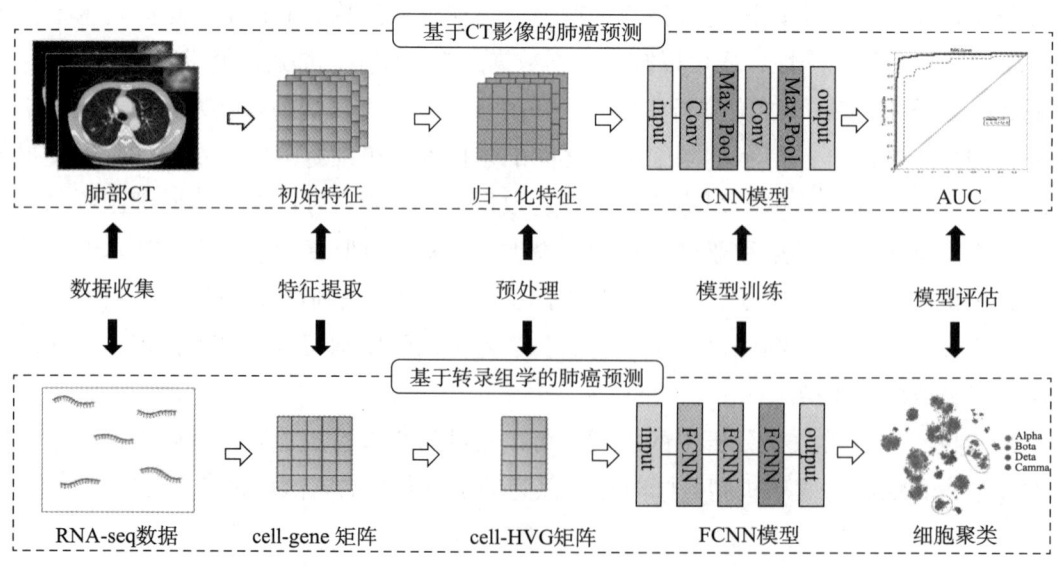

图 9-2 基于 CT 影像的肺癌预测与基于转录组学的肺癌预测

5. 模型评估　在模型训练完成后，需要对模型进行评估和测试。评估模型的性能通常采用混淆矩阵、准确率、召回率、F1 分数、AUC 等指标。评估指标的选择与实际任务相关，如图 9-2 所示选择 AUC 作为模型的评估指标，模型预测结果的 AUC 值越高，在实际任务中的效果也就越好。测试模型的性能需要用新的数据集进行验证，以检验模型是否具有较好的泛化能力。如果模型性能不佳，需要回到数据预处理和模型设计阶段进行改进，以提高模型的性能。

6. 模型优化　根据评估结果对模型进行优化改进，对 1 ~ 5 中的步骤进行改进，从而打造最优的模型，将其用于实际中。例如，可以尝试使用更先进的模型结构、调整模型参数或者引入新的特征等方式来提高模型的性能和精度。

CT 影像可以提供肺癌相关的可视化信息，如肺部结节的形态、大小、位置、密度等特征。这些特征有助于评估结节的恶性概率，进而指导肺癌的诊断和治疗。除了人工诊断，这些信息同样可以被人工智能模型捕获和利用，用于预测肺癌的发生和发展。例如，基于 CT 影像的深度学习模型可以自动地从影像中识别和分割肺部结节，进而提取结节的特征信息，预测其恶性概率。这种基于影像的人工智能技术在肺癌筛查、早期诊断、分期和预后评估等方面具有广阔的应用前景，可以提高诊疗效率和准确性，为患者带来更好的诊疗体验和治疗效果。

相比于 CT 影像，转录组学数据可以从另一个角度展示患者的生理状况。转录组学是指利用高通量测序技术对细胞或组织中的所有 RNA 分子进行测量，从而了解基因表达水平和调控机制的变化。在肺癌研究中，转录组学数据可以揭示肺癌相关基因的表达变化和通路调控，进而深入探究肺癌的发生、发展和转移机制。同时，转录组学数据还可以用于肺癌亚型的分类和预测，为个体化治疗提供依据。与 CT 影像相比，转录组学数据具有更高的分辨率和更广阔的覆盖面，能够揭示更加细致和全面的生理状况。

（二）基于转录组学数据的肺癌预测

图 9-2 中展示了基于转录组学数据进行肺癌预测的案例，其分析处理的流程与基于 CT 影像的肺癌预测相同，都包括数据预处理、特征提取、模型训练和评估等步骤。但是，由于转录组学数据的特殊性质和处理方法的不同，具体的处理方法也会有所调整，下面是一些可能的调整：

1. 数据收集　从公共数据库或临床样本中收集转录组学数据，如从 TCGA 数据库中收集细胞的 RNA 测序数据结果及细胞的标注信息等。

2. 特征提取　相比于 CT 影像，转录组学数据的维度更高，可读性更差，提供的特征更加抽象和复杂，需要借助生物学知识和计算机技术进行处理和提取。图 9-2 中示例将原始的转录组学数据转化为细胞 - 基因矩阵，统计每一个细胞中已知基因片段出现的次数。

3. 预处理　对于转录组学数据，预处理的步骤可能包括数据清洗、质量控制、归一化和差异表达分析等。这些步骤可以去除噪声，纠正批次效应和寻找差异表达基因，进而提高后续分析的准确性和可靠性。

4. 模型训练　转录组学数据通常为一维的特征向量，通常可以选择多层的 FCNN、一维的 CNN、自动编码器、transformer 等机器学习模型对单个细胞进行分析预测。在当前示例中使用了 3 层的 FCNN 作为模型，而且每个细胞的标签已知，因此可以直接使用机器学习模型进行细胞分类。由于转录组学细胞标注的成本很高，在一些场景中也会引入自动编码器的架构，通过编码学习到细胞的重表示，并利用重表示还原最初基因表达，以此作为训练任务的训练模型，并将训练好的重表示用于细胞聚类分析等任务中。

5. 模型评估与模型优化　这两个过程与基于 CT 影像的肺癌预测相似。对于转录组学，可以用细胞分类的效果评估模型效果，也可以使用其他的下游任务评估模型的效果，如细胞聚类分析、批效应消解等任务。

CT 影像与转录组学数据都可以用于患者癌症的预测。不同的是 CT 影像主要从器官的层面对肺癌进行分析诊断，转录组学数据可以从细胞的层面对肺癌进行分析诊断。转录组学数据可以从另一个角度展示患者的生理状况，因为其反映了基因表达的情况，可以揭示疾病的发生机制和生理变化。例如，在肺癌研究中，转录组学数据可以发现与肺癌相关的差异表达基因，进一步揭示肺癌的发生机制和潜在的治疗靶点。与此同时，CT 影像则提供了肺部器官的形态学信息和肿瘤的大小、形状等信息。综合转录组学的信息和 CT 影像数据，可以对患者的病情有更加全面、准确的了解。例如，在肺癌预测中，结合转录组学数据和 CT 影像，可以提高预测的准确性和可靠性。另外，转录组学数据也可以作为肺癌治疗的预后指标，以评估治疗的效果和患者的生存期。

因此，综合多种模态的医疗数据可以提供更加全面的疾病诊断。不同的医疗数据可以提供不同的信息，而这些信息往往是互补的。将这些数据综合起来，可以全面地了解疾病的各个方面，提高疾病的诊断准确度。而且，综合多种模态的医疗数据可以提供更加准确的治疗方案。不同的疾病治疗方案需要考虑不同的因素，如疾病的严重程度、患者的个体差异、治疗的副作用等。通过综合多种模态的医疗数据，可以更好地了解疾病的具体情况和患者的个体差异，从而为患者提供更加个性化和准确的治疗方案，提高治疗效果。此外，综合多种模态的医疗数据可以提高患者的康复和生存率。在医疗过程中，不同的医疗数据可以提供不同的信息，帮助医生更好地了解疾病的具体情况和患者的个体差异。通过综合多种模态的医疗数据，医生可以更好地制订治疗方案，提高治疗效果，从而提高患者的康复和生存率。综合多种模态的医疗数据对于疾病诊断和治疗方案的制订有着重要的意义，可以提供更加全面、准确的信息，提高治疗效果，进而提高患者的康复和生存率。

第三节　多模态生物医学数据融合方法

一、多模态生物医学数据融合

多模态融合是指将来源不同模态的数据进行整合，以创建基于这些来源互补的、冗余的或合作的信息状态。在机器学习中，多模态融合的期望是将不同来源的数据进行融合，以提供更稳健可靠的结果，因为它依赖于多种信息因素而不是单一类型。其中，单模态输入数据的转换结果称为边缘表征，是理想情况下用于发现潜在因素的方式，多种模态的潜在因素特征组成联合表征。

机器学习中的多模态融合策略大部分可以根据融合层的输入状态分为三种类型（如图 9-3 所示）：数据级融合（早期）、特征级融合（中期）、决策级融合（后期）。

在数据级融合的情况下，多个模态的数据源被转换到相同的信息空间中。在不同模态数据连接之前，通常需要对不同模态的数据进行矢量化或数值化转换，如对医学图像，可以根据面积、

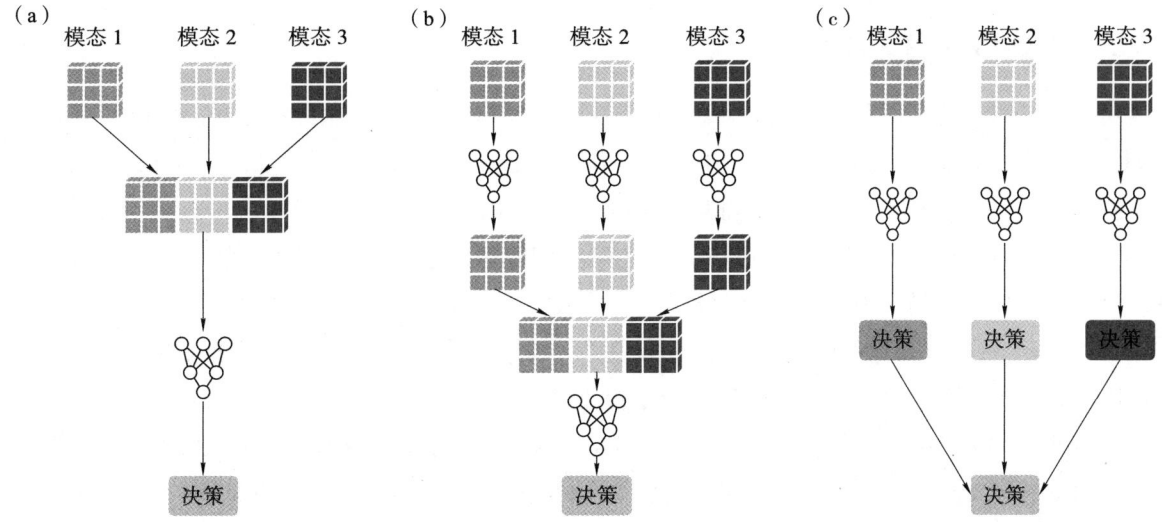

图 9-3 基于深度学习的多模态数据融合分析策略

（a）数据级融合策略，将连接向量作为输入，没有学习到边缘表征；（b）特征级融合策略，首先学习边缘表征，
并在之后的层将它们融合到网络中；（c）决策级融合策略，将各个模态的子模型决策结合起来

体积或结构计算得到数值化转换后的特征，对病理学报告可以执行矢量化转换。然后，这些转换后的非结构化数据可以与结构化数据源连接起来，输入到单个分类器中。典型相关分析（CCA）、非负矩阵分解、独立分量分析（ICA）和数值特征转换法常用于将所有模态数据转换为同一空间。数据级融合的优势在于其简单性，但可以从低级特征中学习到跨模态的关系。然而，因为边缘表征没有被明确地学习，这些方法可能无法识别在更深抽象层次上才明显表现的多模态关系。此外，数据级融合策略对不同的模态采样率十分敏感。

在特征级融合策略中，边缘特征以特征向量的形式被学习和融合，而不是原始多模态数据。边缘特征的学习可以分为同构设计和异构设计，其中同构设计是多模态边缘特征通过相同类型的神经网络（全连接神经网络、卷积神经网络等）学习的网络架构，而异构设计则是边缘特征通过不同的学习类型网络得到。显然，当模态是同质时，前者更为常见，而后者可以更好地处理多模态数据的异质性。特征级融合策略的优势在于可以灵活地找到融合边缘表征的正确深度和序列，以及更密切地反映模式之间的真实关系。因此，可以找到更有用的联合和边缘潜在因素。深度学习框架特别适用于特征级融合，因为可以将边缘表征连接到共享层来融合边缘表征，并将层次表征与自然世界对应起来。

在决策级融合策略中，不是组合原始数据或学习特征，而是将单独的单模态子模型的决策组合成最终决策。因为每个子模型都可以适应特定的模态，这种策略可以保证学习良好的边缘特征。此外，子模型的误差可能是不相关的，因此具有互补效应。但是，最终模型无法学习多模态对数据或特征级别的影响。我们根据子模型的决策如何聚合，进一步区分决策内容策略，如预测可以以相等或加权的方式来平均，或以贝叶斯方法来支持子模型之间的投票过程等，其中机器学习模型接收预测概率作为输入并学习，做出最终预测。

下面详细介绍不同融合策略的具体方法。

二、数据级融合策略

深度学习的成功某种程度上可以归因于其具有即使在特征数很高的情况下，也能很好地从大型数据集中学习的能力。然而，医学领域内的数据集通常具有较小的样本量，特别是与其维度相比。尽管如此，大部分已发表的工作都使用数据级融合策略。

1. 直接建模　数据级融合策略可以直接连接不同模态的输入特征，形式为 $x_{concat} = x_1 \| x_2 \| \cdots \| x_m \in \mathbb{R}^{\dim(M) \times 1}$，其中 x_i 是一种模态的输入向量，$\dim(M)$ 是模态集 M 的组合维数 ［图 9-4（a）］。生成的连接向量 x_{concat} 被输入到深度神经网络的第一层。神经网络不区分来自不同模态的特征。在这种方法中，模态间和模态内的相关性在低抽象层次上同时学习。

如果特征的顺序与学习任务无关，向量 x_{concat} 可以用全连接神经网络（FCNN）的输入层建模。如果输入特征的排序包含结构信息，如基因组数据或临床数据的时间序列，则可以将循环层或卷积层应用于级联向量。在这种情况下，序列信息也可以堆叠为每个样本的矩阵 $X_{matrix} \in \mathbb{R}^{m \times t}$，其中 m 是模态数，t 是序列步数 ［图 9-4（b）］，而不是串联的一维向量。例如，矩阵中的每一列可以代表基因组中的一个位置，而行代表模态。在卷积层的情况下，内核可以在矩阵上滑动来提取相关特征。在循环层的情况下，每一列都可以看作是一步。

2. 来自多模态自动编码器的隐藏空间表征　从 x_{concat} 中学习的另一种常用方式是找到低维度的联合隐藏空间表征，如重建原始输入的必要信息。自动编码器（AE）是能够通过编码器函数 $f(x)$ 和解码器函数 $g(z)$，以无监督学习的方式从输入 x 中学习此嵌入 z 的架构 ［见图 9-4（c）］。因为输入 x 的潜在因素可以解释条件概率 $p(y|x)$，AE 适用于多模态数据分析。AE 的目标是最小化重构损失函数，旨在使得经过编码器和解码器的输出逼近原始输入特征。如果 $f(x)$ 和 $g(z)$ 是线性函数，则 z 位于主成分子空间中，使得 AE 类似于主成分分析。但如果编码器和解码器是非线性的，并且数据中存在非线性，AE 可以将输入特征映射到比主成分信息量更大的低维空间的流形上。

医学数据上经常使用 AE 来学习联合表征，一旦学习到了联合表征 z，z 可以用于进一步建模。在预测癌症患者生存亚型的模型中，通常将多组学数据通过 AE 进行联合，表征学习之后使用单变量 Cox 比例风险建模进行特征选择，然后使用选定后的隐藏空间特征来推断每个患者的标签，通过无监督学习的方法预测患者的风险亚型。最终在这些的基础上训练了一个监督模型，用于预测训练不可见患者的数据。

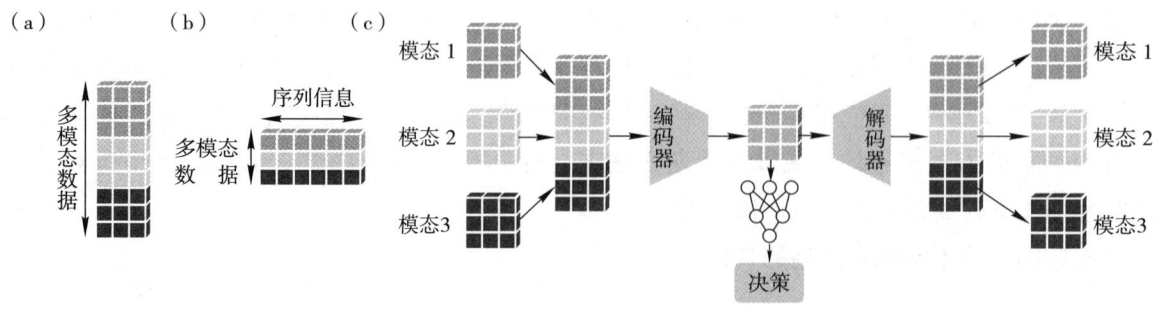

图 9-4　数据级融合策略

（a）非序列化数据直接融合方案；（b）序列化数据堆叠融合方案；（c）早期融合的常规 AE 架构

目前，在特征级融合中常用的 AE 形式有以下两种，一是堆叠自动编码器（SAE），即多个 AE 被堆叠并按顺序训练来重建前一个编码器的输出，可用于融合多模态数据，针对分类任务对架构进行微调；二是堆叠降噪自动编码器（SDAE），输入时加入噪声，然后通过重构去除噪声以逼近未损坏的向量 x，使得模型针对噪声具有鲁棒性，该类方法常用于高维多模态电子健康记录（EHR）数据的数据级融合，因为可以有效地在低维空间中表征患者特征，从而实现多种临床预测模型，如疾病的发作或病例回访日期的预测等。

三、特征级融合策略

数据级融合不知道特征对应的模态信息来源，但在特征级融合中利用这种先验知识。特征级融合策略的目的是学习每种模态的边缘表征，以发现模态内的相关性，然后再使用它们来学习联合表征或直接进行预测。特征级融合策略包括同构设计和异构设计。

（一）同构设计

1. 边缘同构融合 指的是具有相同类型的网络分支学到的边缘特征，可以连接后直接作为决策函数的输入。该类型方法能够有效地捕捉模态内的相关性，但在跨模态关系的建模上不足以解决问题，会降低数据融合的优势。然而，整体模型的复杂度降低了，从而降低了过拟合的风险。因此，如果各模态对结果的影响基本是独立的，选择边缘同构融合设计是有益的。该设计主要强调多模态数据的互补性和冗余性，对于合作性并不关心。

如果使用边缘同构融合来处理序列数据，通常使用多分支的递归层来提供良好的边缘特征，因为递归层能够输出编码可变长度的输入序列的边缘特征，可以有效地建模时间依赖性。目前常用门控递归单元（GRU）来学习多模态数据的边缘表征，然后串联起来使用分类器（如逻辑回归）来做出最终决定。

此外，每个模态可以通过单独的 AE 来学习边缘表征，然后应用特征级融合策略进行多模态数据融合。假设 m 是模态的数量，z_i 是由第 i 个模态相对应 AE 编码的隐藏空间特征，则这一组编码 $S = \{z_1, z_2, \cdots, z_m\}$ 可以连接成特征融合向量 $z_{\text{concat}} = z_1 \| z_2 \| \cdots \| z_m$［图 9-5（b）］进行进一步建模的输入。一般而言，z_{concat} 可以输入到深度神经网络（DNN）中，DNN 学习联合表征，使其成为联合融合方法。

2. 联合同构融合 在边缘表征被连接后，可以通过接在各单模态编码分支之后的多层神经网络学习联合表征，该种联合表征可以用于做出决策，并可以对跨模态交互进行建模［图 9-5（a）］。

一种常见的方法是使用多模态深度信念网络（DBN）来对多模态医学数据进行表征学习，DBN 可以被认为是堆叠的受限玻尔兹曼机（RBM），RBM 以无监督的方式对两层的联合分布 $p(x_l, x_{l+1})$ 进行建模，学到的表征可以作为 DNN 计算效率高的输入，用于更昂贵的监督算法进行微调，学习 $p(y|x)$。该方法已广泛用于药物再利用、癌症患者聚类和预测疾病 – 基因对。

第二种常见的方法是从一个单一的 AE 中，利用模态的特异性与跨模态的相关性，同时学习边缘表征和联合表征［图 9-5（c）］。该类型方法将各模态编码器的表征融合至一个潜在向量，进而应用于不同的预测任务，在许多泛癌症分类任务上有优异的表现。

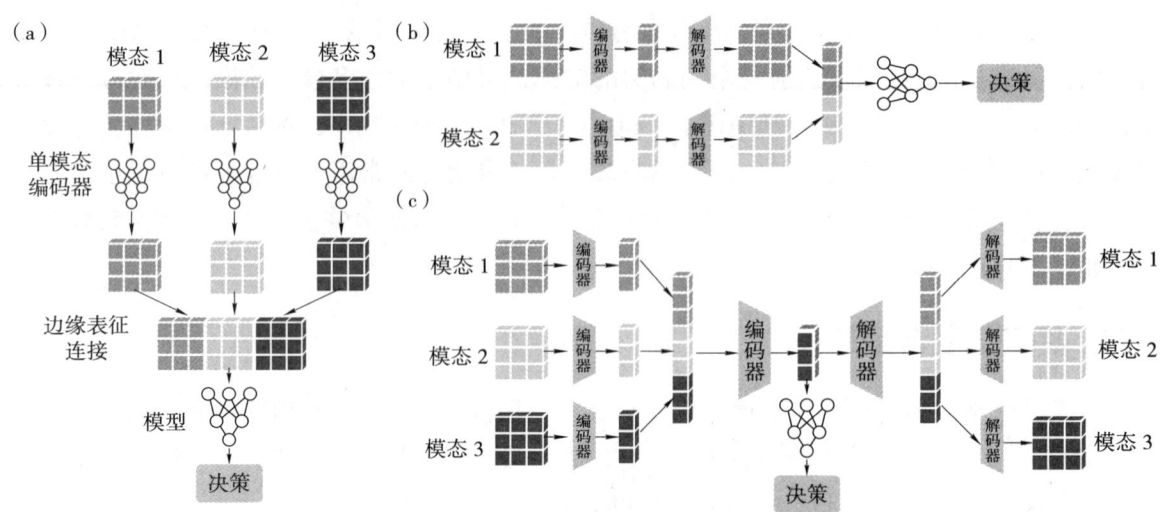

图 9-5　特征级同构融合策略

（a）联合同构融合普遍架构；（b）边缘同构融合 AE，其中边缘表示被连接输入到决策函数中；（c）联合同构融合 AE

（二）异构设计

1. 边缘异构融合　边缘异构融合设计使用不同类型的分支对不同模态进行建模，能够将异构数据转化为更好地代表更深层次特征的向量。与同构的中间融合策略一样，这种边缘表征可以简单地串联起来并输入到分类器中。

例如，设计一个基于计算机体层成像（CT）、临床数据和实验室测试的模型，通常是使用 CNN 对 CT 进行特征提取，然后与低维度的临床数据及实验室测试特征进行融合输入到分类网络中（图 9-6）。通常来说，在边缘异构融合中，通常是针对模态的一个子集，找到边缘特征（如例子中的 CT），然后与其他模态的原始数据相连接。在这些情况下，非编码的模态是低维的，不会受到维度诅咒的影响。因此，它们不需要通过潜在因素来表示。

2. 联合异构融合　通常情况下，合理的假设是不同的模态并不独立地影响目标变量，而是存在跨模态的互动，这些互动是有信息量的。在联合异构特征级融合中，这种关系是通过从边缘表征中学习特征的相互作用来模拟的。

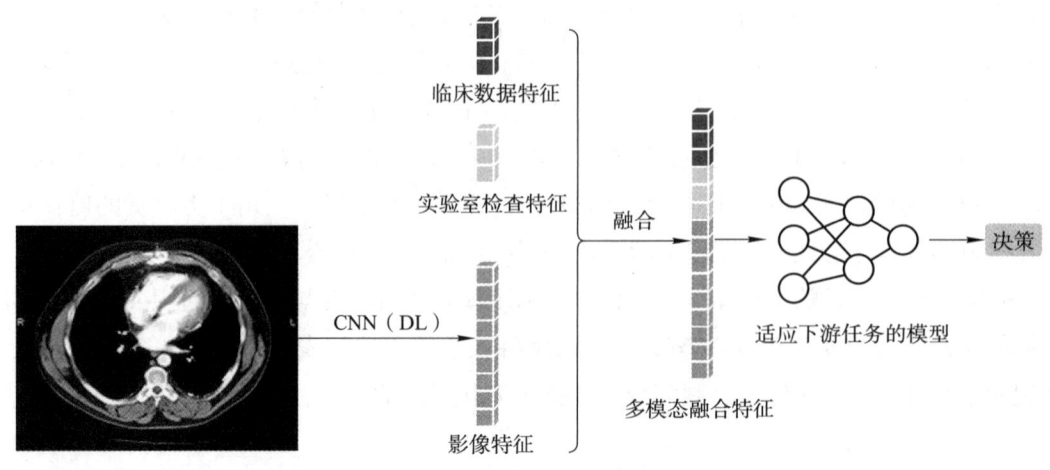

图 9-6　边缘异构融合示例

这些相互作用可以通过首先串联边缘表征并在特定任务的输出层之前将此向量送入完全连接层来学习。如果是需要设计一个基于磁共振成像（MRI）、电子健康记录（EHR）、单核苷酸多态性（single nucleotide polymorphism，SNP）的模型，通常是使用 CNN 提取影像特征，使用 MLP 提取 EHR 特征，使用 SDAE 提取基因特征，然后融合后输入完全连接层，从而分析不同模态特征的贡献（图 9-7）。

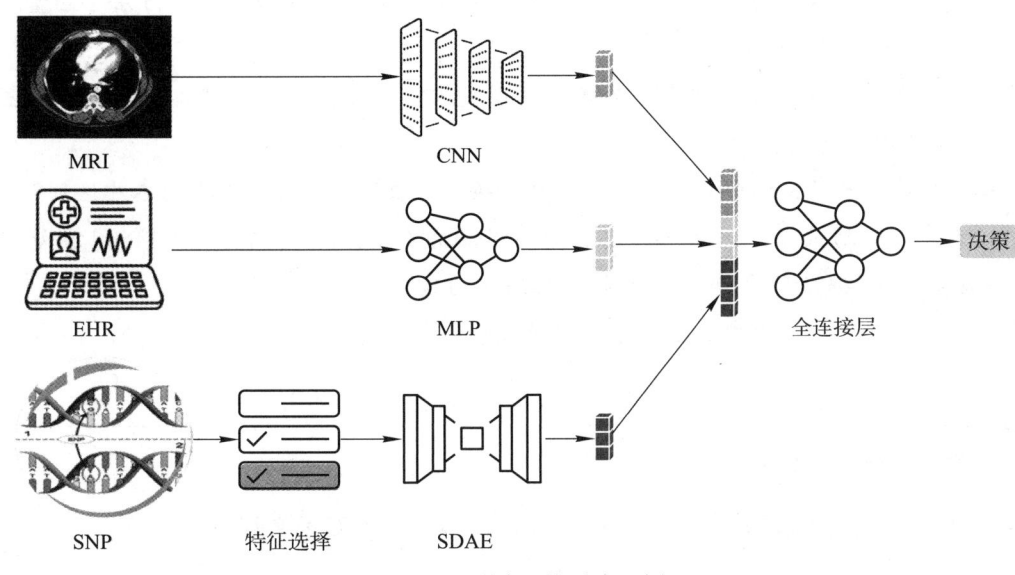

图 9-7　联合异构融合示例

在实践中，经常出现的问题是并非每个患者的每一种模态都被收集。如果整个模态都缺失，估算就会变得很有挑战性，而且只对完整的样本进行训练会限制训练集的大小，使用多任务网络来处理不同模态组合数据的可用性可以有效处理缺失模态数据。同时，对多模态在深度学习背景下可解释性的追求重要性日渐提升，目前常用方法有 Grad-CAM、注意力机制、基于梯度的可解释等，这些方法说明了特征级融合并不妨碍允许合理生物解释的模型。

四、决策级融合策略

在决策级融合中，为每个模态单独训练模型。这些子模型可以被优化，使其学习 $p(y|x_i)$，其中 x_i 是来自第 i 个模态的数据。由于每个模态的输入提供了不同的信息，而且子模型的构建方式也不同，因此每个模型所犯的错误并不是完全相关的。汇总预测概率的不同策略，从而利用每个模态的互补信息，融合异构模态。

汇总不同子模型决策的最简单方法是取各个输出的平均值。对于一个分类任务，这可能是对每个类别的 softmax 函数（归一化指数函数）的概率进行平均。这种方法假定每个子模型的贡献相同，因为没有对输出进行加权。为了避免假设所有的子模型都拥有同样的相关信息来预测目标，可以采用其他的聚合方法。许多方法显示不同模态对预测性能的贡献是不平等的，如何设定不同子模型的贡献程度是决策级融合的一大设计，例如，可以将子模型的预测权重作为参数进行学习，也可以通过不确定性对每个子模型的预测概率进行加权。另外，元学习方法可以学习不同子模型预测之间的复杂关系。在这种方法中，子模型的输出被输入到另一个分类器中，该分类器学习了预测之间的相互作用，以便做出更好的最终预测。尽管不同模态特征之间的相关性仍然无法学习，但跨模态（非）线性互动可以被有效建模。

（卜佳俊　王海帅）

🔍 思考题⋯⋯⋯○

1. 生物医学大数据表示学习的核心目标是什么？本章中提到的四种表示方法（向量／时序矩阵／图／张量）分别适用于哪些数据类型？

2. 为什么卷积神经网络在医学影像分析中表现突出？对比循环神经网络，两者在处理生物医学数据时的核心差异是什么？

3. 多模态生物医学数据融合的三种策略（数据级／特征级／决策级）有何本质区别？

4. 组学数据（如转录组学）为何可以用图神经网络（GNN）进行分析？GNN 在处理单细胞数据时如何应对"高维稀疏性"和"细胞标签稀缺"问题？

5. 多模态融合在医疗应用中面临哪些关键挑战？

🅔 数字资源详见　新形态教材网

🗺学习目标　　🖥内容提要　　📄本章小结　　🖨参考文献

大数据在健康医疗领域的应用

人群遗传学

思维导图

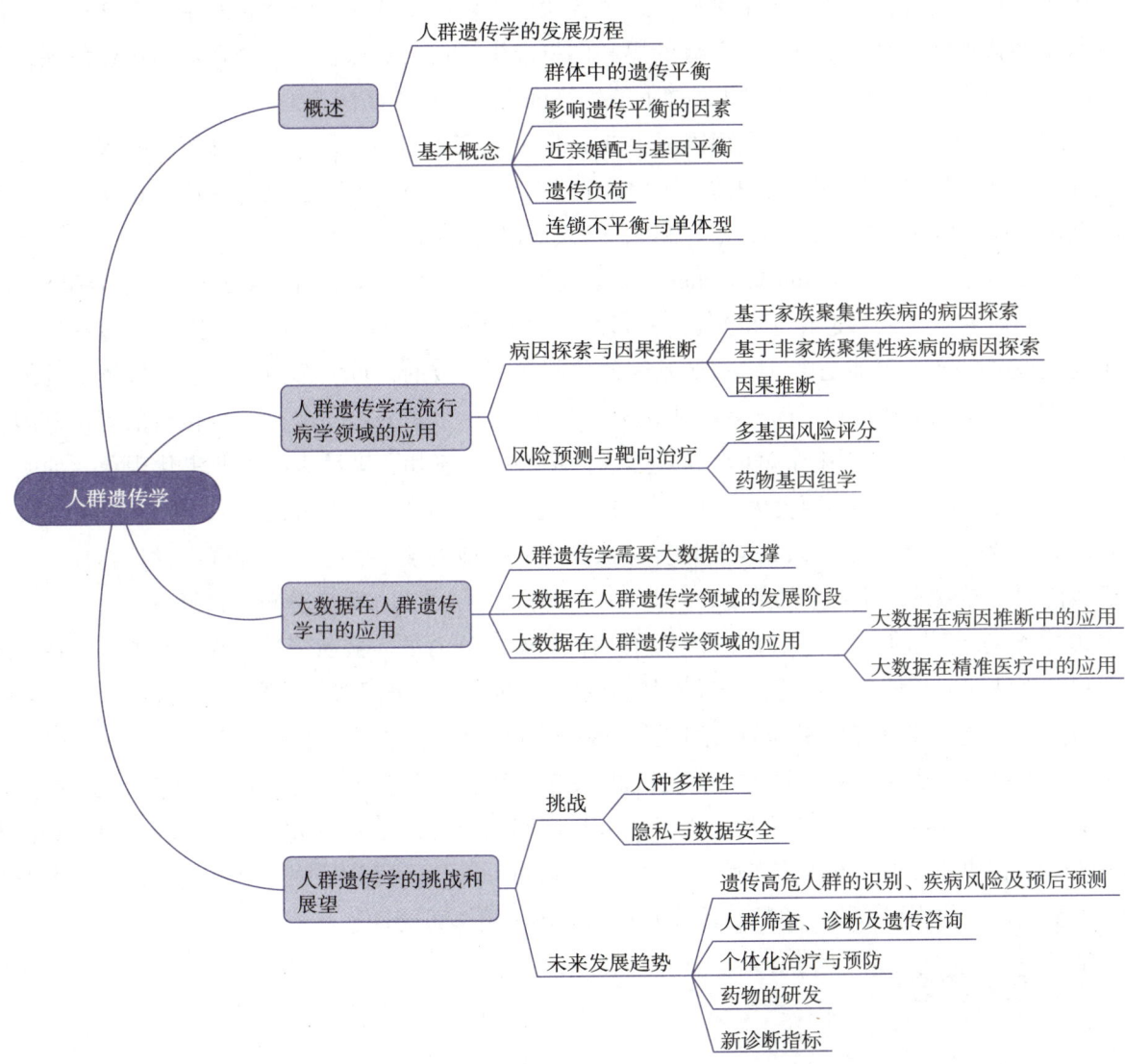

人群遗传学
- 概述
  - 人群遗传学的发展历程
  - 基本概念
    - 群体中的遗传平衡
    - 影响遗传平衡的因素
    - 近亲婚配与基因平衡
    - 遗传负荷
    - 连锁不平衡与单体型
- 人群遗传学在流行病学领域的应用
  - 病因探索与因果推断
    - 基于家族聚集性疾病的病因探索
    - 基于非家族聚集性疾病的病因探索
    - 因果推断
  - 风险预测与靶向治疗
    - 多基因风险评分
    - 药物基因组学
- 大数据在人群遗传学中的应用
  - 人群遗传学需要大数据的支撑
  - 大数据在人群遗传学领域的发展阶段
  - 大数据在人群遗传学领域的应用
    - 大数据在病因推断中的应用
    - 大数据在精准医疗中的应用
- 人群遗传学的挑战和展望
  - 挑战
    - 人种多样性
    - 隐私与数据安全
  - 未来发展趋势
    - 遗传高危人群的识别、疾病风险及预后预测
    - 人群筛查、诊断及遗传咨询
    - 个体化治疗与预防
    - 药物的研发
    - 新诊断指标

第一节　概　述

一、人群遗传学的发展历程

群体遗传学主要研究等位基因频率和基因型频率如何随时间在种群内部或种群之间发生变化，是一门关于孟德尔定律及相关遗传学原理应用于生物群体的学科。人群遗传学属于群体遗传学的子领域，两者发展历程存在相似之处。群体遗传学的基本研究单位是种群，而人群遗传学则聚焦于人群。

与群体遗传学类似，人群遗传学将孟德尔遗传和生物统计学模型相结合。在 1900 年重新发现孟德尔定律前，遗传学上的一种常见假设是融合遗传，该假设认为不同性状的亲代杂交后，子代的性状是亲代性状的平均结果，即父母的黑和白将产生子代的灰。若按照融合遗传假设发展，遗传变异将会迅速消失，自然选择和性选择下的生物进化也将不复存在。

1908 年，英国数学家 Hardy 和德国医生 Weinberg 发现了遗传平衡定律，即等位基因频率在没有选择、突变、迁移和遗传漂变的情况下将保持不变。这一原理证明了融合遗传的错误，并为孟德尔遗传群体如何保持遗传变异提供了答案，是人群遗传学的起源。

之后在英国统计学家 Ronald Fisher、英国遗传学家 J. B. S. Haldane 和美国生物学家 Sewall Wright 等的研究下，人群遗传学得到进一步发展。1930 年，Fisher 在《自然选择的遗传理论》中指出连续变异的产生可能是由许多离散基因的共同作用导致的，自然选择可以改变群体中的等位基因频率，以实现生物进化。Haldane 利用数学理论，研究各种条件下单个基因位点的等位基因频率变化，并将统计分析应用到现实世界自然选择案例中，例如，桦尺蛾的工业黑化现象，证明自然选择系数比 Fisher 假设的要更大，可以促进生物进化。1932 年，Wright 提出适应度地形（fitness landscape），发现了近亲繁殖系数及其计算方法，之后，他将该方法运用到种群中，计算种群之间随机遗传漂变导致的近亲繁殖的数量，并与 Fisher 一起开创了基因频率分布的计算方法。

20 世纪 60 年代前，由于人群寿命和进化时间较短，当时的人群遗传学主要涉及遗传结构短期的变化，无法研究长期进化后遗传变异和基因变异。1983 年，美国遗传学家 Kreitman 将 DNA 测序技术应用于果蝇，发现黑腹果蝇的乙醇脱氢酶基因位点存在核苷酸多态性。之后，基因测序技术被应用到人群中，遗传学家们通过检测 DNA 的核苷酸碱基序列来研究自然种群中的遗传变异。

随着 DNA 分析技术的飞速发展，尤其是人类基因组计划的完成和功能基因组研究的开始，人群遗传学正在快速发展，基因多态性（gene polymorphism）与疾病关联性等研究成果在基因水平上为人类重大疾病的病因识别、诊断、治疗和预防提供了更多可能性。

二、基本概念

（一）群体中的遗传平衡

群体（population）又称为种群或孟德尔群体（Mendelian population），指生活在某一地区范围内，并能够互相交配的同一物种的所有个体。

1. 基因频率和基因型频率　研究群体的遗传结构及其变化规律，首先需要分析群体基因库中的基因频率、基因型频率及两者的关系。一个群体所具有的全部遗传信息称为基因库（gene pool）。群体的遗传结构指群体基因库中基因和基因型的种类和频率。

基因频率（gene frequency）又称等位基因频率（allele frequency），指群体中某一基因占该基因座位上所有基因的比例，某基因座位上出现的所有等位基因的频率之和等于 1。

基因型频率（genotypic frequency）指某一个基因型个体在所研究群体中的所占比率。根据群体中基因型个体的数量，可计算不同基因型的频率。

假设一个群体，个体数为 n，某个基因座位上分别有 A 和 a 两个等位基因。基因型 AA 的个体数为 n_1，基因型 Aa 的为 n_2，基因型 aa 的为 n_3，频率用 frequency 的首字母缩写 F 来表示。A 等位基因频率用 p 表示，a 等位基因频率用 q 表示。

基因型频率的计算为

$$F_{(AA)} = n_1/n, \ F_{(Aa)} = n_2/n, \ F_{(aa)} = n_3/n$$

$$F_{(AA)} + F_{(Aa)} + F_{(aa)} = 1 \tag{10-1}$$

基因频率的计算为

$$F_{(A)} = p = A\ 基因的总数\ /\ 基因总数$$
$$= (2n_1 + n_2)/2n$$
$$= F_{(AA)} + F_{(Aa)}/2$$
$$F_{(a)} = q = a\ 基因的总数\ /\ 基因总数$$
$$= (2n_3 + n_2)/2n$$
$$= F_{(aa)} + F_{(Aa)}/2 \tag{10-2}$$

上述公式适用于共显性和不完全显性情况。如果等位基因有显隐性之分，纯合显性与杂合显性个体在表型上无法区分，上述方法不适用；但当群体达到遗传平衡时，可应用遗传平衡定律推算相应的基因频率。

2. 遗传平衡定律的定义及假设　1908 年英国数学家 Hardy 和德国医生 Weinberg 分别用数学方法研究群体遗传结构的变化规律，得出一致结论：在一定条件下，群体的基因频率和基因型频率在世代传递的过程中保持不变。这就是著名的哈迪 – 温伯格平衡（Hardy–Weinberg equilibrium），又称为遗传平衡定律（law of genetic equilibrium）。遗传平衡群体必须满足以下条件：① 群体很大；② 进行随机交配而不是选择性交配；③ 没有自然选择；④ 没有发生突变；⑤ 没有大规模的个体迁移及随机遗传漂变存在。利用 χ^2 检验可以判断群体是否符合遗传平衡。一般情况下，大多数群体都是遗传平衡群体。一个遗传不平衡的群体经过随机交配，一代以后即可达到遗传平衡。

假定一个群体有等位基因 A 和 a，基因 A 的频率为 p，基因 a 的频率为 q，$(p+q)^2 = 1$，根据数学原理，将此二项式展开，可获得 Hardy–Weinberg 遗传平衡数学公式：

$$p^2 + 2pq + q^2 = 1, \ p + q = 1 \tag{10-3}$$

其中，$F_{(AA)} = p^2$，$F_{(Aa)} = 2pq$，$F_{(aa)} = q^2$。对于三个复等位基因 a_1、a_2、a_3 来说，若它们的频率分别为 p、q、r，在达到遗传平衡时基因型频率为 $(p+q+r)^2$ 的展开式。

Hardy–Weinberg 遗传平衡定律重要的医学应用是通过疾病表型频率（基因型频率）确定等位基因频率和杂合子频率，了解疾病基因在人群中的分布，以及对遗传病的诊断和预防进行指导。

（二）影响遗传平衡的因素

1. 突变 基因编码的特异蛋白质是人体组织器官的重要组成部分，因此遗传物质发生改变将使重要蛋白质（酶或结构蛋白）结构和/或功能异常而引起疾病。广义地说，突变（mutation）是遗传物质中任何可检测到的改变。突变的范围很广，可从单个碱基的替代到染色体的大片段改变。

突变在体细胞和生殖细胞中均可发生，但是只有生殖细胞的突变能通过配子传递给下一代，在后代个体的体细胞和生殖细胞中发生同样的改变。突变导致的遗传变异性在自然选择中也能发挥作用，并引起人群遗传结构的改变。突变可以发生在基因或染色体水平。发生在基因水平的突变称为基因突变（gene mutation）；染色体结构和数目的改变称为染色体突变（chromosome mutation）或称为染色体畸变（chromosome aberration）。

基因突变可以发生在 DNA 序列的任何区域，包括一对或多对碱基对的替换、增加或缺失。突变对编码产物的影响可以从毫无影响到功能完全丧失。常见的突变类型有点突变（point mutation）、错义突变（missense mutation）、无义突变（nonsense mutation）、移码突变（frameshift mutation）。染色体突变包括染色体数量和结构的异常，数量异常可分为整倍体与非整倍体改变；结构异常包括缺失、复制和染色体部分重排。重排又分为染色体片段倒置或移位，后者可发生两个非同源染色体的大片段 DNA 互换。

2. 选择 此前我们假定在群体中的全部个体对下一代的贡献都等量，事实上，每个个体在生活力和生殖力上均不同，因此它们各自供给下一代的配子数量也不相同。当一个基因受到选择时，它在子代中的频率与在亲代中的频率不相同，因为不同基因型的亲体不等量地把它们的基因传给下一代。这样选择作用就使基因频率发生变化，从而使基因型频率也发生了变化。在基因上的选择就是选择性地淘汰带有这些基因的某一种基因型，这可以通过降低生活力或生殖力来起作用。不论哪一种情况，结果都相同，受到选择淘汰的基因型对形成下一代合子的配子供给量减少。所以我们把基因频率的变化作为在亲代合子中跟在子代形成的合子中基因型的计数之间所发生的变化来表示，即选择强度。选择强度是以选择系数 s 来表示，它是一种特定的基因型跟一种标准的基因型（一般是最有利的一种），在配子供给上减少的比率。那种有利于选择的基因型的供给量定为 1，而那种不利于选择的基因型的供给量则为 $1-s$。

3. 迁移 生物界普遍存在迁移现象。在这里我们主要讨论个体在群体间的迁移。一个迁出的个体将它的基因型带离群体，另一个迁入的个体将它的基因型带入群体。如果迁出个体与迁入个体基因型频率不同，净迁移就会造成群体的基因型频率发生变化，同时也会造成等位基因频率的净变化，也就是一个群体中的部分个体从该群体迁移到另一群体，并与新群体中的个体一起进行交配繁衍。这就会使新的群体在基因频率上发生变化。

4. 随机遗传漂变（random genetic drift） 亦称遗传漂变，是指群体中世代间基因频率的随机变化最终会导致一个等位基因的固定或丢失，成为某个等位基因的纯合子。很显然，如果一个群体各世代参加繁殖的个体数目都一样大，则上下代间基因频率必将十分相似。相反，如果某代只有很少数量的个体参加繁殖，则下一代的基因频率将可能与上代有较大的偏离。

群体越小，越可能产生基因频率的较大改变，甚至可造成某一基因的固定（频率为 1）和另一基因的丢失（频率为 0）。因此群体大小对保种工作是十分重要的。这种随机改变有可能发生在人群的每个家庭中。这种统计波动的积累作用过程称为随机遗传漂变。经过若干世代后，这种漂变能导致某个群体中某个等位基因频率的显著变化。随机遗传漂变的作用具有普遍性，其中包括遗传变异的减少。当人群中遗传变异减少时，他们会变得更加纯合，导致杂合子的减少。通过监测杂合子频率的减小，就可以研究漂变的作用。

漂变只在小群体发生，且群体愈小，漂变引起基因频率的变化愈大。由于漂变是小群体繁殖过程中随机误差引起的，因而它的效应是随机的。

（三）近亲婚配与基因平衡

1. 近亲婚配 近亲繁殖或近交是栽培植物经常进行的一种交配系统，在有限群体中，如果实行随机交配，每一个体与任一异性个体交配的机会都是相等的，这时如果有两个异性个体具有共同祖先，这两个个体也将有同样的机会交配，而且群体愈小，两者交配的机会愈大。因此在小群体中实行随机交配时，有亲缘关系的个体间交配（近交）是不可避免的。作为近交的结果，后代的基因型趋于纯合，于是各种基因都得以表现。对于人类或家畜群体，都是重要的。在人类中，由于基因型纯合，致使有害隐性基因得以表现，遗传病的发病率增大。

这里我们引用同源相同基因（genes identical by descent）的概念。因为有共同祖先亲属间的关系不论多么复杂，其实质（从遗传研究角度）都是两个体间有或多或少的基因依一定概率是它们共同祖先某些基因的复制品。因而可用同源相同基因来研究任何关系的亲属。

2. 基因平衡与 Hardy-Weinberg 定律 由于等位基因间的显、隐性关系，群体中变异的个体与正常个体婚配时，显性基因的作用能够把隐性基因的作用掩盖起来。因此，群体遗传学首先面临的一个问题就是，当群体容量足够大，且突变的等位基因频率很低时，因突变导致的隐性变异是否会逐渐消失。

假设群体某一基因座上有一对等位基因 A 和 a，其群体中等位基因频率分别为 p 和 $1-p$。如果一个个体所携带基因的两个拷贝是独立遗传的，那么 A 等位基因拷贝的数量将遵循一个二项分布，Binom（2，p），也就是说，三种可能的基因型（genotype）（aa，Aa，AA）的概率将遵循 Hardy-Weinberg 定律：$[(1-p)^2, 2p(1-p), p^2]$。根据 Hardy-Weinberg 定律，该群体常染色体基因座上的基因型比例，经过一个世代的随机交配后，就可以维持不变。在非同质的但是随机婚配的人群中，经过一个世代的随机婚配后也可以建立起这样的概率。

这个定律的前一部分证明起来很简单。从一个父亲或母亲传递的等位基因将有表 10-1 所示第 2 列中所示的概率。因此，如果父/母亲的基因型是从一个符合 A 等位基因频率为 p 的 Hardy-Weinberg 平衡的人群中随机抽取的，他或她传递 A 等位基因的概率为 p。因为双亲是独立传递等位基因的，那么子代也会有遵循 Binom（2，p）分布的基因型概率（表 10-1）。

表 10-1 从处于 Hardy-Weinberg 平衡状态下的人群中抽出个体，其某个等位基因传递的期望频率

父母基因型	基因型频率	传递等位基因 A 的概率	联合概率
aa	$(1-p)^2$	0	0
Aa	$2p(1-p)$	1/2	$p(1-p)$
AA	p^2	1	p^2
总和	1	—	p

进一步来证明定律的第二部分。假设父亲和母亲来自不同的人群，人群中等位基因频率分别为 p_f 和 p_m。根据上述讨论，父亲传递 A 等位基因的概率是 p_f，母亲是 p_m，那么子一代（F_1）基因型概率将不符合 Hardy-Weinberg 平衡，而是如表 10-2 中第 2 列所示。现在我们再考虑子二代会发生什么情况。如果 F_1 代随机婚配，每个成员传递给他或她子女的（F_2 代）A 等位基因的概率是 $\bar{p}$，那么如上文所述，F_2 代将有一个 Binom（2, p）的基因型分布，那么就又能满足 Hardy-Weinberg 平衡了（表 10-2）。

表 10-2　从混合人群 F_1 代中抽出个体，其某个等位基因传递的期望频率

父母基因型	基因型频率	传递等位基因 A 的概率	联合概率
aa	$(1-p_f)(1-p_m)$	0	0
Aa	$(1-p_f)p_m + p_f(1-p_m)$	1/2	$[(1-p_f)p_m + p_f(1-p_m)]/2$
AA	$p_f p_m$	1	$p_f p_m$
总和	1	—	$(p_m + p_f)/2 = \bar{p}$

随机婚配的假设是指任何一对个体的婚配概率与他们的基因型（当然，除了 X 染色体）或种族不相关。这在实际上很难严格遵守，因为夫妻倾向于在他们的种族内婚配，并且愿意选择与他们的性状（如身高）较一致的个体婚配，有些性状可能被一些特异的基因所影响。这样的非随机婚配在很多慢性病相关性状的遗传分析中通常是可以忽略的。然而，在某种程度上发生了非随机婚配，它的主要作用是减慢 Hardy-Weinberg 平衡（以及连锁不平衡）的收敛率，而不是扭曲平衡的分布。

（四）遗传负荷

由于突变对群体的遗传特性产生了重要影响，有必要研究作为生物进化前提下的遗传变异在群体中保持和变化的过程。此外，由于环境污染及原子能和平利用等，测定由辐射引起突变对群体危害程度的必要性也增加。由于这些原因，以群体适合度降低为研究对象的遗传负荷研究发展起来。一个种群所携带的有害变异的负担称为突变负荷。突变负荷是遗传负荷的组成部分。如果一个多态平衡由杂合体保持优势，则相对适应性不佳的纯合基因型也会产生遗传负荷，称之为分离负荷。

（五）连锁不平衡与单体型

连锁不平衡（linkage disequilibrium，LD）是相邻基因座位上等位基因的非随机性相关。当位于某一基因座位上的特定等位基因与同一条染色体另一基因座位上的某等位基因同时出现的概率高于或低于人群中因随机分布而使两位点同时出现的概率时，称这两个位点处于 LD 状态。

连锁不平衡有很多度量方法，它们均可以用来度量两个二态遗传位点间的相关关系，其中部分度量方法可以扩展到多个位点及多种状态的情况。目前常用的度量方法是用 r^2 和 D' 值表示连锁不平衡程度的。这两个度量的取值范围都在 0（连锁平衡）和 1（完全连锁不平衡）之间，但意义不同。

r^2 代表两位点在统计学上的关系，在某种程度上可看作 D' 的补充。若 r^2 等于 1，说明两位点

没有被重组分开，且等位基因频率相同。r^2 的数值表示一个位点可反映另一个位点信息量的程度；r^2 等于 1 称为完全连锁不平衡，这时两位点等位基因频率相同，只观察一个标记即可提供另一标记的全部信息。另外，在小样本中 r^2 也不会显著增加。目前，r^2 主要应用于关联分析中。

D' 又称为连锁不平衡系数（coefficient of linkage disequilibrium），当 $D' = 1$ 时，说明两个位点间没有发生重组，与 r^2 比较而言，当 D' 等于 1 时，两位点等位基因频率并不需要相同，它只反映最近一次突变发生后突变位点与邻近多态性位点的关系。如果 $D' < 1$，则说明这两个位点间发生过重组或新发生了突变，如果 D' 接近 1，则两位点间历史上发生重组的可能性很小；但如果 D' 处于中间值，则不可用该数值来比较两位点 LD 程度的差别。

单体型是指一条染色体上紧密连锁的多个等位基因的线性排列。SNP 单体型就是不同 SNP 位点上核苷酸碱基的线性排列，每一种线性排列称为一种 SNP 单体型。如果在某一段 DNA 片段上发现 10 个 SNP，理论上可能存在 1 024（2^{10}）种单体型，但由于 LD 的存在，实际发现的单体型数目往往远远小于理论值。

基因组中单体型的分布呈"块状"结构。这样的块状区域一般被称为"单体型区块（haplotype block）"。同一"单体型区块"中 SNP 间连锁不平衡，所有 SNP 有不同遗传的趋势。"单体型区块"间 SNP 个数不同，则单体型种类、"单体型区块"跨度也不同。着眼于"单体型区块"可以更好地阐明 LD 结构。如果"单体型区块"被确认，可以精确地检查那些在"单体型区块"中特异得不同于普通单体型的 SNP，这些特异性 SNP 被称为"单体型标签 SNP"（haplotype tag SNP，htSNP），其意义在于：只用少量 htSNP 就能代表"单体型区块"内绝大多数的常见单体型种类。所以 htSNP 成为了寻找致病基因的一条捷径。如果"单体型区块"被确认，可以发现特殊的 htSNP，从而捕获基因单体型或研究连锁不平衡区域。还可把每个"单体型区块"看作一个等位基因来进行 LD 分析。这样用"单体型区块"比用单个 SNP 更能精确反映生物基因组的多样性。用单体型代替 SNP 来定位疾病基因提供的 LD 图更清晰，也就是说用单个 SNP 分析研究 LD，产生的是杂乱的、非单调的图，而用单体型分析研究 LD，产生的是清晰的、单调的、有梯度的图。

第二节　人群遗传学在流行病学领域的应用

人群遗传学是现代医学领域备受瞩目的研究科目，其应用范围广泛，包括病因研究、因果关系推断、风险预测和靶向治疗等多个方面。在病因研究和因果关系推断方面，人群遗传学提供了强大的工具。一方面，通过家系研究，它能够识别遗传危险因素或疾病基因，为遗传咨询和健康干预提供依据；另一方面，人群遗传学借助全基因组关联分析和孟德尔随机化研究，可为揭示复杂表型之间的因果关联提供参考。在风险预测和靶向治疗方面，人群遗传学为精准医疗带来了新思路。基于基因组数据和多基因风险评分，人群遗传学可实现个体患病风险水平的精准预测，为医生制订个性化的健康管理计划提供依据；基于药物基因组学分析等技术，人群遗传学可指导开发针对特定人群甚至单个个体的个性化药物治疗方案，为靶向治疗与精准医学提供方向。接下来，我们将详细介绍各种应用中所涉及的技术方法。

一、病因探索与因果推断

（一）基于家族聚集性疾病的病因探索

1. 家族（系）研究

（1）概述：家族研究（family study）指的是对一个家族或一组家族的流行病学研究。在遗传学中，对表现出不寻常特征的家族进行研究的步骤包括：在不考虑特定遗传模型的情况下，确定某疾病或性状是否存在家族聚集性；如果存在家族聚集性，则需要进一步判断引起家族聚集性的原因（共同的环境因素作用、教养传递、生物遗传的易感性）；如有生物遗传的作用，需要分析遗传易感性的遗传机制。家系研究可以评价遗传性状（疾病）的家庭聚集性，并判断产生原因，可以检验其遗传模式和传递规律，可以研究相应的遗传标志物和易感基因，并定位疾病基因，也可以评价基因 – 基因交互作用和基因 – 环境交互作用等。

研究一个性状是否受遗传因素影响时，首先要判断是否存在该性状的家族聚集现象，家族聚集性指的是在一些含多个成员的家族中，某病发病率高于全人群的发病率或与家族成员间的某个连续性状正相关。在人群遗传学研究中，下列结果通常提示可能有家庭聚集性：① 患者亲属的患病率或发病率大于普通人群的患病率或发病率；② 患者亲属的患病率或发病率高于对照亲属的患病率或发病率；③ 患者亲属的患病率或发病率随亲缘等级升高而升高；④ 有家族史患者亲属的发病风险高于从群体甲随机抽取患者亲属的发病风险；⑤ 对某些数量性状，亲属对之间的相关程度大于非亲属对之间的相关程度。家族聚集性的原因包括：疾病或性状受遗传因素影响，疾病具有传染性，家族成员间相似的生活条件或行为，或以上因素相互作用的结果。若某病的发生与遗传有关，则表现为家族（或种族）高发现象；反之，若无家族聚集现象，则可能与遗传无关。对于一种疾病 / 性状在家庭中的聚集现象，除了需要考虑可能的偏倚与混杂并进行适当的处理外，通常可能有三种解释：① 患者家庭中有致病基因的存在并传递给下一代，导致疾病在家庭内聚集；② 子代通过学习或模仿亲代的一些致病行为、生活方式等危险因素即家庭教养，导致教养在家庭中传递，疾病表现为家庭聚集；③ 家庭中各成员有共同或相似的生活环境，他们暴露在同一危险因素的环境中，导致疾病家庭聚集。

（2）设计实施：家庭聚集性是人群遗传学研究的一个中心问题。家族聚集性分析为某病与遗传有关的可能性提供重要信息，但不能区分这种聚集性是由遗传所致，还是由环境因素所致。研究一种疾病的发生是否存在家族聚集现象，可以用现况研究、病例对照研究或队列研究来设计资料。常用的分析方法有：① 比较患者亲属与一般人群所研究疾病的患病率或发病率，若前者高于后者，则提示该病有家族聚集性；② 比较患者亲属与对照亲属中研究疾病的患病率或发病率，若前者高于后者，则存在家族聚集性；③ 患者亲属所研究疾病的患病率或发病率若随亲缘级数的降低而降低，如Ⅰ级亲属 >Ⅱ级亲属 >Ⅲ级亲属，则表明该病存在家族聚集性；④ 某些数量性状如血压水平等，若亲属对之间的相关大于非亲属对，则提示该性状存在家族聚集性。

在家族研究法中，研究人员用病例对照的设计募集先证者的亲属，为了获得更详细的评价，通常包括以下内容：对亲属的直接调查，获取医疗记录来证实报告的病例，对与疾病关联的生理特征或遗传标志进行临床或实验室评价。这种研究设计花费很高，随访和收集亲属的队列需要相当多的资源。这种设计也有许多优点：① 可以直接检查亲属中疾病的结局；② 可收集到每个亲属的危险因素和暴露的信息；③ 如果进行实验室检查（如生化分析和遗传标志物检测），可以更全面地评价遗传和环境因素，还可对家族资料进行分离分析和连锁分析。

（3）需要注意的问题

1）确证偏倚，因为所有家系都是通过患病或未患病个体确证的，因此在遗传学模型的分析中必须考虑这一点。

2）参与研究的亲属中存在选择和参与偏倚，和非患者亲属相比，患者亲属的优先参与可能导致真实的疾病频率被高估，同时也存在病例亲属和对照亲属参与率不同的可能。

2. 双生子研究

（1）概述：双生子分析是分析在疾病发展中遗传因素与环境因素作用大小的有效方法之一。双生子分为同卵双生（monozygotic twin，MZ）和异卵（双卵）双生（dizygotic twin，DZ）。同卵双生也称单卵双生，是由同一受精卵分裂而来，所带基因相同。异卵双生是由两个卵接受不同精子受精发育而成，在遗传特点方面无异于两次妊娠。因此，可以通过比较在相似或不同环境中成长起来的同卵双生子及异卵双生子某一疾病或性状发生的一致性，来判断遗传与环境因素的作用。因为在相似环境下成长的同卵双生子性状的差别可认为与环境因素有关；而异卵双生子性状的差别可认为由遗传与环境因素两者所致。在相似和不同环境下成长的同卵双生子，其某种性状或疾病的不一致可认为是环境因素对相同基因的影响导致的。

通过比较同卵双生子与异卵双生子，可以估计遗传和环境因素在决定性状或疾病作用中所占的比例，即计算遗传度大小。通过计算遗传度估计值，可以帮助我们确定进一步探讨性状或疾病致病机制的研究方向。即如果得到的遗传度估计值较高，则提示在本研究人群中，性状或疾病由遗传物质决定的比例较大，那么在此人群中进一步开展基因多态性的研究就有可能达到目的。相反，如果遗传度估计值很小，说明性状的变异主要是由环境因素造成的，则可以将研究重点放在相关环境因素上。作为特殊的家系，在异卵双生子人群中还可以开展在一般家系中开展的传统人群遗传学研究，如关联和连锁分析，同时在控制年龄和宫内环境混杂方面具有天然优势。

（2）设计实施：双生子研究有两种基本的类型，即双生子的队列研究和双生子的一致性研究。在双生子的队列研究中，可以利用双生子出生登记系统建立双生子的出生队列，并随访获得其疾病结局。在双生子一致性的研究设计中，通过所研究的疾病登记系统确证双生子的一方，通过广告或其他方式获得另一个双生子的疾病状况。双生子也可用来研究连续的表型变量。此时，选择随机双生子对的样本较合适，分析方法为方差组分方法的一个特例。

在对二分类性状进行双生子分析中，最有意义的参数为 MZ 和 DZ 的一致率（concordance）。在假定 MZ 和 DZ 共享相同环境因素的前提下，通过这两个参数的比较可以推导遗传度的估计值。为了消除性别的影响，通常把 DZ 限制为同一性别。一致性可以看作假定双生子中的一个患病，另外一个也患病的条件概率。如果 MZ 较 DZ 有较高的一致性，就提示了该疾病遗传基础的证据。相反，MZ 间的任何不一致都使研究者得出危险性中一定有环境因素的部分作用。因为 DZ 间和全同胞间都共享约 50% 的基因，DZ 和全同胞对一致性的比较结果可显示共享环境因素的作用，DZ 间较高的一致率提示共享环境因素的作用。现在广为使用的三个一致性定义：

1）病例一致率：$2C/(2C+D)$，其中 C 为都是患者双生子对的数量，D 为患病状况不一致的双生子对数量。这是双生子中的一个为患者时，另一个也是患者的概率估计值。

2）成对一致率：$C/(C+D)$ 是完全确证时双生子中患病状况一致的双生子比例。在单独确证时，C 应除以 2。

3）先证者一致率：$(C + 2C_2) / (2C_2 + C_1 + D)$，其中 C_1、C_2 分别是一致的有 1 个为先证者和 2 个都是先证者的双生子对数，D 为不一致的双生子对数。这是双生子中有一方患病时另一方患病风险的估计值。

具体采用何种方法取决于所要解决的问题，如在一般的遗传咨询中，人们关心的是有患病的孪生子时，未患病的另一方发病危险度，此时用病例一致率较合适。如果假定双生子中至少有一个为患者，想知道是否两个都为患者时，依据抽样框架而选择成对一致率或先证者一致率较合适。

双生子研究设计可扩展为双生子的养子研究和双生子家系研究。双生子养子研究要识别被分开抚养的双生子。这样，每个研究对象都有两类父母，即亲生父母（生物学父母）和养父母。该设计还可只收集双生子的表型资料，然后通过比较一起抚养和分开抚养的信息，在无须假定 DZ 和 MZ 的环境因素相同的情况下，就可以估计出基因和共同环境的影响，此时假定一起抚养和分开抚养双生子的疾病危险基线水平一致。如果还能获得亲生父母和养父母的信息，将使研究设计有更高的研究效力。

双生子研究设计可用于许多情况：① 一致的双生子对极可能为相同基因携带者，是分离分析和连锁分析确定遗传家系的极其有效的方式。② 双生子和其配偶为标准的病例对照设计提供一种新的变形，可以在病例和其未患病的孪生子、双生子及其配偶间进行比较分析。③ 在已检测个体基因型而又无法找到病例的病例对照研究中，可以将患病不一致双生子中未患病的一方也作为病例。当需要对表型进行鉴定，而疾病的进程能歪曲其表型时，双生子中未患病的一方较病例能提供更为精确的表型测量。④ 将异卵双生子和其非孪生同胞进行比较，两类人共享的遗传程度相同。对双生子而言，其在母体子宫内的环境相同，儿童期的生活环境也极其相似。⑤ 可以比较患病一致和不一致双生子对的共同环境因素，将一对双生子作为一个观察单位。在患病一致的双生子对中共同的因素可被认为是危险因素。同卵和异卵双生子对之间相对危险度的差异是存在交互作用的证据。

（3）需要注意的问题：双生子研究中存在的问题是除了较难判断是否为同卵双生子外，还有一些来源于难以控制的出生前/后潜在的混杂因素。和 DZ 相比，MZ 间可能存在植入模式、宫内的位置、分裂的次数、产前的循环和生存的模式及分娩的结局等差异。即使遗传因素是决定该疾病的主要危险因素，上述的差异也可能降低 MZ 间的一致性。另一方面，和 DZ 相比，MZ 因为身体和相貌上的相似性，出生后的偏倚可能包含环境暴露方面的相似性。这可能导致在和 DZ 间的一致率进行比较时，即使在决定危险性因素中遗传的比重很小的情况下，也会高估 MZ 间的一致率。目前，有些国家建立了双生子登记系统，当双生子的登记是自愿时，由于存在自我选择的偏倚，招募的 MZ 要比 DZ 多。另外，当双生子被招募时，女性通常较男性更愿意当志愿者。这些选择偏倚可能会缩小双生子间环境的变异，而高估遗传因素的作用。

双生子研究方法一直在不断发展。最初，研究者只是单纯利用双生子来定量估计遗传作用的大小，估计遗传度的方法也是较简单地利用双生子组内相关系数的方法以及方差分析法。随着生物统计学的发展，研究者不仅可以应用最大似然分析法得到更可靠的遗传度估计值，还可以用模型拟合方法将影响性状表型变异的因素进一步分解，用纵向数据模型探讨遗传度的年龄别差异以及年龄别基因的表达，用生物统计学模型研究遗传度的性别差异，用多变量模型拟合方法探索多个变量之间的遗传和环境关联，用因子分析对具有多种性状表达特点的综合特征进行提炼归纳，找出其内在本质特点等。

人群遗传学方法中一个扩展的领域是使用以人群为基础的家谱图（genealogy）。这种研究现在只有在能获得准确家系资料的人群中具有可行性。该研究设计依赖于确证社区中所有的或绝大多数的个体间遗传的关联，将每一个人放置在至少一个的多代家系图内，这样两个个体之间的遗传距离可以根据亲缘系数来测量。家谱图方法的优点在于能随着时间的推移追踪整个研究群体，而不必如病例对照研究一样通过患病的个体确定研究对象。但这种方法需要满足如下条件：① 能确证感兴趣的人群和个体间所有家系的关联；② 能确证个体健康状况的结局（通过直接观察或健康登记系统）；③ 能获得关于个体的生命事件以及与研究的疾病或性状有关的危险因素的信息。这种家谱图信息允许计算先证者与该人群的遗传关联系数，而且系谱的指数在家族聚集性研究中也很有用。例如，如果在一个封闭的人群中一种罕见的疾病有很强的家族聚集性，所有或大部分的病例可能共享了共同的遗传缺陷，分析结果就会呈现病例组的亲缘系数高于对照组的亲缘系数。然而，归因于环境因素的家族聚集性也能得到和病例间共享基因类似的分析结果。

（二）基于非家族聚集性疾病的病因探索

1. 候选基因关联分析

（1）概述：候选基因关联分析是根据某些间接线索（如连锁分析的结果或者基因表达产物的功能信息等）选定一个或几个候选基因，借助于直接测序或等位基因特异性扩增等实验方法，通过比较病例和对照群体的基因序列差异，来确定这些候选基因与患病状态或数量性状间是否存在关联。这种研究有两种结论可能性：一是变异序列即为致病基因序列，即直接关联；二是变异序列并非致病基因序列，两者存在连锁不平衡，即间接关联。

（2）设计实施：候选基因关联分析设计类型包括常见的传统流行病学设计，如以人群为基础的病例对照或队列设计，也包括基于家系的关联分析，如病例双亲三联设计，病例父母－祖父母设计或一般谱系分析等。

病例对照研究是遗传流行病学中最常用的关联分析设计之一。该设计的核心思想是在具有可比性的病例组和对照组之间，比较候选位点的等位基因频率差异，以判断候选基因与疾病是否相关。通常，对照组是从来自病例的源人群中随机抽样得到的，并且需要按照混杂因素与病例进行匹配。候选基因关联分析数据分析方法与病例对照研究的标准流行病学分析方法相同，可采用比值比、单因素卡方检验及多元 logistic 回归等方法对数据进行分析。在进行病例对照研究时，常会涉及人群代表性的问题。这里的代表性指的是所测量的等位基因频率与源人群中等位基因频率相一致，并且研究对象最好是通过普查或随机抽样获得的。通常，获取有代表性的病例样本相对比较容易，而对照的选择就相对较为困难。为确保关联结论的合理性，对照的选择应具备人群代表性，或与病例来自相同的人群，且选择应与病例的选择同期进行。此外，还可以通过种族、地区、年龄和性别等因素进行匹配。总之，进行遗传流行病学研究时，选择对照必须谨慎，以避免人群分层而导致偏倚，甚至产生虚假的关联结论。

队列研究设计也被用于候选基因关联分析，其优势在于能直接获得发病率，进而计算效应值。然而，队列研究需要招募大量的研究对象，采集并保存海量的生物学样本，并长期观察和记录研究对象的疾病结局。这是一项庞大的工程，需要投入大量的人力、物力、财力和时间，其组织与后勤工作同样具有挑战性。由于随访时间较长，研究对象的依从性不易保持，并且可能出现失访偏倚。在随访过程中，未知变量的引入（如环境变化、其他干预措施的引入等）或已知变量的改变（如原有吸烟者戒烟）都可能影响研究结局，进而增大分析的复杂性。

病例双亲三联设计是基于家系关联分析设计中的一种常见方法。该设计以患者的双亲为对照，检验与疾病发病有关的遗传标志或者与其相邻位点存在连锁不平衡的等位基因关系，并可评价环境暴露与基因之间的交互作用。该研究可采用传递不平衡检验（transmission disequilibrium test, TDT）分析来研究遗传标志物与疾病质量表型、数量表型的关联。TDT 分析的原理是，分析某个等位基因从杂合子的父母传递给患病孩子的概率是否高于预期值（50%）。该设计的优点在于对照的基因型和患者的基因型来源于同种族人群，从而降低了病例和对照间有遗传背景差别的可能性，有效控制了人群分层问题。然而，这种方法的局限性在于，该研究发现阳性关联的检验效能低于相同样本量的病例对照研究，且 TDT 分析不适用于晚发性疾病的研究，因为很难收集到病例父母的相关数据。

除此之外，还有病例 - 父母 - 祖父母、病例 - 同胞、一般谱系分析及单纯病例的研究设计等，均可以进行候选基因关联分析。

（3）需要注意的问题

1）候选基因的选择：人类基因组包含 3 万多个基因，每个基因内又涵盖成千上万个多态性位点。在这众多的基因及位点中，进行感兴趣基因或位点的选择犹如大海捞针，而复杂性状疾病的发病机制往往涉及多基因变异与环境因素的协同作用。因此，恰当地选择合适的基因及其位点进行关联分析是首要关键环节。通常，选择候选基因的策略可以归纳为三类：功能候选基因策略、位置候选基因策略和表达候选基因策略。① 功能候选基因策略基于已知的关于疾病发病机制的信息，在相关生物学通路中选取关键成分的特定基因作为候选基因，并进一步评估其与疾病的相关性；② 位置候选基因策略则基于连锁分析的结果，将与疾病及相关表型存在连锁区域内的基因作为候选基因，通过关联分析或连锁不平衡分析检验其与疾病的关系；③ 表达候选基因策略则利用基因组阵列技术，通过比较基因在某组织中的表达差异，来筛选与疾病发病可能相关的候选基因。

2）研究对象的样本量：样本量大小是评价关联分析质量的另一要素。关联分析必须具备足够大的样本，以便检测人群中可能普遍存在但风险相对较低的变异，或者相对罕见但风险相对较高的变异。对于低统计功效得出的阳性结果需要谨慎对待，并需要在更大、更广泛的样本中进行复制和验证。国内外多个中心合作可满足大样本研究的需求，进而可以减小抽样误差。然而，我们需要警惕这可能带来的假阳性风险，因为假设检验对人口分层等细微偏倚效应的敏感性较高。因此，在进行实验设计和数据分析时，应充分考虑样本量的合理性，以及在控制假阳性风险的前提下获取可靠的研究结果。

3）关联分析结果的解释：与传统流行病学研究相同，候选基因关联分析本质上也属于一种观察性研究，其所得出的结论仅为统计上的相关性，而非直接的因果关系。因此，应客观谨慎地解释关联分析结果。在解释关联结果时，应全面考虑以下几个方面：研究对象选择是否严谨；研究设计是否合理；统计分析是否恰当；P 值水平是否足以排除虚假关联；是否采取恰当措施来控制潜在的混杂因素；关联的结论是否与生物学可信性一致，以及结果是否有可重复性，这些都需要考虑在内。这些步骤有助于确保候选基因关联分析的可靠性与可重复性，从而为遗传流行病学领域的进一步研究提供坚实的基础。

2. 全基因组关联分析

（1）概述：全基因组关联分析（genome-wide association study，GWAS）是一种通过对大规模人群的 DNA 样本进行全基因组高密度遗传标志物分型，以筛选与疾病关联序列变异的研究方法。GWAS 与候选基因关联分析一样，本质上都属于关联分析的范畴，它们的工作原理也基本相同。最大的差异在于 GWAS 不再局限于事先选择的候选基因或特定染色体区域，而是在人类全基因组的范围内，广泛扫描和检验遗传变异与复杂疾病之间的关联，这种方法有助于发现更广泛的遗传因素对疾病的影响。

（2）设计实施：同候选基因关联分析一样，全基因组关联分析的设计类型也包括常见的传统流行病学研究（病例对照研究设计和基于随机人群的关联分析）及基于家系的关联研究。其中，两阶段或多阶段病例对照设计在 GWAS 中应用最为广泛。其研究思路为：首先对小样本覆盖整个基因组的所有遗传标志物位点进行基因分型，筛选出最显著的位点，然后将第一阶段筛选出来的位点在第二阶段进行更大样本的基因分型，最后结合两阶段或多阶段的结果进行综合分析。这种设计不仅减轻了研究负担、降低了研究费用，还能有效比较和验证显著位点的结果，进而提升了研究效率。

GWAS 的操作流程涵盖多个步骤，包括数据收集、基因分型、数据处理、关联分析，必要时进行荟萃分析（可选）以及后续 GWAS 功能分析等。每个步骤都可能引入潜在的偏倚及错误，因此在进行 GWAS 时建议遵循标准化的质量控制和分析方案。接下来，对每个步骤进行简单说明。

1）数据收集：GWAS 通常需要收集足够多的样本来满足统计功效，根据研究表型的不同，GWAS 可以选择不同的研究设计方案。如病例对照研究设计主要用来研究定性性状，而基于随机人群的关联分析主要用来研究定量性状。进行 GWAS 需要投入大量的时间和资金，这超出了大多数个体实验室的能力范围。目前，存在一些优质公共资源可供利用，这些资源允许我们获取具备基因型和表型信息的大规模队列数据，并且多数 GWAS 已成功借助这些资源展开研究。

2）基因分型：目前常用的基因分型技术包括微阵列技术、基因芯片测序技术及下一代测序技术等。微阵列技术是一种常见的基因分型技术，它适用于寻找常见的 SNP 位点，但对于罕见变异可能不够敏感。基因芯片测序类似于微阵列技术，但通常会包含更多的 SNP 位点，进而允许更全面的基因型分析。下一代测序技术包括全外显子测序或全基因组测序，它们的优势在于可以捕获罕见变异。理想情况下，全基因组测序能涵盖个体基因组的所有区域，随着技术的进步和成本的下降，全基因组测序逐渐成为越来越受欢迎的 GWAS 基因分型技术。

3）数据处理：质量控制是 GWAS 数据处理的首要步骤，包括样本及位点的质量控制。样本质量控制包括检测和移除基因型缺失过多、性别信息不匹配、高度亲缘关系等质量不合格的样本，以及通过主成分分析等方法，校正种群结构等；位点质量控制包括检测和移除不符合 Hardy-Weinberg 平衡、基因分型错误、缺失率过高或频率极低的位点。上述步骤完成后，还会根据参考基因型数据库（如千人基因组计划或 TOPMed）进行基因型填补。质量控制和基因型填补这两个步骤都是确保 GWAS 数据准确性和可靠性的关键环节。通过严格的质量控制和适当的基因型填补方法，可以提高后续关联分析的置信度，并减小因数据质量问题引起的偏差。

4）关联分析：基因型-表型关联分析是全基因组关联分析的核心步骤，用于确定基因型位点与特定表型特征之间的关联。根据研究设计和研究表型的不同，采用的统计分析方法也不同。若表型是连续性变量，一般采用线性回归方程；若表型为分类变量，则采用 logistic 回归分析。协变量包括年龄、性别和祖先等。需要注意的是，GWAS涉及对大量基因型位点的多次检验，因此可能会导致假阳性，需要考虑多重假设检验的问题。人类基因组中平均约有100万个独立的共同遗传变异，因此GWAS的P值一般设定为5×10^{-8}。为了确认初步发现的关联，通常需要在独立的样本集中进行复制研究。如果在多个独立样本中得到相似的结果，那么关联就更具有置信度。

5）荟萃分析：为了增加样本量，通常会在遗传学联盟等合作组织的框架下进行全基因组关联荟萃分析，将来自多个队列的数据通过METAL、N-GWAMA或MA-GWAMA进行联合分析，并通过RICOPILI或EasyQC等进行统一的质量控制。荟萃分析的首要步骤是确保各个队列遵循相同的预定义数据分析方案，使用标准化统一的表型。最后，在汇总统计数据上进行荟萃分析，可以使用固定效应模型或随机效应模型进行分析。

6）功能分析：一旦鉴定出与特定性状或疾病相关的基因位点，可以开展Post-GWAS，以深入探究这些关联位点的生物学意义。这一阶段综合应用多种生物信息学分析方法，如生物通路富集分析、共定位分析、蛋白质功能分析，以及表达数量性状基因座（expression quantitative trait loci，eQTL）分析等；进一步融合细胞和动物模型的研究结果，构建起位点与性状之间的综合模型。这一过程有助于将基因变异的影响联系到生物学过程，为更深刻地理解疾病机制及进行精准医疗提供坚实的基础。

（3）需要注意的问题

1）人群分层：在进行涉及多个队列的荟萃分析时，人群分层是一种常见的现象。通常采用主成分分析或混合线性模型来处理。然而，需要注意的是，即使在人群同质性较高的情况下，人群分层问题仍可能出现。例如，近期的研究揭示了英国生物银行（UK Biobank）中的人群分层和相关偏倚问题。研究发现，即使经过严格的人口结构校正，许多身体和行为特征的多基因得分在英国生物库中也表现出地理聚集性，这可能反映了受社会经济地位驱动的遗传分层，同时也表明现有的人群分层方法在处理这种分层效应时仍然存在一些不足。虽然家系关联分析能够有效地解决分层效应，但其统计效能可能不足。因此，需要进一步工作来更好地纠正人群结构。基于罕见变异的主成分分析或同质性分析方法可能在该情境中具备可行性。

2）多基因性：许多表型表现出多基因性。然而，当涉及成千上万个变异，每个变异对特征产生微小影响时，在揭示潜在生物机制方面可能面临挑战。为了解决这些问题，越来越多的研究采用全外显子测序和全基因组测序来寻找对表型可能具有较大效应的罕见变异。然而，目前尚未发现具有较大效应的罕见变异，汇聚寻找成千上万个微小效应变异仍是目前的主要策略。另外，多基因性也意味着患有同一疾病的个体可能拥有不同的基因组成，这些组成对应于不同的生物途径，进而导致相同的疾病结局。若遗传异质性与治疗敏感性相关，将为个性化医疗提供新的方向，但目前关于这方面的知识仍然非常有限。

3）伦理学挑战：GWAS在揭示遗传与疾病关系方面取得巨大进展，但伦理问题也应受到同等重视。除了关注数据可重复性和隐私保护外，还涉及未来样本和数据使用的同意、存储与再利用、个体隐私和数据共享等方面的考量。近年来，学术界逐渐达成共识，强调建立分层同一模式，以确保数据的合理使用。此外，全球医疗服务系统面临多样性与包容性的伦理挑战，要求其推动公平健康机会，跨越种族、性别和地理障碍。为实现这一目标，GWAS样本应广泛代表全球人口，同时促进研究团队多元化。总之，建立适当的同意模式、强化多样性和包容性，可以更有力地引领基因研究迈向伦理与社会的融洽共荣。

（三）因果推断

孟德尔随机化

（1）概述：孟德尔随机化（Mendelian randomization，MR）是一种使用遗传变异作为工具变量，推断暴露与结局之间因果关系的方法。由于等位基因在配子形成时遵循随机分配原则，因此遗传变异不会受到环境暴露、行为因素等混杂因素的影响。此外，遗传变异来自父母且出生后保持不变，具有时序合理性。因此，MR 能够克服传统观察性流行病学研究中的混杂和反向因果等问题，在进行因果推断方面具有独特优势。随着 GWAS 数据的累积以及多组学技术的普及，MR 在因果推断中的应用日益广泛。

MR 中的工具变量须满足 3 个核心假设（图 10-1）：① 关联性假设，工具变量与暴露因素强相关；② 独立性假设，工具变量与混杂因素相互独立；③ 排他性假设，工具变量只能通过暴露因素影响结局发生，而不能通过其他途径对结局产生作用。工具变量核心假设的合理性是应用 MR 进行因果推断的前提。

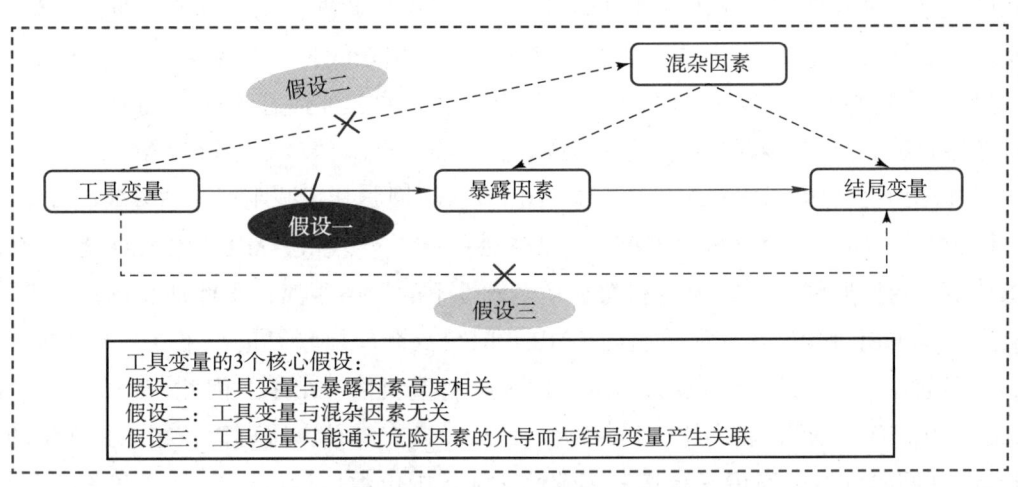

图 10-1　孟德尔随机化的原理及核心假设

（2）设计实施：根据数据来源的不同，MR 分为单样本 MR 与两样本 MR。单样本 MR 利用单一研究样本，来估计暴露因素与结局之间的因果效应；而两样本 MR 则是通过来自相同人群的两个独立样本进行因果效应的估计。两种方法各有优缺点，单样本 MR 可以探索非线性效应，并使用个体数据有效调整潜在混杂因素，但该方法需要个体水平的原始资料，而实际上很多研究者无法获得上述数据。两样本 MR 仅需基于 GWAS 的汇总数据即可满足分析需求，并且基于较大的样本量，该方法可以获得更大的置信区间。随着 GWAS 汇总数据的累积，两样本 MR 被广泛应用于因果推断。接下来对两种设计进行简单说明。

在单样本 MR 中，目前存在多种统计分析方法可供选择，包括 Wald 比值法、两阶段最小二乘法回归模型及基于似然的方法等。其中，Wald 比值法是一种简单易懂的方法。其核心思想是通过将结局对工具变量进行回归的系数与暴露对工具变量进行回归的系数相除，来计算因果效应的比率。然而，当数据不满足正态假设时，尤其在样本较小的情况下，该方法的效果可能会受到影响。另一种被广泛应用的方法是两阶段最小二乘法。这种方法通常分为两个阶段。在第一个阶段中，建立 G-X 回归模型，获得暴露因素预测值。在第二个阶段中，建立 P-Y 回归模型，以探究暴露因素和结局变量之间的关系。然而，两阶段方法未考虑第一阶段回归的误差，因此标准误的估计可能不够准确。鉴于以上问题，基于似然的方法更被推荐使用，因为它可以在两个阶段同时进行，充分考虑了模型的不确定性。这种方法在处理单样本 MR 时能够更准确地估计因果效应。

两样本 MR 的设计策略是建立在来自相同人群的两个独立样本上，要求两样本具有相似的年龄、性别和种族分布特征。主要的分析方法为逆方差加权法（inverse-variance weighed method，IVW），它针对每个作为工具变量的遗传位点 SNP 计算 Wald 比值，然后运用固定效应模型或随机效应模型进行多个 SNP 位点 Wald 比值的合并。IVW 模型的前提是假设每个 SNP 位点都没有水平多效性，在存在多效性的情况下，因果效应估计值可能出现偏倚。除此之外，还有加权中值法、MR-Egger、MR-PRESSO 等方法，这些方法在适度放宽 MR 核心假设的情况下，用于评估分析结果的稳健性。

（3）需要注意的问题

1）弱工具变量：是指遗传变异只能解释表型变异的一小部分，与暴露因素之间缺乏强相关性。通常情况下，使用回归模型中的 F 统计量来评估工具变量与暴露因素的关联强度。实践中，F 统计量大于 10 表示具有足够的效能。使用弱工具变量在单样本的 MR 中可能会高估暴露因素与结局之间的关联，而在两样本 MR 中则可能低估关联强度。此外，弱工具变量可能会降低统计检验的效能。通常可通过增加研究样本量或提高表型解释度来降低弱工具变量导致的偏倚。

2）遗传变异的多效性：当遗传变异通过除暴露之外的其他途径影响结局时，称其具有多效性，这可能导致独立性假设和排他性假设不成立。目前，有多种多效性检验方法，其中包括 MR-Egger 回归的截距项和 MR-PRESSO 全局检验。MR-Egger 回归利用截距项评估多效性大小，截距越接近 0，多效性可能越低。若 P 值 > 0.05，则表示水平多效性较低。MR-PRESSO 全局检验通过比较每个遗传变异与回归线的观察距离和无水平多效性下的期望距离，来评估总体水平多效性。如果某些位点与其他遗传变异存在显著差异（MR-PRESSO 全局检验 P 值小于 0.05），则这些位点可能存在水平多效性。去除这些位点后，MR-PRESSO 将重新估计结果。因此，MR-Egger 回归的截距项及 MR-PRESSO 全局测试验可以互为补充。此外，还有多种方法可以校正工具变量的多效性，如 MR-Egger 回归允许所有遗传变异具有多效性，加权中位数估计法允许少于 50% 的遗传变异违反 MR 核心假设。在 MR 研究中，可使用多种统计学方法进行敏感性分析，以检测和校正遗传变异的多效性。

3）生物学复杂性：尽管全基因组关联分析在复杂疾病和性状的遗传易感性研究中取得了显著进展，但大多数遗传变异的生物学机制仍然不清楚。这为 MR 的因果推断带来了一定的挑战。通过深入分析遗传变异的生物学机制，包括整合生物信息学分析和功能实验等方法，可以更准确地解释 MR 的结果。

（四）具体应用实例

下面的案例是章文强等学者利用孟德尔随机化等方法探索 2 型糖尿病与脑卒中之间的遗传内在关联，该案例巧妙使用生物学大数据，结合人群遗传学，解决了临床实际问题。

通常认为 2 型糖尿病是脑卒中的危险因素，但是脑卒中对 2 型糖尿病的影响尚不清楚，两者之间的内在联系也尚不明晰。因此该研究首先利用 50 万人的英国生物银行数据开展前瞻性队列研究，发现 2 型糖尿病与脑卒中存在双向关联。为进一步探究 2 型糖尿病与脑卒中之间的因果关联，该研究基于迄今为止最大规模的全基因组关联分析汇总数据［① 糖尿病的数据来源：来自 DIAGRAM

（DIAbetes Genetics Replication And Meta-analysis）consortium 包含 74 124 个病例和 824 006 个对照的 GWAS 荟萃分析；② 脑卒中的数据来源：来自 GIGASTROKE consortium 包含 73 652 个病例和 1 234 808 个对照的 GWAS 荟萃分析]，利用双向双样本孟德尔随机化分析，发现欧洲人群中 2 型糖尿病与脑卒中存在双向因果关联。进一步，在多变量孟德尔随机化分析中调整 BMI、吸烟、饮酒、疾病史等混杂因素，发现 2 型糖尿病与脑卒中的双向因果关联依然存在，提示 2 型糖尿病会增加脑卒中的疾病风险，脑卒中也会增加 2 型糖尿病的疾病风险，两者在病因上相互影响。此外，该研究还利用分区遗传相关性研究、跨性状荟萃分析、转录组关联分析等进一步揭示了两者之间的内在联系与共享机制。

该研究充分利用全基因组关联分析汇总数据大样本量、高统计效能等优势，将传统流行病学与人群遗传学方法相结合，系统阐明了 2 型糖尿病与脑卒中的双向因果关联和共享遗传基础的原理，为这两种常见的代谢性心血管疾病的精准防控提供了科学依据。未来代谢性心血管疾病的防控应当同时针对这两个疾病提供连续的整合型医疗卫生服务，以降低疾病负担。

二、风险预测与靶向治疗

（一）多基因风险评分

1. **概述**　由于复杂性疾病的发生受控于多基因、多位点，单个或少数基因位点的效应较弱，无法准确预测疾病，因此需要综合多基因、多位点信息，而多基因风险评分 [polygenic risk score，PRS，又称多基因评分（polygenic score，PGS）] 是目前的常用策略，也是复杂性疾病遗传易感性研究的新阶段。

PRS 是指量化个体对某一特征的遗传倾向的单一值。该方法又称为遗传评分，通常通过对个体中与性状相关等位基因的数量进行求和计算，根据发现的 GWAS 中每个等位基因的效应大小进行加权，并使用相关的群体分布进行标准化。PRS 又称为遗传或基因组风险评分（GRS），为 PGS 的一个子集，用于估计疾病风险或其他临床相关结果（二元或离散）。

2. **设计与实施**　PRS 分析的特点是使用基础数据集和目标数据集。首先，选择并确定数据集；其次，进行两个数据集的质量控制；接着，通过聚类进行 LD 调整、LASSO 回归或 P 值阈值进行 beta 收缩等方法计算 PRS；最后，采用 PRS 进行关联分析，以检验假设相关的问题，包括结果解释和验证，以避免数据过度拟合。

（1）确定基础数据和目标数据：基础数据是由 GWAS 研究人员提供的基因型 – 表型关联的汇总统计数据，而目标数据是进行 PRS 分析的研究人员可以访问的样本数据。PRS 分析可以在目标样本中计算所有个体的 PRS，并测试 PRS 与感兴趣表型之间的关联，或者预测个体在临床中患病或药物副作用的风险。

（2）数据的质量控制：基础数据和目标数据的质量控制对 PRS 分析的有效性至关重要。为了避免产生误导性结论，必须对这两个数据集进行质量控制。

对基础数据和目标数据相关的质量控制包括：① 在文件传输阶段，需要确保文件在传输过程中没有被损坏，可以使用 md5sum 等工具来验证文件的完整性；② 基因组构建也是一个关键的步骤，需要确保基础数据和目标数据在同一基因组构建上；③ 标准 GWAS 质量控制是必要的，可以参考已有的指南来进行质量控制。常用的质量控制标准包括基因分型率、样本缺失、Hardy-

Weinberg 平衡、杂合度、次要等位基因频率和信息得分等；④ 对于不明确的 SNP，建议删除，以避免引入系统误差；⑤ 不匹配的 SNP 可以通过链翻转来解决；⑥ 重复的 SNP 和样本重叠也需要被检查和处理，以避免产生错误结果；⑦ 性染色体的处理也需要考虑，可以根据需要选择是否纳入性染色体；⑧ 需要排除高度相关的个体，以避免关联性膨胀。

仅对基础数据的质量控制包括：① 遗传力检查：为了确保 PRS 的准确性和预测能力，建议只使用具有 h^2_{SNP} 估计值的 GWAS 数据进行分析。如果没有报告这些数据的估计值，可以使用 LD Score 回归或 SumHer 等软件估计 h^2_{SNP}；② 效应等位基因：一些 GWAS 结果文件没有明确指出哪个等位基因是效应等位基因，哪个是非效应等位基因。为了避免结果错误，必须从 GWAS 研究人员处获取这些信息。

仅对目标数据的质量控制：主要体现在样本量要求上。建议对至少 100 个个体的目标数据进行关联测试，对于病例 / 对照数据，有效样本量应大于 100。这样做可以减少由小样本上较宽松的质量控制、潜在的不准确调整和动力不足导致的结果。

（3）计算 PRS 以及计算方法：实际上，PRS 是整个基因组表型相关等位基因的线性组合，通常由 GWAS 效应大小加权。因此，这是一个单一的定量指标，可以解释为个体相对于群体的表型遗传倾向的指标。一般来说，我们可以将一个人的多基因得分定义为一个人在 M 基因座基因型的加权和。个体 i 的 PRS 可以计算为每个 $SNP_j = 1$，$\cdots$，M 的等位基因计数 a_{ij}（0、1 或 2）乘以权重 w_j 的总和，如式（10-3）所示。

$$PRS_i = \sum_{j=1}^{M} a_{ij}w_j \qquad (10-3)$$

其中权重 w_j 源于 GWAS 系数的变换。

关于 PRS 计算的关键因素包括：通过降维等方式对 GWAS 估计的 SNP 效应大小进行调整，根据目标人群进行 PRS 调整，以及考虑 SNP 之间的 LD。常用的降维策略包括通过统计技术（如 LASSO 或岭回归）对所有 SNP 的效应估计进行降维，或者使用 P 值阈值选择纳入 PRS 的 SNP。在控制 LD 方面，可以通过 SNP 聚集或考虑 SNP 之间的 LD 来近似独立效应的 PRS 计算。不同的降维方法和 LD 建模方法在性状预测能力、模型简约性和计算速度方面存在差异。经典 PRS 方法的优点是计算速度快且易于解释。

（4）结果的解释和呈现：一旦计算出 PRS，通常会在目标样本中进行回归分析，将 PRS 作为预测因子，同时考虑其他协变量。关联性和拟合优度指标被用来测量 PRS 与目标性状之间的关联。常用的指标包括 P 值、R^2、效应估计（β 或 OR）和区分度指标（如 AUC）。在报告结果时，需要调整协变量并报告增量 R^2。对于二元性状，采用伪 R^2 指标，如 Nagelkerke R^2。然而，当病例 / 对照比率不等于疾病患病率时，Nagelkerke R^2 可能存在偏差，因此建议使用 Lee R^2 来估计疾病患病率。最后，需要注意结果解释和呈现可能会受到研究样本的特点影响。

PRS 特质关联测试中的过度拟合：为了防止过度拟合，可以采用外部验证的策略，即在训练样本上优化参数，然后在独立的测试数据集上测试模型以评估性能。如果没有独立的测试数据集，可以使用交叉验证等方法来提高模型的稳健性。需要注意的是，真正的外部验证评估需要使用完全独立于训练数据的样本进行最终测试。在没有验证数据或样本量不足时，可以通过排列生成经验 P 值来优化 PRS 预测。尽管 PRS 本身可能过度拟合，但生成经验 P 值可以有效实现假设的关联检验。

3. 需要注意的问题　PRS 的使用有几个潜在的应用，包括疾病风险预测、疾病诊断、疾病预测和治疗反应预测，已经应用于多个疾病领域，如精神疾病、癌症、糖尿病等。由于全基因组分型芯片的成本不断降低，个体的易感基因和遗传变异等信息从出生后就保持不变，因此 PRS 在疾病精准预防和临床应用中具有巨大的潜力。然而，PRS 仍面临一些挑战。

设计与实施中需要注意：① PRS 分析的功效和有效性取决于基础数据和目标数据的质量，因此这两个数据集都必须至少按照 GWAS 中实施的标准进行质量控制，也应该特别注意 PRS 分析特有的质量控制；② 基础数据和目标数据之间的样本重叠可能导致 PRS 和目标数据中测试的性状之间的关联性显著膨胀，因此必须被消除；③ 不同的降维方法在性状预测能力（因性状遗传结构而异）、预测模型的简约性和计算速度方面存在差异，这些因素是研究者在选择方法时必须权衡的因素；④ 如果表型值在 GWAS 之前进行了对数转换、标准化或逆标准化，则报告的效应大小将反映这一点，以获得正确的效应量；⑤ PRS 通常只能解释表型方差的一小部分（$R^2 < 0.01$），因此需要谨慎对待其关联测试结果。

实践应用中需要注意：① PRS 只能识别出少数高风险人群，而其中大部分都是已知病例。未来需要进行更大规模的测序研究和 GWAS，以发现更多的疾病易感位点，包括常见、低频和罕见变异，以提高模型的预测能力。② 风险评分的准确性和预测能力有限，受到基因与环境相互作用和其他未知因素的影响。尤其是基因与环境的相互作用，其在复杂性疾病的发生中起着重要作用，但目前大多数疾病风险预测仅考虑遗传和环境因素的主要效应，忽略了基因与环境的相互作用。需要开发新的统计学方法来综合多个 GWAS 基因与环境的相互作用，并考虑环境因素随时间变化的情况。③ PRS 旨在评估个体在未来某一时间段内患病的风险概率，而不是判断个体是否患有疾病。医务工作者和公众对 PRS 在疾病风险预测中的应用还缺乏足够的认识。需要解决法律和伦理问题，提高公众对新型风险预测方案的接受度，并确定最佳的服务提供机制和风险咨询方式。④ 多基因风险评分适用于多基因遗传疾病，如 2 型糖尿病、非酒精性脂肪肝、冠心病、哮喘和某些癌症等，这些疾病缺乏主效基因，可以通过改变环境因素来控制。对于单基因遗传病，多基因风险评分不适用，因其发病仅取决于特定基因突变，环境干预效果较差。

（二）药物基因组学

个体间药物反应差异是一个普遍存在的问题，尤其随着老年人口的增加，这个问题可能变得更加严重。个体差异与基因组因素密切相关。每个人的基因组是独特的，这意味着人们对药物的反应也会有所不同。某些基因变异可能会使个体对某些药物更敏感或更耐受，从而影响药物的疗效和安全性。同时，药物在体内的代谢过程也受基因的调控。一些人可能会有特定药物代谢酶的变异，导致药物在体内的代谢速度加快或减慢，从而影响药物的疗效和毒副作用。因此，了解个体对药物的反应差异是非常重要的，以便为每位患者提供较为精准的用药选择和剂量建议，提高药物的疗效，降低药物的不良反应。

药物基因组学（pharmacogenomics）一词经常与其前身术语"药物遗传学"（pharmacogenetics）互换使用，通常被定义为研究一个人的基因组成如何影响其对药物的反应（功效或安全性）。它涉及编码药物代谢酶、药物转运体和作用靶点的基因多态性对药代动力学和药效学的影响。药物基因组学的研究为新药的研发和上市后的药品风险管理提供了科学依据。

药物基因组学的研究应用在多个方面，包括预测药物剂量、改善药物疗效、预测药物代谢活性和预防药物不良反应等。例如，根据基因变异可以预测某些药物的剂量，使用磺酰脲类药物治疗 HNF1A 突变患者，预测药物转化为活性代谢物的程度，以及通过基因分型预防药物不良反应等。

药物基因组学已经在临床实践中得到应用。美国 FDA 已经批准了许多药物的基因标签，并建议在使用这些药物之前进行基因检测，以便选择适合患者的药物。其中发展最为迅速，技术较为成熟，应用最为广泛的是包括冠心病、高血压、糖尿病等在内的重大慢性病、肿瘤的个体化用药和出生缺陷预防等。

药物基因组知识库（The Pharmacogenomics Knowledge Base，PharmGKB）是一个全面的数据存储库，提供关于药物 – 基因变异的高质量最新信息，包括药物标签注释和临床指南注释。目前，该数据库中包含有 27 007 个基因与 4 654 种药物和 4 067 种疾病的相互作用资料。

药物基因组学的研究还面临一些挑战。首先，生物库研究是药物基因组学研究的重要手段，但在编码准确性和表型质量方面还存在问题；其次，罕见变异对药物反应表型的影响尚不清楚，需要进行功能性评估和计算机模拟。此外，多基因分数在药物基因组学中的应用前景广阔，但需要大样本量和进行验证，并且将其纳入临床实践中也有一定的复杂性。

总的来说，药物基因组学是一个重要的科学领域，它可以为药物研发和用药选择提供科学依据，提高药物的疗效和安全性。然而，由于个体差异的复杂性和研究限制，我们应该持保守态度，在解释研究结果时应考虑到限制因素。药物基因组学的应用还需要进一步发展和完善，以更好地满足医生和患者的需求。

（三）具体应用实例

得益于基因组数据的快速发展，越来越多的遗传易感位点得以呈现。涵盖个体多个相关表型变异的多基因风险评分应运而生。它能够实现遗传风险分层，优化传统危险因素的预测效果，识别最优获益人群及评估疾病累积风险轨迹等，从而为疾病预测、风险筛查提供科学依据。下面的案例是杨耀华等学者利用人群遗传学方法，通过建立多基因风险评分联合传统风险因素建立亚洲女性的乳腺癌风险预测模型。

乳腺癌是全球女性诊断中最常见的恶性肿瘤之一，其在亚洲国家的发病率也逐年上升。虽然多基因风险评分可对女性乳腺癌进行风险预测，并进一步应用于以人群为基础的乳腺癌筛查计划。但上述大部分研究多在欧洲开展，对亚洲女性进行乳腺癌风险预测的研究十分有限。因此，亟须开发一套针对亚洲女性人群的乳腺癌筛查策略。

该研究在亚洲乳腺癌联盟（ABCC）的 123 041 例亚洲女性中（测试集：18 650 例病例、104 391 例对照），分别基于西方女性多基因风险评分法、全基因组关联分析风险基因精确定位法、全基因组风险预测法等三种方法开发了针对亚洲女性乳腺癌的多基因风险评分，并通过内部验证（内部验证数据集：1 426 例病例和 1 323 例对照）与外部验证（外部验证数据集：368 例病例和736 例对照）分别对上述三种评分的预测效能进行了比较。结果发现基于全基因组关联分析风险基因精确定位法产生的 111 个变异组成的亚洲女性乳腺癌多基因风险评分（PRS111）预测效能最优（$OR = 1.67$，95% $CI = 1.46 \sim 1.92$；$AUC = 0.639$，95% $CI = 0.604 \sim 0.674$）。该研究进一步将 7 个公认的传统危险因素（体重指数、腰臀比、良性乳腺疾病、初次月经年龄、首次活产年龄、乳腺癌家族史）与 PRS111 相结合，发现该模型的预测精度进一步提高（$AUC = 0.648$，95% $CI = 0.613 \sim 0.682$），表现出与欧洲报道的女性乳腺癌风险预测模型相当的预测效能（$AUC = 0.653$）。

该案例巧妙应用流行病学及基因组学大数据，通过构建多基因风险评分，将传统风险因素与遗传因素相结合，开发出了适合亚洲女性的乳腺癌风险预测模型，为亚洲女性的乳腺癌风险预测及个性化筛查提供了强有力的支持。

第三节 大数据在人群遗传学中的应用

一、人群遗传学需要大数据的支撑

人群遗传学领域的研究离不开对大规模生物数据的收集、处理和分析。生物大数据的兴起是人群遗传学研究取得重大进展的推动力之一。

首先，人群遗传学的发展历程对于理解生物大数据的重要性至关重要。在 20 世纪初，遗传学主要是以孟德尔遗传定律为基础的遗传学。然而，对人群遗传学的深入研究却受到了技术的制约，因为科学家们难以获取并分析大规模的基因组数据。直到 90 年代初，人类基因组计划的启动标志着生物学的一场革命。这一计划的目标是解码人类基因组的全部 DNA 序列，人类为此动用了大量的研究资源和技术手段。完成人类基因组计划后，科学家们获得了大量的基因组数据，极大地促进了人群遗传学的发展。

其次，基因组的复杂性与遗传变异的多样性是导致人群遗传学需要生物大数据支持的关键因素之一。人类基因组包含数万个基因，这些基因通过相互作用形成复杂的网络，共同调控着生物体的发育、功能和健康。为了全面了解基因组的复杂性，科学家们需要收集足够数量的基因组数据，以便深入研究基因的功能、相互关系，以及它们与健康和疾病之间的关系。生物大数据为研究人员提供了丰富的数据资源，使他们能够更好地理解基因组的多层次结构和复杂调控网络。遗传变异的多样性也是人群遗传学依赖于生物大数据的一个重要方面。人类个体之间存在着丰富的遗传变异，这些变异涉及单核苷酸多态性、插入缺失、拷贝数变异等多种类型。为了揭示这些遗传变异对个体特征和健康的影响，需要在大规模人群中进行广泛的遗传研究。生物大数据为研究者提供了足够的样本数量和变异信息，使他们能够更全面、深入地探讨遗传多样性的本质，并研究这些变异在个体和群体水平上的效应。

此外，随着精准医学的兴起，个体基因组数据的应用逐渐成为了一项重要的工作。精准医学旨在根据个体的遗传信息制订个性化的医疗方案，以实现更为有效的治疗和预防。了解基因与疾病之间的关系，以及不同人群之间的遗传差异，对于实现精准医学的目标至关重要。生物大数据为医疗专业人员提供了基础数据，支持精准医学的实践。通过分析大规模基因组数据，医生能够更准确地预测患者的疾病风险，为患者选择更合适的治疗方法，提高医疗效果。

与此同时，技术的进步是推动生物大数据在人群遗传学中应用的另一重要因素。高通量测序技术的迅猛发展使得基因组数据的生成速度大幅提高，同时测序成本急剧下降。这种技术的进步促使了大规模基因组项目的开展，如千人基因组计划等，进一步增大了生物大数据的规模，提高了生物大数据的重要性。先进的测序技术不仅使研究者能够更快速地获取大规模的基因组数据，同时也提高了数据的准确性和深度，使人群遗传学研究得以在更高层次上进行。

总体而言，生物大数据在人群遗传学中的支撑作用是多方面因素综合作用的结果。生物大数据的兴起推动了遗传学研究的深入发展，为科学家们提供了处理和分析大规模基因组数据的强大工具。在基因组的复杂性、遗传变异的多样性、精准医学的需求和技术的进步等方面，生物大数据为人群遗传学的研究提供了不可或缺的支持，为我们更全面、深入地了解基因与生命的奥秘打开了新的大门。

二、大数据在人群遗传学领域的发展阶段

生物大数据在人群遗传学中的发展历程可以追溯到20世纪初，但真正爆发在近年，尤其是基因测序技术的飞速发展。以下是生物大数据在人群遗传学中的主要发展历程。

（一）基因测序技术的崛起

20世纪70年代末至80年代初，Sanger测序法的提出为基因测序奠定了基础，随着时间的推移，测序速度逐渐提高，成本逐渐降低。随后，新一代测序技术的出现，如Illumina高通量测序技术，使大规模基因组测序成为可能。这一时期，研究者们通过比较不同组织和疾病状态下的基因表达差异，揭示了基因与生理过程及疾病之间的关联。这一技术的普及使得人群遗传学研究能够迅速获得大量基因组数据。

（二）人类基因组计划

人类基因组计划（Human Genome Project，HGP）是20世纪末至21世纪初的一个里程碑项目。该计划于1990年启动，旨在解析人类基因组的所有基因。2003年，该计划完成，为人群遗传学提供了庞大的基因组数据。这是生物大数据时代的开端，为后续研究提供了重要的资源。当时人类基因组计划的启动标志着对遗传信息的全面解析。虽然当时测序技术仍处于初级阶段，但这一计划推动了技术的不断进步，为后续大规模遗传数据的积累奠定了基础。

（三）个体基因组学的崛起

随着测序技术的进步和成本的降低，个体基因组学逐渐发展。2007年，James Watson的个体基因组测序完成，标志着首个个体基因组的完成。通过分析大量个体的遗传信息，研究者能够识别与疾病相关的遗传变异，为个性化治疗提供依据。这一突破为理解个体之间基因差异、遗传疾病和个性化医学奠定了基础。

（四）千人基因组计划

千人基因组计划（1000 Genomes Project）于2008年启动，旨在建立一个包含来自不同人群的千人以上基因组数据的数据库。这个计划的完成为研究人类基因组的多样性和变异提供了全球范围内的大规模数据。这也为寻找与疾病相关的基因变异提供了宝贵的资源。

（五）全基因组关联分析

全基因组关联分析（GWAS）的兴起标志着遗传学研究进入了一个全新的时代。通过分析大规

模人群的基因型和表型数据，GWAS揭示了许多与疾病相关的遗传变异。这一时期的合作项目为生物大数据提供了庞大的遗传关联信息，加速了疾病基因的发现。

（六）单细胞测序技术的突破

近年来，单细胞测序技术的发展使科学家们能够更为细致地研究个体细胞的基因表达情况。这项技术不仅揭示了细胞异质性，还深入了解了发育过程和疾病发生机制。单细胞数据为生物大数据增加了新的层次和深度。

（七）全球合作与遗传多样性

随着全球范围内的遗传学合作不断加强，人群遗传学研究逐渐注重全球人群的遗传多样性。国际性的基因组计划和多样性项目使研究者能够深入了解不同地域、文化和人群的遗传特征，为人群遗传学的全面认识提供了更加多元和丰富的视角。同时，生物大数据的规模庞大，需要庞大的计算资源进行存储和分析。云计算技术的发展使得研究人员能够更方便地共享和处理遗传数据。各种合作研究项目的兴起促进了国际合作，共同推动了生物大数据的应用和研究。

大数据科学在人群遗传学中的发展历程经历了基因测序技术的崛起、大规模基因组计划的实施、全基因组关联分析、单细胞测序技术的突破及全球合作与遗传多样性等多个阶段。这一历程推动了遗传学研究的深入，为理解基因与疾病之间的关系、实现个体化医学，以及推动生物医学领域的创新奠定了坚实基础。随着技术的不断进步和合作的加强，生物大数据将继续为人群遗传学研究带来新的突破和机遇。

三、大数据在人群遗传学领域的应用

（一）大数据在病因推断中的应用

生物大数据在人群遗传学中的应用涵盖了广泛的领域，其中病因推断是一个重要方向。通过利用大规模、多源、高维度数据进行分析，研究人员能够在庞大的数据集中识别与特定疾病相关的遗传变异。这种方法超越了传统的小数据样本，为疾病的遗传基础提供了更全面的认识。例如，英国生物库、百万退伍军人项目（Million Veteran Program，MVP）这样的大型生物信息库收集了来自数十万甚至百万个体的遗传和健康数据，为人群遗传学研究提供了丰富的资源，极大地推动了对遗传疾病、人类进化和群体间差异的理解，在人类群体遗传学和大数据领域发挥着至关重要的作用。这些数据将通过云平台向全世界申请者开放，涵盖了遗传、生活方式和环境因素，体现了大数据研究的协作性质。它允许进行多样化的研究，有助于更好地理解人类遗传和健康的关联。同时，这些研究通过医疗记录不断更新参与者的健康状况，为数据提供了纵向的视角。各种疾病、治疗和健康结果的信息，以及详细的血液、尿液和唾液生物样本检测数据，环境因素及生活方式与遗传数据联系起来，可用于研究遗传、生活方式和环境因素之间的因果关联及相互作用，有助于全面理解各种暴露与疾病之间的病因学证据，为医疗方案的制订提供更准确的依据。

另外，大规模的基因组关联分析及协作组（consortium）也在病因推断方面扮演着关键角色，研究人员可以通过建立跨机构的合作共享数据，将各方的研究成果整合在一起，以形成更大规模的研究群体。这种合作模式能够最大化数据的价值，提高研究的统计能力，并确保研究结果的可靠性。通过整合不同队列的病例对照研究，研究者可以更全面地理解遗传变异与疾病之间的关系，为病因推断提供更准确的依据。

（二）大数据在精准医疗中的应用

在人群遗传学中，生物大数据的应用为精准医疗领域注入了新的活力。风险预测方面，通过大规模基因组测序，科学家能够识别与遗传相关的疾病风险基因，从而提前发现患者可能面临的健康风险。这有助于制订早期干预计划，改善患者生活方式，减缓或预防疾病的进展，此外，基于生物大数据，还能够建立疾病风险的预测模型，帮助医生更准确地判断患者的患病概率，实施更为精准的健康干预措施。在个性化诊疗方面，生物大数据的运用使得医生能够更深入地理解患者的遗传特征和分子机制。通过分析患者基因组数据，医生可以制订个性化的治疗方案，为每位患者量身定制最合适的药物和治疗方案。这种个性化诊疗不仅提高了治疗效果，还减少了药物不良反应的风险，为患者带来更好的治疗体验。生物大数据的综合分析还有助于揭示不同患者之间的遗传变异，为新药的研发提供重要线索，推动医学的创新与进步。

总之，生物大数据在人群遗传学中的应用为精准医疗领域带来了全新的机遇和挑战。通过风险预测和个性化诊疗两个方面的应用，我们可以更全面、更深入地理解个体的遗传信息，为每位患者提供更为精准和有效的医疗服务，推动医学科技的发展，为人类健康事业贡献力量。

四、具体应用实例

在人群遗传学领域，研究者可以借助大数据中包含的大量遗传信息来构建模型，以准确地预测个体患某种疾病的风险，为个性化医疗提供基础。为了实现对个体未来患冠心病风险的精准预测，中国科学院北京基因组研究所汪敏先团队与美国博德研究所 Amit V. Khera 团队合作，成功研发了一种基于遗传信息的新模型，该模型有望在冠心病高风险人群的早期识别及精确分层上发挥关键作用，推动冠心病的精准防治。这项研究成果于 2023 年 7 月发表在《自然医学》杂志上。

冠心病是导致人类死亡的最主要疾病之一，受个体遗传、代谢及不良生活方式的共同影响，其中遗传因素的影响为 40%~60%。在这项研究中，中美合作团队在利用冠心病单一种族及单一疾病遗传关联信息模型的基础上，进一步开发了整合不同种族人群背景及多个冠心病临床危险因素信息的全基因组多基因风险评分新模型 GPSMult。通过分析冠心病全基因组关联分析国际联盟的全球多种族人群中近 27 万例冠心病患者和 118 万例健康人群的全基因组对比关联分析结果，该模型首先考察了基因变异与疾病之间的相关关系，随后对全基因组范围内与疾病风险相关的所有遗传变异位点进行整合建模。为提高模型预测的准确性，研究人员在样本量超过 1 346 万例的数据中进一步整合了基因变异与十种冠心病临床危险因素及相关共病之间的关联。在包括 51 万例的非洲、欧洲、西班牙和南亚血统参与者的多种族外部验证数据集中，与当前已发表的 27 种基于全基因组信息预测冠心病风险的模型相比，GPSMult 模型的准确性显著提升。

依据 GPSMult 评分从小到大将英国生物样本库中的 30.8 万欧洲人平均分为 100 组，统计每组实际发生冠心病的人数比例。结果显示，GPSMult 模型计算出的多基因风险评分与疾病风险之间呈正相关或负相关，得分最低的组内冠心病的发生率小于 0.6%，得分最高的组内冠心病的发生率高达 16.3%，两组之间疾病的实际发生率相差近 27 倍。在目前的心血管疾病预防指南中，推荐对既往有过冠心病、外周动脉疾病、缺血性卒中、糖尿病或严重高胆固醇血症病史的个体使用他汀类药物治疗，以帮助降低心血管疾病再次发生的风险和死亡率。回顾分析英国生物银行中 30.8 万欧洲人长达 12 年的随访跟踪数据，位于 GPSMult 评分分布前 3% 的个体，冠心病的发生风险与已有疾病史的个体几乎相当。

比较来看，美国心脏协会 / 美国心脏病学会合并队列方程主要利用血脂、血压、年龄及性别等传统心血管疾病危险因素建模，预测个体未来 10 年的动脉粥样硬化性心血管疾病的风险。而 GPSMult 基于个体遗传信息预测先天疾病风险，将两种模型整合使用预测效果更优。通过对英国生物样本库中 32.6 万多种族人群的数据分析显示，在传统风险模型的多个疾病风险分层中，GPSMult 均能进一步增强对个体患病风险的预测，且广泛适用于不同遗传背景的个体，特别是对南亚人群或者是传统危险分层处于高风险（风险大于 20%）的个体，其增强效果更加明显。

以上案例展示了大数据在人群遗传学中的应用，通过团队合作，整合不同地区和人群的遗传数据，成功研发了一种全基因组多基因风险评分模型（GPSMult），在全球多种族人群中进行验证并取得优越性能，体现了研究的广泛适用性。该模型综合考虑了不同种族和多个冠心病危险因素的遗传信息，为个体提供了精准的冠心病风险预测。这不仅推动了个性化医疗的前沿，也突显了大数据在构建全面且高效遗传模型方面的关键作用，为未来疾病预测和干预提供了新的可能性。

第四节　人群遗传学的挑战和展望

一、挑战

（一）人种多样性

大数据促使全球范围内的研究者更紧密地合作，共享数据和研究成果，加速遗传学研究的进展。这就不可避免地出现了人种多样性的问题。生殖系（遗传）和体细胞（如肿瘤）遗传和基因组技术具有改善健康的巨大潜力，但并非所有个人和人群都能从这些进步中平等获益。相对较少的和种族较小的群体参与研究的比率远低于多数群体。有意或无意地排除某些人群会导致有偏见的推断、遗传误诊，以及对不同人群的需求不敏感或不能满足其需求的临床实践和护理服务。

许多遗传变异是罕见的，而且是不同遗传祖先群体特有的。因此需要大量的数据，以便能够对基因变异和感兴趣疾病之间的联系做出可信的推断，因为仅从一个基因祖先群体的研究做出推断可能是不准确的。目前估计来自欧洲血统的人的数据至少占全基因组相关性研究的 78%，而非洲血统的个人占 2.4%。GWAS 中 70% 以上的样本只来自三个国家。GWAS 目录显示目前所有参与者中有近 80% 是欧洲血统，尽管他们只占全球人口的 16%。此外，自 2014 年以来，来自欧洲以外的 GWAS 比例并没有改善。将非欧洲人群的受试者纳入新的基因研究尤为重要。当我们考虑基于人群遗传学研究的风险预测、治疗发展和诊断评分方法时，如果研究人群仅由欧洲血统人群组成，这项工作对非欧洲人群的益处是有限的或者毫无益处。多基因风险评分（PRS）越来越多地被用于计算个人患复杂疾病的风险。然而，这些计算可能无法跨遗传祖先群体传递。研究发现，在非洲裔人群中，PRS 对几个人体测量学和血型特征的预测准确率比欧洲人低 4.5 倍。与欧洲人相比，非洲人和非裔美国人对精神分裂症风险高 10 倍。因此，纳入不同的人群对于这些工具的准确性及转化为临床实践至关重要。对于人群遗传学，它还将决定下游的临床和公共卫生效益。对不同人群的遗传学研究有助于了解疾病全球分布的差异，更好地进行药物开发及疾病诊治，减少误诊，以及更准确地预测疾病风险。综上所述，我们需要增加研究人群的多样性。

（二）隐私与数据安全

大数据时代涉及海量、多源异构的人类遗传学数据，这些数据在存储、共享、分析、挖掘等过程中存在个人信息权、隐私权可能受侵害的风险和数据安全的隐患。如何对人群遗传学数据进行法律和伦理上的规制，已成为亟待解决的问题。应尽快推动个人健康信息和隐私保护等相关法律法规的立法，明确遗传学信息在存储、管理、利用、交换各环节的权责归属与过程标准，促进数据安全技术的与时俱进。相关部门应从保护个人安全和公平的角度，合理界定伦理风险，把握伦理审批的界限。

我国在 2019 年颁布了《人类遗传资源管理条例》，开始了大数据安全与伦理规制的探索性尝试。2020 年，国家药品监督管理局相继发布《真实世界证据支持药物研发与审评的指导原则（试行）》《用于产生真实世界证据的真实世界数据指导原则（征求意见稿）》和《真实世界数据用于医疗器械临床评价技术指导原则（试行）》，指出"真实世界研究涉及个人信息保护应遵循国家信息安全技术规范、医疗大数据安全管理相关规定"，要求实行个人信息保护和数据安全性处理，拉开了我国监管机构从监管层面构建真实世界数据使用框架体系的序幕。

二、未来发展趋势

近年来，大数据在人群遗传学中的作用日益凸显。随着基因组和单细胞测序技术的快速发展，研究者将人群遗传学与计算机技术如机器学习相结合将其应用于健康领域，这不仅将改变当前病理学的格局和发展方向，还为药理学的发展开辟了新的领域，最终为人类疾病的诊断、治疗和预防提供全新的策略。

（一）遗传高危人群的识别、疾病风险及预后预测

人群遗传学研究通过群体为基础和家系为基础的研究，识别遗传危险因素或疾病基因，进而了解人群的相应易感基因分布情况，估计人群的遗传负荷，识别高危人群。同时，人群遗传学的研究对环境 – 遗传交互作用进行了更多的评价，有利于制订并采用合理的干预手段与措施。通过对高危人群采取有针对性的干预措施，减少可改变的环境危险因素暴露，降低发病风险。例如，位于人类第 17 号染色体的 BRCA1 是最早定位的乳腺癌和卵巢基因，通过识别人群中 BRCA1 的突变频率，可以识别患乳腺癌和卵巢癌的高危人群，通过改变高危人群的环境暴露状况，如不吸烟或者戒烟、适当运动等，降低高危人群的乳腺癌和卵巢癌患病风险。又如，对职业人群开展易感基因 / 遗传标志物监测，排除某些对职业暴露，如某些化学物敏感的个体，或者对易感者加强随访，最大限度降低可能的职业危害。对于单基因疾病，识别出隐性致病基因的携带者，对他们进行合理的婚育指导，可以大大降低相应疾病的发病率，如血友病、地中海贫血、色盲等。对于某些疾病，识别出相应的致病基因携带者，可以采取措施控制环境诱因，预防疾病发生。例如，对于新生儿开展苯丙酮尿症筛查，早期筛查出患儿，可以给予低苯丙氨酸饮食至青春期后，患儿可

以健康成长，智力和身体发育均不会迟缓。对高危人群的长期监测，可以了解人群遗传危险因素的动态变化，为制订相应的防治策略提供客观依据。

（二）人群筛查、诊断及遗传咨询

人群遗传学通过家系研究，可以了解某个疾病/性状是否有家庭聚集性，家庭聚集性是否由遗传因素所致，遗传因素的遗传方式及在家庭内的传递规律等。在人群遗传学信息的基础上，我们可以判断某个疾病/性状是否有明显的遗传倾向，如果有遗传倾向，遗传的概率有多大等，回答遗传与疾病或健康相关的问题。再发风险率估计是遗传咨询中的重要内容，也是咨询者最关心的问题之一。一般，对于单基因疾病，在确定了相应个体的基因型后，可以根据孟德尔定律来直接估计或者使用 Bayes 逆概率法和概率树来进行估计，而对于多基因疾病，亲属的再发风险率的估计比较困难，具体参照相关专业书籍。

（三）个体化治疗与预防

目前，人类基因组研究已经揭示了许多与人体健康和疾病相关的基因和基因变异，为个体化医疗提供了深刻的理论基础和实践基础。个体化医疗是基因组学应用在医疗领域的一大趋势。基因组学技术可以应用于疾病的早期预测、病因分析、个体化治疗等方面。例如，通过测序分析，可以快速检测到某些基因突变可能引起的疾病风险，从而有针对性地对其进行预防、监测和治疗。此外，还可以精准调整药物治疗，进一步提高治疗效果和降低副作用。

以个体化治疗为例，个体化治疗可以大大提高人类的医疗水平，是未来发展的方向。如 O^6-甲基鸟嘌呤 –DNA 甲基转移酶（O^6-methylguanine–DNA methyltransferase，MGMT）是重要的 DNA 修复蛋白之一，普遍存在于人体中。MGMT 的基因多态性影响其活性，而其活性与肿瘤的化疗效果有关，如果人群遗传学研究能够明确 MGMT 的基因多态性与肿瘤化疗效果之间的关系，人们有望在将来根据 MGMT 的基因多态性选择肿瘤化疗的敏感疗法。

心血管疾病、恶性肿瘤、自身免疫病及代谢性疾病、神经系统退行性疾病等人类常见疾病均涉及基因的先天性缺陷与后天的基因突变，以及细胞生长、分化和凋亡之间的调控失衡。随着人类全部基因结构与功能的阐明，以及对维持人体基因组稳定性、基因表达调控、DNA 复制与修复物质基础的逐步了解，人类对疾病发生的机制将有重要发现，甚至在概念上有重要改变，从而在预防、诊断和治疗上有新的突破。

应用 DNA 重组技术纠正患者基因的异常无疑是治疗人类遗传相关疾病的有效手段。目前基因治疗已从单基因病扩展到肿瘤、部分多基因病和感染性疾病。然而，目前的治疗方案大多尚在试验阶段，仍无法满足临床治疗的需求。除某些技术上的局限外，目的基因的选择仍是主要问题。随着基因组学的发展、功能基因与疾病相关基因的进一步阐明，有针对性的个体化基因治疗将成为临床的一项常规治疗手段。早期发现、早期治疗、液体活检技术的出现，能在血液中发现极少的循环肿瘤 DNA 和循环肿瘤细胞。循环肿瘤基因，又称为循环肿瘤 DNA（circulating tumor DNA，ctDNA），是指肿瘤细胞体细胞 DNA 经脱落或者当细胞凋亡后释放进入循环系统，是一种特征性的肿瘤生物标志物。通过 ctDNA 检测，能够检出血液中的肿瘤踪迹。现代医学对癌症的早期治疗效果较好，可以显著提高患者生存率。

（四）药物的研发

基因组学的发展使人们认识致病机制和发现新基因方面迈出了关键的一步，这为药物的研发提供了重要的理论基础和设计原则。目前，基于基因组的新药开发正成为基因组学中方兴未艾的研究领域。科学家可利用反向生物学原理，根据人类基因序列数据，选择药物靶点，并经生物信息学分析、高通量基因表达、高通量功能筛选和体内外药效研究，以开发得到新药候选物。同时，随着越来越多的基因结构和功能的阐明，将使基因药物的种类大幅增加；而旨在针对特定人群甚至单一个体的药物研制与开发，将使个体化药物治疗成为现实。

（五）新诊断指标

人群遗传学的研究结果还有许多其他方面的应用。例如，某些在疾病早期的遗传变异指标可能成为新的诊断指标，一些已经商业化，并开始服务于公众，如 BRCA1 和 BRCA2 基因筛选乳腺癌。从理论上讲，当人类基因组信息与疾病的关系完全明确后，基因诊断可用于辅助所有直接与间接涉及基因结构改变疾病的诊断、风险和疗效预测。目前，基因诊断技术已广泛地应用于许多传染性疾病、部分单基因病诊断以及法医学鉴定中。随着基因组学研究的深入，越来越多人类常见疾病的发病机制将得以阐明，未来多基因病（如肿瘤、心脑血管病等）将采用多基因检测、易感基因检测等，从而达到早诊断早治疗的目的。

（张本 姜侠）

思考题

1. 简述大数据在精准医疗中，针对人群遗传学相关应用的具体流程和关键技术点。
2. 简述大数据时代下，保障人群遗传学研究中隐私与数据安全的有效策略。
3. 在大数据背景下，人群遗传学如何实现对遗传高危人群更精准的识别与管理？
4. 结合大数据应用，谈谈人群遗传学在临床医学及公共卫生领域可能拓展出哪些新的模式？

数字资源详见 新形态教材网

学习目标　内容提要　本章小结　参考文献

第十一章

药物流行病学

思维导图

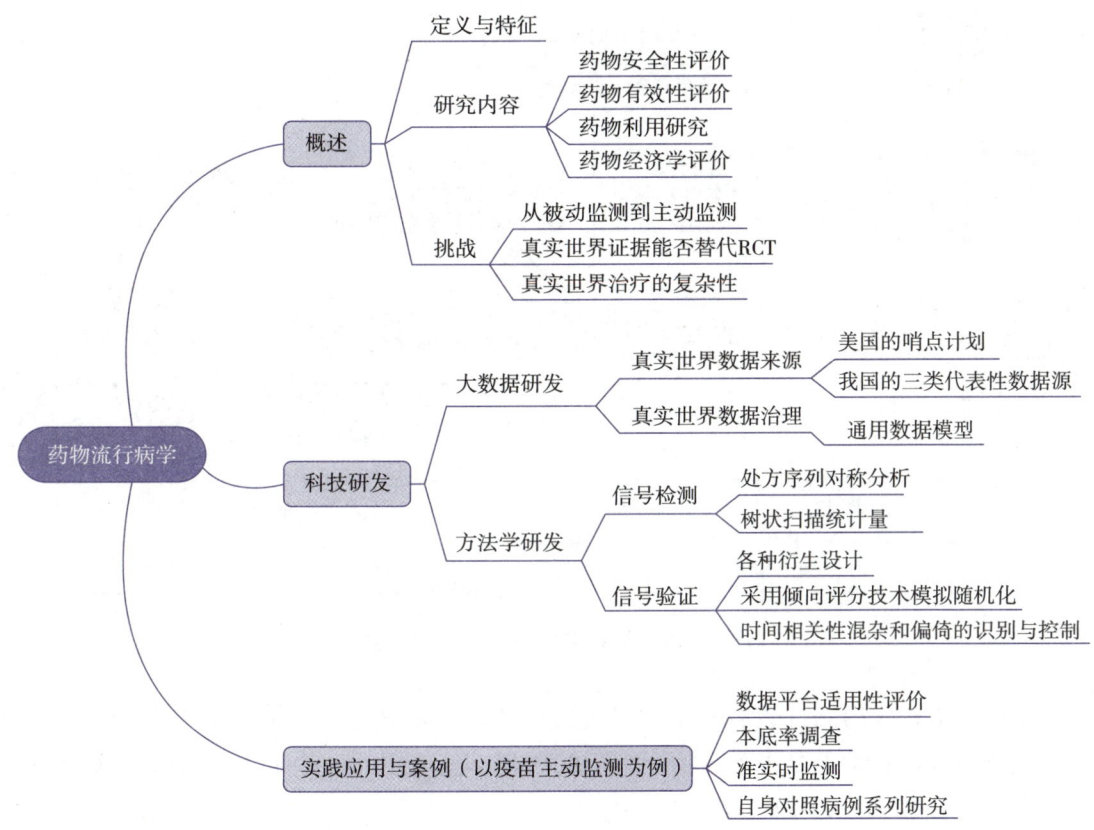

第一节　概　　述

一、定义与特征

药物在上市前虽然经过了严格的临床前动物试验，以及人体Ⅰ、Ⅱ、Ⅲ期的临床试验，但由于上市前研究的样本量有限、观察时间较短、涉及的病种较为单一，并且大多数情况下排除了老年人、孕妇和儿童，因此罕见的不良反应、迟发反应，以及在某些特殊人群中可能出现的不良反应难以被发现。因此，需要在药物上市后进行风险评估，即进行上市后的监测和药物流行病学研究。从药物上市前到上市后的全生命周期管理过程即是药物警戒（图 11-1）。

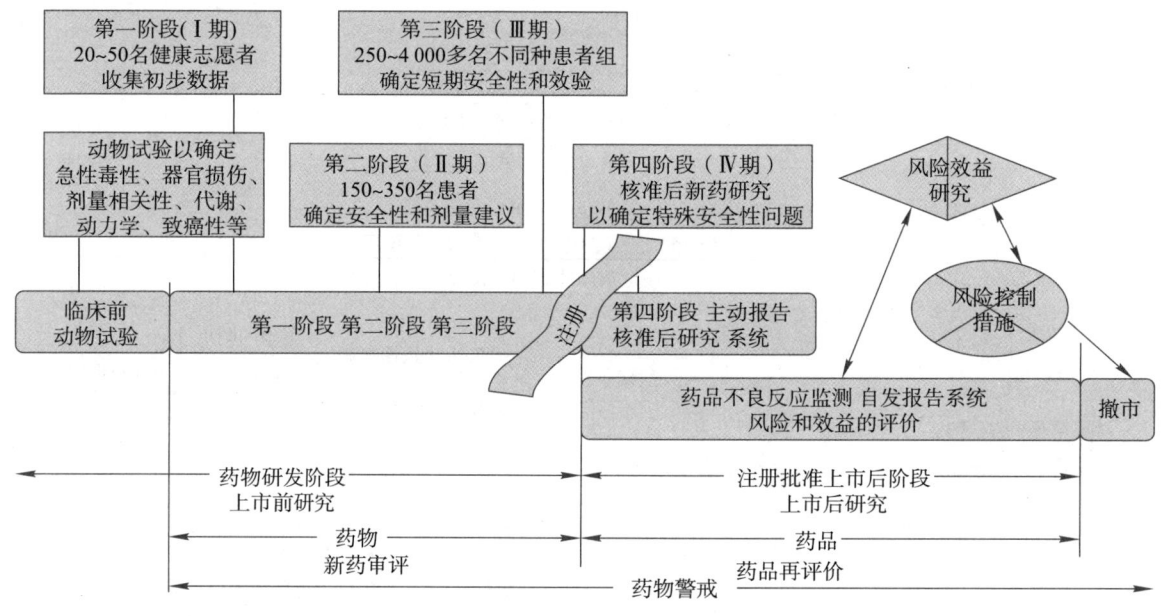

图 11-1　药物全生命周期管理过程

药物流行病学是应用流行病学的原理和方法，研究人群中药物的利用及其效应的一门应用科学。因此，药物流行病学主要用于药物上市后的研究，其应用的理论主要包括流行病学关于疾病分布的理论、多病因理论及因果关系推断的原则。

在临床上，药物不良反应（adverse drug reaction，ADR）表现为一些症状、体征、综合征或疾病。在未进行因果关系评价前，这些现象统称为不良事件（adverse event，ADE）。这些事件的发生可能归因于药物本身的药理作用（即 ADR），也可能是由于药物使用不当或质量问题所致。即使是 ADR，也并非所有使用者都会发生，还涉及个体的易感性。因此，确定 ADE 的原因离不开流行病学病因论的指导，尤其是多病因论。流行病学从群体水平探讨疾病病因，药物流行病学对 ADE 和 ADR 的研究亦是如此。ADE 在群体中的分布差异，是发现安全信号和形成病因假设的基础。然而，仅通过 ADR 监测，收集、分析与药物有关的发病和死亡自发报告，难以确定因果关系，因此需要进一步设立对照组，通过比较药物暴露人群与未暴露人群发生不良结局的差异来评估因果关系。

从假设的提出到最终的论证，各个阶段都离不开流行病学的研究方法，具体内容详见本书第六章。尤其在上市后，监测和重大药害事件的调查中，灵活运用多种流行病学研究方法来确定药物与不良事件之间的关系成为可能。

需要注意的是，不同研究方法在因果关系论证中的能力不同。描述性研究是药物上市后研究的起点，也是主要方法之一，主要用于产生安全信号。通过描述与药物相关事件在人群、时间和地区中的频率分布特征和变动趋势，描述性研究为进一步的分析性研究奠定了基础。分析性研究通过设立对比组、比较研究组与对照组在各种分布上的差异，筛选和检验安全信号。实验性研究，尤其是随机对照试验，被视为评价药物疗效的金标准，但从伦理角度考虑，通常不用于安全信号的确证。二次研究，如系统综述或 meta 分析，通过整合安全性证据，可以进一步回答因果推断中关联普遍性的问题。流行病学中采用的 Mill 准则和 Hill 标准是推断因果关联的重要路径，也是药物流行病学研究中评价不良反应因果关系的准则。这些准则主要包括：用药与不良反应的出现是否存在合理的时间关系、联系的普遍性、联系的特异性、联系的强度，以及是否存在其他原因或混杂因素。

二、主要研究内容

药物流行病学的起源可以追溯到沙利度胺事件，因此，安全性评价始终是药物流行病学的首要任务。随着研究的深入，有效性评价、药物利用和药物经济学也逐渐成为药物流行病学关注的核心内容。

1. **药物安全性评价** 药物不良反应监测是保障公众用药安全的重要环节，其目的在于及时发现、评估、报告和处理药物在正常用法，用量下出现的与用药目的无关的有害反应，这是安全性评价的常规工作，主要内容涉及建立和完善药物不良反应监测体系，规范化药品上市后的监测方法，尤其是计算机的应用与用药人群数据库的建立，在监测深度和广度上取得发展。此外，药物流行病学通过调查分析 ADE/ADR 的发生率及相关风险因素，为药品风险管理提供科学依据；通过数据库挖掘和安全信号的检出与分析，实现对用药人群中不良反应的快速发现，确保用药安全。

2. **药物有效性评价** 对上市后的药品有效性进行进一步确认，可通过疗效比较研究（comparative effectiveness research，CER）回答药物在"真实世界"中的预防、诊断和治疗效果，尤其是针对常见病和多发病的用药（如抗肿瘤药、心血管药、抗感染药物、解热镇痛药等）进行重点研究，推动合理用药，即如何安全有效地使用药物。

3. **药物利用研究** 世界卫生组织（WHO）将药物利用定义为"药物的上市、销售、处方及使用情况，特别强调其产生的医疗、社会和经济效果"。因此，药物利用研究不仅包括研究影响开药、配药、药物管理及用药过程的医疗和非医疗因素，还包括研究各级卫生保健系统中药物利用的效果。药物利用研究可以采用定量或定性研究方法。

4. **药物经济学评价** 在对药物疗效、安全性和药物利用进行综合分析的基础上，考虑药物利用的经济学因素，这是药物合理应用的重要环节。药物经济学评价的内容涉及收集药物利用的经济学数据，从成本收益的角度对药物进行评估，可以进行成本–效益分析、成本–效果分析、成本–效用分析或最小成本分析。

三、面临的挑战

1. 从被动监测到主动监测 上市后药品安全性监测与评价的核心在于及时发现、科学评价和有效控制安全性风险，这也是加强药品风险管理的必要手段。目前，国内外的药物不良反应监测主要依赖基于自发报告的被动监测。然而，由于自发报告系统是自愿而非强制性的，报告的随意性较强，难免会出现漏报现象。此外，被动监测只能收集报告数量，但缺乏整体用药人群的基数，即只有分子而没有分母，因此无法计算药物不良反应的发生率。这使得难以准确衡量不良反应发生的风险，也难以分析相应的危险因素。此外，在时效性和发掘未知信号的能力方面，被动监测也存在局限性，导致安全信息的获取相对滞后，不利于风险的早期发现和控制。这些问题在一定程度上限制了自发报告系统在药品风险管理中的应用。

尽管以流行病学专题调查为主的主动监测能够弥补自发报告系统的上述不足，但 ADR 的发生率通常较低，尤其是罕见的结局事件，需要通过观察大样本的用药人群才能发现。例如，对于 1/1 000 的 ADR/ADE 发生率，至少需要观察 3 000 例服药对象，才能发现具有统计学意义的 1 例；同理，对于万分之一的发生率，要发现 1 例具有统计学意义的 ADR/ADE，至少需要观察 30 000 例服药对象（表 11-1）。

表 11-1 欲发现 1，2，3 例 ADR/ADE 需观察服药对象人数（95% 置信区间）

ADR/ADE 发生率	1 例	2 例	3 例
1/100	300	480	650
1/1 000	3 000	4 800	6 500
1/2 000	6 000	9 600	13 000
1/10 000	30 000	48 000	65 000

注释：ADR：药物不良反应；ADE：不良事件。

因此，传统的前瞻性队列研究设计通常成本高昂，且耗时费力，时效性较差。以一项前瞻性队列研究［YY Xia, et al. Design of the anti-tuberculosis drugs induced adverse reactions in China National Tuberculosis Prevention and Control Scheme Study（ADACS）. BMC Public Health 2010；10：267.］为例，为了观察真实世界中一线抗结核药的不良反应发生情况并明确相关危险因素，从研究启动到第一篇文章发表，历时长达 4 年。因此，迫切需要建立一种快速、有效且时效性强的主动监测方式，这也是当前药物不良反应监测发展的热点。

2. 真实世界证据能否替代随机对照试验 经典的随机对照试验（RCT）虽然被视为评价理论疗效的金标准，但其结果在应用于实际临床患者时常常受到限制。为了帮助临床医生、患者和管理者更好地做出诊疗决策，仅有理论疗效是不够的，还需要提供这些疗法在"真实世界"中的效果。基于此理念，美国联邦政府在 2009 年颁布的《美国复苏与再投资法》中，专门拨款 11 亿美元用于实效研究（outcome research）或疗效比较研究（comparative effectiveness research，CER）。CER 的核心是在真实世界中系统研究不同干预和策略在预防、诊断、治疗和监测健康状况方面的效果。通过开发、扩展和使用多种数据来源和方法，CER 评估不同患者的健康相关结局，帮助患者、医务人员和决策者确定哪种干预最安全、有效和易得。药物与药物、疫苗与疫苗、手术与观察等待或药物治疗、住院与门诊治疗、介入装置与药物治疗，以及护理模式（如病例管理、技能培训）等为对比策略。研究方法可以包括系统综述/meta分析、决策模型、对现有临床或管理数据库进行回顾性观察分析、前瞻性观察研究（包括未将患者分配到特殊研究组的注册登记研究），以及实用性临床试验等。

随着医疗保健记录数字化的迅猛发展，基于各类可穿戴设备及其他生物传感器收集和存储大量健康相关数据的趋势日益增强，各种统计分析方法的快速进展以及数据库挖掘、链接和应用观念的提出，通过收集和分析患者健康状况或医疗保健的真实世界数据（RWD）来开展真实世界证据（RWE）研究，已引起医学界、制药业和监管机构的高度重视。尽管观察性研究未能随机分组，难以全面控制潜在的混杂因素，这可能导致试验组与对照组的可比性较差，加之数据质量参差不齐，使其在因果推断时容易受到质疑。但不可否认的是，这类研究依然以其独特的优势，如覆盖面广、研究对象代表性强、成本较低、耗时较短、可操作性强、应用途径多样化等，吸引着广大研究者和政策制定者。他们在思考是否可以基于RWD的分析生成RWE，从而解答医疗产品的安全性和有效性问题，加速药物审批、扩大药物适应证，甚至在特定情况下替代RCT，指导药品安全性决策，为监管决策提供依据，这仍然需要更多研究证据的支持。

3. 真实世界治疗的复杂性 慢性病通常需要长期用药，以指南推荐的2型糖尿病药物治疗路径为例（图11-2）。随着疾病的进展，当单纯生活方式干预无法将血糖控制在合理范围内时，就需要开始药物治疗。在药物治疗过程中，通常以单药治疗开始，首选的降血糖药是二甲双胍。如果单药治疗不能使血糖达标，则可联用两种药物进行治疗。如果两药联合治疗仍无法有效控制血糖，则需考虑将不同机制的降血糖药三药联合使用；若血糖控制仍未达标，则应调整治疗方案为多次胰岛素注射，同时停用胰岛素促分泌剂。由此可见，2型糖尿病的药物治疗具有明显的时间依赖性特征。此外，其他对用药安全具有潜在影响的因素，如糖化血红蛋白（HbA1c），也可能随着疾病进程和治疗的改变而变化。例如，在宁波鄞州区域平台进行的真实世界研究发现，在2010—2016

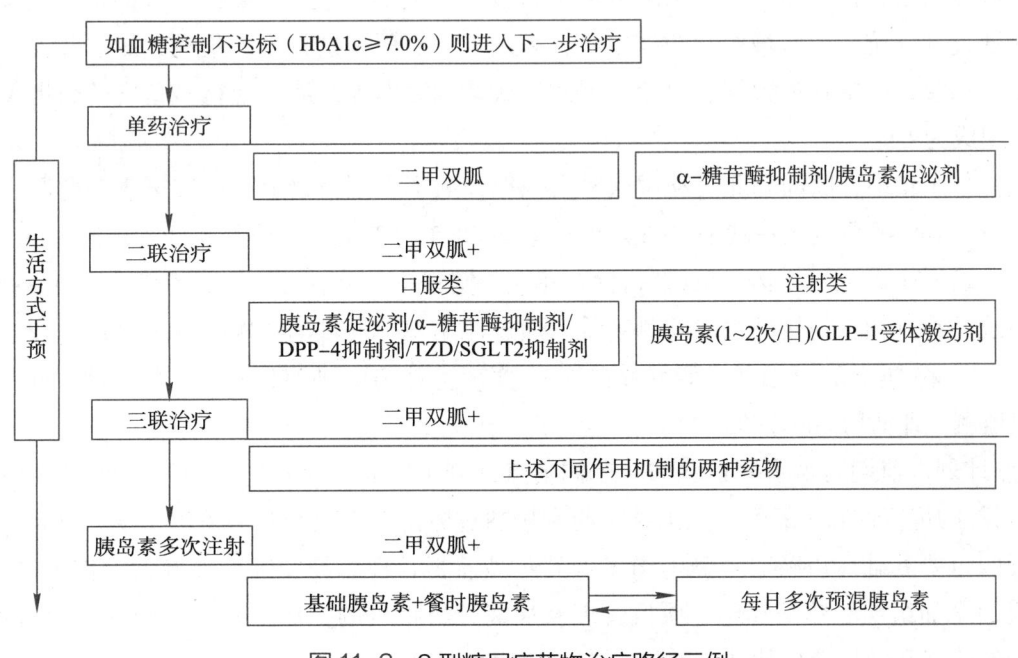

图11-2 2型糖尿病药物治疗路径示例

年间，共有 8 204 名 2 型糖尿病患者开始药物治疗，在随后的 131 340 次随访中，共形成了 1 226 种用药策略，用药模式发生了 27 076 次变化，且每次用药模式变化前都伴随着空腹血糖的变化。因此，当治疗方案及其影响因素随时间不断变化时，合理评价药品的有效性和安全性势必面临新的挑战。

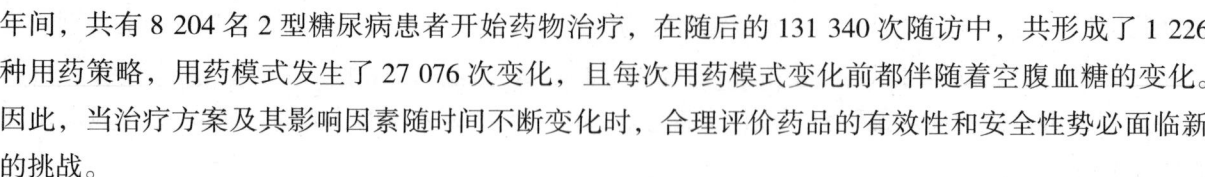

第二节　科技研发

一、大数据研发

（一）真实世界数据来源

随着医疗记录电子化的不断推进和数据库系统的日益完善，基于大规模真实世界的数据（如电子病历数据、医疗保险数据、区域医疗数据等）开展药物不良反应 / 不良事件的主动监测已成为可能。电子病历数据库包含海量信息，自动记录了临床日常诊疗过程，包括患者的症状、体征、实验室检查结果、诊断、处方及费用等，具有良好的临床实践代表性，这弥补了自愿报告系统无法获取分母数据以及流行病学专题调查成本高、时效性差的不足，因此该数据库能够快速、高效地发现和识别药品安全信号，尤其是罕见的不良事件。不过，电子病历中的病程记录在一定程度上限制了研究者的使用。然而，随着自然语言处理和自由文本挖掘技术的进步，非结构化数据将有望越来越多地应用于药物不良反应研究中。

医疗保险数据库则可以实时记录患者信息，该库时效性较强，包含患者的基本疾病诊断、完整的用药记录和费用信息。虽然缺乏症状体征等临床记录，但由于数据的高度结构化和标准化，数据挖掘和分析很方便，因此医疗保险数据一直被国际上视为医疗大数据挖掘的重要来源。区域医疗数据通过建立统一的区域医疗数据中心，采用唯一身份识别技术，集成、提取并安全储存区域内的医疗信息，包括业务数据、诊疗数据和疾病监测数据等，从而使得多角度的数据挖掘和统计模型应用成为可能。

在过去十余年中，欧洲和北美利用这些大数据开展了多项药物上市后安全主动监测和药物流行病学研究，其中的典范之一就是"哨点计划"。2008 年，美国食品药品监督管理局（FDA）启动了"哨点计划（The Sentinel Initiative）"，旨在建立并实施一个全新的、长期持续的、与多种现存医疗数据系统并存且相互连接的主动监测系统。通过使用现有的自动化医疗数据系统（如电子健康记录系统、医保数据库、注册登记研究数据等），实现了对 FDA 所有监管产品的互联、即时、及时和可持续监测，评估药品的潜在风险。

"哨点计划"前期启动了探索性的"迷你哨点计划（Mini-Sentinel Initiative，MS）"，用于验证"哨点计划"的可行性和可靠性。数据共享与利用通过数据合作伙伴联盟得以实现，这是"哨点计划"运行的重要基础。该联盟由美国国家食品药品监督管理总局监管；哈佛大学作为协调中心，负责联盟的全面组织、数据管理、项目管理及最终分析报告的生成；联盟还包括多个合作单位，如数据合作伙伴和学术合作伙伴。数据合作伙伴通常是拥有一定规模临床医疗数据的临床数据中心、区域医疗信息中心或医疗保险数据库等，它们提供数据访问权限；学术合作伙伴主要是大学或研究机构，负责数据处理和分析中的学术支撑。在"迷你哨点计划"运行期间，数据合作伙伴联盟已纳入18个数据合作伙伴，并在2012年获得了超过1亿人口的健康医疗数据的访问权。

为了评估我国电子医疗数据库的应用潜力，尤其是评估在我国建立药品上市后安全性主动监测系统的可能性，部分学者对国内三类代表性数据源的可用性、特征和结构进行了调查研究（表11-2），他们与"哨点计划"的核心变量进行对比，评估这些数据源在药品上市后安全性主动监测方面的应用。核心变量主要涵盖药物流行病学和药品上市后安全性监测的关键基础数据，分为六个类别：社会人口学特征、死亡相关信息、诊断相关信息、药物暴露相关信息、实验室检测信息和其他就诊信息。研究发现，这些数据库收集了大量对药品上市后安全性监测具有潜在价值的核心变量（覆盖率为55.00% ~ 85.00%），为开展主动监测和药物流行病学研究奠定了坚实的数据基础。

表11-2　我国三类代表性数据源的基本信息

数据源名称	数据源类型	开始日期	覆盖人群数量（人）	年龄范围	覆盖地理分布
鄞州区域医疗数据库	区域电子医疗数据	2005	约119万（2015）	全年龄	宁波市鄞州区
中国医疗保险抽样数据库	医保数据	每年重新抽样（2008—）	约540万（2014）	全年龄	全国
中国中医科学院电子病历数据库	电子病历数据	2003	约300万（2015）	全年龄	北京市、深圳市、广东省等7省市

（二）真实世界数据治理

真实世界数据主要来源于日常诊疗和对患者的管理，而不是为科研专门采集的。因此，其数据记录、采集、存储等流程往往缺乏严格的质量控制，可能存在数据不完整，以及数据标准、数据模型和描述方法不统一等问题，这些问题阻碍了真实世界数据的有效使用。鉴于此，国家药监局在2021年出台了《用于产生真实世界证据的真实世界数据指导原则》（试行），从真实世界数据的定义、来源、评价、治理、标准、安全合规、质量保障和适用性等多个方面提出了具体要求和指导性建议，旨在帮助申办者更好地进行数据治理，评估真实世界数据的适用性，为生成有效的真实世界证据做好充分准备。

数据治理是指为解决特定临床研究问题，对原始数据进行整理和处理，以确保数据可用于统计分析。数据治理的内容包括但不限于：数据安全性处理、数据提取（包括多个数据源）、数据清洗（逻辑核查及异常数据处理、数据缺失处理）、数据转化（数据标准化、通用数据模型、归一化处理、自然语言处理、医学编码、衍生变量计算）、数据传输和存储，以及数据质量控制等多个环节。

由于不同数据源的医疗数据在使用目的和重点上存在差异，因此数据结构各不相同，真实世界数据通常呈现多源异构的特点。通过使用通用数据模型（common data model，CDM），可以从多个电子信息数据库中提取特定信息的结构和框架，通过建立标准化的变量表单，从海量数据中准确、快速、有效地提取研究或管理所需的关键信息。此外，这种系统还有助于形成一套较为完整的标准分析方法体系，从而快速实施各种流行病学研究方法，最大限度地利用已有数据资源回答实际问题。使用标准化程序进行统计分析也有助于降低针对多个异构数据源所需对应分析程序的人力和时间成本。除了用于上市后药品安全性研究外，通用数据模型还可以应用于多种研究用途，如医疗质量评估、生物医学研究和公共卫生监测等。

以耐多药肺结核（MDR-TB）治疗药物不良反应主动监测的通用数据模型构建为例（参考文献标注），有研究通过借鉴美国"哨点计划"的CDM并参考前期工作和《耐多药肺结核防治管理工作方案》，构建了针对MDR-TB医院病历的CDM。该模型涉及8个表单，共90个变量，包括就诊表、人口统计学表、生命体征表、诊断表、配药表、实验室检查表、不良事件表和出院结局表，详见表11-3。该研究进一步为CDM表单中的每个变量提供了具体定义，表11-4和表11-5分别展示了配药表和不良事件表的示例。

表11-3　MDR-TB CDM表单

名称	说明
就诊表	包含患者就诊记录，每次就诊应该在就诊表单中生成一个单独的记录，在就诊过程中每个诊断和就诊过程应在诊断或其他表中单独记录，在同一天对同一个医院进行的多次就诊应被视为一次就诊，并应包括该次就诊的所有就诊和过程
人口统计学表	包含每个患者的生日、性别等信息记录
生命体征表	包含每次就诊患者的重要生命体征以及症状、时间
诊断表	包含每个患者每次就诊时的每个诊断
配药表	包含每个患者每次的用药记录和用药时间
实验室检查表	包含每个患者每次的实验室检查项目/结果和时间的一个记录
不良事件表	包含每个患者每次的不良事件、时间、处理方式和转归的一个记录
结局表	包含每个患者每次就诊记录的结局

表11-4　MDR-TB CDM中配药表

变量名称	变量类型	值	定义和说明
PatID	字符（18）	患者标识符	每个患者的标识符，用于跨表链接
EncounterID	字符（10）	就诊标识符	PatID，ADate和EncType的唯一组合，用于链接就诊，诊断等其他表
RxDate_Start	日期（8）	SAS日期	配药日期（尽可能接近接收药物的日期）
Rx	字符	药品通用名	药品通用名称，如无，则填入使用的药品名
ATC	字符（7）	ATC编码	药物编码，如无，则空白
RxAmt	字符	单次剂量	含单位数，每次分配的剂量
RxSup	数值（1）	1 = 口服 2 = 注射 3 = 其他	药品用法
RxAmt_Total	字符	剂量	含单位数，分配的总剂量
Rx_Freq	字符	频率	用药频率
RxDate_Stop	日期（8）	SAS日期	停药日期（尽可能接近患者停止服用药物的日期）

表 11-5　MDR-TB CDM 中不良事件表

变量名称	变量类型	值	定义 / 说明 / 指南
PatID	字符（18）	患者标识符	每个患者的标识符，用于跨表链接
ADE	字符	ADE 描述	患者出现 ADE 的描述及怀疑药品
ADE_Level	字符	0 = 较轻 1 = 一般 2 = 较严重 3 = 严重	患者出现 ADE 的严重程度
ADE_Start	日期（8）	SAS 日期	患者出现 ADE 的日期
ADE_Time	数值	ADE 持续时间	包含时间单位
ADE_Disposure	字符	处理方式	医生对此 ADE 的处理方式
ADE_Result	字符（1）	0 = 无变化 1 = 好转 2 = 完全康复 3 = 更严重 4 = 其他	ADE 的转归
ADE_Stop	日期（8）	SAS 日期	ADE 结束时间，如果仍未结束，为空

　　研究人员整理并分析了 5 家医院患者的住院病历内容后，将其中包含的变量映射到 MDR-TB CDM，并评估每个变量的映射条件。映射结果显示，有 21 个变量较容易转化和利用，包括住院 ID、就诊时间、就诊医院、就诊种类、过敏史、出生日期、年龄、性别、诊断代码类别、原始诊断、配药日期、单次剂量、配药方式、配药时间、实验室检查结果类别、标本收集日期时间、结果日期时间、停止治疗时间和出院时间；22 个变量需要经过标准化处理后才能使用，主要包括患者唯一编码、诊断信息、用药信息和实验室检查信息等；34 个变量需经过文本处理后应用，主要包括既往史、吸烟史等；另有 13 个变量较难获得或存在缺失，主要包括用药总剂量、用药史、患者 MDR-TB 登记号，以及身高、体重和测量时间等，具体结果见变量映射图 11-3。

二、方法学研发

（一）信号检测

　　药物安全信号是指有关某种药品与某一不良事件之间可能存在因果关系的报告信息。信号的意义在于可以形成假设，以供进一步研究，并为 ADR 提供早期警告。信号检测（signal detection）指的是利用各种数据来源寻找或识别信号的过程。药品持有人应通过多种途径收集疑似药物不良反应信息，以开展信号检测，及时发现药品的安全性风险。

　　目前，医疗保健数据库中的安全信号检测方法主要包括以下几类：比值失衡分析法（disproportionality analysis）、传统药物流行病学设计（如自身对照设计）、序列对称分析（sequence symmetry analysis，SSA）、序贯统计检验（sequential statistical testing）、时序关联规则（temporal association rules）、监督机器学习（supervised machine learning，SML）和树状扫描统计量方法（tree-based scan statistic）。

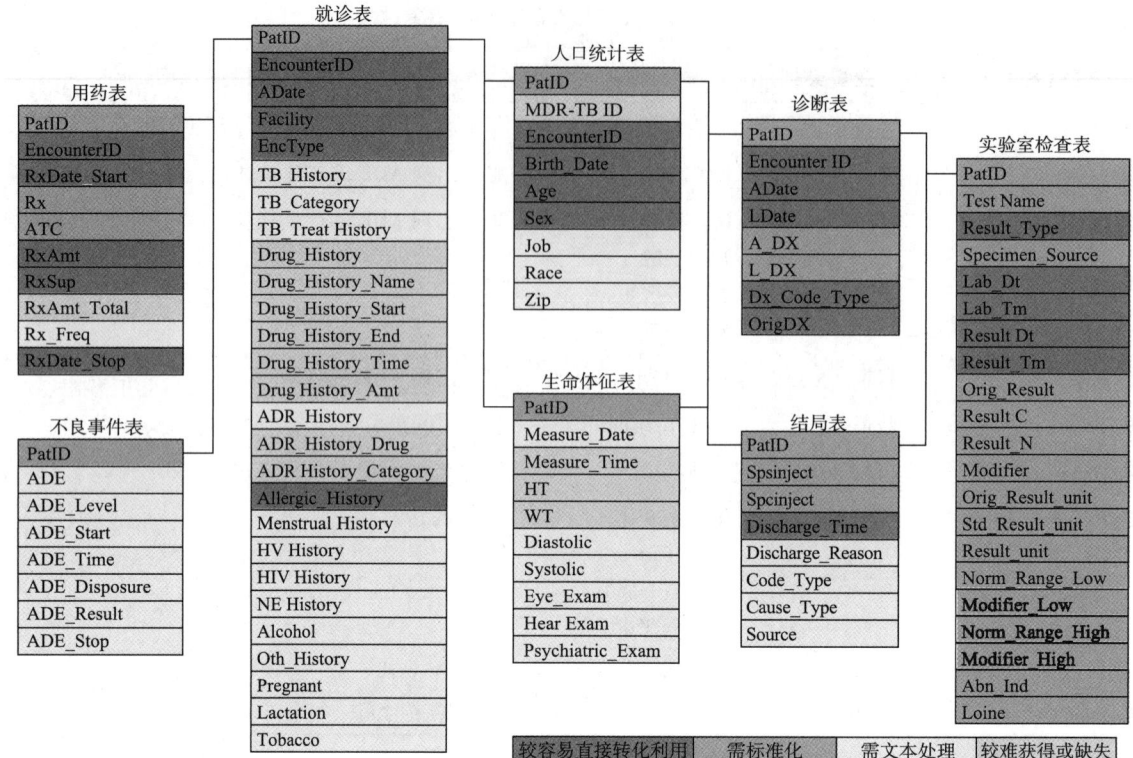

图 11-3　MDR-TBCDM 变量映射图

1. 处方序列对称分析（prescription sequence symmetry analysis，PSSA） 是一种基于现有、完整的处方记录数据库来发掘药物不良反应信号的研究方法，由 Hallas 于 1996 年首次介绍，在 2012 年首次在国内引入并实施。PSSA 是一种单病例设计，使用某种药品的处方（标签药）作为替代指标，代替由特定药品（指示药）引发的不良反应，再通过分析指示药和标签药在处方时序分布中的对称性，来发掘不良反应信号。比如，A 药（指示药，index drug/exposure drug）可能引发某种不良反应，需要用 B 药（标签药，marker drug/proxy drug）进行治疗。处方数据库可以确定在一定时间窗内同时开了 A 和 B 药处方的患者。如果 A 药和 B 药之间不存在因果关系，那么处方序列应该呈对称分布，即先用 A 处方药与先用 B 处方药的人数相等；如果存在因果关系，A 药的处方会导致 B 药处方增加，处方序列则会呈现不对称，即先用 A 处方药的人数更多。这种方法在医疗保险数据库中尤为有效，因为医保数据对药物的处方记录非常详尽。例如，医保数据库中可能缺乏转氨酶、胆红素等肝功能检测的具体信息，但可以用保肝药作为标签药来代替肝损伤不良反应的指标。当然，如果原始数据中有准确的不良反应诊断信息，也可以直接采用诊断信息作为结局变量。

下面以他汀与肝损伤的研究为例来说明 PSSA 的分析思路：在使用了他汀（指示药 A）并发生了肝损伤（可用保肝药作为标签药 B）的患者中，若假设药物与不良反应无关，那么他汀首次处方在肝损伤首次发生（即保肝药首次处方）之前的患者（A → B 组，相关组）与他汀首次处方在肝损伤首次发生之后的患者（B → A 组，非相关组）应该呈现对称分布，如图 11-4 所示；如果假设他汀会导致肝损伤，那么使用他汀后发生肝损伤的患者可能会因此被处方保肝药来治疗该不良反应。在这种情况下，保肝药首次处方晚于他汀的概率会更高，因此相关组患者人数将多于非相关组，形成不对称分布，如图 11-5 所示。

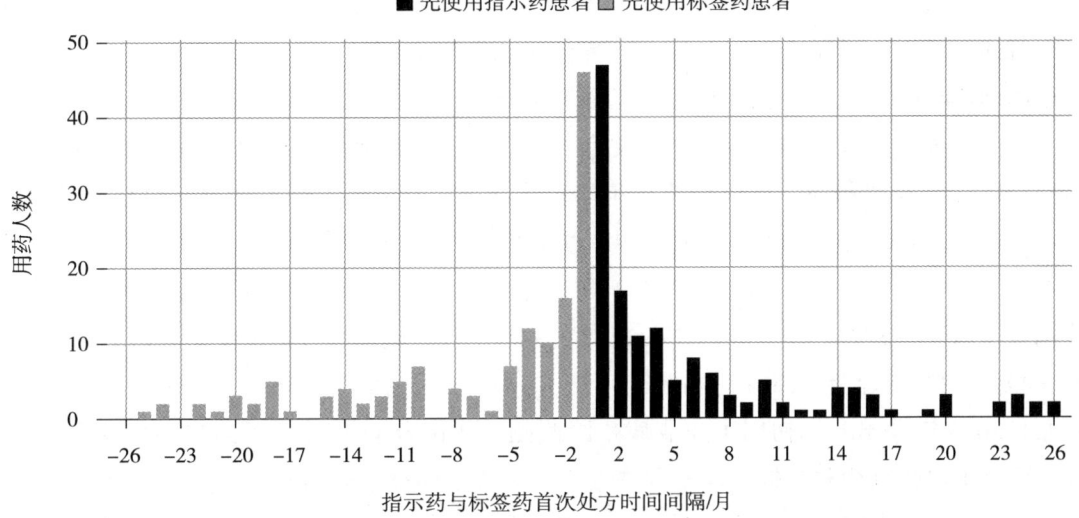

图 11-4　指示药他汀与肝损伤不良反应无关情况下的对称分布示意图

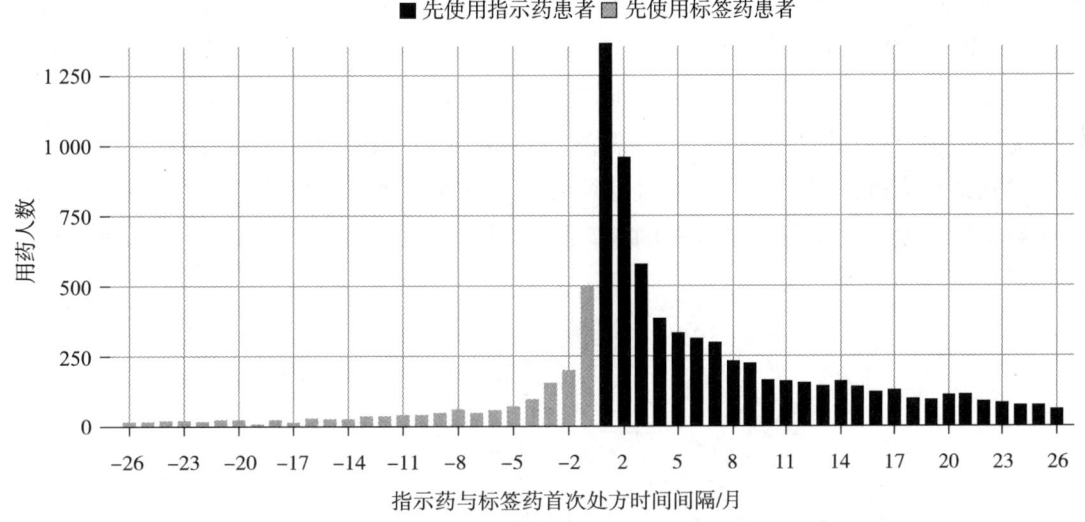

图 11-5　指示药他汀导致肝损伤不良反应情况下的不对称分布示意图

　　用相关组的患者人数除以非相关组的患者人数，可得到粗序列比（crude sequence ratio，CSR），该比值反映了两种药物处方不对称的程度，但未考虑处方随时间变化的自然趋势。空效应序列比（null-effect sequence ratio，NESR）是假定无任何因果关系情况下的期望序列比，反映研究周期内处方频率的变化。调整序列比（adjusted sequence ratio，ASR）等于CSR/NESR，即调整时间趋势后的序列比，若显著大于1.0，则可能存在因果关系。

　　此外，还需考虑洗脱期和间隔期。洗脱期（run-in period）是指为确定首次用药者而设定的一段无指示药或标签药处方的时间段，符合此时段内无相应药物处方的患者被视为首次用药者。间隔期是指指示药与标签药处方日期之间的时间间隔，即不良反应发生的合理时间区间。洗脱期和间隔期的设定是开展PSSA研究的重要参数，不合理的设定可能会影响结果的准确性，导致偏倚。合理的洗脱期可以排除非首次用药者，避免潜在的偏倚与混杂，使最终得到的ASR更加稳定。通常采用等待时间法（waiting-time method）确定洗脱期，即根据数据库中首次处方时间，对标签药和指示药的使用者进行分类，并绘制时间与人数的曲线，曲线陡降阶段为洗脱期，曲线平稳期为首次用药者的研究期。间隔期的确定尚无金标准，一般根据不良反应的特征和既往研究决定，为避免研究时间过长引入时间依赖性混杂，间隔期不宜设置得过长。

截至 2020 年 6 月，已发表的 PSSA 原始研究共有 45 篇，涵盖英文和中文，主要来自日本、丹麦和澳大利亚，而我国仅发表了 3 篇相关文章。大多数研究使用的数据库为医疗保险理赔数据库。PSSA 研究共涉及 16 类药物，其中精神类药物和他汀类药物的研究数量最多，这些药涉及人体各系统的不良反应。在方法学方面，明确给出了洗脱期和间隔期的研究分别为 35 篇（77.78%）和 43 篇（95.56%），其中分别有 14 篇（31.11%）和 9 篇（20.00%）详细说明了确定的方法或理由。此外，分别有 16 篇（35.56%）和 18 篇（40.00%）文献报告了敏感性分析和亚组分析的结果。

2. 树状扫描统计量　树状扫描统计量（tree-based scan statistic，TreeScan）由统计学家 Kulldorff 于 2003 年提出，最初用于职业病死因监测，2010 年首次应用于药物不良反应信号监测。TreeScan 结合了树状结构和扫描统计量两种方法。树状结构是一种离散结构，表示单个元素或节点之间的关系。树状结构中的基本单位通常称为节点（node），在树状扫描统计量中，树状结构可以设计成从左向右辐射排列的结构（图 11-6）。在树状结构中，不同位置的节点有不同名称。位于左侧的节点称为亲代节点（parent），与之关联的右侧节点则称为子代节点（child）。树状结构中最左侧的节点称为根（root），而最右侧的节点称为叶（leaf）。连接在同一个亲代节点上的两个或两个以上的节点互为姊妹节点（siblings）。节点之间的连线称为分支（branch 或 edge）。

扫描统计量用于检测时空数据中的异常簇（cluster）。使用时，首先通过限定特定的位置集合和一定的时间范围来确定簇。然后，通过计算各个簇的观察数（如发病或死亡人数）和期望数来获得统计量，从而发现具有最大统计量的簇。扫描指的是用不同大小的窗口在不同空间位置进行

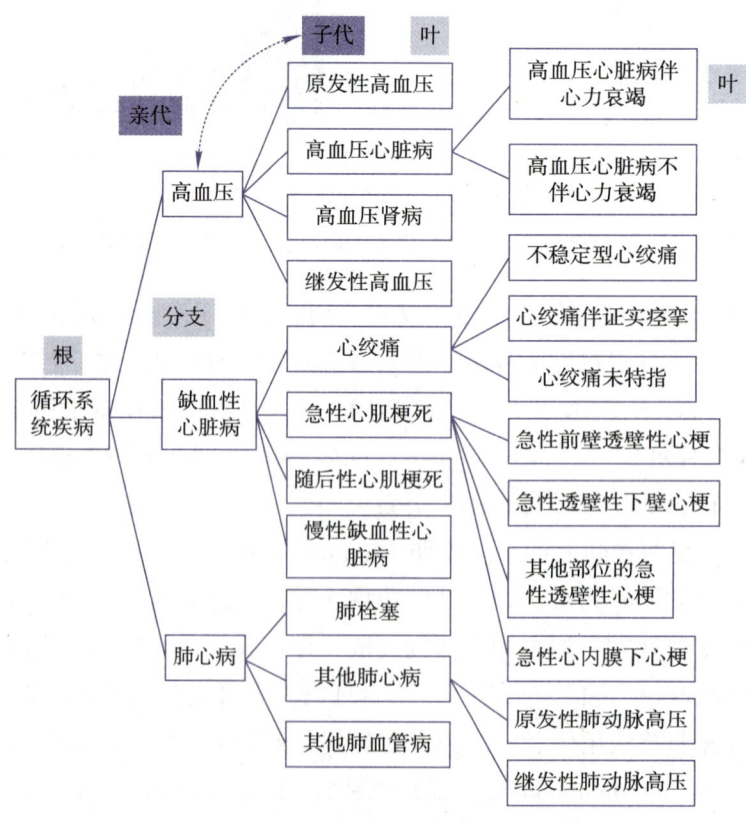

图 11-6　树状结构示意图（以循环系统疾病为例）

扫描，统计指的是统计窗口内对象的分布数目与窗口外分布的差异，并对其随机性进行假设检验。

与传统药物流行病学研究中对特定药物－事件对进行假设检验相比，树状扫描统计量的最大优势在于无须预先设定假设，即可同时对大量药物－事件对进行挖掘。此外，该方法能够克服传统多重比较中常见的过于保守或过于激进的估算问题，从而为药品的安全性监测提供更为可靠的信号依据。系统综述发现，截至 2020 年 5 月，全球范围内以英文或中文发表的采用树状扫描统计量的药物流行病学研究共有 15 项，其中 9 项为药物安全性监测，6 项为疫苗安全性监测。大多数研究使用的数据库为电子病历和医疗保险理赔数据库，研究主要在美国进行。研究中采用的TreeScan 方法分为三类：泊松概率模型、伯努利概率模型和树状时空扫描统计量模型，这三种方法在适用情况、对照选择和模型特征等方面存在差异（详见表 11-6）。

表 11-6　树状扫描统计量应用在不同类型研究中的模型选择和特点比较

TreeScan 软件中的分析模块	适用情况举例	暴露举例	结局举例	预先设定对照组	暴露或干预后出现结局的时长	导入分析软件的树状结构文件	结局数据结构
泊松概率模型 Poisson probability model*	多种暴露或干预与特定不良事件结局的关联	不同药物、疫苗、职业等特征	特定死因、发病或某种不良反应	不需要	未涉及	文件名为 *.tre。包含两列数据。左侧列为子代节点的数据代码，右侧列为亲代节点数据代码，中间用逗号间隔开。代码的数据类型常为字符串。先列出叶节点的数据代码及其对应的亲代节点代码，而后按照树状结构逐层添加，最后列出根节点，并以逗号结束	文件名为 *.cas。内部包含 3 列数据，由左至右分别为叶节点代码，该叶节点上对应的结局事件人数，总人数。数据间用逗号间隔开
伯努利概率模型 Bernoulli probability model*	特定暴露或干预与多种不良事件结局的关联	某种药物或疫苗	多种死因、多种不良反应或疾病发作	可以是自身前后对照，也可以是另外一种干预或暴露对照。可以按 1 比 1 或 1 比多匹配对照	需要设定一个时间段，确定入选研究对象在该段时间内未出现过研究结果 在自身前后对照设计中，需要规定前后对照的时间长度		文件名为 *.cas。内部包含 3 列数据，由左至右分别为叶节点代码，该叶节点上对应的结局事件人数，该节点对应的对照期或对照组中发生结局的人数。数据间用逗号间隔开
树状时空扫描统计量模型 tree-temporal scan statistic model	特定暴露或干预与多种不良事件结局的关联	某种药物或疫苗	多种死因、多种不良反应或疾病发作	多使用自身前后对照	需要设定一个时间段，确定入选研究对象在该段时间内未出现过研究结果 可灵活设定多个观察时长（日、月或年），可探索暴露或干预后集中出现研究结局的时点		文件名为 *.cas。内部包含 3 列数据，由左至右分别为叶节点代码，该叶节点上对应的结局事件人数，该节点出现相应结局人数的对应时间点。数据间用逗号间隔开

（二）信号验证

1. 各种衍生设计 基于安全信号只能形成病因假设，药品与不良事件之间的因果关系仍需进一步研究验证。在药物流行病学中，事先设立对照组的分析性研究，如传统的病例对照研究、队列研究等，均可用于检验病因假设。然而，传统的研究方法有时难以解决实际问题，如数据的缺失或不完整推动了药物流行病学方法的发展。例如，在实际研究中，如果只能获取病例组的混杂因素信息，而无法获得对照组的混杂资料，1991 年 Maclure 提出了一种新的方法——病例交叉设计（cross-over design），用于评估药物急性不良事件的风险。他认为，选择病例自身作为对照来源是最好的方法。

病例交叉设计的基本原理是：如果某种暴露与急性事件相关，那么在事件发生前的较短时间内（即危险期），该暴露的发生应比事件发生前的较长时间内（即对照期）更为频繁或强烈。该设计的研究对象包括病例和对照两个部分，但这两部分的信息均来自同一个体。其中，"病例部分"指的是危险期，即疾病或事件发生前的一段时间；"对照部分"指的是危险期外的一段特定时间。通过比较个体在危险期和对照期内的暴露信息（如服药、运动等）来进行研究。例如，如果某种药物被报道可能引发猝死，那么如果这一报道属实，应该可以观察到服用该药物后一段时间内猝死的发生增多，或者在猝死前几天或几周内药物的使用增多。这种利用研究对象自身暴露情况进行比较的自身对照方法，尤其适用于评估短期药物效应相关的急性不良事件风险。

病例交叉设计仅适用于研究短暂效应的问题，不适用于暴露可能随时间变化的情况。例如，随着时间的推移，药物使用可能会"自然增加"。这种自然增加不仅与研究事件有关，还可能与医疗措施的变化、对药物益处的进一步了解、对药物使用信心的提升、适应证的扩大、患者对药物的依赖增加，以及市场推广等因素相关。药物使用的自然变化趋势会影响病例交叉分析所得的 *OR* 值。为消除这种影响，可以设立一组对照，对照组中的每个研究对象也被观测两次。1995 年，Suissa 提出了病例 – 时间 – 对照设计（case-time-control study），该设计可以解决随着病情变化而暴露随时间变化的问题。2011 年，Wang 等进一步提出病例 – 病例 – 时间 – 对照研究（case-case-time-control study），该方法在选择对照组时不采用外部对照，而是将未来的病例作为当前病例的对照，从而避免了因暴露时间趋势带来的混杂。表 11-7 总结了可用于药品安全信号检验的各种研究设计。

2. 采用倾向评分技术模拟随机化 由于伦理学的限制，药品安全信号的验证主要依赖于观察性研究。与随机对照试验相比，由于未能进行随机分组，观察性研究无法全面控制各种潜在的混杂因素，从而可能导致用药组与对照组之间的可比性较差。此外，真实世界数据（RWD）的质量参差不齐，也使得因果推断的结果容易受到质疑。为了解决潜在的混杂问题，倾向评分（propensity score，PS）已成为 RWD 分析中最常用的工具之一，用于平衡治疗组之间的混杂因素，从而控制由混杂引起的偏倚。PS 代表患者在不同协变量条件下接受治疗或发生暴露的概率。PS 可以综合概括特征变量的作用，反映所有已观测协变量在两组之间的均衡性。如果对原始协变量的调整能够有效控制混杂效应，那么仅对基于这些协变量的 PS 进行调整，也可以实现对混杂效应的控制。使用 PS 的分析方法包括匹配、分层、回归和加权。无论采用哪种方法，PS 分析的两个主要优点是，即使结局事件数目较少，也能够平衡许多协变量，并且可以通过比较处理组之间的协变量分布直接检查协变量是否平衡。

表 11-7 可用于药品安全信号检验的各种衍生研究设计

对比组	研究设计（提出时间）	基本思路	适用条件	统计分析
暴露 & 非暴露	队列研究（19 世纪）cohort study	<table><tr><td></td><td>发生结局</td><td>未发生结局</td></tr><tr><td>暴露组</td><td>A</td><td>B</td></tr><tr><td>对照组</td><td>C</td><td>D</td></tr></table> risk ratios，e.g.，relative rate（RR）：$$\frac{A/(A+B)}{C/(C+D)}=\frac{incidence_{exposed}}{incidence_{unexposed}}$$	不适用于罕见结局	Cox 回归
病例 & 对照	病例－对照研究（20 世纪）case–control study，CCS	<table><tr><td></td><td>病例组</td><td>对照组</td></tr><tr><td>暴露</td><td>A</td><td>B</td></tr><tr><td>非暴露</td><td>C</td><td>D</td></tr></table> odds ratios（$OR_{Case-control}$）：$\dfrac{A/C}{B/D}=\dfrac{AD}{BC}$	不适用于罕见暴露	logistic 回归（匹配时，采用条件 logistic 回归）
仅病例	自身对照病例系列（1995 年）self–controlled case series，SCCS	risk ratios，e.g.，relative rate（RR）：$$\frac{incidence_{risk\ period}}{incidence_{control\ period}}$$	暴露：瞬时效应 结局：急性事件 结局不影响暴露	条件 Poisson 回归
	病例交叉研究（1991 年）case–crossover study，CCO	<table><tr><td></td><td></td><td colspan="2">对照期</td></tr><tr><td></td><td></td><td>暴露</td><td>非暴露</td></tr><tr><td rowspan="2">风险期</td><td>暴露</td><td>A</td><td>B</td></tr><tr><td>非暴露</td><td>C</td><td>D</td></tr></table> odds ratios（$OR_{case-crossover}$）：$\dfrac{A/C}{B/D}=\dfrac{AD}{BC}$	暴露：瞬时效应 结局：急性事件 混杂：无随时间变化的混杂	条件 logistic 回归
仅病例	病例－时间－对照研究（1995 年）case–time–control，CTC	在 CCO 基础上，选择未发生所关注结局事件的个体作对照 ratio of odds $=\dfrac{OR_{case-crossover}}{OR_{case-control}}$	暴露：瞬时或慢性效应 结局：急性事件	条件 logistic 回归
	病例－病例－时间－对照研究（2011 年）case–case–time–control，CCTC	在 CCO 基础上，选择未来发生所关注结局事件的个体作对照 ratio of odds $=\dfrac{OR_{case-crossover（case）}}{OR_{case-control（future\ case）}}$	暴露：瞬时或慢性效应 结局：急性事件	条件 logistic 回归
仅暴露	风险期设计（2001 年）risk–interval design，RI	risk ratios，e.g.，relative rate（RR）：$$\frac{incidence_{risk\ period}}{incidence_{control\ period}}$$	暴露：瞬时效应 结局：急性事件	条件 Poisson 回归

　　已有大量临床试验结果表明，他汀类药物能够有效降低低密度脂蛋白胆固醇水平，并降低临床心血管疾病事件的发生概率。在具有心血管疾病风险的人群中，他汀类药物可以降低因心脏病引起的死亡率和全因死亡率，且具有较好的安全性。然而，近年来多项临床研究结果显示，他汀类药物可能会增加新发糖尿病的风险。这些研究之间的结果存在一定差异，而目前在中国大陆地

区尚未见到关于他汀类药物与新发糖尿病关联的研究报道。为此，基于区域的医疗大数据可以通过建立回顾性队列来分析他汀类药物与新发糖尿病之间的关联性。

有研究将 2010 年 1 月 1 日至 2016 年 8 月 31 日在鄞州区域平台上有记录的高血压患者纳入队列，基线时要求患者年龄在 30 至 90 岁，这些患者无 2 型糖尿病。从区域平台的电子医疗记录中收集暴露因素、结局和潜在混杂因素（如年龄、性别、体重指标、共病、生活方式特征和基线抗高血压药使用等信息），并通过倾向评分法将未服用他汀类药物的研究对象与服用者进行 1∶1 匹配，构建 Cox 比例风险模型，比较两组新发 2 型糖尿病（T2DM）的风险，进一步估计调整混杂因素后他汀类药物与 T2DM 发病之间的关联强度。在 67 993 名纳入队列的高血压患者中，21 551 例首次使用了他汀类药物，46 442 例未使用他汀类药物。图 11-7 展示了该研究纳入和排除的流程图。

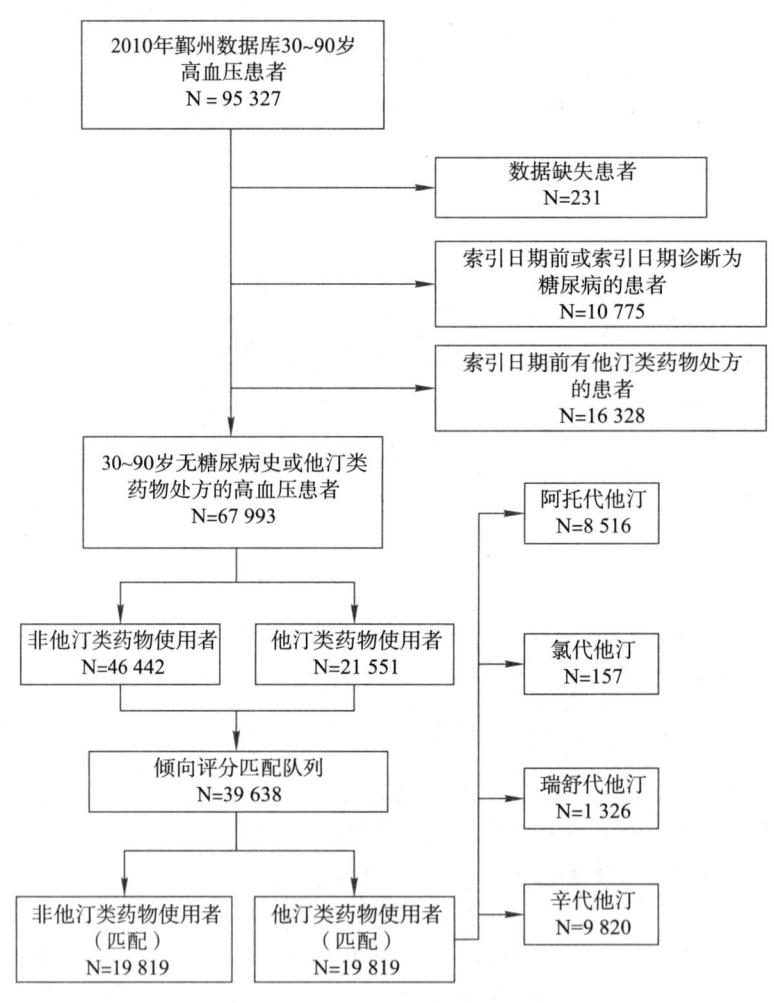

图 11-7　研究对象纳入排除流程图

不调整混杂时，服用他汀组 T2DM 事件的发生率高于未服用组（分别为 25.6/1 000 人年和 14.19/1 000 人年）；在倾向评分 1∶1 匹配（两组各 19 818 例）后，他汀类药物的使用与 T2DM 风险显著增加相关（校正后的危险比：1.54；95% *CI*：1.41 ~ 1.67）（表 11-8）。亚组分析也显示了类似的发现。

3. 时间相关性混杂和偏倚的识别与控制　在观察性研究中，暴露或治疗并非由研究者指定，

表 11-8 他汀服用与 T2DM 的关联分析

组	病例数	Number of outcome	人数	Incidence outcome per 1 000 PYs	Adjusted HR （95%）
NOD after 180 days					
Non	46 442	1 884	132 767.5	14.19	1.55（1.44～1.66）
Statin	21 551	1 537	59 848.48	25.68	
Non（matched）	19 818	917	56 445.33	16.25	1.54（1.41～1.67）
Statin（matched）	19 818	1 334	55 237.63	24.15	
All NOD					
Non	46 442	2 216	132 767.5	16.69	1.75（1.64～1.87）
Statin	21 551	1 956	59 848.48	32.68	
Non（matched）	19 818	1 079	56 445.33	19.06	1.65（1.53～1.78）
Statin（matched）	19 818	1 729	55 237.63	31.31	

Abbreviations：NOD，now onset of diabetes mellitus；HR，hazard ratio.

而是取决于常规医疗实践模式。尤其是许多药物暴露可能会随时间变化（time-varying exposure）或具有时间依赖性（time-dependent），同时，潜在的混杂因素取值也可能随时间而变化，从而导致时间依赖性的混杂效应（time-dependent confounding），即所谓的时依性暴露和时依性混杂。如果在研究设计和统计分析中没有考虑暴露和混杂因素在观察期内的时间变化特性，可能会使药品安全性和有效性估计存在严重偏倚。这些由于未正确处理时依性暴露和时依性混杂引起的偏倚通常包括非死亡时间偏倚（immortal time bias，又称恒定时间偏倚）、滞后时间偏倚（lag-time bias）、时间窗偏倚（time window bias）、不可观测时间偏倚（immeasurable time bias），以及涉及中介作用的时依性混杂偏倚等。

对时依性混杂的系统综述表明，与采用边际结构模型等因果模型的结果相比，不调整混杂的研究中，分别有 58.5%（72/123）和 43.4%（59/136）的研究偏倚超过了 20%。更为严重的是，有 11.0% 的研究中，传统方法调整基线混杂后获得的效应值方向与控制时依性混杂后的结果相反（表 11-9）。

表 11-9 粗分析与仅调整基线混杂的传统分析结果的偏倚程度

偏倚程度 /%	时依性分析 vs 单变量分析		时依性分析 vs 基线混杂调整	
	文献数	百分比 /%	文献数	百分比 /%
≤20	51	41.5	77	56.6
≤40	26	21.1	24	17.7
≤60	15	12.2	17	12.5
>60	31	25.2	18	13.2

为了探索在不同研究设计下控制时依性混杂偏倚的最佳分析策略，研究者利用宁波市鄞州区医疗大数据平台的电子医疗和健康档案数据构建了回顾性 T2DM 患者队列，以评估磺脲类降血糖药与恶性肿瘤发生风险之间的关系。该研究将恶性肿瘤作为研究结局，将磺脲类降血糖药作为研

究药物，以二甲双胍作为对照药物。在新用药设计的基础上，采用了意向性分析（ITT）、遵循治疗方案分析（PP）和实际治疗分析（AT）三种分析策略，并结合不同的分析模型和混杂调整策略，比较传统方法与三种 G- 方法（G- 计算公式、逆治疗概率加权的边际结构模型，以及结构嵌套模型和 G- 估计）在处理时依性混杂时的表现。

研究共识别出首次诊断日期在 2009 年 1 月 1 日之后的 T2DM 患者共计 101 694 名，其中服用研究药或对照药的有 74 107 名。通过设置洗脱期（其间研究对象不能使用磺脲类药物和二甲双胍）并剔除首次处方中同时含有二甲双胍和磺脲类药物的研究对象，最终初步纳入 44 748 名 T2DM 患者。在主分析中，进一步剔除了随访时间不足 6 个月的研究对象，最终在 AT 和 PP 分析策略下纳入了 36 267 人，基线暴露组和对照组分别为 19 285 人和 16 982 人；在 ITT 分析策略下，纳入了 42 348 人，暴露组和对照组分别为 22 567 人和 19 781 人。研究对象的纳入和排除流程如图 11-8 所示。

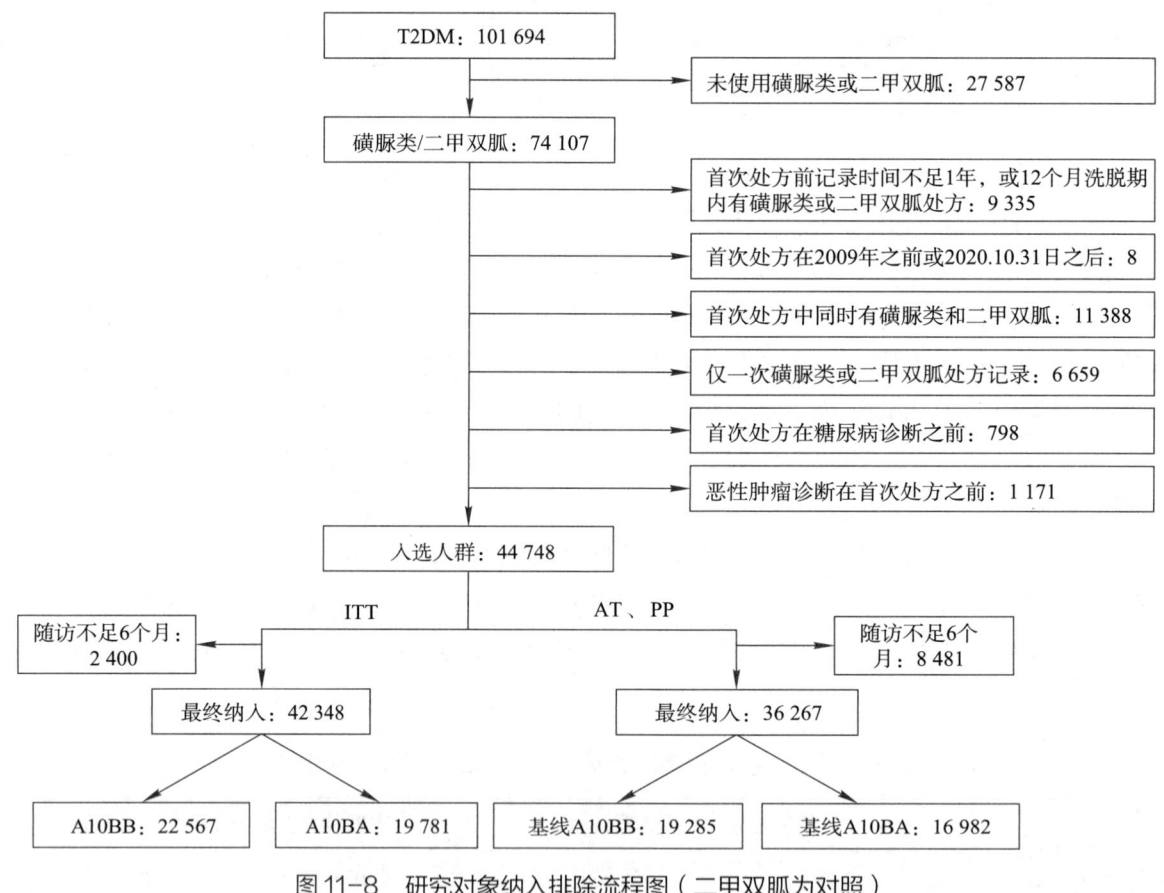

图 11-8　研究对象纳入排除流程图（二甲双胍为对照）

图 11-9 展示了起始用药为磺脲类和二甲双胍的新用药者在各个时点的用药变化情况。图 11-9（a）显示，两组患者在起始用药后的用药依从性（即维持初始药物治疗的比例）迅速下降，随访 2 年后，维持初始用药的研究对象已不足 50%；随访 5 年后，维持初始药物治疗的研究对象比例已低于 20%。图 11-9（b）显示，起始用药后的 1 年内是换药的高峰期，且由二甲双胍转换为磺脲类的比例高于由磺脲类转换为二甲双胍的比例，这可能反映了糖尿病患者在初始治疗药物选择过程中的变化。在随访约 4 年后，两种药物相互转换的比例趋于相当且相对稳定。同时，图 11-9（b）表明，整体换药发生率较低，除起始用药的前 2 年外，其他时间的换药率低于 1.5%

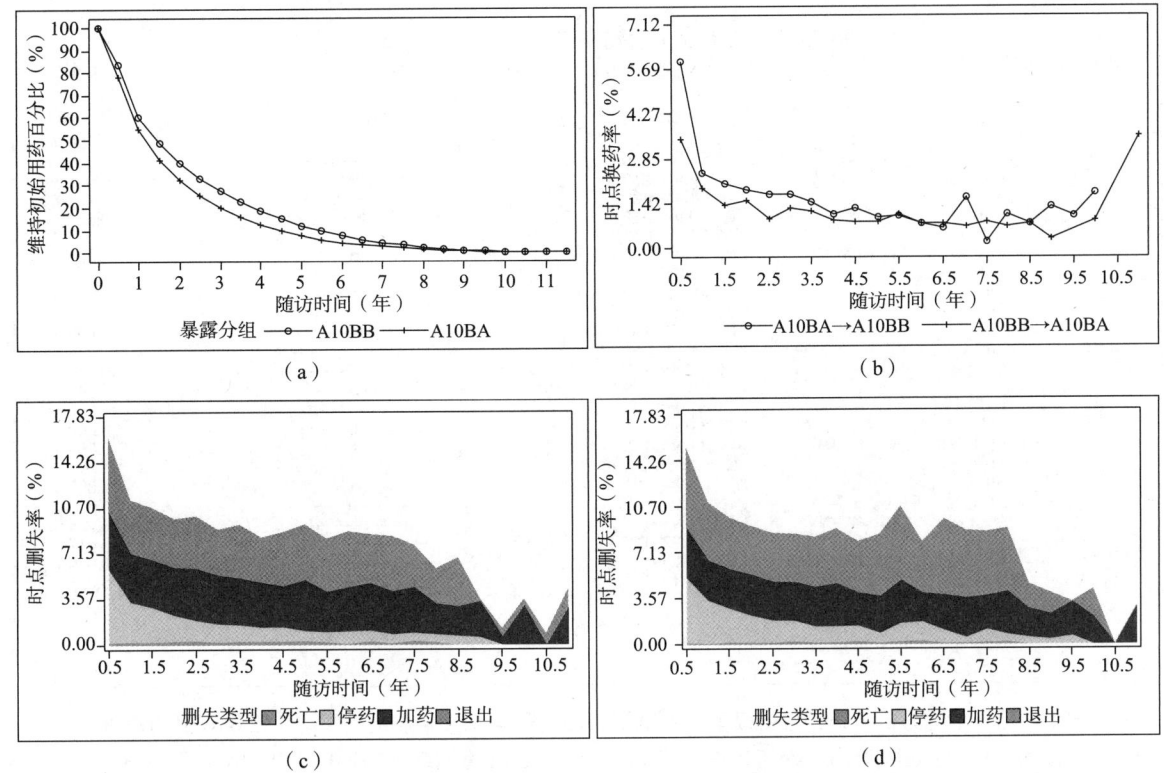

图 11-9 磺脲类和二甲双胍新用药者用药依从性和药物使用变化情况

（a）两组研究对象在各时点维持起始用药种类的人数百分比；（b）研究对象在磺脲类和二甲双胍之间相互转换的情况；
（c）起始用药为磺脲类的研究对象在随访中的删失情况；（d）起始用药为二甲双胍的研究对象在随访中的删失情况

（随访的最后几年可能由于研究对象较少，导致换药率异常升高）。图 11-9（c）和 11-9（d）显示，两组研究对象在起始用药后的前 2 年内都有较高比例的停药现象（可能是更换为磺脲类和二甲双胍之外的其他降血糖药），这导致了随访开始后 2 年内较高的删失率。随访 2 年后，主要因加药和退出导致删失，而因死亡导致的删失在整个随访期间相对较少。

图 11-10 展示了在不同分析策略和分析模型下，磺脲类降血糖药与恶性肿瘤风险关系的估计结果。首先，无论采用何种分析策略和模型，不调整混杂因素往往会高估磺脲类药物的恶性肿瘤风险。例如，在 AT 策略下，无任何混杂调整的组合终点模型中，HR 为 1.35（95% CI，1.19~1.53），当控制基线混杂后，HR 下降至 1.11（95% CI，0.98~1.26），进一步控制时依性混杂后，HR 为 1.10（95% CI，0.97~1.25）。

其次，无论采用何种分析策略，死亡事件的竞争风险对结果的影响较小。例如，在 AT 策略下，组合终点分析模型中，磺脲类药物与恶性肿瘤和死亡风险的 HR 为 1.35（95% CI，1.19~1.53），而在病因别风险（CSH）模型和子分布风险函数（SDH）模型中的 HR 分别为 1.23（95% CI，1.06~1.44）和 1.23（95% CI，1.05~1.44）。然而，当进一步调整基线混杂和时依性混杂后，三种分析模型的结果趋于一致。在本研究中，混杂引起的偏倚相对竞争风险对结果的影响更大。

ITT 策略和 PP 策略下的结果与 AT 策略相似，唯一的不同是，ITT 策略下风险估计的置信区间更窄，结果更为精确。此外，在相同的分析模型和混杂控制策略下，ITT 策略下估计的 HR 值比 PP 策略和 AT 策略更接近 1。例如，在 ITT 策略下，不调整混杂 CSH 模型的 HR 为 1.17（95% CI，1.05~1.30），而在相同模型和混杂调整策略下，PP 分析和 AT 分析的 HR 分别为 1.22（95% CI，

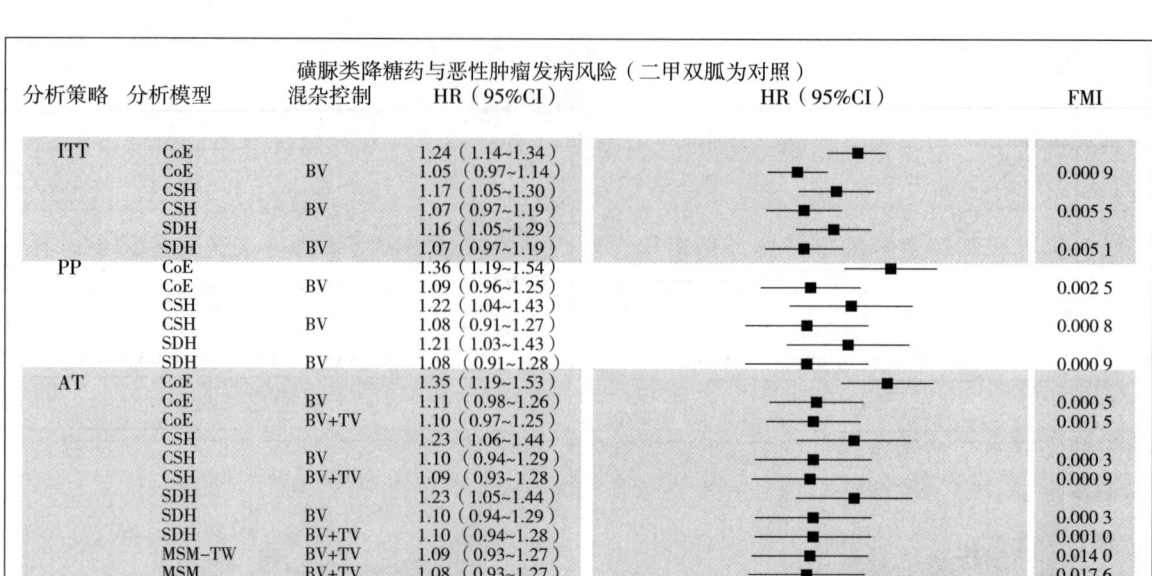

图 11-10　不同分析策略和分析模型下磺脲类降血糖药与恶性肿瘤发病风险（二甲双胍为对照）

ITT：意向性分析；PP：遵循治疗方案分析；AT：实际治疗分析；CoE：组合终点；CSH：病因别风险模型；SDH：子分布风险函数模型；MSM：边际结构模型；TW：截尾权重；GF：参数 G- 公式；SNM：结构嵌套模型；BV：基线混杂和非时依性混杂；TV：时依性混杂

1.04 ~ 1.43）和 1.23（95% *CI*，1.06 ~ 1.44）。

　　因此，当具有中介作用的时依性混杂存在时，研究设计和分析方法选择不当可能引起结果的严重偏倚，选择多种研究设计和分析方法有利于合理解释研究结果，增强结果的可靠性。在基于真实世界数据开展药品安全性研究时不宜以 ITT 作为唯一的分析策略，同时至少采用一种 G- 方法等能正确处理时依性混杂的方法作为主分析或敏感性分析，有助于正确评估和解释药品与安全性事件之间的关系。

第三节　实践应用与案例

　　疫苗是一种经济且有效的公共卫生措施，每年可以预防数百万人的死亡。然而，疫苗犹豫（即拒绝或延迟接种可用疫苗）已成为全球十大健康威胁之一，甚至导致了一些国家或地区已消除的传染病（如麻疹等）重新爆发。疫苗的安全性是影响疫苗犹豫的主要因素，开展疫苗安全性监测，并通过准确、及时的数据应对信任危机，是增强公众对疫苗安全的信心和提高疫苗覆盖率的重要保障。从监测形式来看，流行病学监测方法包括被动监测和主动监测。目前，全球已有近 200 个国家建立了以自发报告为主的被动监测体系，包括我国的全国疑似预防接种不良反应监测系统（China National Adverse Event Following Immunization Information System，CNAEFIS）。被动监测是世界各国普遍采用的监测模式，也是世界卫生组织（WHO）疫苗监管体系三级成熟度的指标之一。

然而，被动监测存在漏报、迟报以及缺乏合理对照等局限性，特别是在产生真实世界证据和进行科学决策时，难以应对预防接种后较罕见、严重不良反应的挑战。为应对这些挑战，世界卫生组织在《2030 免疫日程》中明确推荐各国开展主动监测，以及时应对任何疫苗安全的顾虑，并将主动监测新增为疫苗国家监管体系（National Regulatory Agency，NRA）四级成熟度的指标。《中华人民共和国疫苗管理法》也明确要求"重大疫苗安全信息应当及时、准确、全面地公布，并按照规定进行科学评估，作出必要的解释说明"。

目前，全球已有超过 20 个国家建设了疫苗上市后，安全性主动监测系统，一些发达国家已将主动监测纳入国家免疫规划的组成部分，如美国的疫苗安全数据链（Vaccine Safety Datalink，VSD）项目等。我国的疫苗上市后，安全性监测主要依赖被动监测。为了探索主动监测在我国的可行性，研究者们在国内率先利用宁波区域健康大数据平台开展了一系列疫苗上市后主动监测研究，包括数据平台适用性评价、本底率调查、准实时监测、自身对照病例系列研究等。

一、数据平台适用性评价

进入数字化时代，随着新技术、新工具、新产品的不断开发与应用，真实世界数据的新场景不断涌现，为更广泛、高效地利用和产生真实世界证据提供了前所未有的机遇与挑战。然而，真实世界数据不同于随机对照试验中严格的数据收集与质量控制流程，其主要来源于健康、医疗和保健等常规服务，记录、采集与存储等过程往往缺乏标准化规范或质量控制，可能导致数据源不统一、数据不完整、关键变量缺失、记录不准确等问题。这些质量上的缺陷无疑增加了数据治理与应用的难度，从而影响真实世界证据的质量。例如，随着远程诊疗和互联网处方的兴起，患者的处方流转与存储来源增加，如果这些数据无法有效聚合和利用，可能导致研究中药物暴露信息的偏倚；随着区域医共体或区域健康平台的搭建，不同地区或级别的医疗机构之间的诊疗能力、医疗设备或信息化水平差异较大，导致数据结构和疾病诊断存在异质性。因此，如何使收集或治理的数据成为满足特定研究目的的高质量、标准化数据，以及如何确定这些数据是否适用于产生真实世界证据，是支持世界药物流行病学研究及其监管决策的关键前提。

真实世界证据是药物有效性和安全性评价证据链的重要组成部分。为规范真实世界数据的利用，中国、美国、英国等药品监管机构相继发布了相关指导原则，这些指南明确指出，真实世界数据必须具备产生真实世界证据的适用性（如 suitability，fitness-for-use，fitness-for-purpose 等）。总体而言，这些指南涉及了数据可追溯性（data provenance）、数据相关性（data relevance）和数据可靠性（data reliability）等评估指标，但适用性及其指标的定义尚未统一，各指南的侧重点也有所不同。例如，中国的指南更侧重于数据治理的框架和过程，英国的指南则更侧重于评估框架和工具，而美国的指南则更侧重于数据治理方法和评价。数据适用性是指围绕特定监管目的，利用真实世界数据产生真实世界证据时所涉及的数据描述、治理和评价等内容。未来，仍需对全球真实世界数据和适用性指南进行系统梳理与综合比较，为统一全球认识及开发相关方法或工具，促进全球监管决策互认与成果共享提供依据。

为探讨利用宁波市区域健康信息平台开展人乳头瘤病毒（human papilloma virus，HPV）疫苗等上市后安全性监测与评价的可行性，研究者设计了一项数据适用性评价研究，采用半定量问卷与定性访谈评估了平台内与 HPV 疫苗安全性监测相关的数据库在人群代表性、可追溯性、相关性和可靠性，以及个体唯一性与记录链接等方面的表现。研究主要分为 4 个步骤：① 回顾 HPV 疫苗上市后安全性评价的研究进展，梳理 HPV 疫苗上市后安全性评价的研究设计类型和数据要求，特别关注的不良事件（adverse events of special interest，AESI）；② 围绕研究目的、内容和评估指标，向数据平台管理人员了解相关数据要素的数据库来源和使用方式，设计调查问卷与访谈大纲，并组织流行病学、疫苗、不良反应、临床、数据库等领域的专家进行审阅和完善；③ 邀请数据平台工作人员完成电子问卷调查，并参考访谈提纲，研究人员对调查结果进行面对面或电话深度访谈，整理分析资料并完成研究报告；④ 组织专家会议，邀请相关专家和数据平台管理者，听取研究过程与结果的报告，进行充分讨论与论证，最终提出明确结论和完善建议。

研究显示，宁波市区域健康信息平台已涵盖 HPV 疫苗等上市后安全性评价的关键数据源及变量，包括居民健康档案、妇幼保健档案、免疫规划、电子病历、死亡登记等全生命周期的健康医疗信息（图 11-11），这些数据库的记录可通过匿名身份证号进行链接。除居民健康档案外，上述数据库覆盖了 95% 以上的常住居民。2017 至 2018 年，共有 19 328 名女性累计接种了 37 988 剂次 HPV 疫苗（包括希瑞适和佳达修疫苗），其中佳达修疫苗占 73.1%。研究通过 ICD-10 编码和诊断术语从电子病历中识别出特别关注的不良事件，共发现 9 180 例患者（身份证缺失率为 1.88%）。在接种 HPV 疫苗后 90 天内，共发现了 4 例新发病例，包括类风湿关节炎、视神经炎和过敏性紫癜，这些疾病的发生率与背景发生率基本一致，未提示出安全性信号。最终，经专家会议论证，宁波市区域健康信息平台具备开展 HPV 疫苗上市后安全性主动监测的可行性。

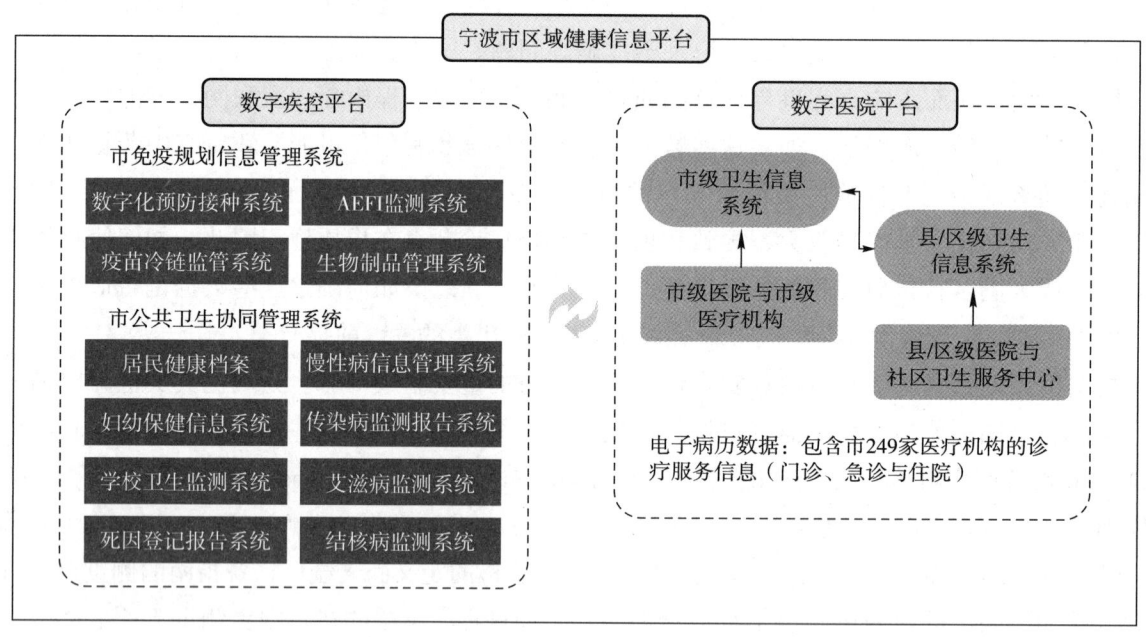

图 11-11　宁波市区域健康信息平台的系统框架

二、本底率调查

在数字化时代，互联网的高速发展极大地提升了公共信息传播的效率与可及性，社会公众对疫苗安全性及不良事件报告的解读参与度和积极性日益提高。然而，如果一些自发报告的不良事件或虚假关联被误解为真实风险，可能会引发广泛的安全担忧和疫苗犹豫事件，从而影响免疫计划的实施和疫苗覆盖率，危害社会和公众健康。例如，在以色列 2006 年的季节性流感疫苗接种活动中，大规模接种后 24 h 内发生了 4 例死亡。经过个案调研分析发现，这些患者属于因年龄和基础疾病等猝死的高风险人群，且临床表现与心源性猝死相符；事后分析显示，该患者群体的本底死亡率表明预期在接种后 24 h 内会发生 20 例死亡事件。然而，这种时间和地区的死亡聚集性已经引发了全球媒体的广泛报道和对疫苗安全的担忧，严重阻碍了免疫规划的实施。因此，事先了解不良事件的本底率（background rates）及其随年龄、性别、地区和时间的变化非常重要，这有助于在大规模接种时提高对不良事件发生的预测性和解释性，特别是在媒体广泛报道或公众强烈关注之前，对类似病例数据做出恰当评估与合理解释。

2009 年 6 月，世界各国开始实施大规模疫苗接种，以控制新型甲型 H1N1 流感病毒的全球大流行。这一接种计划在全球范围内是前所未有的，给疫苗安全性监测带来了重大挑战。Steven 等提出，将预期不良事件本底率作为疫苗安全性评估的重要部分，以识别和区分疫苗安全性的虚假信号。他们从美国食品药品监督管理局（FDA）关注的不良事件清单中选择了一些疾病进行案例展示。首先，研究者通过 PubMed 进行系统检索，优先纳入新发表的，包含特定年龄、性别等发病率数据的文献，并比较了这些发生率与经病例验证的注册登记或队列研究之间的差异。此外，他们通过设定洗脱期（必要时为 2 年），利用芬兰、英国、美国等真实世界数据库计算了特定人群的事件发生率。最后，假定接种疫苗人数和接种后观察期，分别估计了接种后 1 天、1 周和 6 周内不良事件的预期人数。例如，基于英国卫生安全局（UK Health Security Agency）数据库，吉兰-巴雷综合征的发病率为 1.87/100 000 人年，每接种 10 万人后，在 1 天、1 周和 6 周内预期偶合事件数分别为 0.51、3.58 和 21.50。目前，本底率已被更广泛地应用于如观察与预期（observed/expected，O/E）比值分析、序贯检验的历史对照等信号检测方法中。

利用 2012—2016 年中国城镇基本医疗保险数据，有研究者通过国际 ICD 编码和中文医学诊断术语识别病例并设置了 4 年的洗脱期，首次描述了我国 2016 年炎症性肠病（inflammatory bowel disease，IBD）及其亚型溃疡性结肠炎（ulcerative colitis，UC）和克罗恩病（Crohn's disease，CD）的发病率及其分布情况，并利用鄞州区域健康信息平台的数据估算了鄞州区的发病率，以验证全国城镇医保数据结果的准确性。结果表明，在覆盖 5.1 亿人口的全国城镇医保数据中，共识别出 95 555 名 IBD 患者，2016 年的发病率为 10.04/10 万人年（95% CI，6.95～13.71）。其中，华东地区发病率最高，西南地区发病率最低，男性发病率高于女性（表 11-10）。UC 的发病率远高于 CD，两者发病率之比为 12.61。UC 的发病率在 30 岁之前急剧增加，随后趋于稳定，而 CD 的发病率在 30～34 岁达到峰值，随后逐渐下降。鄞州数据库的验证分析也证实了这一结果，并在病例验证中表现良好（阳性预测值为 92.98%，阴性预测值为 100%）。

表 11-10　2016 年中国城市 IBD 发病率（每 10 万人年）

亚组	IBD（95% CI）	UC（95% CI）	CD（95% CI）
性别			
男性	10.79（7.46～14.73）	9.65（6.57～13.33）	0.75（0.36～1.29）
女性	9.24（6.33～12.70）	8.24（5.59～11.38）	0.63（0.27～1.15）
地区			
华东	21.77（13.38～32.19）	19.04（12.39～27.10）	1.86（0.48～4.13）
华北	6.35（4.32～8.77）	6.18（4.30～8.40）	0.14（0.06～0.27）
东北	11.61（4.22～22.66）	11.25（4.01～22.15）	0.24（0.09～0.48）

续表

亚组	IBD（95% *CI*）	UC（95% *CI*）	CD（95% *CI*）
西北	8.59（3.19~16.62）	7.95（3.28~14.63）	0.59（0.01~2.00）
华中及华南	6.59（3.49~10.65）	5.97（3.09~9.78）	0.41（0.05~1.09）
西南	5.73（3.11~9.14）	4.20（3.67~4.76）	1.33（0.01~4.94）

三、准实时监测

疫苗安全性准实时监测最早由美国疫苗安全数据链（VSD）于 21 世纪初提出。这种监测方法通过定期分析常规收集的电子医疗数据，接近实时地发现并验证疫苗接种后不良事件（adverse events following immunization，AEFI）的风险信号，从而能够尽早、及时地识别这些不良事件。它具有两方面的重要意义：一是能够更及时地发现并验证疫苗安全性的风险信号，指导疫苗接种决策，避免更大范围的健康人群接种潜在问题疫苗；二是即使未发现信号，公开且持续的监测过程也有助于增强公众对疫苗安全的信心，促进疫苗接种和覆盖率的提高，尽早实现人群免疫屏障。目前，全球范围内的疫苗安全性准实时监测主要集中在欧美国家，其监测模式可归纳为两类："数据链接与分布式分析"和"数据采集与集中式分析"。其标准工作流程包括：① 借助计算机程序自动提取数据；② 利用个体层面的通用数据模型（CDM）进行数据匿名化、结构化和标准化处理；③ 利用汇总层面的 CDM 定期传输并提交汇总数据；④ 对信号进行描述、监测与验证的逐步分析（图 11-12）。

准实时监测的主要环节包括：① 信号发现（或描述），定期报告监测人群、疫苗覆盖人群以及 AEFI 发生的动态趋势，比较其与 AEFI 本底率的差异，提示潜在风险信号；② 信号检测，这是监测的核心环节，通过对可疑信号——预先设定的"疫苗–不良事件对"进行周期性的序贯检验，进一步筛选疫苗安全性信号，排除虚假信号；③ 信号验证，通过采用适当的流行病学设计与统计方法，进行关联分析与因果推断，评估"疫苗–不良事件对"的关联性及效应值。目前，疫苗安全性准实时监测的信号检测方法主要是序贯检验，包括经典序贯概率比检验（sequential probability ratio test，SPRT）、最大化序贯概率比检验（maximized SPRT，MaxSPRT）及其衍生方法、条件最大

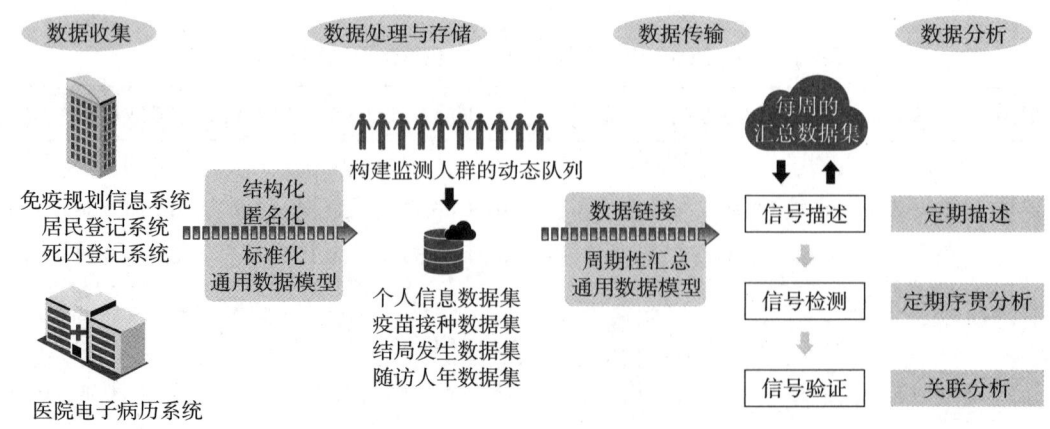

图 11-12　准实时监测的标准工作流程

化序贯概率比检验（conditional maximized SPRT，CMaxSPRT）等，其中 MaxSPRT 已成为 VSD 的常规分析方法。

2016 年，肠道病毒 71 型（enterovirus 71，EV71）疫苗在中国获批用于预防儿童手足口病。来自中国国家疫苗接种后不良事件信息系统（CNAEFIIS）被动监测系统的报告引发了公众对 EV71 疫苗接种后发生热性惊厥（febrile convulsion，FS）风险的担忧。对这类新上市疫苗开展快速、及时的安全性评估是公共卫生的首要任务。因此，有研究者利用宁波区域健康信息平台的数据，评估了 2016—2019 年间 6~71 个月月龄儿童接种 EV71 疫苗后发生热性惊厥的风险。通过采用自身对照风险期（self-controlled risk interval，SCRI）和队列设计（当前 vs. 历史背景率）结合序贯设计，每周定期分析，利用 MaxSPRT 进行多重检验校正，以判断当对数似然比（log-likelihood ratio，LLR）统计量超过临界值时是否出现统计信号，从而实现风险信号的准实时主动监测。同时，还利用传统的非序贯设计方法对结果进行了验证。

结果显示，170 877 名儿童接种了 326 820 剂 EV71 疫苗。在 157 周的序贯分析中，SCRI+ 序贯设计未发现 EV71 疫苗与 FS 风险的关联，$RR = 0.98$；队列 + 序贯设计同样未发现 EV71 疫苗与 FS 风险的关联，$RR = 1.12$，但 LLR 低于临界值，无统计学信号产生（图 11-13）。此外，传统的非序贯设计 SCRI 分析也证实了 EV71 疫苗接种与 FS 之间没有关联，调整后的发病率比（incidence rate ratio，IRR）为 1.04（95% CI，0.75~1.4）。这项研究是首个在大型人群数据库中探索 EV71 疫苗与 FS 关联的主动监测研究，为 EV71 疫苗的安全性提供了保障。准实时监测流程允许更频繁的统计检验，并能够更及时地发现风险上升，尤其适合对新上市疫苗开展安全性监测，以加快公共卫生管理者对任何潜在安全风险的响应。

四、自身对照病例系列研究

根据对照形式，疫苗安全性关联分析的设计类型主要分为外对照和自身对照两类。外对照设计包括传统流行病学设计，如队列研究、病例对照研究等；自身对照设计则包括自身对照病例系列（self-controlled case series，SCCS）研究、自身对照风险期（self-controlled risk interval，SCRI）研究及病例交叉研究等。由于自身对照设计是将个体在不同时间点进行的比较，因此特别适用于短期、急性风险的评估。其主要优势包括：仅纳入病例或接种人群，可以避免外对照不可比导致的选择偏倚；此外，还可以忽略固定混杂因素的影响，如性别、民族、出生体重、慢性病史、家族史、基因等。然而，自身对照设计不太适用于接种后长期风险的评估，尤其是那些较为隐匿、迟发性的疾病，因为这些疾病的发病时间较难明确，容易导致反向因果关系。此外，还需要避免风险期和对照期不可比的情况，如接种年龄与疾病发生年龄相互重叠；并且需要调整时间依赖性的混杂因素，如年龄、季节、健康状态等。由于研究对象仅包括病例或接种人群，研究结果的外推性也需谨慎处理。

SCCS 研究在疫苗上市后安全性评价中的应用非常广泛，但其应用需要满足三项严格的研究假设：① 事件发生服从非齐性 Poisson 分布，即要求事件发生是独立、可再发的，或是罕见且不可再发的；② 事件的发生不应影响其后的研究观察期，例如，事件的发生不应影响病例失访、死亡等删失概率，否则可能导致个体研究观察期提前结束；③ 事件的发生不应影响其后的暴露概率，例如，若事件本身是疫苗的禁忌证，或者其治疗措施存在接种禁忌，或因接种时的"健康者效应"导致疫苗接种被拒绝或延迟。在违反上述假设的情况下，可以采用合理的 SCCS 衍生模型以减少

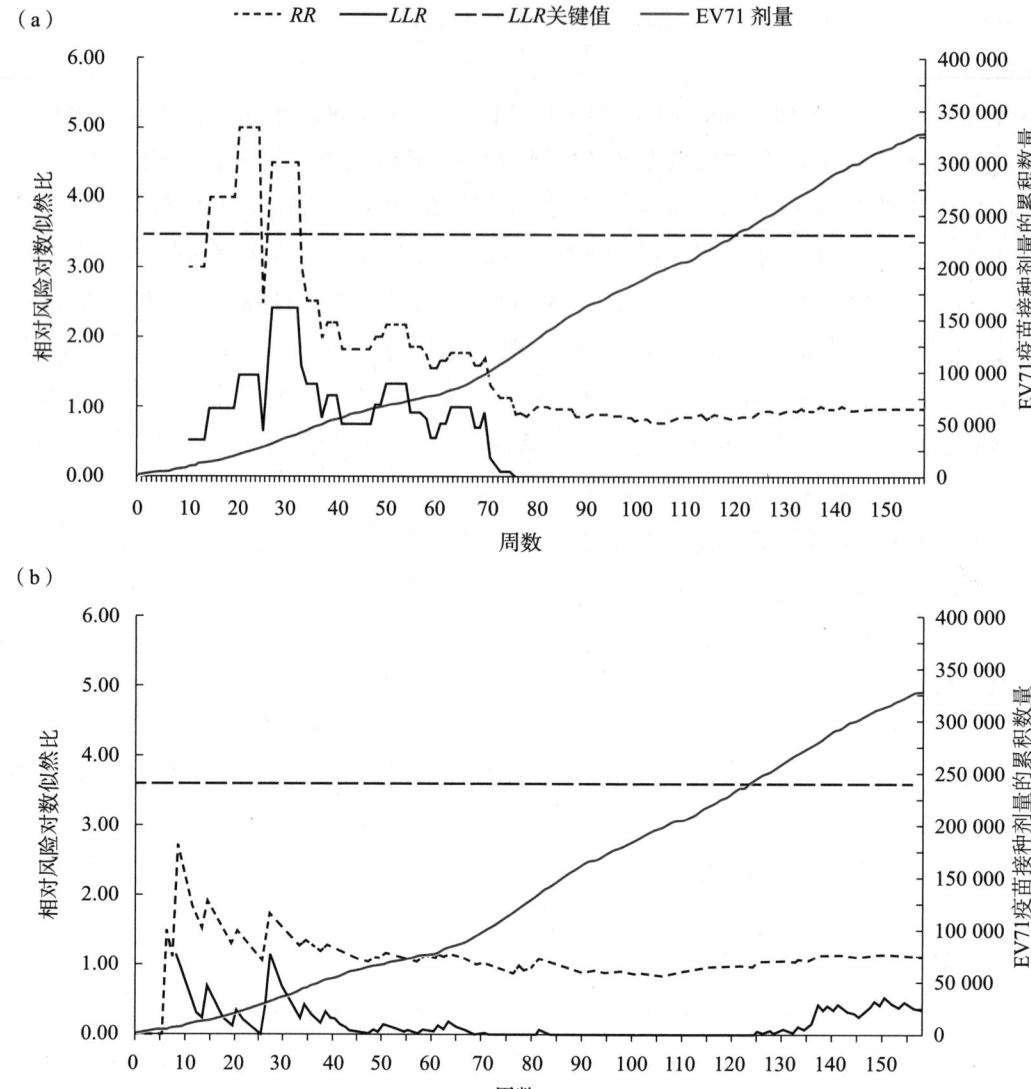

（a）

（b）

图 11-13 EV71 疫苗接种后热性惊厥发生风险的每周序贯分析结果

（a）SCRI 设计（使用基于二项分布的 MaxSPRT）；（b）队列设计（使用基于泊松分布的 MaxSPRT）。

RR：相对危险度；*LLR*：对数似然比；EV71：肠道病毒 71 型

关联估计的偏倚，包括事件发生增加之后再发概率的非独立事件 SCCS（positive dependence SCCS，PD-SCCS），事件发生影响之后暴露概率的拟似然 SCCS（pseudo-likelihood SCCS，PL-SCCS），以及事件发生影响后个体观察期的非独立观察期 SCCS（event-dependent observation periods，EO-SCCS）等。然而，SCCS 研究假设的检验与衍生模型的应用尚未得到足够的重视与实践。

利用宁波区域健康信息平台的数据，研究者采用 SCCS 设计首次评估了 2016—2019 年间我国 0～12 月龄婴儿接种麻疹－风疹（measles-rubella，MR）疫苗和 13～24 月龄幼儿接种麻疹－腮腺炎－风疹（measles-mumps-rubella，MMR）疫苗后发生热性惊厥（FS）的风险。风险期分别设定为接种疫苗后 0～6 天、7～13 天、14～27 天和 28～42 天，剩余的观察期均作为对照期，用以计算相对发病率（relative incidence，RI）。结果显示，共纳入 837 例发生 FS 的幼儿。接种 MR 疫苗后 0～6 天、7～13 天、14～27 天和 28～42 天的 *RI* 分别为 1.11（95% CI，0.33～3.70）、0.80（95% *CI*，0.23～2.86）、1.67（95% *CI*，0.81～3.42）和 1.02（95% *CI*，0.49～2.14）。接种 MMR 疫苗后的相应 *RI*

分别为 0.99（95% *CI*，0.56~1.75）、1.17（95% *CI*，0.68~2.01）、0.87（95% *CI*，0.54~1.39）和 0.85（95% *CI*，0.54~1.34）（表 11-11）。研究结果表明，FS 与 MR 和 MMR 疫苗接种之间没有显著关联。

表 11-11　MR 和 MMR 疫苗接种后 FS 的相对发病率（*RI*）

接种后天数 / 天	MR 疫苗		MMR 疫苗	
	FS 病例数	*RI*（95% *CI*）	FS 病例数	*RI*（95% *CI*）
0~42	33	1.17（0.65~2.11）	92	0.90（0.64~1.27）
0~6	4	1.11（0.33~3.70）	16	0.99（0.56~1.75）
7~13	3	0.80（0.23~2.86）	19	1.17（0.68~2.01）
14~27	14	1.67（0.81~3.42）	28	0.87（0.54~1.39）
28~42	12	1.02（0.49~2.14）	29	0.85（0.54~1.34）

MR：麻疹 - 风疹；MMR：麻疹 - 腮腺炎 - 风疹；FS：热性惊厥；*RI*：相对发病率；*CI*：置信区间。

（詹思延　刘志科）

🔍 思考题 ········○

1. 药物流行病学的主要研究内容有哪些？
2. 被动监测与主动监测有何不同？
3. 什么是药物流行病学的通用数据模型？
4. 安全信号检测的方法有哪些？
5. 安全信号验证需要考虑哪些混杂和偏倚？

ℰ 数字资源详见　新形态教材网

🗺 学习目标　　🖥 内容提要　　📝 本章小结　　🖨 参考文献

第十二章

环境与健康大数据

思维导图

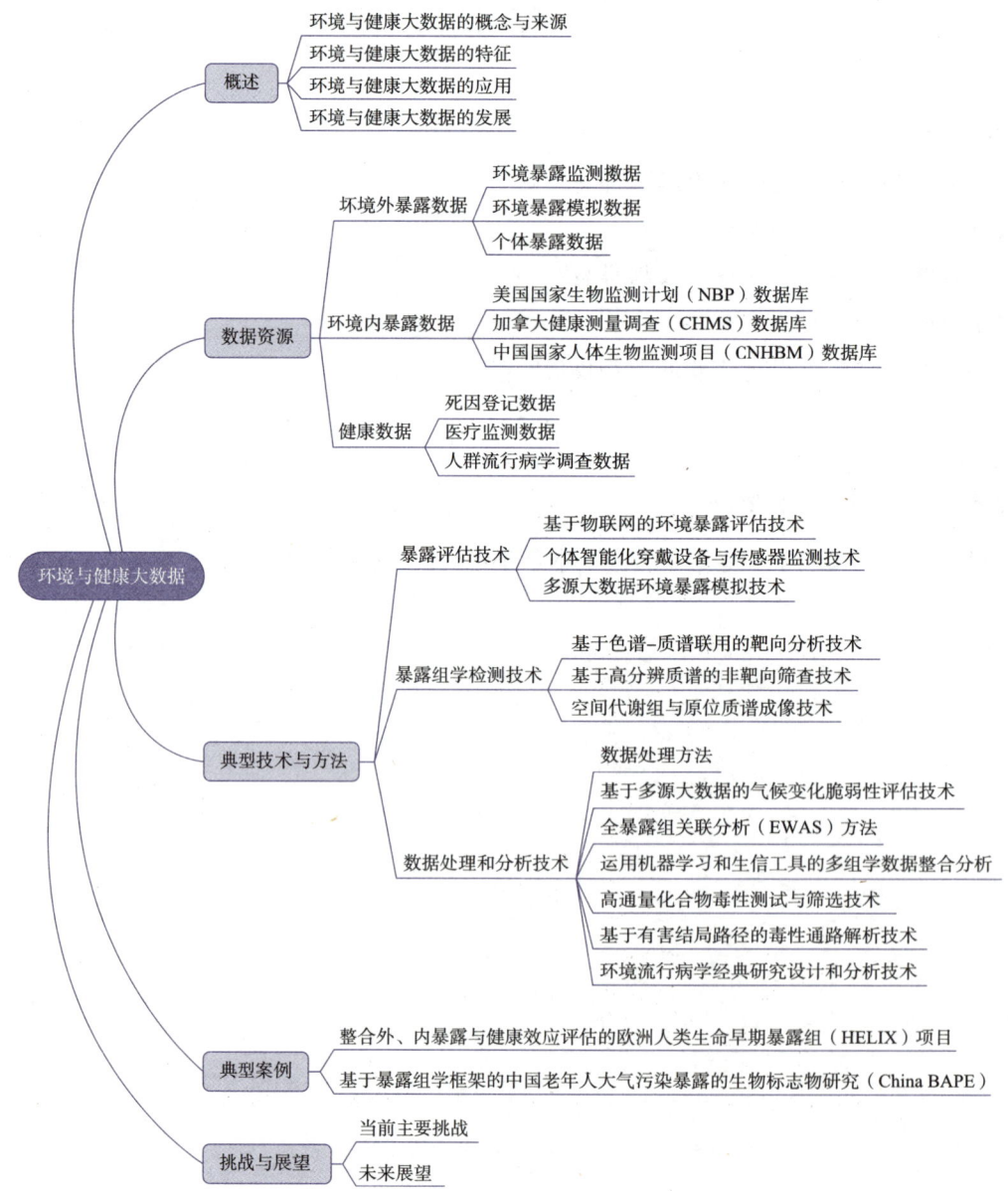

环境与健康大数据通过系统收集、清洗汇交和深度分析大规模的环境暴露和人群健康相关数据，揭示复杂的生态环境因素与人类健康状况之间的联系。该领域汇集了多样化的数据资源，涵盖环境外暴露、内暴露数据及多维度健康指标数据。针对数据特点衍生出了一系列典型的技术与方法，包括精确的暴露评估技术、先进的暴露组学检测技术，以及高效的数据处理及分析技术。作为一个新兴的、蓬勃发展的研究领域，环境与健康大数据已在环境外暴露、内暴露与人群健康效应评估研究中得到了广泛应用，并在暴露组学框架下推动了生物标志物和机制研究的重大突破。这些应用和成果不仅深化了我们对不同环境因素相关人类健康影响（程度和作用方式）的理解，也为个性化医疗、健康管理和公共卫生政策的制订提供了科学依据，使我们能够更加精确地评估人群健康风险，制订更有效的健康防护策略，从而提升公共健康水平，并优化社会资源分配。

第一节 概 述

一、环境与健康大数据的概念与来源

环境与健康大数据是指环境和健康领域产生的大规模、多维度的数据集合，通过深入分析环境数据和健康数据，揭示两者之间的关联，深化人们对环境因素对健康影响的理解。这一领域的进步得益于信息技术和数据科学的快速发展，使我们能够处理和分析前所未有规模和复杂度的数据集，进而更精准地理解环境因素与人类健康之间的复杂联系。

环境与健康大数据的来源广泛，涵盖大气污染、水污染、土壤污染、环境监测、气象、建成环境、生物生态、自然灾害、公共卫生、遥感卫生数据、环境风险评估和医疗等领域，包括但不限于环境多介质污染物暴露数据、气候气象数据、生物标志物和多组学数据、健康监测和医疗数据等。例如，在大气污染类别中，关键变量包括空气质量指数（AQI）、颗粒物（$PM_{2.5}$，PM_{10}）、地面臭氧（O_3）、二氧化硫（SO_2）、二氧化氮（NO_2）和一氧化碳（CO）等。气象数据则包括气温、降水量、太阳辐射、风速和相对湿度等气象条件。建成环境数据涉及建筑密度、路网密度、土地利用混合度等变量。环境监测数据包括污染物浓度、气象条件、环境质量指数和生态数据等。水环境数据聚焦于水质参数，如 pH、溶解氧、化学需氧量（COD）、氨氮，以及重金属，如铅、镉、砷的浓度。土壤环境数据则包括土壤中重金属含量和有机污染物。生物生态数据涉及生物多样性指数和生态系统服务价值。自然灾害数据记录了洪水、干旱、地震、台风等事件的发生情况。公共卫生数据包括疾病发生率、死亡率和传染病疫情等流行病学指标，遥感卫星数据提供了地表覆盖、植被指数、城市热岛效应和火点排放等宏观视角。

进入 21 世纪以来，环境健康研究在空天地遥感技术、多元传感器技术、个体穿戴设备、高分辨痕量检测技术和多组学联用技术等多个学科领域的前沿技术和精密设备的支撑下，从微观到宏观尺度多源异构大数据的可获取性得到了极大提高。通过结合人工智能和机器学习等先进分析技术，进一步加深了我们对环境因素通过复杂的生物标志物网络影响机体健康的理解，环境与健康大数据已成为指导学科交叉研究、政策法规制定、资源配置优化和公众健康水平提升不可或缺的支撑力量。

二、环境与健康大数据的特征

环境与健康大数据作为大数据科学领域的重要分支，呈现出四大特征：一是数据量庞大。这些数据具有海量信息容量的特点，包括环境监测数据、人群健康状况和疾病流行数据等，其源源不断地生成，形成了一个庞大的信息库。二是数据时效性强。数据监测水平已实现"准实时"级别，为及时传递环境和健康信息提供了可靠支撑。三是数据复杂性高。数据之间存在错综复杂的关联和互动，挖掘这些深层次关联需要借助高阶的数据分析技术和人工智能算法。四是数据可扩展性。随着技术的迅速发展和新数据的不断产生，环境与健康大数据系统需要具备强大的可扩展性，以适应数据量的快速增长和分析需求的多样化。以上这些特性共同塑造了环境与健康大数据的核心价值。

三、环境与健康大数据的应用

在当今数字化时代的前沿，环境与健康大数据展现出无与伦比的潜能，已广泛应用于人群暴露评估、实时健康监测、健康风险识别和个性化防控等方面。第一，应用于实时监控环境变化和人群健康状况之间的关联。通过分析环境因素动态变化与健康结局之间的关联，揭示特定环境因素对健康的影响程度和作用模式，预测环境相关疾病的发展趋势，可为制订有效的公共卫生应对措施提供依据。第二，应用于不同地理空间和时间尺度覆盖全生命周期人群的环境健康研究。基于精确的污染物外暴露与内暴露评估和多器官、多维度、多靶点的健康结局指标，能有效识别高风险区域和易受影响的敏感人群，以便采取针对性的预防和干预措施。第三，延伸至个性化医疗和精准健康防护领域。通过长期追踪并分析个人的健康记录、环境暴露历史及遗传信息，可为我们提供个性化的健康建议和治疗方案。

四、环境与健康大数据的发展

环境与健康大数据的蓬勃发展根源于跨学科交叉融合与前沿技术方法的持续革新，正在重塑我们对环境变化与人类健康相互作用深层关系的认知。例如，物联网的普及使得实时监测各种环境参数成为可能，而人工智能和机器学习的深度应用极大地提高了快速处理与精准解读庞大数据集的能力。这些技术进步不仅加深了我们对环境与健康之间错综复杂关系的深入理解，也为制订针对性的公共卫生策略和环境政策提供了坚实的数据支撑。环境与健康大数据的发展极大地促进了跨学科合作的新高度，其将环境科学、暴露科学、暴露组学、环境健康、预防医学、生物信息学、计算机科学等众多学科紧密联合，共同寻找全球性或地区性的重大环境健康问题的创新解决方案。云计算技术的引入进一步加强了大数据的存储、处理和共享能力，为全球范围内环境健康领域的研究人员和决策者提供了强大后盾。未来环境与健康大数据的发展将继续依赖技术革新，特别是在海量数据的高效采集、智慧化处理和可视化分析等方面的创新，将提供更加深入的洞察力和更有效的解决手段。此外，公众意识的提升和数据透明度的增加也将进一步促进社会对环境保护和健康生活方式的重视。

环境与健康大数据的不断发展预示着一个可持续发展的未来景象，为有效应对全球环境和健康挑战提供了关键的数据支撑和工具。鉴于此，本章节系统阐述了环境与健康大数据的国内外资源，简要介绍了获取和分析这些数据的典型技术与方法，列举了数据应用的典型案例，揭示了当前的挑战与未来的发展方向。环境与健康大数据作为一个新兴的研究领域，通过数字化技术将环境污染、人群健康、政策制定、个性化防护等方面紧密串联，为环境健康的预测预警和公众健康的有效保障奠定了坚实的基础。

第二节　数据资源

随着环境与健康大数据时代的到来，海量、多元、综合的数据资源不断涌现，主要分为环境暴露数据和健康数据两大类。环境暴露数据（外暴露和内暴露数据）为评估人群暴露于环境介质中各种因素的强度、频率、时间、途径、方式等提供关键信息。健康数据则用于评价这些环境因素对人群健康产生的多维度结局，包括机体生理功能损伤、群体和个体的亚临床症状、疾病发生率和死亡率等。通过掌握这些数据的类型、特征和可获取途径，并结合适宜的分析技术，人类可更好地理解和阐释环境因素对健康的多维度影响。

一、环境外暴露数据

（一）环境暴露监测数据

环境暴露监测数据通常来源于环境因素或污染物的连续监控与测定，这些数据不仅用于了解污染的现状，也展现了污染物的时空变化趋势，为后续开展毒性物质识别及健康风险评估奠定了数据基础。随着我国环境监测事业的迅速发展，已初步建成了覆盖全国范围，囊括多种环境介质（水、土、空气），基于实时自动监测的站点监测体系，形成了高时空精度的环境监测数据资源。以气候气象监测为例，中国气象局国家气象信息中心依托全国范围的监测网络，研发出了包括天气监测实况、海洋监测实况等多种天气与气象监测数据产品，并通过国家气象科学数据共享服务平台面向社会开放共享。

（二）环境暴露模拟数据

环境暴露模拟数据是以实际环境暴露监测数据为基础，通过嵌套多类型环境要素，拟合参数模型模拟形成的数据，具有覆盖范围广泛、时空分辨率精细与数据标准度高等优势。在环境健康大数据领域，大气环境模拟数据的发展较为成熟，涵盖大气污染源排放水平、大气污染物浓度预测及大气环境因素预测等模拟数据库。为了便于数据的提取、转换及计算，这些大气环境模拟数据库通常采用集成云计算功能的互联网＋平台实现数据共享。例如，欧洲气象中心基于全球气象监测数据与大数据再分析技术，构建了一个具有全球覆盖、高时空分辨率，包括多种气象气候指标的再分析数据集，并面向全球开放共享。

（三）个体暴露数据

个体暴露数据是通过先进准确的个体暴露监测设备或活动模式调研等多样化手段，获得个体在日常生活环境中的生物、化学、物理因素及生活方式等信息，用于个体微环境暴露水平的精细化评估与分析。便携式个体暴露监测设备作为其中一项关键技术，以其便捷性和准确性被广泛应用于个体暴露数据的采集工作。此外，还可通过问卷调查、生物标志物检测和传感器技术等手段，搜集和解析个体生活方式、活动模式及行为习惯等暴露相关因素数据，如烹饪习惯、室内通风时间和频率、对灰尘的暴露程度及室内外活动的时长等，从而提供一个全景式的视角，更加全面地了解个体在不同环境中的具体暴露情况和途径。

二、环境内暴露数据

环境内暴露数据通过测定人体生物样本（如血液、尿液、头发、指甲、母乳等）中的化学物质或其代谢产物，评估人体在一段时间内受环境污染物影响的程度，是人体环境化学物质暴露评估的"金标准"，也是建立环境污染健康影响风险评估体系的基石。人体生物监测通过使用暴露生物标志物评估人体内暴露的暴露水平及其健康风险，是评价暴露与疾病风险的关键工具。相比于空气、水体、土壤等环境外暴露监测数据，人体生物监测可直接测量不同来源环境化学物的内暴露剂量，调查化学物质进入人体的来源和途径及其与疾病的关联，为环境化学物质暴露和不良健康效应的研究提供证据。全国范围的人体生物监测项目一般以大样本、系统性、专业性为特征，大多具有稳定的监测周期，能为环境与健康研究提供更多关于人群生物样本中环境化学物暴露情况及变化趋势等数据，并为公共卫生健康政策和干预措施提供依据。目前，诸如美国、加拿大、德国等发达国家和国际组织都已开展了全国性的、系统的人体生物监测项目，形成了本国代表性和规模性的环境内暴露数据库。

（一）美国国家生物监测计划数据库

美国国家生物监测计划（National Biomonitoring Program，NBP）数据库项目来源于美国疾病预防控制中心承担的国家健康与营养调查（NHANES）项目，每个调查周期中随机抽取 2 500 个子样本，进行血浆、血清、尿液中的化学物质或其代谢物检测。该项目已发布至第四次国家人体环境化合物暴露报告（2019 版），提供了 1999—2000 年至 2017—2018 年两个时间段，具有全国代表性的样本中重（类）金属、邻苯二甲酸酯代谢物、全氟和多氟烷基化合物、溴代阻燃剂、农残、兽残及个人护理品等共 400 多种环境化学物，以及 80 多种营养学指标在人体内的暴露情况。

（二）加拿大健康测量调查数据库

加拿大健康测量调查（Canadian Health Measures Survey ，CHMS）数据库项目是加拿大全国代表性的健康监测调查，该项目于 2007 年启动，通过测量 5 000 余名 3 ~ 79 岁居民的生物样本（血、尿液），来评估环境化学物质或其代谢产物的内暴露水平。CHMS 项目自 2007—2019 年，已收集 6 个周期的生物监测数据，发布了 5 次《加拿大环境污染物生物监测报告》，共检测包括金属和微量元素、酚类、尼古丁代谢物、有机磷农药代谢物、多环芳烃代谢物、挥发性有机化合物等 200 余种环境化学物质。

（三）中国国家人体生物监测项目数据库

中国国家人体生物监测项目（China National Human Biomonitoring，CNHBM）数据库于 2017—2018 年启动，调查对象覆盖全国 31 个省 152 个监测点 2 万余名 0 ~ 79 岁调查对象，旨在评估全国一般人群中环境化学物质的内暴露负荷及其健康影响。截至 2022 年底，已完成两轮现场调查工作，形成覆盖全生命周期人群的环境内暴露监测数据库，包括重（类）金属、全氟和多氟烷基化合物、邻苯二甲酸酯代谢物、多环芳烃类、苯系物、溴代阻燃剂、农残、兽残、药品及个人护理品等 15 类 233 种环境化学物质的内暴露水平。

三、健康数据

健康数据可用于评价环境污染物对人群健康产生的不良健康结局，包括生理生化指标变化、亚临床症状、临床确诊疾病及死亡等。常见的健康数据包括出生和死亡登记、传染病报告、肿瘤登记、慢性病发病登记、出生缺陷登记、医疗监测（住院人数、门诊访问量、儿童诊所记录等）及人群流行病学调查等。多数国家法律法规要求报告某些慢性或传染性疾病的发病率和死亡率，以确保这些健康数据采集的标准化、完整性和准确度。

（一）死因登记数据

死因登记数据是连续稳定地对居民医学死因证明进行报告登记，作为公共卫生重要基础数据之一，不仅能够客观评估人群健康状况的变化，而且是促进健康政策制定和资源分配的关键依据。通过死因登记系统中的死亡信息，获得死亡根本原因，即"触发直接导致死亡的某种疾病或损伤，或产生致命损伤的意外情况"，计算人群死亡率可用于反映当地居民死亡率，为流行病学研究，特别是环境流行病学提供了宝贵的数据资源。我国死因登记数据主要来源于中国疾病预防控制中心于 2013 年建成的具有全国及省代表性、覆盖全国 605 个点位、漏报率和错误率低的全国死因监测系统，以死因登记卡为载体收集基本信息（如姓名、性别、年龄、出生日期、死亡日期等）、死亡信息（如致死的主要疾病诊断、疾病名称、根本死亡原因、ICD 编码等）、死亡调查记录和居民死亡医学证明（推断）书等信息。

（二）医疗监测数据

医疗监测数据可以提供特定人群某种疾病或不良健康状况的发病率，包括医院门诊、急诊、住院和急救等医疗就医记录。质量较好的医疗监测数据通常采用标准的疾病诊断规则（包括统一ICD 编码和疾病诊断要点），以及具备完整的个人基本信息和就医过程。例如，1965 年由美国联邦政府建立的美国健康保险（Medicare）数据库是最早在健康领域应用的大数据，针对的人群主要是≥65 岁老年人或 <65 岁的特殊人群或终末期肾病患者，该数据库收录了患者在医院或急救中心的就诊、转诊和出院记录。我国的医疗保险数据涵盖职工基本医疗保险和城乡居民基本医疗保险，截至 2022 年已覆盖 134 570 万人，该数据库收录了全国普通门急诊、门诊及住院异地就医记录、医疗费用支出等。这些宝贵的就医信息资源不仅促进了健康政策的制定和优化，也为健康经济学等领域的研究提供了丰富的数据基础。

（三）人群流行病学调查数据

人群流行病学调查数据构成了现场流行病学调查研究的核心，通过采集调查对象的基本信息、体格检查结果、健康结局（亚临床症状或特定疾病）评价问卷、生物样本检测分析等内容，揭示疾病分布及其影响因素。其中，队列研究获得的数据在验证病因假设方面具有不可替代的作用。

国内大型代表性数据库包括中国慢性疾病前瞻性研究（China Kadoorie Biobank，CKB）项目、中国动脉粥样硬化性心血管疾病风险预测研究（Prediction for ASCVD Risk in China，China-PAR）、中国老年健康影响因素跟踪调查（The Chinese Longitudinal Healthy Longevity Survey，CLHLS）等。CKB 数据库包括一般人口学信息、社会经济状况、健康相关行为、个人及家庭健康状况、精神睡眠及情绪状况、身高、腰围、臀围、体重、体脂百分比、血压、心率等内容。China-PAR 数据库包括性别、年龄、现居住地、腰围、总胆固醇、高密度脂蛋白胆固醇、血压水平、是否服用降压药、是否患有糖尿病等慢性病、是否有心血管疾病家族史等结果。CLHLS 数据库涵盖老年人及家庭基本状况、社会经济背景和经济状况、健康和生活质量自评、认知功能、性格心理特征、日常活动能力等，以及死亡老年人家属的调查内容，包括死亡时间、死因等。

国外典型数据库有英国生物银行（UK Biobank，UKB）队列、美国护士健康研究（Nurses' Health Study，NHS）、欧洲癌症与营养前瞻性调查（The European Prospective Investigation into Cancer and Nutrition，EPIC）等。UKB 数据库包括大脑、心脏和全身磁共振成像、全外显子组测序和全基因组测序、死亡、癌症、住院和初级保健记录、关键生物标志物、饮食、工作史、认知功能等健康结果数据。NHS 数据库包括饮食、吸烟、身体活动水平、超重和肥胖、口服避孕药使用、激素治疗、内源性激素、饮食因素、睡眠、遗传学和其他行为特征与各种疾病的关联。EPIC 数据库则收集了关于饮食、生活方式特征、人体测量和病史的详细信息。这些数据库通过融合多源数据，加深了对人群健康影响环境因素的理解，并为干预措施的制订和实施提供了科学依据。

第三节　典型技术与方法

为深入理解环境因素造成健康影响的原因和机制，人类需要借助系统、先进的技术方法来获取、分析和挖掘环境与健康的大数据，以识别影响健康的外部和内部暴露因素。这些技术包括精确的暴露评估和测量方法、高效的暴露组学检测技术和大数据处理及分析技术。这些先进技术可以获取全面、准确的人体暴露数据，并结合大量的健康数据进行深度分析，评估对人体健康产生影响的危险因素，进而探索潜在的生物学机制，为预防疾病和促进健康提供科学依据。

一、暴露评估技术

（一）基于物联网的环境暴露评估技术

物联网环境暴露评估技术是基于环境污染物便携式监测设备，利用互联网技术开发的实时个体污染物暴露监测系统，可以低成本、低劳动力和低技术要求的方式获取个体污染物暴露数据和个体活动信息，从而进行精确的个体暴露评估。该技术主要包括个体暴露实时监测系统和时间活动模式自动判定系统两部分。前者集成空间定位（GPS）、环境空气质量实时监测和便携式污染物监测等技术，实时收集个体位置信息、室外和室内污染物浓度三类数据；后者基于 24 h 时间活动日志和回顾性问卷调查，结合自动判定系统评估出行模式，获取时间活动模式调查信息。该技术组合实现了实时个体暴露监测、准确暴露时间和精确时间活动模式的有机整合，可以更准确地评估个体暴露水平的目标。

（二）个体智能化穿戴设备与传感器监测技术

个体智能化穿戴设备分为主动和被动采样装置两种类型。主动采样装置，如个体颗粒物暴露采样器（MicroPEM），基于激光散射浊度计等技术，实时收集颗粒物及其他气态污染物的质量浓度数据，通过将主动采样装置佩戴在衣物或背包上，追踪获取个体在不同环境下的污染物暴露水平。被动采样装置则常见于配备能吸收有机污染物的聚二甲硅氧烷（PDMS）吸附棒和采集 NO_2 的 Ogawa 垫的空气腕带，这些材料能够持续吸收空气中的化学物质，用高分辨质谱仪进行化学成分分析，评估使用者在活动区域、特定时间内的暴露累积情况。个体智能穿戴设备中的传感器监测技术是实现准确暴露评估的关键。在空气污染暴露评估领域，常见的传感器检测技术包括光学、电化学和气体传感器。光学传感器通过测量光的吸收或散射等来检测空气污染物，电化学传感器借助目标污染物与电极间的电化学反应来确定其浓度，气体传感器则利用化学反应或吸附过程识别和测量目标污染物。随着传感器技术的不断发展，个体智能穿戴设备在监测和评估空气质量对个体健康影响方面的准确性越来越显著，对于提高公众健康水平和加强环境保护具有重要意义。

（三）多源大数据环境暴露模拟技术

多源大数据环境暴露模拟技术可应用于空气污染物暴露的时空模拟。大气细颗粒物暴露时空模拟通常基于综合分析大气颗粒物的产生、扩散与消散机制。具体包括纳入颗粒物多项特征参数，如地面监测站点、卫星遥感、地理类与气象类参数、时空虚拟变量等。通过标准化网格构建、气溶胶光学厚度（AOD）数据补缺、数据标准统一化等方法对数据进行预处理，建立数理统计模型并开展模型性能分析，拟合 R^2、时空精度、分辨率和标准差等指标以持续优化模型。以大气臭氧为代表的气态污染物暴露的时空模拟通常需要纳入气象参数，包括臭氧地面监测站点小时值、气象数据、全球化学传输模型（GEOS-Chem）输出数据、土地利用数据、道路数据、归一化植被指数（NDVI）数据、高程数据和人口数据等。待完成数据预处理后，建立随机森林模型、化学传输模型等，通过对模型变量的重要性排序，获得变量对模拟结果的贡献程度。通过计算 R^2 等从空间和时间尺度上评估模型精度、完成模型优化，从而得到该地区近地面气态污染物时间变化趋势和空间分布特征。

二、暴露组学检测技术

（一）基于色谱－质谱联用的靶向分析技术

个体在其生命周期中不可避免地受到来自空气、水等环境介质中化学物质的影响。通过监测环境及生物体中外源性化学物质的浓度水平及变化趋势，评估其对生态环境及人群健康的潜在影响。鉴于化学物质种类繁多且在不同介质中含量差异显著，分析技术需具有高灵敏度和宽动态范围。基于气相/液相色谱－四极杆/串联质谱等色谱－质谱联用的靶向定量分析技术，使用高选择性的样品前处理方法可以有效降低基质效应发生概率。采用特异性的扫描模式获取目标化学物质的谱图信息，并与标准数据库进行匹配，可以确保检测结果准确度高。得益于色谱的高效分离能力和质谱的高分辨率、高灵敏度特性，该技术现已广泛用于环境健康研究。

（二）基于高分辨质谱的非靶向筛查技术

环境中化学物质的有效识别是采取有效监管政策和干预措施的前提与基础。针对某一特定类别化学物质的靶向分析技术无法全面获取样品中化学物质的暴露信息，制约了大规模环境流行病学研究的高效开展。基于四极杆 – 飞行时间（Q-TOF）、离子阱 – 飞行时间（IT-TOF）和静电场轨道阱（Q Exactive）等高分辨质谱的非靶向筛查技术，采用普适性的样品前处理方法和非依赖型数据扫描模式，能够获取样品中所有化学物质的多级质谱信息。通过对包含大量离子信息的质谱数据进行筛选和清理，对碎裂特征、元素组成及同位素分布模式等进行解析，可有效识别样品中化学物质赋存种类及状态，提升复杂基质样品中低丰度化学物质的检测能力，为构建高覆盖度的环境健康监测体系提供关键技术支撑。

（三）空间代谢组与原位质谱成像技术

空间代谢组学有机结合了质谱成像和代谢组学技术，能直接从生物组织中获得大量已知或未知的内外源性代谢物分子结构、含量和空间分布信息，发现差异代谢物并识别其生物学功能。基于不同的电离方式，成像技术可分为基质辅助激光解吸电离质谱成像、解吸电喷雾电离质谱成像和二次离子质谱成像，已广泛应用于疾病分子机制、生殖发育学、肿瘤代谢与肿瘤免疫、肿瘤分子病理诊断、肿瘤耐药与精准用药研究、环境毒理学、新药药理和毒理等领域，具有免标记、无需基质、周期短、可视化、整合靶向与非靶向分析等优势。但是，不同类型的数据整合与分析存在短板，一定程度上制约了该技术在环境健康研究中的应用。

三、数据处理和分析技术

（一）数据处理方法

环境与健康大数据来源广泛，包括外、内暴露与健康结局数据等。外暴露数据来源于生态环境监测、模拟数据和人体暴露数据；内暴露数据包括靶向和非靶向数据、多组学与生物标志物数据等。在分析之前，需要对原始数据集进行预处理，一般包括清洗、集成、转换和规约四步：① 数据清洗，主要围绕原始数据集中的无关数据、重复数据，以及处理缺失值、重复值、异常值 / 离群点等展开。缺失值的常见处理方法包括直接删除法、末次观测值结转法、虚拟变量法、均值填补法、回归填补法、多重插补等，这些处理方法需要根据实际情况选择。数据去重是一种高效的数据缩减方法，可以消除冗余数据，减少存储需求，提高分析效率。此外，还需要进行异常值处理、校验逻辑错误、数据均衡性检验等处理。② 数据集成，是指将不同来源的数据合并至同一数据库中，并解决不能"有效识别同一客体"或"属性冗余"的过程，在大数据分析中尤其重要。③ 数据转换，是将数据转换成"适当"形式，以适用于算法和应用需要的过程，对于偏态数据，可通过转换将其转化为便于分析的数据，常见的变换方法包括标准 / 归一化、线性化、正态化等，从而降低数据的维度或复杂度。④ 数据规约，指的是降低数据集的规模，但尽可能保持信息的完整性，最常用的降维手段包括主成分分析、因子分析等。环境与健康大数据具有规模巨大、种类繁多、处理步骤繁琐等特点，需结合具体的数据特征和分析情境综合处理。

（二）基于多源大数据的气候变化脆弱性评估技术

脆弱性评估是对气候变化负面影响的敏感性进行评估。通过多源大数据收集气候变化下人群不良气象暴露特征、人群敏感因素和适应性因子，构建脆弱性评估指标体系。随后结合层级分析、主成分分析等方法对被评估区域和覆盖人群的气候变化脆弱性进行综合评分，分析脆弱性区域差异和变化趋势，是当前进行气候变化脆弱性评估的重要方法之一。评估技术包括气候变化脆弱性测量指标的遴选、确权和评估指数建立等三部分：① 气候变化脆弱性测量指标通常选择已被证明可对气象因子或人群健康产生影响的因素，包括自然环境、人口统计学、社会经济学、土地利用数据和人群健康状况等；② 当人群脆弱性评估涉及多个脆弱性指标时，需要采用等权法、主成分分析法、层级分析法等确定指标权重，即指标在脆弱性评估中的贡献程度；③ 基于权重，并综合暴露特征、人群敏感因素和抵御气候变化影响的适应能力，建立脆弱性指数。利用脆弱性指数可以量化脆弱性的空间分布特征和特定人群特征，识别出脆弱性较高和较低的地区（或人群），为气候变化应对策略的制定提供科学依据。

（三）全暴露组关联分析方法

全暴露组关联分析（exposome-wide association study，EWAS）是探索暴露组与健康结局指标之间关系的一种数据驱动的探索性研究方法，可用于发现与某些复杂疾病或表型关联的关键环境因素。EWAS 一般先确定研究对象的暴露变量和疾病相关结局，再筛选与疾病有显著关系的暴露变量，识别重要的暴露因素，并单独探究每一种暴露因素和结局之间的关系。由于 EWAS 同时纳入了许多暴露因素，分析时应采用多重假设检验方法，如 Bonferroni 或 Benjamini-Hochberg 法进行多重比较，以降低假阳性概率。另外，由于环境暴露因素之间通常存在大量共线性特征，EWAS 之后还经常使用变量筛选工具处理共线性问题，包括删除 / 替换 / 添加（DSA）和弹性网络（ENET）等：① DSA 是一种迭代线性回归模型搜索算法，其模型集受到指定条件的限制，通过使用交叉验证最小化均方根误差来选择最终模型；② ENET 是一个依赖于广义线性框架的惩罚回归模型，使用最小绝对收缩、选择算子和岭回归的加权混合，通过交叉验证最小化均方根误差，确定调谐参数的校准、总体惩罚和两种惩罚的混合比例。

（四）应用机器学习和生信工具的多组学数据整合分析

多组学联合分析旨在整合不同组学层面（如基因组、基因表达、蛋白质和代谢物）的数据，揭示生物分子之间的相互作用和调控关系，及其对生理过程和疾病发展的影响机制。机器学习是一种通过训练模型从数据中学习规律和模式的方法，用于处理和分析大规模多组学数据，并发现其中的内在关联和模式。根据学习方式，机器学习分为 4 种类型：监督学习、无监督学习、半监督学习和强化学习。监督学习使用标记数据集，常用算法包括支持向量机、决策树、随机森林等，可用于识别与健康结局或环境暴露相关的标志物。无监督学习使用无标记数据集，主要方法有主成分分析和独立成分分析等，目的是根据相似性、模式和差异对未排序的组学数据集进行分组或分类，用于识别具有不同组学特征的人群。

此外，生信工具也是多组学联合分析的关键环节，是一类用于处理和分析生物信息学数据的算法，对不同组学层面的数据进行差异分析、通路分析和分子网络构建，从而获得更全面准确的信息。分析实践中通常先对单一组学数据进行解析，如使用差异表达分析工具（如 DESeq2、edgeR 等）进行差异分析，找出与环境暴露相关的差异基因和代谢物；进一步采用通路分析工具（如 KEGG、GSEA、MetaboAnalyst 等）探究差异基因、代谢物的功能和调控通路；最后分析不同组学层面之间的相关性，在整体水平上系统、全面地解释生物学问题，常用的工具包括 IPA 和 DIABIO 等。

（五）高通量化合物毒性测试与筛选技术

高通量筛选（high throughput screening，HTS）技术是基于分子和细胞水平的活性评价方法，该方法以微孔板为实验载体，通过自动化操作系统执行试验过程，利用灵敏、快速的检测仪器采集试验结果，再通过计算机分析处理试验数据，在短时间内实现对数千种样品的检测和筛选。基于 HTS 的体外毒性效应数据的大量产生及公开数据分享平台的发展，使毒理学进入大数据时代，并为机器学习建模提供更多的训练和验证数据。高通量化合物毒性测试与筛选技术的核心包括计算毒理学、机器学习和体外模型系统等：① 计算毒理学是基于数学和计算机模型，采用分子生物学与化学手段，揭示了化合物的危害性与风险性，以定量构效关系（QSAR）模型为代表的计算毒理学方法，已大量应用于化合物的急性毒性、遗传毒性、致癌性和生殖发育毒性的评估；② 通过训练模型，机器学习从大规模的化合物和毒性数据中学习并预测未知化合物的毒性效应；③ 体外模型系统使用人体细胞、组织、器官或类器官，通过监测细胞生存、细胞功能和生物标志物等指标来评估化合物的毒性效应，以更准确地模拟人体的毒性反应。

（六）基于有害结局路径的毒性通路解析技术

有害结局路径（adverse outcome pathway，AOP）指分子起始事件与生物体在分子、细胞器、细胞、组织、器官、机体和群体等不同生物层面发生的一系列关键事件，以及最终有害结局之间的关联（图 12-1）。AOP 框架以毒性通路和毒作用机制评估为核心，应用体外测试、计算毒理学和证据权重等技术方法，对分子起始事件（MIE）、一系列关键事件（KE）和有害结局（AO）进行综合评价。2014 年 9 月，经济合作与发展组织发布了"AOP 知识库"。截至 2024 年 2 月，已收录 497条 AOP 和 5 829 条 KE，为毒理学方法的开发和整合测试策略的制订提供了大量翔实的数据。AOP框架的优点在于能提供系统性的视角，以加强对毒性机制的理解，避免动物实验，节省时间和成本，但也存在以下缺点：① 建立 AOP 需要大量数据和实验验证，对于某些化合物可能不适用；② 对于复杂生物事件，AOP 可能无法涵盖所有细节；③ AOP 的建立和验证是一个复杂过程，需要多学科领域的专业知识。综上所述，AOP 框架在毒性预测和风险评估方面具有潜力，但需要权衡这些数据的优缺点并谨慎应用。

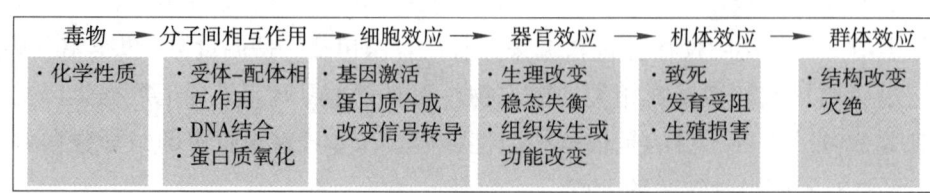

图 12-1　有害结局路径相关生物反应过程

（七）环境流行病学经典研究设计和分析技术

以大数据为基础实施的经典环境流行病学研究通常包括时间序列研究、病例交叉研究和因果推断等。这些研究设计的本质是利用时间和（或）空间变异检验环境与健康数据之间是否存在关联，不同的研究设计对数据和统计分析技术具有特定要求。

1. 时间序列研究 时间序列研究设计用于研究某一时间段内暴露和结局变量之间的关系，暴露和结局变量均为同一时间单位（如几天或几周）的累积测量数值，目前已广泛应用于空气污染领域生态流行病学研究中。最早应用于1952年12月的伦敦烟雾事件，随后在20世纪90年代的欧洲空气污染与健康多中心研究（APHEA）及美国国家发病率、死亡率和空气污染研究（NMMAPS）中得到推广。该研究使用常规空气污染物监测数据作为人群暴露数据，常见的健康结局包括死亡（如全部死因或特定死因死亡人数）和发病（如全部疾病或特定疾病门诊、急诊或住院人次资料），主要应用广义线性模型、广义相加模型或分布滞后模型，在控制暴露和结局序列的季节性、其他周期性变化或长期趋势等混杂因素的基础上，分析随环境暴露而改变的人群健康结局的变化。

2. 病例交叉研究 病例交叉研究用于评估健康结局发生时的暴露率是否不同于健康结局发生前某个预定时间的暴露率。在个体水平上开展分析时，常用条件逻辑回归模型，选择发生某种急性事件的病例，分别调查事件发生时及发生前的暴露程度，来判断暴露危险因素与某事件有无关联及关联程度大小。将这一自身对照的设计推广至群体水平开展分析时，采用时间分层控制暴露变量的时间趋势和季节性，即将日期按照月份进行分层，有疾病发生的日期作为"病例日"，然后选取在同一月内与病例日相同星期的3~4天作为"对照日"。双向选择时间分层的病例交叉设计可消除暴露时间趋势或季节性引起的潜在偏差，主要应用条件逻辑回归模型、广义线性模型和分布滞后模型进行分析。

3. 因果推断技术 因果推断是基于统计学方法，通过观察、实验等手段来确定变量之间因果关系的方法，即通过观察某个变量的变化是否使另一变量随之变化，来判断两者之间是否存在因果关系。断点回归设计是因果推断中较为接近随机实验的分析技术。根据个体在临界点两侧接受干预概率的差异，将断点回归分为精确断点回归和模糊断点回归两类。前者是个体在临界点附近接受干预的概率从0~1变化，后者是个体接受干预的概率从一个概率到另一个概率的变化。双重差分法是评估某项目或政策执行净效果的重要方法之一，适用于事前所有个体都没有受到政策干预，而事后受到政策干预的组为干预组，没有受到干预的组为控制组。通过比较干预组和控制组前后差异的差异，即双重差分统计量，来评估政策的净效果。

第四节 典型案例

一、整合外、内暴露与健康效应评估的欧洲人类生命早期暴露组项目

(一)项目概述

欧洲人类生命早期暴露组(Human Early-Life Exposome,HELIX)项目是一项探究生命早期环境暴露对个体全生命周期健康影响的综合项目。该项目利用现有出生队列评估产前与产后的化学和物理暴露,采用多组学技术确定与暴露相关的分子水平特征,基于上述数据系统评估不同暴露特征与儿童期健康效应的关系,并进一步评价不同暴露的健康风险和收益。HELIX 项目首次描述了欧洲人群生命早期暴露组,阐明了外、内暴露因素与多组学生物标志物和儿童期健康的关系,该项目的实施为深入了解暴露组的健康影响因素提供了基础数据,也为未来环境与健康的研究提供了范式。

(二)研究目的

该项目的目的是通过新的暴露评估和生物标志物检测方法,全面描述生命早期暴露的环境因素,并将其与多组学生物标志物和儿童健康结局(如生长和肥胖、神经发育、呼吸系统健康)进行关联,系统开展"生命早期暴露组"研究。

(三)研究方法

项目基于欧洲 6 个国家的出生队列(英国 BiB、法国 EDEN、西班牙 INMA、立陶宛 KANC、挪威 MoBa 和希腊 Rhea),采用多层次研究设计,利用嵌套人群构建不同层级数据库。从 6 个队列的受孕人群中招募 31 472 对母子对构成现有数据库基础;选取 1 301 对母子对作为亚队列,在儿童 6 ~ 11 岁时测量生物标志物、组学特征和健康状况,针对外部和内部暴露组进行全面表征;对其中 150 名儿童和 150 名孕妇开展重复抽样研究,收集个人暴露数据;基于暴露水平和剂量反应关系评估对欧洲人口健康的影响。

该项目通过三步互有交叉的步骤,建立生命早期暴露组和暴露数据库。第一步,测量化学和物理等外暴露组的暴露估计值,包括受孕和儿童时期的食品、消费品、水和室内空气中持久性及非持久性污染物暴露的估计值、室外环境中化学和物理暴露的估计值、空气污染、环境噪声、紫外线(UV)辐射、温度和建筑环境/绿色空间等;第二步,测量内暴露组(分子水平特征),并与外暴露组整合,包括定义环境中的多种暴露模式,描述其预测值,评估暴露的不确定性和可变性,通过分析队列中儿童生物样本中的代谢物、蛋白质、转录物和 DNA 甲基化特征,测量与环境暴露相关的分子标志物;第三步,通过开发暴露组学工具和方法来评估生命早期暴露对儿童健康的影响,包括使用全暴露组关联分析、结构方程模型(structural equation modeling,SEM)和贝叶斯概要回归,提供多种混合暴露与儿童健康的暴露 – 反应关系,重点关注胎儿期和儿童期的生长、肥

胖、神经发育和呼吸系统健康结局，估算多种暴露对儿童疾病可能造成的负担。此外，通过鼓励利益相关者（包括风险管理、风险应对和预防策略的负责人）参与并向其传播 HELIX 知识，加强其对欧洲儿童和环境健康领域政策的知识基础。

（四）主要结果

HELIX 将早期生命暴露组、多组学特征和儿童健康结局关联，为覆盖队列和子队列的 9 个研究区域构建了 GIS 环境，通过居住地址为研究对象匹配了环境暴露数据。在 1 301 对母子对的多中心队列中，将怀孕期和儿童时期评估的超过 100 种化学、户外、社会和生活方式暴露所组成的个体暴露组与儿童多组学特征（甲基化组、转录组、蛋白质和代谢物）整合分析，明确了 1 170 个关联关系，包括妊娠期 249 个和儿童期 921 个。其中，妊娠期暴露主要与儿童 DNA 甲基化变化有关（在获得的关联关系中占 70%）；儿童期暴露几乎与所有组学层面均有关，血清代谢组与暴露的关联最多（占 43%）；饮食、有毒化合物、必需微量元素等暴露特征均与组学结果存在关联。综上所述，HELIX 项目构建了一个独特的大型暴露组学出生队列，其研究结果有助于系统阐释妊娠期的环境风险因素和家庭生活对儿童生长发育的影响。

二、基于暴露组学框架的中国老年人大气污染暴露的生物标志物研究

（一）项目概述

大气污染是我国亟待解决的重大环境问题之一，其对公众健康的危害已成为国家高度关注的重大问题，并引起社会广泛关注。如何评估大气污染对人群健康的影响一直是国内外研究热点。鉴于此，中国老年人大气污染暴露的生物标志物研究（China BAPE）作为一项基于多次重复测量、小人群精细的定群研究，首次系统构建了我国老年脆弱人群"大气污染物 - 外暴露 - 内暴露 - 效应标志物 - 健康结局"研究框架，基于暴露组学策略全面解析了个体水平大气污染物的外、内暴露组特征，将靶向及非靶向暴露数据、多组学指标和效应标志物充分整合，利用先进的大数据分析和生信工具，系统阐明暴露和健康结局之间的关联，为老年脆弱人群大气污染健康危害的干预靶点识别和干预措施制订提供科学依据。

（二）研究目的

研究目的是开展个体水平的暴露监测，建立大气污染物与老年脆弱人群效应标志物之间的关系，系统筛选关键污染物组分及敏感性生物标志物，全面阐释大气污染物对老年人群的健康危害，并解析潜在生物学机制。

（三）研究方法

选择济南市作为研究现场，在距离环保超级站附近（2 km 范围内）的甸柳社区选择研究对象，基于重复测量，于 2018 年 9 月至 2019 年 1 月开展了 5 次现场调查，纳入 60 ~ 69 岁的健康老年人作为研究对象，排除吸烟和酗酒、超重及肥胖，患有心肺系统疾病、糖尿病等基础疾病，以及高血糖、高血压、高脂血症和肺功能异常的人群，最终招募了 76 名健康老年人。

通过收集济南超级站大气污染物小时监测数据、MicroPEM 便携式细颗粒物暴露采样仪及气态污染物被动采样手环获取的个体暴露数据，动态评估室外站点和个体大气污染物外暴露变化。对研究对象开展问卷调查，在完成 3 天暴露监测后进行体检，采集血液、尿液、粪便、口腔细胞和指甲样本。除测定常规生化指标外，还获得了表观遗传组、转录组、代谢组、脂质组和微生物组等多组学数据。例如，提取血液中静脉白细胞的总 RNA 经 Illumina Hiseq X10 平台测序，获取转录组信息；使用超高效液相色谱对血清和尿液样品，完成非靶向代谢组和脂质组数据采集。

（四）主要结果

项目的主要研究结果：一是基于被动采样手环的个体暴露监测、高通量非靶向分析和高维度统计分析，评估老年人群的气态污染物暴露特征和主要来源，应用非靶向代谢组分析识别了 26 类 615 种气态污染物，并评估其健康效应，甄别出包括多环芳烃在内的 10 类 26 种具有潜在危害的关键污染物。二是发现多种气态污染物混合暴露对衰老相关的 DNA 甲基化时钟加速具有统计学意义，其中邻苯二甲酸二丁酯的贡献最为明显。三是描述 $PM_{2.5}$ 负载的元素外暴露特征，发现 Zn、Fe、Ti 和 Ca 等元素在站点评估和个体暴露水平的异同，提示这些元素成分在健康效应中可能发挥重要作用。四是整合利用肠道微生物组和血尿代谢组等多组学数据，率先解析出 $PM_{2.5}$ 通过扰动肠道菌群、色氨酸代谢、炎症因子等 "肠 – 脑轴" 通路及 "下丘脑 – 垂体 – 肾上腺轴" 对老年人心血管和神经系统产生不良影响。五是发现有机磷阻燃剂（OPFR）及其代谢物的单一或混合暴露可引起糖代谢指标的升高，提供 OPFR 暴露是我国老年人 2 型糖尿病风险增高的流行病学证据，阐明其通过触发胰岛素受体、葡萄糖转运蛋白的表达下调等，驱动 PI3K/AKT、PPARα、TCA 循环等关键信号通路的扰动，进而诱导糖代谢紊乱的有害结局路径。

第五节　挑战与展望

我国在环境与健康大数据的建设与应用领域已取得积极的发展成效。然而，该领域的发展尚处起步阶段，面临诸多亟待解决的难题，包括环境暴露与个体健康状况数据的准确监测、有效收集、安全储存、深度分析、机制解释，以及数据的便捷共享与实用转化等方面。鉴于现状，未来发展应着重考虑加强分析技术的应用研发，促进多学科交叉融合背景下的专业人才培养，以及建立高效的数据共享平台等。

一、当前主要挑战

（一）环境与健康大数据的检测与收集

大范围、高精度和低成本地获取环境与健康大数据，仍然是环境与健康大数据发展面临的核心挑战。为了实现环境暴露数据与人体健康数据之间的有效联动监测，必须全面考虑各种环境暴露源与人群个体之间的差异性。

（二）环境与健康大数据的分析与存储

高频次、高维度和高精度的数据资源给数据分析与存储能力带来了巨大挑战。智能算法、运算效能等数据处理技术的创新动力不足，缺乏数据深入挖掘与分析的方法。此外，环境与健康大数据的存储、云计算等相关技术仍需要加大研发力度。

（三）环境暴露与健康结局作用机制的研究深度

传统单一暴露的健康影响研究已难以解释真实环境下多种污染物同时暴露对机体造成的影响。当前亟须培养复合交叉型人才，让他们整合利用暴露与健康多源异构数据，系统开展暴露健康机制研究，从微观角度更好地理解疾病病因。

（四）环境与健康大数据的共享与转化

我国环境与健康相关数据隶属于不同部门，这在一定程度上阻碍了数据的整合与共享，导致数据共享程度较低且缺乏统一的数据处理规范与标准。此外，应基于环境与健康大数据的研究成果，加快落实政策转化，优化现有健康预警与应急决策机制、完善环保监督等系统。

二、未来展望

（一）研发环境与健康大数据整合分析技术

环境与健康大数据得益于传感器、数据采集等技术的快速进步，数据内容逐渐丰富充实，为同步满足环境与健康大数据的发展需求，应加快研发大数据整合分析技术。

（二）构建环境与健康动态数据共享平台

打破"数据孤岛"屏障，全面建成包括环境数据、监测数据、健康数据等在内的多维度动态数据共享平台，实现数据互通和高效利用，从而推动环境与健康大数据的长远发展。

（三）培养多学科交叉复合型的技术人才

为适应环境与健康大数据的发展需求，以培养多学科交叉合作能力的复合型人才为目的，建立跨学科的培养机制，加强学科间的交流与合作。多学科的交叉融合可为环境与健康大数据学科的长远发展提供更多的发展路径和成长空间。

（四）加强环境健康大数据在精准医疗领域的应用

科学利用环境与健康大数据，可为公众提供更加全面、准确的环境暴露和人群健康信息，解决精准防控环境污染等现实难题。让社会各界共同参与制定环境保护和健康政策，可加快推动个性化医疗和健康管理工作。

（施小明　吕跃斌　唐宋　陈晨）

思考题 ⋯⋯⋯o

1. 简述有害结局路径（AOP）框架的优点。

2. 简述环境与健康大数据的种类。

3. 简述多组学数据整合分析的目的。

4. 阐述外暴露和内暴露的区别和联系。

5. 谈谈你对暴露组学的认识。

数字资源详见　新形态教材网

学习目标　　内容提要　　本章小结　　参考文献

第十三章

营养与健康大数据科学

思维导图

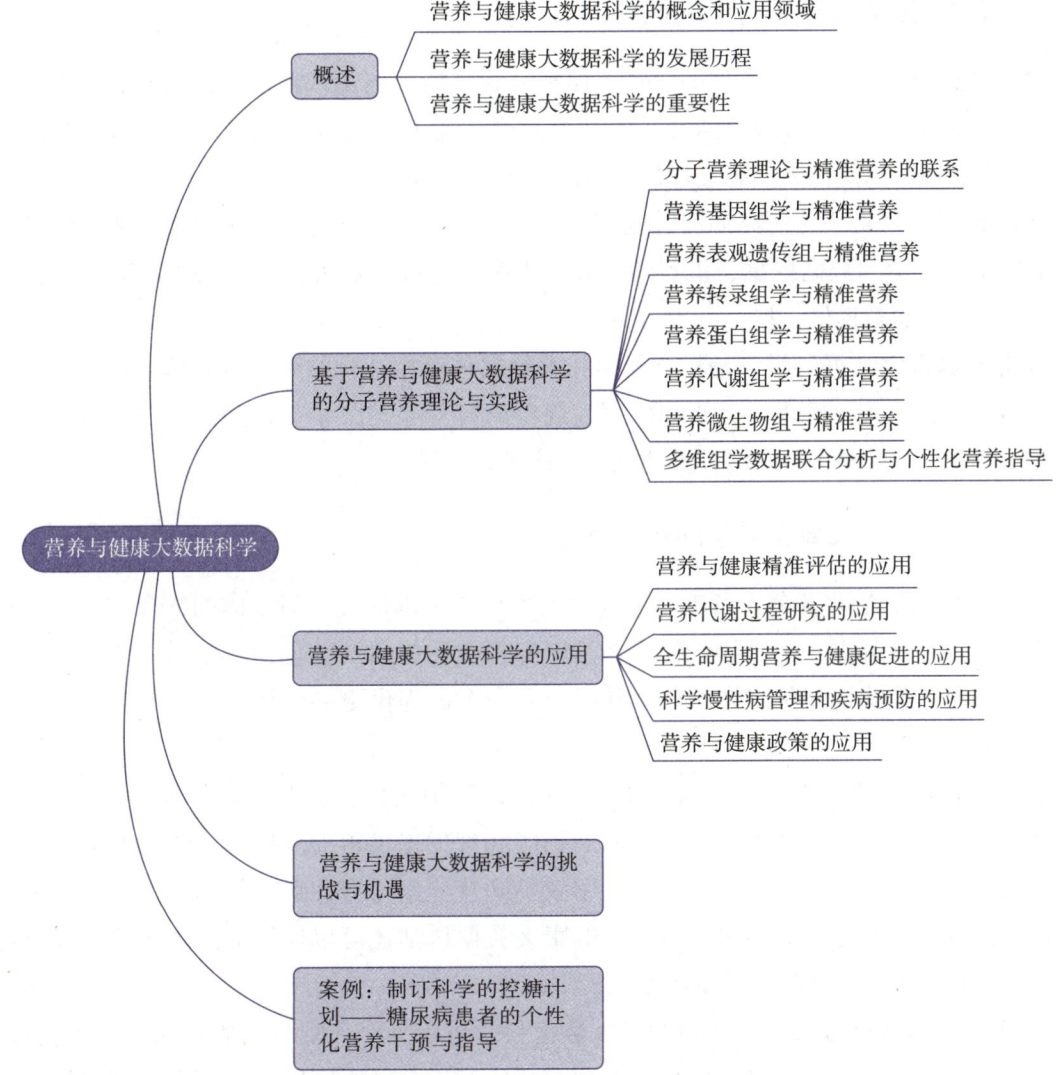

营养与健康大数据科学
- 概述
  - 营养与健康大数据科学的概念和应用领域
  - 营养与健康大数据科学的发展历程
  - 营养与健康大数据科学的重要性
- 基于营养与健康大数据科学的分子营养理论与实践
  - 分子营养理论与精准营养的联系
  - 营养基因组学与精准营养
  - 营养表观遗传组与精准营养
  - 营养转录组学与精准营养
  - 营养蛋白组学与精准营养
  - 营养代谢组学与精准营养
  - 营养微生物组与精准营养
  - 多维组学数据联合分析与个性化营养指导
- 营养与健康大数据科学的应用
  - 营养与健康精准评估的应用
  - 营养代谢过程研究的应用
  - 全生命周期营养与健康促进的应用
  - 科学慢性病管理和疾病预防的应用
  - 营养与健康政策的应用
- 营养与健康大数据科学的挑战与机遇
- 案例：制订科学的控糖计划——糖尿病患者的个性化营养干预与指导

第一节 概 述

一、营养与健康大数据科学的概念和应用领域

随着科技的飞速发展，人们对健康的关注越来越多，营养与健康成为人们日常生活中的重要议题。同时，大数据科学作为一项新兴的技术和方法，正在引起广泛的关注和应用。营养与健康大数据科学结合了营养学和大数据科学的理念和方法，旨在通过采集、分析和应用大规模的营养和健康数据，为人们的健康生活提供科学的指导和支持。本文将详细介绍营养与健康大数据科学的概念及其应用领域。

（一）营养与健康大数据科学的概念

1. 营养与健康 是指通过合理的饮食习惯和方式维持人体正常功能、预防疾病并提高生活质量的状态。营养与健康关系到人的生长发育、免疫力、心血管健康、肠道功能等多个方面。合理的营养与健康管理可以降低人类患慢性病的风险，延长寿命。

2. 大数据科学 是一门研究如何有效获取、存储、管理、分析和应用大规模数据的学科。大数据科学应用统计学、数据挖掘、机器学习和人工智能等技术和方法，从海量的数据中提取有用的信息，为决策和创新提供支持。

3. 营养与健康大数据科学 是将营养学和大数据科学相结合的跨学科领域。它利用大数据科学的理念和方法，采集、整理、分析和应用大规模的营养和健康相关数据，旨在探索营养与健康之间的关联性，为人类提供科学的营养建议和健康管理方案。

（二）营养与健康大数据科学的应用领域

1. 营养评估与个性化营养 营养与健康大数据科学可以通过收集个体的饮食数据、生理指标和基因信息等多维度数据，为个体进行全面的营养评估和提出个性化营养建议。利用大数据分析技术，可以快速、准确地评估个体的营养状况，并为个体提供更加个性化的营养建议，以达到最佳的营养状况。

2. 疾病预防和管理 营养与健康大数据科学可以利用大数据技术分析人们的饮食习惯、生活方式、基因信息等多方面的数据，为慢性病的预防和管理提供帮助。例如，研究人员可以通过分析大规模的饮食调查数据和疾病统计数据，了解不同营养素与慢性病之间的关系，进而为人类提供更加精准的疾病预防建议。同时，营养与健康大数据科学还可以通过监测个体的生理指标和行为数据，实现对慢性病的早期发现和管理。

3. 健康管理和健康教育 营养与健康大数据科学可以为个体提供健康管理和健康教育服务。通过分析大规模的健康数据，可以发现人群中存在的营养与健康问题，进而提供相应的健康教育和管理方案。同时，利用大数据分析技术，可以实现对个体和群体健康状况的实时监测和管理，提供更加全面的健康管理服务。

（三）营养与健康大数据科学的发展趋势

营养与健康大数据科学将会在未来得到更加广泛的应用。未来，营养与健康大数据科学的发展趋势主要包括以下几个方面：

1. **数据来源的多样化**　随着智能设备的普及和互联网的发展，人们获取、分享和使用数据的方式将变得更加多样化。未来，营养与健康大数据科学将会涉及更多的数据来源，包括智能穿戴设备、社交媒体、移动应用等多个方面。

2. **数据质量的提高**　数据质量是营养与健康大数据科学的重要保障。未来，随着数据采集技术和数据质量管理技术的不断发展，营养与健康大数据科学将能够获得更加准确、全面的数据，为人类提供更加科学的营养建议和健康管理方案。

3. **个性化服务的普及**　未来，营养与健康大数据科学将会越来越注重提供个性化服务。通过收集个体的多维度数据，包括基因信息、饮食习惯、生理指标、生活方式等，大数据分析技术可以实现对个体的全面评估和建议，提供更加科学、个性化的营养管理和健康服务。

4. **人工智能技术的应用**　随着人工智能技术的不断发展，营养与健康大数据科学将会得到更加深入的分析和广泛的应用。例如，人工智能技术可以实现对大规模数据的快速、准确处理和分析，提高数据分析的效率和精度；同时，人工智能技术还可以实现对个体营养管理和健康服务的智能化管理和服务。

因此，营养与健康大数据科学的出现，为人们的健康管理和营养管理提供了新的思路和方法。随着大数据技术和人工智能技术的不断发展，营养与健康大数据科学将会得到更加广泛的应用和发展。同时，随着数据质量和人们对数据安全意识的提高，营养与健康大数据科学将能够更好地保护个体隐私和权益，为人们的健康和生活带来更多的利益。

二、营养与健康大数据科学的发展历程

营养与健康大数据科学是将营养学和大数据科学相结合的跨学科领域，本部分将从营养与健康大数据科学的起源、发展、应用等方面，全面介绍营养与健康大数据科学的发展历程。

（一）营养与健康大数据科学的起源

营养学是研究人体营养需求及其与健康关系的学科。早期的营养研究主要基于饮食调查和临床试验，随着技术的发展，营养研究逐渐从分析单一营养素的作用，发展到探索不同营养素之间的相互作用和影响，到 21 世纪初，营养研究已经进入了基因组学、代谢组学等领域。大数据科学是近年来兴起的一门新兴学科，它的发展离不开互联网的普及和大数据技术的快速发展。大数据科学通过应用统计学、数据挖掘、机器学习和人工智能等技术和方法，从海量数据中提取有用的信息，为决策和创新提供支持。营养与健康大数据科学的起源可以追溯到 20 世纪 80 年代。当时，营养学家开始将计算机技术应用于饮食调查和营养评估，逐渐形成了计算机辅助营养评估（computer-assisted nutritional assessment，CANA）系统。随着大数据技术的快速发展，营养与健康大数据科学得到了更广泛的应用和发展。

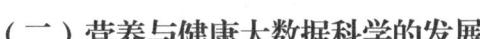

（二）营养与健康大数据科学的发展

1. 数据的收集与整理 营养与健康大数据科学的发展需要大量的数据支持，数据的收集与整理是营养与健康大数据科学发展的基础。营养与健康大数据的来源包括营养调查数据、健康档案数据、生理指标数据、基因数据等多个方面，这些数据需要经过标准化处理和质量控制，才能够用于大数据分析。

2. 大数据分析方法的应用 营养与健康大数据科学的发展需要应用大数据分析方法，从大规模数据中提取有用的信息。大数据分析方法包括数据挖掘、机器学习、人工智能等技术。数据挖掘技术可以从海量数据中挖掘潜在的关联规律和模式，机器学习技术可以实现自动化的数据处理和分析，人工智能技术可以实现智能化的数据分析和处理。

3. 应用领域的拓展 随着营养与健康大数据科学的不断发展，其应用领域也在不断拓展。营养与健康大数据科学的应用领域包括营养评估与个性化营养、疾病预防和管理、健康管理和健康教育等多个方面。例如，在营养评估与个性化营养方面，利用大数据分析技术可以实现对个体营养状况的全面评估，并为个体提供更加个性化的营养建议；在疾病预防和管理方面，通过分析大规模的饮食调查数据和疾病统计数据，专家可以了解不同营养素与慢性病之间的关系，进而为个体提供更加精准的疾病预防建议。

4. 应用案例的丰富 近些年，越来越多营养与健康大数据科学的应用案例涌现出来。例如，在饮食调查方面，美国国家健康与营养调查（NHANES）是一个被广泛使用的营养调查系统；在基因研究方面，人类基因组计划（HGP）提供了人类基因组的完整序列，为基因研究提供了重要的基础；在健康管理方面，智能穿戴设备提供了全面的生理指标数据，可以对个体健康状况进行实时监测和管理。

（三）营养与健康大数据科学的未来发展

1. 数据安全和隐私保护 营养与健康大数据科学的发展需要大规模数据的支持，同时也面临着数据安全和隐私保护的问题。未来，营养与健康大数据科学需要加强数据安全和隐私保护措施，保障数据的安全和合法使用，保护个体隐私和权益。

2. 数据质量和标准化 数据质量和标准化是营养与健康大数据科学的重要保障。未来需要加强数据质量管理和标准化工作，确保数据的准确性和可靠性，提高数据的应用价值和影响力。

3. 数据可视化和交互 营养与健康大数据科学的数据量庞大，需要应用数据可视化和交互技术，将数据转化为直观、易于理解的图像和图表，提高数据的可视化效果和交互性，方便用户的使用和理解。

4. 智能化和个性化服务 营养与健康大数据科学未来的发展趋势是智能化和个性化服务。通过收集个体的多维度数据，包括基因信息、饮食习惯、生理指标、生活方式等，大数据分析技术可以实现对个体的全面评估和个性化建议，为个体提供更加科学、个性化的营养管理和健康服务。

5. 跨领域合作 营养与健康大数据科学的发展需要跨学科合作，将营养学、医学、计算机科学、统计学等领域的知识和技术相结合，可以为健康管理和营养管理提供更加全面的支持。未来，更需要加强跨领域合作，以推动营养与健康大数据科学的发展和应用。

营养与健康大数据科学是营养学和大数据科学相结合的跨学科领域，通过采集、分析和应用大规模的营养和健康数据，为人们的健康生活提供科学的指导。营养与健康大数据科学的发展历程经历了数据的收集与整理、大数据分析方法的应用、应用领域的拓展、应用案例的丰富等阶段。但是，营养与健康大数据科学将面临着数据安全和隐私保护、数据质量和标准化、数据可视化和交互、智能化和个性化服务、跨领域合作等挑战，同时其也将在这些挑战中不断发展和壮大，为人们的健康和生活带来更多的福祉。

三、营养与健康大数据科学的重要性

营养与健康大数据科学是指通过大规模的数据采集、存储、分析和应用，为人们的营养和健康管理提供科学、精准的支持和指导。在当今社会，随着人口老龄化、生活方式的改变和疾病负担的不断增加，营养与健康大数据科学的重要性也日益凸显。从以下几个方面阐述营养与健康大数据科学的重要性。

1. **提供个性化的营养和健康管理服务**　人体的健康和营养需求存在很大的个体差异。通过大数据技术，可以收集和分析个体的营养需求、生理指标、生活方式等多维度信息，为个体提供个性化的营养和健康管理服务。这些个性化的服务可以帮助人们制定合理的饮食计划、合适的运动方式，提高人们的健康水平和生活质量。

2. **支持公共卫生工作**　营养与健康大数据科学可以为公共卫生工作提供有力的支持。通过对大数据的分析，可以发现人群中的营养和健康问题，及时采取针对性的预防和控制措施，减少疾病的发生和传播。同时，也可以为公共卫生政策的制定和调整提供科学依据。

3. **促进医疗卫生系统的转型升级**　随着营养与健康大数据科学的发展，可以为医疗卫生系统的转型升级提供有力支撑。通过对大数据的分析，可以发现人群中的营养和健康问题，制订针对性的预防和治疗方案。同时，也可以优化医疗卫生资源配置和服务质量，提高医疗卫生系统的效率和效益。

4. **促进食品安全和营养品质的提升**　营养与健康大数据科学可以为食品安全和营养品质的提升提供有力支撑。通过对食品成分、来源、生产和加工等多维度信息的分析，可以发现食品中的潜在问题和安全隐患，及时采取措施保障食品的安全和营养品质。

5. **推动健康产业的发展**　营养与健康大数据科学的发展也可以推动健康产业的发展。通过大数据分析，可以发现人们对健康的需求和痛点，为健康产业的创新和发展提供依据和方向。同时，也可以促进健康产业与科技创新的融合，推动健康产业的升级和转型。

总的来说，营养与健康大数据科学的重要性在于其可以提供精准、科学的营养和健康管理服务，为公共卫生工作和医疗卫生系统的转型升级提供支持，促进食品安全和营养品质的提升，推动健康产业的发展等。未来随着大数据技术的不断发展，营养与健康大数据科学的应用前景将更加广阔，为人们的健康和生活质量提供更多的支持和保障。

第二节　基于营养与健康大数据科学的分子营养理论与实践

一、分子营养理论与精准营养的联系

分子营养学是营养学领域的一个新兴分支，通过研究食物中的营养物质与人体细胞的分子相互作用关系，探究营养物质如何影响人体健康。精准营养则是一种基于个体基因、环境和生活方式等因素，为个体量身定制的营养方案。本文将探讨分子营养理论与精准营养的联系。

（一）分子营养理论的基本概念

分子营养学主要研究营养物质如何影响人体健康。分子营养学的核心理论是食物中的营养物质与人体细胞的分子关系，能够直接或间接地影响人体的代谢、信号转导、基因表达等过程，进而影响人体健康和疾病的发生和发展。

（二）分子营养学与精准营养的联系

1. 分子营养学为精准营养提供了理论基础　分子营养学研究食物中的营养物质与人体细胞分子的相互作用关系，探究营养物质如何影响人体健康，这为精准营养提供了理论基础。通过研究个体基因、环境和生活方式等因素，确定个体的营养需求和缺陷，然后根据分子营养学理论，为个体量身定制合理的营养方案，以满足个体的营养需求和健康目标。

2. 精准营养为分子营养学提供了应用场景　精准营养是一种以个体为中心，基于个体基因、环境和生活方式等因素的营养方案，可以通过分子营养学理论，更好地理解和解释个体对营养物质的反应。比如，对个体基因的检测可以确定个体对某些营养物质的代谢能力，进而为个体量身定制合理的营养方案，以提高营养素的吸收利用效率。

3. 分子营养学与精准营养的结合，促进了营养学的发展　精准营养与分子营养学的结合，为营养学的发展带来了新的思路和方法。这种结合可以更好地理解营养物质与人体健康之间的关系，进一步挖掘营养物质的作用机制，并为个体提供个性化的营养干预方案，为健康管理和疾病预防提供有力支持。

（三）分子营养学在精准营养干预中的应用

1. 疾病预防和治疗　通过分子营养学和精准营养的结合，可以为疾病的预防和治疗提供个体化的营养干预策略。通过分析个体基因、生物标志物等信息，可以预测个体的疾病风险，并为个体量身定制合理的营养方案，以降低疾病风险和提高疾病治疗效果。

2. 特殊人群营养　分子营养学和精准营养的结合，可以为运动员和健身人群提供个性化的营养方案，以满足不同运动状态和训练需求下的营养需求。通过分析个体基因、生物标志物等信息，可以预测个体的代谢能力和营养需求，并为个体量身定制合理的营养方案，以提高训练效果和身体素质。

3. 优化营养素的代谢　分子营养学和精准营养的结合可以为人们提供更好的营养素吸收利用方案。通过分析个体基因、生物标志物等信息，可以预测个体对不同营养素的代谢能力和吸收利用效率，并为个体量身定制合理的营养方案，以提高营养素的吸收利用效率和保障人体健康。

4. 营养补充　分子营养学和精准营养的结合，可以为人们提供更好的营养补充方案。通过分析个体基因、生物标志物等信息，可以预测个体对不同营养素的需求量和代谢能力，进而为个体量身定制合理的营养补充方案，以保障人体健康和营养需求。

5. 营养调理　分子营养学和精准营养的结合可以为个体提供更好的营养调理方案。通过分析个体基因、生物标志物等信息，可以预测个体营养素缺乏和代谢紊乱等问题，进而为个体量身定制合理的营养方案，以提高身体健康和免疫力。

分子营养学和精准营养的结合，为营养学领域带来了新的发展机遇。这种结合可以更好地理解营养物质与人体健康之间的关系，进一步挖掘营养物质的作用机制，并提供个体化的营养干预策略，为健康管理和疾病预防提供有力支持。因此，相信在未来的营养学研究中，分子营养学和精准营养将会发挥更加重要的作用，为人们的健康事业带来更大的贡献。

二、营养基因组学与精准营养

（一）营养基因组学的基本概念

营养基因组学是营养学与基因组学的交叉学科，用于研究个体基因对营养的反应。营养基因组学的研究对象包括基因与营养物质的相互作用、基因表达和代谢通路的调节等。通过分析个体基因和生物标志物等信息，可以预测个体对营养物质的代谢能力和营养需求，为精准营养提供理论基础。

（二）营养基因组学与精准营养的联系

1. 营养基因组学为精准营养提供了理论基础　营养基因组学研究个体基因对营养的反应，可以为精准营养提供理论基础。分析个体基因和生物标志物等信息可以预测个体对营养物质的代谢能力和营养需求，为个体量身定制合理的营养方案，从而满足个体的营养需求和健康目标。

2. 精准营养为营养基因组学提供了应用场景　精准营养是一种以个体为中心，基于个体基因、环境和生活方式等因素，为个体量身定制的营养方案。这种个性化的营养方案可以更好地理解个体对营养物质的需求和反应，进一步推动营养基因组学的应用和发展。通过分析个体基因和生物标志物等信息，可以为营养基因组学提供更多的应用场景，如预测个体对营养物质的代谢能力和营养需求，以及个体对营养素的吸收利用效率等问题，为精准营养提供更加科学和准确的理论支持。

3. 营养基因组学和精准营养的结合促进了营养学的发展　营养基因组学和精准营养的结合为营养学的发展带来了新的思路。这种结合可以更好地理解营养物质与人体健康之间的关系，进一步挖掘营养物质的作用机制，并为个人提供个性化的营养干预策略，为健康管理和疾病预防提供有力支持。

（三）营养基因组学在精准营养干预中的应用

1. 基因型与营养反应的关联　通过分析个体基因型和相关基因表达，了解个体对不同营养素的代谢和反应，从而为个体制定更适合其基因型的饮食方案。

2. 个体化膳食建议　根据个体基因型和代谢特征设计膳食，以满足其营养需求和健康目标，如调整蛋白质、脂肪和碳水化合物的摄入比例。

3. 预防疾病　基于个体基因型和疾病风险，制订有针对性的膳食方案，从而减小患疾病的风险，如心血管疾病、糖尿病等。

4. 改善代谢健康　根据个体基因型和代谢特征设计膳食，以促进体重管理、血糖控制和脂质代谢等方面的健康。

5. 运动表现优化　了解个体对某些营养素的需求和运动表现之间的关系，优化营养摄入，提高运动表现和康复速度。

随着科学技术的不断进步和应用的不断拓展，营养基因组学和精准营养的应用前景将会更加广阔。未来的研究将会更加深入地探究营养物质与人体健康之间的关系，挖掘营养物质的作用机制，并为个人提供个性化的营养干预策略，为健康管理和疾病预防提供更有力的支持。

三、营养表观遗传组与精准营养

（一）营养表观遗传组的基本概念

营养表观遗传组是指在不改变 DNA 序列的情况下，通过营养素和环境等因素对基因表达进行调控的一组表观遗传变化。这种变化包括 DNA 甲基化、组蛋白修饰和非编码 RNA 等，影响基因表达和功能，从而影响个体的生长发育、代谢功能、免疫应答和疾病发生等方面。

（二）营养表观遗传组与精准营养的联系

1. 营养表观遗传组为精准营养提供了理论基础　营养表观遗传组通过调节基因表达，影响个体的生长发育、代谢功能、免疫应答和疾病发生等方面，可以为精准营养提供理论基础。通过分析个体的表观遗传变化，可以预测个体对营养物质的代谢能力和营养需求，为个体量身定制合理的营养方案，以满足个体的营养需求和健康目标。

2. 精准营养为营养表观遗传组提供了应用场景　精准营养是一种以个体为中心，基于个体基因、环境和生活方式等因素，为个体量身定制的营养方案。这种个性化的营养方案可以针对个体的营养需求和健康目标进行调整，从而影响个体的表观遗传变化。通过精准营养干预，可以促进营养物质的吸收和利用，调节代谢通路的平衡，从而影响基因的表达和功能，达到预防和治疗疾病的目的。

3. 营养表观遗传组和精准营养的结合可以提高营养干预的效果　营养表观遗传组和精准营养的结合，可以为营养干预提供更加科学和准确的理论支持。通过分析个体的表观遗传变化和营养需求，可以为个体量身定制合理的营养方案，从而提高营养干预的效果。同时，通过长期的营养干预，还可以促进表观遗传修饰的稳定和延长，从而实现长期的健康管理和疾病预防。

（三）营养表观遗传组和精准营养的应用

1. 疾病预防和治疗 营养表观遗传组学和精准营养有助于评估个体患疾病的风险，并为个体提供预防和治疗策略。例如，通过分析表观遗传组学数据和饮食数据，可以评估个体患某些疾病的风险，并为个体量身定制合理的营养方案，以降低疾病风险和提高疾病治疗效果。

2. 妊娠期营养 营养表观遗传组和精准营养的结合可以为孕妇提供个性化的营养方案。通过分析孕妇的表观遗传变化和营养需求，可以为孕妇量身定制合理的营养干预方案，以满足孕期对营养的需求，促进胎儿的健康发育，并预防胎儿成年后各种慢性病的发生。

3. 儿童营养 营养表观遗传组和精准营养的结合可以为儿童提供个性化的营养方案。通过分析儿童的表观遗传变化和营养需求，可以为儿童量身定制合理的营养方案，以满足儿童生长发育和免疫发育等方面的需求。

4. 个体营养需求的预测和优化 营养表观遗传组学和精准营养有助于预测个体的营养需求和优化营养摄入，以满足个体的特定需求和目标。例如，通过分析表观遗传组学数据，可以预测个体对某些营养素的需求，从而为个体提供个性化的营养指导，改善个体的健康状况，并通过比较前后数据的变化来评估干预效果。

5. 营养和健康产品的开发和推广 营养表观遗传组学和精准营养有助于开发和推广营养和健康产品。例如，通过分析表观遗传组学数据和饮食数据，可以确定特定人群对某些营养素的需求，从而开发出适合这些人群的营养和健康产品。

营养表观遗传组和精准营养的结合为营养学领域带来了新的发展机遇。未来的研究将会更加深入地探究营养素和环境等因素对基因表达和功能的影响，挖掘表观遗传变化的作用机制，并提供个体化的营养干预策略，为健康管理和疾病预防提供更加有力的支持。

四、营养转录组学与精准营养

（一）营养转录组学的基本概念

营养转录组学是指利用高通量测序技术研究营养对基因表达影响的研究领域。营养转录组学的研究可以为营养学研究提供更加准确和全面的理解，为精准营养提供理论基础。

（二）营养转录组学与精准营养的联系

1. 营养转录组学为精准营养提供了理论基础 营养转录组学通过分析基因的转录活动，可以揭示营养对基因表达的影响，为精准营养提供理论基础。通过分析个体在特定营养状态下的转录组，可以预测个体对不同营养素的需求和代谢能力，为个体量身定制合理的营养方案，以满足个体的营养需求和健康目标。

2. 精准营养为营养转录组学提供了应用场景 精准营养是一种以个体为中心，基于个体基因、环境和生活方式等因素，为个体量身定制的营养方案。这种个性化的营养方案可以通过营养转录组学来验证和优化，为营养转录组学提供应用场景。例如，营养转录组学可以分析个体在低碳水化合物饮食和低脂饮食状态下的转录组，而精准营养可以根据个体基因和生活方式等因素，为个体制订低碳水化合物或低脂饮食的营养方案。这样的个性化营养方案可以进一步验证和优化营养转录组学的研究结果，提高个体的健康状况和营养水平。

3. 营养转录组学与精准营养共同促进健康管理和疾病预防　营养转录组学和精准营养的结合可以为健康管理和疾病预防提供更加科学和准确的方法。营养转录组学可以揭示营养对基因表达的影响，为精准营养提供理论基础。而精准营养可以根据个体基因、环境和生活方式等因素，为个体量身定制营养方案，以满足个体的营养需求和健康目标。这种个性化的营养方案有助于个体控制体重、改善血脂、预防慢性病等健康问题。

4. 营养转录组学与精准营养的挑战　虽然营养转录组学和精准营养在理论和应用方面都有很大的潜力，但在实践中仍然存在一些挑战。一方面，营养转录组学的分析和解读需要大量的基因组学知识和技能，以及建立完善的数据库和算法；另一方面，精准营养的实施需要可靠和准确的基因检测和生物标志物检测方法，以及完善的营养评估和营养方案设计方法。这些挑战需要跨学科协作和综合性解决方案。

（三）营养转录组学在精准营养干预中的应用

1. 营养基因相互作用研究　研究不同营养素与基因之间的相互作用，探索营养素如何通过影响基因表达来调节细胞的功能和代谢过程。

2. 生物标志物的鉴定　通过分析营养转录组数据，发现与特定营养素摄入相关的生物标志物，用于监测个体的营养状况和健康风险。

3. 机体营养反应特征　通过分析营养转录组数据，了解个体对不同营养素的代谢和反应，为个体制订更适合其基因型的饮食方案。

4. 个体化膳食建议　根据个体的营养转录组特征设计膳食，以满足其营养需求和健康目标，如调整蛋白质、脂肪和碳水化合物的摄入比例。

5. 预防疾病　基于营养转录组数据，制订有针对性的膳食方案，减少患疾病的风险，如心血管疾病、糖尿病等。

营养转录组学和精准营养是两个不同领域的学科，但两者之间有着密切的联系。营养转录组学为精准营养提供了理论基础，而精准营养为营养转录组学提供了应用场景。营养转录组学和精准营养的结合可以为营养学研究和营养干预提供更加科学和准确的理论基础和实践方法，为人们的健康管理和疾病预防提供更加有效的手段。随着技术的不断发展和应用，营养转录组学和精准营养将成为未来营养学研究和营养干预的重要领域。

五、营养蛋白质组学与精准营养

（一）营养蛋白质组学的基本概念

营养蛋白质组学是一种研究营养与蛋白质之间关系的学科。蛋白质是组成细胞的基本构建块，其表达量和功能状态与细胞的代谢、信号转导、免疫应答等生理过程密切相关。营养蛋白质组学应用蛋白质组学技术，研究营养对蛋白质表达的影响及其机制，从而深入了解营养与健康之间的联系。

（二）营养蛋白质组学与精准营养的联系

1. 营养蛋白质组学为精准营养提供了理论基础　营养蛋白质组学研究的是营养与蛋白质之间的关系，可以为精准营养提供理论基础。营养蛋白质组学可以分析个体在特定营养状态下的蛋白质组，预测个体对不同营养素的需求和代谢能力，为个体量身定制合理的营养方案，以满足个体的营养需求和健康目标。

2. 精准营养为营养蛋白质组学提供了应用场景　精准营养是一种以个体为中心，基于个体基因、环境和生活方式等因素，为个体量身定制的营养方案。在精准营养中，可以通过基因检测和生物标志物检测等方法，确定个体的营养需求和缺陷，为个体制订合理的营养方案。营养蛋白质组学可以通过分析个体在特定营养状态下的蛋白质组，为精准营养提供应用场景。营养蛋白质组学可以根据个体蛋白质组的变化，优化个体营养方案，提高个体的营养水平和健康状况。

3. 营养蛋白质组学和精准营养的结合可以提高营养干预的效果　营养蛋白质组学可以分析营养对蛋白质表达的影响及其机制，为精准营养提供理论基础。精准营养可以根据个体基因、环境和生活方式等因素，为个体量身定制营养方案，提高营养干预的精准性和有效性，促进人们的健康和幸福。

4. 营养蛋白质组学和精准营养的挑战　营养蛋白质组学和精准营养在应用中仍面临着一些挑战。营养蛋白质组学需要深入了解蛋白质组的复杂性和多样性，建立完善的蛋白质数据库和算法，并进行精细化的实验设计和数据分析。精准营养需要克服个体基因、环境和生活方式等因素的影响，建立可靠和准确的基因检测和生物标志物检测方法，以及完善的营养评估和营养方案设计方法。这些挑战需要跨学科的协作和综合性解决方案。

（三）营养蛋白质组学在精准营养干预中的应用

1. 蛋白质表达谱的分析　通过比较不同膳食或营养状态下的蛋白质表达谱，了解蛋白质组在不同营养条件下的变化，为个体提供更合适的膳食建议。

2. 蛋白质修饰的研究　研究蛋白质的翻译后修饰，如磷酸化、甲基化等，了解蛋白质功能的调控机制，为个体提供针对性的膳食干预措施。

3. 蛋白质相互作用网络的构建　构建蛋白质相互作用网络，分析不同膳食条件下蛋白质之间的相互作用，揭示膳食对细胞信号传导和代谢通路的调控机制。

4. 个体化膳食建议　根据个体的营养蛋白质组学特征设计膳食，以满足其蛋白质需求和健康目标，如调整蛋白质来源和摄入量。

营养蛋白质组学和精准营养是两个不同领域的学科，但两者之间有着密切的联系。营养蛋白质组学为精准营养提供了理论基础，而精准营养为营养蛋白质组学提供了应用场景。营养蛋白质组学和精准营养的结合可以提高营养干预的效果，促进人们的健康和幸福。然而，营养蛋白质组学和精准营养在应用中仍面临着一些挑战，需要跨学科的协作和综合性解决方案。未来，营养蛋白质组学和精准营养将在营养学研究和营养干预中发挥越来越重要的作用，为人们的健康管理和疾病预防提供更加有效的手段。

六、营养代谢组学与精准营养

1. 营养代谢组学的基本概念　营养代谢组学是一种研究食物和营养对代谢组成和功能影响的学科。该学科结合了代谢组学和营养学的原理和方法，可以让人类全面了解食物成分如何影响生物体内代谢物的产生和代谢通路的调控，以及这些变化如何影响健康和疾病。

2. 营养代谢组学在精准营养中的应用　营养代谢组学可以揭示不同营养状态下人体代谢产物的特征和变化，为精准营养干预提供科学依据。例如，通过分析代谢物组的变化特征，可以预测个体对某种营养素的代谢能力和需求量，以此为基础制订个性化的营养干预方案。另外，营养代谢组学也可以用于监测营养干预的效果和调整干预方案。

3. 代谢物组的特征模型在精准营养干预中的应用　代谢物组是指在特定时间点下，人体内所有代谢物的集合。代谢物组的特征模型可以根据不同营养状态下代谢物的变化，建立不同营养状态下代谢物的模型，并以此为基础制订营养干预方案。例如，在糖尿病患者中，代谢物组的变化特征有助于为个体制订低糖饮食、控制卡路里的饮食方案，以及针对代谢异常制订营养干预方案。

4. 代谢物生物标志物在精准营养干预中的应用　代谢物生物标志物是指代谢物组中特定的代谢物，在特定营养状态下具有较高的敏感性和特异性。通过检测这些代谢物的浓度变化，可以判断人体代谢状态的变化。在精准营养干预中，代谢物生物标志物可以用于检测代谢异常和预测营养干预的效果。例如，在慢性病患者中，通过检测血浆中的代谢物生物标志物，可以评估疾病的严重程度和治疗效果，并以此为基础制订精准的营养干预方案。

5. 代谢通路的变化在精准营养干预中的应用　代谢通路是指人体代谢产物之间的相互作用和转化。营养代谢组学可以揭示代谢通路在不同营养状态下的变化，从而帮助制订精准的营养干预方案。例如，在肥胖人群中，代谢通路的变化特征可以帮助制订减重饮食和运动方案，以此调节能量代谢和代谢通路的正常功能。

6. 代谢组和基因组、表观遗传组的整合在精准营养中的应用　营养代谢组学、基因组学、表观遗传组学三者之间存在着密切的联系。在精准营养干预中，这三者的整合可以提高营养干预的精准性和效果。例如，基于代谢物组和基因组的整合，可以预测人体对某种营养素的需求和代谢能力，以此为基础制订精准的营养干预方案。基于代谢物组和表观遗传组的整合，可以预测代谢疾病的风险和干预效果，以此为基础制订个性化的营养干预方案。

总之，营养代谢组学是一门新兴的学科，可以为精准营养干预提供科学依据和实践指导。通过分析代谢物组的变化特征、代谢物生物标志物的检测、代谢通路的变化及基于代谢物组的人群分类和整合营养与基因组、表观遗传组等多方面的研究，可以为营养干预提供更加精准的方案和更好的效果。未来，随着科技的不断进步和研究的深入，营养代谢组学将成为营养学研究和营养干预的重要手段，为人们的健康管理和疾病预防提供更加有效的方法。

七、营养微生物组与精准营养

1. 营养微生物组的基本概念　营养微生物组是指生活在肠道内的微生物群落，与宿主的营养摄取和代谢密切相关的微生物。这些微生物包括细菌、真菌、病毒等，它们在肠道中形成一个复杂的生态系统，与宿主的营养状态密切相关。研究营养微生物组有助于人类更好地了解食物与微生物相互作用对宿主健康的影响机制，从而为个体提供个性化的营养建议和干预措施，改善个体的健康状况，预防慢性病的发生。

2. **肠道微生物群落在营养代谢中的作用** 肠道微生物群落是指生活在人体肠道中的微生物群体，包括细菌、真菌、病毒等多种微生物。它们在人体健康中发挥着至关重要的作用。肠道微生物群落可以参与人体内各种营养物质的代谢过程，如糖类、脂质和蛋白质的代谢。不同的微生物菌株具有不同的代谢特征，可以分解、合成和转化不同种类的营养物质。此外，肠道微生物群落还可以通过发酵和代谢产生一系列代谢产物，如短链脂肪酸、酚类、生物活性肽等，这些代谢产物可以调节人体内的免疫、代谢、神经系统等多种生理功能。

3. **营养对肠道微生物群落的影响** 营养对肠道微生物群落的组成和功能具有重要的影响。营养不良和高脂饮食等不健康饮食习惯会导致肠道微生物群落的失衡和菌群结构的变化。与此相反，科学、合理的饮食可以促进肠道微生物群落的健康，如多种膳食纤维和益生菌等可以促进有益菌群的生长，同时抑制有害菌群的生长。营养干预对肠道微生物群落的影响可以通过代谢物组学、基因组学和宏基因组学等技术进行分析。例如，营养干预后肠道微生物群落代谢产物的变化可以揭示营养干预对微生物群落的影响，益生菌的摄入可以促进短链脂肪酸的产生和代谢物的分泌。这些代谢产物的变化特征可以作为评估营养干预效果的生物标志物。

4. **肠道微生物群落与慢性病的关系** 肠道微生物群落的失衡和菌群结构的变化与慢性病的发生和发展密切相关。肠道微生物群落的失衡可以导致炎症反应的激活、免疫系统的异常和代谢紊乱等多种生理功能的异常，从而增加慢性病的风险，如肥胖、糖尿病、心血管疾病等。与此相反，恢复肠道微生物群落的平衡可以预防和治疗慢性病，如通过益生菌的摄入可以改善肥胖和代谢异常等问题。

5. **肠道微生物群落的精准调控与营养干预** 营养干预可以通过调节肠道微生物群落来实现精准营养的目标。通过分析肠道微生物群落的组成和功能，可以制订个性化的营养干预方案，如通过摄入特定的膳食纤维和益生菌等调节肠道微生物群落的结构和功能，从而实现预防和治疗慢性病的目的。此外，通过检测肠道微生物群落代谢产物的变化特征，可以评估营养干预的效果和调整营养干预方案。

6. **营养微生物组学与精准营养的整合** 营养微生物组学和精准营养之间的整合可以为营养干预提供更加有效的手段和策略。营养微生物组学可以提供肠道微生物群落的组成和功能信息，为精准营养干预提供科学依据。与此相反，精准营养可以针对个体的营养需求和代谢特征，制订个性化的营养干预方案，从而更好地调节肠道微生物群落的结构和功能，实现营养代谢的平衡和健康的维护。例如，精准营养可以根据个体的基因组、代谢组和肠道微生物组等信息，设计特定的膳食干预方案，调节肠道微生物群落的代谢特征，从而预防和治疗慢性病。

7. **营养微生物组学与健康管理的应用** 营养微生物组学在健康管理中的应用包括通过肠道微生物群落的分析来预防和诊断疾病，如通过检测肠道微生物群落的结构和功能来预测个体患慢性病的风险和对个体生活方式的影响。此外，营养微生物组学还可以为慢性病的预防和治疗提供新的策略和方法，如通过调节肠道微生物群落来改善肥胖和糖尿病等慢性病。

总之，营养微生物组学和精准营养是两个相互关联的领域。营养微生物组学可以提供肠道微生物群落的组成和功能信息，为精准营养干预提供科学依据。精准营养可以根据个体的基因组、代谢组和肠道微生物组等信息，制订个性化的营养干预方案，调节肠道微生物群落的结构和功能，从而实现营养代谢的平衡和健康维护。在健康管理中，营养微生物组学和精准营养可以为慢性病的预防和治疗提供新的策略和方法，为人类健康事业做出更加积极的贡献。

八、多维组学数据联合分析与个性化营养指导

1. 多维组学数据联合分析的基本概念　多维组学数据联合分析可以从不同组学层面探索人体代谢和营养状态的多个维度，如基因组、转录组、蛋白质组、代谢组和微生物组等。多维组学数据联合分析可以揭示多个组学层面之间的关联和交互作用，从而更好地理解人体代谢和营养状态的复杂性。例如，基于多维组学数据联合分析可以揭示基因与营养相互作用的机制，探索不同代谢途径的调节网络，以及肠道微生物群落和营养代谢的关联等。

2. 个性化营养指导　个性化营养指导是根据个体的基因组、代谢组和生活方式等信息，制订个性化的营养干预方案，实现营养的精准调控和健康维护。例如，基于个体的基因组和代谢组信息，可以制订特定的膳食干预方案，调节营养代谢的平衡，从而预防和治疗慢性病。

3. 多维组学数据联合分析与个性化营养指导的整合　将多维组学数据联合分析与个性化营养指导相结合，可以为营养干预提供更加有效的手段和策略。多维组学数据联合分析可以提供肠道微生物群落、基因和代谢物等多个组学层面的信息，为个性化营养干预提供科学依据。例如，多维组学数据联合分析可以揭示不同代谢途径的调节网络，筛选出适合个体的营养物质，从而制订个性化的膳食干预方案。另外，个性化营养指导可以更好地利用多维组学数据，制定更加精准的营养干预方案，实现个体的健康管理。

4. 多维组学数据联合分析与个性化营养指导的应用　多维组学数据联合分析与个性化营养指导的应用可以涵盖多个领域。在预防和治疗慢性疾病方面，可以通过多维组学数据联合分析来揭示不同代谢途径之间的关联和交互作用，以制订个性化的膳食干预方案，调节营养代谢的平衡，预防和治疗慢性病。在运动和健身方面，可以根据多维组学数据联合分析和个性化营养指导，制订个性化的运动营养干预方案，提高运动表现和健康水平。在儿童营养方面，可以利用多维组学数据联合分析和个性化营养指导，制订适合不同年龄段儿童的膳食干预方案，实现儿童营养的精准调控和健康的维护。

总之，多维组学数据联合分析与个性化营养指导相结合，可以为人类健康事业提供更加有效的手段和策略。多维组学数据联合分析可以提供多个组学层面的信息，揭示不同组学层面之间的关联和交互作用，为个性化营养干预提供科学依据。个性化营养指导可以根据个体的基因组、代谢组和生活方式等信息，制订个性化的营养干预方案，实现营养的精准调控和健康维护。在健康管理中，多维组学数据联合分析与个性化营养指导可以为慢性病的预防和治疗提供新的策略和方法，为我国居民健康事业做出积极贡献。

第三节　营养与健康大数据科学的应用

一、营养与健康精准评估的应用

营养与健康精准评估是指通过采集、整合和分析与个体相关的遗传、代谢、营养、生理、环

境等信息，对个体的营养状况、健康状况和疾病风险进行评估，以提供个性化的营养管理和干预措施。营养与健康精准评估的应用非常广泛，以下就是几个常见的应用场景：

1. **个性化营养管理**　营养与健康精准评估有助于人们了解自己的身体状况和营养需求，从而为自身提供个性化的营养管理方案。根据个体的遗传信息、代谢状态、生理特征等因素，结合相关的营养知识和干预措施，为个体量身定制营养计划，以满足其营养需求和健康目标。

2. **营养风险评估**　营养与健康精准评估可以对个体的营养风险进行评估和预测。通过分析个体的营养状况、代谢状态、遗传信息等因素，预测其患上某些疾病的风险。例如，有些人的基因中可能存在代谢某种物质的缺陷，导致其对某些食物成分的代谢不良，引起肥胖、糖尿病等代谢性疾病，而营养与健康精准评估有助于这些人及时发现和纠正这些问题。

3. **饮食习惯管理**　营养与健康精准评估有助于人们了解自己的饮食习惯，并为其提供相应的改善建议。通过分析个体的代谢状态、遗传信息、饮食习惯等因素，可以发现个体的饮食问题，并给出相应的改善建议。例如，有些人可能存在乳糖不耐受，需要避免或减少乳制品的摄入，而营养与健康精准评估可以为这些人制订相应的饮食建议。

4. **运动健康管理**　营养与健康精准评估可以结合个体的代谢状态、遗传信息、生理特征等因素，对个体的运动健康进行评估和管理。运动对于维持身体健康和预防慢性病具有重要的作用。营养与健康精准评估可以帮助人们了解自己的运动健康状况，并提供相应的干预建议。例如，结合个体的代谢状态和运动能力，可以确定个体的最佳运动强度和时长，并给出相应的运动计划和指导。

5. **血糖管理**　指通过监测个体血糖水平，并采取相应的营养干预和生活方式管理，以控制血糖水平的波动和变化，预防和治疗与血糖相关的疾病，如糖尿病和代谢综合征等。营养与健康精准评估可以通过分析个体的遗传信息、代谢信息、营养信息等，结合血糖水平的监测数据，制订个体化的血糖管理方案。例如，根据个体的代谢特征和营养需求，确定适合个体的饮食组成和饮食规律，以及个体的运动能力和心理状况，制订个体化的运动计划和心理干预措施，从而实现精准的血糖管理和控制。

6. **肠道微生物调节**　肠道微生物不仅能够帮助人体消化吸收营养物质，还能够调节人体的免疫系统和代谢状态。营养与健康精准评估可以通过分析个体的肠道微生物组成，了解个体肠道微生物的种类和数量，并结合个体的代谢信息、营养信息等，制订个体化的肠道微生物调节方案。例如，通过对个体进行饮食调节和益生菌补充等方式，调节个体肠道微生物的种类和数量，从而实现精准的肠道微生物调节和管理。

7. **免疫功能改善**　免疫功能是人体对抗病原体和细胞损伤的一种保护机制，对人体健康起着重要的作用。营养与健康精准评估可以通过分析个体的免疫状态，了解个体的免疫功能状况，并结合个体的代谢信息、营养信息等，制订个体化的免疫功能改善方案。例如，针对个体的免疫状况，制订适合个体的营养补充方案，增强免疫力。

营养与健康精准评估需要结合大数据科学技术来进行分析和应用。通过采集、整合和分析大量个体相关的遗传、代谢、营养、生理、环境等信息，建立个体化的营养和健康管理模型。在此基础上，为个体提供更准确、更精细化的营养和健康管理方案，从而实现精准营养和健康管理。然而，营养与健康精准评估在应用过程中也面临着一些挑战。首先，数据采集和质量控制是一个难点，因为涉及多种不同类型的数据，如遗传数据、代谢数据、营养数据、生理数据和环境数据等，如何保证数据的完整性、准确性和可靠性是非常重要的。其次，个体差异和时空变异性也是一个难点，由于不同个体之间存在差异，同一人在不同时间、环境下的营养和健康状况也存在差异，如何考虑这些差异和变异性对评估结果的影响也是一个挑战。最后，如何将营养与健康精准评估应用到实际生活中，促进人们的营养和健康管理，也需要考虑多方面的因素，包括个体需求、医疗资源、社会文化等方面。

综上所述，营养与健康精准评估可以为人类健康提供个性化的营养管理和干预措施，从而实现精准营养和健康管理。随着大数据科学技术的发展，营养与健康精准评估的应用将会越来越广泛。未来，营养与健康精准评估将会向更深层次的方向发展，包括更多元化的数据来源、更准确的评估指标、更智能化的评估算法等。同时，随着人们对健康的重视和对个性化营养管理需求的不断增加，营养与健康精准评估将成为人类健康管理领域中不可或缺的一部分。

二、营养代谢过程研究的应用

营养代谢过程是指人体内营养物质转化和利用的过程，包括营养物质的消化、吸收、代谢和利用等方面。营养代谢过程的研究可以为精准营养和健康管理提供重要的科学依据和技术支持。因此，营养代谢过程研究在个性化营养管理、代谢性疾病的预防和治疗、体重管理、肠道微生态调节等方面具有广泛的应用前景。

1. **个性化营养管理**　营养代谢过程研究可以帮助了解个体的营养代谢状态和代谢特征，根据个体代谢特征和营养需求，制订个体化的饮食管理和营养干预方案。例如，基于个体的代谢特征和营养需求，制订适合个体的饮食组成和饮食节律，以及个体的运动能力和心理状况，制订个体化的运动计划和心理干预措施，从而实现精准的营养管理和控制。

2. **代谢性疾病的预防和治疗**　营养代谢过程研究有助于了解代谢性疾病的发生机制和代谢异常的原因，为代谢性疾病的预防和治疗提供科学依据和技术支持。例如，在糖尿病的预防和治疗方面，可以通过了解个体的胰岛素敏感性和代谢状态，制订个体化的饮食管理和运动干预方案，从而实现精准的糖尿病管理和控制。

3. **体重管理**　营养代谢过程研究有助于了解个体的能量代谢状态和体重管理需求，以制订个体化的能量摄入和消耗管理方案。例如，在体重管理方面，可以通过了解个体的能量代谢状态和营养需求，制订适合个体的饮食管理和运动干预方案，从而实现精准的体重管理和控制。

4. **肠道微生态调节**　营养代谢过程研究有助于了解个体的肠道微生态状态和调节需求，以制订个体化的肠道微生态调节方案。例如，在调节肠道微生态方面，可以通过了解个体的肠道菌群组成和代谢功能，制订适合个体的饮食管理和益生菌／益生元干预方案，从而实现精准的肠道微生态调节和改善。

5. **免疫功能改善**　营养代谢过程研究有助于了解个体的免疫状态和调节需求，为个人制订个性化的免疫调节方案。例如，在免疫功能改善方面，可以通过了解个体的营养代谢状态和免疫功能水平，为其制订适合个体的饮食管理和营养干预方案，从而实现精准的免疫功能改善和提高。

总之，营养代谢过程研究在精准营养和健康管理中具有重要的应用价值和科学意义。随着科技和研究方法的不断发展，我们可以更加全面深入地了解人体代谢过程的机制和特征，为精准营养和健康管理提供更加准确和有效的科学依据和技术支持。同时，营养代谢过程研究也面临着一些挑战和难点。例如，人体代谢过程具有复杂性和动态性，涉及多个组织、器官和生理系统的相互作用和影响，因此研究过程需要综合运用多种技术和方法，如代谢组学、基因组学、微生物组学、蛋白质组学等。此外，还需要克服样本量少、数据质量差、数据分析复杂等问题，确保研究结果的可靠性和准确性。综上所述，营养代谢过程研究是精准营养和健康管理的重要组成部分，具有广泛的应用前景和科学价值。通过不断拓展研究技术和方法，加强跨学科合作和协作，提高数据质量和准确性，可以实现营养代谢过程的精准分析和个性化营养干预，为健康管理、疾病预防和治疗提供有效的科学依据和技术支持。

三、全生命周期营养与健康促进的应用

全生命周期营养与健康促进是指在人的整个生命周期内，通过营养干预和健康管理来预防疾病、保持健康、促进身体和智力发展的过程。全生命周期营养与健康促进的应用是现代营养和健康管理的重要组成部分，具有广泛的应用价值和科学意义。

1. **孕产期营养与健康促进**　孕产期是女性生命的重要阶段，孕期和产期的营养状况和健康状态对于母体和胎儿的生命质量和健康状况具有重要的影响。因此，孕产妇营养与健康促进也是全生命周期营养与健康促进的重要组成部分。孕产妇需要摄入足够的蛋白质、脂肪、碳水化合物、维生素、矿物质等营养素，以满足胎儿和母体的生长发育和代谢需要。同时，还需要注重饮食均衡和多样化，避免偏食和营养不良。此外，孕产妇还需要进行适当的体育锻炼和保持良好的心理状态，以促进身体健康和生命质量。

2. **婴幼儿期营养与健康促进**　婴幼儿期是人体生长发育的关键时期，婴幼儿的营养状况和健康状态对于其后的健康和智力发展具有重要影响。因此，婴幼儿营养与健康促进也是全生命周期营养与健康促进的重要组成部分。婴幼儿需要摄入足够的蛋白质、脂肪、糖类、维生素、矿物质等营养素，以满足其生长发育和代谢需要。同时，还需要注意婴幼儿饮食的卫生和安全，以及及时接种疫苗，预防传染病。

3. **青少年期营养与健康促进**　青少年期是人体生长发育和身体变化的关键时期，青少年的营养状况和健康状态对于其后的身体发育和健康状况有重要影响。因此，青少年营养与健康促进也是全生命周期营养与健康促进的重要组成部分。青少年需要摄入足够的蛋白质、脂肪、糖类、维生素、矿物质等营养素，才能满足其生长发育和代谢的需要。同时，还需要注重青少年的饮食均衡和多样化，避免其偏食和营养不良。此外，青少年还需要进行适当的体育锻炼和保持充足的睡眠，以促进身体发育和健康。

4. **成年期营养与健康促进**　成年期是人体生命的重要阶段，成年人的营养状况和健康状态对于其后的生命质量和寿命具有重要影响。因此，成年人营养与健康促进也是全生命周期营养与健康促进的重要组成部分。成年人需要摄入足够的营养素，来维持其正常的生命活动和代谢功能。同时，还需要注重成年人的饮食健康和均衡，避免高盐、高脂、高糖等不良的饮食习惯。此外，成年人还需要进行适当的体育锻炼和保持良好的心理状态，以促进其身体健康和生命质量。

5. **老年期营养与健康促进**　老年期是人体生命的后期阶段，老年人的营养状况和健康状态对于其后的生命质量和寿命具有重要影响。因此，老年人营养与健康促进也是全生命周期营养与健康促进的重要组成部分。老年人需要摄入足够的营养素，才能维持正常的生命活动和代谢功能。同时，还需要注重老年人的饮食健康和均衡，避免高盐、高脂、高糖等不良饮食习惯。此外，老年人还需要进行适当的体育锻炼和保持良好的心理状态，以促进身体健康和生命质量。

总之，全生命周期营养与健康促进是一项综合性的工程，需要跨越不同的阶段和人群，结合多种营养与健康问题，采用多种手段和方法对不同人群进行干预和调控。只有在科学研究的基础上，制订出科学、合理的营养和健康促进措施，才能实现全生命周期的营养与健康促进目标。在这个过程中，应注意保障个体的营养需求和健康状况，加强对营养与健康问题的预防和治疗，实现人的全面健康发展和提高生命质量。全生命周期营养与健康促进是一个系统工程，需要各个阶段、各个人群的共同参与和努力。同时，还需要加强政策引导和制度建设，提高公众的健康素养和健康意识，促进营养与健康事业的发展和进步。希望通过全生命周期营养与健康促进的实践和研究，为人类健康和幸福作出更大的贡献。

四、科学慢性病管理和疾病预防的应用

科学慢性病管理和疾病预防是大数据营养与健康科学领域的一个重要应用方向。在慢性病高发的背景下，科学慢性病管理和疾病预防对于降低慢性病的发病率和死亡率，提高人民群众健康水平和生活质量具有重要的作用。

1. 科学慢性病管理　慢性病是指病程较长、病情进展缓慢的一类疾病，如高血压、糖尿病、冠心病、肥胖等。这些疾病通常需要长期的治疗和管理，并综合应用营养、运动、药物和心理干预等多种手段进行管理。营养与健康大数据科学可以为慢性病管理提供全面的支持和帮助。首先，可以通过数据分析技术来分析大量的医疗和健康数据，对慢性病的发病机制和危险因素进行深入的研究。其次，可以运用精准营养和个性化治疗的方法，为患者提供更加科学的饮食和营养方案，以更好地控制其病情。此外，营养与健康大数据科学还可以应用智能硬件和互联网技术，帮助患者更好地管理疾病，提高自我管理的效果和质量。

2. 疾病预防　疾病预防是指通过预防措施和健康管理手段，降低疾病的发生率和死亡率，提高人民群众健康水平和生活质量。大数据营养与健康科学在疾病预防领域的应用，主要包括以下几个方面。

（1）预测疾病风险：通过分析大规模的营养和健康数据，研究人群的营养与健康状况，识别疾病风险因素并预测患病风险。例如，利用基因数据和营养代谢数据预测糖尿病、心血管疾病、肥胖等疾病的风险。

（2）疾病早期诊断：通过分析大规模的生物标志物和代谢物数据，研究疾病与代谢之间的关系，发现新的生物标志物，提高疾病的早期诊断率。例如，利用蛋白质组学和代谢组学数据，可以研究乳腺癌、结直肠癌、肝癌等疾病的早期诊断。

（3）个性化营养干预：通过分析个体的遗传、代谢、微生物组等数据，对个体进行个性化的营养干预，有助于预防和治疗疾病。例如，根据个体的遗传信息和代谢数据，对个体制订针对性的膳食方案，有助于预防糖尿病、高血压等慢性病。

（4）疾病管理和监测：通过分析大规模的临床数据、健康档案数据和环境数据，对疾病进行监测和管理。例如，利用生物传感器监测患者的健康状态，有助于疾病的管理和治疗。

（5）健康促进和预防干预：通过分析大规模的健康和行为数据，研究健康和行为之间的关系，开展针对性的健康促进和预防干预。例如，根据人群的饮食行为和体育锻炼情况，开展健康促进和预防干预，帮助预防慢性病的发生。

总之，大数据营养与健康科学在科学慢性病管理和疾病预防方面具有广阔的应用前景。通过

对大量数据进行收集、分析和应用，以为个体提供更加精准和个性化的预防和治疗方案，促进健康、预防疾病，提高人民群众的生活质量和健康水平。

五、营养与健康政策的应用

营养与健康政策是指在国家、地区和社区层面，为了提高居民营养健康水平而制定和实施的政策。其目标是保障人民的营养需求，提高人民的营养健康水平，预防和控制营养相关疾病，促进经济社会发展。在全球营养健康领域，营养与健康政策的制定和实施已成为重要的研究领域和实践方向。营养与健康政策的应用可以从以下几个方面展开。

1. 促进公共营养服务的发展 公共营养服务是指政府为满足公众营养需求而提供的服务，包括膳食指导、饮食监督、食品安全检测等方面。政府可以通过加强对公共营养服务的支持和投入，提高公共营养服务的质量和水平，从而促进居民的营养健康。

2. 推动营养健康法律法规的制定和实施 营养健康法律法规是保障人民营养健康权益的重要手段，其制定和实施可以有效预防和控制营养相关疾病。政府可以通过制定和完善相关法律法规，加强对营养相关产品的监管，提高食品安全水平，保障人民的营养健康。

3. 推进营养教育和宣传工作 营养教育和宣传工作是提高公众营养健康意识和水平的重要手段，政府可以通过加强社会的营养教育和宣传，向社会普及营养知识，增强公众对营养健康的关注和认识，促进居民的营养健康。

4. 支持营养与健康研究 营养与健康研究是深入了解人类营养与健康关系、制定营养与健康政策的重要前提，政府可以通过加强对营养与健康研究的支持和投入，提高营养与健康的研究水平和质量，为营养与健康政策的制定和实施提供科学依据。

5. 监管与评估 监管机构在制定政策时需要依据相关科学研究成果，确保政策的科学、可行、有效。同时，监管机构还需要对执行政策的机构进行评估，以确保政策的有效实施。评估政策的质量、执行效果和效益等有助于及时发现问题并进行调整。此外，营养与健康政策的应用还需要广泛地宣传与推广。政策的制定和实施需要得到广大公众的支持和认可，而广泛的宣传和推广可以帮助公众更好地了解政策的内容和意义，并提高公众的认知和参与度。同时，政策的宣传和推广也可以帮助相关机构更好地实施政策，提高政策的执行效果。

总之，营养与健康政策的应用是保障人民健康的重要手段之一。政策的制定和实施需要综合考虑各方面的因素，而政策的有效实施需要得到广泛的支持和参与。未来，我们需要不断深入开展相关研究，完善政策体系，不断提高政策的实施效果，为人民健康事业做出更大的贡献。

第四节 营养与健康大数据科学的挑战与机遇

一、营养与健康大数据科学的挑战

1. 数据安全和隐私保护 随着营养与健康大数据的不断积累，数据安全和隐私保护问题也日益凸显。个人健康数据的泄露可能会导致个人隐私受到侵犯，进而引起社会和法律纠纷。因此，在大数据应用中，必须加强数据的安全保障和隐私保护。

2. 数据质量控制和标准化 营养与健康大数据的质量控制和标准化是保证数据科学研究和应用成果的基础。数据质量的不稳定性和标准化不足将会导致数据分析的误差和不确定性，进而影响研究和应用的准确性和可靠性。

3. 多学科融合和数据集成 营养与健康大数据科学需要多学科融合和数据集成，以实现不同数据源之间的交叉验证和信息融合。多学科融合需要数据科学家、营养学家、生物学家、医学专家等不同领域专家之间的密切协作，数据集成需要不同类型数据之间的结合和整合。

4. 研究方法的创新和发展 营养与健康大数据科学需要借助多种研究方法和技术，包括统计学、生物信息学、人工智能等。然而，这些方法和技术的发展还不够成熟和完善，需要不断创新和完善，才能更好地应对营养与健康大数据科学的挑战和需求。

5. 市场和政策环境 营养与健康大数据科学需要在市场和政策环境的支持下，才能够得到更好的发展。然而，目前市场上仍然存在着不同的营养补充剂和保健品，其安全性和有效性存在争议。因此，需要建立更加严格的监管机制和政策法规，加强营养与健康大数据科学的研究和应用。

二、营养与健康大数据科学的机遇

1. 个性化营养干预 营养与健康大数据科学的发展为实现个性化营养干预提供了机遇。通过分析不同个体之间的差异和变异，实现针对个体的精准营养干预，实现营养的个性化调控和健康的个性化管理。

2. 慢性病预防和治疗 营养与健康大数据科学的发展可以为慢性病的预防和治疗提供新的策略和方法。通过多维组学数据联合分析和个性化营养指导，实现慢性病的精准预防和治疗，为人类的健康管理带来重要的变革和机遇。

3. 新的营养评估和食品开发方法 营养与健康大数据科学的发展为新的营养评估和食品开发方法的创新提供了机遇。利用大数据技术和多维组学数据联合分析可以开发新的营养评估方法和营养素需求的精准估算模型，同时可以利用大数据技术和人工智能技术来开发新的食品和营养补充剂，以满足不同人群的营养需求。

4. 营养与健康大数据科学的展望 营养与健康大数据科学的未来具有广阔的发展前景和深远的影响。未来，营养与健康大数据科学将会实现更深层次的数据挖掘和分析，开发更多的精准营养干预策略和方法，为人类健康管理带来更多的便利和效益。

5. 多源数据的整合与分析 未来，营养与健康大数据科学将会更加注重多源数据的整合与分析，包括基因组、代谢组、蛋白质组、微生物组等多维组学数据的联合分析，同时将多源数据与临床数据、环境数据等多个领域的数据进行集成分析，以实现更准确的预测和干预效果的评估。

6. 个性化营养管理的发展 未来，营养与健康大数据科学将会更加注重个性化营养管理的发展。随着人类健康管理个性化需求的不断增加，营养与健康大数科学将借助大数据技术和人工智能技术，为不同个体提供精准的营养干预策略和方法，以实现营养的个性化管理和健康的精准预防和治疗。

7. 营养健康管理的智能化 未来，营养与健康大数据科学将会更加注重营养健康管理的智能化。通过大数据技术和人工智能技术，来实现营养与健康管理的智能化和自动化，提高人类健康管理的效率和便利程度。

综上所述，营养与健康大数据科学的发展具有重要的意义和价值。随着数据科学和人工智能技术的不断发展，营养与健康大数据科学将会为人类健康管理带来更多的机遇和挑战。在未来的发展中，需要不断提高数据的质量和置信度，发展更加精准的营养评估方法和营养干预策略，实现个性化和智能化的营养健康管理。同时，需要加强数据隐私保护和法律规范，确保大数据科学在为人类健康服务的同时，不会对个人隐私和权益造成损害。总之，营养与健康大数据科学是未来健康管理的重要方向和发展趋势，将会为人类健康带来更多的机遇和挑战。我们需要不断探索和创新，开发新的技术和方法，实现营养与健康管理的精准化和个性化，为人类健康事业作出更大的贡献。

案例：制订科学的控糖计划——糖尿病患者的个性化营养干预与指导

糖尿病是一种以高血糖为主要特征的慢性代谢性疾病，是世界范围内影响人类健康的重要疾病之一。作为一名专业的营养师，需要为糖尿病患者制订科学的控糖计划，帮助患者控制血糖、提高其生活质量。

首先，需要对患者进行全面的营养评估，了解其身高、体重、年龄、性别、职业、家庭生活状况等基本情况，以及饮食习惯、运动量、饮水量、睡眠时间等详细资料。

接下来，需要为患者制订个性化的饮食计划。饮食计划包括每餐的热量摄入、碳水化合物、蛋白质、脂肪的摄入比例，以及每天的总热量摄入量。根据患者的口味和偏好，设计多样化、健康、美味的饮食方案，包括低血糖指数（GI）的食物，如全麦面包、糙米饭、水果等，以及富含膳食纤维和优质蛋白质的食物，如蔬菜、水果、豆类、瘦肉等。建议患者每天坚持喝足够的水，每周至少进行 150 min 中等强度的有氧运动，如散步、游泳、骑车等。

为了帮助患者更好地控制血糖，还应为其提供一些实用的技巧和建议。例如，建议患者控制饮食量，实行分餐制，避免暴饮暴食；饮食中避免高糖、高脂、高盐的食物，如甜点、零食、油炸食品等；建议患者每天测量血糖，并记录下来，以便调整在进行糖尿病患者个性化营养干预与指导时，需要制订科学的控糖计划，以确保患者的饮食营养摄入量符合其个人需求，同时避免过度摄入导致血糖升高。

以下是一个详细的案例。

某市李女士，57 岁，身高 160 cm，体重 70 kg，BMI 为 27.3 kg/m^2，腰围 88 cm。近期在体检中被诊断为糖尿病，并开始使用药物治疗。由于没有接受过系统的营养指导，血糖控制不佳，血糖水平长期在 7～10 mmol/L 波动。

首先，通过测量李女士的身高、体重和腰围，计算出其 BMI 为 27.3 kg/m^2，属于超重范围。此外，其腰围也超过了女性标准值 80 cm，说明李女士存在腹型肥胖问题，这是糖尿病的一个危险因素。因此，我们需要考虑在个性化饮食计划中控制能量摄入，并遵循低脂低糖的原则。

其次，对李女士的饮食进行了详细的调查和分析，并制订了科学的饮食计划。在营养素方面，建议尽量选择复杂碳水化合物，如糙米饭、全麦面包等，并尽量避免精白米饭、白面包等简单碳水化合物。此外，还建议增加膳食纤维的摄入量，如蔬菜、水果、全谷类食物等。对于蛋白质的摄入量，建议选择瘦肉、鱼、豆类等高质量蛋白质来源，并避免过量摄入红肉。在脂肪方面，建议尽量选择富含不饱和脂肪酸的食物，如鱼类、坚果、橄榄油等，避免摄入过多的饱和脂肪酸和反式脂肪酸。

此外，根据其个人情况，制订了每日餐次的具体食谱，建议其在调整饮食的过程中适当增加运动，并建议其每日监测血糖。在营养干预方案的实施过程中，监测和评估是关键环节之一。定期监测其营养摄入量和营养代谢情况，以便及时调整干预方案，确保营养干预的效果。同时，应对患者的反馈和意见进行及时调整，不断优化干预方案，以实现最佳的营养治疗效果。

总之，针对糖尿病患者的个性化营养干预与指导需要从多个方面入手，包括血糖管理、肠道微生物调节和免疫功能改善等方面。制订科学的控糖计划是关键的一步，需要根据患者的病情、生活习惯和营养需求等因素，制定个性化的营养干预方案。同时，监测和评估是干预过程中必不可少的环节，可以帮助调整干预方案，以实现最佳的治疗效果。通过综合运用现代营养科学和技术手段，个性化营养干预将成为未来糖尿病管理的重要手段，为患者带来更好的生活质量和健康效益。

（孙长颢　姜文博　魏巍）

思考题········o

1. 简述分子营养理论的基本概念。
2. 简述精准营养的概念
3. 营养与健康大数据科学可以应用到哪些领域？
4. 详述营养与健康大数据科学的重要性。
5. 详述多组学联合分析在营养与健康大数据科学中的作用。

 数字资源详见　新形态教材网

　　🧑‍💼学习目标　　🖥内容提要　　📝本章小结　　🖨参考文献

第十四章

心理与健康大数据科学

思维导图

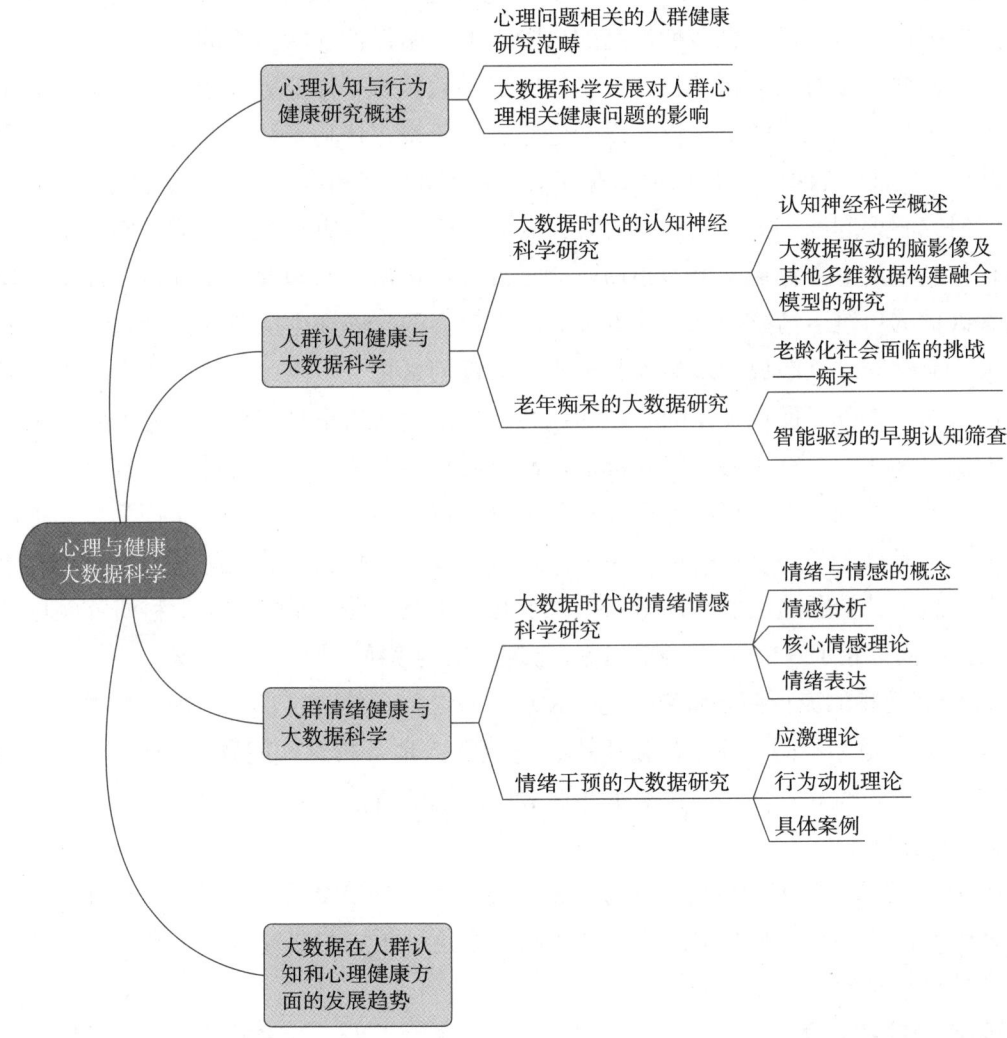

第一节　心理认知与行为健康研究概述

一、心理问题相关的人群健康研究范畴

"心理相关的人群健康问题"（psychosocial health problem）通常指与个人的心理状态、社会关系和行为互动有关的健康问题。这些问题不仅包括心理疾病，如抑郁症、焦虑症等，还包括由社会环境、人际关系和个人行为方式等因素引起的心理压力和情绪困扰。心理社会健康问题可能影响个人的情绪、思维、行为和社会互动，进而影响其整体的健康和生活质量。20世纪中期，世界卫生组织（WHO）提出了全新的健康概念："健康是身体的、精神的和社会的状态完好，而不仅仅是没有疾病或虚弱"。大量研究表明，人的精神状态能显著影响人的生理及身体功能，影响人的免疫力。例如，抑郁症将会增加患多种疾病的风险，尤其是慢性症状为主的糖尿病、心脏病及脑卒中。躯体疾病同样也会对人的精神状态产生影响，导致焦虑、抑郁等情绪反应。精神健康的重要性贯穿了整个人生，从儿童时期到成年以及老年。近年来，伴随着社会的老龄化，老年人的精神健康越来越受到关注。老年精神疾病主要有痴呆、老年抑郁症和慢性焦虑性疾病等。

当我们研究心理问题相关的人群健康时，需要明确心理健康在提高人群健康水平中的重要性及其在当代社会中的重要作用。美国心理协会官方言论指出，心理健康是维持个体整体福祉的基石，影响着人们的思维、情感以及行为方式。随着社会的发展和生活节奏的加快，人们面临的压力越来越大，心理问题逐渐成为影响人群健康的关键因素之一。因此，深入研究心理问题与人群健康之间的关系，不仅对促进个体的心理幸福感、提高生活质量具有重要意义，同时也对于公共卫生政策的制订和实施具有重要的指导价值。研究心理问题相关的人群健康不仅是从生物学、心理学、社会学的多维视角去审视心理幸福感的一种尝试，它是一场融合了心理学、精神医学、神经科学、社会学等众多学科精华的跨界探索，致力于深入理解、有效预防和治疗心理健康障碍及其对个体乃至整个社会所造成的深远影响。以下几个研究方向都是这个跨学科研究领域的关键组成部分，它们共同构建了一个全面、细致探究心理健康的多维框架。

1. **心理健康问题的流行病学研究**　这一领域不只是简单统计抑郁、焦虑、物质滥用、精神分裂症等心理健康问题在不同群体中的发生率，它更深入地分析这些问题的分布模式、影响因素，以及如何在群体中传播和变化，旨在揭示心理健康问题的普遍性和特异性，为制订针对性的预防措施提供科学依据。

2. **心理健康问题的病因学研究**　通过探索遗传背景、环境暴露、生活方式选择、社会经济地位等因素如何共同作用来影响个体的心理健康状态，这一领域的研究可以帮助我们理解心理疾病的根源，指导我们设计更有效的治疗和干预策略。

3. **预防心理健康问题**　研究如何结合早期干预、教育普及、社会政策调整等手段，有效阻断心理健康问题的形成和发展。这包括开发针对性的预防计划，以及通过公共健康策略来提高社会对心理健康重要性的认识。

4. **心理健康干预和治疗策略**　这一领域着眼于评估现有心理健康干预方法的效果，探索新的

治疗路径，比如创新的心理治疗手段、药物治疗策略或社区支持系统，旨在为患者提供更为个性化、多元化的治疗选择。

5. 心理健康与身体健康的关系 研究人群的主要心理问题与身体健康之间的相互关系，如心理压力是否会引起心血管压力。

这些研究范畴不仅有助于我们更好地理解心理健康的问题及其影响，还有助于开发有效的预防和干预策略，从而改善人群的整体健康状况。随着研究的进展，这些领域也在不断地发展，以应对社会变化和新兴挑战。

二、大数据科学发展对人群心理相关健康问题的影响

随着经济的发展及科技的进步，越来越多的科学技术手段被用于收集心理及精神卫生学方面的数据，这也提高了人们对精神卫生健康的重视。数据科学是改善诊断方法、转变治疗方式、最终实现心理相关健康问题可防可控的关键。当前基于多中心、多样本、多模态的脑智大数据为我们提供了充分的研究基础及更为全面的研究视角。2014年有一篇关于情绪传染的研究备受争议，该研究对近70万Facebook用户的动态信息"动了手脚"，使一组用户接收到的信息以积极情感为主，另一组用户则以消极情感为主。结果显示用户的情绪会受到这些动态信息所包含的情感影响，接收积极情感信息的用户情绪更积极，反之接收消极情感信息的用户情绪会变消极。在传统心理学研究中，很难想象70万数据处理所需耗费的人力、物力和时间成本，而大数据却轻松地解决了这个问题，数据驱动的优势不言而喻。

1. 样本量大，代表性好 在心理学的传统研究方法中，样本规模都十分有限，研究多采用抽样的方式从总体数据中抽取样本，再把样本的研究结果推广到总体上，这就使研究结论的有效性不可避免地受到样本代表性的影响。大数据研究的样本数呈指数级增长，可以不再通过样本间接研究总体，而是能够直接对总体的全部数据进行分析处理，从根本上消除了样本代表性的问题。一个典型的案例是通过社交媒体平台，如Twitter，进行情绪分析的研究。这种研究通常利用自然语言处理技术分析数百万条推文中的情绪倾向，从而获得公众情绪状态的信息。例如，Mitchell等利用Twitter数据对全美各地民众在社交网络上的实时表达和情绪、人口和健康特征之间的相关性进行了研究，结果表明，社交媒体数据可以用于评估肥胖率等人群健康指标的实时水平和变化程度。

2. 样本客观性强 传统研究中往往需要研究者营造出不同于真实生活中的行为情境，并在实验过程中始终伴随着实验者效应、要求特征等干扰因素。而大数据的方法可以在不直接接触被试的前提下收集生活中的真实行为数据，例如，通过分析智能手机的使用数据，如手机应用使用频率、社交媒体互动模式，甚至是打字速度和模式等，研究人员可以客观地评估个体的情绪状态，从而避免非自然的实验场景可能带来的种种负面效应，使收集到的数据更加客观、准确，这为分析疾病因果关系及生活方式管理等提供了更多种可能性。

3. 样本时效性强 传统研究往往采用回溯性自我报告的形式，或直接用单个时间节点就推广出整个时空的结论。利用大数据信息采集与处理技术，可以实现对个体和大规模、多样化群体外部表现数据的实时采集，弥补传统研究方法时效性不足的缺点。例如，随着生物反馈技术和情绪监测工具的发展，研究人员现在能够将皮肤电反应（GSR）、心率变异性（HRV）监测和脑电图（EEG）等生理测量技术与智能手机应用或可穿戴设备结合使用，以更精确地监测和分析个体的实

时情绪状态，对个体情绪变化进行即时反馈。通过将这些生物特征变量与大数据分析技术结合，研究人员可以在更广泛的人群中探索情绪变化的模式，并进一步理解个体情绪与健康、行为之间的关系。

大数据技术极大地促进了心理健康问题领域研究的发展和进步，但其潜在的风险与挑战也不容小觑，包括数据隐私和安全问题、数据质量的问题以及伦理方面的考量。其中，数据隐私问题尤其重要，有研究表明，只要保证匿名性，即使存在以上问题，公众仍愿意其社交媒体数据被用来进行心理学研究。因此，使用大数据时只要谨慎处理这些问题，并确保研究和干预措施既有效，又符合伦理标准，那么我们仍可以期待大数据心理健康研究的广阔未来。

第二节 人群认知健康与大数据科学

一、大数据时代的认知神经科学研究

（一）认知神经科学概述

认知神经科学是研究人（和动物）的知觉、注意、记忆、动作、语言、思维、决策、意识、动机、情感过程和结构为主要研究对象的科学，集合了对于心理学、语言学、人类学、计算机科学、神经科学等方向的探索。认知功能则主要包括学习及记忆的能力，更高级的功能还包括思考和意识。

中枢神经系统，特别是大脑，作为认知活动的主要场所，其复杂的神经元网络和神经回路是实现认知功能的关键。神经元是神经系统的基本单位，它们通过突触连接形成网络，负责信息的传递和处理。这些网络在不同的区域和层次上相互交互，形成了复杂的神经回路，这些回路通过电信号和化学信号的传递，实现了从感知、注意、记忆到决策等认知活动的全过程。此外，神经递质在神经元之间的信息传递中起着至关重要的作用。神经递质是一种化学物质，它负责在神经元之间传递信息，调控神经回路的活动。神经递质的种类和释放量直接影响认知功能的实现。同时，神经可塑性也是认知神经科学的一个重要概念，它指的是大脑神经元之间的连接和功能随着个体学习和经验的积累而发生改变的能力。这种可塑性使得大脑能够不断适应外界环境的变化，优化认知功能。认知神经科学的生理学基础建立在神经科学对中枢神经系统结构和功能的深入研究上。通过对神经元、神经回路、神经递质及神经可塑性的研究，认知神经科学可揭示大脑如何实现各种认知活动，为理解人类心智和行为提供科学依据。

例如，海马作为人类大脑中的一个结构存在于颞叶，是大脑边缘系统（limbic system）的关键组成部分之一。海马在从短期到长期记忆、情绪和学习的信息整合中起着重要作用。海马是中枢神经系统中最典型的区域，因为很多神经精神类疾病都会影响到海马。当发生阿尔茨海默病、抑郁症、精神分裂症、高血压和库欣病等疾病时，患者的海马形态将会发生变化。阿尔茨海默病患者的海马形态变化已被用作其主要的生物标志物。研究海马对神经精神疾病的早期诊断、进展监测和疾病修饰治疗评估具有重要意义。

因此，认知神经科学的一个核心任务就是揭示人类大脑各功能区的关键成分及其神经机制。生物标志物是区分各类神经系统疾病表型的关键，也是正确诊断的必要条件。生物标志物的来源可以为临床数据及记录、各类移动传感设备、基因数据等。以痴呆为例，临床结构化数据（如电子健康记录、实验室筛查数据）可得到患者的疾病史；医学影像大数据有助于治疗及协助诊断，如腔隙灶、微出血点等，帮助研究者及医生发现痴呆病理学；基因数据可提供测试者的基因序列、是否存在易感基因的说明。在疾病前期，通过这些数据可以达到早发现、早干预、早治疗的效果。

（二）大数据驱动的脑影像及其他多维数据构建融合模型的研究

痴呆（dementia）是因大脑神经细胞病变而导致的大脑功能衰退，是一种长期退化疾病，俗称"失智症"，又称"老年痴呆"。痴呆是一种影响认知功能（思考、记忆和推理）的疾病，患有痴呆的人群，其晚年的生活质量将会受到影响。痴呆的主要临床表现为认知能力下降和功能丧失，也有部分患者伴有神经精神症状（neuropsychiatric symptoms，NPS），主要表现为情绪、直觉和行为障碍。伴有精神神经症状的认知障碍患者将会出现预后不佳等情况，即使在认知功能正常的老年人中，持续的精神神经症状也会显著加速认知衰退，导致痴呆患病风险增加。因此，早期评估神经精神症状并将其纳入随访管理，将有效控制认知障碍出现的风险。

在痴呆发病早期，通过队列研究形式积累基因、言语表达、精神症状、影像学及运动等各项数据，将会为随访及后续研究带来海量数据并达到由果及因的效果。总体来说，通过采集海量规模数据、清理数据等，将在海量信息中得到有用的结论。具体来说，脑影像方面可测试的内容有：使用结构磁共振成像可测量大脑是否出现萎缩。使用功能磁共振成像和氟－脱氧葡萄糖正电子发射断层成像可以检测到功能、连接性和新陈代谢的进一步变化。

1. 神经影像学研究的模式和分类　磁共振成像（MRI）是目前最常用的大脑形态学测量手段，通过扫描仪即可以无创方式扫描出海马形态大小。在阿尔茨海默病阶段，不仅是海马，皮质及皮质下萎缩将伴随着病程进展逐步加深。

弥散张量成像（diffusion tensor imaging，简称 DTI）是一种描述大脑结构的新方法，也是 MRI 的一种特殊形式。它通过追踪水分子在大脑中的移动方向来绘制图像，从而揭示出大脑内部的结构细节，特别是白质纤维束的走向和分布。DTI 已被越来越多地应用于研究神经退行性疾病患者大脑白质的微观结构改变。DTI 可以观测患者的病理改变，如轴突丢失、损伤或脱髓鞘。在认知障碍患者中，特别是在扣带回和胼胝体中，各向异性分数（fraction anisotropy，FA）下降，平均扩散率（mean diffusivity，MD）上升。

正电子发射断层成像（positron emission tomography，PET）是一种核医学领域的先进临床检查影像技术，其基本原理是将某种物质（通常是生物生命代谢中必需的物质，如葡萄糖、蛋白质、核酸、脂肪酸等）标记上短寿命的放射性核素（如 ^{18}F、^{11}C 等），这些被标记的物质称为 PET 示踪剂或分子探针。这些示踪剂注入人体后会参与人体的代谢过程，并在特定的组织或器官中聚集。通过 PET 扫描机探测这些示踪剂发出的正电子与体内负电子湮灭后产生的 γ 光子，可以重建出体内示踪剂的分布图像，从而反映人体组织或器官的生理、生化变化及功能代谢状态，为疾病的诊断、疗效评估和预后判断提供重要信息。PET 扫描可以观测患者脑脊液（CSF）中的生物标志物——淀粉样蛋白和磷酸化 tau 蛋白。

因此，可以根据以上神经成像模式对脑神经影像学研究进行分类，包括结构磁共振成像（组织密度、皮质表面和海马测量）、功能磁共振成像（不同脑区的功能一致性，以及功能连接的强度）、扩散张量成像（白质纤维走行）、氟－脱氧葡萄糖正电子发射断层成像（FDG-PET）（大脑葡萄糖代谢率）、淀粉样蛋白－PET（淀粉样蛋白负担）等。

2. 神经影像学的数据分析　许多神经影像研究已经使用感兴趣区（region of interest，ROI）类型的分析来研究与阿尔茨海默病相关的微小变化。这类研究仅仅依靠先验知识来指导感兴趣区和特征的选择，忽视了研究区域以外的大脑变化，无法发现新的知识。与传统流行病学研究方法不同的是，机器学习为当前有力预测疾病与非疾病个体的工具，可处理多种类型医疗数据。机器学习在开发复杂、自动和客观的分类框架方面提供了一套系统的方法，用于分析高维数据，并且可以学习各种成像模式中复杂而微妙的变化模式。当前，深度学习模型的出现和逐步成熟在研究领域中获得了显著的动力，尤其是在生物医学数据处理中。深度学习模型已被全面证明可以显著推进对不同认知疾病的生物医学数据分析，如阿尔茨海默病、帕金森病等。

前馈神经网络是神经网络的最简单形式。前馈神经网络的主要目标是计算函数的近似值。前馈神经网络是序列函数或感知器按链状结构组装在一起，它与有向无环图相结合，表示函数如何关联在一起。在这个网络中，数据只在一个方向上流动。网络中的总层数代表网络的深度，所以层数越多，网络可以被声明为越深。通过使用梯度反向传播算法，调整网络中定义这些组合函数的参数，以最小化在训练数据集上定义的损失函数。在基于切片的分析方法中，深度学习模型使用从 3D MRI 扫描中提取的二维 MRI 切片进行训练。因此，基于切片的方法包含的可训练参数较少，整体建模解决方案的计算复杂性较低。然而，二维切片并未包含整个大脑的信息（例如，未考虑切片之间的相邻关联）。相比之下，在基于体素的方法中，深度学习模型使用三维 MRI 扫描或 3D MRI 块进行训练。首先，3D 扫描在标准的大脑模板上进行配准，以使所有 3D MRI 扫描的尺寸统一。随后，已配准的 3D 扫描被馈送到深度学习模型进行训练，其中深度学习模型配置有能够处理 3D 输入数据张量的神经处理元素。基于体素的方法可以考虑切片之间的信息来建模大脑图像数据。然而，其可训练参数的数量比基于切片的方法要多。

此外，当前大部分研究仅仅使用了 T1 加权图像，这只能揭示出大脑器官的结构性萎缩。然而，众所周知，认知衰退严重依赖于其他几个因素，如铁的沉积、大脑连接性和代谢变化。凭借其模块化和高度灵活的设计，深度学习模型天然地倾向于整合多种数据模态，从而有机会探索影响认知改变的其他生物标志物。

基于深度学习的分类框架至少包括特征提取和分类算法，以建立预测模型，促进医疗决策支持的自动化，并在这些决策中提供更强的客观性。此外，分类框架可用于开发具有高灵敏度和高特异性的个体成像标志物或指标，可将受试者的成像情况总结为一个有意义的数值。分类框架创造了一种更加个性化、适合患者的方法，在当前的个性化医学时代是至关重要的，因为它可以通过利用先进的计算能力，进一步考虑遗传或生活方式的风险。

3. 阿尔茨海默病（AD）及其前驱疾病的分类框架模型　在过去的十年里，越来越多的文献报道了基于神经影像的 AD 和轻度认知障碍（MCI）的分类模型，该模型可作为一种获得这些疾病的个体生物标志物的手段。这类分类模型的最终目标是通过使用单次 MRI 扫描产生个体诊断，并在早期疾病阶段预测未来的发展。脑神经退行性变化的特点是突触早期受损，随后轴突退化，最终树突和神经细胞核周细胞萎缩。这种神经退化过程在大脑的某些部分更为严重，如左、右海马，颞叶，扣带回及楔前叶。这种由神经退行性病变引起的不可避免的萎缩，通常可以用结构 MRI 来测量，并作为个体 AD 病理神经退行性方面侵袭性及 AD 阶段有价值的标志物。这些区域的萎缩过程导致了大脑结构的明显变化，如皮质表面变薄、几个脑区的结构变化和局部组织密度的变化，这些变化已经在多个基于神经影像学的 AD 分类研究中得到证实，主要包括三种用于评估结构变异的特征提取方法：密度图、皮质表面和基于预定义区域的方法。这些生物标志物产生互补的信息，即不同的模式从不同的角度捕捉疾病信息，从而提高了对疾病模式的理解。分类框架有助于利用从多个模态获得的互补信息。利用多个模态提供互补信息的最简单方法是将这些模态的特征连接成单个特征向量，并在该特征向量上训练一个分类器。然而，单一模态的神经成像方式并不足以取得令人满意的模型表现，因为每种方式都有互补的优点和局限性。功能 MRI、DTI、FDG–PET 和淀粉样蛋白 –PET，也可以从不同角度显示出 AD 和 MCI 患者大脑的特征性改变，这些改变有助于帮助排除患者 AD 的病理生理过程。结合来自多个模态的信息，可以明显提高 AD/MCI 和 AD 转换预测的分类性能。此外，将从神经成像设备中提取的特征与人口统计学、认知测试分数、CSF 生物标志物和遗传数据相结合，也能有效实现准确分类。

一般来说，分类框架由四个主要部分组成：特征提取、特征选择、降维和基于特征的分类算法。特征提取和分类算法是必备的部分，而其他部分可以根据需要应用。在特征提取过程中，AD 相关的特征都是从训练对象的不同神经影像模态中提取出的，如结构 MRI、功能 MRI、弥散张量成像、淀粉样蛋白 PET 和 FDG–PET。此处，"特征"指的是对原始医学成像数据进行后处理，以获得更多测量信息。这种衍生测量的例子包括区域组织密度、区域皮质厚度等。这些衍生测量可以从数百万（当所有体素被用作特征时）到几个（当从大脑中提取几个代表性测量时）不等。从各种模态提取的特征可以单独使用，也可以组合使用，以利用几种模态所提供的互补信息。然后，在提取的特征上训练一个分类算法（预测模型），以在预测认知正常（CN）和患病对象时提供诊断支持。在上述分类框架中，为了获得更高的分类预测率，在所获取的成像数据中选择合适的模态以及准确的特征提取方法，通常比选择底层分类算法更重要。主要来说是根据结构 MRI、功能 MRI、DTI 和 PET 中提取的特征进行计算的相关研究。

当前，结合结构 MRI、PET 和 CSF 生物标志物与遗传数据和神经心理状态检查分数的分类模型越来越常见。例如，为达到多种数据模态的融合，有研究使用深度学习对磁共振成像、SNP 和临床测试数据进行综合分析，使用堆叠降噪自动编码器从临床和基因数据中提取特征，并使用 3D 卷积神经网络（CNN）来处理成像数据，进而将患者分为 AD、MCI 和对照组。

然而，在临床环境和其他数据库中验证通过上述模型得到的这些标志物是十分必要的。AD 分类模型研究领域的人员面临着一些挑战，如原始神经影像数据维数高、样本量小、泛化性（普适性）、AD 的异质性等，使其难以得出更精确的分类。然而，使用神经成像进行 AD 分类仍然非常有前景，因为利用该分类方法可以解决前文提到的许多问题。

值得指出的是，临床实践中对分类框架的潜在考虑在很大程度上推动了机器学习工具的发展，这些工具可以整合几种成像特征，并在个体基础上做出预测。这些研究方向很可能成为未来的研究焦点。此外，寻求在不同类型的图像上发现神经退变模式，形成 AD 各阶段独特成像特征的多模态方法，以及通过结合多种分类算法的输出来改进分类的、基于共识的方法也得到了越来越多的关注。生物信息特征选择和 AD 异质性的表征也是未来研究中可能需要强调的重要研究方向。

4. 面向脑衰老评估的机器学习　衰老的生物学机制是复杂的，并且尚未被完全理解。一般而言，衰老是逐渐累积的有害生物学变化，伴随着功能逐渐丧失，这是一种简化的说法。大脑衰老的生物学机制具有广泛的相关性，因为大脑衰老及其对认知功能的影响直接关系到生活质量。

大脑衰老涉及结构和功能的变化。结构磁共振成像显示，随着年龄的增加，灰质体积最明显地在额叶、岛叶皮质和海马区减少，而脑室系统和颅内脑脊液的体积增加，白质微结构也发生变化。此外，使用正电子发射断层成像的功能成像技术表明，大脑衰老与全局氧利用、脑血流、葡萄糖摄取和有氧糖酵解的局部变化有关。与年龄相关的葡萄糖利用减少最明显地出现在额叶、后扣带、后顶叶及内侧颞区——这是痴呆中的关键病理区域。相比之下，初级运动、枕叶皮质、小脑和皮质下结构，包括丘脑、壳核和苍白球，不太容易受到衰老过程中代谢变化的影响。

基于这些发现，使用大脑成像进行年龄预测已成为神经科学研究的一个活跃领域。估算出的年龄被称为"大脑年龄"，这可能与个体的生理年龄有所不同。近年来，由于数据可用性的增加和深度学习技术的进步，通过 CNN 模型在认知正常的人群中进行更准确的大脑年龄估算已成为可能。此外，"大脑年龄差"即大脑年龄与生理年龄之间的差异，被视为一种有前景的、个性化的大脑健康生物标志物。在个体层面上，大脑年龄差的测量也可能具有预后价值，通过捕捉衰老和疾病相互作用中的个体差异来潜在地预测健康结果。多项研究报告称，基于神经成像的个体脑龄高估（表现为比实际年龄大的大脑年龄差）与死亡率、神经退行性疾病和其他几种临床病症有关。

值得注意的是，解读大脑年龄结果的准确性依赖于所使用的大脑年龄估计框架的稳健性。事实上，更准确的大脑年龄估计框架可以为临床申请者提供更稳健的结果。因此，需要开发更精确的大脑年龄估计框架，以供临床应用，许多研究小组已经尝试通过采用多种机器学习技术来改进大脑年龄估计框架。除了大脑年龄的传统机器学习方法，深度学习近年来已经成为神经影像学领域的热门方法，广泛用于诸如分割、病灶检测和分类等不同的任务。深度学习模型的最显著优势之一是其将特征提取、特征降维和预测阶段合并为统一的计算系统，能够在处理高度复杂的数据时超越传统的机器学习方法。因此，深度学习已经成为大脑影像学研究的首选技术，基于深度学习的神经影像学研究在过去的十年里持续增加，趋势稳步上升。

到目前为止，只有少数几项调查总结了现有的大脑年龄估计研究结果。值得注意的是，这些调查主要关注了传统机器学习算法（如支持向量回归、相关向量回归和高斯过程回归）、特征提取和数据降维技术，以及开发的大脑年龄技术的临床应用。

脑龄差异与认知衰退的关联：一般来说，脑龄估计框架通过对认知健康参与者的脑部扫描进行建模来构建预测模型。最近的研究已经记录到，脑龄与精神健康、生活满意度和代谢因素（如糖尿病）在认知健康的老年人中有关联。另一方面，这些因素可能会在估计的脑龄中产生偏差，这在从健康数据构建脑龄估计模型时应被考虑进来。大多数基于深度学习的脑龄研究已经应用在有大脑萎缩的阿尔茨海默病患者上。

本质上，从神经影像数据中估计脑龄可以被视为一种预测建模任务。神经影像 MRI 扫描和其他形式的高维度要求采用不同的深度学习模型，以便早期诊断与脑龄估计直接或间接相关的各种疾病。

5. 深度学习在脑健康医疗领域的应用　当前数据采集技术的飞速发展使得数据来源变得多种多样，从微观分子水平（基因功能、蛋白质相互作用等）、生物组织水平（脑电图、磁共振成像等）、临床患者水平（电子病历等）和整个人口水平（医院网站、社交媒体等）。

（1）识别脑部疾病：一般来说，脑肿瘤分为几种类型，具体取决于其是良性还是恶性，这有助于为患者选择最佳的治疗方法。Tandel 等回顾了脑肿瘤领域的机器学习和基于深度学习的方法，重点是病理生理学。它们包括对用于表征脑肿瘤的成像模式和自动计算机辅助方法的综述。此外，他们概述了大脑肿瘤与其他脑部疾病之间的联系分析，如阿尔茨海默病、肝豆状核变性、帕金森病、脑卒中、白细胞病和其他神经系统疾病。

（2）脑电图：在神经科学领域，脑电图分析是一项重要的技术，不仅应用于神经科学，还应用于神经工程，如脑机接口（brain-computer interface，BCI）。Craik 等对用于脑电图分类的深度学习应用进行了系统综述，解决了几个问题，包括指定特定的脑电图任务。他们根据几个类别分析研究，如脑电图的预处理算法、输入类型和深度神经网络架构的类型。深度学习任务分为 5 组，即精神负荷、情绪识别、癫痫发作检测、运动想象、事件相关电位检测和睡眠评分。对于每种任务，都有具体的输入数据格式、分类器建议和其他主要重要特征。除脑电图外，生理信号还可来源于肌电图（EMG）、脑电图（EEG）、心电图（ECG）和眼电图（EOG）等多种数据采集形式。

（3）生物信息学领域的应用：生物信息学是一个跨学科领域，开发用于理解生物数据的方法和软件工具，重点关注大型和复杂的数据集。Lan 等的调查研究工作将基于深度学习的方法与数据挖掘相结合，旨在探索生物信息学领域的特定知识。调查工作总结了数据挖掘领域的几种传统算法，这些算法已用于不同的任务，如预处理、聚类和分类，以及基于神经网络的优化架构和基于深度学习的方法。

（4）组学方法的应用：大数据的出现也涉及组学领域，包括基因组学、转录组学和蛋白质组学。Zhang 等旨在提供入门级概述，以了解深度学习方法和方法在解决组学领域问题和挑战方面的用法。他们概述并讨论了各种基于深度学习的技术，这些技术将深度学习与组学融合在一起。此外，他们还探索了基于深度学习的开源框架的性能和功能，同时也强调了即将到来的挑战和机遇。

（5）个性化医疗：目的是通过识别共同特征（如家族遗传、基因等）来提供量身定制的患者特定医疗。Zhang 等提供了关于学习算法和方法及其应用的研究大纲，重点是基于深度学习的个性化医疗方法。他们通过深入了解其优缺点来探索三个主要应用领域，即疾病特征识别、药物开发和治疗效果预测。

（三）常见脑影像数据库

1. ABIDE　即孤独症脑成像数据交换（Autism Brain Imaging Data Exchange）数据库，是一个专注于孤独症内在大脑结构的大规模评估数据集。它包含了来自全球多个站点的 539 名孤独症谱系障碍（ASD）患者和 573 名正常对照个体的功能 MRI（fMRI）图像，为研究人员提供了丰富的影像数据和表型信息。该数据库不仅促进了医学影像处理领域的发展，特别是在孤独症大脑结构异常的研究中，还为开发孤独症的诊断预测模型提供了宝贵的资源，有助于揭示孤独症的神经机制。

2. ADNI　全称阿尔茨海默病神经影像计划（Alzheimer's Disease Neuroimaging Initiative），是一个旨在推动阿尔茨海默病（AD）及其相关认知障碍研究的重要数据资源。该数据库通过收集并分享来自不同患者的临床信息、遗传数据、MRI 图像和 PET 图像等多维度数据，为科研人员提供了深入了解 AD 发病机制、病程进展以及治疗效果评估的宝贵机会。ADNI 不仅制定了统一的数据采集标准，确保了数据的质量和一致性，还通过招募大量受试者并对其进行长期随访，积累了丰富的纵向数据，这对于揭示 AD 的早期生物标志物、开发有效的早期诊断工具，以及评估潜在治疗方法的疗效具有重要意义。因此，ADNI 数据库已成为 AD 研究领域不可或缺的基础设施，为推动该领域的科学研究和技术进步做出了重要贡献。

3. Brainmap　即脑图（brain map）数据库，是一个专注于神经影像学数据的综合性平台，它整合了来自全球多个研究机构的脑成像数据，特别是功能磁共振成像（fMRI）数据。该数据库不仅提供了丰富的影像数据资源，还包含了与之相关的实验设计、任务参数以及统计分析结果，为神经科学领域的研究人员提供了一个强大的数据分析和挖掘工具。通过 Brainmap，研究人员可以更加深入地了解大脑的功能和结构，探索不同脑区之间的连接模式，以及揭示与各种认知、情感和行为过程相关的神经机制。

4. ENIGMA　即增强型神经影像遗传学元分析联盟（Enhanced Neuro Imaging Genetics through Meta Analysis）数据库，是一个致力于推动神经影像遗传学研究的国际合作项目。该数据库通过整合和分析来自全球多个研究团队的神经影像和遗传数据，旨在揭示基因变异与大脑结构和功能之间的关系。ENIGMA 数据库为研究人员提供了一个庞大的数据集，使他们能够更准确地识别与特定基因相关的脑区特征，进而深入理解基因如何影响大脑的发育和功能，以及这些影响如何与神经疾病的发生和发展相关联。

5. FBIRN　即功能脑成像研究网络（Functional Brain Imaging Research Network）数据库，是一个专注于功能磁共振成像（fMRI）研究的国际合作组织的数据库。该数据库通过收集和分享来自不同研究机构的 fMRI 数据，旨在推动对大脑功能和连接性的深入研究。FBIRN 数据库包含了丰富的影像数据，涵盖了多种认知、情感和运动任务，为研究人员提供了探索大脑在不同任务状态下的活动模式和连接特征的机会。通过 FBIRN，研究人员可以更加全面地了解大脑的功能组织和工作原理，为神经科学领域的研究提供新的视角和见解。

6. OASIS　即开放获取系列成像研究（Open Access Series of Imaging Studies）数据库，是一个专注于老年人和阿尔茨海默病患者脑成像数据的公开数据库。该数据库提供了大量的磁共振成像（MRI）数据，包括结构成像和功能成像，以及与之相关的临床和认知评估信息。OASIS 数据库的目的是为研究人员提供一个标准化的、易于访问的数据集，以支持对老年化和神经退行性疾病的研究。通过 OASIS，研究人员可以更加深入地了解与年龄相关的脑结构和功能变化，以及这些变化如何与认知衰退和神经退行性疾病的发展相关联，为推动老年神经科学领域的研究提供宝贵的资源。

二、老年痴呆的大数据研究

（一）老龄化社会面临的挑战——痴呆

痴呆目前是一项全球挑战，给家庭和社会带来了沉重的经济负担。我国人口老龄化进程明显快于其他中低收入国家，痴呆患者人数位居世界第一且增速较快，与认知相关的疾病已成为我国不得不面临的严峻挑战。痴呆患者人均照护负担为 13 万元 / 年，预计到 2030 年，社会经济总负担将达到约 17 万亿元。由此可见，痴呆给患者个人及其家庭，乃至社会都带来了沉重的负担，已成为我国老龄化进程中急需解决的公共卫生问题。当前痴呆也越来越多地出现在中青年人群中，这也十分值得关注。

1. **痴呆发展阶段**　痴呆主要分为常见的四种类型：阿尔茨海默病（Alzheimer's disease，AD）、血管性痴呆（vascular dementia，VaD）、额颞叶痴呆（frontotemporal dementia，FTD）、路易体痴呆

（Lewy body dementia，LBD）。

阿尔茨海默病的特征是老年人的渐进性认知能力下降，伴有大脑淀粉样蛋白沉淀和磷酸化 tau 蛋白的增加，同时会有因神经元丢失和突触退化所带来的脑萎缩。阿尔茨海默病的发病与其基因有着强烈的关系，目前以 APOE4 等位基因为主，携带此基因的人群患阿尔茨海默病的风险大幅度增加。APOE4 的携带者加速了血脑屏障的分解及脑毛细血管周边的退化，而血脑屏障的完整是保障人体神经功能的重要通路。

脑血管疾病被认为是轻度认知障碍和痴呆形成的重要成因，将会造成记忆力、注意力、执行功能、信息处理等多项认知功能的下降。血管性痴呆则大多来源于不良的生活方式，并存在共病风险。多项研究证明，健康的生活方式可有力改善认知功能、延缓痴呆发病。通过控制吸烟、饮酒等血管危险因素，药物治疗糖尿病、高血压、高脂血症等基础疾病，调节生活方式，可减少血管性痴呆的发病风险。

痴呆并非一蹴而就，而是长期积累的过程。轻度认知障碍（mild cognitive disorder，MCI）作为正常衰老和痴呆之间的中间状态，在中国患病率约为 15.5%。MCI 作为痴呆的临床前期，是预防和干预的最佳时期。轻度认知障碍的主要表现为记忆、感知、思维等障碍，同时伴有失语、行为改变等过程，若不及时干预将会逐渐发展成为痴呆。

主观认知下降（subjective cognitive decline，SCD）是阿尔茨海默病临床前期的重要警示，指个人或线人报告的记忆力和 / 或其他认知能力持续下降。主观认知下降在老年人中十分常见，并伴随老龄化而更常见。报告主观认知障碍的老年人有着高危风险转化成为认知障碍及痴呆。

2. 痴呆的神经病理学机制　根据文献显示，我国患有痴呆的人数超过 1 500 万人，其中阿尔茨海默病和血管性痴呆的患病率较高，阿尔茨海默病为 983 万人、血管性痴呆为 392 万人。常见的痴呆及其病因为：阿尔茨海默病，由大脑中淀粉样斑块的异常积聚引起；血管性痴呆，由缺血或缺氧而导致的大脑损伤引起；额颞叶痴呆，是受到异常数量的 tau 蛋白和 TDP-43 的影响导致的痴呆；路易体痴呆，是由蛋白质 α- 突触核蛋白异常积累引起的；混合性痴呆，则是由一种或两种以上的痴呆类型混合而成。

脑血管疾病是老年人常见的一类疾病。本课题组的研究结果表明，脑血管疾病与脑部微结构损伤高度相关，主要表现为：白质高信号（white matter hyperintensities，WMH），多腔隙性梗死和脑微出血（cerebral microbleed，CMB），其严重程度可用于预测短期（两年）内认知下降的风险和速率。脑结构性损伤与神经退行性病变有叠加效应，造成认知功能的进一步衰退。血管性痴呆的临床诊断是基于痴呆的临床表现、脑缺血或脑出血等脑血管疾病病史来进行诊断的，其与痴呆症状发作的时间关系密切。

3. 痴呆风险因素　由于老年痴呆患病率和社会成本居高不下，越来越多的共识支持将认知筛查作为老年人常规初级保健的一部分。当前认知障碍缺乏可大规模推广的有效治疗措施，因此减少发病风险尤为重要。轻度认知下降作为痴呆的临床前期是预防和干预的最佳时期，控制痴呆发病的危险因素将会有效控制痴呆的发病。按照是否可以进行干预，将危险因素划分为可改变的和不可改变的危险因素（图 14-1）：不可改变的患病危险因素包括年龄增长、家族患病史、遗传易感基因，可改变的危险因素将从以下几个方面阐述。

（1）心血管危险因素：大量研究表明，糖尿病和痴呆有着强烈的关联性，证据显示糖尿病MCI 患者更倾向于转变为痴呆。另外，研究表明中年肥胖与认知能力的下降显著相关。第三类危

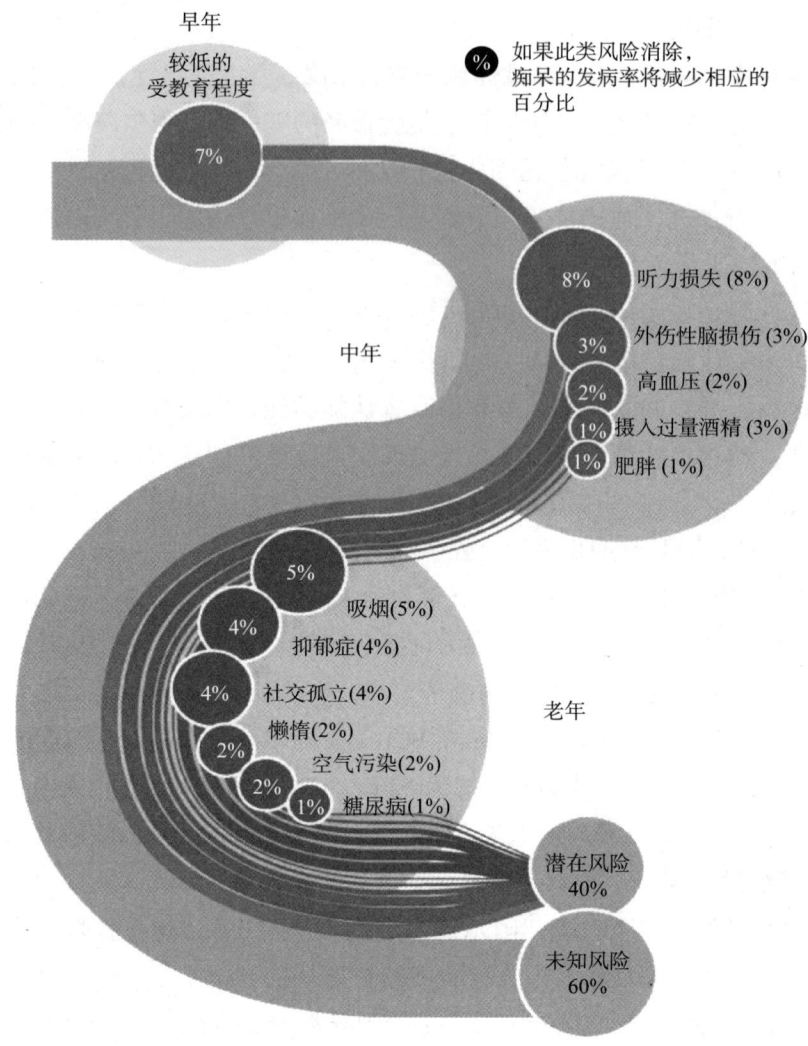

图 14-1 痴呆危险因素

险因素是中年高血压，临床研究显示高血压和认知下降之间有明确的证据链，同时治疗高血压将会降低认知下降的风险。最后，高脂血症也是认知下降的一个重要原因，反之控制血脂（尤其是胆固醇）将会降低患痴呆的风险。

（2）生活方式危险因素：吸烟将会增加认知下降和患痴呆的风险，中年时期的重度吸烟将会导致晚年痴呆风险加倍。过度饮酒也将增加认知下降的风险。一些轻度体育运动，如散步也被认为是强化认知功能的好方法，可以减轻认知下降的发生风险，但是对于体育运动的最佳时长和强度，各类实验并未给出一致结论。健康饮食（主要推荐地中海饮食）可以降低发生认知下降的风险。

（3）其他风险因素：包括低受教育年限、创伤性脑损伤、抑郁、睡眠情况等，这些因素均有可能增加认知下降的风险。虽然痴呆是不可逆的神经退行性疾病，但已有研究证实通过调节以上危险因素能够预防或延缓痴呆的发病。由于痴呆具有异质性和复杂性，同时针对多种危险因素和疾病机制的多模态干预措施可实现更好的预防效果。

4. 痴呆筛查 根据疾病自然史大致可将疾病的进展分为易感期、临床前期、临床期和结局四个阶段。人们希望在疾病发生之前就开展针对病因的干预，阻止疾病的发生，但由于许多慢性病

（如恶性肿瘤）的病因复杂，这一目标往往难以实现。随着医学技术的发展，人们已经可以在某些疾病的临床前期或早期，通过适当的检测技术，将机体出现的一些异常特征（如肿瘤的早期标志物、血压升高、血脂升高等）及早检测出来，并采取适当治疗，最终可以明显提高疾病的治愈率和病人的生存质量，降低人群死亡风险。据此，人们提出在表面健康的人群中开展筛查，这也是抗击慢性病，保障人群健康的重要公共卫生措施。

筛查（screening）是针对临床前期或早期的疾病阶段，应用快速、简便的试验、检查或其他方法，将未察觉或未诊断疾病的人群中那些可能有病或缺陷但表面健康的个体，同那些可能无病者鉴别开的一系列医疗卫生服务措施。筛查一般是由国家或地区政府主导，动员全社会参与的系统工程，又称为"三早"预防，包括对目标疾病的早期发现、早期诊断、对各阶段阳性者的处理（早期治疗）及阴性者医学随访的一系列医疗和卫生服务实践活动。

筛查试验（screening test）是用于识别外表健康人群中可能患病个体或具有患病风险的方法，它既可以是问卷、体格检查、内镜与 X 射线等物理学检查，也可以是细胞学或生物大分子标志物检测技术。

筛查可以发现人们认知能力下降的早期迹象，从而更好地分配医疗保健资源，并降低医疗保健成本。早期检测还提供了早期干预和治疗的最佳窗口，已被证明可以减缓认知能力下降并降低痴呆的风险。

目前约有 60% 的痴呆患者居住在社区，然而将近三分之二的痴呆患者在基层医疗机构中未能有效识别或得到进一步的医疗帮助，原因是当前我国缺乏高效便捷的筛查方案及相应的转诊流程、标准，而基层全科医生不具备鉴别和诊断痴呆的能力，使得痴呆的早期识别及干预工作难以推进。痴呆的临床前期（即 MCI）是预防和干预的最佳时期。

痴呆的诊断在临床上需要遵循一系列的规则，如 Diagnostic and Statistical Manual of Mental Disorders-Fifth Edition（DSM-V）。对于 AD 的诊断，应包括记忆障碍和至少一种其他认知障碍，如失语症（使用语言的问题）、失认症（尽管感觉功能完整，但患者无法识别呈现的物体）、失用症（尽管运动功能完好无损，但仍难以进行运动）或执行功能障碍（抽象、组织、计划或排序信息的问题）。认知功能障碍必须严重到足以损害社会或职业功能，并且不能归因于其他认知障碍。

社区筛查是发现早期痴呆患者的必要手段，用简易精神状态检查（Mini-Mental State Examination，MMSE）量表、蒙特利尔认知评估（Montreal Cognitive Assessment，MoCA）量表对老年人进行有效的社区筛查，临床痴呆评级（Clinical Dementia Rating，CDR）等评估患者进行习惯活动的认知能力的变化，基于照护者的确定痴呆量表（the Ascertain Dementia 8，AD8），除此之外还有画钟测验（clock-drawing test）等。

简易精神状态检查量表已被广泛用于筛查痴呆。MMSE 由 Folstein 及其同事于 1975 年引入，作为评估精神疾病患者精神状态的筛查方法。MMSE 作为最经典的测试手段，被翻译成了多种语言。但是 MMSE 分数受到了年龄、教育水平、文化背景、社会阶层、读写能力和语言的影响。对于早期痴呆，MMSE 测试过程中会产生天花板效应，尤其是在受过高等教育的人群中，测试敏感性下降，其次是测试时间过长的问题。

蒙特利尔认知评估是 1996 年由 Nasreddine 等开发的量表，并用于轻度认知障碍以及轻度阿尔茨海默病。最近的证据表明，MoCA 是目前 MCI 的最佳筛查工具，但测量时间约为 15 min，仍然不适合普及，同时对于教育水平低或病情不稳定（如虚弱、严重注意力缺陷和走神）患者的可行性有限。近些年，MoCA 的条目被提取为定向、记忆和语言流利度 3 项，并逐渐被缩短至 5 min。

AD8 则是一种基于患者照护者的简短测量，能够快速、敏感地区分非痴呆者和痴呆个体，适用于 MCI 个体，并且对被试报告认知变化的最早迹象敏感。AD8 的条目涉及记忆力、时间、方向、判断和功能。与自我评估报告相比，知情人报告与疾病的关联性更好。AD8 量表中文版示例见表 14-1。

表 14-1 AD8 量表中文版示例

第一栏中的"是"表示在过去的几年中在认知能力方面（记忆或者思考）出现问题	是	不是	无法判断	备注
1. 判断力出现问题（在解决日常生活问题、经济问题方面有困难，如不会算帐了，做出的决定经常出错；辨不清方向或容易迷路）				测查患者定向/计算/判断力及造成的相应功能下降
2. 缺乏兴趣、爱好了，活动减少了。例如，几乎整天和衣躺着看电视，平时厌恶外出，常闷在家里，身体懒得活动，无精打采				个人性格变化，丧失主动性
3. 不断重复同一件事：如总是提相同的问题，一句话重复多遍等				重复语言，言语空洞乏义
4. 学习使用某些日常工具或者家用电器（如遥控器、微波炉、VCD 等）有困难				学习能力和工具性日常生活能力受损
5. 记不清当前的月份或者年份				时间、定向障碍
6. 处理个人财务困难（忘了如何使用存折，忘了付水、电、煤气账单等）				处理个人财务困难，工具性日常生活能力受损
7. 记不住和别人的约定：如忘记和家人已约好的聚会、拜访亲朋好友的计划				记忆障碍造成日常生活能力下降
8. 日常记忆和思考能力出现问题。比如自己放置的东西经常找不着，经常忘了服药；想不起熟人的名字；忘记要买的东西；忘记看过的电视、报纸、书籍的主要内容；与别人谈话时，无法表达自己的意思等				
总分				

画钟试验（CDT）是被广泛接受的认知筛查工具，尽管缺乏统一的管理或评分标准，但其时间短，敏感性和特异性高。CDT 的一个主要优势是它们能够以复合形式反映许多相互依存的认知功能的完整性。这些包括长期记忆、听觉处理、策略规划、视觉记忆和重建、视觉空间功能、运动编程和执行、数字知识、抽象思维、注意力、挫折容忍度、抑制冲动反应和是否会被表面特征所迷惑。

任何筛查测试的目标都是将患病高风险与低风险的人区分开来，并推断识别疾病。有效的筛查测试应该是廉价的，其特征应该包括可靠性、敏感性、特异性、社会可接受性、安全性和简洁性。能够应用于不同年龄、教育水平、语言和其他可能存在的混杂因素的简短筛查量表。

（二）智能驱动的早期认知筛查

1. 智能驱动认知筛查的契机及优势 痴呆作为一项困扰全球的公共卫生问题，不仅严重损害了患者的生命质量，也引起了巨大的社会负担。因此，及时识别潜在的高危老年患者是延缓痴呆发病的重要步骤，这也说明了早期筛查的必要性，研发一种简单、有效的评估工具也是一个亟待解决的问题。

传统的纸笔化记录是最常用的测量手段，调查员使用纸质问卷调查进行记录，后期再进行整理汇总，得出结论。但是其应用于现实生活中的弊端则是需要长时间面对面地交流和记录。在大数据启发下，本课题组提出使用电子化工具进行认知测试。

电子化认知测试作为一种新型测量手段，对于被试者而言，可以自行在数码设备上进行测试，不受距离的干扰。这种方法不但可提高测试数据的有效管理，并且可优化整个数据采集过程中的测试步骤，避免纸质化操作后再进行汇总所产生的误差。电子化认知测试在社区大规模筛查中也有着令人期待的前景。

目前已有的电子化认知测试工具已经涵盖了各种类型的认知量表，但是这些测试工具基本上基于电脑，要求个人受试者基于这些平台进行测试。这种方法对于老年人并不适用，因为老年人对电脑的使用程度有限，多数老年人并不熟悉如何操作，这就造成电子化认知测试工具的使用率较低，追踪困难等问题。

2. 智能筛查工具的研发及应用案例分析 一种基于语音识别的机器学习系统，可于移动设备端操作的简易认知测试工具——数字化认知筛查（digital cognitive screening，DCS），于2022年由来自浙江大学的科研人员研发并完成了人群验证研究。DCS以蒙特利尔认知评估（MoCA）量表为范本，使用对话机器人与被试者进行问答，收集被试者的语音数据。采用语音识别、自然语言处理等人工智能技术对测试数据加以分析，构建算法模型预估被试者的失智风险。传统的MoCA测试是经过了完整校验的多领域纸笔化测试，测试时间约为15 min，包括视觉空间和执行功能、命名、记忆、注意力、抽象和定向等几个大类。MoCA量表目前已经经过了汉化，并且在中国老年人身上有着较好的置信度。MoCA研究在本项目中的认知状态及截断值分别为：无认知障碍，大于23分；轻度认知障碍，14~23分（包含14分）；痴呆患者，小于14分。

DCS测试的分值为0~11分：通过5词延时记忆测试（面孔、丝绸、菊花、酒店、红色，总计5分）测量记忆功能，通过定向任务测试（年份、月份、星期、日期、城市，总计5分）测量时间及地点定向力，通过动物流畅度测试（1 min内说出的动物数目，超过11个动物得1）测量执行功能。测试时，DCS通过内置的半自动对话机器人与受试者进行交互，而后将受试者的语音答复通过自动语音识别（automatic speech recognition，ASR）转换为文本数据，最后使用自然语言理解（natural language understanding，NLU）技术对文本数据进行评分。图14-2为DCS的实施流程。该工具搭建在半自动化的智能移动平台，可由非专业人员进行操作，突破了传统筛查中的专业性壁垒。实践中，照护者可在居家环境下为老年人进行认知筛查，社区工作者也可在社区里为老年人提供服务。

前期研发在103名中国社区老年人（平均年龄71.9岁）中探索性验证了DCS的可行性及信效度。结果显示，DCS在老年人中接受度为93%，测试时间为5.1~7.3 min。同时，DCS具有良好的内部信度（Cronbach's alpha = 0.73），重测信度（Pearson $r = 0.69$，$p < 0.001$）与评分者信度（ICC = 0.84）。最后，研究显示DCS能够有效识别痴呆高风险老年人，敏感性近100%，特异性为80%。针对痴呆高风险的受试者，工作特性曲线的曲线下面积（AUC）= 0.95（95% CI：0.90~0.99）。

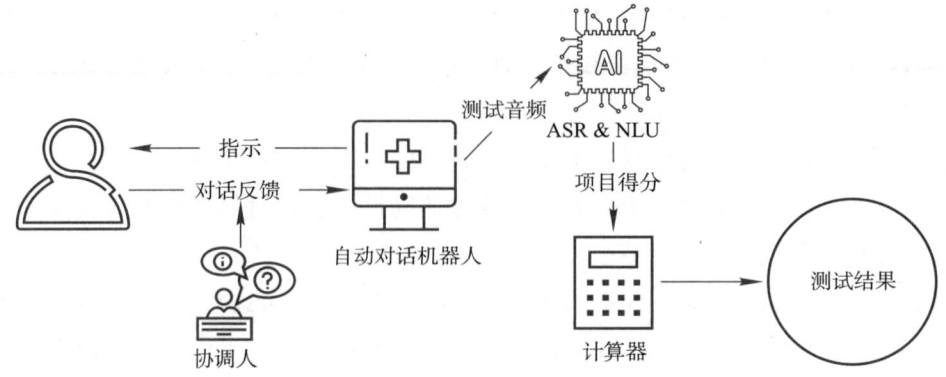

图 14-2 DCS 实现流程

3. 智能筛查工具在大规模人群中应用的可行性和有效性 虽然电子化工具在认知功能的人群筛查中有广泛的应用前景，但测试时长、专业化要求、人力投入以及测试准确性等是大多电子化工具共同面临的问题。同时，检验一个筛查工具是否可以在初级卫生保健环境下大范围推广，不仅要考虑该工具的疾病区分效度，还要考虑在大规模应用中的成本效益。政府层面决策往往需要综合评估以上相关指标，才使得一个工具能被全面推广。因此，研究者对 DCS 进行了大范围的人群验证，通过金标准诊断确定 DCS 的疾病区分效度和相应临界值，通过成本效益分析探索 DCS 在大范围实施时拟取得的效益。

在 DCS 的大范围验证中，研究者对前期 ASR 模型进行了迭代更新，开发了端到端的多模态理解（MMU）模型，以增强其语言识别的能力。使用针对 DCS 的语言数据进行模型训练，MMU 模型能够更有效地识别中文方言。此外，端到端的 MMU 模型能够直接从音频数据中提取关键信息，可减少语音识别的步骤和错误。图 14-3 展示了由 ASR 模型到 MMU 模型的迭代过程。

通过收集万人级别的大规模验证数据，研究发现 DCS 具有良好的内容效度及针对痴呆（临界值：4/5，$AUC = 0.95$，$95\%\ CI$：$0.92 \sim 0.99$）和轻度认知障碍患者（临界值：6/7，$AUC = 0.83$，$95\%\ CI$：$0.79 \sim 0.88$）的区别效度。同时，DCS 在不同人口学特征的受试者中接受度、完成度均较

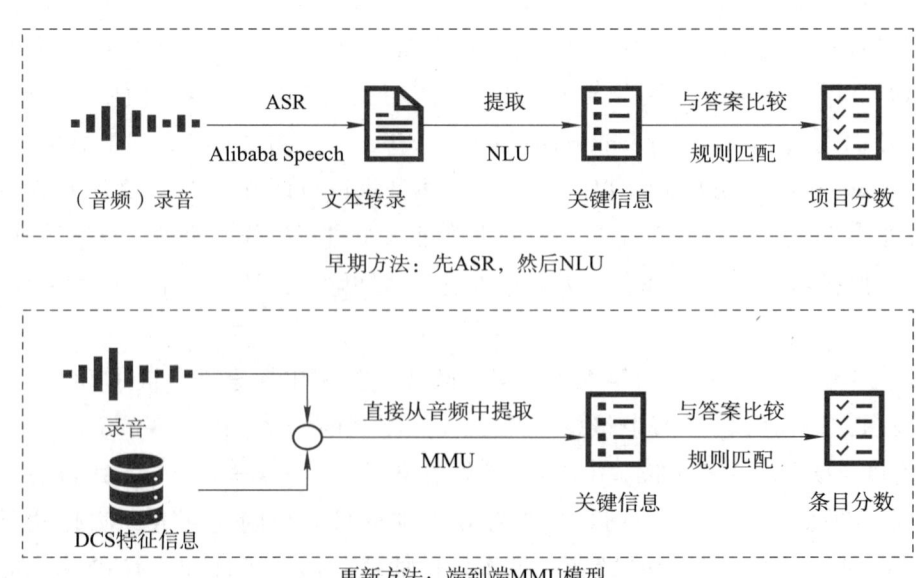

图 14-3 MMU 模型图示

高，且准确性稳定。在考虑到筛查规模、人力、时间成本的情况下，成本效益分析结果显示，相较于传统筛查工具（如 MMSE 与 MoCA），DCS 在相同筛查规模下能够节省更多的时间及人力。因此，从有效性、适用性、经济性的角度来看，基于人工智能的 DCS 能够不局限于测试场所，有望在社区、初级和三级医疗机构中推广应用。

第三节　人群情绪健康与大数据科学

一、大数据时代的情绪情感科学研究

（一）情绪与情感的概念

1. 情绪是什么

（1）情绪的概念：《礼记·礼运》写道："何谓人情？喜怒哀惧爱恶欲七者，弗学而能。"自出生而起，我们就经历了丰富多彩的情绪。上台演讲时的紧张、获得成功时的喜悦、遇到险情时的害怕和事与愿违时的失落等种种情绪组成了我们的一生。然而，当被问及什么是情绪时，人们才意识到虽然情绪常伴我们身边，我们却很难对其下一个准确的定义。这是因为，作为人脑的功能和人的生活现象的情绪，有着它本身的特殊复杂性和研究它的特殊困难。情绪兼具内在体验与外在反应特性；既是非理性冲动表现，又可以是合理的行为动力源泉。翻开辞典我们发现，《现代汉语词典（第七版）》给出的解释是：情绪是"人从事某种活动时产生的兴奋心理状态"或指"不愉快的情感"，我们常说的"闹情绪"大概就是这个意思。那么心理学家又是如何定义情绪的呢？

美国心理学家阿诺德将情绪定义为："情绪对趋向知觉是有益的，离开知觉是有害的东西的一种体验倾向。这种倾向伴随着一种接近或退避的生理变化模式，该模式因不同情绪而有差异"。另一位心理学家 Plutchik 则认为："情绪是推测得来的针对某个刺激的复杂反应序列，它包括认知评价、主观改变、自主神经唤起和神经兴奋、行为冲动，以及为了对启动这一复杂序列的刺激施加影响而设计的行为"。通过以上两个定义我们可以看出，心理学家对于情绪的定义注重的是其不同的方面，有的注重情绪带来的体验，有的注重行为或生理的唤醒。

中国的情绪研究专家孟昭兰先生在总结各种情绪定义后提出：情绪是多成分组成、多维量结构、多水平整合，并以帮助有机体生存适应和进行人际交往为目的，而与认知交互作用的心理活动过程和心理动机力量。简单来说，情绪是一种复杂的组成成分，它是生理和心理水平的整合，并广泛地同其他心理过程相联系。

回想我们每一次的情绪体验，可以发现我们的情绪发生遵循一定的模式。例如，当我们走上台演讲时，会感受到台下观众对我们的注目（情绪刺激）——注目使我们感受到紧张情绪（主观体验）——紧张情绪使我们身体发抖（行为表现）。因此，国内情绪研究专家傅小兰给出了更为简化的定义：情绪是伴随着生理唤醒和外部表现的主观体验。

（2）情绪的成分

1）生理唤醒：是指情绪产生的生理反应。它涉及广泛的神经结构，如中枢神经系统的脑干、

中央灰质、丘脑、杏仁核、下丘脑、蓝斑、松果体、前额皮质，及外周神经系统和内、外分泌腺等。生理唤醒是一种生理的激活水平。不同情绪的生理反应模式是不一样的，如满意、愉快时心律正常；恐惧或暴怒时，心率加速、血压升高、呼吸频率增加，甚至出现间歇或停顿；痛苦时血管容积缩小等。

2）主观体验：是情绪研究中的一个核心概念，因为它涉及个体内心的感受和体验，这些是无法直接从外界观察到的。情绪体验是复杂多维的，包括情绪的种类（如快乐、悲伤、愤怒、恐惧等）、情绪的强度、情绪的持续时间等方面。由于个体在认知、生理、个性及经验等方面的差异，对同一事件的情绪反应可能会有很大的个体差异。

在研究主观体验时，科学家们常用的方法包括：① 自我报告量表：通过问卷调查的方式获取个体对自己情绪状态的描述，例如情绪量表、心理健康量表等；② 访谈：通过面对面或电话等形式的访谈，收集个体对情绪体验的详细描述；③ 日记法：要求参与者定期记录自己的情绪体验，这种方法可以捕捉到情绪变化的动态过程；④ 心理生理方法：虽然主观体验本身是无法直接测量的，但可以通过测量生理反应（如心率、皮肤电活动、大脑活动等）来间接推测情绪体验；⑤ 行为观察：通过观察个体的行为表现来推测其情绪状态，尽管这种方法无法直接测量内心体验，但可以作为自我报告的补充信息；⑥ 神经科学方法：利用脑成像技术［如功能性磁共振成像（fMRI）、正电子发射断层成像（PET）等］来研究与情绪体验相关的大脑活动。

3）行为表达：情绪的行为表达方式通常称为表情。它指的是在情绪发生时身体各部分的动作形式，包括面部表情、姿态表情和语调表情。面部表情是由面部肌肉变化组成的模式，当人们感到高兴时，额头会展平、面颊上提、嘴角上扬。面部表情在情绪识别中起到了主要作用。姿态表情是指除面部以外的，身体其他部分表达情绪的动作，如手势和身体姿势。当人们感到痛苦时可能会捶胸顿足，感到愤怒时可能会摩拳擦掌。语调也是一种重要的情绪表达形式。语调表情通过言语的声调、节奏和速度等方面的变化来表达情绪。当人们感到高兴时，语调可能会变得高亢，语速加快；而感到痛苦时，语调可能会变得低沉，语速较慢。

同时，最新研究发现，情绪，如焦虑情绪，会介导不同的行为表象。论文解析了中缝背核（DRN）不同特性的5-羟色胺（5-HT）神经元对基底杏仁核（BA）锥体神经元（Pyr）和小清蛋白（PV）阳性中间神经元的差异性投射及其不同的5-HT受体信号传递，并揭示了其在焦虑的空间回避行为和社交回避行为中的作用，阐明了焦虑状态下不同行为表型的神经环路和分子机制，为从症状学的角度揭示焦虑障碍的发生和发病机制提供了新的方法和理论基础（图14-4）。

2. 情感是什么

（1）情感的概念：从广义上说，情绪包括情感，是人类和其他生物对外界刺激做出的主观感受和情绪反应，而从狭义上说，情感是具有稳定的、深刻的、社会意义的感情，具有较大的稳定性、深刻性和持久性。

（2）情感的分类：安东尼奥·达马西奥（Antonio Damasio）认为情感可以分为两种，一种与生俱来的原发性情感，另一种是从认知过程中产生的继发性情感。如果你们观察过那种还不会说话的婴儿就会发现，他们也是会哭会笑。那么这种情感肯定是与生俱来的，它不是通过社会学习获得的，但是在婴儿的成长过程中，他们与人、与社会、与世界进行交互和互动，他们可以在认知中产生一些继发性的情感。

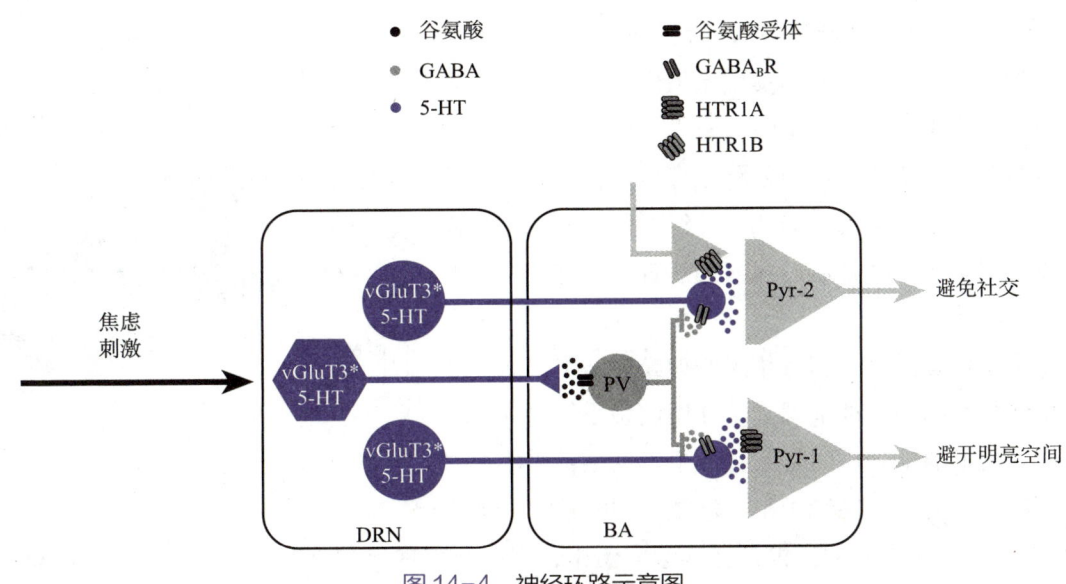

图 14-4 神经环路示意图

3. 生理机制

（1）下丘脑-垂体-肾上腺轴（HPA 轴）：又称边缘系统-下丘脑-垂体-肾上腺轴（LHPA 轴），包括下丘脑，脑垂体及肾上腺，这三者间的互动构成了 HPA 轴（图 14-5）。在情绪感知中，HPA 轴通过调节生理应激反应发挥作用。它是神经内分泌系统的重要部分，参与控制应激的反应，并调节许多身体活动，如消化、免疫系统、心情和情绪、性行为及能量贮存和消耗。

下丘脑是人类大脑的情绪中枢，可以合成并分泌抗利尿激素和促肾上腺皮质激素释放激素（corticotropin releasing hormone，CRH）。这两种多肽激素可以作用于腺垂体。具体来说，促肾上腺皮质激素释放激素和抗利尿激素可以促进促肾上腺皮质激素（adrenocorticotropic hormone，又作 corticotropin，ACTH）的释放。促肾上腺皮质激素进而作用于肾上腺皮质。肾上腺皮质在 ACTH 的作用下可以合成糖皮质激素（主要是皮质醇）。糖皮质激素可以反馈作用于下丘脑和垂体（分别抑制 CRH 和 ACTH 的合成与分泌），形成反馈调节环路。

有趣的是，肾上腺皮质合成分泌的皮质醇还可以对下丘脑和垂体进行负反馈调节，减少 CRH 和抗利尿激素的分泌，同时直接抑制切割阿黑皮素原（POMC）得到 ACTH 和 β- 内啡肽的生化过程，也即 ACTH 的合成过程。

机体受到紧张刺激后，皮质醇合成量增加，这种激素水平的升高可以造成一种准备状态，以及身体的一些"警戒"反应，如免疫应答会暂时减弱，使机体随时应对潜在的危险。

（2）杏仁核：是另一个经常和情绪联系在一起的大脑中区域，它对威胁性的刺激特别敏感。杏仁核位于前颞叶背内侧部，因形似杏仁而得名（图

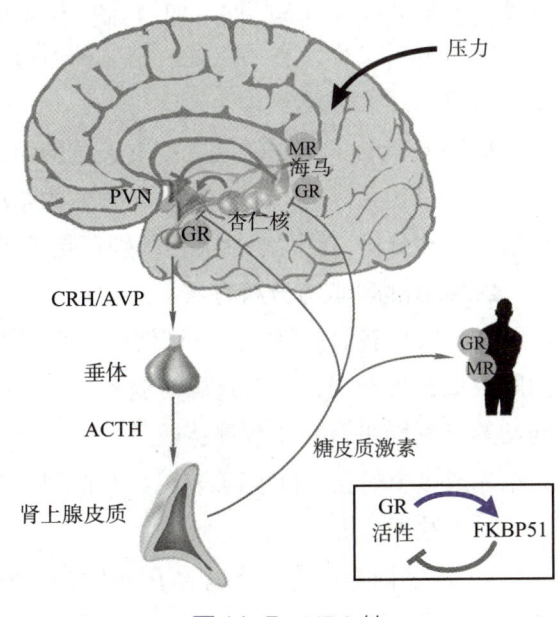

图 14-5 HPA 轴

14-6）。当人们看到对其产生威胁的情景时，神经通路从视觉传导到丘脑，再传到视觉皮质，最后反过来作用于杏仁核，于是就产生了恐惧的情绪，进而产生恐惧相关的逃避和僵直行为。但是还有一条通路是直接从丘脑到达杏仁核，其实这是一条非常古老的认知神经通路。例如很多没有大脑皮质的动物，就是通过丘脑到达杏仁核这条神经通路产生惊恐情绪的。

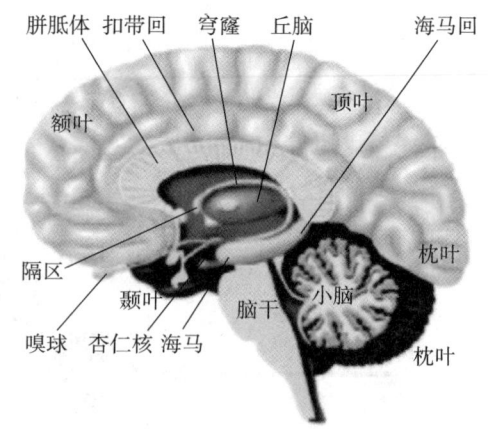

图14-6　大脑结构切面图

那么不同的恐惧是否拥有相同的神经通路呢？研究者在恐惧情绪的种间一致性基础上，利用模型小鼠研究了习得性恐惧。他们通常采用的是条件性恐惧模型：当小鼠进入实验箱时，研究人员在给予小鼠刺激的同时播放一段声音（中性刺激）；在之后的恐惧记忆唤起实验中，小鼠会表现出对恐惧习得时所处环境的恐惧，以及对中性刺激的恐惧。研究发现，在恐惧习得时，长时程操纵蛋白激酶C（PKC）δ阳性神经元的投射能够特异性调控场景恐惧记忆，长时程操纵生长抑素（SST）阳性神经元的投射能够更多地调控线索恐惧记忆，在这两条投射上存在的阿片受体可以介导恐惧韧性，防止恐惧的过度表达。简单来说，场景恐惧记忆（实验箱环境）和线索恐惧记忆（播放的声音）是由不同的神经通路调控的，而阿片受体在这两条神经路径中发挥了"刹车"作用，介导了恐惧韧性，这为恐惧相关精神疾病的靶向治疗提供了新的思路。

（二）情感分析

1. 情感分析的概念　比尔·盖茨提出：语言理解是人工智能领域皇冠上的明珠。人类通过语言来交流，猫类通过喵喵叫来交流，机器也有自己的交流方式，那就是数字信息。不同语言之间需要通过翻译来交流，而自然语言处理（NLP）就是人和机器之间交流的"翻译"软件。自然语言即人们日常生活中使用到的常用表达。NLP需要实现将自然语言识别为机器语言，以及将机器语言理解为自然语言两大功能，而情感分析就是其应用的重要方面。

情感分析又称为意见挖掘，是一种通过自然语言处理和机器学习技术识别、提取和量化文本中的情感和意见的方法。

情感分析的目标是确定文本中表达的情感极性，即正面、负面或中性，它可以帮助我们了解人们对于特定话题、产品、事件或服务的态度和情感倾向。最常见的任务是对不同粒度的文本进行情感极性分析，粒度包括文档级别、句子级别、对象级别、词汇级别等。

2. 数据的获取与分析方法

（1）数据获取：研究团队可使用互联网中公共开放的数据网站获取数据，如政府的开放数据、国际权威官方数据、专业资源与服务的数据平台等；也可以利用数据分析软件自主从微博、评级网站等互联网平台获取数据；或通过清博数据等付费数据库获取数据，该过程可与多个公开信息数据库或多个信息平台进行合作，以保证搜集信息的全面性和多样性。

（2）数据分析

1）情感词典：是一种包含了词语与情感之间关联的词典或数据库。它记录了词语在情感或情绪方面的含义、倾向或色彩。情感词典中的词语通常与具体的情感类别［如积极情绪（喜悦、幸福）、消极情绪（悲伤、恐惧）、中性情绪等〕相关联。词语与情感之间的关联可以通过人工标注、心理学研究或机器学习方法得到。

情感词典可以帮助我们理解文本中的情感倾向和情绪表达，其通过将文本中的词语与情绪词典进行匹配，计算文本的情感得分或情感类别，进而分析文本的情绪状态、句子和文档级情感倾向等。情感词典的质量和覆盖范围对情感分析任务的结果有着重要影响。一些常见的情感词典包括知网 HowNet 情感词典、BosanNLP 情感词典等。此外，研究人员也可以根据特定任务和语境构建自定义的情感词典。

目前在心理学领域应用较广的是 Pennebaker 等在 20 世纪 90 年代开发的"语言探索与字词计数"软件（Linguistic Inquiry and Word Count，LIWC），LIWC 在人格特征、注意指向、思维方式、亲密关系、社会关系、情绪与心理健康等众多研究领域应用广泛。参照 LIWC 和我国台湾学者编制的能够处理繁体中文文本的 CLIWC，高锐等（2013）开发了"文心"（TextMind）中文语义分析系统，其词库、文字和符号等处理方法专门针对简体中文语境，词库分类体系也与 LIWC 兼容一致。

2）文本情感分类模型：为了从句子、段落等更高的语义单元去理解文本，并获取准确的语义信息，需要通过文本背景信息来获取文本的语言结构。结合深度学习、机器学习等知识，Blei 和 Jordan 等学者提出了隐含的狄利克雷分布（latent Dirichlet allocation，LDA）模型，第一个完整的概率性语义生成模型正式出现。

LDA 模型是一种用于主题建模的无监督学习方法，通过发现文档集合中的潜在主题，可以对文档进行分组和分析，从而提炼出文本的主题和关键词等。例如，Imel 等利用主题模型对 1 533 次咨询会谈进行相似主题提取，模型确定了咨询过程中发生的一些主题，如关系类主题（包含家庭角色、性、亲密关系等子类别）、治疗类主题（包含行为模式、药物、目标设定等子类别）、情绪类主题（包括焦虑、抑郁、享受等子类别）及其他类别的主题。

当然，目前还存在 LSTM 神经网络模型、RNN 循环神经网络模型等多种更精细、更多样、更深度的分类模型。

3. 医患关系情感分析案例　在我国社会转型和医疗改革的特殊时期，我国医患关系面临的矛盾和挑战逐渐增多，医患冲突频发，为保护医务人员的安全，2020 年 7 月 1 日北京市开始实施《北京市医院安全秩序管理规定》，规定北京市各级医院应当建立安全检查制度。政策提出后，北京市各级医院迅速响应，截至 2021 年 7 月 15 日，北京市已实现三甲医院安检全覆盖。安检制度设立的初衷是避免违禁物品进入医院，并对医疗场所暴力产生一定的威慑作用。然而，安检制度也可能带来患者拥堵和就诊等待时间变长等问题，不符合"以患者为中心"的理念。随着在线医疗社区平台的不断增多，互联网上产生了数量可观的患者就医体验评论，这些评论中包含了丰富的信息，越来越多的学者用互联网研究患者的就医体验。因此，浙江大学公共卫生学院的研究者根据在线医疗社区上的医疗评论，探索了医院安检制度对患者就医体验的影响，比较了"逆反心理理论"和"安全感理论"在解释医院安检对患者就医体验影响时的适用性，探讨了患者在医疗服务过程中重视的因素。

Brehm 认为逆反心理也可以被定义为一种特殊的人格特质，即人们在要求自主权和自由支配权的强度方面存在差异。认知行为理论认为，个体相信自己对自身和社会具有自主控制的权力，当个体发现这种自主控制权被剥夺或受到威胁时，个体会努力恢复对思想、感觉和行为自由的控制感，这种努力恢复（被威胁的）行为自由的动机就是逆反心理理论（PRT）的核心内容。逆反心理理论可以用来解释为什么许多卫生政策和宣传（如接种疫苗等）在落实时是毫无效果，甚至使人产生抵触心理的。

安全感理论是马斯洛需求层次理论中的第二个层次，仅次于生理需求。安全需要表现为人们希望远离疾病与危险，渴望一个安全、熟悉和可以预测的环境，与个体的就医体验密切相关。

研究选取了在 2020 年 7 月可以查询到确切安检设立信息的 12 所北京市医院与相同数量、等级和类型的上海市医院进行对照研究，在"好大夫在线"和"就医助手"网站上利用爬虫爬取了 2019 年 1 月 1 日—2021 年 5 月 31 日患者的线下就诊评论 43 132 条，对爬取到的文本数据进行了整理和清洗。随后，利用 LDA 模型对文本数据进行了主题建模，挖掘评论包含的主题信息，共获得 5 个与就医体验相关的主题：医生态度、医生能力、诊疗效果、患者感知和患者经历。接着，对于医疗评论进行分词，使用机器学习方法对评论进行情感分析，得出评论的情感得分，其中干预组情感得分（均数 = 73.54，中位数 = 74.60）低于对照组情感得分（均数 = 74.69，中位数 = 75.83）。最后，对于不同主题进行了分组"时间 – 情感得分"时间序列分析。研究结果显示，"逆反心理理论"可用于解释医院设立安检制度会对患者的就医体验产生负面影响，患者更关心的是医生的态度、能力和诊疗效果。但由于安检制度本身设立的初衷是为了保护医疗人员的安全，所以后续也应当关注医务人员对于安检制度的态度，并进行更多的问卷调查，收集访谈数据，以进一步分析，使结果更加全面客观。

然而，仅仅依靠安检制度保护医疗人员来缓和医患关系毕竟只是"治标不治本"的对策，那么国家出台相关政策是否能够改善人群对医疗人员的看法，有效缓和医患关系呢？针对该问题，浙江大学公共卫生学院的研究者们选取了 6 家影响力较大的媒体，收集了其关于 17 起不同级别医院的医暴事件报道下方的评论，对于收集到的评论进行情感标记并构建了情感词典。同时，应用清华大学的"iPolicy"系统进行了政策检索，将政策检索结果和情感分析结果匹配，进行中断时间序列分析。研究结果表明，政府对暴力伤医行为进行持续的、合理有效的政策引导，对公众网络媒体报道的评论产生了显著积极的影响。这为政府在干预和预防网络和身体医疗暴力方面提供了科学依据和支持，进而有助于维持正常的医疗秩序和防控疫情。

（三）核心情感理论

1. 环形模型 心理学家 James A. Russell 于 1980 年提出了一种情绪环形模型，又称情绪的效价 – 唤醒理论。这个模型通过两个主要的维度来描述情绪：情绪激活度（arousal）和情绪价值（valence），这两个维度交叉形成了一个二维平面，组成了情绪环形模型的结构（图 14-7）。

情绪激活度维度表示情绪的强烈程度、兴奋程度或唤醒水平。它的取值范围从低到高，代表了情绪从平静到激动的变化。较低的激活度表示平静、沮丧或冷静等情绪状态，而较高的激活度代表兴奋、焦虑或愤怒等情绪状态。

情绪价值维度表示情绪的主观体验是积极的（正情绪）还是消极的（负情绪），它的取值范围从负到正，代表了情绪从悲伤到愉快的变化。负情绪价值表示悲伤、沮丧或愤怒等情绪状态，而正情绪价值表示快乐、愉悦或喜悦等情绪状态。

2. 评价空间模型 环形模型无法同时体验两种不同的积极和消极体验，而根据评价空间模型，我们对目标"好"和"坏"的评价实际上是相互独立的，这样一来，事件可以同时具备好和坏两

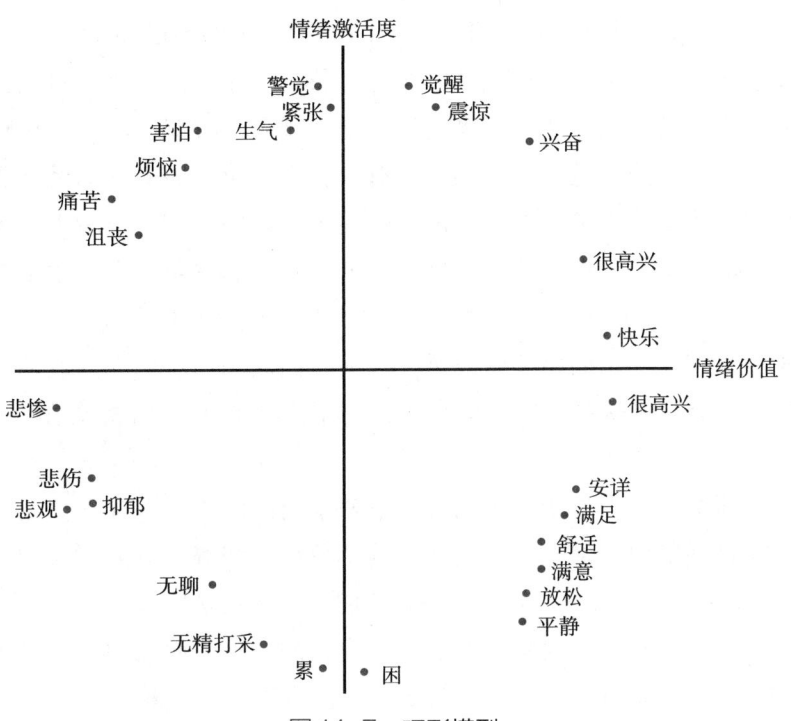

图 14-7　环形模型

种属性。也就是说，积极和消极感受应该是彼此独立的两个维度，而不是同一个维度的两端。

　　图 14-8 是由 David Watson 和 Auke Tellegen（1985）提出的评价空间模型，它允许积极感受和消极感受独立存在。每个维度都包含一个内在的唤醒或激活刻度，积极或消极情绪程度高的就是高激活，积极和消极程度都低的就是低激活。

　　3. 大数据研究基本情绪的案例　在过往的心理学研究中，由于研究条件限制，往往围绕个体情绪的周期性波动来进行情绪研究，缺少对于积极情绪和消极情绪产生与发展的研究。美国康奈尔大学心理学家 Golder 认为，社交媒体能够更加快速、方便地获取海量用户的数据，包括用户的各种行为等，能够有效地解决这一数据缺乏的问题。

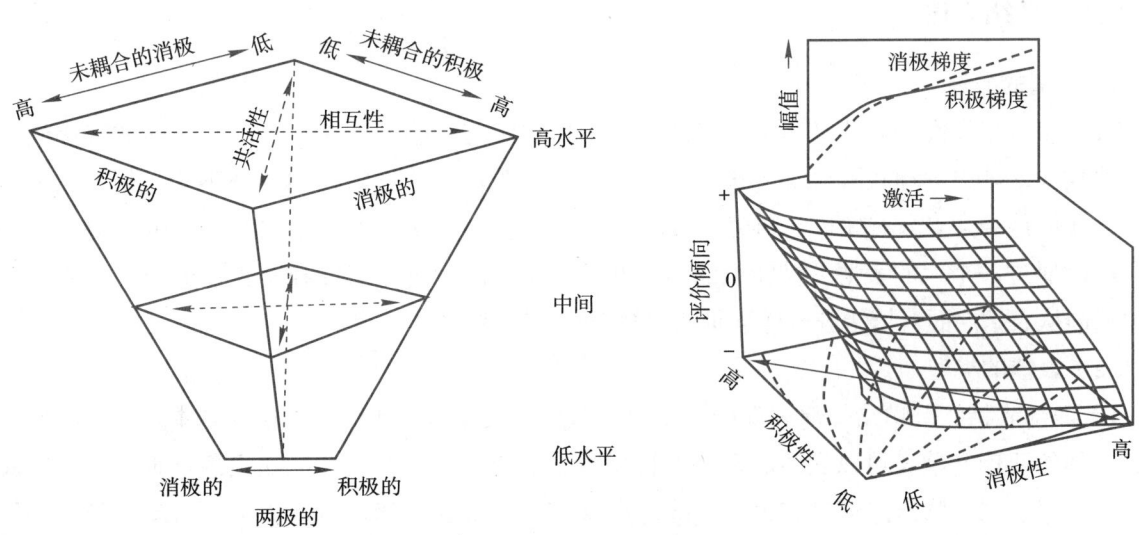

图 14-8　评价空间模型

通过应用 LIWC 对全球一共 84 个使用英文的国家所提供的 5 亿多条 Twitter 数据进行汇总分析，研究团队发现积极情绪和消极情绪相关性并不是很高，它们是两个相对独立的变量。个体的情绪依据个人生物钟存在着昼夜节律。积极情绪存在清晨和午夜双高峰，上班时间下降而在下班时间又上升；消极情绪在清晨最低，随后逐渐上升，直至午夜时最高，随后又逐渐下降，这也证明通过一晚上的休息，人们是可以恢复情绪的。在周末，人们的积极情绪水平（$M = 0.058$）普遍高于工作日（$M = 0.054$）中的任何一天，显然，人们在周末更快乐。由于醒来更晚，积极情绪的高峰推进也会晚 2 h。研究团队通过对不同地方、国家和文化的人群进行研究，更好地证明了积极情绪和消极情绪的发展情况，帮助相关研究进一步从日内波动拓展到季节波动。这些数据和结果表明，情绪和季节变化有直接联系，即"相移假说"，但是仍没有得出相关情绪会受到日照时间影响的证据。

传统在线文本分析简单地将情绪正负两分，忽略了情绪的复杂多样性。近年来，越来越多的研究者将心理学关于情绪的研究加入在线文本的情绪分析，获得了更为丰富和精准的人类情绪信息。情绪分类取向（categorical approach）认为情绪是由几种独立的基本情绪，及在此基础上形成的复合情绪构成，基本情绪是人和动物所共有的、先天的、不学而能的，目前比较认可的基本情绪包括快乐、悲伤、愤怒、恐惧、厌恶和惊奇 6 种。以下案例为董颖红等对于微博客社会基本情绪的测量和效度检验。

研究通过建立微博客情绪词库，对 5 种主要社会情绪进行了统计与分析，并探讨了这些情绪与同时期重要节日及重大事件之间的联系。分析首先揭示了微博中快乐情绪的出现频率最高，而悲伤、厌恶、恐惧和愤怒的频率则相对较低。进一步的相关性分析表明，快乐情绪与悲伤、厌恶、恐惧及愤怒呈现显著的负相关关系，而悲伤、厌恶、恐惧和愤怒之间则相互正相关，这一发现与情绪的效价 – 唤醒理论相吻合。此外，通过对微博中社会情绪的周变化趋势分析，发现相比周末，工作日的快乐情绪较低，且周三是一周中情绪最低落的日子，这与 Golder 等的研究结果相似。最后，研究通过分析重要节假日和特定事件期间的社会情绪变化，进一步证实了微博社会情绪分析的有效性。综上所述，研究证明了使用微博情绪词库和词汇匹配技术进行的社会情绪分析在捕捉大众情绪变化方面的有效性。

（四）情绪表达

1. 表情的概述

（1）什么是表情：表情又叫情绪表达，是个体情绪与情感的外在表现形式。前文曾提到情绪的 3 种成分，其中生理唤醒可部分被观测到，主观体验作为一种内在的主观感受，是无法被观测到的，即你是否高兴只有你自己知道。表情正属于第三种行为层面，是可以被观测到的那一部分，我们可以通过一个人的表情去推断他的情绪体验。达尔文的进化研究和艾克曼的跨文化研究正是科学家们从表情层面对情绪进行科学研究的两大经典案例。

（2）表情的类型

1）面部表情：是情绪外部表现最主要的方面，是人类沟通和情绪表达的基本方式。眼部、面部和口部的肌肉和器官可以表达成千上万种微妙、迅速、细致的表情，如眼角下垂之悲伤、双眼圆瞪之惊讶、眉头紧蹙之愤怒和嘴角上扬之欣喜等。丰富的面部表情能够生动形象地传达人们的情绪与思想，作家和画家们也常常通过对人物面部表情的描写来刻画人物的精神面貌。

2）姿态表情：涉及全身或身体部分的姿态、动作或位置变化，这些变化可以传达特定的情绪状态、态度或社会信号。姿势表情是情绪和社交信息交流的强大工具，可以影响人们对他人的感知和互动。姿势表情的例子如下：

开放姿势：双手放松地摆放，身体朝向对方，传达了开放性、接受性或友好的态度。

封闭姿势：双臂交叉、身体转向一侧，可能表达防御性、抵抗或不舒服。

权威姿势：站立时脚步分开，手叉腰，可能传达自信、控制或权威。

顺从姿势：身体姿态低矮、避免直视对方的眼睛，可能表示顺从、羞涩或不自信。

3）言语表情：指的是声音的非语言特征，包括语调、音量、语速和停顿，这些特征可以在不改变言语内容的情况下传达额外的情绪和态度信息。如高语调可能表达惊讶、兴奋或紧张，低语调可能传达悲伤、严肃或权威；快语速可能表示兴奋、焦虑或急迫，而慢语速可能传达冷静、自信或深思。大声说话可能表达愤怒、热情或尝试引起注意；小声说话可能表示不确定、害羞或保密。言语表情通过调整声音的非言语特征来增强或改变言语内容的意义，是沟通中不可或缺的一部分。

2. 大数据研究情绪表达的案例　为了提高教育教学的质量，了解学生在校学习的情况，教师和家长可以通过课堂视频分析学生的情绪，以快速了解学生在课堂上的参与情况。现代高清摄像机的出现也为录制课堂场景创造了机会。然而，观看视频非常耗费时间，而且仅靠人的观看来了解情绪状况和发现异常情绪也很有难度。由此，Zeng 等提出了一个可视化分析系统 EmotionCues，它将情绪识别算法与可视化集成在一起，可从情绪的汇总和分析角度轻松分析课堂视频。该系统由三个视图组成：描绘整体情绪及其动态演变的摘要视图、呈现个体详细情绪状态的人物视图，以及通过进一步的细化增强视频分析能力的视频视图。考虑到情绪识别可能存在误差，研究团队还探讨了影响情绪分析的几个因素，如脸部大小和遮挡都有可能增大分析结果的不确定性。通过两个使用案例以及与实际用户和领域内专家进行访谈，团队最终证明了所打造的系统能够有效分析课堂视频中学生的情绪。

学者 Giannakakis 建立了一个通过视频中记录的面部线索来检测和分析紧张 / 焦虑情绪状态的模型。研究先利用各种外部和内部压力因素诱发情绪状态（中性、放松和紧张 / 焦虑）的变化；随后通过分析自主或不自主的面部线索，包括眼部、口部和头部的活动参数和镜头血压计估算心率，研究者设定了一个最稳健特征的程序，采用分类方案来区分情绪状态。结果表明，通过分析眼部活动、口部活动、头部活动和心脏活动得出的特定面部线索具有良好的准确性，适合作为压力和焦虑的判别指标。

以上两个案例都表明了通过视频观察情绪的表达方式来对情绪进行科学评估与分析的可能性。然而，使用视频、音频等数据进行情感分析是否不利于隐私的保护仍有待商议。

二、情绪干预的大数据研究

（一）应激理论

应激理论为理解公共卫生危机下情绪反应的动态变化提供了一个重要的理论框架。根据应激理论，个体在危机初期通常表现出如焦虑和恐惧等高能量消耗的情绪反应；随着时间的推移和危机的持续发展，个体可能进入一个长期的应激状态，这时，情绪反应往往转变为悲伤、感到无助和不安等；当危机被有效管理后，个体开始进入心理的恢复和重建阶段，情绪逐步向积极和稳定的状态转变。此外，以往的研究，特别是那些基于网络大数据的分析，也支持了应激理论对公共卫生事件中情绪变化规律的解释。例如，研究发现，在新型冠状病毒感染案例首次出现时，随着事件的发展，愤怒逐渐增加；而在世界卫生组织宣布新型冠状病毒感染大流行后，悲伤的推文逐渐增多。

应激理论还有助于解释不同文化背景下，面对公共卫生危机时公众情绪发展的共同模式。在应激性事件发生初期，个体通过搜集和评估与事件相关的信息来判断环境的潜在威胁。如果个体感觉到事件带来的不确定性和潜在危险，而这些又是他们难以控制或预测的，就可能引发如恐惧和愤怒等高能量消耗的情绪反应。虽然这些情绪可以激励应对行为，但如果长期处于这种高能量消耗的状态，个体可能会感到筋疲力尽，随后情绪可能会转向更为消极和低能量的状态，如悲伤和抑郁。随着危机的威胁减弱，正面情绪会逐渐恢复。例如，一项比较研究探讨了中美两国在新型冠状病毒感染流行不同阶段下公众情绪的变化，发现在疫情的早期阶段，两国公众主要表现出厌烦和担忧的情绪；在疫情高峰期，两国公众更频繁地经历恐惧、担忧和焦虑等消极情绪；而在疫情后期，积极情绪如快乐和兴奋成为了主导。

（二）行为动机理论

行为动机理论是心理学领域的研究成果，最著名的行为动机理论是美国心理学家马斯洛提出的马斯洛动机理论。马斯洛动机理论认为人的需求层次是逐级升高的，低层次需求满足后，才会追求更高层次的需求（图14-9）。按照行为动机层次理论，生理、安全需要是人类的低级别需要，当这些要求满足以后，人们会逐步开始关注社交需要、尊重需要等中级别需要，甚至是自我实现等高级别需要。从中可以发现，疫情等突发公共卫生事件之所以能够在短时间内获得高度关注的根本原因在于对人类

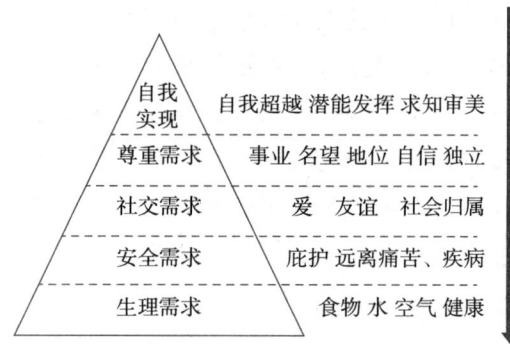

图14-9　马斯洛需求层次理论

的最低级需要产生了威胁触发热点，由中级别需要激发了热点，由高级别需要促进了群体极化或事件解决。

（三）具体案例

疫情使人们的日常生活、工作习惯和教育方式产生了巨大的变化，世界各地采取了包括封锁在内的多种防疫措施，限制了正常的社交和活动，对人们的心理健康造成了显著的负面影响，增加了人们的焦虑和不安。

以下案例为张梦楠等基于情感分析和动态主题模型对于疫情封控期间人群负面情绪的研究。研究旨在通过应用情感分析和文本挖掘技术，使用社交媒体数据来探索消极情绪的变化及其背后的影响机制，从而弥补现有研究的不足。在2022年3月15日至5月15日期间，研究团队经过严格的爬虫、收集和处理流程，收集了58 606条包含"上海"和"封控"关键词的微博帖子。通过采用transformer情感分析技术，研究对微博文本中的六种情感——快乐、惊讶、悲伤、恐惧、愤

怒和厌恶进行了识别和分类。此外，研究还采用了动态主题模型（dynamic topic modeling，DTM）来分析与负面情绪相关的话题演变、影响因素和应对策略。研究结果显示，在封控期间，虽然消极情绪占据了主导，但整体情绪呈现出向积极方向发展的趋势，特别是愤怒、厌恶和悲伤情绪发生了显著变化。这些情绪的变化可通过马斯洛需求层次理论进行解释，首先是满足人们在封控期间对生理和安全需求的关注，其次是对社会归属感和爱的需求，尤其是对于那些感受到被忽视和不被尊重的人。最后，通过追求尊重和自我实现的需求，促进了积极情绪的产生。

研究通过创新性地结合定量和定性研究方法，并运用大数据分析提供了对情绪变化的新见解，为社交媒体上的公共心理健康监测和干预提供了新的途径。从纵向分析情绪变化有助于减轻新型冠状病毒感染等重大公共卫生事件对个体的负面影响，这种跨学科的研究不仅为提高公众心理健康提供了有价值的见解，而且为未来的相关研究提供了重要参考。

第四节　大数据在人群认知和心理健康方面的发展趋势

从认知神经科学预防老龄化角度看，语音识别技术使 DCS 能够评估参与者的对话能力，这是之前电子化认知测试中很少关注到的部分。言语能力障碍可预测认知障碍的进展和痴呆的发生率，例如在认知测试中，语意流畅性可以体现在多个测试过程中，并且可以在筛查过程中作为诊断的证据使用。也就是说，虽然没有针对语意流畅性的实质性测试条目，但是语音识别技术可以用于认知评估过程，以协助诊断。语音是一种敏感的输出系统，即使是轻微的生理和认知变化，也可能产生明显的声学变化，而 DCS 通过录音可以客观地收集这些语音的变化。研究表明，在痴呆的早期阶段可以检测到声音特征，如明显较长的犹豫时间和较低的语速。因此，DCS 获得的语音数据可以为研究提供信息，重点是分析对认知测试做出反应被试者的声音发声能力差异。因此，利用测试结果和声学参数探索复合指数可以进一步提高 DCS 对不同认知结果的分类精度。当然 DCS 也面临着一些挑战，首先是语音识别系统对国内的方言并不灵敏，这将妨碍未来更广泛人群的测试和使用，如国内一些经济水平欠发达地区。方言也将成为未来 DCS 语音识别的一个研究方向。除此之外，DCS 并不适合患有严重听力障碍或者表达能力障碍的人群。因为他们无法听到问题或口述测试答案。最后，未来还需要对 DCS 中的词库进行更新，以便用于未来的测试。语音识别系统需要更多的训练来识别复杂的单词和短语，以提高整体准确性。

除现代化智能诊疗装备外，根据我国的中医特色，目前也有诸多针对痴呆前期的防治手段。中医诊断疾病的信息来源于四诊——望、闻、问、切，如何借鉴四诊内容助力痴呆的早期诊断，也是一个值得深入挖掘的课题。如以望诊为切入点，《难经》云"望而知之谓之神"，作为四诊之首，望诊内容丰富，通过观察人的外在形体、精神状态、面色舌象等表征，推断内在脏腑气血阴阳变化。

未来可结合现代医学影像和图像分析技术通过局部面色、舌象特点、微循环变化、局部温度改变等信息，寻找痴呆早期的望诊规律性特征，并将其应用于临床诊断与识别中。在痴呆的早期防治方面，因中医治疗方式多样，内容丰富，除中药外，还有针灸、按摩、气功导引、药膳、情志疗法、功能锻炼等多种治疗方法，此外还可用中西医结合的方法进行综合治疗，故作为研究者，应打破桎梏，广开思路，作为临床医生应灵活择取，随证应用。

从情绪情感对于人群健康的影响角度分析，一方面，在临床心理学、管理心理学等领域存在着大量的咨询会谈或访谈文本记录；另一方面，互联网也记录了海量的人类心理和行为的文本数据，这些富含研究价值的文本资料并没有得到有效的使用。另外，诸如 LIWC、潜在语义分析（LSA）和主题模型等计算机化文本分析方法并没有在本土心理学的研究中得到广泛地使用。得益于大数据的理论、技术和资源，未来心理学的研究必将越来越稳固地建立在对客观数据的全面准确分析之上，并在研究的效率和效果上实现新的飞跃。随着人工智能的不断进步与发展，通过机器学习对于文本和情绪表达进行情绪分析，必将为大数据时代的情绪情感研究插上梦的翅膀。但无论技术如何进步，心理学的科学问题和理论体系都始终是心理学研究的核心。

研究者们应在心理学理论基础上运用大数据进行分析，以产出更多有益的研究成果，为人类社会的心理与健康研究做出更多贡献。

（Christopher CHEN Li Hsian　徐欣　李晓明　杨芊　汪婧雯）

🔍 思考题 ⋯⋯⋯○

1. 大数据技术的进步与创新对于心理健康问题的研究有着怎样的影响？
2. 老龄化社会我们应当怎样利用大数据更好地应对痴呆等心理健康问题？
3. 如何运用社交媒体或在线平台进行创新性的人群情绪情感研究？
4. 为了大数据技术更好地服务于心理健康研究，如何应对数据质量与数据隐私等挑战？

ℯ 数字资源详见　新形态教材网

🏛 学习目标　　🖥 内容提要　　📄 本章小结　　🖨 参考文献

第十五章

全球健康与大数据应用

思维导图

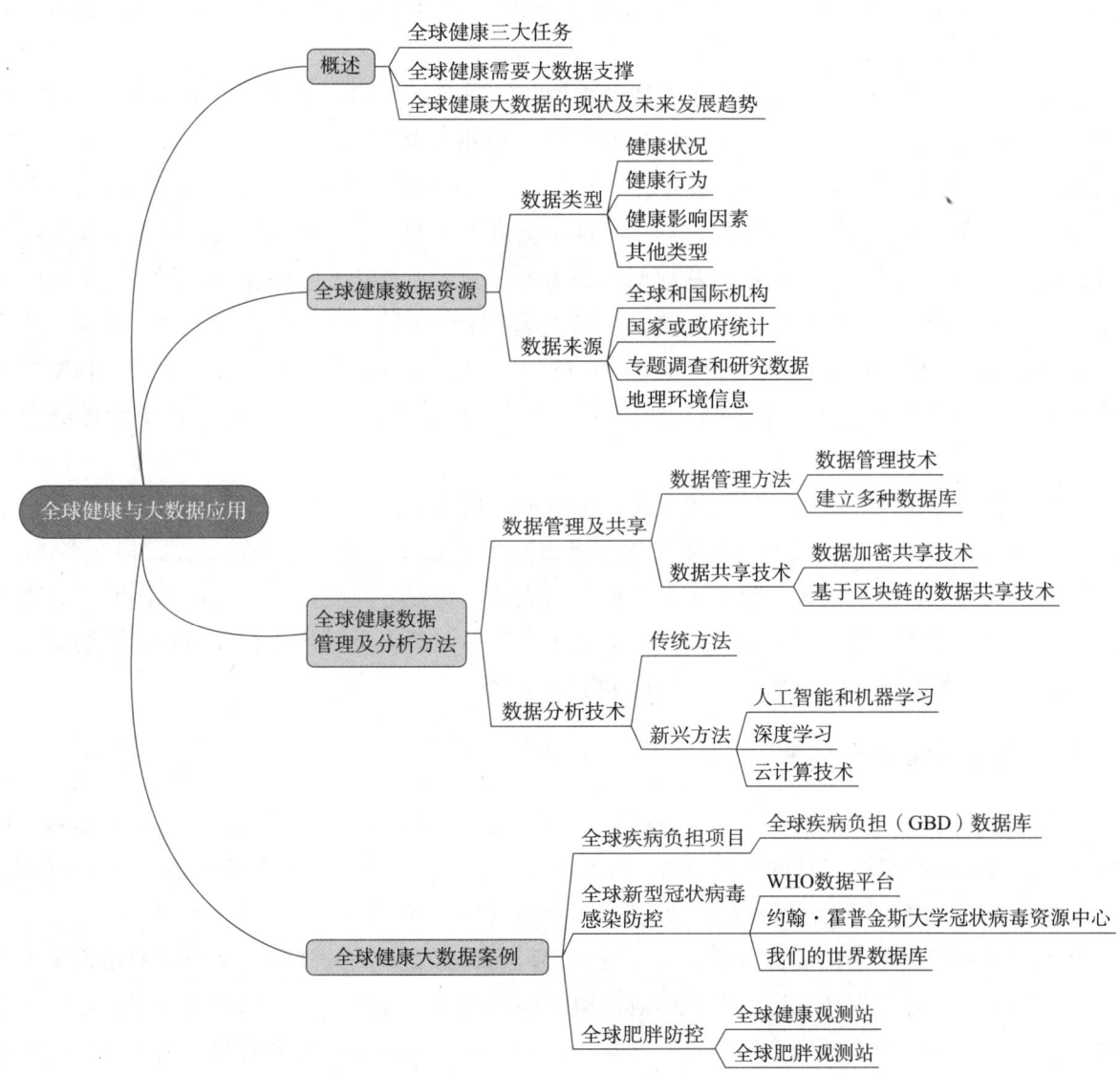

<h1 style="text-align:center">第一节 概 述</h1>

全球健康（global health）作为一个学术概念，于 1945 年第一次出现在科学文献里。第二次世界大战之后，为了建立世界卫生组织（World Health Organization，WHO），联合各个国家的力量来应对传染病挑战，提出了全球健康的思想。在 WHO 建立之后的半个世纪里，全球健康概念却很少再有人提及。美国总统奥巴马于 2009 年 5 月签署了一份《全球健康倡议》，计划斥资 630 亿美元来应对全球性疾病和热带疾病，以及加强儿童健康。在美国的顶尖大学和科研单位建立相关机构，这些机构负责开展科学研究和国际合作，包括学术交流、人才培养、疾病防控和健康促进，其目的就是通过健康投入来强化美国在世界范围的领导地位。《全球健康倡议》的提出和实施，重新启动了关于全球健康的讨论，而学术刊物中所发表的与全球健康相关的论文也呈现快速增长的趋势。

过去几十年，全球健康研究和实践在我国也取得了长足的发展。得益于国家的大力支持，不少顶尖学术机构都成立了相应的全球健康研究机构，开办了相应的本科和研究生专业，进行了广泛的国际交流，培养了大量的年轻科研人员。事实上，全球健康与我国提出的"人类命运共同体"的思想十分契合，人类命运共同体的目标之一就是促进人人健康。因此，国家在政策、经费和领导方面提供了不少支持和指导；在此基础上，许多大学创立了全球健康研究所，创办了全球健康专业，成立了全球健康大学联盟。与此同时，以全球健康为主题，针对与全球健康密切相关的问题，启动了许多大型调查研究课题，开办了以全球健康为主题的学术刊物，与发达国家和发展中国家开展了一系列国际合作，不仅极大地推动了全球健康的发展，也极大地丰富了全球健康大数据。

在全球化、工业化和高度信息化的今天，全球健康代表了医学科学的一个重要发展方向，对促进人类社会高质量发展，尤其是健康发展具有划时代的意义。全球健康的发展面临许多挑战，需要有更多的投入，开展更多的研究，培养更多的人才，在促进人类命运共同体的同时，促进大健康、人人享有健康、健康公平的目标。全球健康作为一门新兴学科，仍有许多问题需要深入细致地研究，以不断提升学科的理论水平和实践能力。

一、全球健康三大任务

作为医学科学里的一门新兴综合性学科，全球健康的基本任务可以分为三个方面，第一，从全球的角度来把握全世界以及世界各国的人群健康水平；第二，聚焦重大全球健康问题开展研究；第三，站在全球健康的视角，研究开发疾病防控和健康促进的解决方案。

首先，全球健康采用比流行病学、公共卫生和国际保健更广阔的视野，从全球的角度来把握人群的健康水平，评估健康状况，发现影响健康的各种因素，提出针对性的解决方案。通过对群体健康的把握，来建立系统和全局的大健康观念，能够同时从宏观政策方面和微观个体层次来思考问题。

其次，全球健康聚焦重大健康问题，可以从以下几个层次予以理解。第一类问题指具有全球影响的一般健康问题，包括传染病（结核病、艾滋病和新型冠状病毒感染）和非传染病（如心脑血管疾病、人口老龄化）。第二类问题是指由全球化造成的特殊健康问题，如流动人口本身所特有的健康问题、留守儿童和老年人的健康问题、传染病的远距离传播问题等。第三类问题主要包括以全球健康的观念和思想为指导，来认识和解决局部范围的健康问题。

最后，全球健康必须在深入系统研究的基础上，拿出解决问题的方案，包括技术性的、心理行为方面的、社会文化方面的及政策法律法规方面的。虽然是以宏观内容为主，但是与医学的其他学科一样，所有的解决方案都必须通过严格的科学实验进行验证和评价，然后才能付诸实施。

二、全球健康需要大数据支撑

从前面介绍不难看出，将全球健康概念发展为一门学科，迫切需要数据的支撑，尤其是大数据。首先，全球健康关注群体的健康状况，从一个社区数千人到全世界 70 多亿人，即使是反映一个时间点群体的健康状况，都具有庞大的数据。如果要了解健康状况随时间和空间的变化，所需的数据就要成指数级别的增加。

在群体聚焦重大的健康问题上，需要每个个体详细的健康状况数据，包括患病、就医、疾病表现、实验室检测结果、临床诊断、治疗和转归等。重大健康问题往往有一个时间范围、涉及特定的人口和地理区域，如流动人口的自杀问题、留守儿童的营养和社会心理健康问题等。因此，除了疾病健康的数据之外，还必须包括时间和空间方面的数据。

验证一个与全球健康方面的干预措施不可能在数百个研究对象的小范围内就可以完成，常常要多个社区参与，涉及数千人乃至数万人，数据量巨大。

三、全球健康大数据的现状和未来发展趋势

随着健康医疗信息化，健康医疗大数据正以每年 48% 的速度增长，成为大数据增长最快的领域之一，为健康大数据奠定了重要基础。经过几十年的积累，许多发达国家在健康大数据库方面已经形成规模，早在 20 世纪 80 年代，美国国家医学图书馆（NLM）就在 Lister Hill 国家生物医学交流中心的基础上，独立成立了美国国家生物技术信息中心（NCBI）来收集全球的生物技术数据。目前，NCBI 已经积累了全球最大的生命与健康大数据（如 GenBank、PubMed、SRA、dbGaP）和各类软件资源。美国是健康大数据应用最成熟的国家之一，其医疗健康大数据平台建设已经走在了全球前列。美国的健康医疗大数据平台包括多个领域，如健康保险、医疗机构、科研机构、疾病控制中心等，涵盖了多个方面的数据。健康大数据在发达国家的发展离不开政府的支持。比如，美国政府出台了一系列政策，用于支持健康大数据的收集、管理和共享，如《医疗保险可负担性与可访问性法案》（ACA）和《卫生信息技术促进经济和临床卫生》（HITECH）法案。大量研究显示，美国的大数据研究可以使美国医疗卫生机构每年节省 3 000 亿美元的支出。现阶段，美国已经建设了较为完整的健康信息数据库，在联邦级别有国家卫生信息网络（NHIN）、国家疾病监测网络（NNDSS）和医疗保险索赔数据库（MDCD），在州的级别有如加利福尼亚州的电子健康记录系统（Cal eConnect）和宾夕法尼亚州的医疗信息交换（HIE）等。此外，国立卫生研究院（NIH）在 2012 年还成立了大数据转化知识联盟（Big Data to Knowledge，BD2K）。

我国健康大数据研究起步较晚，近些年开始得到学术界和业界的重点关注。我们对健康大数据的价值仍未得到充分认识，需要开展广泛和深入的研究。健康"大数据"一词于 1999 年第一次

出现在我国的医学文献里，标志着健康大数据在我国的起步。在十多年的发展历程中，随着全球健康大数据在数据收集、处理、管理和利用方面积累了大量经验，我国健康大数据的发展在2009年开始进入快车道，尤其体现在存储和分析能力、数据海量存储和数据分析可靠性方面的发展。不过健康大数据在我国还面临一些挑战，如大数据信息泄露和滥用等问题，同时数据共享技术处于较低的水平。

为了促进健康大数据的快速发展，2016年，我国召开了全国卫生与健康大会，并颁布了《"健康中国2030"规划纲要》(以下简称《纲要》)。《纲要》要求把"实施健康中国战略"提升到国家整体战略层面，并对其进行统筹和谋划，将"健康中国"与我国整体发展战略紧密衔接，全面推广"互联网＋医疗健康"服务，逐步规范健康大数据的管理和使用。这些国家战略和措施必将有力推动我国健康大数据的发展，实现数据的共管共享，提高数据的完整性、真实性、隐私性和应用价值。

未来需要持续完善和丰富全球健康大数据平台，提升其使用效率，尤其要助力资源相对缺乏国家提升其健康治理能力。健康大数据平台是为了更有效地收集、管理、分析和共享健康大数据而建立的基础设施，其应用核心在于实现健康信息系统的交互操作，预测和分析国内健康相关问题的潜在趋势，从而提高医疗服务的质量和效率，促进医疗资源的优化配置，并提出解决健康相关问题的方案等。健康大数据的应用和发展有助于提高医疗服务的质量和效率，从而推动医疗卫生体制的改革和更新。通过健康大数据的分析和挖掘，可以更好地发现疾病发生的规律和趋势，提前进行预警和干预，避免疾病的发展和恶化。此外，健康大数据还可以帮助优化医疗资源的分配和利用，提高医疗服务的效率，减少医疗资源的浪费，从而提高医疗服务的水平。确保健康大数据的完整性、真实性和可靠性是健康大数据应用和发展的重要保障。为此，需要加强健康大数据的管理，制定相关的法律法规和标准，明确数据使用的权限和范围，并建立相应的数据安全保障体系。同时，还需要提高数据共享和交流的意识，促进各领域之间的合作与沟通，推动健康大数据应用的跨学科发展，共同推进健康大数据的应用与发展。

第二节　全球健康数据资源

一、数据类型

全球健康相关的数据种类多、来源广，一般可以分为以下四种类型：健康状况表征数据、健康行为表征数据、健康影响因素数据、其他类型健康数据。这些健康数据可以主要用于帮助制定公共卫生政策、评估健康状况和健康风险、改进医疗保健服务、研究疾病发生机制和治疗方法、实现个体定制化医疗和监测全球健康的发展趋势。

（一）健康状况表征数据

健康状况表征数据主要用于评估特定健康状况或疾病的不同治疗方案或干预措施的效果，描述疾病或治疗效果的结果，并帮助医生、研究人员和政策制定者确定最佳的治疗方案或干预措施，从而更好地预防和管理疾病。此外，健康状况表征数据也可以用于评估医疗卫生系统的效率和质量，并为制订实施卫生政策以及规划提供依据。数据类型主要包括：① 流行病学部分数据，如特定疾病的发病率和死亡率；② 临床医疗部分数据，如电子病历数据、医疗影像数据、实验室检查数据和生命体征监测数据；③ 生命组学部分数据，如高通量基因组测序数据、基因变异数据和表观基因组数据。

（二）健康行为表征数据

健康行为表征数据主要对个体的健康行为和生活方式进行健康促进和干预，促进健康生活方式；评估个体的健康状况和潜在疾病风险，制订个性化的预防和管理策略，了解不同人群的健康行为和健康意识，为健康教育和宣传提供依据，为公共卫生政策和规划提供依据，促进全民健康。数据类型主要包括：① 饮食行为数据，如个体的饮食种类、摄入量和饮食习惯等信息；② 生活习惯数据，如个体的运动类型、频率、时长等信息，饮酒种类、频率和数量等信息，个体的睡眠时长和睡眠质量等信息。

（三）健康影响因素数据

健康影响因素数据主要用于评估健康影响因素的状况和趋势，评估影响因素对人体健康的影响，并制订相应的健康管理策略，了解影响因素质量状况，制订影响因素保护措施，促进影响因素可持续发展，评估影响因素的风险和潜在危害，制订公共安全措施，保障公众健康和安全。数据的主要类型包括：

1. **空气质量数据**　例如 $PM_{2.5}$、PM_{10}、臭氧、二氧化硫和氮氧化物等空气污染物的监测数据等。

2. **饮用水质检测数据**　如地下水、表面水和饮用水等水质指标数据等。

3. **土壤质量数据**　包括土壤中有害物质的浓度数据，土壤中的微量元素数据等。

4. **生活环境数据**　包括噪声、照明和通风等数据。

5. **不健康行为和生活方式**　如吸烟、酗酒和吃不健康的食物，缺乏运动锻炼和体力活动等。

（四）其他类型健康数据

其他一些和全球健康相关的数据主要包括：

1. **人口统计学数据**　如人口的性别、年龄、种族、教育程度、收入水平和职业等信息，可以用来描述人群的特征和健康状况的分布情况。

2. **医疗保健数据**　如医院、诊所、医生、药品等医疗保健资源的分布情况、使用情况和效果评估等信息，可以用来评估医疗保健服务的质量和效率。

3. **健康政策数据**　如各国针对健康领域的政策文件、计划和法规等，可以用来了解各国在健康领域的政策制定和实施情况，以及政策对健康状况和医疗保健服务的影响。

4. **社会文化因素数据**　如不同的宗教信仰、民族文化和传统习俗等，常常与社会文化因素和人群健康水平相关联。

二、数据来源

在全球健康相关研究中可以使用现有的数据，既包括宏观数据，如国家地理数据、人口规模、年龄构成、人口流动、社会经济状况等，也包括专题调查数据，如疾病的发病率和死亡率等，还包括一些监测数据。这些数据来源广泛，不但包括如 WHO 和世界银行收集的数据、国际合作机构如欧洲疾病控制中心收集的数据、各个国家和政府收集的数据，还包括人口普查、重要的社会调查、卫生服务调查、营养与行为健康调查，以及由大量科研项目产生的数据（表 15-1，图 15-1）。数据收集的原则是要把握系统性、针对性、完整性和真实性。

表 15-1 全球健康大数据类型及来源

	数据类型	数据来源	示例
健康状况表征数据	流行病学数据	国家公开的统计数据、专题调查研究数据等	疾病发病率、患病率、死亡率及疾病负担；健康人群的寿命和伤残等
	生命组学数据	高通量数据测序技术	基因组、转录组和蛋白质组等
健康行为表征数据	个人水平的因素数据	电子病历、问卷调查、生物学检查等调查数据	社会人口学因素、遗传信息和个体的社会认知因素等
	家庭、邻居和社区因素数据	问卷调查、实质性研究和国家公开的统计数据等	家庭功能、人际关系、社会资本、贫困水平和犯罪等
	宏观和物理环境因素数据	环境监测数据、地理信息数据等	卫生政策、经济水平和卫生设施的可及性等；环境污染物、交通和工厂噪声等
健康影响因素数据	自然环境改变相关数据	基础时空数据库、公共专题数据、物联网实时感知数据	气压、气温、空气污染和森林砍伐等数据
	人为因素造成环境改变相关数据	基础时空数据库、公共专题数据、物联网实时感知数据	暴露于环境空气污染可增加某些疾病的发病率、死亡率和疾病负担
其他类型健康数据	社会规范相关数据	社交媒体和互联网站	社会制度、法律和教育等
	精神文化相关数据	社交媒体和互联网站	文学艺术、宗教信仰和思想意识等

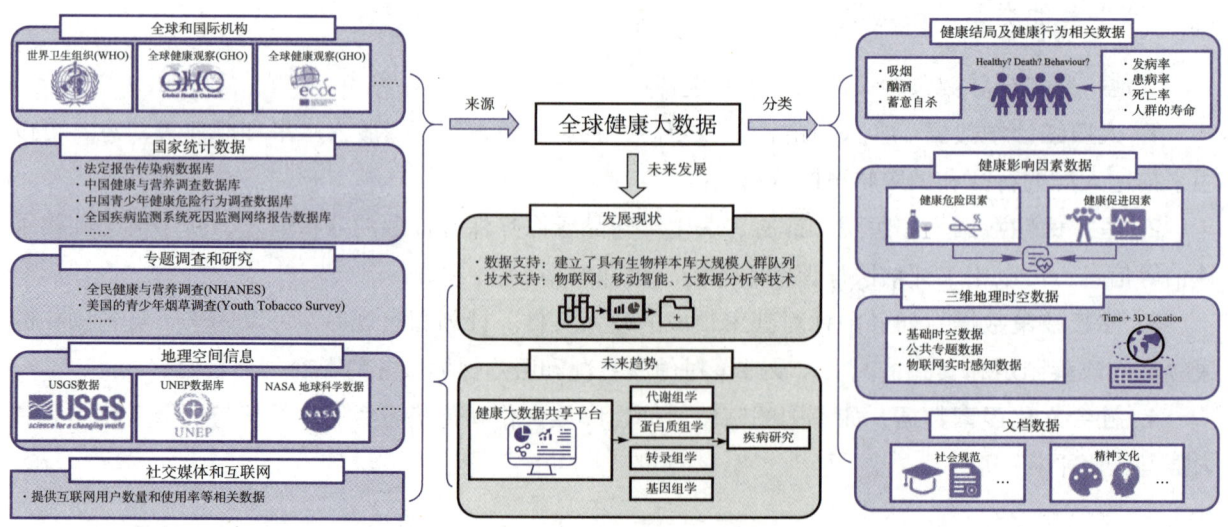

图 15-1 全球健康大数据的来源、分类及未来发展

（一）全球和国际机构收集的数据

很多全球性和国际性机构收集和编辑后的数据可以用来研究全球健康的相关问题，其中，最典型的是 WHO 和全球健康观察站（Global Health Observatory，GHO）的各种数据。GHO 汇集了来自世界各地的健康数据，涵盖了各种健康主题，WHO 可获得几乎所有国家和地区的健康统计数据和卫生情况，包括传染性疾病、慢性非传染性病、精神疾病、妇幼健康、免疫、公共卫生和环境卫生、酒精和烟草使用等数据。GHO 拥有全世界数量最大、最新和最全面的卫生数据，且大多数数据都进行过技术处理，以消除或减少数据误差，提高国与国之间的可比性。同时，GHO 与区域卫生观察站正在实现数据库的分享和整合，使研究者有更多的时间思考基于数据的未来政策和规划，并及时做出决策。

另外，世界银行也为全球健康研究提供了丰富的数据来源，世界银行免费公开了全球各国有关发展的数据，包括人口、预期寿命、经济水平和人均国内生产总值等，这些数据是研究各类问题的有力工具，可帮助研究者深入理解全球健康相关问题。另外，欧洲疾病控制中心有欧盟 27 个国家的完整健康疾病数据。

除了传统的人口经济学数据，鉴于社会、法制和宗教对个体和人群健康也会产生一定的影响，因此，一些国际组织机构还收集了不同国家在社会学、法制和宗教信仰等方面的相关数据。这些国际机构收集的数据不但覆盖因素全面，而且还包括一个国家历年的动态情况，非常有利于用来分析全球健康问题的历史趋势。

（二）国家或政府统计数据

国际机构的数据通常是按照每个国家收集的数据编辑整理而成的。绝大多数国家常常短期和不定期地从国家层面收集各种数据。到目前为止，我国公开的监测数据库有：法定报告传染病数据库、全国疾病监测系统死因监测网络报告数据库、中国健康与营养调查数据库和中国青少年健康危险行为调查数据库等。我国常用的国家健康数据来源包括国家卫生健康委员会统计信息中心、中国科技资源共享网和国家人口与健康科学数据共享平台等。这些数据为我们从全球健康的角度来分析研究中国的重大健康问题提供了可靠的依据。

（三）专题调查和研究数据

除了全球和国家级数据，还有一类重要的数据来源是各种大范围的专题调查和研究课题产生的数据，包括多波次横断面调查数据和长期纵向追踪数据等，如美国自 1960 年代开始的"国家健康与营养调查（NHANES）"、加拿大建立的疾病及健康相关因素监测系统和网络交互式监测平台、美国的青少年烟草调查（Youth Tobacco Survey）、全国青少年追踪调查 1997（National Longitudinal Youth Survey 1997）和英国的千禧年出生队列研究（Millennium Cohort Study，MCS）等。我国近年来也建立了多个大型慢性病及出生队列研究数据库等。

（四）地理环境信息数据

地理环境信息数据主要关注环境的改变，包括自然环境的改变和人为因素造成的环境改变，如气压、气温、空气污染和森林砍伐等数据。其中人为因素在人群健康相关研究中被广泛研究，与全球健康密切相关。例如，许多研究发现暴露于环境空气污染可增加某些疾病的发病率、死亡率和疾病负担。目前，国际上运用最多的地理信息数据是 USGS 数据。USGS 是 US Geological Survey 的简称，可提供以时空为坐标的环境质量地图，该数据库可通过地球浏览器（Earth Explorer，EE）访问。联合国环境规划署（United Nations Environmental Program，UNEP）也是可提供卫星和航空图像数据的数据库，该数据库包括超过 500 个环境变量，如空气污染排放、水、植被、气候变化、自然灾害和健康数据等。此外，常用的地理信息数据库还包括 NASA 地球科学数据、哨点卫星（sentinel satellite）数据和地球在线数据等。

三、现有挑战及未来发展趋势

（一）全球健康数据来源的挑战

近年来，随着互联网和信息技术的飞跃发展，以及大数据开发工具的不断涌现，全球健康医疗大数据的研究价值备受重视。流行病学研究正处于"大健康""大数据"和"人工智能"时代，这给全球健康数据的获取和应用带来了巨大的发展机遇，然而挑战与机遇并存。

1. **全球健康数据采集或获取方面**　数据采集是全球健康数据来源中的一个极其重要的问题。不同国家和地区使用不同的数据采集方法和标准，这可能导致对数据之间的比较和分析出现困难，因此需要制订标准化的数据采集方法和标准，以便更好地对这些数据进行比较和分析。

2. **全球健康数据获取成本**　数据获取成本也是全球健康数据来源中的一个重要问题。收集全球健康数据需要投入大量的人力、物力和财力，这可能限制了数据的获取和使用，因此需要探索更加经济、高效的数据获取方法，降低数据获取成本，并且更好地利用已有的数据资源。

3. **全球健康数据共享和保护**　数据共享和保护是全球健康数据来源中的一个重要问题。尽管数据共享可以促进全球健康研究的进展，但是个人隐私和数据保护是一个棘手的问题，因此需要制定更加严格的数据共享和保护政策、法律法规，确保数据使用的合法性和隐私性。

4. **全球健康数据格式和标准化**　不同的健康数据来源可能使用不同的数据格式和标准，这些不统一的数据格式和标准可能会导致数据不兼容，难以进行有效的数据集成和分析。

（二）数据来源未来发展趋势

全球健康数据来源方面呈现出多种发展趋势和方向：

（1）共享和开放的数据，全球健康数据将变得更加容易获得和使用，促进全球健康的合作和创新。

（2）大量采用人工智能和机器学习分析方法，提高数据的利用价值。

（3）促进跨学科跨领域的数据整合，例如，把基因组学、环境数据和社会经济数据等进行整合，提高对全球健康问题的分析能力。

第三节 全球健康数据管理及分析方法

一、数据管理及共享

（一）数据管理方法

1. **数据管理技术** 利用多源多态的全球健康数据首先就是数据标准化和共享，数据处理是要从海量繁杂数据中提炼出有价值数据的过程，所用技术包括统计学和可视化技术。全球健康大数据管理的关键是数据标准和互联互通。图15-2介绍了一个可以用于全球健康数据管理的模式。首先，数据管理要建立一个大型元数据库（metadata base），健康大数据可以看作由一系列元数据库组成，每一个元数据库记录某个数据来源里某个特别的内容，如数据的来源和分类，以及主要内容。有了这些元数据库，把数据库的管理就被分为了两个方面，数据应用和数据仓库。数据仓库（data warehouse）由比尔·恩门（Bill Inmon）于1990年提出，一个数据仓库可以包含相关的多个元数据库。因此，数据仓库可以用来实现全球健康大数据的高效精准沟通，保证数据质量，降低数据系统的建设成本，快速分析数据的变更影响。

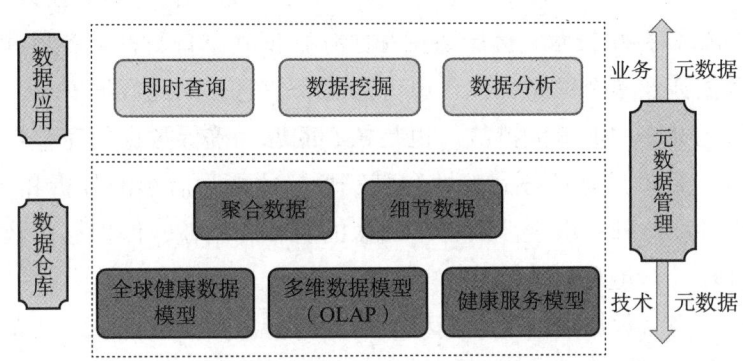

图15-2 可能的健康大数据管理模式

此外，元数据仓库的概念还可以扩展到更多管理规范的公共仓库元模型（common warehouse metamodel，CWM）的元数据模型，来开发建立以元数据管理为核心的健康大数据集成平台，帮助大数据技术从探索到应用落地。

2. **建立多种数据库** 在建立数据库时通常会考虑数据量、数据结构、数据属性、实时性要求、数据查询量要求、排序要求、可靠性要求、一致性要求和对数据的增删查改要求，以及是否需要支持多表操作等。下面介绍关系型数据库和非关系型数据库。

（1）关系型数据库：日常用的数据库大多都是关系型数据库，最典型的就是由二维表组成的数据，如研究对象和变量。关系型数据库都是统一的表结构，易于维护，操作便捷，适用于复杂查询，同时支持多表复杂查询。关系型数据库也存在一些缺陷，如在输入电脑时因为重复而费时，尤其是海量数据。

（2）非关系型数据库：是一种结构化的数据存储方法，包括关键值（key value）数据库、面向文档的（document-oriented）数据库、面向列的（column-oriented）数据库和图形数据库等。关键值数据库可以通过 key 添加、查询或删除，尤其是对海量数据的处理，包括电脑输入和删除。面向文档的数据库以文档形式存储数据，这种数据模型是版本化、半结构化的文档，以特定的格式存储，数据最小单位是文档，一个表中存储的文档属性可以不同，数据以 XML、JSON 或 JSONB 等多种形式存储。面向文档的数据库适用于海量数据访问场景，相对于关键值数据库，其查询效率更高。面向列的数据库不同于传统关系型数据库，将数据存储在列族中。通常用于处理分布式存储的海量数据，能减少读取的数据量。图形数据库以图的形式存储数据，包括节点、边和属性。它是专门为创建和处理图形数据而设计的，可以以关系数据库无法实现的方式表示和存储数据。

（二）数据共享技术

1. 数据加密共享技术 数据加密是将明文信息通过加密密钥和加密算法转化为无意义或特定意义的密文，接收方通过解密算法和解密密钥将密文还原为明文。数据加密主要分为数据传输加密和数据存储加密，是网络安全的基础。数据传输加密包括链路加密、节点加密和端到端加密等。常用的存储加密算法有 DES、RSA 和 PGP 等。

数据加密技术的发展经历了三个阶段：早期简单的古典密码（1949 年以前），通过密码算法和机械设备进行加密；工业革命和二战推动了加密技术的突破性发展，从机械时代进入电子时代；计算机技术的迅速发展使得复杂计算的加密成为可能，加密算法在复杂度和安全性上得到提高。1976 年，美国密码学专家引入了公开密钥密码体制，开创了现代密码学的新方向。

2. 基于区块链的数据共享技术 健康数据和医疗数据共享备受社会各界和政府部门的关注和研究。全球健康大数据涉及多个国家，包含患者的隐私信息，因此数据安全、隐私保护和访问控制成为全球健康大数据共享中的重大挑战，也是核心问题。确保数据的完整性和真实性是全球健康大数据共享的基本前提。只有具备完整性和真实性，才能为后续的分析和研究提供可靠依据，保障相关研究的可靠性。此外，由于涉及多个国家的隐私和利益，保护这些数据不被泄漏也是全球健康大数据共享的另一个重要方面。

目前，使用现有的网络数据加密共享模型加密后的信息安全性不高，甚至可能导致数据处理的哈希值下降。区块链具有去中心化、可追溯、防篡改、匿名性、透明性和互操作性等优点，有望解决基于云计算技术的健康网络数据共享所面临的问题。在数据分享方面的挑战不仅限于全球健康，在其他领域甚至会更大，我们期待更多新的进展。

区块链的特性使全球健康大数据共享更加便捷。例如，基于区块链的健康数据共享可以实现追溯和透明，研究人员可以控制访问权限并监督数据的使用情况。为满足网络数据处理的需求和标准，研究人员可以从网络数据中提取属性特征，在特定位置设置多区块加密节点，采用混合式区块链数据加密共享形式，实现区块链混合网络数据加密共享模型的设计，采用分层解密和多维共享的方式完善数据共享工作。此外，很多研究方案将密码学算法和区块链技术结合，构建更安全、可靠的医疗数据共享系统。

二、数据分析技术

全球健康领域大数据的分析常用的包括传统的统计学方法及新兴的人工智能和机器学习技术。

（一）传统的流行病学和统计学方法

传统的流行病学和统计学方面的方法，包括对比分析、回归分析、聚类分析、因素分析、相关分析和预测分析等，在此不做详细介绍。

（二）新兴的大数据分析和处理方法

1. 人工智能和机器学习 人工智能和机器学习相关的方法及平台对于全球健康数据的分析和使用具有重要意义。机器学习的目的是让机器能够像人一样具备学习能力。1997年，Tom Mitchell 在他的 *Machine Learning*（中文版名称是计算机科学丛书：机器学习）一书中给出了一个定义，"机器学习这门学科所关注的问题是：如何通过经验来自动提高计算机程序的性能"。他认为机器学习是计算机科学与统计学的交叉，同时也是人工智能与数据科学的核心。机器学习的基本方法包括监督学习、无监督学习和半监督学习。

传统的流行病学和统计学不能满足全球健康的需要，全球健康必须用大数据，大数据往往是多源、多态、非随机的，而分析的核心任务包括从宏观方面聚焦重要健康问题，并探索应对疾病防控和健康促进的解决方案。全球健康关注的是从人群健康的整体性来评估健康状况，探究影响健康的多种因素，并提供解决方案。目前，较为主流的监督学习方法有逻辑回归、线性回归、*k* 近邻算法、决策树、支持向量机、神经网络和朴素贝叶斯等。图15-3介绍了监督学习方法的选择流程。

2. 深度学习 是2006年由加拿大多伦多大学教授 Geoffrey Hinton 和他的学生 Ruslan Salakhutdinov 提出的，通过无监督学习实现逐层初始化。深度学习是机器学习的延伸，能够更充分地利用从源数据。深度学习是通过各种一种深层次的神经网络来实现的，如卷积神经网络（CNN），目前已经得到了广泛应用。

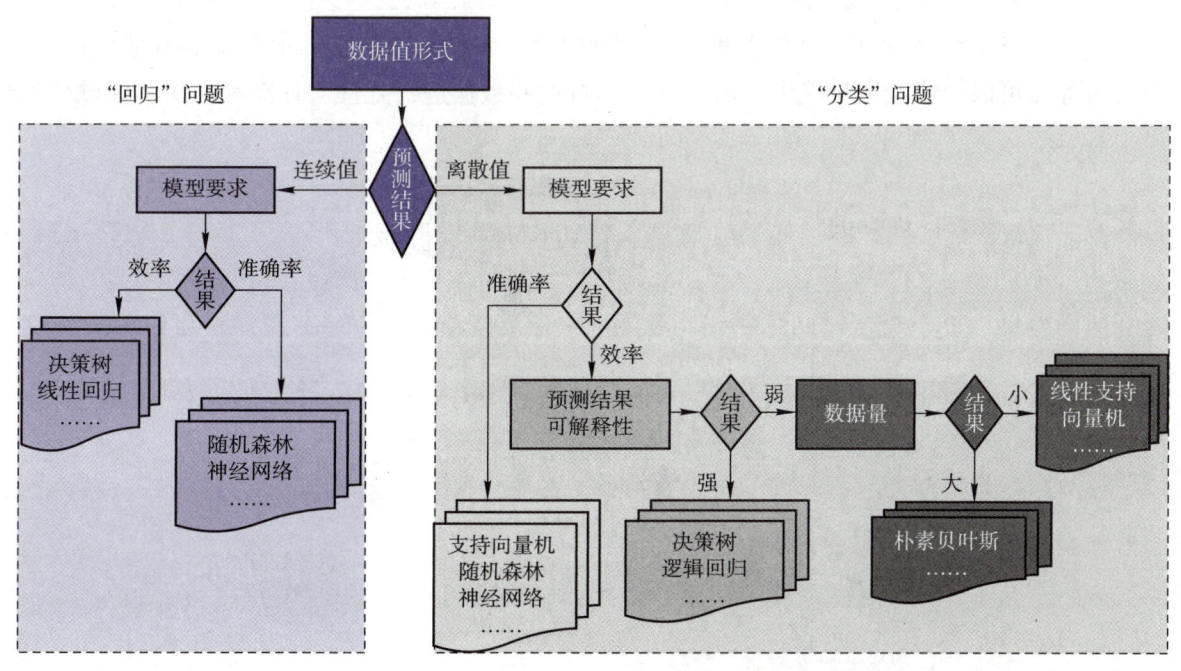

图 15-3 监督学习方法的选择流程

3. 云计算技术　云计算（cloud computing）就是把复杂的大数据计算放在云端来完成，而不是在个人电脑里安装软件和载入数据后才进行计算。通常所说的超级计算机就是专门为云计算服务的，即云服务器，每一个后面都有超级电脑支持。如图 15-4 所示，有了云计算，每个连入的全球健康科研单位就是一个用户，用户的任务就是访问云端，在云端完成计算，再把结果传回，当然这种服务是需要付费的。

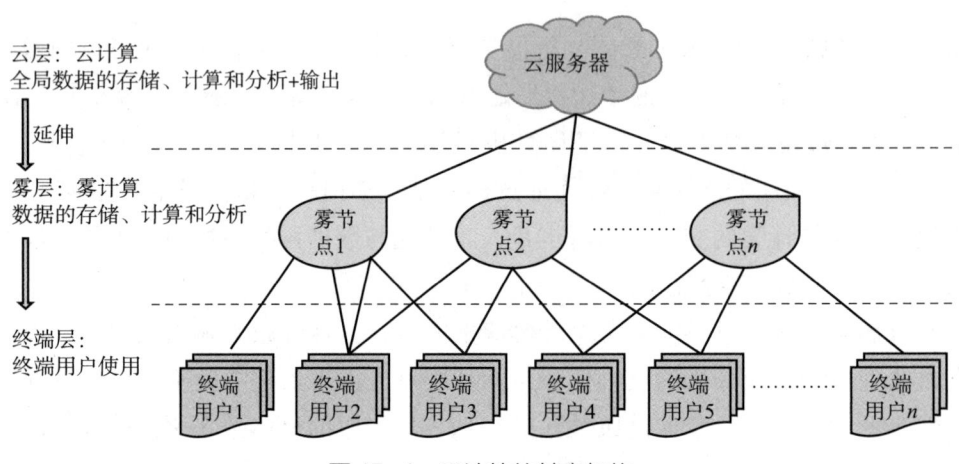

图 15-4　云计算的基本架构

根据 Lee 等的经验，可以根据云雾计算技术来建构全球健康信息资源服务平台的整体架构（图 15-5），将全球各基层医疗机构或组织所掌握的基础数据整合到全球健康信息资源的云雾架构中，即由医疗机构或组织将数据与远端雾计算节点互联，云雾计算节点与上层的云服务器进行互联，实现数据资源与用户的双向交流。同时，还可以利用云服务器强大的功能，进行多源、多模态数据的清理、重组和整合，以进行全球健康信息资源的管理。

基于云雾计算技术的全球健康信息资源服务平台不仅需要具备高灵活性的操作结构，还需要具有高安全性的运行环境，以实现向各级基层医疗服务机构提供技术支持和各类服务功能。所以，该信息资源服务平台在硬件和软件上也有一定的要求。硬件架构包括云服务器和互联网的接入，其中云服务器可以向终端用户提供所需数据，并对这些数据进行处理、存储和分析。而软件架构

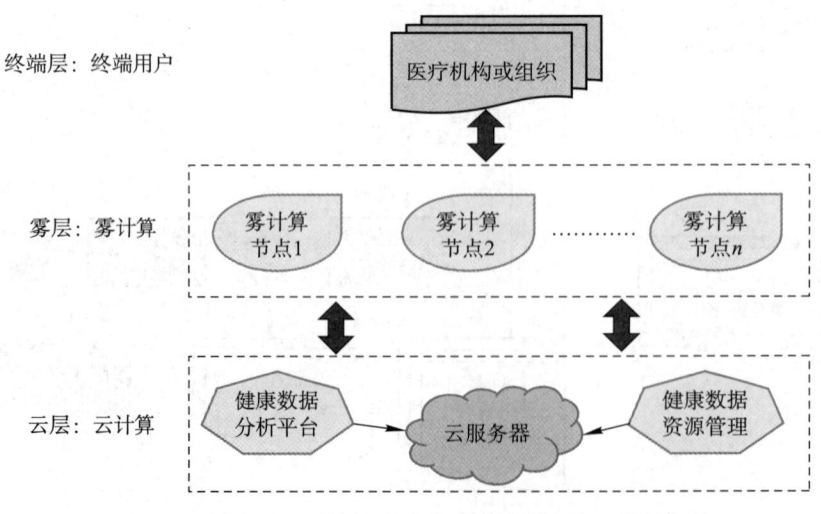

图 15-5　基于云雾计算技术的全球健康信息资源整体架构

则包括终端用户的操作界面、资源管理层、应用支撑层、信息资源层及基础设施层等。根据张笑东对基于混合云雾计算的大健康数据资源整合方法的综合仿真实验结果可知，该方法数据冗余率低，检索延迟率低，查准率高，说明基于云雾计算技术的大健康数据资源整合方法的整体运行效果较好。

第四节　全球健康大数据案例

一、全球疾病负担项目

全球疾病负担（Global Burden of Diseases，GBD）项目是迄今为止最全面的全球观察流行病学研究，由美国西雅图华盛顿大学卫生计量与评估研究所（Institute for Health Metrics and Evaluation，IHME）主导，为了解 21 世纪全世界人民面临的不断变化的健康挑战提供了强有力的数据支持，是在全球健康领域内应用大数据变革来改善人类生活的典型案例。GBD 项目是一项系统和科学的工作，旨在以高度标准化的方式量化所有主要疾病、风险因素和中间临床结果，以便在不同时间、不同人群和不同健康问题之间进行比较。

GBD 项目始于 1991 年，并于 1993 年公布了第一次结果。该数据将人群分为五个年龄组，按照不同年龄组分别记录了 8 个地区在 1990 年的 106 种疾病和 10 种危险因素的疾病负担。当前，GBD 项目为 204 个国家和地区，以及 20 多个国家的地方单位提供了 1990 年至今每年 371 种疾病和伤害的估计，以及与这些疾病和伤害有关的 3 499 种临床结果（后遗症）。通过跟踪国家内部和国家之间的进展，该项目为临床医生、研究人员和决策者提供了一个重要工具，以完善问责制，并提高全世界人们的生活质量。

自 2010 年以来，《柳叶刀》与 IHME 合作发布 GBD 研究的全球疾病负担数据。2018 年 12 月，WHO 和 IHME 宣布正式创建合作伙伴关系，合作制订了一套单一的全球健康评估方法，以提高GBD 项目的有效性，加强其政策相关性并扩大其用途。通过在学术期刊如《柳叶刀》上发表 GBD相关论文，该项目受到同行评审和公众监督。多年来，这种科学严谨性促进了技术发展，并使GBD 成为全球健康可量化进展的重要标志。

许多国家都在努力衡量单一疾病的影响、患病风险或与这些疾病相关的结果。从第一次作为《1993 年世界发展报告：投资健康》的背景内容开始，GBD 项目就致力于最大限度遵循以下六大原则：① 提供最佳估计；② 提供全面评估；③ 提供可比测量；④ 提供致命和非致命健康结果的总结评估；⑤ 对调查结果的表面有效性进行谨慎评估；⑥ 提供反复评估。在过去 30 多年的历程中，GBD 矢志不渝地坚持这六条核心原则。

GBD 提供了不同国家、时间、年龄和性别的死亡率和伤残的综合情况。它量化了数百种疾病、伤害和风险因素造成的健康损失，以便改进卫生系统和消除差距。GBD 综合了特定疾病或风险因素的流行率及其造成的相对危害。IHME 创建了一套交互式数据可视化工具（图 15-6），使人们能够以图表的方式直观理解超过 10 亿个数据点的变化。这些方便了研究人员和决策者比较不同的健康问题及其影响，这使 GBD 成为知情决策的重要资源。

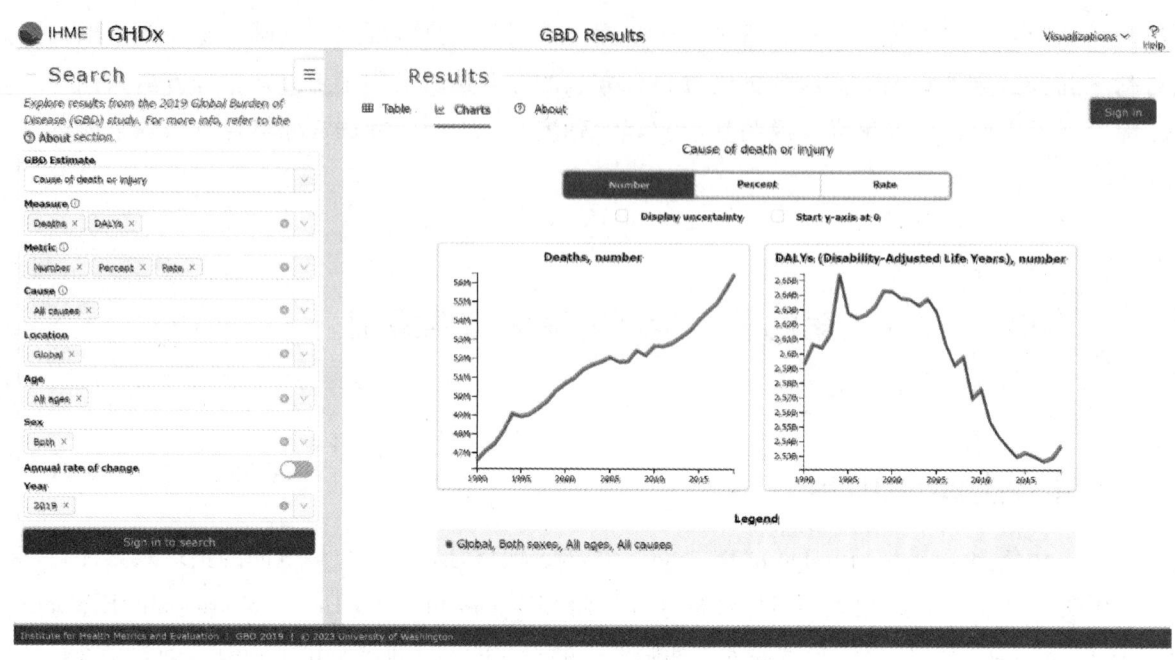

图 15-6　全球疾病负担项目的数据可视化界面

二、全球新型冠状病毒感染防控

在 2019—2023 年的全球新型冠状病毒感染防控中，大数据对疫情的监测和应对发挥了至关重要的作用。这里重点介绍 WHO、约翰·霍普金斯大学冠状病毒资源中心（Johns Hopkins University Coronavirus Resource Center，JHU-CRC）和"我们的数据世界（Our World in Data）"三个全球新型冠状病毒感染数据平台。

（一）WHO 数据平台

WHO 冠状病毒数据平台显示了国家、地区和区域官方报告的新型冠状病毒感染病例数、死亡病例数及疫苗使用的每日计数。通过这个平台，提供一个不断更新的数据可视化、数据传播和数据探索的资源库，同时将用户与信息资源联系起来。平台上不同类别数据的来源有所不同。

1. **病例和死亡人数**　从 2019 年 12 月 31 日到 2020 年 3 月 21 日，WHO 通过《国际卫生条例》（International Health Regulations，IHR）下的官方渠道收集了新型冠状病毒感染的确诊病例和死亡人数，并通过监测各国卫生部官方网站和社交媒体账户进行补充；2020 年 3 月 22 日至 2023 年 WHO 宣布疫情结束，全球每天的数据更新不仅包括 WHO 总部报告的总计数据，同时考量了 WHO 各区域分支机构数据平台上的数据。

2. **疫苗接种数据**　WHO 的目标是每周提供有关国家和地区疫苗引入和管理的最新信息，数据来自多个来源，包括会员国的直接报告，WHO 对公开可用的官方数据的审查，或由第三方网站（如 Our World in Data）整理和发布的数据。

3. **人口数据**　人口估计和预测来自多个不同来源，主要包括联合国经济和社会事务部门人口司、欧盟统计局及特定国家和地区的统计局或政府。

4. **公共卫生和社会措施（Public Health and Social Measures，PHSM）数据**　公共卫生和社会措施是个人、机构、社区、地方和国家政府及国际机构，为抑制或阻止疾病传播而采取的行动。

为应对新型冠状病毒感染大流行，各国实施了一整套措施，并根据当地情况和该疾病的流行病学状况进行调整。这些措施包括个人、环境、社会、实际的距离、监测和反馈、行动和移动措施。

（二）美国约翰·霍普金斯大学冠状病毒资源中心

JHU-CRC 是另一个享誉全球的新型冠状病毒感染监测大数据中心，通过近乎实时公开提供大流行数据，建立了传染病追踪的新标准。标准开始于 2020 年 1 月 22 日，由系统科学与工程中心和应用物理实验室运行，作为新型冠状病毒感染的监测追踪公开数据库和可视化平台。2020 年 3 月 3 日，JHU 将该网站扩展为一个全面收集原始数据和独立专家分析的网站，并被命名为冠状病毒资源中心（图 15-7）。资源中心采用了现代网络抓取技术对获取其他相关健康方面的数据有借鉴意义。

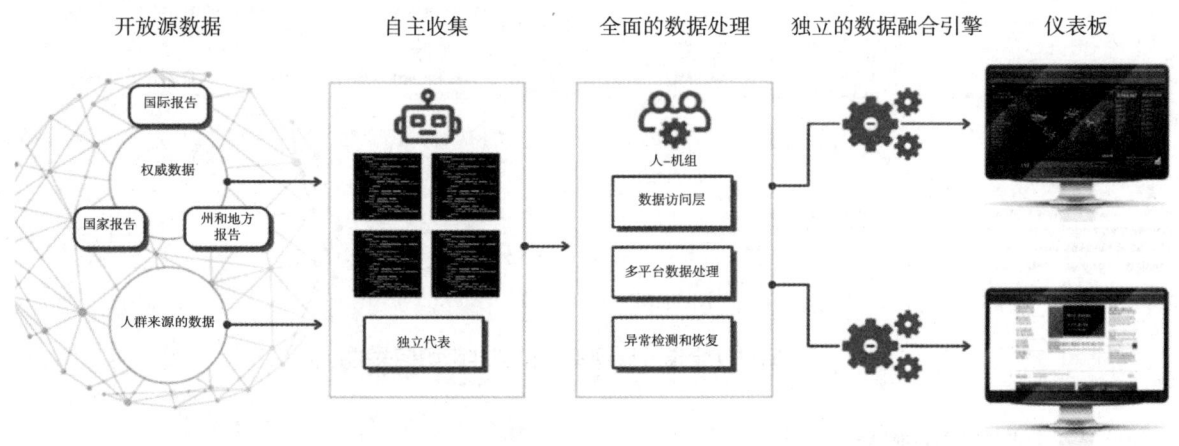

图 15-7　美国约翰·霍普金斯大学冠状病毒资源中心数据平台

（三）我们的世界数据库

我们的世界数据库（Our World in Data）是一个网站，是在全球新型冠状病毒感染大流行期间建立起来的数据库之一。网站可实现相关数据的下载，同时进行可视化。这个网页的信息也是 WHO 和 JHU-CRC 抓取信息的来源之一。除了新型冠状病毒感染相关大数据，在这里可以找到几乎所有和人类发展密切相关的指标，例如人口、经济、农业、生态和健康等方面的数据。

三、全球肥胖防控

全球成人和儿童肥胖问题日益严峻，且已经成为危害全球的严重公共卫生问题。2020 年，全球有 22 亿成年人受到超重 / 肥胖的影响，占全球成年人数的 42%；5 ~ 19 岁的青少年中有 4.3 亿受到影响，占全球儿童总人数的 22%。2023 年 3 月世界肥胖联盟发表的《2023 年世界肥胖报告》预测，到 2035 年，全球 51% 的五岁以上人口将患有超重或肥胖，超重 / 肥胖对全球经济的影响将达到每年 4.32 万亿美元。这占全球 GDP 的近 3%，与 2020 年新型冠状病毒感染的影响相当。

（一）全球健康观测站

为更好应对肥胖及相关健康挑战，WHO 创建了全球健康观测站（Global Health Observatory，

GHO），这是一个供公众使用的开放数据源。GHO 包含近 200 个"成员国"1 000 多项指标的卫生相关统计数据，是对公众开放的数据库。其中许多指标用于监测实现全球"可持续发展目标"（Sustainable Development Goals，SDGs）的进展情况，具有为监测 SDG 而形成的组织结构，包括用于监测 SDG 健康领域的具体指标。GHO 可以按主题、类别、指标或国家进行数据搜索，同时包含提供访问权限的大多数（如果不是全部）指标的元数据。可用数据文件格式包括 Excel、CSV、HTML、JSON 和 XML。超重 / 肥胖密切相关的数据链接见图 15-8。

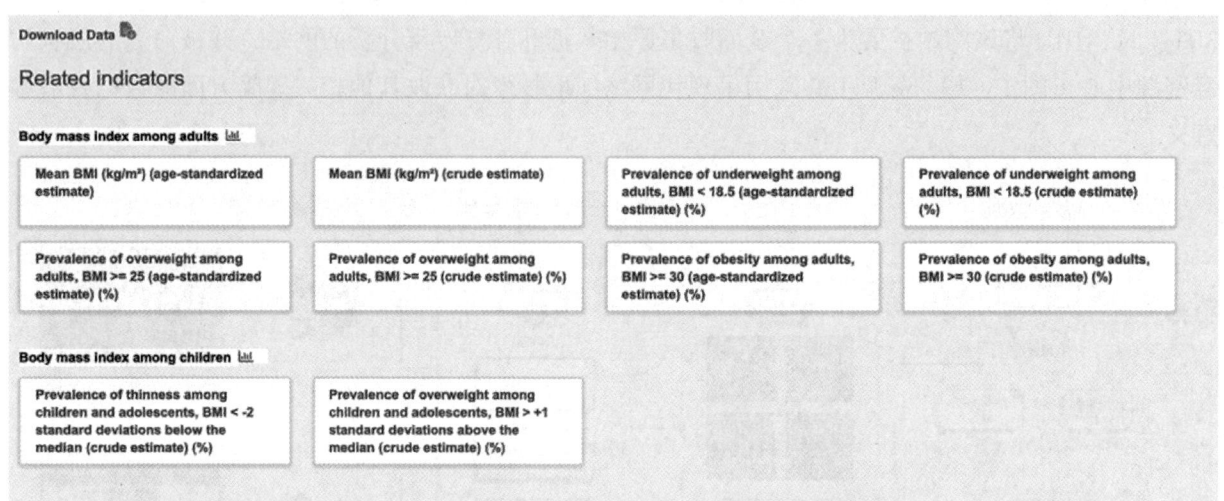

图 15-8 WHO 全球健康观测站和肥胖密切相关的指标

（二）全球肥胖观测站

世界肥胖联盟将 20 多年肥胖相关数据整理聚集为全球肥胖观测站（Global Obesity Observatory，GOO）。该数据库为在线数据，其内容包括交互式地图、演示图形和国家报告等：① 交互式地图（Interactive Maps）：按国家、性别、年龄、社会经济水平、教育程度和地区显示超重 / 肥胖患病率的交互式地图；可展示肥胖的一系列驱动因素，以及肥胖的后果；以地图形式展示世界各地为解决肥胖问题而采取的政策和干预措施。② 演示图形（Presentation Graphics）：大量的演示图形可自由下载，其中多数可在 24 种欧盟官方语言中自由选择。③ 国家报告（Country Reports）：提供具体国家的肥胖防控的简要介绍，包括成人和儿童肥胖的当前患病率、发展趋势、驱动因素、后果及预防管理行动。

（王友发 刘世勇 彭雯 孙世权 张峰 陈心广）

🔍 思考题 ········o

1. 全球健康大数据的数据类型有哪些？
2. 全球健康大数据的数据来源有哪些？
3. 全球健康大数据的数据分析方法有哪些？
4. 机器学习的基本方法包括什么？

数字资源详见 新形态教材网

学习目标 内容提要 本章小结 参考文献

第十六章

卫生政策与管理

思维导图

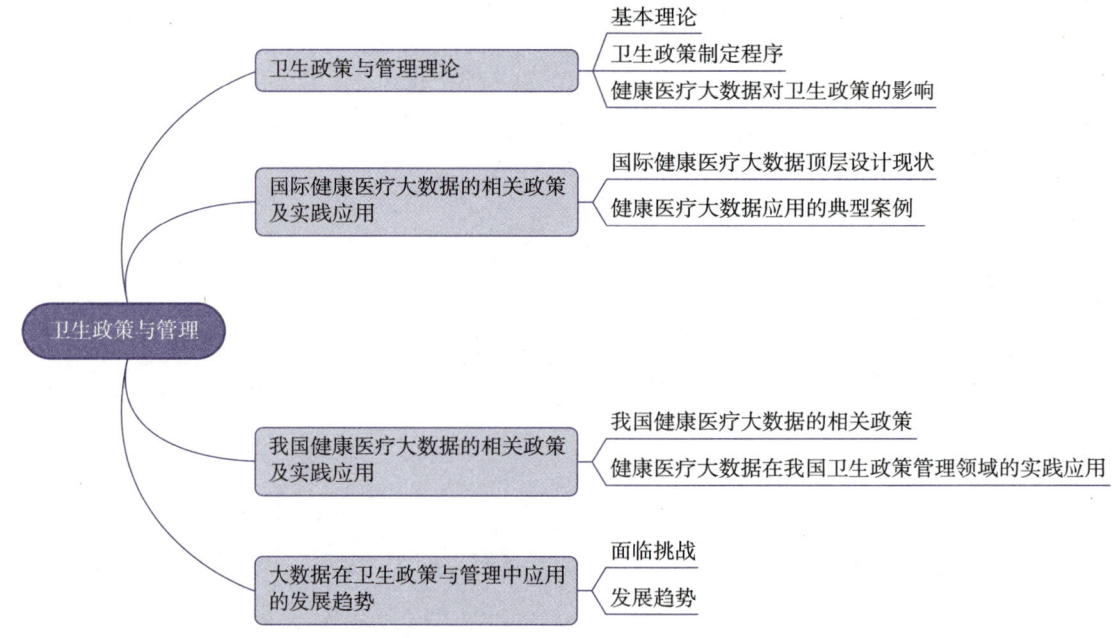

第一节　卫生政策与管理理论

一、基本理论

（一）卫生政策内涵

卫生政策（health policy）是政策制定者为解决特定的卫生问题、实现一定的卫生工作目标而制定的各种法令法规、规划、计划、制度等的总称，是各层次的决策组织，用以引导卫生事业发展方向，调节卫生资源配置，协调各相关群体利益、矛盾等，以最终改善健康状况、维护社会稳定、推动社会发展的手段或途径。

（二）卫生政策三角框架

Walter 等认为卫生政策研究不仅需要关注政策内容本身，也需要关注参与者、背景和政策进程。考虑到政策制定过程中 4 个阶段之间的相互作用，Walt 和 Gilson 于 1994 年从政治经济学的角度设计并制定了卫生政策三角（health policy triangle，HPT）框架（图 16-1）。政策内容包括政策目标、立法、法规、指南等；行动者是指有影响力的个人、团体和组织；环境是指系统性因素，包含社会、经济、政治、文化和其他环境条件；过程是指政策的启动、制定或制订、谈判、沟通、实施和评估的方式。该框架可以追溯和前瞻性地应用，对许多国家的卫生政策研究产生重要影响，并被广泛应用于卫生改革、国家卫生政策评价（如 UHC 实施、疫苗接种计划、营养不良管理），以及心理健康等领域。

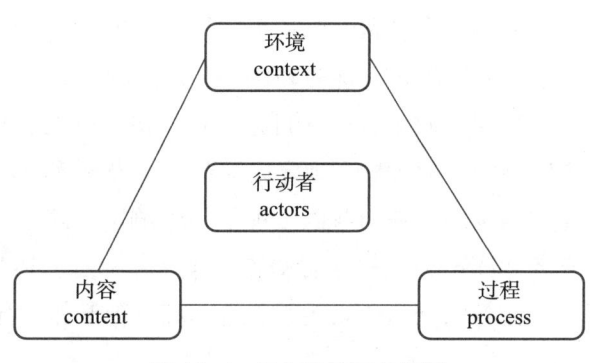

图 16-1　卫生政策三角框架

二、卫生政策制定程序

高价值卫生政策的制定通常包含七个逻辑相连的步骤。政策环境分析是用以确认政策环境对每个步骤的约束，贯穿于七个步骤中，如图 16-2 所示。

1. **政策问题确认**　是高价值政策制定程序的起点，这个步骤旨在明确在一个特定领域内究竟存在哪些问题，这些问题的优先顺序，众多问题中何谓关键问题，以及关键问题进入政策议程的可能性等。

2. **政策问题根源分析**　针对已确定的特定政策问题，明确其影响因素、根源和作用机制。

3. **政策方案研制**　依据特定问题的根源、影响因素和作用机制，研制相应的治本、治标和标本兼治的政策思路，明确政策目标、指标，以及实现目标的措施方法。

4. **政策方案可行性论证**　对研制的政策方案，从政治、经济、技术、文化等方面作出可行与

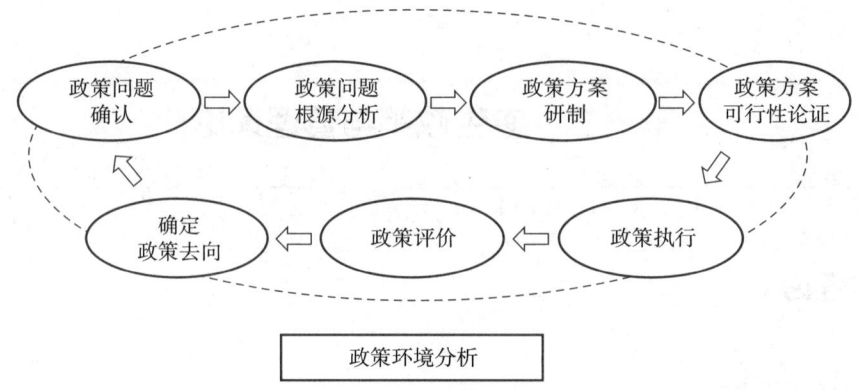

图 16-2　高价值政策制定程序示意图

否的判断，并对可行方案进行比较择优。

5. **政策执行**　明确政策方案实施的动力和阻力，将现实中最优的政策方案付诸实践。

6. **政策评价**　明确政策的实践效果，分析影响目标达成的因素，判断政策价值、检验政策思路。

7. **确定政策去向**　依据政策评价结果，确定政策的归宿。

上述七个步骤中，每个步骤均包括不同的具体任务，可以细化为 21 项，即"特定领域，众多问题，问题界定，优先顺序，关键问题，政策问题，问题危害，影响因素，问题根源，作用机制，政策思路，政策目标，目标指标，措施方法，可行论证，最优选择，动阻力分析，执行实施，效果问题，归因分析，确定去向"。7 个步骤和 21 项主要任务依次承接，前者是后者的基础，后者是前者的发展，任何跳跃或颠倒将影响下一步骤的完成和质量。政策实践中，需要政策制定者和研究者共同努力、相互协调和优势互补，对上述步骤和任务予以定性、定量的分析论证，形成基于具体任务的动态逻辑关系，称为高价值政策制定程序的动态任务链。

三、健康医疗大数据对卫生政策的影响

结合上述步骤，可将相关内容进行归纳分类，分别论述健康医疗大数据对卫生政策各环节的影响。主要包括在政策制定及决策阶段（步骤 1~4）、政策执行与实施阶段（步骤 5）、政策评估与监管阶段（步骤 6~7）的论述。

（一）政策制定及决策阶段

科学、合理的政策决策不仅关系到政府、组织的管理效率，也关系到各相关方的根本利益，因此必须在了解全面的数据和信息后再进行科学评估和决定。传统公共政策的制定及决策大致分为三种：一是直接依靠决策者所具有的问题分析能力进行判断，但该结果易受个人主观因素的影响；二是通过相关利益者分析进行分析决策，又可能存在效率低下的问题；三是通过数据抽样，应用统计学方法得出结论，该过程可能存在样本代表性不足的问题。从已有实践来看，政府、组织等各层面在决策体制、决策方式和决策执行等方面均面临困难，体现在决策的科学观念有待提高、决策体制不够系统规范、决策执行与监督力度不大等方面。大数据技术的快速发展有助于破除传统决策困境，为政府、组织制定社会政策提供科学且有价值的数据支持。客观大数据呈现不同维度的动态信息，有利于决策方整体把握并分析共性问题，在此基础上围绕决策目标形成对相

关问题更为科学和全面的认知，从而实现系统决策。充分发挥数据价值，应用大数据决策能够极大减小因人的主观判断所产生的偏差，保证决策的客观性，为政府科学决策提供保障。

从理论层面来看，学者 Russell Ackoff 提出了"数据－信息－知识－智慧"（data-information-knowledge-wisdom）"DIKW 金字塔"模型。其中，数据是所收集研究对象的有关资料，信息是对数据进行整合分析得到的结果，知识则是对信息进行加工转换得到的产品，智慧是依据知识实施公共决策。由于大数据具有"全样本分析"和"相关性分析"等特性，牛正光等提出了基于大数据的"数据－智慧"（data-wisdom）"神经系统"模型，并认为"DIKW 金字塔"模型将向"DW 神经系统"模型转变。该模型的基本思路为：确定待解决的问题和决策目标；广泛收集数据；分析数据；向决策者解释结果，依据决策目标的满意程度决定是否需要重新收集、分析数据；最终决策。与"DW 神经系统"模型内容相似，智慧公共决策以大数据系统为支撑，依靠相关数据分析所得到的信息和证据进行决策。

卫生领域的政策决策具有公共决策的共性，公共决策的发展演变历程中通用的模式或决策形成思路对于构建基于健康医疗大数据的卫生决策机制方面具有重要的指导作用。然而，与教育、交通等其他公共部门相比，卫生领域又具有其自身的特点。因此，公共大数据决策在卫生领域的具体应用还应结合卫生事业的特性。构建基于健康医疗大数据的卫生决策并付诸应用实践，可通过辅助各级卫生部门决策者进行科学决策，实现合理配置卫生资源，监测防控疾病，提高医疗卫生服务质量，有效控制卫生费用不合理增长等目标。国内学者已探索描述基于健康医疗大数据的卫生决策机制，如图 16-3 所示。

该模型中政策制定及决策环节有以下关键维度。

第一，动机和能力驱动。动机和能力是驱动公共部门大数据应用的关键因素，由于公共部门只有意愿和能力兼具，才能使大数据应用发挥效力。结合卫生领域的特征，卫生部门主要负责人对卫生领域现状和问题的了解程度，以及对大数据应用的认识程度，是影响卫生决策大数据应用的关键因素；而各卫生部门职能要求、财政投入、技术人力资源、信息化基础设施和管理系统、多部门之间的协调能力，是支撑卫生决策大数据应用的关键因素。

第二，利益相关者影响。医疗产业各类核心人群的需求不容忽视，患者渴望加强健康管理和疾病预防，且能用合理的医疗花费在任何医疗场所得到正确的治疗等；医疗卫生服务供方提供疾病监测与诊疗、药物使用监测、新医疗技术应用等，并期望获得与其劳动能力相匹配的薪酬等；医保组织希望加强合理利用卫生服务和药物，优化医保费用支付标准，减少保险支付等；药企通过创新研发，向市场提供安全有效的药物以获得利润回报等。政府管理部门在借助大数据对这些因素加以研究的基础上，可进行卫生筹资、卫生规划、卫生绩效评价、卫生技术评估、公立医院改革评价、公共卫生管理等方面的研究和应用。

第三，数据来源与利用。政府不再是数据的唯一或主要来源，卫生政策制定及决策中的重要数据源包括药厂、患者、医疗卫生服务供方、医保组织、政府管理部门等。健康医疗大数据不仅来源于各级各类卫生信息系统，还来源于传感器、射频识别、条形码、社交网络、移动互联、物联网等，非结构化数据与结构化数据并存。为实现从大数据中获取有效信息，政府应加强与社会机构或企业合作，加快健康医疗大数据应用。围绕需要解决的问题和目标，借助云计算技术，通过医疗信息化建设实现各类信息源的互联互通，建立并维护数据库，对数据进行整合与分析，并将分析结果以可视化形式展示，最终辅助医疗卫生行业政府管理部门进行决策。

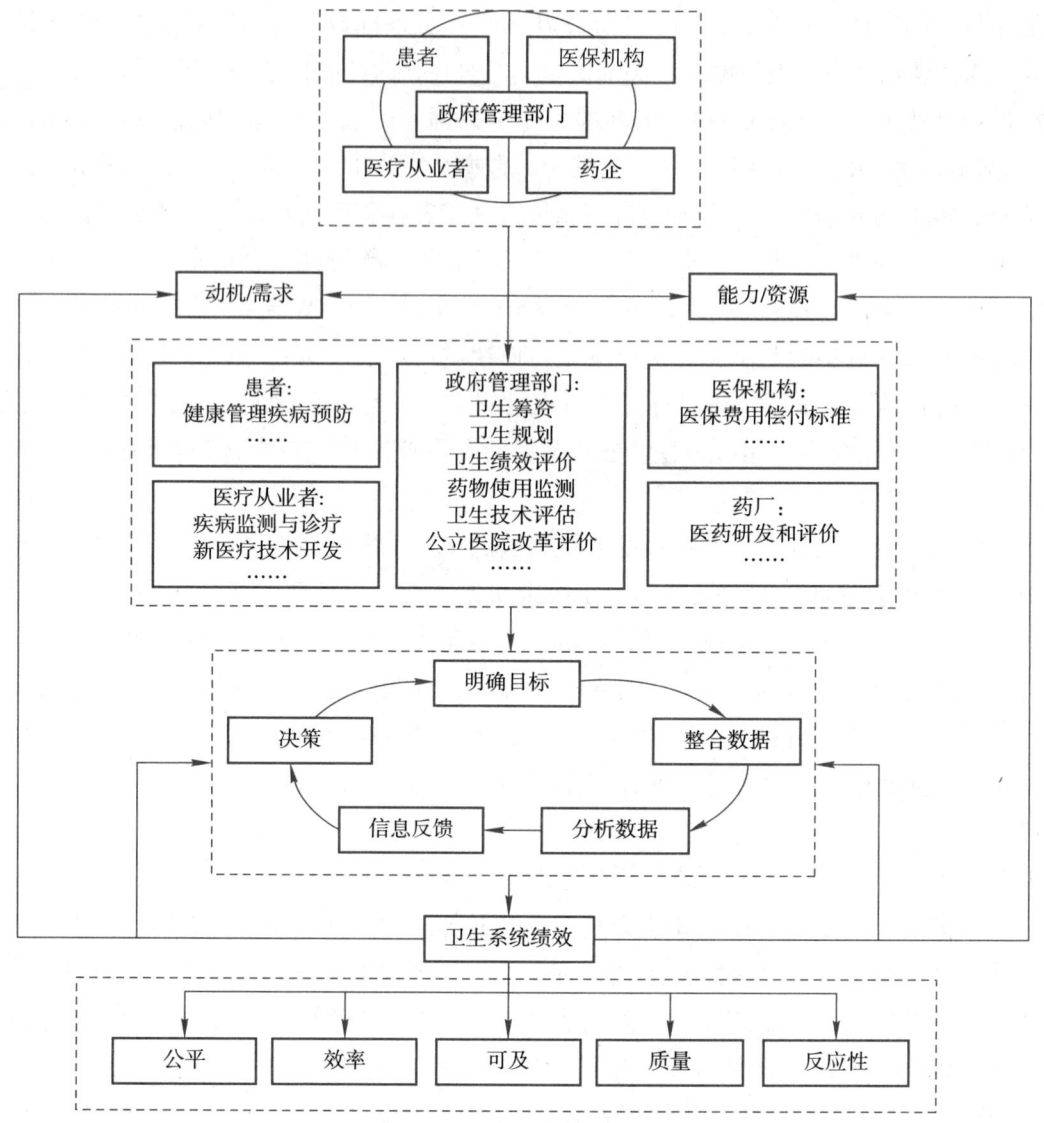

图 16-3　基于健康医疗大数据的卫生决策机制

（二）政策执行与实施阶段

从健康医疗大数据发展的整体形势来看，国外尤其是美国、英国、日本等发达国家起步较早，各具特色和亮点，在政策执行与实施层面也充分利用数据资源形成实践革新。如美国对精准医疗的大力推动，英国对个性化医疗的积极探索，日本对健康医疗大数据的高效利用，法国对人才发展的鼓励，澳大利亚对技术标准和隐私安全的规范，新加坡对健康医疗大数据用于养老方面的尝试及韩国对生物医学银行的倡导等。此外，发达国家大多重视大数据基础设施的建设和信息技术的开发利用，鼓励公共部门提升大数据分析能力，灵活利用健康医疗大数据促进医疗卫生事业发展。

健康医疗大数据在卫生政策执行与实施阶段的影响包括多个场景。

1. 强化公共卫生管理　健康医疗大数据为公共卫生监测提供大数据相关技术，能够分析疾病模式和追踪疾病暴发及传播方式与途径，提高公共卫生监测和反应速度，有效提升公共卫生部门对健康医疗大数据传染病和重大疫情的应急管理能力。公共卫生部门通过覆盖区域的卫生管理信息平台收集信息，建立居民健康信息数据库，利用大数据技术对公共卫生数据进行实时监测和分析，快速检测传染病，对疫情进行全面监测，实施预警和快速处置。通过对生物因素、社会因素、环境因素和家庭遗传因素等多领域数据与医疗卫生数据的融合研究，利用基于大数据的深度挖掘分析技术进行比对和关联分析，可发现并鉴别真正威胁公众健康的危险因素，进而对公众的社会生活领域进行针对性干预。大数据将人口统计学信息、各种来源的疾病与危险因素数据整合起来，进行实时预测分析，提高对公共卫生事件的辨别、处理和反应，并能够实现全过程追踪，有效调度各种资源，对危机事件做出快速反应和有效决策，降低传染病的传播，极大地减少全社会的医疗卫生支出。

2. 优化医疗机构运营管理　为了提高医联网环境下的医疗系统的运行效率，需要综合运用新一代信息技术对电子健康记录、区域健康信息、穿戴监测数据、在线医疗数据等信息进行联合建模，探索数据与知识联合驱动的医院智慧管理体系与医联体智慧运营服务模式，建立面向医联体资源要素高效整合的医联网医院管理体系架构与组织结构，并有针对性地研究特定管理决策场景的多源异构信息感知与语义知识发现方法，探索医联网医院资源共享的质量标准体系与运行机制，突破医疗资源时空局限、延伸医疗服务能力，实现院内－院外、线上－线下协同的医院运营管理。

此外，大数据技术有利于提高临床决策的准确性。传统服务场景下，医疗服务的质量基本同医务人员的医学知识和临床经验强相关，基本功扎实、经验丰富的医生提供的医疗服务普遍比年轻医生和偏远地区医务人员提供的服务更精准和优质，而这也正是造成传统医疗服务体系医疗资源不均衡的主要原因。在医疗大数据的支持下，可汇总、拆分、关联更多名医专家的诊疗经验和过往病历信息，从而为使用者提供更多的临床病例分析和治疗路径，为其进行临床决策提供可靠依据，以实现临床路径的优化。医疗机构内部利用健康医疗大数据分析医疗资源的使用情况，可实现医疗机构的高效管理及医疗卫生资源的有效配置，提升医疗卫生服务水平和效率。通过集成分析医疗机构临床诊疗操作与运行绩效数据集，创建可视化流程图和绩效图，识别医疗过程中的异常、为业务流程优化提供依据；整合和挖掘不同层级、不同业务领域的健康医疗数据及网络舆情信息，有助于综合分析医疗服务供需双方特点、服务提供与利用情况及其影响因素，人群和个体健康状况及其影响因素；预测未来需求与供方发展趋势，发现疾病危险因素，为医疗资源配置、医疗保险方案设计、人群和个体健康促进等提供科学依据。

（三）政策评估与监管阶段

大数据技术的运用使得医疗卫生系统对医疗卫生服务过程感知粒度不断细化，人工智能技术的发展则大幅提高了系统的数据处理分析能力，使医疗卫生体系的监督管理模式可以不再局限于原有的流程化监管，而是通过多模感知、融合分析、风险识别、流程指引和辅助决策等智能化手段赋能医疗监管制度，提升医疗卫生监管效果。医疗卫生监管模式的变革主要体现在粗放型监管向精细型监管转变、被动响应型监管向主动识别型监管转变、案例回溯型监管向过程指引型监管转变，体现主动的、全流程监管。

第一，就不同卫生部门对大数据的应用而言，大数据通过集成各级人口健康部门与医疗卫生服务机构数据，识别并对比分析关键绩效指标，帮助管理部门快速了解各地政策执行情况，及时发现问题，防范风险。通过区域卫生信息平台获取宏观管理所需的数据支持，可在卫生资源调控、政策制定、绩效评价、监测监督，以及数据深度挖掘利用等方面发挥大数据的应用价值。随着大数据技术的不断成熟和应用实践的拓展，卫健部门可基于健康医疗大数据对健康医疗问题进行评估与预测，并将之作为计划编制、政策出台、法规颁布的参考依据；疾控部门可借助健康医疗大数据，实现对疾病趋势和公共卫生状况的全面分析，以实现全面的疫情监测和公共卫生资源的优化配置，为疾病防控提供参考依据；与此同时，卫健部门和医保部门还可以利用大数据分析对各个医疗卫生机构的医疗卫生服务质量和医保基金使用情况进行监控。例如，山东省建设的省医保大健康平台以医保知识库为基础，结合人工智能、大数据分析工具，通过事前事中监控、事后审核、监控分析、大数据风控等系统建设，实现了对医师开具处方和检查项目等各方面的全流程监管。

第二，在政府决策效果评价方面，可在政策实施过程中通过社交媒体实时、在线收集公众反馈，实现对公众关注的问题以及对政策反应的监测并及时调整相应政策。大数据基于数据驱动的认知能够洞察传统方式未能识别的模式和相关关系，并且建立预测模型，对政策实施后的效应进行仿真模拟。大数据在卫生决策中的应用对卫生系统绩效产生的影响可依据卫生系统的具体产出（如公平、质量、效率、可及和反应性）加以分析，通过实证研究，分析大数据应用的价值创造及其对卫生系统绩效的影响，并以此作为未来大数据在卫生决策广泛应用的依据。

此外，可借助大数据技术实现对医疗卫生机构的全流程监管。通过音视频、检验检测数据、医疗电子文本、设备运行参数等信息详细记录并还原医疗卫生服务全过程，为医疗卫生体系相关行政管理部门的监督、审批、追责、惩戒等监管行为提供实时动态，详细可靠的管理依据。通过探索基于大数据和人工智能的智慧医疗卫生监管技术，充分利用指数增长的大规模医疗监管数据；基于革新的医疗卫生监管流程体系，可将医疗数据治理、医源性风险识别、智能医疗质量评估等技术应用于医疗卫生监管过程中，构建基于大数据技术的医疗服务质量全流程监管机制，实现高实时、细粒度、可溯源的主动医疗卫生全流程监管。

第二节　国际健康医疗大数据的相关政策及实践应用

一、国际健康医疗大数据顶层设计现状

（一）国家战略规划

1. 美国　美国将大数据视为强化国家竞争力的关键因素，并将其提升至国家战略层面，这项措施对我国大数据未来的发展规划和监管具有借鉴意义。2009 年，美国发布《利用数字数据的力量》（Harnessing The Power of Digital Data）提出发展大数据后，陆续发布《大数据研究和发展计划》《"数据—知识—行动"计划》《大数据：把握机遇，维护价值》《大数据和隐私：技术视角》《精准医疗计划》及《联邦大数据研发战略计划》等战略文件，形成了从发展战略、法律框架到行动计划的完整布局。

2012 年 3 月，美国国家科技委员会（National Science and Technology Council，NSTC）发布

全球首个国家层面的大数据战略《大数据研究和发展计划》（Big Data Research and Development Initiative），并成立"大数据高级指导小组"，将大数据上升为事关国家核心竞争力的国家战略。

2013 年 11 月，美国政府发布《"数据—知识—行动"计划》，进一步细化了利用大数据改造国家治理、促进前沿创新、提振经济增长的路径，这是美国向数字治国、数字经济、数字城市、数字国防转型的重要举措。

2014 年 5 月，美国政府发布《大数据：把握机遇，维护价值》（Big Data：Seizing Opportunities Preserving Values）政策报告，对美国大数据应用与管理的现状、政策框架和改进建议进行了系统阐述，并启动"公开数据行动"，陆续公开健康、能源、气候等 50 个门类的政府数据，鼓励商业部门进行开发和创新。

2014 年 12 月，美国联邦政府专门负责信息化规划的国家卫生信息技术协调办公室（the Office of the National Coordinator for Health Information Technology，ONC）发布《美国联邦政府医疗信息化战略规划：2015—2020》，明确了实现健康医疗数据共享目标，提出增强医疗服务能力、提高公众和社区的健康水平、推动医学知识研究与创新等三项应用目标。

2015 年美国政府启动为期 5 年的《精准医疗计划》（Precision Medicine Initiative，PMI），该计划致力于治愈癌症和糖尿病等疾病，以形成高质量的生物医学数据库，可获得的数据包括健康调查、体格检查、生物样本、电子健康记录、数字化健康信息等。

2016 年 5 月，为使大数据战略向更广泛、更深层次推进，美国总统行政办公室和国家科技委员会发布《联邦大数据研发战略计划》，面向数据科学研发、密集型数据应用、大规模数据管理机构提出了聚焦新型技术、数据质量、基础设施、共享机制、隐私安全、人才培养和加强合作七大数据研发战略，以期建立和加强国家大数据创新生态系统。

2020 年 10 月，美国卫生与公众服务部（Department of Health and Human Services，HHS）公布《美国联邦政府医疗信息化战略规划：2020—2025》，指出发展医疗信息技术的四大目标：促进医疗卫生和健康；改善医疗服务的提供和体验；建立一个安全的、数据驱动的生态系统，以加速科研和创新；通过可互操作的医疗信息技术基础设施实现医疗数据和健康数据的互联。

2021 年美国国立卫生研究院（National Institute of Health，NIH）将原有的拓展战略规划（2016—2020）进行了迭代，发布了《NIH 拓展战略规划（2021—2025 年）》，以期利用数据科学为美国人民的健康提供服务。

2. 英国　英国政府积极引导大数据战略，通过一系列战略布局，在获取大数据带来商业利益的同时，树立了透明政府、智慧政府、责任政府的形象。2011 年，英国开始探索将国民医疗服务体系（National Health Service，NHS）与大数据技术结合的路径，通过与产业、研究机构共享 NHS 的健康医疗大数据，将推动健康医疗大数据运用于研究。2012 年，英国皇家医学会发布《作为开放事业的科学》（Science as an Open Enterprise）报告，对英国政府和社会在大数据时代中的发展战略进行了展望，同时对政府和相关机构提出了相应建议。同年 7 月，英国商业创新技能部（Department for Business，Innovation & Skills，BIS）成立数据战略委员会（Data Strategy Board，DSB）。2013 年英国政府发布《英国数据能力发展战略规划》，深入挖掘大数据的价值，以促进社会经济发展。英国政府在 2015 年发布《英国 2015—2018 数字经济战略》之后，于 2017 年 3 月又出台《英国数字经济战略》，从连接、技能、数字化商业、宏观经济、网络空间、数字化政府和数据七大方面，对英国数字化转型进行了全面而详尽的规划。

3. 日本 日本一直对信息与通信技术（Information and Communication Technology，ICT）产业的发展给予高度关注。2012年7月，日本总务省发布"活跃 ICT 日本"新综合战略，明确将大数据作为重点发展领域。2013年6月，日本发布《创建最尖端 IT 国家宣言》，确立了以开放大数据为核心的 IT 国家战略，旨在将日本建设成为一个具有世界最高水准的广泛应用信息产业技术的社会，其核心要点包括开放公共数据、促进大数据的广泛应用及促进个人数据的流通与使用，其中特别提及构筑医疗、护理和健康信息共享网络，计划在2018年以前在全国范围内建立医疗信息联网体制，实现医疗、护理，以及居民生活援助服务信息的共享。2014年日本对《创建最尖端 IT 国家宣言》内容进行了补充，鼓励在医疗大数据平台下灵活有效地利用医疗相关数据来改善现有的医疗环境，加强疾病防控能力。具体内容包括建立多种主题的医疗服务机构，将医疗数据和网络相结合，以降低医疗费用，健全政府制度，设立首席信息技术长官，监督信息数据的安全和利用情况。

4. 欧盟 欧盟及其成员国已经制定并公布的大数据发展战略，主要包括数据价值链战略计划、资助"大数据"和"开放数据"领域的研究和创新活动、实施开放数据政策、促进公共资助科研实验成果和数据的使用及再利用等。2020年，欧盟委员会发布《欧洲数据战略》（A European Strategy for Data），标志着欧盟在数字一体化进程中迈出了具有里程碑意义的一步，概述了欧洲未来五年实现数字经济的政策举措和投资策略，旨在实现真正单一数据市场的愿景。在健康医疗领域，欧盟委员会宣布建立欧洲健康数据空间（EHDS）作为首个启动的公共数据空间，以实现各国健康医疗数据一体化，并加强居民对其健康数据的控制。

（二）法律法规/规范

1. 美国 1996年，美国颁布了《健康保险流通与责任法案》（Health Insurance Portability and Accountability Act，HIPAA），经过多次修订和扩展，该法案成为患者隐私保护的法律基础。HIPAA 法案设定了一系列规定，来保障个人受保护健康信息（protected health information，PHI）（健康档案）的安全性和隐私性。PHI 是指能够识别患者或当事人身份的任何统计数据，如姓名、地址、电话号码、社会保障号码、病历和财务信息等。在美国所有涉及医疗保健的机构中，对任何形式的个人健康信息的存储、维护和传输都必须遵循 HIPPA 的安全条例规定。2005年，美国国会通过了《患者安全和质量促进法》（Patient Safety and Quality Improvement Act of 2005，PSQIA），在联邦层面建立了具有自愿性和保密性的不良医疗后果报告制度，为联邦患者安全数据库网络的建立提供了法律依据，同时对患者安全组织及其活动提出指导规范，以提高患者的安全保护水平。2009年，《卫生信息技术促进经济和临床卫生》（Health Information Technology for Economic and Clinical Health，HITECH）法案扩展了 HIPAA 法案的适用范围，旨在推动个人健康医疗数据向电子健康记录的转型升级，并将其作为改善医疗卫生系统绩效的对策。2020年12月，美国卫生与公众服务部发布了修订 HIPAA 隐私规则的提案。该提案旨在强化数据主体访问个人健康信息的权利，增强医疗合作和个人病例管理中的信息共享，提升家庭成员和医疗服务提供者对紧急情况和患者健康危机的参与度，在突发公共卫生事件时，增强数据披露的灵活性，同时在保护个人健康医疗数据隐私的前提下减轻 HIPAA 适用主体的行政负担。

2. 英国 英国出台相关法案规范，尤其强调对数据的保护和隐私。患者记录中的数据必须符合《保密义务普通法》（Common Law Duty of Confidentiality），这意味着当某人在保密的情况下分享个人信息时，如果没有某种形式的法律授权或正当理由，这些信息不得泄露。《2016 年调查权力法案》（The Investigatory Powers Act 2016）明确了执法机构在通信及通信数据拦截、获取、留存及设备干扰等方面的权力。2017 年出台《数字经济法》（The Digital Economy Act 2017），其中包括一系列措施支持英国成为数字经济的世界领导者，为国家统计局提供了法律门户，使其能够访问公共当局和商业企业持有的数据，以支持包括人口普查在内的官方和国家统计数据。2018 年 5 月，欧盟《通用数据保护条例》（The General Data Protection Regulation，GDPR）生效，涵盖数据保护和隐私，包括将个人数据转移到欧盟和欧洲经济区以外的相关规定。英国为促进实施 GDPR 出台《2018 年数据保护法》（The Data Protection Act 2018），进一步控制了组织、企业或政府对个人信息的使用方式。

3. 日本　日本在医疗数据共享领域建立了"基本法 + 专门法"二元法律体系。

基本法是指日本政府 2003 年出台，并于 2005 年实施的《个人信息保护法》，该法案的核心目的在于平衡个人信息保护与信息利用之间的关系，促进信息的开发与利用，确保任何人都能安心享受高度信息化带来的社会效益。从效用角度来讲，该法可以称为企业机构规范法，其面向的对象是具有个人数据信息的企业和组织机构，并受到相关行政机构的监督和管理。2015 年日本对该法案进行了大幅修正，并于 2017 年 5 月 30 日正式实施。修正后的《个人信息保护法》对个人信息的定义做了进一步的补充：个人信息为能够识别特定个人或者含有个人识别符号的信息，并首次提出了"个人敏感信息"概念，包括疾病史、犯罪记录、种族、宗教等可能引起不合理的歧视或偏见的信息，其中涉及的医疗信息包括疾病史、精神和身体障碍、疾病检查结果等。2020 年 3 月新的《个人信息保护法》修正案进一步扩充了保障个人权利、信息使用推广、扩大企业责任、强化法律处罚和增加域外适用等内容，更加符合大数据时代技术创新的要求，以防范和化解未来个人信息保护中潜在的各类风险。

专门法则是指《有助于医疗领域研究开发的关于匿名加工医疗信息的法律》（又称为"医疗大数据法""次世代医疗基础法"，以下简称"医疗大数据法"），于 2016 年 12 月 27 日正式颁布，2018 年 5 月 11 日开始施行。"医疗大数据法"的主要目的是通过对国家责任、基本方针制定、匿名加工医疗信息制造业者的认定、医疗信息及匿名加工医疗信息的交易等进行规定，实现健康医疗领域尖端研究、新产业创造等目标，推动健康长寿社会的形成。在数据共享、隐私保护等方面，"医疗大数据法"对政府、医疗机构、医疗信息处理机构、患者等主体责任、权利与义务进行了明确：患者在医疗机构就诊时产生的医疗信息由经政府认证的第三方医疗信息处理机构进行统一匿名化处理；第三方医疗信息处理机构可根据不同机构（政府部门、科研机构、企业）的需求，将处理后的匿名化医疗信息提供给相关机构进行利用；相关机构在充分利用匿名医疗信息产生的价值后持续反馈给患者，最终形成数据共享的闭环。在知情同意方面，医疗机构在提供原始医疗信息给第三方医疗信息处理机构时需要告知患者，若患者本人不明确提出拒绝，则默认该患者同意共享本人医疗数据；同时，法案还为患者提供了退出机制，即患者可在任何时间段内拒绝提供个人医疗信息，但在紧急救援或其他紧急事态时，政府可以突破该限制，授权其他机构获得并使用其数据。

4. 加拿大　加拿大尚未建立现代隐私立法以充分管理人工智能背景下个人信息的使用。大数据和人工智能需要访问大量不同类型的数据，这往往面临卫生系统 IT 基础设施和卫生数据的障碍，在加拿大的隐私立法中建立数据移动性条款有助于解决其中一些问题。数据移动性规定赋予个人直接将其信息从一个组织转移到另一个组织的权利，这将使个人能够将其个人健康信息用于他们认为合适的研究目的，而目前加拿大的卫生数据流动缺乏明确的立法保护及相应的技术标准。

5. 欧盟 2011 年欧盟正式发布《开放数据：创新、增长和透明治理的引擎》（Open data：an engine for innovation，growth and transparent governance）报告，其围绕开放数据这一主题内容，致力于调整法律框架，以适用数据、动员融资工具支持开放数据，以及促进成员国之间的协作和经验分享。此后先后发布《数据价值链战略计划》《释放欧洲云计算服务潜力》《迈向繁荣的数据驱动经济》《大数据价值战略研究和创新议程》，以及《欧盟资助的健康、福利和老龄信息与通信技术领域的研究与创新》等计划。2016 年 4 月 14 日，欧洲议会和欧盟理事会通过了《通用数据保护条例》进一步加强对数据隐私的保护，并于 2018 年 5 月 25 日正式生效。随着《数据治理法案》（The Data Governance Act，DGA）和《数据法》（Data Act）陆续生效，欧盟委员会的目标是通过对欧盟所有经济部门中谁可以使用和访问数据制定新规则，使更多数据可供使用。

（三）数据管理组织

在健康医疗领域，由监管机构、标准机构和法定机构组成的多样化生态系统相互作用，以确保卫生服务和卫生技术的质量和安全。

1. 美国 美国医疗保险和医疗救助服务中心（Centers for Medicare and Medicaid Services，CMS）设立了信息产品和数据分析办公室（Office of Information Products and Data Analytics），负责监督和协助各部门数据的上传和发布。美国食品药品监督管理局（Food and Drug Administration，FDA）是美国医药行业的监管主体，在联邦政府中是较为独立的执法机构，不受地方政府管辖且高度集权。美国卫生与公众服务部、国会、州政府、食品药品监督管理局根据各自的管辖范围和监管标准，都有权在监管中使用健康医疗数据。对于被授权可使用的健康医疗数据，美国卫生与公众服务部规定了相应的公用标准、实施规范和使用范围。在此基础上，联邦政府明确了健康医疗数据的使用范围和监管力度。总体而言，美国对健康医疗数据的监管相对严格，建立了相对权威的医疗数据监管机构，用于最大限度地管理和保护公民的健康医疗数据。

2. 英国 英国的医疗保健领域由监管机构、标准机构和法定机构形成多元体系，相互作用，以确保卫生服务和卫生技术的质量与安全。在数据和数字领域较为活跃的组织包括：NHSX、数字化 NHS（NHS Digital）、国家数据守护者（The National Data Guardian，NDG）及生命科学办公室（The Office for Life Sciences，OLS）。NHSX 是汇集了卫生和社会服务部（Department of Health and Social Care，DHSC）、NHS England 和 NHS Improvement 的组织，负责制定政策，确保在使用数据和数字技术方面的最佳实践，以改善健康和保健结果，同时致力于协调卫生机构之间的服务提供和购买，并帮助 NHS 工作人员发展数字能力。NHS Digital 原为卫生和社会服务信息中心（Health and Social Care Information Centre，HSCIC），负责标准化、收集、分析、发布和共享来自 NHS 的数据和信息。NDG 负责向卫生系统提出建议并应对挑战，以帮助确保公民的机密信息得到安全保护和正确使用。OLS 由商业、能源和工业战略部与卫生和社会服务部的公务员组成的联合单位，支持研究、创新和利用技术改造卫生保健服务。

3. 加拿大 加拿大卫生决策支持系统建立在覆盖全体居民的"电子健康记录解决方案"基础上，早在 2001 年就成立了名为 Infoway 的机构，该机构耗时 8 年制定出加拿大电子健康记录蓝图，用以指导和规划全加拿大电子健康系统的建立和实施；加拿大还计划建立全国性电子健康记录系统、药品信息系统、实验室信息系统、影像系统、公共卫生信息系统和远程医疗系统，实现医疗机构和其他机构之间的互联互通。

（四）数据共享平台

1. 美国 美国是最早推出政府数据开放平台（data.gov）的国家。由美国卫生与公众服务部管理的联邦政府网站（healthdata.gov）是国家级健康数据开放平台，该平台逐步实现了医疗服务、公共卫生、医疗保障、药品等方面健康医疗大数据共享，为美国健康战略的发展和医药卫生创新应用提供了有力支持。该网站汇聚了来自医疗保险和医疗救助服务中心、疾病预防控制中心、食品药品监督管理局、国立卫生研究院等渠道的数据库。这些数据库包含临床服务质量信息、全国卫生服务提供者目录、最新医疗和科学知识数据库、消费产品数据、社区卫生绩效信息、政府支出数据等内容。该平台旨在向大众提供健康和社会数据集，使他们能够基于这些数据做出更明智的决策。

美国食品药品监督管理局的公共数据开放项目 OpenFDA 于 2014 年 6 月上线。该项目前期开放了 2004 年至 2013 年间的 300 万份药物不良反应、医疗过失记录，以及医疗器械报告和执法报告。OpenFDA 每年都有新的报告数据集发布，不仅提供脱敏处理后的原始数据，还包括应用程序接口、技术文档和应用实例。该项目鼓励企业和个人参与数据的挖掘与分析，甚至建立了专门的开发者社区。

2. 英国 英国政府专门建立网站，公布公共数据，以提高透明度和促进大数据创新应用。该网站涵盖了政府、商务经济、卫生、教育、环境、交通等 12 个大类的数据。这些数据以往分布在不同的行业和机构，通过该网站将其整合到一个可搜索的平台上，使其更易获取，这意味着公众更容易根据详细的信息就政府决策作出决定和提出建议。其中，卫生领域公开数据集包括全科医疗服务、处方和药品记录，全科医疗注册患者数量信息，医院数据，吸烟饮酒、肥胖、体育运动、饮食等报告数据等。

3. 加拿大 加拿大的数据公开平台是由加拿大政府推出的在线平台（Open Data Canada），旨在通过提供免费、开放、易于访问的政府数据，促进创新、透明度和公共参与。其健康模块涵盖食物营养、疾病信息、疫苗接种、药品、健康风险和安全、健康生活、居民健康、卫生体系和服务，以及科学、研究和数据等多元信息。

二、健康医疗大数据应用的典型案例

（一）公共卫生

目前许多国家尚处于利用大数据制定公共卫生政策的早期发展阶段，如欧盟的"大数据支持公共卫生政策"计划。

1. 采用新的分析工具 澳大利亚数据集成伙伴关系（Data Integration Partnership for Australia，DIPA）通过分析来自药物福利计划的数据、医疗保险结算和患者出院数据等数据集，支持卫生部门识别与药物相关的不良事件，目标是提高患者安全，降低住院和治疗费用。捷克共和国国家医疗保险登记系统于 2018 年启动，包含来自医疗卫生机构的全面报销数据，这为评估公共卫生干预措施（包括筛查）提供了新的可能性。在挪威，数字健康信息（包括健康档案和国家调查）已被用于改善公共卫生体系。

2. 利用新的数据源　将传统医疗模型（如卫生机构数据库）的数据源与新的大数据源（如社交媒体和互联网查询数据及可穿戴电子设备）进行集成和协调，具有在公共卫生方面带来收益的潜力。链接来自各种公共来源的数据，可以产生强大的公共卫生发现，例如，来自传统医学模型的数据可以与健康社会决定因素的数据相结合，为个性化照护和干预提供新的目标，加拿大、爱沙尼亚和荷兰正在使用新的非传统数据来源来改善公共卫生。

在爱沙尼亚，一项关于个性化医学的大规模临床试点正在使用基因组数据，针对有心血管疾病或乳腺癌风险的患者进行预防性干预服务。来自 15 万爱沙尼亚人的遗传数据已被用于基因组中心开发算法，从而研制一个临床决策支持软件，以帮助全科医生检测有心血管疾病或乳腺癌风险的居民个体。该计划还打算扩展到其他可预防的疾病。

在加拿大，公共卫生部门的监控和应用研究中心研究了来自可穿戴技术和体育活动应用程序的信息帮助补充或取代基于调查的健康指标。虽然大多数提议都处于探索阶段，但一些项目已向公众推出。胡萝卜奖励（Carrot Rewards）是一个健康生活移动应用程序，为参与者提供私营部门的忠诚度积分，以换取健康生活行为，包括体育活动、健康饮食、疫苗接种、心理健康，以及减少酒精和烟草消费。该计划于 2019 年夏天关闭，已有超过 75 万用户参加。除了向参与者提供服务外，该项目平台还收集与加拿大公共卫生部门共享的用户信息，使该机构能够更好地针对特定人群和地理区域进行公共卫生干预。

3. 实施更有针对性的公共卫生干预措施　加拿大从 1997 年开始通过开发全球公共卫生情报网（Global Public Health Intelligence Network，GPHIN）来识别新出现的公共卫生问题，这是加拿大卫生部和世界卫生组织之间的合作努力。GPHIN 由加拿大公共卫生署维护，将公共卫生专业人员和组织（如卫生部）的全球网络联系起来，以便及早发现新出现的公共卫生事件。GPHIN 依靠一个基于网络的自动化系统，扫描世界各地的报纸和其他信息源，以寻找公共卫生事件爆发的潜在指标。当发现风险时，分析师会向高级官员传播相关信息和警报，以便进行决策。虽然该系统最初设计用于识别传染病暴发，但也用于监测潜在的化学危害等。

在美国芝加哥，利用大数据形成的预测分析模型在食品保护和铅检查计划等领域逐渐发挥作用。芝加哥公共卫生部率先进行了预测分析，以识别有铅中毒风险的儿童家庭，并更有效地监测有可能违反食品安全的食品机构。2014 年，芝加哥创新与技术部使用公开的城市数据构建了一种算法，以预测哪些餐厅最有可能违反卫生法规。该模型汇总了来自各种来源（如邮政编码、营业执照、违反建筑法规和顾客投诉）的数据，以确定风险评分，并允许检查员在潜在问题发生之前进行识别。

（二）健康管理

英国制定了明确的基因组学国家战略，开展了英国生物银行（UK Biobank）和 10 万基因组项目（Genomics England 100 000 Genomes Project，100kGP），开设了多个基因组测序位点，并将基因组测序作为 NHS 照护的标准内容。英国生物银行是一项前瞻性队列计划，该项目收集了 50 万人的丰富数据，人群由年龄在 40 ~ 69 岁之间的个体组成。除了规模之外，英国生物银行数据可与 NHS 相关数据整合关联，允许研究人员将初始基线测量、疾病结果、从入院到临床就诊的多源医疗信息联系起来，以最大限度地减少疾病分类和诊断的错误。10 万基因组项目基于 NHS 患者同意，对其基因组进行测序并链接到其健康记录，旨在了解常见癌症背后的遗传起源。

2015 年美国政府宣布"精准医疗计划"（Precision Medicine Initiative，PMI），通过研究技术和政策，赋予患者、研究人员和医疗服务提供者共同致力于开发个性化医疗的能力，从而开启医学新纪元。具体来说，精准医疗计划将使医疗服务提供者能够根据人们的个性化特征，包括其基因组序列、微生物组构成、健康史、生活方式和饮食，制订治疗和预防策略。为了实现这一目标，需要整合多种不同类型的数据，包括代谢组学（体内特定时间点的化学物质）、微生物组（体内或体表微生物的集合）等，以及医疗服务提供者和患者自身收集的患者数据。这也需要医疗数据能够在医疗服务提供者、研究人员及最重要的患者和研究参与者之间轻松共享。2016 年，PMI 队列项目更名为 All of Us（全美研究项目）。项目定义了在 2026 年底前实现的六个战略目标，以使其成为推进健康公平和健康研究不可或缺的资源。具体包括：招募 100 万名参与者，他们应体现全美居民的多样性，覆盖全生命周期，并具备共同的基线数据变量；扩展数据可用性，包括横断面调查、健康数据流、全基因组序列、环境数据和身体测量数据等；开展子项目研究，以扩大队列并提供新的表型、生活方式、环境和生物学数据；建立至少由 10 000 名研究人员组成的多元化全球社区，并使他们能够有效地使用项目收集的数据；向参与者进行数据回馈并评估其影响，包括向参与者提供基因组、电子健康记录和其他与健康相关的信息；通过组织问责制、战略和数据驱动的决策、有效核心流程及团队能力和发展，充分发挥研究计划的潜力。此外，美国糖尿病协会（ADA）与欧洲糖尿病研究协会（EASD）合作，于 2018 年启动了糖尿病精准医学倡议（The Precision Medicine in Diabetes Initiative，PMDI），美国食品药品监督管理局也在积极推广基于精准糖尿病医学的监管和干预策略。

瑞典政府的举措证明了投资电子登记信息系统的巨大作用。瑞典政府承诺每年投入超过 70 万美元的资金以扩大各种癌症登记信息，使研究人员能够深入了解肿瘤发生的风险因素。此外，由于独特的患者标识符，每个患者的条目都链接到唯一的身份证号，继而与 90 多个其他登记信息交叉引用，映射到政府和学术界收集的许多数据集，以更全面地了解患者的健康和社会情况。这些登记信息不仅限于疾病状态和治疗情况，还包括广泛的公共管理记录，可以为研究人员提供健康与社会指标的关联分析，如收入、职业和婚姻状况。同时，基于数据源长达数十年的延续性，数据一致性增加了可供长期分析的能力，具有极高的研究价值。

澳大利亚的慢性病管理计划利用健康医疗大数据，通过电子健康记录和大数据分析来改善对患者的监测、早期干预和协调照护。澳大利亚老年人登记处（Registry of Senior Australians，ROSA）结合了澳大利亚各地的医疗保健和老年保健数据，这些综合数据提供了澳大利亚老龄化路径的全貌。澳大利亚皇家老年护理质量和安全委员会可基于数据支撑，优化老年保健改革的相关举措。例如大数据显示，当老年人进入老年护理机构时会得到更多的精神药物，这一证据支持了减少老年护理机构使用精神药物的建议。

（三）医保管理

2011 年 6 月 30 日，美国卫生与公众服务部及其医疗保险和医疗救助服务中心在全美范围内应用欺诈预防系统（Fraud Prevention System，FPS）对所有医疗保险按项目付费（FFS）的医疗服务进行了预测算法和其他大数据分析，这是公共管理部门第一次大规模地采用预测分析技术来识别医疗欺诈、浪费和滥用，如异常地理位置的聚合/分散程度、高频利用率和非典型医疗实践模式等。

传统监管方法无法在短时间内调查所有理赔数据，因此，"先支付、后追回"做法被基于大数据的精确预警系统所取代。应用欺诈预防系统后，该系统每天可分析超过 400 万份医保理赔，鉴别是否存在欺诈的可能，通过推迟对这类理赔的支付，为更详尽地核实理赔提供了机会，仅在系统运行一年内防止或查明约 1.154 亿美元的付款，突显了大数据方法在防范医疗欺诈方面的显著效果。

第三节　我国健康医疗大数据的相关政策及实践应用

一、我国健康医疗大数据的相关政策

健康医疗大数据是国家重要的基础性战略资源，自 2015 年起国家出台了一系列政策文件，为我国健康医疗大数据的应用与发展提供了良好的政策环境。

2015 年 7 月，国务院颁布了《关于积极推进"互联网 +"行动的指导意见》（国发〔2015〕40 号），要求加快发展基于"互联网 +"的健康医疗养老新兴服务，到 2018 年，"互联网与经济社会各领域的融合发展进一步深化"；到 2025 年，网络化、智能化、服务化、协同化的"互联网 +"产业生态体系基本完善，"互联网 +"新经济形态初步形成，成为经济社会创新发展的重要驱动力量。

2015 年 8 月，国务院印发《促进大数据发展行动纲要》（国发〔2015〕50 号），提出政府数据资源共享开放工程、国家大数据资源统筹发展工程等 10 大工程，并指出布局国家大数据平台、数据中心等基础设施，加快完善国家基础信息资源和健康、就业、社保等重要领域信息资源，加强与社会大数据的汇聚整合和关联分析，大力推动政府信息系统和公共数据互联开放共享，加快政府信息平台整合，消除信息孤岛，推进数据资源向社会开放。到 2018 年底前建成国家政府数据统一开放平台，率先在医疗、卫生、就业、社保等重要领域实现公共数据资源合理适度向社会开放。到 2020 年底前逐步实现民生保障服务相关领域的政府数据集向社会开放。

在国家《促进大数据发展行动纲要》的引领下，2016 年 6 月，国务院办公厅印发《关于促进和规范健康医疗大数据应用发展的指导意见》（国办发〔2016〕47 号），奠定了健康医疗大数据作为国家基础性战略资源的重要地位，并部署了 14 项健康医疗大数据重点任务和重大工程。文件指出各级政府要加快建设统一权威、互联互通的人口健康信息平台，推动实现健康医疗数据在平台集聚、业务事项在平台办理、政府决策依托平台支撑；推动健康医疗大数据资源共享开放；推进健康医疗行业治理大数据应用；推进健康医疗临床和科研大数据应用；推进公共卫生大数据应用；培育健康医疗大数据应用新业态；研制推广数字化健康医疗智能设备等目标。指导意见提出，到 2020 年建成国家医疗卫生信息分级开放的应用平台，实现与人口、法人、空间地理等基础数据资源跨部门、跨区域共享，医疗、医药、医保和健康各相关领域数据融合应用取得明显成效。

2016 年 10 月，国家颁布了《"健康中国 2030"规划纲要》，明确提出要加强健康医疗大数据应用体系的建设，推进基于区域人口健康信息平台的健康医疗大数据开放共享、深度挖掘和广泛应用。同时，纲要也明确指出需加强健康医疗大数据相关法规和标准体系建设。

2017 年 1 月，国家卫生和计划生育委员会印发《"十三五"全国人口健康信息化发展规划》

（国卫规划发〔2017〕6号），继续强调要夯实健康医疗大数据基础，构建统一权威、互联互通的人口健康信息平台，推动健康医疗大数据应用发展，规范和推动"互联网＋健康医疗"应用等13项重点任务，以提升健康医疗服务效率和质量，扩大资源供给，不断满足人民群众多层次、多样化的健康需求。

2018年4月，国务院办公厅颁布《关于促进"互联网＋医疗健康"发展的意见》（国办发〔2018〕26号），对于健康医疗大数据开发应用也有明确要求。从健全"互联网＋医疗健康"服务体系、完善"互联网＋医疗健康"的支撑体系，以及加强行业监管和安全保障三个方面提出指导意见，明确了全国二级以上医院信息化建设的内容和要求，包括三甲医院云计算、大数据、人工智能、物联网等新兴技术的建设要求。这对推动健康医疗与互联网深度融合，优化医疗资源配置，提高服务体系整体效能具有重要意义。

2018年9月，国家卫生健康委员会印发了《国家健康医疗大数据标准、安全和服务管理办法（试行）的通知》（国卫规划发〔2018〕23号，简称《办法》），对健康医疗大数据进行了明确定义和分类，进一步明确了各级卫生健康行政部门，各级各类医疗卫生机构，相关应用单位及个人在健康医疗大数据标准管理、安全管理、服务管理中的责权利。《办法》从医疗大数据标准、医疗大数据安全、医疗大数据服务、医疗大数据监督四个方面提出指导意见，直击目前医疗大数据领域的痛点，对数据的统筹标准管理、落实安全责任、规范数据服务和管理具有重要意义。

2021年3月，"十四五"规划中也指出要完善电子健康记录和病例、电子处方数据库，加快医疗卫生机构数据共享，推进医学影像辅助判读、临床辅助诊疗等应用，运用大数据提升对医疗机构和医疗行为的监管能力。

2021年6月，国务院发布《关于推动公立医院高质量发展的意见》（国办发〔2021〕18号），提出要推动云计算、大数据、物联网、区块链、第五代移动通信（5G）等新一代信息技术与医疗服务的深度融合，推进电子病历、智慧服务、智慧管理"三位一体"的智慧医院建设和医院信息标准化建设，大力发展远程医疗和互联网诊疗，推动手术机器人等智能医疗设备和智能辅助诊疗系统的研发与应用。

2021年9月，国务院办公厅印发《"十四五"全民医疗保障规划》（国办发〔2021〕36号），提出要建设智慧医保，医疗保障信息化水平显著提升，全国统一的医疗保障信息平台全面建成，"互联网＋医疗健康"医保服务不断完善，医保大数据和智能监控全面应用，医保电子凭证普遍推广，使就医结算更加便捷。

2022年11月，由国家卫生健康委、国家中医药局和国家疾控局印发的《"十四五"全民健康信息化规划》（国卫规划发〔2022〕30号），提出了八大主要任务和八大优先行动，其核心目的就是健康医疗大数据的应用发展。

2023年3月，中共中央办公厅、国务院办公厅印发了《关于进一步完善医疗卫生服务体系的意见》（国务院公报2023年第10号），提出要发展"互联网＋医疗健康"，建设面向医疗领域的工业互联网平台，加快推进互联网、区块链、物联网、人工智能、云计算、大数据等在医疗卫生领域中的应用，加强共享交换与保障体系建设。

随着国家加速出台行业支持和规范政策，以及各试点省市国家政策和中心的落地，各地政府出台的相关政策文件也为我国健康医疗大数据的发展提供了良好的环境。

二、健康医疗大数据在我国卫生政策与管理领域的实践应用

（一）上海

1. **政策背景**　2017 年 9 月，中共上海市委、上海市人民政府印发了《"健康上海 2030"规划纲要》，为迈向卓越全球城市的健康上海建设提供了行动纲领。

2021 年 1 月，上海市委、市政府颁布《关于全面推进上海城市数字化转型的意见》，指出全面推进数字化转型是面向未来塑造城市核心竞争力的关键之举。2021 年 6 月，上海市卫生健康委员会联合其他相关部门制定了《上海市"便捷就医服务"数字化转型工作方案》，提出了七个"便捷就医服务"应用场景，分别是：精准预约、智能预问诊、互联互通互认、医疗付费"一件事"、电子病历卡与电子出院小结、线上申请核酸及疫苗接种、智慧急救。

2021 年 10 月，上海市人民政府办公厅印发《上海市全面推进城市数字化转型"十四五"规划》（沪府办发〔2021〕29 号），提出要优化健康新服务，聚焦就医、公共卫生、体育运动等健康服务，以数字化助力打造更有温度的健康上海。以患者为中心，打造精准预约、智能预问诊、电子病历卡（医保电子记录册）、核酸检测和疫苗接种、智慧急救、医疗信息互联互通互认等重点应用场景，构建涵盖诊前、诊中、诊后全流程数字化的医疗新流程。建立全域协同的智慧医疗应急体系，试点打造数字健康城区和未来医院。

2. **应用场景**　上海市开发了公立医院云管理平台与 APP，将评价结果定期在全行业公示，并应用于全市公立医院医疗费用控制、医院绩效考核、等级评审和研究型床位核定等方面，探索建立资源配置机制及评价体系，提升全行业的精细化治理水平。

（1）支撑基于大数据的病种分值付费改革：2019 年 6 月，上海市启动了城镇职工基本医保住院费用按基于大数据的病种（big data diagnosis-intervention packet，DIP）分值付费试点，上海交通大学医学院附属新华医院、上海市第十人民医院和闵行区、嘉定区成为首批试点单位，通过试点加强了医疗服务质量管理，完善了医疗行为。2020 年，试点范围进一步扩大到长宁区、静安区、普陀区、虹口区、杨浦区、浦东新区、奉贤区、松江区、崇明区的所有医保定点机构中。

（2）科学评价公立医院医疗服务绩效：上海将医院病例组合指数（case mix index，CMI）与医疗费用、药品费用、医保费用、医院成本等关联，在公立医院管理云平台实时展示，以评价公立医院的病种复杂程度、资源配置效率、成本结构等。将所有公立医院按等级专科等分为七大类别，与大数据的平均水平比较，测算医院与同级同类医院指标的偏离度。将医院医疗收入增长率与住院病种指数、药费指数、耗材费指数、诊断费指数单价偏离率等作为全市公立医院绩效评价的重要指标，与绩效工资总量核定等直接挂钩。

（3）控制医疗费用不合理增长：上海市以病种指数单价为核心指标，按年度建立每个 CMI 对应的费用标准、费用构成标准，以此核定各医院的费用总额、费用结构等，对公立医院实行差异化管理，避免按医院业务总收入"一刀切"控制费用，从而形成了"升级版"的总量控制、结构调整。通过"晒数据"比较同级、同类医院及同病种、同诊疗手段医疗费用水平的偏离度，引导医院注重内涵式发展，提升能级，合理控制医院的外延扩张。

（4）调控医院床位资源，助力医院等级评审：在核定大型公立医院优势临床专科研究性床位的过程中，上海市依据各级各类公立医院的功能定位，分别设定了医院 CMI 的合理区间，对照申

请医院的 CMI，尤其是平均 CMI，科学核定研究性床位增量，促进医院内涵式发展，推进分级诊疗。同时，上海市还将 CMI 指标体系纳入了 2019 年启动的新一轮公立医院等级复评指标中。

（二）深圳

1. 政策背景 2016 年 10 月，深圳市人民政府办公厅印发《深圳市促进大数据发展行动计划（2016—2018 年）》（深府办函〔2016〕195 号），指出要加快健康医疗大数据的应用。根据实有人口分布，利用大数据开展公共医疗资源优化配置服务，为医院、社区健康服务中心等建设和分布提供决策参考。紧密结合区域医疗卫生的实际需求，针对具有广泛影响的公共卫生及基层卫生应用，结合基层全科医生工作站，建设可稳定运营的区域健康医疗大数据慢性病管理系统。利用健康医疗大数据开展药品使用监管，提高临床用药和医师处方监管能力。

2022 年 4 月，广东省深圳市人民政府印发了《深圳市卫生健康事业发展"十四五"规划》（深府〔2022〕34 号），文件提出要建设数字健康应用工程，形成可信共享的统一卫生健康数据底座；建成突发公共卫生事件应急管理系统；推动市人民医院等 11 家医院建设智慧医院示范；电子病历应用水平达到七级以上；建设专业的临床研究全过程智慧服务管理平台。

2. 应用场景 深圳市卫生和计划生育委员会与腾讯正式签订"数字健康深圳"战略合作协议，建设卫生健康大数据平台。在深圳市卫生健康大数据平台中，深圳市卫生计划委员会拥有数据资产、可提供扶持政策、具有医院资源和配套设施等，腾讯可提供大数据能力、AI 技术、云服务、基础设施等，为"数字健康深圳"战略提供了坚实基础。

卫生健康大数据平台覆盖上百家卫生机构，需要集成各卫生机构的医疗数据，并共享相关数据，涉及千万级人口的健康信息，同时，各机构的信息化水平不一致，业务系统多样，如何实现安全高效的数据集成和实时共享是平台建设的技术难点。针对深圳市卫生信息化的现状和需求，"深圳卫生信息大数据平台构建与应用"项目攻克了有关数据安全、集成、交换、分析挖掘等方面的若干技术挑战，建立了深圳卫生信息大数据平台，并开展了一系列创新应用研究，主要创新点如下：

一是建立了区域卫生信息化支撑体系。遵循国家卫生信息标准，制定并发布了多项深圳市区域数据交换标准规范；提出了基于语义的行为关联度量方法，建立了完备的数据安全防护体系；构建了数据质量评测模型，建立了数据质量审计检测体系。

二是优化了数据集成和共享交换方法。提出了基于 MapReduce 的高效数据集成方法；提出了基于 SolrCloud 的信息索引构建方法；建立了深圳市卫生信息化数据交换平台。

三是突破了健康大数据挖掘与建模技术，研发了区域医疗大数据分析平台。研发了基于 Spark 架构的区域医疗大数据分析平台；提出了一种基于知识本体的电子健康记录文本自动解析方法，建立了多个心脑血管疾病风险预警模型；研制并推广应用了一系列创新应用系统。

深圳卫生健康大数据平台覆盖了全市 83 家公立医院和 650 余家社区健康服务中心，实现了全市近 2 000 万居民的电子健康记录的数据汇集合和共享，于 2015 年通过了卫生部区域卫生信息互联互通标准化成熟度测评四级甲等评测要求，处于国内领先水平。

卫生信息大数据平台已累计为医生提供共享检查检验报告 31.2 万余次，患者的重复检查降低 60% 左右，降低了患者的就医成本。建成的满意度评价系统实现了多渠道、全方位的满意度评价结果，医院患者综合满意度评分从 2015 年的 79.26 分提高到 2020 年的 85.04 分，极大地提升了医院综合管理能力和行业整体服务质量。

（三）杭州

1. 政策背景　2018年7月，杭州市卫生和计划生育委员会发布《杭州市建设"智慧健康"打造"智慧医疗升级版"三年行动计划》，提出围绕"健康杭州"建设，按照国家全民健康信息化"十三五"规划的整体框架，运用新一代信息技术，充分继承了智慧医疗的建设成果，重点加强全民健康信息整合共享和智能应用，大力促进了健康医疗大数据的应用发展，探索创新"互联网＋健康医疗"服务新模式、新业态，打造"智慧医疗升级版"。

2019年10月，杭州市政府办公厅出台《杭州市公共政策健康影响评价试点实施意见（试行）》（杭政办函〔2019〕82号），杭州市成为国内最早由政府部署实施公共政策健康影响评价的城市之一，并探索形成了"健康影响评价流程图""健康影响因素清单目录""政府部门健康影响评价操作手册"，在国内率先建立了评价辅助决策信息系统，逐步将健康影响评价纳入部门政策治理的全过程。

2020年12月，杭州市人民政府《关于推进健康杭州三年行动（2020—2022年）的实施意见》（杭政函〔2020〕120号）发布，提出要深化医改，打造智慧健康行动。结合医联体、医共体建设，合理配置医疗资源，进一步提升了基层医疗服务能力，加快建立具有杭州特色的分级诊疗制度。依托城市大脑建设，以全市健康医疗大数据、全民健康信息平台互联互通、"两卡融合、一网通办""舒心就医"为重点，加快推动互联网与健康医疗的深度融合发展，为群众提供安全可靠的网上诊疗服务。

2021年10月，杭州市卫生健康委员会发布《杭州市卫生健康事业发展"十四五"规划》（杭卫发〔2021〕103号），提出打造健康整体智治示范之城。以数字化改革撬动行业整体治理，包括深化"三医联动""六医统筹"综合医改，强化医疗卫生行业的综合监管，当好全省综合医改"领跑者"。以推动优质医疗资源扩容和均衡布局为重点，加快推进一批市级重大标志性工程，形成优质高效的整合型医疗卫生服务体系。不断迭代深化城市大脑卫生健康系统，推动人工智能、物联网、5G等新技术在健康医疗领域的创新应用。到2025年，启动10个以上的5G、医学人工智能示范项目建设，卫生健康数字化改革综合指数达到90以上。

2023年3月，浙江省人民政府办公厅正式印发《关于推进浙江省卫生健康现代化建设的实施意见》（浙政办发〔2023〕25号），提出了实施数字健康高地建设行动，内容涵盖推进卫生健康数字新基建、发展B2C模式的"互联网＋医疗健康"服务、推广普及人工智能临床辅助决策支持应用，以及探索"未来医院"发展四个方面。

2. 应用场景

（1）打造卫生健康大数据资源中心：依托全民健康信息平台，打造卫生健康大数据资源中心。完善全员人口、居民电子健康记录、电子病历、基础资源等核心数据库，深化卫生健康数据资源目录应用，强化数据智能化治理和应用。

推动数据集成共享。通过数字化新技术应用，打通信息壁垒、建立数据链条，推动业务流、数据流高效叠加，打造跨部门数据共享和场景化多业务协同。推动不同级别、不同类别医疗机构之间的医疗服务与传染病监测、慢性病及其危害因素监测、免疫规划监测、健康危害因素监测、精神卫生监测、疾病预防控制综合管理等6大疾病预防控制业务信息系统的互联互通，推进行业内各级各类健康数据的高质高效汇集。

积极构建涵盖服务与治理、科研与创新、基础与应用的数字卫生健康新架构，推动健康医疗大数据在惠民应用、政府管理、社会治理和产业发展等领域的深度应用。构建基于大数据的覆盖面广、影响力深的跨区域，跨层级，跨部门的智慧型健康监测，诊断评估和预警体系，加强数字流行病学和智能化疫情防控工程研究，深化"一图一码一库一指数"经验成果。

（2）创新开展总额预算下医保费用监测分析建设：杭州市为了强化数字赋能，发挥医保大数据作用，市医疗保障局发挥数字化改革引领，深化医保支付方式改革，依托全省智慧医保平台，创新开展了总额预算下医保费用监测分析建设，探索构建了一套科学、合理的医保费用监测分析应用场景。目前，一期应用场景建设已开发完毕，并在全省智慧医保平台投入使用。

该场景坚持自上而下的顶层设计与自下而上的改革创新相结合的建设理念，采集医保明细数据，加强数据资源清洗和挖掘，构建了"1＋3＋N"的总额预算管理体系，形成了"用数据说话、用数据决策、用数据管理"的工作格局，即在总额预算精细化管理场景应用中，细化建设总体医保费用监测分析、多维度关键费用指标的监测分析、专项费用统计分析三大模型，目前下设 15 个功能模块。

（3）对医疗机构诊疗行为大数据治理监管

1）打通数据孤岛。杭州市全民健康信息平台汇集了全市 250 多家公立医疗机构的电子病历数据，杭州市医疗保障局有全市所有定点医疗机构，约 4 990 家的诊疗结算数据，这些数据极少被访问和应用。通过平台打通数据，让医疗机构的诊疗数据贯通成为一个完整的数据网络并被监管工作所利用。

2）搭建数据天眼。在数据互通共享的基础上，杭州市卫健执法队搭建起了"医疗机构诊疗行为智能预警监管系统"。利用人工智能建模将诊疗数据和执法场景深度融合，实现在线监管，通过实时提取医疗机构诊疗行为大数据，融合执法场景，利用大数据、人工智能、互联网技术搭建模型，实现对全市医疗机构、医务人员诊疗行为的在线监测。平台中的医疗机构预警模块主要监管医疗机构违规开展限制类技术、医疗机构违规使用抗菌药物、医疗机构违规开展计划生育技术和违反疫情防控要求等。医生预警模块主要监管医生在无处方权下开具处方、医生违规使用抗菌药物等。

3）构建监督链条。传统的监督模式以"双随机"和专项检查为主，监管覆盖面窄。在新型数字化监管模式下，目前已经将全市近 90% 的医疗机构纳入监管，人工智能可在几秒内对海量诊疗数据进行智能筛查，并将发现的违法线索上传至省行政执法平台，平台将线索交办给相应的执法人员，实现非现场精准执法，并形成线索—交办—执法—结果回传的"链条式"闭环管理。

第四节　大数据在卫生政策与管理中应用的发展趋势

一、面临挑战

（一）国家战略与法律法规支持

1. 尚未建立健康医疗大数据顶层战略规划　需明确健康医疗大数据是国家重要的战略资源，健康医疗大数据的挖掘与利用需与宏观的国家发展规划相结合。目前健康医疗大数据治理的优先级较低，主要依附于实体健康行业相关机构及健康服务，以其业务的衍生产品形式，未作为独立主体受到关注。数据所有权和数据管理等核心问题未在国家层面进行统一规范与清晰界定，以建立合理的、科学的健康医疗大数据发展格局。

2. 健康医疗大数据法律体系亟待完善　目前我国缺少针对性、系统性的健康医疗大数据法律法规，对数据的采集、共享与利用进行全流程规范引导，对健康医疗大数据的所有权、知情权、使用权等关键问题予以明确界定，使其有法可依、有章可循。一方面，健康医疗大数据在法律层面尚未建立综合治理体系，缺乏对相关利益方的引导和约束，未明确各方的权益与义务；另一方面，应正视对个体隐私予以保护的迫切需求，并与其他信息相关的法规政策衔接。

（二）标准化要求与数据共享

1. 数据的标准化与统一　数据标准化和集成是数据共享的前提。健康医疗大数据来自许多不同的数据源，以解决不同的实践问题和研究问题，这些数据集彼此之间缺乏联系，为了避免数据不完整、不一致且不兼容的问题，对识别、协调和集成不同区域、组织、类型的数据提出了更高的要求，需要建立统一的规范，以同时比较和分析多来源数据库。例如，以标准化方式收集数据、根据标准定义对数据进行分类、将健康医疗大数据统一为通用格式，以实现多个组织和区域之间的资源协作。

2. 数据共享　对数据的访问限制是发挥健康医疗大数据潜力的主要障碍。一方面，机构之间健康医疗数据共享效率低下。由于缺乏完善的数据共享机制，医疗机构、科研机构及其他机构之间存在信息壁垒，在许多情况下，患者监测数据并未整合到临床诊疗中，临床数据也未整合到公共卫生服务和传染病监测中，数据尚未完全嵌入相关组织的业务流程和组织管理实践中。另一方面，由于健康医疗大数据本身特征限制，除结构化数据外，有大量的非结构化信息，在不同组织、不同区域之间共享，非结构化信息则更难以实现，社会个体和组织获取信息的准入门槛高。

（三）数据安全性与透明度

1. 信息安全与个人隐私问题　大数据在存储、处理、传输等过程中面临诸多安全风险，随着数字化趋势的发展，大数据处理技术逐渐多元化、健康医疗信息逐渐集中化，大型数据库陆续建立，个体健康医疗数据面临攻击的巨大风险。健康医疗大数据较其他类型的大数据更加敏感，数据泄漏不仅会对个体健康状况、财务损失带来风险，也容易引起被孤立、名誉受损、伤害歧视等社会问题。目前第三方出于商业目的，在未经授权的情况下通过违法渠道滥用大众健康信息的现象非常普遍，而个体却通常难以知道他们所共享的具体数据、数据后续存储及合法处理，如何在健康医疗大数据开发利用与隐私保护间达到平衡，一直是制约数据有效共享与利用的瓶颈。

2. 数据透明度　对居民个体而言，尽管作为数据的生成主体名义上拥有健康数据，但这些健康数据可能被分散地存储和控制在医疗机构、医务人员、科研机构、医药企业和政府机构等无数不兼容的数据孤岛中，个体无法访问和控制自己的健康医疗数据。对社会大众而言，由于个人隐私限制、信息披露制度尚不健全，健康医疗大数据仍局限于健康医疗行业内部，数据透明度低，未与其他行业形成联动，社会大众获取数据的难度较大。

（四）数据转化

1. 多来源数据转化、集成和处理　数据的完整性、质量与大数据最终的应用成效密不可分。当前的标准和技术尚不足以满足健康医疗大数据集成应用的要求，不能符合数据质量低、数据缺乏统一的标准，很难实现不同级别的结构化、半结构化和非结构化数据集成，对后续数据处理提出了极大挑战；数据的准确性、代表性也会影响数据应用的结果，从而影响决策的科学性。

2. 数据难以为管理服务，与政策衔接不紧密　健康医疗大数据的价值取决于从大规模资源中提取有意义信息的能力，以提高对人类健康的理解，在基础设施、人才培养、管理体制上提出了更高的要求。在基础设施方面，目前的数据库、基层信息系统尚不具备分析和使用这些异构大数据的能力，难以实现跨学科的方法集成。在人才储备方面，健康医疗从业者和政策制定者应充分认识大数据的价值并发挥其效用。目前，同时拥有数据应用能力、医学知识和管理意识的专业人才非常缺乏。在管理体制方面，需要改进管理体制和设计机制，以便将大数据资源转换为政策制定依据。目前大数据资源丰富，而其访问、应用受到限制，难以转化为政策，应创造适当的制度和政策环境，探索实现健康医疗大数据应用的做法。

二、发展趋势

（一）政府角色转变

在大数据时代下，为推动大数据在卫生政策与管理中的应用，政府角色发生了转变。

一是政府从数据的收集者和储存者转变为了数据的分析者和应用者。一方面，政府作为公共治理的主体，掌握着海量的健康医疗数据。另一方面，政府在收集和储存相关数据后，还应该挖掘数据的潜在价值，对数据进行深度分析后应将其运用于政策的制定、执行与评估中，从而提升政府卫生决策科学化水平和管理服务效率。

二是政府成为大数据平台的建设者和维护者。建立一个结构合理、智能集约的大数据共享平台不仅有利于实现高效的政府运行模式，还能服务于企业、组织、社团乃至普通公民。进行健康医疗大数据信息分析和挖掘需要以大量的数据信息为基础，且配置高性能的运算处理器，需要政府投入一定的人力和物力，以保证大数据平台的建设和运行，同时还应采用必要的安全防范措施保证用户的数据不被泄露，分析结果不被滥用等。

三是政府扮演了监督数据使用的角色。一方面，政府需要为大数据在卫生政策与管理中的应用提供基础规则。政府可以为市场、社会主体提供基本互动规则，例如，针对公民隐私保护、公共数据安全在内的一系列法治规则。另一方面，政府有责任通过合理科学的事前、事中和事后监督，及时发现不当行为，并采取必要措施规范公共部门和私人部门的数据采集和使用行为。

（二）应用范围拓展

目前，健康医疗大数据已经被越来越广泛地应用于临床医疗、管理决策、公共卫生等领域，为政府部门、医生、患者、社会公众提供越来越大的便利。

1. 临床医疗领域　健康医疗大数据在临床医疗领域发挥的作用主要体现在能为医生的临床医疗决策提供科学参考。通过对海量文献的学习和对错误不断纠正，临床医疗辅助决策系统能够协助医生做出最佳的诊断和治疗，让临床诊断更加智能和高效。

此外，健康医疗数据共享在临床医疗领域的应用能为实现分级诊疗制度和开展远程医疗工作提供必要的基础。健康医疗数据共享分为院内和院际调阅两种场景。院内临床诊疗信息互联互通依托医院电子病历系统，针对医生诊断、治疗及安全用药参考等需求，实现患者信息在医院内跨部门调阅，包括门急诊病历记录、出入院记录、实验室检查报告、医学影像检查报告等信息。院际互联互通主要依托区域医疗信息平台，以实现在区域内医疗机构间信息的互联互通。

2. 管理决策领域　健康医疗大数据能够为管理者决策提供科学的数据支持。医疗行业和机构的管理者可以运用各种统计和分析方法，从多个角度全局性地掌握医疗机构运营的总体情况，有效进行成本控制，作出科学化、合理化决策，从而提升医疗机构的运营管理水平。卫生行政部门的管理者可以通过区域卫生信息平台获取宏观管理所需的数据支持，在卫生资源调控、政策制定、绩效评价、监督及数据深度挖掘利用等方面发挥大数据的应用价值。

3. 医疗保险领域　健康医疗大数据在医疗保险领域主要用于医保监控和实现精准定价。健康大数据分析可以帮助医保机构识别欺诈骗保行为，如分解住院、不合理使用医疗检查项目或高值医用耗材、诊断和处方药品指征不匹配、药品剂量超标等问题，通过大数据分析和机器审核，及时发现欺诈行为，并对其进行防范。另外，基于卫生经济学和医疗研究的医保定价也是大数据在医疗保险领域的重要用途之一。

4. 慢性病管理领域　针对慢性病患者，通过建立慢性病风险预测模型、慢性病诊断模型、疾病关联的并发症分析、用药模式分析及诊疗项目关联分析等，为慢性病患者制订个性化的疾病防治与干预计划，及时改变患者的不良生活习惯，控制疾病的进展。同时，还可以通过可穿戴式设备采集慢性病患者的体征数据，实时监测生理指标，通过大数据平台对病情变化进行智能评估，以便预警患者并发症风险并进行干预。

5. 公共卫生领域　通过大数据开展突发公共卫生事件监测模型研究、疾病检测模型、疾病干预政策效果模拟、传染病监测模型研究等，有助于疾控部门提高公共卫生监测和反应的速度。公共卫生监管部门可以将地区差异作为重要变量，针对每个城市分别建模，对区域健康与传染病进行实时分析与展示。公众可以实时了解自己所面临的疾病风险，有针对性地进行预防。医疗机构可以根据流感等病情的暴发时间和力度，提前预判并及时做好预防措施和医疗资源的储备和分配。医药公司可以根据预测结果，开展疫苗的精确研发并及早备药，解决患者的用药需求。

（三）健康医疗数据来源多样化

政府不再是数据的唯一或主要来源，卫生决策中重要的健康医疗数据来源包括个人属性数据、健康状态数据、医疗应用数据、医疗支付数据、卫生资源数据和公共卫生数据（详见第三章）。

（陈文　刘稳）

思考题 ┄┄┄

1. 健康医疗大数据如何助力卫生政策制定从"经验决策"向"数据驱动决策"转变？

2. 随着健康医疗数据来源的多样化，如何整合和分析多源异构数据，以提高卫生决策的科学性和精准性？

3. 政府在健康医疗大数据发展中承担着多种角色，应如何协调多种角色以更好地推动大数据在卫生政策与管理中的应用？

4. 健康医疗大数据在医疗健康领域还有哪些创新应用？是否具有可推广性？

5. 在健康医疗大数据的影响下，卫生政策与管理领域未来可能有怎样的发展趋势及潜在风险？

---

e 数字资源详见　新形态教材网

　学习目标　　　内容提要　　　本章小结　　　参考文献

第十七章

传染病防控和突发公共卫生事件应急管理

思维导图

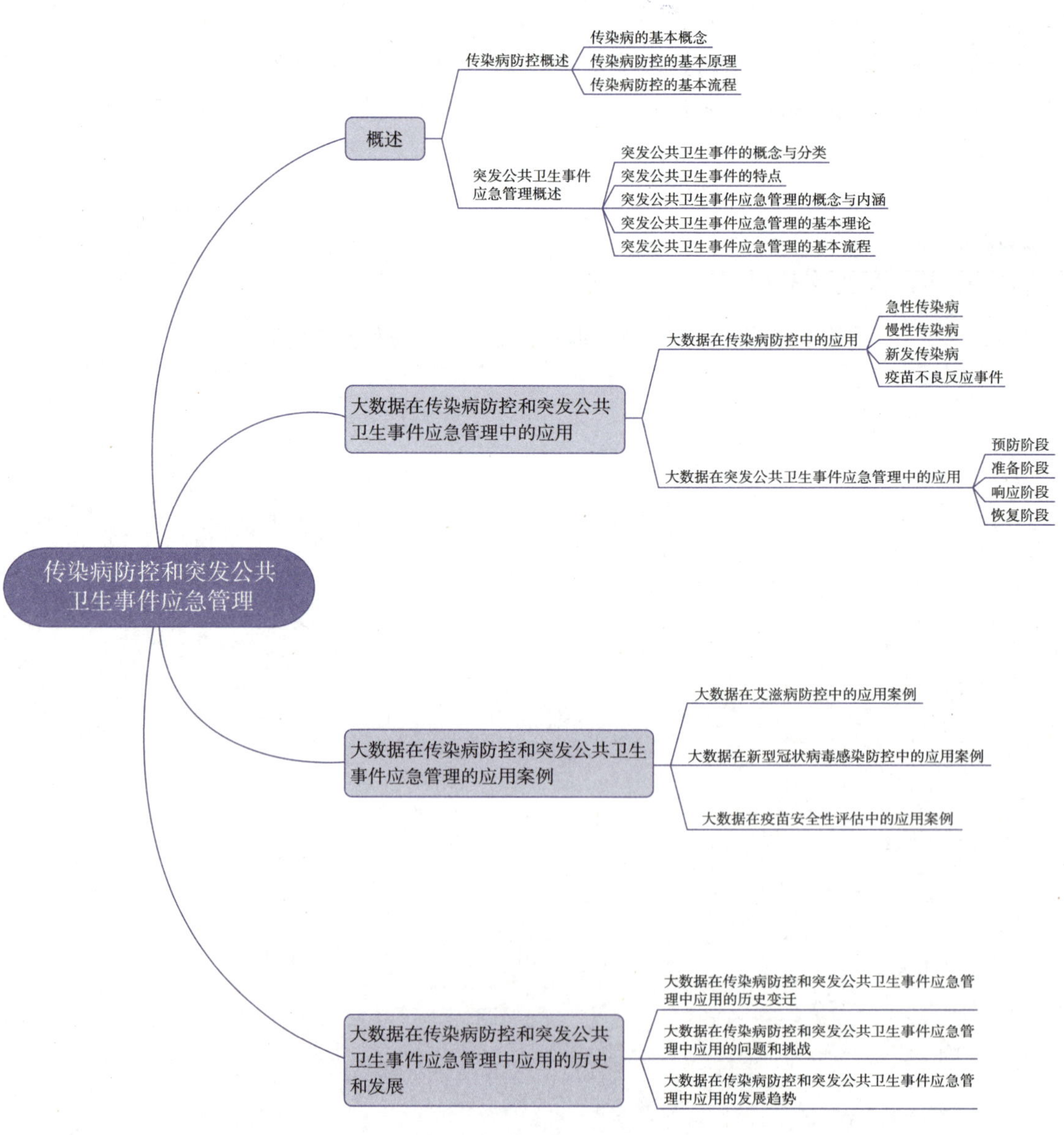

传染病防控和突发公共卫生事件应急管理
- 概述
  - 传染病防控概述
    - 传染病的基本概念
    - 传染病防控的基本原理
    - 传染病防控的基本流程
  - 突发公共卫生事件应急管理概述
    - 突发公共卫生事件的概念与分类
    - 突发公共卫生事件的特点
    - 突发公共卫生事件应急管理的概念与内涵
    - 突发公共卫生事件应急管理的基本理论
    - 突发公共卫生事件应急管理的基本流程
- 大数据在传染病防控和突发公共卫生事件应急管理中的应用
  - 大数据在传染病防控中的应用
    - 急性传染病
    - 慢性传染病
    - 新发传染病
    - 疫苗不良反应事件
  - 大数据在突发公共卫生事件应急管理中的应用
    - 预防阶段
    - 准备阶段
    - 响应阶段
    - 恢复阶段
- 大数据在传染病防控和突发公共卫生事件应急管理的应用案例
  - 大数据在艾滋病防控中的应用案例
  - 大数据在新型冠状病毒感染防控中的应用案例
  - 大数据在疫苗安全性评估中的应用案例
- 大数据在传染病防控和突发公共卫生事件应急管理中应用的历史和发展
  - 大数据在传染病防控和突发公共卫生事件应急管理中应用的历史变迁
  - 大数据在传染病防控和突发公共卫生事件应急管理中应用的问题和挑战
  - 大数据在传染病防控和突发公共卫生事件应急管理中应用的发展趋势

第一节　概　　述

一、传染病防控概述

（一）传染病的基本概念

传染病（infectious diseases）是由各种病原体引起的，能在人与人、动物与动物或人与动物之间传播的一类疾病。病原体中大部分是微生物，小部分为寄生虫，寄生虫引起的疾病又称寄生虫病。

（二）传染病防控的基本原理

1. 传染病的发生发展　病原体侵入机体后，两者发生作用和斗争，造成感染，其过程和结局取决于病原体的综合毒力和机体的防御能力，同时受当时所处环境以及各种治疗措施的影响。

（1）病原体的致病能力（pathogenicity）

1）病原体的数量：在同一类疾病中，病原体的数量与其致病能力成正比关系。

2）侵袭力（invasiveness）：致病病原体能突破宿主皮肤、黏膜生理屏障等进入机体，并在体内定居、繁殖和扩散的能力。

3）毒力（virulence）：病原体感染宿主后引起宿主严重疾病的能力。

4）变异性（variability）：病原体可因自身基因和外界环境的变化，以及获得某些耐药质粒而发生变异。变异的结果可使病原体的毒力减弱，也可以使其增强，往往可逃避机体特异性免疫作用，有利于感染的持续。

（2）机体的防御能力

1）非特异性免疫（non-specific immunity）：是人体对入侵的各种病原体及其他异物的一种清除反应，不是针对某种特定病原体或其成分。这种防御能力是遗传获得的先天免疫力，人生来就有，由屏障作用（皮肤和黏膜；具有杀菌作用的物质，如胃酸、溶菌酶等；血脑屏障和胎盘屏障）、体液因子（补体及各种细胞因子）组成。

2）特异性免疫（specific immunity）：人体受到某些特定的病原体感染时，对其抗原特异性识别后产生特异性免疫，这种免疫力只对该种抗原有作用，对其他抗原不起作用。由细胞免疫（已致敏的 T 淋巴细胞再次遇到该抗原时，可产生特异性的细胞毒作用，并释放各种细胞因子，共同杀灭病原体及其所寄生的细胞）和体液免疫（B 细胞受抗原刺激后，从浆母细胞转化为浆细胞，并产生能与该抗原相结合的免疫球蛋白，也即抗体）组成。

（3）环境因素的影响：自然环境的温度、湿度等气候条件，以及社会环境如经济水平、营养条件、卫生习惯和设施等，都对机体的防御能力有影响。此外，各种药物和非药物的治疗措施，对感染过程有着很大的干预作用。

2. 传染病的自然史和感染谱　传染过程不一定都引起传染病。由于不同病原微生物的致病力、毒力、传染性不同，机体（人和动物）的防御能力不同，以及外在环境因素等的影响，感染者可表现出轻重不等的临床表现，最终出现不同的结局，即所谓的感染谱，包括一过性感染、潜伏性感染、病原携带状态、隐性感染、显性感染等。

急性传染病的发生、发展和转归，通常分为潜伏期、前驱期、症状明显期、恢复期4个阶段（图17-1）。

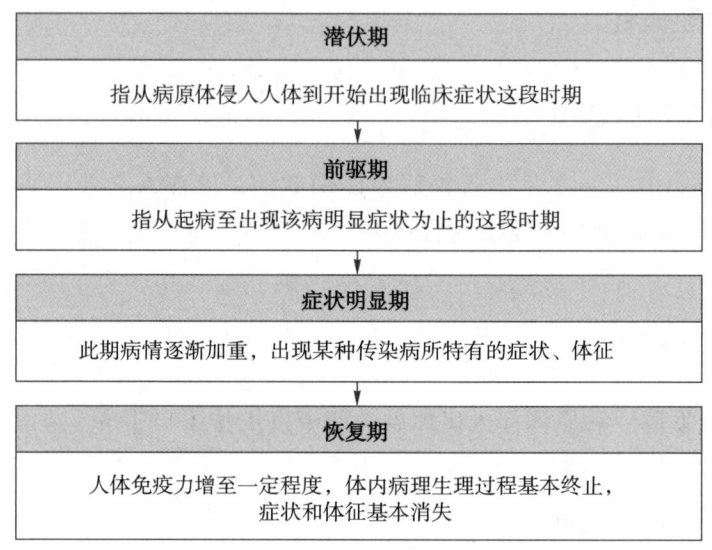

图 17-1　传染病的病程

3. 流行过程的基本环节

（1）传染源（source of infection）：指体内有病原微生物存在，并能将其排出体外的人和动物。患者、病原微生物携带者（分为病后病原携带者和健康病原携带者）、受感染动物等均可作为传染源（主要有狂犬病、布鲁菌病、鼠疫、钩端螺旋体病、血吸虫病等），其在流行中的各自重要性则因不同传染病而异。

（2）传播途径（route of transmission）：病原微生物从传染源体内排出后，经不同方式到达易感者的所经道路称为传播途径。传播途径一般可分为以下几种。

1）空气传播，主要有流行性感冒、麻疹、肺结核等。

2）水传播，主要有伤寒、霍乱、细菌性痢疾等。

3）饮食传播，有多种肠道传染病、多种肠道寄生虫病和个别呼吸道传染病，如结核、白喉等。

4）接触传播，可分为直接接触（狂犬病、性传播疾病等）和间接接触（通过污染的手或日常用品等）两类。

5）虫媒传播，经节肢动物如蚊、蝇、虱、蚤等媒介的传染病有疟疾、丝虫病、乙型脑炎、黄热病、立克次体病等。

6）土壤传播，土壤中病原体的幼虫（蛔虫、钩虫、粪类圆线虫等幼虫）或芽孢（破伤风梭菌、炭疽杆菌等的芽孢）可钻入皮肤或沾染皮肤伤口而引起感染。

7）血液、体液、血制品传播，如艾滋病、乙型和丙型肝炎等。

8）医源性传播，医务人员诊治或预防疾病过程中引起的传播，如输血后疟疾等。

9）母婴传播，在母亲妊娠期间，其病原体可以通过胎盘感染胎儿，引起宫内感染。在围生期新生儿通过产道时，以及出生后母乳喂养或与母亲密切接触中受到感染等，亦属于母婴传播的范围，如乙肝和艾滋病。

（3）易感人群（susceptible people）：对某种传染病缺乏免疫力，易受该病感染的人群和对传染病病原体缺乏特异性免疫力，易受感染的人群。

4. 传染病防控原则

（1）预防为主：传染病主要通过呼吸道、消化道、皮肤和黏膜等途径进行传播，而预防措施则是通过提高公众健康意识、控制病原体传播途径、加强环境卫生管理等手段，预防传染病的发生和传播。

（2）早发现、早隔离、早治疗：对于确诊或疑似患者，应及时采取隔离措施防止病原体传播。针对一些疾病，如严重急性呼吸综合征、禽流感等，还需要建立相应的传染病隔离治疗机构，对患者进行隔离治疗，以尽快控制病情的发展。同时，也需要及早对患者进行治疗，避免病情的恶化和传播扩散。

（3）疫苗预防：疫苗是一种预防疾病的有效手段，可以刺激人体免疫系统产生抗体，具有较高的保护效果。针对一些疾病，如乙肝、麻疹、流感等，可以通过疫苗接种的方式进行预防。

（4）消毒措施：传染病的病原体可以在人体、环境和物体表面存活一段时间，通过对病原体的消毒，可以降低传播风险。消毒措施可以采用物理方法，如加热、紫外线等，也可以采用化学消毒剂，如乙醇、氯等。

（5）个体防护：在病原体传播高发期，人们需要加强个人防护，以降低感染的风险。例如，佩戴口罩、勤洗手、避免接触患者等，可以有效地降低传播风险。

（6）社交距离：在病原体传播高发期，需要采取控制社交距离措施，减小人群密集度，降低传播风险。此外，避免在封闭空间内长时间聚集，减少人员流动等，也有助于降低传播风险。

（三）传染病防控的基本流程

常见的传染病防控流程为：监测、预警预测、患者管理、应急处置。

1. 传染病防控监测 是指在特定的人群或地区对有关传染病进行监测和收集信息的活动，旨在及早发现病情变化和趋势，为及时采取预防和控制措施提供依据。

（1）监测对象：传染病监测的对象一般包括疾病病例、病原体、病媒和相关的人群、环境等。

（2）监测内容：传染病监测的内容包括病例报告、流行病学调查、病原学检测、病媒监测、疫苗接种监测等。

（3）监测方法：传染病监测的常用方法包括病例报告制度、实验室检测、流行病学调查、病媒监测等。其中，病例报告制度是指对医疗机构、学校、企事业单位等开展的传染病报告制度，通过报告病例数量、病例分布、病原体检测等信息，实现对传染病疫情的监测；实验室检测是指通过病原体的检测和鉴定，明确病原体的类型和分布情况；流行病学调查是通过对疫情发生人群和环境的详细调查，确定病原体的传播途径和流行特征，为制订防控策略提供科学依据。

（4）监测机构：传染病监测机构一般由卫生行政部门、疾病预防控制中心、医疗机构、实验室等组成。

2. 传染病防控预警预测　是指采取一系列科学的方法和手段，根据过去的疫情数据和当前的流行趋势，对未来可能的传染病疫情进行预测，并及时发出预警信息，以便采取相应的预防和控制措施。

（1）预警预测对象：传染病防控预警预测的对象一般包括疾病病例、病原体、病媒和相关的人群、环境等。

（2）预警预测内容：传染病防控预警预测的内容包括疫情趋势预测、疫情等级评估、疫情预期分析、流行病学特征分析等。

（3）预警预测方法：传染病防控预警预测的常用方法包括数学模型预测、时间序列分析、空间分析、人工智能等。其中，数学模型预测是通过建立数学模型，利用历史数据和当前数据对未来疫情进行预测；时间序列分析是指运用时间序列分析的方法对疫情数据进行预测；空间分析是通过空间信息技术和地理信息系统，对疫情空间分布进行分析和预测；人工智能则是运用计算机技术和人工智能算法，对疫情数据进行模拟和预测的方法。

（4）预警预测机构：传染病防控预警预测机构一般由卫生行政部门、疾病预防控制中心、医疗机构、科研机构等组成。

3. 传染病防控的患者管理　是指对感染传染病的患者进行管理和隔离，以防止疫情的扩散和传播。患者管理主要包括以下几个方面：

（1）病人登记：对感染传染病的患者进行登记，记录病情、隔离时间、治疗过程等信息，以便于监测疫情的发展和评估治疗效果。

（2）隔离治疗：对感染传染病的患者进行隔离治疗，避免交叉感染。隔离治疗要根据疫情的情况和患者的病情，选择不同的隔离方式和场所，如家庭隔离、集中隔离等。

（3）医疗监管：对感染传染病的患者进行医疗监管，包括定期检查病情、治疗、协助病人遵守隔离规定等。

（4）消毒防护：对隔离场所进行消毒处理，对患者的衣物、用具等物品进行消毒处理，以杀灭病毒和细菌，避免交叉感染。

（5）信息公开：及时向公众公开疫情信息和患者管理情况，加强对公众的宣传教育，提高公众的防范意识和自我保护能力。

4. 传染病防控应急处置　是指发生传染病疫情时，针对疫情的暴发、蔓延或恶化，以及公众或个人的健康安全，采取及时、系统、协调和科学的处置措施，以保障公众的健康，并尽可能地减少人员伤亡和财产损失。具体的传染病防控应急处置措施包括以下几个方面：

（1）建立应急预案，明确防控任务和责任分工。应急预案应该包括应急响应流程、卫生监测体系、疫情报告机制、病例追踪措施、疫情处置流程、防护物资保障、宣传教育和社会心理疏导等方面。

（2）组织调查和病例追踪。在疫情发生后，尽快组织公共卫生调查和病例追踪工作。要追踪病例的流行病学信息，包括来源、密切接触者、传染途径等，以便及时诊断、隔离和治疗病例，同时限制疫情的传播。

（3）加强监测和报告。要加强疫情监测和报告系统，及时发现和报告疫情，包括疾病传播趋势、病例报告、疫苗接种等相关信息。

（4）建立隔离和治疗措施。对发现的病例要进行及时隔离和治疗，避免疫情进一步扩散。同时要加强医护人员和社区工作者的培训和防护，保障他们的安全和健康。

（5）加大疫苗接种力度。对已有疫苗防治措施的传染病，要加大疫苗接种力度，提高公众免疫力。

（6）加强社会宣传和教育。要加强疫情宣传和教育，提高公众的防病意识和个人防护意识。

二、突发公共卫生事件应急管理概述

（一）突发公共卫生事件的概念与分类

世界各国针对其面临的主要健康威胁不同，对突发公共卫生事件的定义和关注点也不同，例如，美国重视生物恐怖、核攻击；日本则更多地关注传染病、自然灾害及饮用水安全。我国突发公共卫生事件应急条例中明确规定，突发公共卫生事件（public health emergency，PHE）是指突然发生，造成或可能造成社会公众健康严重损害的重大传染病疫情、群体性不明原因疾病、重大食物和职业中毒，以及其他严重影响公众健康的事件。

按发生原因，突发公共卫生事件主要分为：生物病原体所致疾病、有毒有害因素污染造成的群体中毒、食物中毒事件、自然灾害、职业中毒、意外事故引起的死亡、不明原因引起的群体发病或死亡及"三恐"事件，参见表17-1。

表17-1　突发公共卫生事件按原因分类

发生原因	具体内容
生物病原体所致疾病	指传染病、寄生虫病区域性流行，预防接种或预防服药后出现群体性异常反应，群体性医院感染等
有毒有害因素污染造成的群体中毒	指由污染所致，对社会公众健康造成严重损害的水体污染、大气污染等
食物中毒事件	指人摄入有害物质后所出现的非传染性的急性或亚急性疾病
自然灾害	指地震、火山爆发等造成人员伤亡、引发社会心理问题的灾害
职业中毒	指由高温、低压、有毒气体、粉尘等职业暴露因素造成的人数众多或者伤亡较重的中毒事件
意外事故引起的死亡	指造成人员伤亡的煤矿瓦斯爆炸、飞机坠毁、车祸等重大安全事故
不明原因引起的群体发病或死亡	指原因不明、公众缺乏相应的防护事件
"三恐"事件	指生物、化学、核辐射恐怖事件

按事件性质、严重程度、可控性和影响范围，突发公共卫生事件可分为四级：Ⅰ级（特别重大）、Ⅱ级（重大）、Ⅲ级（较大）和Ⅳ级（一般），分别对应红色、橙色、黄色和蓝色预警。对于不同级别的突发公共卫生事件，应急管理的责任和应急处置的效能不同。Ⅰ级由国务院负责组织处置；Ⅱ级由省级政府负责组织处置；Ⅲ级由市级政府负责组织处置；Ⅳ级由县级政府负责组织处置（图17-2）。

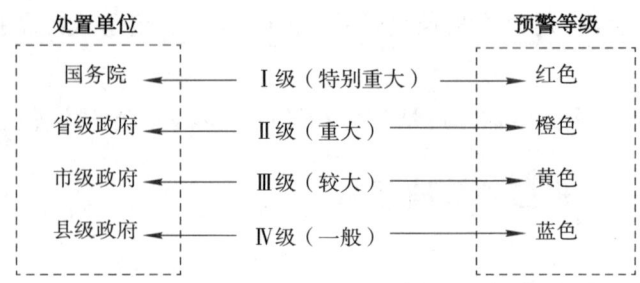

图 17-2 突发公共卫生事件分级及对应预警等级

（二）突发公共卫生事件的特点

1. 突发性和紧迫性 突发公共卫生事件往往是突如其来的，它要求在尽可能短的时间内做出决策并及时应对。紧迫性还体现在应对者所面临的巨大时间和心理压力。

2. 不确定性和复杂性 突发公共卫生事件的产生、发展受制于多重因素的影响，信息的不确定性、公众诉求的迫切性、应对能力的差异性等，使得事件的演变轨迹和结局具有不确定性。同时，突发公共卫生事件可能由自然因素、人为因素等多种原因造成，各种因素相互依赖、交织互动，导致后果的复杂性。

3. 危害性 突发公共卫生事件关系到人类的生存和发展，处理不当会造成社会公众的健康、生命财产的损害，还可能导致社会生活和工作秩序的破坏，影响社会稳定、破坏经济建设，诱发一系列继发危机事件，并造成多重社会组织危害。

4. 群体性和公共性 群体性和公共性会通过其造成的群体性危害、群体事件、群体社会压力等方式表现出来。事件所引发的关注又会进一步将其推向政府和公众的议事日程，使之成为整个社会关注的重大公共问题。

5. 传播的广泛性 突发公共卫生事件所具有的危机特性使其在现代高度信息化的社会中具有极大的传播能力，包括事件本身（如传染病疫情）的快速传播性，以及事件信息和影响（如传染病暴发带来的群体性恐慌、焦虑等情绪）的快速传播性。

6. 治理的综合性 突发公共卫生事件的解决仅依靠单方面或单条线的力量是难以实现的，需要充分发挥行政力量、法律力量、媒体力量及社会力量等进行综合治理，才能使突发公共卫生事件得到较好的治理。

（三）突发公共卫生事件应急管理的概念与内涵

突发公共卫生事件应急管理指在突发公共卫生事件发生前后采取相应的监测、预警、物资储备等应急准备，以及现场处置等措施，及时预防引起突发公共卫生事件的潜在因素、控制已发生的突发公共卫生事件。同时，对突发公共事件实施紧急的医疗救治，以减轻其对社会、政治、经济、人民群众健康和生命安全造成的危害。

1. 突发公共卫生事件应急管理是常态管理和非常态管理的有机结合 突发公共卫生事件应急管理不仅关注已经发生的突发公共卫生事件的有效处置和应对，同样包括对即将出现的各种突发公共卫生事件风险和隐患的有效识别、评估、管理和控制，因此它是常规管理和非常规管理活动的有机结合。

2. 突发公共卫生事件应急管理是专业技术应对与管理应对的有机整合　突发公共卫生事件的有效处置离不开公共卫生和医疗救援等专业技术人员的参与，其现场处置能力的高低将直接影响突发事件能否得到及时解决。同时，突发公共卫生事件的快速演变性和应对复杂性越来越需要做好管理，如规划、组织、决策、协调和资源调配等工作。突发公共卫生事件应急管理需要专业技术人员与管理人员的密切配合，需要重视应急专业处置基础上的管理策略和手段的探索与研究。

3. 突发公共卫生事件应急管理是多元主体参与多种治理手段结合的系统管理活动　突发公共卫生事件应对呈现出复杂性、系统性和跨部门性等特点，需要多元主体的参与，需要运用行政、法律、科技、管理、信息、舆论等多样化治理手段，通过目标、要素、资源间的有机整合，实现对突发公共卫生事件的有效控制。

（四）突发公共卫生事件应急管理的基本理论

突发公共卫生事件的发生和应对是一个错综复杂的过程，不仅要关注突发公共卫生事件发生、发展、演变规律的研究，更要关注可能介导、传播、放大突发公共卫生事件的各种因素和关联机制，探索有效阻断、弱化危机连锁效应形成的关键手段和策略。突发公共卫生事件应急管理涉及的理论众多，此处介绍主要的几种理论。

1. 复杂巨系统理论　突发公共卫生事件的发生、发展和演变过程具有复杂系统的特征：① 系统结构、层次的多元性和复杂性；② 系统要素构成与关联的多重性和复杂性；③ 系统内外部相互关系的多样性和复杂性；④ 系统运行状态的动态开放性；⑤ 系统演变对初始条件的敏感性；⑥ 系统演变过程的混沌性、随机性与复杂性等特点。

2. 多米诺骨牌效应理论　当突发公共卫生事件发生后，可能借助各类因素之间的多重关系链条，将危机传播出去。由于各种诱因和结果之间又互为因果、彼此促进，从而可能衍生出多个次生灾害，每个次生灾害又会在各类因素的进一步影响和推动下，形成相互交织、错综复杂的连锁反应。因此，突发公共卫生事件应急管理的重要任务之一是研究导致突发公共卫生事件放大和连锁危机产生的机制和原因，探索有效阻断危机连锁反应的综合应对策略。

3. 权变管理理论　权变管理理论的核心是研究组织的各子系统内部和各子系统之间的相互联系，以及组织和它所处的环境之间的联系，确定各种变数的关系类型和结构类型。它强调在管理中要根据组织所处的内外部条件随机应变，针对不同的具体条件寻求不同的、最合适的管理模式、方案或方法。

4. 卫生应急协同治理理论　为了有效遏制突发公共卫生事件及其危害快速蔓延，仅仅依赖政府难以有效应对，需要整合政府、社会、组织、个人等所有政府和非政府的社会资源协同应对，探索和运用多种治理策略手段，构建多元利益主体参与、资源互补、权力分享、风险共担、彼此依赖的动态卫生应急组织网络系统。

5. 学习型组织理论　学习型组织是指应变力强、不断自我学习，充满活力与创造力，善于应变、创新，不断自我超越的组织。突发公共卫生事件因其具有动态多样性、高度不确定性、复杂多变性，以及外部环境的多元复杂性、混沌性等特点，无法按照固定模式去应对。因此，需要建立不断反思和学习的学习型组织和制度，保障组织应对突发事件知识学习的常态化。

（五）突发公共卫生事件应急管理的基本流程

有关突发公共卫生事件应急管理的流程，各国学者提出了多个模型，包括二阶段、三阶段、四阶段、五阶段、六阶段、七阶段模型等。其中较为常用的是四阶段模型，以 PPRR 模型为例，将基本流程分为预防（prevention）、准备（preparation）、响应（response）和恢复（recovery）四阶段（图 17-3）。

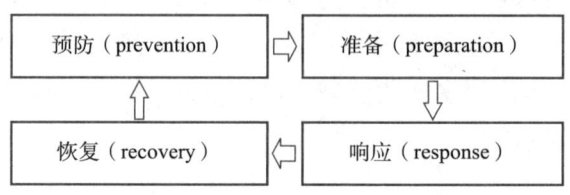

图 17-3　突发公共卫生事件应急管理的 PPRR 模型

第二节　大数据在传染病防控和突发公共卫生事件应急管理中的应用

一、大数据在传染病防控中的应用

大数据技术可以实现对病例分布、传播途径、传染源等方面的实时监测和分析，及时发现疫情动态变化，指导防疫工作的科学决策。此外，还可以为疫情预测、趋势分析、影响评估、资源调配、物资保障等方面提供有效的支持。

（一）急性传染病

急性传染病通常突然暴发，迅速传播，可能在短时间内影响大量人群。

1. 数据类型　大数据需要及时更新，包括但不限于以下数据：

（1）暴发调查数据：收集有关暴发源、传播途径和受影响人群等详细信息。

（2）医疗数据：包括感染者的临床记录、实验室检测结果、治疗情况和结果等。

（3）流行病学数据：包括疫情传播的时间、地点和人群特征，以及疫情的暴发规模和趋势等。

（4）病原体基因组数据：收集和分析病原体的基因序列数据，以追踪病原体变异并指导疫苗和药物的研发。

（5）医疗资源数据：包括医院床位、呼吸机、防护设备等医疗资源的供应情况。

（6）社交媒体和移动应用数据：用于监测公众的情感和行为，以及传播虚假信息的情况。

2. 大数据应用特点　急性传染病防控中大数据的应用具有以下特点：

（1）实时性：急性传染病疫情变化快，需要能够及时更新数据，并实时分析疫情的变化趋势。

（2）多源性：疫情数据来自多个渠道、多个部门，需要对这些数据进行整合和分析。

（3）多维度性：疫情数据需要从不同的维度进行分析，如时间、地域、人群等。

（4）预测性：要能够对历史数据进行分析，预测未来疫情的发展趋势和可能的风险。

大数据应用于急性传染病防控可以提高疫情监测和预警、病例追踪和智能决策等的效率，帮助政府和公共卫生机构快速了解疫情的蔓延状况，合理调配防疫资源，确保防控措施的有效性。通过对疫情数据的深度挖掘和分析，建立疫情预测模型和趋势分析模型，提高防疫的精准性。此外，通过对大数据的分析和挖掘，深入了解公众健康需求和行为模式，针对性地制订健康管理和宣传教育策略，提高公众的健康素养和应对能力。

（二）慢性传染病

慢性传染病通常在感染后会持续存在于患者体内，可能多年甚至终身存在，而不是迅速解决或清除。

1. 数据类型 大数据的应用抽取包括但不限于以下数据：

（1）长期患者追踪数据：患者的长期医疗记录、用药情况、实验室检查结果、治疗效果的数据等。

（2）高危人群数据：如艾滋病病毒携带者、乙肝病毒感染者等，以便提供专门的医疗和支持。

（3）生活方式和预防措施数据：了解人们的生活方式、卫生习惯和预防措施，以制订有针对性的健康教育和干预措施。

（4）健康服务可及性数据：了解患者获得医疗服务的可及性，包括医疗设施的分布、诊断测试的可获得性等。

（5）传染病防控数据：包括检测和隔离数据、疫苗分发和接种数据，以评估防控措施的有效性。

2. 大数据应用特点 慢性传染病大数据应用的特点主要有以下几个方面

（1）数据来源广泛：数据来源包括医疗机构、公共卫生部门、社会保险机构等多个渠道，数据量庞大、种类繁多。

（2）数据质量高：由于医疗机构、公共卫生部门等机构对数据质量有较高的要求，因此数据质量相对较高。

（3）强调数据共享和跨界合作：各个机构之间需要数据共享和跨界合作，以实现数据的整合和分析，进而提高研究效率和成果的质量。

（4）涉及隐私保护：需要对个人隐私进行保护，确保数据安全，防止个人信息被泄露。

慢性传染病的数据通常具有来源广泛、质量高的特点，慢性传染病大数据应用可以帮助建立健康档案和监测系统，实现患者信息的共享和跨部门协作，为慢性传染病防控工作提供科学依据。通过对其数据的分析，了解病毒传播的趋势和规律，及时发现和控制疫情，并且可以了解病毒的变异趋势和患者的免疫状况等信息，为疫苗的研发和推广提供科学依据。

（三）新发传染病

1. 数据类型 新发传染病防控大数据类型包括：

（1）病例数据：患者的个人信息、病情进展、治疗方案和疗效等。

（2）病原体基因组数据：病原体的基因序列信息，可用于病原体溯源和疫苗研发。

（3）跨物种感染数据：不同动物之间及动物和人之间的疾病传播情况，有助于预测新发传染病的发生和传播趋势。

（4）医疗资源分布数据：医院、诊所、药店等医疗资源在不同地区的分布情况。

（5）快速诊断和检测数据：针对新发传染病，需要迅速开发和部署新的诊断和检测方法，并记录其准确性和可行性。

（6）社交媒体数据：人们的言论和行为有助于了解公众对传染病的态度和行为特征。

（7）地理信息数据：不同地区的人口密度、气候状况等信息。

2. 大数据应用特点　新发传染病防控大数据应用的特点包括：

（1）高时效性：可以实时监测疫情变化，并及时进行预警和响应。

（2）多来源性：包括病例数据、病毒基因组数据、医疗资源分布数据、疫苗接种数据、社交媒体数据、地理信息数据等，综合利用这些数据可以更全面地了解疫情情况。

（3）信息共享：促进了不同部门、机构之间的信息共享，有助于加强疫情监测和协调应对。

（4）疫情跨界性：需要综合应用不同领域的数据，如医疗、环境、动植物等领域，从而更好地掌握疫情的发展态势，提高防控效果。

新发传染病大数据应用可以实现对疫情的及时监测和分析，提高预警能力和准确性，从而帮助防控部门提前采取措施，降低疫情传播风险。大数据技术可以根据不同地区、不同人群的特点，制订更具有针对性的防控策略和措施，提高防控效果，减少人员伤亡和财产损失。大数据能够对疫情重点区域的物资需求和医疗资源利用情况进行监测和预测，从而帮助调配物资和医疗资源。此外，能够将有关疫情的信息传递给公众，提高公众对疫情的认知和安全意识，增强应对能力，减轻恐慌和误解。

（四）疫苗不良反应事件

疫苗不良反应事件的大数据收集是重要的，其有助于监测疫苗的安全性并及时采取必要的措施。

1. 数据类型　以下是在疫苗不良反应事件大数据收集中可能需要收集的数据类型：

（1）患者信息数据：包括接种者的年龄、性别、医疗历史、过敏史等个人信息。

（2）疫苗接种数据：包括接种的疫苗名称、批号、接种时间和地点等详细信息。

（3）不良反应数据：患者和医疗保健提供者应提供详细的不良反应描述，包括症状的性质、严重程度、持续时间及可能的并发症。

（4）接种前病史：了解接种前的健康状况和可能的潜在风险因素，如患有特定慢性病或正在服用的药物。

（5）医疗诊断和治疗信息：包括患者接种后接受的诊断、治疗和医疗保健措施。

（6）时间关联：记录接种后不良反应的发生时间，以确定与疫苗接种时间的关联性。

（7）流行病学信息：对多个不良反应事件进行汇总和分析，以确定是否存在疫苗批次或类型异常的事件。

2. 大数据应用特点　疫苗不良反应事件防控大数据应用的特点主要有以下几个方面：

（1）高效性：能够快速对疫苗接种后出现的不良反应事件进行监测和预测，提高防控的效率和响应能力。

（2）全面性：能够从多个角度对疫苗接种后的不良反应事件进行分析，从而发现和排除潜在的安全隐患，保障疫苗的质量和安全性。

（3）自适应性：能够自动学习和调整，对疫苗接种后的不良反应事件进行实时分析和评估，并根据实际情况调整疫苗接种策略，提高疫苗的接种效果和安全性。

通过大数据技术，对疫苗接种人群的年龄、性别、地域等信息进行分析，了解疫苗接种情况和接种覆盖率，优化疫苗接种策略，提高接种效果。大数据分析可以提供大量准确、及时、全面的数据信息，为疫苗研发、评估、推广、接种等科学决策提供有力支持，促进疫苗事业的健康发展。此外，利用大数据技术，可以实现疫苗安全性信息公开和透明化，提高公众知晓率和信任度，保障公众的健康权益。

二、大数据在突发公共卫生事件应急管理中的应用

大数据在突发公共卫生事件的预防、准备、响应和恢复等方面逐渐发挥着重要的支撑作用。

（一）预防阶段

主要应用于查明环境中潜在的各类危险因素和风险，包括但不限于以下数据：

1. **致病微生物数据**　未知致病微生物在环境中的检出情况等。

2. **毒物接触数据**　如企业职工人群接触有毒物种类、频率，食物中毒监测数据等。

3. **伤害数据**　工伤事故频数、事故发生率、伤害类型、食物中毒人数等。

4. **危险因素相关数据**　空气中粉尘含量、长时间保持同一姿势等。

5. **工作、生活环境数据**　如温度、湿度等。

在预防阶段，大数据的应用可以实现工伤预防、食品安全监管等的"关口前移"，在风险尚未变为突发公共卫生事件之前就加以控制，提高突发公共卫生事件预防的及时性、精准性，降低危害。例如，采集既往伤害数据，筛查出常发生健康损害的场所、时间段，进行重点监控；针对危险因素数据，如毒物、高危行为等构建实时动态的风险监测、自动分析及上报机制；结合常规工作、生活环境数据，对出现的异常危险因素数据进行综合评判、预报。

（二）准备阶段

主要包括预警和日常监测。从海量、多源、异构、动态、低密度的数据集中挖掘有价值的信息，从中抽取包括但不限于以下数据：

1. **病原体监测数据**　如流感嗜血杆菌、SARS冠状病毒等各致病微生物在患者体内的监测数据。

2. **健康相关数据**　如发病率、病死率等。

3. **疫情报告数据**　如各级各类医院、疾病控制中心等医疗卫生机构通过网络直报、电话报备的疫情数据。

4. **电子病历数据**　如开具检查类型、检查数量、检验结果等。

5. **药品销售数据**　如解热镇痛药、抗生素、止咳化痰类药物等的销售情况。

6. **消费行为数据**　如餐巾纸、体温计、口罩等的销售情况。

采集既往突发公共卫生事件前出现的异常数据，如病原体监测数据、上升的药品销售数据、增多的涉疫物资消费行为等，生成异常数据库，并设定相关安全阈值。日常进行监测、分析、整

合医疗卫生、疾病预防控制中心、公安、电商网站等关键信息。如监控的异常数据超出所设定的安全阈值，预判可能发生的突发公共卫生事件，自动上报并发出相应预警。

通过分析突发公共卫生事件发生前后关键数据的变化，可以发现事物的内在关联，建立相应的预警机制，可以大幅度提高类似群体不明原因疾病等各类突发公共卫生事件的预警能力，帮助各防控部门提前采取措施，提高预防的准确性和时效性，降低该事件带来的危害。

（三）响应阶段

突发公共卫生事件在发生后如不加以管控，就有可能迅速发展为危急状态，大数据的合理应用能够充分减缓事件的发展过程，在应对过程中采集包括但不限于以下数据：

1. **健康相关数据**　如发病率、死亡率、婴儿死亡率、孕产妇死亡率、病例三间分布等。

2. **医疗相关数据**　如各类各级医院数量、分布、ICU床位数、手术室数等。

3. **交通相关数据**　如车流量、城市公共汽车和电车数量、城市客运设施、城市轨道交通运量等。

4. **地理信息数据**　如人口密度、气候状况、地形地貌等。

5. **舆情数据**　如来自微博、各类门户网站、短视频、社群等社交媒体的数据。

6. **资源数据**　如物资储备量、物资储备分布、救援人员（医护、消防、公安）数量、分布、社会经济状况等。

采集既往突发公共卫生事件各阶段的关键数据，如健康相关数据（发病率、二代发病率等）、政策、交通相关数据（车流量等），构建突发公共卫生事件案件库，生成突发公共卫生事件的演进模型，动态分析突发公共卫生事件的未来走向。根据健康、医疗相关数据等了解目前人群健康及现场受损情况。根据人力、物力、财力等资源数据及交通数据，生成大数据决策系统（图17-4）。灵活调整包括抢救人员、物资发放等应对政策和措施。同时对社交网络、门户网站、搜索引擎等舆情信息进行智能化分析、评估，补充了解目前群众需求，改进沟通策略。

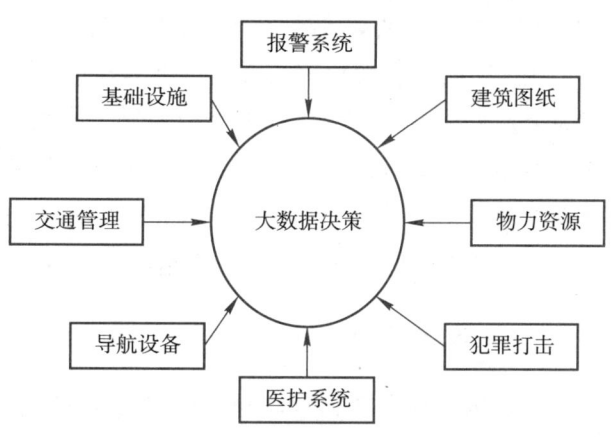

图17-4　微观层面基于大数据信息流的多元应急合作

通过事件进展等相关数据实现动态可视化评估突发公共卫生事件的进展状况及灾后救援状况，优化资源配置，利用有限的资源，发挥更大的价值；实现舆情监测，提升沟通效果，强化公众对政府公信力、执行力的认同；选择合适的应对方案，实现智能决策，精准施治。

（四）恢复阶段

构建突发公共卫生事件事后恢复与重建机制，可以汇总政府、非政府等多主体数据，包括但不限于以下几点：

1. **健康相关数据**　如疾病感染人数、死亡人数、因病致残人数、患病待恢复人数等。

2. **医疗相关数据**　如医院数量、分布位置、ICU 床位数等。

3. **地理信息数据**　如人口密度、气候状况、地形地貌等。

4. **交通数据**　如进出事发地车流量、出行交通工具、路况信息等。

5. **舆情数据**　如来自微博、各类门户网站、短视频、社群等社交媒体的数据。

根据事件相关进展的数据，预测可能的次生事件、反复性事件及其他未来可能发生的事件，做好防控。同时对突发公共卫生事件发生发展全过程的细节数据进行回溯，综合以上所有数据形成"数据池"，对病原体监测数据、事故监测数据进行分析，核查事故发生的原因；综合舆情数据、交通数据等，发现救援过程中尚可以提升的部分，形成全面的调查报告与应对手册。

大数据的应用可以实现如食物中毒、事故灾难等的溯源，灾后恢复重建与救援总结等，分析各主体在突发公共卫生事件应对中的优势与不足，归纳出科学合理的应对方式，形成一套完整的灾情应对处理方案。

第三节　大数据在传染病防控和突发公共卫生事件应急管理的应用案例

一、大数据在艾滋病防控中的应用案例

（一）案例概述

自从免费抗病毒治疗全面推广以后，HIV 感染者与一般人群的期望寿命差距逐渐缩小，艾滋病已经成为一种慢性传染性疾病。在寿命延长的情况下，HIV 感染者心血管疾病、非艾滋病相关肿瘤等慢性非传染性疾病（noncommunicable chronic disease，NCD）的发病率和患病率也随之增加，而长期服用抗病毒药的毒副作用及持续的炎症刺激等病理生理特征则进一步提高了 HIV 感染者NCD 的发病和患病风险。随着报告病例逐年增加和生存状况的改善，存活艾滋病患者显著增多，艾滋病及其慢性合并症造成的疾病负担呈显著上升趋势，死亡人数居高不下。随着信息技术的发展，不同医疗机构之间的信息可以相互关联生成大数据，具有置信度高、个人水平数据完整等优点。通过分析真实世界中 HIV 感染者确诊后的住院率及危险因素，可以为艾滋病防控和管理提供依据。

（二）大数据的类型和特点

本案例中大数据来源于宁波市鄞州区区域医疗卫生信息平台和中国疾病预防控制中心性病艾滋病预防控制中心主建的全国艾滋病综合防治数据信息管理系统。鄞州区区域医疗卫生信息平台即健康大数据平台于 2009 年建立，整合了辖区内所有居民的电子病历（EMR）、居民电子健康记录（EHR）、法定传染病报告和监测数据，以及其他多个部门的监测数据，此平台开展的研究证实该平台具有全面性、可用性、真实性等多个特点。全国艾滋病综合防治数据信息管理系统整合了全国所有报告发现的一百多万 HIV 感染者流行病学调查、常规随访监测检测以及抗病毒治疗、死亡等信息，数据包括 HIV 病例报告卡、随访信息和抗病毒治疗信息，疾病控制中心每 3~6 个月对

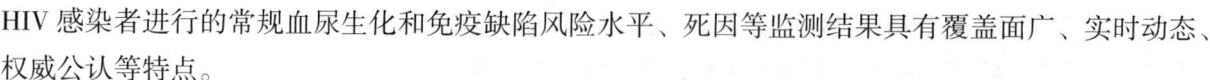

HIV 感染者进行的常规血尿生化和免疫缺陷风险水平、死因等监测结果具有覆盖面广、实时动态、权威公认等特点。

（三）大数据的应用过程

本案例为基于艾滋病综合防治信息系统和鄞州区健康大数据平台的回顾性队列研究。研究对象为 2012 年 1 月 1 日至 2020 年 12 月 31 日，全国艾滋病综合防治数据信息管理系统中宁波市鄞州区报告发现的所有 HIV 感染者，包括当地报告的 HIV 新发感染者和外地报告后期转到鄞州管理的 HIV 感染者。根据全国艾滋病综合防治数据信息管理系统中 HIV 感染者的身份证号码或者是"姓名＋性别＋出生日期"关联 HIV 感染者在鄞州医疗卫生信息平台中的所有住院记录。住院记录中包括患者的基本信息、住院时间、入院时患的疾病、出院时间、出院诊断等信息。入院当天出院的住院记录不纳入分析。

分析鄞州 HIV 感染者的住院率和不同亚群 HIV 感染者的住院率时，当地报告的 HIV 新发感染者观察起点为确诊 HIV 感染时间，外地报告后期转到鄞州的 HIV 感染者观察起点为当地疾病控制中心首次随访时间。观察终止时间为 HIV 感染者的死亡时间、失访时间，若未发生死亡或失访，则观察时间截至 2020 年 12 月 31 日。失访时间为全国艾滋病综合防治数据信息管理系统中最后一次应随访但未能随访的时间。分析确诊后的住院率时，所有 HIV 感染者的观察起点均为 HIV 感染确诊时间，例如 2012 年 5 月 3 日确诊，第一个观察人年为 2012 年 5 月 3 日到 2013 年 5 月 3 日，依此类推，观察终止时间为 2020 年 12 月 31 日。在外地报告后转介到鄞州管理的 HIV 感染者由于无法获得此前在外地的住院记录，所以只分析在鄞州时的住院率。事件为住院，在观察期间内可重复发生，一个 HIV 感染者可能有多次住院。确诊时的 CD4 值为距确诊 HIV 感染时间最近一次 CD4 得检测结果；启动抗病毒治疗时的 CD4 值是指启动抗病毒治疗之前或抗病毒治疗一个月以内，距离启动抗病毒治疗时间最近的一次 CD4 检测结果；最低 CD4 值为抗病毒治疗一个月以后至观察终点期间，CD4 检测结果的最低水平；最近一次病毒载量指最后一次病毒载量检测结果。

将入院疾病分为：① 艾滋病及相关疾病，相关疾病包括艾滋病相关肿瘤、其他性传播疾病和皮肤病；② 心脑血管疾病和代谢异常；③ 肺炎和肺结核；④ 骨折；⑤ 眼部疾病，包括白内障和黄斑变性；⑥ 其他，包括肛瘘、阑尾炎、肝囊肿、慢性鼻咽炎等多个系统的疾病。使用 SAS 9.4 进行数据分析，用 R 4.0.5 和 Excel 2019 进行绘图。由于各年龄组报告病例数差异较大，因此分年龄组描述 HIV 感染者的一般特征、感染途径、CD4 水平、病毒载量水平和住院次数，并进行卡方检验。以住院人次为分子，分别以观察人年和当年管理的 HIV 感染者总人数为分母分析 2012—2020 年鄞州 HIV 感染者的住院率。以住院人次为分子，以观察人年为分母，分析 HIV 感染者确诊后的住院率。分析 HIV 感染者住院的危险因素，自变量选择年龄、性别等人口社会学特征和免疫水平等特征，因变量选择以确诊后从未住院为阴性结果、以确诊后至少有一次住院为阳性结果做 logistic 回归分析。

分析结果显示，在鄞州区 2012—2020 年确诊的 763 例 HIV 感染者中，总住院率和总住院人次数分别为 6.95%（53/763）和 2.59 人次 /100 人年。＜30、≥30、≥45、≥60 岁年龄组 HIV 感染者住院率分别为 3.16%（10/316）、6.07%（15/247）、7.86%（11/140）、28.33%（17/60），住院人次数分别为 0.81、1.59、4.05、17.40 人次 /100 人年。logistic 多因素回归分析结果显示，年龄≥60 岁年龄组与 HIV 感染者有住院史呈显著相关［调整比值比（aOR）= 14.44，95% CI：3.57 ~ 58.46］。

艾滋病及相关疾病、心脑血管疾病和代谢异常、其他疾病导致的住院率分别为1.83%（14/763）、1.05%（8/763）、3.93%（30/763）。据此推断，在抗病毒治疗策略下，鄞州区HIV感染者的住院负担重点人群与普通人群相似，仍然是≥60岁年龄组为主，艾滋病及相关疾病导致的住院比例较少，HIV感染者的总体住院负担增加尚不明显。

（四）启示

随着信息技术的发展和数字中国建设的加速推进，全国已有多个城市建成了区域健康信息平台，不同医疗机构之间的信息相互关联生成大数据，具有置信度高、个人水平数据完整等优点。与此同时，全国艾滋病综合防治信息管理系统等专病大数据平台建设也取得显著进展，特别是在标准化、规范化、国家与省市互联互通等方面的推进，为分析真实世界中相关疾病患者医疗卫生服务可及性、利用率、疾病诊治和生存状况，科学指导疾病防控和管理提供了有力的平台。

二、大数据在新型冠状病毒感染防控中的应用案例

（一）案例概述

新型冠状病毒感染于2020年3月11日被世界卫生组织宣布为大流行。截至2021年12月，全世界的确诊病例已经超过了2亿，死亡人数已经超过了570万。这种疾病是由一种新型冠状病毒（SARS-CoV-2）引起的，SARS-CoV-2主要感染人的呼吸道，造成呼吸道感染；严重者快速进展为急性呼吸窘迫综合征、脓毒症休克、难以纠正的代谢性酸中毒和出凝血功能障碍甚至死亡。已有研究表明，该病毒对紫外线和热敏感，56℃ 30 min、乙醚、75%乙醇、含氯消毒剂、过氧乙酸和三氯甲烷等脂溶剂均可有效灭活病毒，氯己定不能有效灭活病毒。

健康二维码是中国在疫情初期开发的大数据技术，是评估患者是否处于新型冠状病毒感染高风险期的标准之一。根据姓名、身份证号码、手机号码、体温、过去14天出行和到访城市情况等数据，以及症状情况（发热、咳嗽和疲劳）将其划分为红码、黄码和绿码。红码包括以下病例：确诊患者、疑似患者、无症状患者、与确诊患者有过密切接触的人员、居家集中隔离或医学观察人员；黄码包括以下病例：有发热症状的人、与确诊病例没有密切接触的同行者、过去14天内离开中高风险疫区的人或其他接受"黄码"管理的人员；绿码代表红码和黄码以外的人。

（二）大数据的类型和特点

本案例中大数据来源于嘉兴市嘉兴大学附属医院建立的大数据驱动的新型冠状病毒感染风险人员筛查系统。流行病学数据来源广泛，并以四种形式呈现，包括健康码、异常旅行史、密切接触人员和关键监测人员。通过读取身份证号码的筛查系统进行数据集成和智能分析，区分个人是否为新型冠状病毒感染风险人群，此系统的数据具有可用性、真实性、精准性等多个特点。此筛查系统还利用其他非自我报告来源的数据来全面评估新型冠状病毒感染的风险。例如，交通运输部、民航局和铁路公司的旅行和居住史信息被用于追踪高危人群的接触者；新增重点组别界面，实现国内重点监控人员的快速识别，因此具有全面性、实时性、联动性等特点。

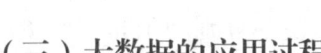

（三）大数据的应用过程

本案例使用嘉兴市嘉兴大学附属医院建立大数据驱动的新型冠状病毒感染风险人员筛查系统。研究对象为截至 2021 年 11 月使用此自动化新型冠状病毒感染风险筛查和监测系统的所有人群。通过读取身份证号码的筛查系统进行数据集成和智能分析关联人群的体温、旅居史、人员接触情况，以及是否具有发热、咳嗽和疲劳的症状。拥有黄码或红码的人将被筛查系统识别为高危人群。与黄码或红码类似，过去 14 天内出国旅行的人也会被筛查系统确定为高危人群。去过流行或中高风险地区或隔离区的人将被自动识别和提醒。

而患者筛查又分为以下几种方式：① 在线患者筛查，互联网医院首先被推荐给患者作为院前筛查。对于每个在线与医生预约的患者，在患者来医院之前，使用该系统确定患者的风险。一旦互联网医院或预约挂号渠道发现新型冠状病毒感染高风险患者，患者将首先被推荐到发热门诊，不能去医院的其他部门，这样可以从源头上最大限度地减少院内感染，也可避免浪费患者的时间；② 门诊和访客筛查，通过门诊服务入院的患者和未能完成筛查过程的患者应在医院入口处进行筛查。③ 住院患者和访客的筛查，住院患者及其访客在住院当天记录住院患者及其访客的人脸识别信息，然后可以获准进入医院的特定区域。评估新型冠状病毒感染风险的信息可以在进入授权区域之前通过人脸识别门禁系统获得。④ 医院工作人员筛查，与住院患者和访客人脸识别系统类似，医院工作人员在进入工作区之前，也会通过员工门禁系统进行筛查，与安检系统同步。当员工有风险时，员工门禁二维码将同步为与其健康码相同的红码或黄码。以筛查系统评估的高风险人群为重点观察对象，由发热门诊专业人员进一步评估（如隔离观察、核酸检测）等。因此，整个医院都由筛查系统有效监控。

截至 2021 年 11 月，近 69 万人和 579 万人次使用了自动化新型冠状病毒感染风险筛查和监测。共鉴定出 10 376 人次（0.18%）有异常健康码，其中红码 2 933 人，黄码 7 443 人。此外，通过出国旅行史界面识别，有境外旅行史 242 人，根据浙江省卫健委界面重点监测人员数据标注 925 人，未通过交通史界面报告交通密切接触人员。对于发热门诊有风险的患者，经人工流行病学调查验证进一步评估，大数据预测的符合率几乎达到 100%。

（四）启示

在新型冠状病毒感染暴发初期，大数据技术可以追踪和分析疫情数据，预测疫情的传播趋势和危害范围。例如，可以利用大数据技术对疫情数据进行深度学习和机器学习分析，预测疫情的发展趋势和高风险地区，以便政府和医疗机构采取针对性的防疫措施。同时可以汇集大量的疫情数据，整合相关部门的数据资源，例如，交通数据、出入境数据、医疗数据等，实现数据共享和协同应用。这有利于政府和医疗机构实施精细化、全面化和多视角的防疫措施，使其更具有效性和针对性。当疫情局势发生变化时，大数据技术可以迅速识别数据异常，快速发现风险点和热点区域，及时调整防控措施。例如，可以利用大数据技术追踪病例的动态变化、患者的行踪轨迹、社区的人口流动等方面，及时发现潜在的风险点，以做出更加准确的防疫决策，避免疫情的扩散。

三、大数据在疫苗安全性评估中的应用案例

（一）案例概述

肺炎球菌疾病是一种由肺炎链球菌引起的感染性疾病，包括菌血症性肺炎、败血症和脑膜炎等侵袭性疾病，以及肺炎、中耳炎和鼻窦感染等非侵袭性疾病，是全球范围内主要的严重疾病之一。两岁以下儿童和老年人肺炎球菌相关感染的风险最高。全球每年至少有 100 万儿童死于肺炎球菌疾病，大多为发展中国家的儿童，我国每年大约有 3 万名儿童死于肺炎球菌疾病。13 价肺炎球菌多糖结合疫苗（13vPnC）含有早期 7 价肺炎球菌多糖结合疫苗（7vPnC）所含的 7 个血清型（4、B、9V、14、18C、19F 和 23F），以及 6 个新增血清型（1、3、5、6A、7F 和 19A）的多糖。2009 年 12 月在欧盟获批将该疫苗用于预防 6 周龄到 17 岁的婴幼儿和青少年由肺炎球菌引起的侵袭性肺炎球菌疾病、肺炎和急性中耳炎，2010 年 2 月在美国获批将该疫苗用于预防 6 周龄到 5 岁的儿童由肺炎球菌引起的侵袭性肺炎球菌疾病和中耳炎。2016 年 10 月在中国获批为二类非免疫规划疫苗，用于预防 6 周龄到 15 月龄的婴幼儿由肺炎链球菌引起的侵袭性疾病，建议接种 4 剂 13vPnC 全程免疫，各剂次的接种年龄分别为 2 月龄、4 月龄、6 月龄和 12～15 月龄。13vPnC 总体安全有效，国外安全性评估认为惊厥、发热、呼吸暂停和速发过敏反应 / 超敏反应是 13vPnC 在儿童中的已知或潜在风险。因此，有必要对接种 13vPnC 后，中国儿童的这些已知和潜在风险开展监测。

电子健康记录（EHR）可提供临床数据，具有大量的患者。过去 20 年，在欧洲和北美地区，EHR 越来越多地用于上市后药品安全性研究。在中国，电子健康医疗数据库主要有三种类型：基于人群的 EHR 数据库、电子病历（EMR）数据库和国家医疗保险数据库，这些数据库对于药物上市后的安全性研究具有潜在价值。随着信息技术的发展，我国区域健康信息平台将不同医疗机构之间的信息相互关联并生成大数据，具有人群覆盖范围广、数据真实可信、个人水平数据完整全面等优点，在疫苗上市后的安全性评估方面具有独特优势。

（二）大数据的类型和特点

鄞州区区域医疗卫生信息平台整合了辖区内所有居民的电子病历、居民健康档案、法定传染病报告和监测数据及其他多个部门的监测数据，形成的电子健康数据库涵盖了区内所有儿童的完整免疫接种记录和医疗数据，主要包括鄞州疾病预防控制中心数据库；鄞州辖区内医院和社区卫生服务中心的医疗数据，包括 EMR、医保数据和电子处方；宁波市妇幼医院的医疗数据，包括 EMR、医保数据和电子处方。因此，鄞州 EHR 数据库可在贯穿门诊访视至住院治疗的常规医疗环境下监测 13vPnC 的安全性，其结果更具有人群代表性。

上述数据来源通过每个居民身份证号码链接起来。如果儿童尚未获得身份证号码，则通过儿童姓名、出生日期、父母 / 法定监护人姓名或家庭住址进行匹配。① 鄞州疾病预防控制中心数据库：包含两个数据库，即免疫接种管理登记数据库和免疫接种不良事件信息系统（adverse event following immunization system，AEFIS）。免疫接种管理登记数据库包括所有 7 岁以下儿童在免疫接种门诊接种免疫规划疫苗和非免疫规划疫苗的数据。AEFIS 是一个不良事件被动监测系统，用于收集 AEFI 报告。所有报给 AEFIS 的病例都要进行核查，但有明确诊断的常见不良反应（如接种部位

发热、发红和肿胀、硬化）除外。② 鄞州辖区内医院和社区卫生服务中心的医疗数据库：收集居民医疗数据，包括辖区内所有医院的住院治疗和门诊就诊，以及所有社区卫生服务中心的门诊就诊数据。③ 宁波市妇幼医院的医疗数据库：宁波市妇幼医院是市内唯一一家儿童医院。鄞州区家庭儿童到鄞州区以外的医院就医时最有可能选择该医院，故将该医院数据纳入了鄞州 EHR 数据库中。

（三）大数据的应用过程

本案例使用 2017 年 5 月 1 日至 2020 年 7 月 31 日期间的鄞州 EHR 数据库，以 2017 年 5 月 1 日至 2020 年 7 月 24 日（即研究结束前 1 周）期间鄞州 EHR 数据库中记录的接种至少 1 剂 13vPnC 的 1 ~ 24 月龄合格儿童为研究对象，按照所有剂次和每个剂次估计 13vPnC 疫苗接种后 0 ~ 3 天（0 表示疫苗接种当天）、4 ~ 7 天和 0 ~ 7 天期间关注的安全性终点，包括惊厥（含热性惊厥）、荨麻疹和血管性水肿、呼吸暂停和发热的发生率，发生率分别计算每 1 000 人天的风险和每 1 000 剂次风险，以及其 95% 置信区间。安全性终点基于国际疾病分类第十修订版（ICD-10）编码。描述性分析包括接种每剂 13vPnC 时的年龄分布、性别、居住状况、13vPnC 接种年份、在相同日期同时接种其他疫苗及病史。此外，还按照年龄、性别、居住状况、诊断季节、住院治疗及 13vPnC 接种年份描述安全性终点的频率分布。

共有 21 240 例儿童接种至少 1 剂 13vPnC，总接种剂次为 71 064 剂。发热是最常记录的安全性终点事件，发生率为 3.659（95% CI：3.240 ~ 4.132）/1 000 剂次，接种后前 3 天记录的发热事件多于接种后的 4 ~ 7 天；其次为荨麻疹，发生率为 1.013（95% CI：0.804 ~ 1.276）/1 000 剂次，接种后前 3 天内的荨麻疹事件少于接种后的 4 ~ 7 天，无研究对象因荨麻疹住院；惊厥为个例，无呼吸暂停事件发生。

（四）启示

区域健康信息平台大数据拥有全面完整的疫苗接种记录，并与医院和社区卫生服务中心的电子病历数据库相链接，从而能够从门诊访视到住院治疗的常规医疗环境下全面监测疫苗的安全性。由于这些是来自真实世界的观察性数据，因此可以提供对在临床试验中不能被充分代表儿童的安全终点资料，由此得到的结果比来自临床试验的结果更具有代表性。同时也需看到，现阶段利用健康大数据开展疫苗安全性评估也存在一定的局限性，主要包括：同时接种多种疫苗，给评估特定疫苗安全性产生潜在的混杂影响；可能有些儿童会在所研究区域之外的医院接受治疗；与所有使用二手数据源的研究相似，可能存在对关注安全终点的错误分类；无须就诊的关注安全终点（如低热及轻度荨麻疹和血管性水肿）不会记录在 EHR 数据库。随着区域健康信息平台建设的深入推进，以及机器学习和人工智能技术的发展，电子健康大数据在疫苗和药物安全性评估中的应用具有广阔前景。

第四节　大数据在传染病防控和突发公共卫生事件应急管理中应用的历史和发展

一、大数据在传染病防控和突发公共卫生事件应急管理中应用的历史变迁

大数据在传染病防控和突发公共卫生事件应急管理中的应用历史悠久，多与公共卫生监测系统的建立健全相辅相成。最早将"大数据"应用于流行病学调查的案例可以追溯到 1854 年的"伦敦霍乱死亡地图"。斯诺统计了每户因霍乱死亡的人数，并在地图上予以标注，发现大多数病例的住所都在 Broad Street 水泵附近。结合其他证据，斯诺认为霍乱的发病与该水泵的水被污染有关。于是斯诺关闭了水泵，霍乱逐渐得到控制。人们也由此认识到霍乱是由水源传播的。这是人们首次将大数据应用在传染病的控制中。

随着计算机网络的发展与应用，大部分国家开始建立现代公共卫生综合监测体系，相继开展基于大数据的监测、评估、防控等探索与实践。基于大数据的传染病防控与应急管理也改变了过往以个案为基础的研究模式，较大地提升了防控效率与精确度。1997 年加拿大政府与世界卫生组织联合建立全球公共卫生监测网络（The Global Public Health Intelligence Network，GPHIN），可及时采集媒体文章、新闻、发病率报告等，至今仍在不断优化与更新中。2004 年，英国成立了人畜感染与风险监测组（Human Animal Infections and Risk Surveillance Group，HAIRS），涵盖卫生、动物、环境行政管理部门及苏格兰、威尔士等 11 个政府机构，开展数据信息搜集，识别和讨论有潜在风险的人畜、环境疾病，并形成系列监测报告。2009 年欧洲 H1N1 病毒流行防控、2012 年伦敦奥林匹克运动会的卫生保障中，基于大数据的症状监测也发挥了重要作用，在研究病毒等传染病传播规律方面效果较为显著。美国、加拿大、德国、日本、韩国等国家也先后建立了以大数据为基础的疾病监测共享机制，该机制具有良好的网络化监测预警作用。

基于"一体化健康（One Health）"的概念，一体化健康监测的综合策略也逐渐推广开来，它整合了人类、动物和环境数据等信息，涉及多学科、多部门、多区域。2019 年，坦桑尼亚依据"一体化健康"监测的综合策略开展了针对个人、动物健康执业者监测合作。中国在应对 H7N9 防控中，农业部门和卫生部门合作也纷纷进行"一体化健康"监测，所监测的大数据包括不同层次（个人、人群）、不同处置方案层次（疾病、暴发状况）。

除此以外，全风险监测的概念近年来也得到重视，包括对极端天气、健康事件、大规模活动等开展监测，如通过对极端天气的数据获取，启动发热症状定义的优化，以提高诊断精确度，加强公共卫生干预；通过对 25 种症状监测的数据获取，以识别与毒品有关的急诊就诊等。

AI 智能与大数据密不可分。2020 年，在新型冠状病毒感染趋势的智能分析中，加拿大某企业对涉及 65 种语言下 10 万多个媒体文章进行 AI 智能数据分析，比世界卫生组织和美国 CDC 提前 1 周预警新型冠状病毒感染的暴发。

在经历了 SARS 后，我国于 2004 年建成了中国疾病预防控制信息系统中的传染病信息报告管理系统、突发公共卫生事件信息报告系统，开始落实传染病及突发公共卫生事件报告的"个案、

实时、在线"的原则。2008 年，我国建立了传染病自动预警信息系统、全国死因监测系统、全国伤害监测系统、慢性病及其危险因素监测等系统，部分地区也开始筹建应对突发公共卫生事件发生的系统。在新型冠状病毒感染流行期间，我国各地也进行了诸多探索。例如，江苏某地建成了基于大数据的预警系统，通过可视化界面，整合了电子病历（EMR）系统、实验室信息管理系统（LIS）、影像存储与传输系统（PACS）及医院信息系统（HIS）这几个主要系统，实现了基于大数据的传染病智能监测，同时也实现了防治过程的关口前移。

二、大数据在传染病防控和突发公共卫生事件应急管理中应用的问题和挑战

（一）大数据在传染病防控和突发公共卫生事件应急管理中应用的主要问题

自 2003 年以来，随着卫生应急制度、监测预警体系、传染病防治法规的不断完善，我国逐渐建立起了传染病和突发公共卫生事件网络直报系统，完善了症状监测系统、救灾防病信息报告系统、实验室网络监测系统等监测平台，逐渐重视大数据在公共卫生领域的应用探索。然而，这些监测到的大数据由于自身质量、平台范围、分析技术等条件限制，实际应用到传染病防控与突发公共卫生事件应急管理中时，仍存在许多问题与挑战。

例如，在数据生成方面，大数据自身标准程度不一，质量参差不齐。由于我国用于公共卫生实践的大数据体系尚不健全，多为局部地区和机构自行探索建立，不同来源的数据资源格式、存储标准均不相同，数据规范性差、相互可用性低等问题普遍存在。在数据采集方面，大数据采集来源较为单一，信息安全保护不到位。目前我国已建立的监测系统多为通过公共卫生的监测、干预、服务等活动产生的数据，源头包括各个疾病控制中心、卫生监督机构、医疗机构、社区卫生服务中心等，而对于自动生成数据或自愿性数据和多渠道、多形式的监测采集与系统构建仍处于非官方的摸索阶段。同时，健康大数据不仅涉及个人隐私问题，还牵涉公共利益，甚至国家安全，也需要引起重视。

另外，在数据存储方面，信息量几何级增长，存储设备性能亟须提高。在数据分析方面，大数据治理技术滞后，信息分析欠缺科学性。在数据利用方面，大数据互联互通不足，对决策的支持力度有限。

（二）大数据在传染病防控和突发公共卫生事件应急管理的主要挑战

随着经济社会的发展、全球化带来的人口流动加速，为了应对突发公共卫生事件带来的综合挑战，需要开展监测的范畴不仅局限于疾病本身，还需要包括前期症状、网络舆情、交通出行等数据，需要关注的领域也不仅局限于卫生健康，还包括农业、经济、工业等领域。这不仅对大数据的采集、存储等提出了新的要求，同时还对数据信息的共享提出了更高的需求。需要在区域间、部门间、机构间等建立常态化的共建共享机制，有机整合多方的实时数据。

三、大数据在传染病防控和突发公共卫生事件应急管理中应用的发展趋势

乌尔里希·贝克在风险社会理论中提出随着工业化进程的加快和社会转型的到来，人类越来越频繁地遭受到各类风险的侵袭，风险几乎覆盖了人类活动的各个领域。尤其在突发公共卫生事件上，病毒等传染病侵袭、食物中毒、职业中毒等风险会越来越高，大数据在对风险预测、突发

公共卫生事件、危机的应急管理中的地位也会逐步上升。

一是扩大数据采集来源，提升数据采集质量。增加数据采集途径，包括但不限于医疗机构、公共卫生机构、学校、社区等，也可以整合如保险机构、电商、社交平台等主体及公民自主申报的数据，解决支持决策数据量不足的问题。同时设计采集标准化接口，建立数据统一应用平台，如应急管理数据共享平台。

二是加大存储设备投入，优化存储技术。加大对存储设备总量、性能的投入；加快针对通用分布式医疗数据存储系统对单机医疗数据存储系统的替代性研究，优化数据存储所占用的空间；发展基于云计算的大健康数据自动存储与共享系统，缩短系统响应时间，降低本地存储压力。

三是引入市场机制，推动数据的开发与利用。发挥市场的力量和社会的智慧，促进市场主体供需精准高效对接，优先推进卫生健康、交通运输、气象等高价值数据集向社会开放，探索开展政府数据授权运营，激发创新的力量。

四是保护公民隐私，避免大数据陷阱。落实国家大数据战略，充分合理合法利用大数据，对大数据的采集应当采取"足够用"的原则，不过度采集信息，以避免侵犯公民隐私。同时做好数据立法、数据安全和数据权限体系建设，避免数据被窃取或滥用。

五是培养大数据人才，增进合作交流。新的技术归根结底都会落到人的使用。目前应着重解决大数据人才不足问题，且其存在统计专业素养不足、合作交流少、协调工作机会少等问题，需加快人才体系培养。

大数据的思维是将各类数据综合汇总，从琐碎的信息中分析出高效内容以应用到实践的一个手段，能够大幅提升工作能力和效率。在关注到以上内容的基础上，大数据的应用与传染病防控和突发公共卫生事件应急管理的结合能够积极推动包括风险、突发事件、危机、灾难的全流程应急管理发展，实现应急管理的风险"关口前移"和"重心下移"；能够进一步推动整个卫生体系向高质量发展、高效能治理的方向前进；能够在应对突发公共卫生事件时，统筹协调政府各方面机构，保障人民群众的生命安全，发挥巨大作用，进一步推动社会治理体系的发展，实现社会治理的现代化。

（孙梅　陆一涵　何纳）

🔍 思考题⋯⋯⋯○

1. 简述急性传染病和慢性传染病大数据应用的核心差异是什么，这些差异如何影响防控措施的制定和实施。

2. 简述新发传染病和疫苗不良反应大数据应用中所面临的挑战。

3. 简述大数据在突发公共卫生事件应急管理各个阶段的主要应用价值。

4. 简述大数据在传染病防控和突发公共卫生事件应急管理中应用的发展趋势。

ℯ 数字资源详见　新形态教材网

🔎 学习目标　　💻 内容提要　　📄 本章小结　　🖨 参考文献

第十八章

基于大数据的慢性非传染性疾病防控

思维导图

第一节 概　述

一、基本概念

慢性非传染性疾病（noncommunicable chronic disease，NCD）简称慢性病，是对一类缺乏明确传染性生物病因证据，病因复杂或病因尚未完全确认疾病的概括性总称。常常表现为起病隐匿、病程长且病情迁延不愈。与传染性疾病不同，慢性病是一类由多种因素（遗传、生理、行为、环境或职业暴露和社会经济等）共同影响的复杂疾病。四类最主要的慢性病包括心脑血管疾病（如冠心病、脑卒中）、恶性肿瘤（如肺癌、宫颈癌）、糖尿病、慢性呼吸系统疾病（如慢性阻塞性肺疾病、哮喘）。慢性病流行给个人、家庭和社会带来沉重的健康负担。

二、慢性病的疾病负担

2019 年，慢性病导致全球约 4 200 万人死亡，慢性病的伤残调整寿命年（disability –adjusted life year，DALY）率约为 16 201.7/10 万人年。我国每年慢性病患者死亡人数约 960 万人，导致的 DALY 率达 3246.4/10 万人年。全球因慢性病引起的死亡中，心脑血管疾病占比 44.2%、恶性肿瘤占 23.8%、慢性呼吸系统疾病占 9.5%，糖尿病占 3.7%，其所导致的负担超过慢性病总死亡的三分之二。中国人群中，心脑血管疾病、恶性肿瘤、慢性呼吸系统疾病和糖尿病分别占慢性病死亡人数的 47.8%、28.3%、11.3% 和 1.8%。

全球慢性病死亡率和疾病负担呈逐年上升趋势。2019 年全球疾病负担数据显示，慢性病死亡占总死亡人数的比例从 1990 年的 57% 上升到 2019 年的 74%，导致的 DALY 占比从 1990 年的 43% 上升至 2019 年的 64%。中国慢性病死亡占所有死亡人数的比例从 1990 年的 73% 上升到 2019 年的 90%，导致的 DALY 占比由 1990 年的 61% 上升至 2019 年的 85%。1990 年，导致全球疾病负担的前 10 位病因中，慢性病包括缺血性心脏病（第 4）、脑卒中（第 5）、先天性出生缺陷（第 6）；2019 年转变为缺血性心脏病（第 2）、脑卒中（第 3）、COPD（第 6）、糖尿病（第 8）、腰痛和颈痛（第 9）、先天性出生缺陷（第 10）。在中国人群中，1990 年，脑卒中、慢性阻塞性肺疾病、先天性出生缺陷、缺血性心脏病和肝癌是导致中国人群疾病负担的前五位慢性病；2017 年变化为脑卒中、缺血性心脏病、慢性阻塞性肺疾病、肺癌和肝癌（图 18-1）。慢性病对健康和社会经济影响巨大。

三、慢性病防控策略

慢性病防控工作的核心是三级预防，强调以一级预防为主，二、三级预防并重，并针对不同人群采取有针对性的措施。随着互联网、移动智能、可穿戴设备等新技术的快速发展，慢性病的防控也进入了前所未有的大数据时代，海量大数据为慢性病的防控提供了新模式、新方法。

一级预防（primary prevention）又称病因预防，主要是针对慢性病的病因和可改变危险因素采取措施，以降低危险因素暴露水平，增强个体的抵抗能力，从而预防或推迟疾病的发生。在大数据的背景下，研究者可以采用大样本、多维度数据来探索潜在的危险因素，从而更深入、广泛地

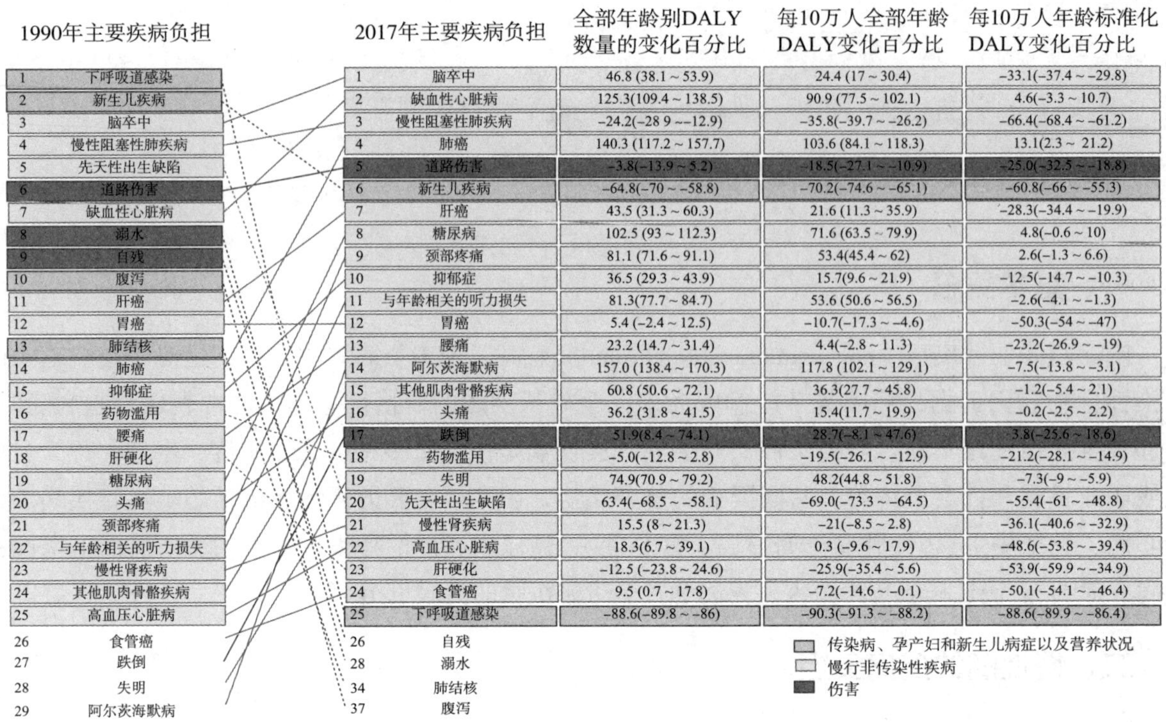

1990年主要疾病负担	2017年主要疾病负担	全部年龄别DALY数量的变化百分比	每10万人全部年龄DALY变化百分比	每10万人年龄标准化DALY变化百分比
1　下呼吸道感染	1　脑卒中	46.8(38.1~53.9)	24.4(17~30.4)	-33.1(-37.4~-29.8)
2　新生儿疾病	2　缺血性心脏病	125.3(109.4~138.5)	90.9(77.5~102.1)	4.6(-3.3~10.7)
3　脑卒中	3　慢性阻塞性肺疾病	-24.2(-28 9~-12.9)	-35.8(-39.7~-26.2)	-66.4(-68.4~-61.2)
4　慢性阻塞性肺疾病	4　肺癌	140.3(117.2~157.7)	103.6(84.1~118.3)	13.1(2.3~21.2)
5　先天性出生缺陷	5　道路伤害	-3.8(-13.9~5.2)	-18.5(-27.1~-10.9)	-25.0(-32.5~-18.8)
6　道路伤害	6　新生儿疾病	-64.8(-70~-58.8)	-70.2(-74.6~-65.1)	-60.8(-66~-55.3)
7　缺血性心脏病	7　肝癌	43.5(31.3~60.3)	21.6(11.3~35.9)	-28.3(-34.4~-19.9)
8　溺水	8　糖尿病	102.5(93~112.3)	71.6(63.5~79.9)	4.8(-0.6~10)
9　自残	9　颈部疼痛	81.1(71.6~91.1)	53.4(45.4~62)	2.6(-1.3~6.6)
10　腹泻	10　抑郁症	36.5(29.3~43.9)	15.7(9.6~21.9)	-12.5(-14.7~-10.3)
11　肝癌	11　与年龄相关的听力损失	81.3(77.7~84.7)	53.6(50.6~56.5)	-2.6(-4.1~-1.3)
12　胃癌	12　胃癌	5.4(-2.4~12.5)	-10.7(-17.3~-4.6)	-50.3(-54~-47)
13　肺结核	13　腰痛	23.2(14.7~31.4)	4.4(-2.8~11.3)	-23.2(-26.9~-19)
14　肺癌	14　阿尔茨海默病	157.0(138.4~170.3)	117.8(102.1~129.1)	-7.5(-13.8~-3.1)
15　抑郁症	15　其他肌肉骨骼疾病	60.8(50.6~72.1)	36.3(27.7~45.8)	-1.2(-5.4~2.1)
16　药物滥用	16　头痛	36.2(31.8~41.5)	15.4(11.7~19.9)	-0.2(-2.5~2.2)
17　腰痛	17　跌倒	51.9(8.4~74.1)	28.7(-8.1~47.6)	3.8(-25.6~18.6)
18　肝硬化	18　药物滥用	-5.0(-12.8~2.8)	-19.5(-26.1~-12.9)	-21.2(-28.1~-14.9)
19　糖尿病	19　失明	74.9(70.9~79.2)	48.2(44.8~51.8)	-7.3(-9~-5.9)
20　头痛	20　先天性出生缺陷	63.4(-68.5~-58.1)	-69.0(-73.3~-64.5)	-55.4(-61~-48.8)
21　颈部疼痛	21　慢性肾疾病	15.5(8~21.3)	-21(-8.5~2.8)	-36.1(-40.6~-32.9)
22　与年龄相关的听力损失	22　高血压心脏病	18.3(6.7~39.1)	0.3(-9.6~17.9)	-48.6(-53.8~-39.4)
23　慢性肾疾病	23　肝硬化	-12.5(-23.8~24.6)	-25.9(-35.4~5.6)	-53.9(-59.9~-34.9)
24　其他肌肉骨骼疾病	24　食管癌	9.5(0.7~17.8)	-7.2(-14.6~-0.1)	-50.1(-54.1~-46.4)
25　高血压心脏病	25　下呼吸道感染	-88.6(-89.8~-86)	-90.3(-91.3~-88.2)	-88.6(-89.9~-86.4)
26　食管癌	26　自残			
27　跌倒	28　溺水			
28　失明	34　肺结核			
29　阿尔茨海默病	37　腹泻			

传染病、孕产妇和新生儿病症以及营养状况
慢行非传染性疾病
伤害

图18-1　1990—2017年中国疾病负担的25大原因

开展慢性病一级预防防控工作。

二级预防（secondary prevention）也称为"三早预防"，即"早发现，早诊断，早治疗"。二级预防是指在临床前期，症状体征尚未表现出来或难以觉察时，通过早期发现、及时诊断和有效治疗来阻止慢性病的进展。传统的二级预防主要通过普查、筛查、健康体检和设立专科门诊等方法开展。随着电子病历数据、可穿戴设备或智能设备监测数据（血糖、血压、心率、睡眠质量等）、医疗保险数据等大数据的不断累积，研究者能够更简便、更快速地识别高危人群和患者，并对他们进行干预和预后管理。

三级预防（tertiary prevention）又称为临床预防，是指在慢性病的症状体征出现之后，对患者采取有效、及时的干预措施，从而缓解慢性病症状，并预防并发症和残疾，提高患者的生活质量，延长其寿命。基因测序、实时高维医疗流、智能设备监测等大数据技术为患者健康预警、精准治疗、个性化康复等慢性病三级预防提供了更丰富的方法。

一、二、三级预防所产生的庞大数据资源为行政部门提供了最及时的政策制定依据，进一步促进了零级预防（primordial prevention）的综合发展。零级预防是以政府为主体，通过政策保障等措施，削弱甚至消除危险因素在人群中暴露的预防措施。医疗大数据的发展将慢性病从三级预防向四级预防（零级、一级、二级和三级预防）联动推进，四级预防在三级预防的基础上，进一步将预防工作的关口前移，在疾病发生的不同阶段进行干预，最大限度地维护和促进健康。

下面将详述慢性病防控中的大数据来源、分析方法及实例。

第二节　慢性病大数据

一、慢性病大数据来源和代表性数据库

慢性病大数据是指在医疗领域收集、整合和分析的大规模健康相关信息的集合，包括疾病发病死亡数据、随访数据、生活方式信息、就诊数据、生理指标、基因组学数据、空气质量数据、身体活动数据等。

（一）慢性病大数据来源

慢性病大数据来源广泛，可分为监测数据、队列研究数据、健康普查或横断面调查数据、医疗保健机构记录、生物样本及多组学数据、暴露数据、智能设备及社会媒体数据等。

1. **监测数据**　是通过系统和定期的观测、测量、记录和收集得到的数据。如全国死因监测数据、肿瘤登记数据等。按照监测的内容，监测数据可分为疾病监测数据、症状监测数据和危险因素监测数据等。按照监测的现场，监测数据可分为以人群为基础、以医院为基础和以实验室为基础的监测数据。

2. **队列研究数据**　是一种长期的、追踪式的观察性研究设计，旨在收集详细的个体信息，并长期跟踪参与者的健康状况和事件发生情况。这种类型的研究数据通常用于探索疾病的发病机制、评估暴露因素与疾病风险之间的关联，并帮助制订预防和治疗策略。大型队列是实现精准医学的基础和保障，通过队列可以准确和持续地收集遗传、环境多样性的人群信息，发现、验证组学标志物及个体化预防和诊疗方案。如中国慢性病前瞻性研究（China Kadoorie Biobank，CKB）是一个大型人群队列研究项目，目的是在以人群为基础的，多维度大样本数据分析基础上，探究慢性病（如心血管疾病、恶性肿瘤等）的发病机制、危险因素和预防策略等。

3. **健康普查或横断面调查数据**　通过对个体或群体进行问卷调查、面访或其他方式收集的关于健康和健康相关行为的信息。这些数据通常用于研究人群的疾病分布、生活方式、医疗服务利用情况及公共卫生问题等，如人口普查数据、中国健康与营养调查、全国卫生服务调查等，这些调查数据通常包括人口学特征、生活方式、慢性病患病率等信息，可用于描述目标人群中疾病或暴露的分布，提供病因研究的线索及评价疾病防治措施的效果。

4. **医疗保健机构记录**　是指医院、诊所等医疗机构的专业医疗服务提供者在为患者提供医疗服务时所记录的详细信息和数据。这些记录包含了患者的健康信息、病历记录、诊断、治疗方案、用药信息、影像数据等，是医疗过程中的重要文档，为医生、护士、研究者和其他相关人员提供了高质量医疗护理和决策的重要依据。

5. **生物样本及多组学数据**　是指从个体身体中采集的生物样本，如血液、尿液、唾液、组织、细胞等，及检测所得基因组、表观遗传组、转录组、蛋白质组及代谢组、微生物组等多组学数据。以新一代测序技术和质谱技术为代表的高通量组学技术的突破，推动了多组学数据的指数级增长，并逐步应用于精准预防、精准诊断和精准治疗中。

6. 暴露数据 是指记录个体或对象接触或受到的外部因素、条件或影响的数据。这些数据通常用于研究、监测或评估潜在的风险、健康效应、环境影响等。如环境监测数据是对环境中各种物理、化学、生物等因素进行定期观测、测量和记录所得到的数据。暴露组作为基因组的补充，是指从妊娠开始贯穿整个人生的环境暴露（包括生活方式因素）。暴露源包括外源（空气、水、食物等）和内源（炎症、感染、微生物等）。暴露组学研究暴露组及其对人类疾病过程的影响。

7. 智能设备及社会媒体数据 包括智能手环、社交媒体、在线论坛、博客等社会媒体上关于慢性病的讨论和信息。这些数据可以用于了解患者的看法和态度、健康行为和风险因素等。

上述数据源不仅可以用于分析慢性病的流行病学特征、影响因素等，还可为慢性病防控政策制定提供重要依据。

（二）代表性健康大数据库

总结当前代表性健康大数据库如表 18-1 所示：

表 18-1 代表性健康大数据库

名称	定义	样本量	数据来源
SEER 数据库	定期收集肿瘤患者人口统计学、原发肿瘤部位、肿瘤形态、诊断分期和首次治疗疗程的数据，并对患者的生命状态进行随访、链接死亡数据	约 1.6 亿（覆盖美国 48.0% 的人口）	以人群为基础的监测数据、队列研究数据
EPIC 数据库	数据库旨在调查饮食、营养、生活方式和环境因素与恶性肿瘤和其他慢性病发病之间的关系，包含参与者的个人信息、生活方式、饮食习惯、吸烟状况、酒精消费等多种信息，以及参与者的生物样本，包括血液、尿液、唾液等	52 万	队列研究数据、生物样本及多组学数据
CKB 数据库	中国自然人群队列及基于生物样本的成人健康数据库，包含人群问卷调查、体格检查及生物样本信息等	51 万余	队列研究数据、生物样本及多组学数据
UKB 数据库	包含 50 万英国参与者的身体测量、疾病诊断、生活方式、社会经济、家族病史、去标识化的基因及生物样本数据	50 万	队列研究数据、生物样本及多组学数据
NRDRS 数据库	中国人群的罕见疾病临床数据库和生物样本库，包含多组学和临床大数据	7 万	医疗保健机构记录、生物样本及多组学数据
TCGA 数据库	数据库包含多组学数据，包括基因组、表观遗传、转录组、蛋白质组等各个组学，及临床数据、影像数据和生物标本，提供了一个大型的恶性肿瘤研究参考数据库	2 万余原发恶性肿瘤样本和匹配的正常样本	多组学数据、医疗保健机构记录
CHARLS 数据库	数据库旨在收集一套代表中国 45 岁及以上中老年人家庭和个人的高质量微观数据，以分析我国人口老龄化问题。数据库包含个人基本信息，家庭结构和经济支持，健康状况，体格测量，工作、退休和养老金、收入、消费、资产，以及社区基本情况等	1.7 万人	队列研究数据

续表

名称	定义	样本量	数据来源
STROMICS 数据库	中国脑卒中专病多组学（基因组、转录组、表观遗传组、蛋白质组、代谢组、宏基因组等）和临床大数据，致力于实现脑卒中患者精准诊疗	1 万人	多组学数据、医疗保健机构记录
NHANES	美国国家健康与营养调查（NHANES）是一项旨在评估美国成人和儿童健康与营养状况的研究计划，结合了访谈和体格检查。访谈内容包括人口统计、社会经济、饮食和与健康相关的问题。检查部分包括医疗、牙科和生理测量，以及由训练有素的医务人员进行的实验室检查	累计超过 12 万人	流行病学问卷访谈与体格检查指标
CLHLS	中国老年健康影响因素跟踪调查（CLHLS）是由北京大学健康老龄与发展研究中心 / 国家发展研究院组织的一项大型老年人追踪调查项目。该项目旨在深入研究中国老年人群的健康状况及其影响因素，为制订相关政策提供科学依据。CLHLS 的调查问卷分为存活被访者问卷和死亡老人家属问卷两种，内容涉及老年人的基本信息、健康状况、生活方式、社会经济状况等多个方面。此外，项目还组织了医生对部分老年调查对象进行健康体检，采集了丰富的医学体检和生物医学指标数据	累计入户访问 11.3 万人次	问卷调查、实验室检查
CHNS	中国居民健康与营养调查（CHNS）是由中国疾病预防控制中心营养与食品安全所与美国北卡罗来纳大学人口中心合作开展的一项追踪调查项目。该项目旨在探讨中国社会的经济转型和计划生育政策的开展对国民健康和营养状况的影响	7 200 户居民，超过 3 万人	问卷调查、入户访谈、体检和实验室检查等

1. SEER 数据库（Surveillance，Epidemiology，and End Results，SEER） 是由美国国家癌症研究所（National Cancer Institute，NCI）建立的恶性肿瘤分析和流行病学研究的数据库。它是美国最具代表性的癌症流行病学数据库之一，也是全球最大的恶性肿瘤数据库之一。

数据库纳入约 1.6 亿参与者，覆盖美国 48.0% 的人口，提供了丰富的关于恶性肿瘤患者的信息，包括患者的基本信息、疾病的诊断和治疗情况、肿瘤的病理特征和分级、生存期、恶性肿瘤患病率等。这些数据可以用于恶性肿瘤的流行病学研究、临床研究、公共卫生政策制定等领域。此外，SEER 数据库还提供了一些分析工具和软件，如 SEER*Stat 软件，可用于生存分析、风险评估等统计分析。

2. 欧洲癌症与营养前瞻性调查（European Prospective Investigation into Cancer and Nutrition，EPIC）数据库 是一项重要的欧洲跨国流行病学研究项目，致力于探索恶性肿瘤和营养之间的关系及其他慢性病的发病机制。该项目在欧洲 10 个国家进行，是一个多中心的前瞻性研究，纳入 52 万名参与者，380 万个生物样本。数据来源包括个人问卷调查、生物样本收集及临床诊断等多种方式。

EPIC 数据库收集了参与者的个人信息、生活方式、饮食习惯、体重指数、吸烟状况、酒精消费等多种信息，以及参与者的生物样本，包括血液、尿液、唾液等。EPIC 数据库是一个重要的国际性流行病学研究资源，为研究饮食、营养、生活方式和环境因素与恶性肿瘤、其他慢性病之间的关系提供了珍贵的数据。

3. **CKB 数据库**　是一个大型的生物样本和流行病学研究项目，是由中国和英国牛津大学等合作开展的国际性项目。该项目旨在从遗传、环境和生活方式等多个层次和水平入手，深入研究危害中国人群健康的主要慢性病（如脑卒中、冠心病、糖尿病、恶性肿瘤等）的致病因素、保护性因素、发病机制及流行规律和趋势，为有效制定重大慢性病防控策略和指南，开发新的治疗和干预手段提供高质量的病因学证据。

该项目于 2004 年 6 月至 2008 年 8 月间在中国 10 个省 / 地区开展基线调查，项目点的选择综合考虑了城市和农村的比例、各类慢性病的发病率和主要危险因素的分布、人口稳定性，以及死因和疾病登记报告制度的完整性等因素。共计招募了 51 万余名年龄为 30 ~ 79 岁的研究对象，涵盖了不同年龄、性别、职业、地域等多样性人群。通过问卷调查和体格检查收集信息，同时收集了参与者的血液、尿液、唾液等生物样本，进行了严格的标准化处理和保存。之后对 5% 队列人群开展了三次重点调查。通过对参与者的健康信息和生物样本进行持续更新和跟踪，研究慢性病的发展和影响因素。

4. **UKB 数据库（UK Biobank）**　是一个非营利性的大型生物医学研究项目，旨在探索人类健康和疾病的基因和环境因素之间的相互作用。该数据库收集了 50 万名来自英国各地参与者的全面健康信息、生物样本和基因数据，是目前全球最大的基因组学研究数据库之一。UKB 数据库的研究重点涵盖了多个领域，包括心血管疾病、代谢疾病、恶性肿瘤等慢性病。

UKB 数据库的参与者年龄在 40 ~ 69 岁，数据包括身体测量数据、疾病诊断数据、生活方式数据、社会经济数据、家族病史数据、生物样本数据、基因组数据等。其中，生物样本数据包括血液样本、尿液样本、唾液样本等，基因组数据则包括全基因组测序和全外显子测序数据。2012年，数据库开始向研究人员开放；2013 年，数据库链接死亡和肿瘤登记数据。2014 年起，陆续纳入体力活动、认知功能、心电图指标、生化检测、基层医疗和疼痛问卷数据。2017 年起，基因型、外显子组测序、代谢组、端粒和全基因组测序数据陆续加入（图 18-2）。此外，UKB 还提供PHESANT（PHEnome Scan ANalysis Tool）等免费工具，可用于统计分析。

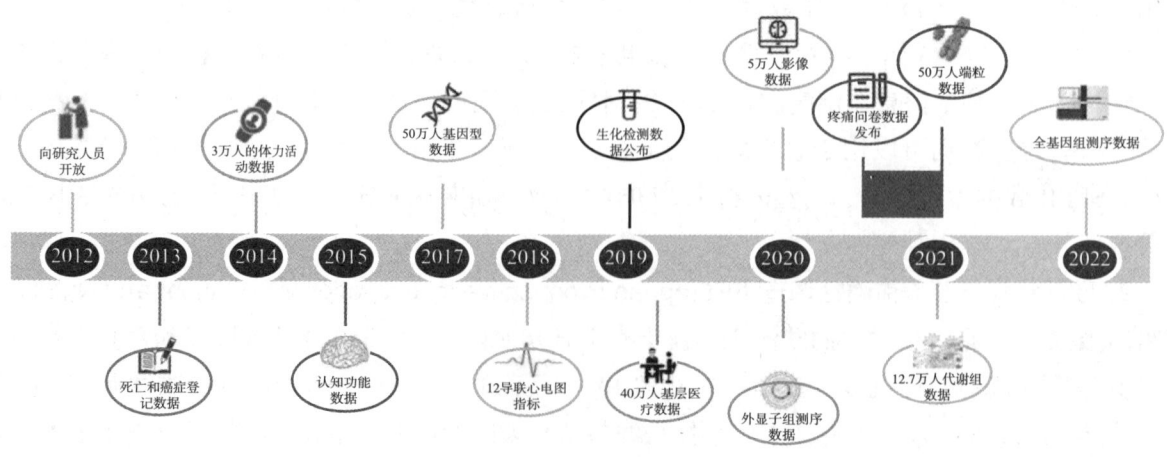

图 18-2　UKB 数据库

5. NRDRS 数据库 中国国家罕见疾病注册系统（National Rare Diseases Registry System of China，NRDRS）是北京协和医院联合国内 19 家顶尖医院建立的首个统一标准的国家罕见疾病数据平台，迄今平台已完成近 7 万例罕见疾病患者的注册登记工作，涵盖 188 个罕见病种，逐步构建起中国人群的罕见疾病临床数据库和生物样本库，为罕见疾病相关临床研究和新型药品或器械研发提供了有力支持。

6. TCGA 数据库 TCGA（The Cancer Genome Atlas）是由美国国家癌症研究所（NCI）和国家人类基因组研究所（National Human Genome Research Institute，NHGRI）共同资助，于 2006 年启动的研究项目，旨在通过分析多种恶性肿瘤的多组学数据，加深对恶性肿瘤发展机制的理解。它对 33 种恶性肿瘤类型中的 2 万多个原发性恶性肿瘤样本和匹配的正常样本进行了分子鉴定。主要数据包括基因组数据、转录组数据、表观组数据、临床数据（包括患者的临床信息、病理学特征、治疗记录和预后数据）、影像数据和生物标本等。

在启动后的十几年中，TCGA 生成了超过 2.5 PB 的基因组、表观遗传组、转录组和蛋白质组数据。这些数据促进提高了人类诊断、治疗和预防恶性肿瘤的能力，并将持续开放以供研究人员使用。

7. CHARLS 数据库 中国健康与养老追踪调查（China Health and Retirement Longitudinal Survey，CHARLS）是由北京大学国家发展研究院主持、北京大学中国社会科学调查中心与北京大学团委共同执行的大型跨学科调查项目，旨在收集一套代表中国 45 岁及以上中老年人家庭和个人的高质量微观数据，用以分析我国人口老龄化问题，推动老龄化问题的跨学科研究，为制定和完善我国相关政策提供更加科学的基础。

CHARLS 全国基线调查于 2011 年开展，覆盖 150 个县级单位，450 个村级单位，约 1 万户家庭中的 1.7 万人，样本每两到三年追踪一次。问卷内容包括：个人基本信息，家庭结构和经济支持，健康状况，体格测量，医疗服务利用和医疗保险，工作、退休和养老金，收入、消费、资产，以及社区基本情况等。

8. STROMICS 数据库 中国脑卒中多组学图谱（Stroke Omics Atlas，STROMICS）致力于利用多组学和临床大数据实现卒中患者的精准诊疗，降低治疗费用，助力健康中国。采用人工智能和前沿技术的高通量组学技术（基因组、转录组、表观遗传组、蛋白质组、代谢组、宏基因组等），包含 10 241 例脑血管病样本、1.27PB 测序碱基，可大规模、高效率地发现脑卒中潜在药物靶点，为其临床转化提供有力的技术支持。该数据库实现了临床医学、生物信息学、多组学的跨学科交叉融合，开创了新药研发新范式。

9. NHNAES 美国国家健康与营养调查（NHANES）是一项旨在评估美国儿童健康与营养状况的研究计划。该调查的独特之处在于它结合了访谈和体格检查。NHANES 是美国国家卫生统计中心（NCHS）的一项主要计划，始于 20 世纪 60 年代初，当时开展了一系列针对不同人群或健康主题的调查。1999 年，该调查成为一项持续性计划，重点不断变化，涉及各种健康和营养测量，以满足新出现的需求。该调查每年对大约 5 000 人的全国代表性样本进行检查，这些人分布在全国各地的县，每年访问其中 15 个县。NHANES 的访谈内容包括人口统计、社会经济、饮食和与健康相关的问题。检查部分包括医疗、牙科和生理测量，以及由训练有素的医务人员进行的实验室检查。

该调查的结果将用于确定主要疾病的流行情况和疾病危险因素。这些信息将用于评估营养状况及其与健康促进和疾病预防之间的关联。NHANES 的调查结果也是身高、体重和血压等国家测量标准的基础。该调查的数据将用于流行病学研究和卫生科学研究，有助于制订完善的公共卫生政策，指导和设计卫生计划和服务，并扩大全国的卫生知识。

10. CLHLS　中国老年健康影响因素跟踪调查（CLHLS）是由北京大学健康老龄与发展研究中心／国家发展研究院组织的一项大型老年人追踪调查项目。该项目旨在深入研究中国老年人群的健康状况及其影响因素，为制订相关政策提供科学依据。CLHLS 始于 1998 年，至今已进行了多次跟踪调查，是国内全国范围最早、坚持时间最长的社会科学调查之一。项目通过收集老年人的健康、生活状况、社会经济特征等多方面的数据，旨在探讨影响老年人健康的各种因素，包括生活方式、社会支持、医疗卫生条件等，从而为促进老年人健康、延长健康寿命提供政策建议。CLHLS的调查范围覆盖全国 23 个省、自治区、直辖市，涉及大约一半的县市。调查对象主要为 65 岁及以上的老年人，同时也包括部分 35 ~ 64 岁的中年人群作为对照组。通过随机抽样方法，项目确保了样本的代表性和广泛性。

CLHLS 的调查问卷分为存活被访者问卷和死亡老人家属问卷两种，内容涉及老年人的基本信息、健康状况、生活方式、社会经济状况等多个方面。此外，项目还组织了医生对部分老年调查对象进行健康体检，采集了丰富的医学体检和生物医学指标数据。

"中国老年健康调查"累计入户访问 11.3 万人次。该调查项目在 1998 年进行基线调查后分别于 2000 年、2002 年、2005 年、2008—2009 年、2011—2012 年、2014 年和 2017—2018 年进行了跟踪调查，最近的一次跟踪调查（2017—2018 年）共访问 15 874 名 65 岁以上的老年人，收集了 2014—2018 年期间死亡的 2 226 位老年人的信息。北京大学"中国老年健康影响因素跟踪调查"课题组在 8 个健康长寿地区的 2009、2012 和 2014 年这三次典型调查中，组织医生对 80 岁及以上高龄老人和其他较年轻老人进行健康体检，采集了百岁老人、90 ~ 99 岁老人和其他年龄组的血样、尿样，合计调查及提取生物医学指标共 7 334 人。数据共包含血常规检查、尿常规检查及血浆生化检查 3 个方面共 30 多项生物医学指标，为健康长寿跨学科研究收集了宝贵的研究样品资源及调查数据。

11. CHNS　中国居民健康与营养调查（China Health and Nutrition Survey，CHNS）是由中国疾病预防控制中心营养与食品安全所与美国北卡罗来纳大学人口中心合作开展的一项追踪调查项目。该项目旨在探讨中国社会的经济转型和计划生育政策的开展对国民健康和营养状况的影响。CHNS始于 1989 年，在得到美国国立卫生研究所的资助后正式启动。项目通过定期追踪调查同一人群的社会经济状况、卫生服务、居民膳食结构和营养状况等方面的变化，旨在评估国家和地方政府实施的健康、营养等政策的效果，以及中国社会经济转型对人口健康和营养状况的影响。CHNS 的调查范围覆盖了中国的 9 个省（自治区），包括辽宁、江苏、山东、河南、湖北、湖南、广西、贵州和黑龙江等地区的城市和农村地区。调查对象主要为当地居民，通过多阶段分层整群随机抽样方法确保了样本的代表性和广泛性。

CHNS 的调查内容涉及人口特征、经济发展、公共资源和健康指标等多个方面。除了详细的个人和家庭数据外，项目还收集了丰富的社区数据，包括食品市场、医疗机构和其他社会服务设施的信息。这些数据的收集采用了入户访谈、体检和实验室检测等多种方法，确保了数据的全面性和准确性。

二、慢性非传染性疾病大数据预处理

随着高通量组学、互联网和信息技术等的飞速发展，大数据在慢性病研究领域的研究价值日益受到重视。然而，真实世界数据常存在噪声信号（错误或异常数据）、缺失等数据质量问题，从而导致虚假关联和生态学谬误等。数据预处理是提升后续统计分析结果可靠性的重要保障，常见方法如下：

1. 特征缩放 是用于统一自变量范围、消除量纲影响的方法。常用的特征缩放算法包括归一化和标准化。归一化是指利用特征的最大值和最小值，将特征值缩放到 0～1，例如最小－最大值归一化等；标准化是指利用特征的平均值和标准差，将特征缩放成标准的正态分布，如 Z-score 标准化等。具体如下：

最小－最大值归一化，将数据映射到指定的最小值和最大值之间。计算公式如下：

$$x = \frac{x - X_{\min}}{X_{\max} - X_{\min}}$$

Z-score 标准化，通过减去均值并除以标准差来使数据服从标准正态分布（均值为 0，标准差为 1）。公式如下：

$$x = \frac{x - \mathrm{mean}(X)}{\mathrm{std}(X)}$$

2. 异常值检测和处理 异常值是指与其他观测值明显不同的数据点，可能是数据输入错误或者真实存在的离群值。可以采用箱线图、正态分布检验等方法来检测异常值，并采取删除、替换等处理方式。

（1）箱线图法：箱线图由一个箱体和两根"触须"组成。箱体表示数据的中位数和四分位数，上下"触须"表示数据的范围。根据箱线图，可以通过计算数据的四分位距（interquartile range，IQR）来确定异常值的上、下界限。异常值一般被定义为小于 $Q1-1.5* IQR$ 或大于 $Q3 + 1.5 * IQR$ 的观测值。

（2）正态分布检验法：常见的正态分布检验包括 Shapiro-Wilk 检验、Kolmogorov-Smirnov 检验和 Anderson-Darling 检验等。正态分布检验可以帮助研究者了解数据是否满足正态分布的假设。如果数据近似满足正态分布，则可使用正态分布的性质来判断异常值。通常，在正态分布中，异常值可以定义为落在较远标准差之外的值。例如，通过计算 Z-score，研究者可以识别位于一定阈值范围之外的异常值。

3. 缺失数据处理 缺失数据（missing data）是指在数据采集或记录过程中某些原因导致的数据缺失或不完整，主要的处理方式如下：

（1）基于完整观测的方法：信息删除的方法（又称基于完整观测的方法）是指剔除不完全的样本，只对完全数据进行分析，包括列表删除和配对删除两种方法。

1）列表删除法：也称为样本删除法，是指将不完整的样本删除，只保留完整部分。列表删除法是目前最常用的缺失值处理方法，简便易行，容易被研究者掌握。对于完全随机缺失，列表删除法会降低检验效能，但是并不会造成估计偏差。如果缺失机制并非完全随机缺失，列表删除法则不仅会降低检验效能，同时会造成估计的偏倚。

2）配对删除法：是指在数据分析过程中，根据目标研究所涉及的变量，对应样本进行列表删除。例如，研究者从全基因组角度筛选恶性肿瘤/癌旁差异表达基因时，在不矫正混杂因素的情况下，对 ROS1 基因进行筛选，研究者只需保留 ROS1 基因所对应完整观测的样本，而不需要考虑其他基因在不同样本中是否属于完整观测。

（2）基于填补的方法：填补（imputation）是指采用统计学方法为数据集中的每一个缺失数据给定一个合理的估计值，将其填补到原缺失数据的位置上。

1）均值填补法：是指用整个样本中某变量的所有观测数据平均值作为该变量所有缺失值的填补值。如果是定量变量，用该变量的均数作为缺失值的替代值；如果是分类变量，可采用该变量的中位数作为缺失值的填补。

2）线性回归填补法（linear regression imputation）：是通过建立目标变量与辅助变量的线性回归模型来实现缺失数据的填补，这种借助已观测信息来填补缺失数据的方法，常用于随机缺失的情形。

3）多重填补法（multiple imputation）：由 Dempster 教授和美国哈佛大学统计系 Rubin 教授首先提出。它是一种用两个或者更多可得到的，并且能反映数据本身分布概率的值来填补缺失或者不完善数据的一种方法。多重填补法可以通过重复下列两个步骤获得填充值：第一步，使用估计的平均向量和协方差矩阵，独立地对每个观察对象的缺失值进行模拟填充；第二步，利用第一步获得的"完全样本"，重新估计人群的平均向量和协方差矩阵得到新的估计值，又被重新用于第一步。反复上述步骤直至迭代收敛，得到近似于缺失值的填补值。多重填补法考虑了缺失值的不确定性，使得被填补的缺失数据能够接近"真实"值。目前，该方法是慢性病研究中处理缺失值的主要策略。

三、常用慢性病大数据分析指标和方法

随着信息化的不断发展，大数据越来越多地被应用在慢性病防控领域。在传统的统计分析方法基础上，以机器学习和深度学习为代表的新兴统计分析方法在慢性病大数据领域的应用呈爆发式增长，在病因学研究、疾病筛查、诊断及风险预测等方面展示出巨大的应用前景。主要方法如下：

1. 描述性统计分析方法 发病率和患病率：发病率是指在一定时间内新发生的疾病病例数与总人数的比例，患病率是指在一定时间内已患某种疾病的病例数与总人数的比例。例如，每 10 万人新发恶性肿瘤数量、肥胖患病率等。通过计算发病率和患病率，可以了解疾病在人群中的分布情况。

死亡率和生存率：死亡率是指在特定时间内某一人群中死亡的人数与该人群总人数的比率。生存率是指在一段特定时间内，患者存活下来的人数与最初患者总数之比。例如，因心血管疾病、糖尿病死亡的概率，恶性肿瘤 5 年生存率等。这些指标可以用来评估特定疾病的影响、预测患者预后、比较不同人群之间的差异等。

2. 差异分析方法 主要用于比较不同样本组之间的差异，以识别特征在不同组之间的显著变化，用于揭示疾病防控、治疗效果、生物学过程等方面的差异。常用的方法包括：参数检验，t 检验（Student's t-test），用于比较两个样本组之间的均值差异是否显著；配对样本 t 检验，用于比较同一组的两个相关样本在不同时间或条件下的均值差异；方差分析（ANOVA），适用于比较多个样本组之间的均值差异是否显著。非参数检验，当数据不满足正态分布假设时，可以使用非参数检

验方法，如 Mann-Whitney U 检验（用于两组比较）和 Kruskal-Wallis 检验（用于多组比较）。

3. 逻辑回归模型　是一种广泛使用的统计学习方法，常用来进行分类问题研究。基本思想是利用逻辑函数（也称为 sigmoid 函数）对线性回归模型的输出进行变换，将其转换为概率值（介于 0 和 1 之间），该概率表示样本属于某一类别的可能性。逻辑回归的训练过程就是通过一系列优化算法（通常使用梯度下降法）来求解出最优的模型参数，使得模型能够最好地拟合已知的样本数据。

逻辑回归算法简单且易于实现、可解释性强、计算效率高，适合用于预测算法的构建。如 2022 年的一项研究基于 SEER 数据库利用逻辑回归模型对甲状腺癌肺转移进行了预测。但该方法对异常值敏感，可能存在欠拟合，尤其是当特征数量较大时，逻辑回归可能效果不佳，需要对特征进行降维。常用的特征降维方法包括逐步回归、Lasso 回归、adaptive Lasso 回归等。

4. 生存分析模型　Cox 比例风险模型也称为 Cox 回归模型或半参数生存分析模型，该模型由英国统计学家 David R. Cox 于 1972 年提出，是生存分析领域的重要工具。Cox 回归模型适用于分析多个影响因素与事件解决（如死亡、失业、疾病复发等）发生情况、发生时间的关系，并且允许有删失观测数据（censored data）的存在。该模型基于风险集合的概念，将风险视为在不同时间点可能发生的事件概率，不需对生存时间的概率分布做出严格假设，因此适用范围广泛。

Cox 比例风险模型适用于各种生存数据分析，用于疾病预后、药物疗效、治疗干预等研究；模型的系数可以用来解释不同因素对风险的影响程度，以及处理删失观测数据。然而，该模型可能受共线性的影响，对异常值敏感，同时模型在样本量较小的情况下可能效果不佳。

5. 随机森林模型　是一种集成学习方法，由 Leo Breiman 和 Adele Cutler 在 2001 年提出。它是一种强大且常用的机器学习算法，适用于分类和回归问题。随机森林是通过集成多个决策树来构建的。每个决策树都是一个分类器，用于对输入特征进行分类或回归预测。随机森林通过对许多决策树的预测结果进行综合，来获得更准确和稳定的结果。

随机森林的优点为高效性、鲁棒性和对高维数据的适应性，其对于医疗决策、临床预测和疾病预防等方面都具有重要的应用价值。如 2019 年的一项研究利用 TCGA 的多维数据进行对端粒酶反转录酶高和端粒酶反转录酶低恶性肿瘤的系统分析。该研究通过权重基因共表达网络分析构建了共表达网络，利用随机森林分类器识别恶性肿瘤亚型。

6. 卷积神经网络　是一种模拟人类视觉皮质结构的深度学习模型，适用于图像、视频等网格结构数据的识别和处理。卷积神经网络由一个或多个卷积层和顶端的全连通层组成。其核心思想是利用卷积和池化操作对高维特征进行特征提取和降维。卷积操作利用卷积核（一种运算矩阵）对图像进行特征提取，池化层能够降低特征维度，提高模型的计算效率。

卷积神经网络在影像图像识别、计算机辅助诊断等领域展现出优越性能。例如，在肺癌筛查中，利用卷积神经网络模型辅助读片能够显著提升筛查效能，识别模型 AUC 高达 95.9%，肺癌假阳性率降低 11.6%。卷积神经网络的应用也拓展到慢性病防控的其他领域，如电子病历数据的自然语言处理、慢性病医疗诊断等。

第三节　以大数据为基础的慢性病防控实例

以大数据为基础的慢性病防控研究是一项借助大规模数据收集、整合和分析技术，旨在改善慢性病的预防、监测和管理方法的研究领域。随着临床医疗数据、生活方式数据、基因组信息、环境因素数据等健康数据的累积，以及大数据分析方法的发展，慢性病三级预防的研究思路和方法得到了拓展和创新，进一步推动了基于大数据的慢性病防控综合策略和政策的制定。

一、以大数据为基础的一级预防

精准识别高风险人群是一级预防的核心。通过对大数据的分析，可以区分出高风险的个体，从而有针对性地采取预防措施。例如，对于吸烟者、家族遗传高风险人群等，可以提供个性化的健康教育和干预，帮助改变不良生活习惯，降低慢性病发生风险。同时，对于特定职业暴露和环境污染等高风险群体，可以加强防护措施，减少有害物质对身体的伤害。

以哈佛医学院发表的一篇胰腺癌危险因素研究为例，介绍如何以大数据为基础，分析识别肿瘤危险因素，进而为肿瘤一级预防提供重要科学依据。该研究对大型前瞻性数据库、汇总的数据库、大型公开数据库等数据资源进行整合分析，从多个角度全方位探索胰腺癌的危险因素。研究结果提示已建立的危险因素与早发胰腺癌的关联更强。

1. **数据来源**　该研究数据来源于美国护士健康研究（the Nurses' Health Study，NHS）和卫生专业人员随访研究（the Health Professionals Follow-Up Study，HPFS）两项前瞻性的大型队列研究，PanScan/PanC4 Ⅰ-Ⅲ全基因组关联分析（Genome-Wide Association Study，GWAS），以及 SEER 数据库。

2. **主要研究结果**　基于纳入美国护士健康研究及卫生专业人员随访研究发现，吸烟、肥胖、糖尿病、身高和非 O 型血五种危险因素与年轻人群的胰腺癌风险的相关性强。利用 PanScan/PanC4 Ⅰ-Ⅲ全基因组关联分析数据库，通过对 22 个独立的全基因组重要 SNP 的累积效应与胰腺癌风险的关联分析发现，在 60 岁的人群中，PRS 与胰腺癌风险的关联最强，在年龄较大的参与者中两者关联较小。基于 SEER 数据库，该研究进一步进行了性别、种族与胰腺癌的关联分析。研究表明，< 60 岁人群的男女胰腺癌发病率比值（incidence rate ratio，IRR）比 ≥70 岁的人群高。同样，黑人与白人的胰腺癌发病率比值（IRR）随着年龄的增长而下降。

综上所述，通过多个数据库数据链接后开展的大数据分析为恶性肿瘤的一级预防提供了重要支撑。这种基于大数据的预防策略不仅可以降低恶性肿瘤的发病率，也为医疗资源的合理配置和社会经济的可持续发展作出了重要贡献。随着技术的不断发展和数据的不断积累，以大数据为基础的慢性病一级预防将为慢性病防治事业带来更多的创新和突破。

二、以大数据为基础的二级预防

基于大数据的慢性病早期发现可通过筛检、病例发现、定期体检等途径实现。例如，利用智能设备监测数据对血压、血糖、心率等指标进行监测，定量识别慢性病高风险个体，进行风险评估和预警，及时提供干预指导；利用人工智能技术辅助肺癌、乳腺癌等恶性肿瘤筛查和早诊早治工作，提高筛查效能等。下面以南京医科大学联合哈佛医学院实施的肺癌相关研究为例，分享如何利用大样本前瞻性队列数据和 GWAS 数据，探索肺癌筛查的人群风险预测问题。

1. **数据来源** 该研究采用两阶段设计筛选基因 - 基因交互作用信号：在两阶段设计中，研究人员以国际肺癌研究联盟（ILCCO/TRICL）的欧美人群 GWAS 数据为筛选集，从 590 亿种 SNP 组合中筛选出具有统计学意义的交互作用信号。进一步以英国生物标本库（UKB）的欧美人群 GWAS 数据为验证集，进行独立人群的信号验证。

2. **主要研究结果** 基于 GWAS 数据，进一步提高肺癌高风险人群的定量识别能力：该研究采用"信息熵初筛→对数线性模型检验→logistic 回归模型确认"的三步降维分析策略，共同完成了全球最大规模（46.5 万人）的肺癌基因 - 基因交互作用研究与跨种族人群验证，并构建了交互作用赋能的遗传评分（interaction empowered polygenetic risk score，iPRS）。与领域内知名的 PRS-128 相比，iPRS 具有更出色的肺癌风险区分能力，能够有效识别肺癌高风险人群。此外，研究人员发现额外利用 iPRS 能够优化低剂量计算机体层成像的筛查效果。

综上所述，大数据在肿瘤二级预防中扮演着不可或缺的角色。通过分析大量的医学调查问卷数据、生物标志物和遗传信息等，可以实现肿瘤的早期风险评估，进一步推荐合理的筛查措施，为个体化的健康管理和定制化的预防策略提供支持。

三、以大数据为基础的三级预防

以大数据为基础的慢性非传染性疾病的三级预防主要侧重于已诊断患有慢性病的个体，旨在减缓病情的进展、并发症的发生，提高患者的生活质量。大数据分析可以实时监测患者的健康数据，包括生理指标、症状、用药情况等，以便医生能更精确地了解患者的状态。大数据可用于制订个性化的康复计划和治疗方案，以确保患者获得最合适的医疗护理。此外，通过分析历史健康数据和患者的生活方式，预测可能的并发症，有助于及早干预，降低患者并发症的风险。

比如针对糖尿病患者的三级预防，通过对糖尿病患者的医疗大数据分析，可获得患者的血糖监测数据、用药历史、生活方式，以及遗传因素等多维数据，为其制订个性化的糖尿病管理计划，包括药物剂量、饮食建议和运动方案等。同时，可将患者的血糖数据实时传输至医疗机构，医生远程监测患者的病情，及时调整治疗计划，预防并发症的发生。将健康医疗大数据与临床实践相结合，可以更好地个性化管理慢性病患者，提供规范化诊疗，从而提高患者的生活质量，同时降低医疗系统的负担。

四、基于健康医疗大数据的慢性病防控综合策略和政策的制定

基于健康医疗大数据的慢性病防控综合策略和政策的制定，是有效应对慢性病流行的关键一步。该举措汇集了政府、医疗界、科研机构和技术创新者的合作，旨在最大限度地减小慢性病的发病率，提高患者的生活质量，并降低医疗系统的负担，标志着健康领域朝着健康医疗大数据驱动的未来迈出了坚实的一步。

2011 年，联合国首次召开预防和控制慢性病高级别会议，通过了《关于预防和控制非传染性疾病的政治宣言》。这是世界各国领导人首次就慢性病防控的具体行动达成共识，也是慢性病从

监测转向预防的开始。随后，WHO 批准了《全球非传染性疾病预防和控制行动计划 2013—2020》（the Global Action Plan for the Prevention and Control of Noncommunicable Diseases 2013—2020）。该计划旨在通过各国家、区域和多部门协作，减少可预防的慢性病发病、死亡和伤残负担，使人群健康和生活质量达到最高标准。行动计划围绕四类重大慢性病危险因素控制、早期诊断和治疗提出了 9 项全球具体防控目标。健康医疗大数据的积累、挖掘和应用，拓宽了慢性病三级预防的思路和路径，为全球慢性病防控提供了有力工具。

结合国际慢性病防控目标和我国系列健康监测数据，我国逐步建立慢性病防控和数字健康战略。2019 年，国务院《健康中国行动（2019—2030 年）》指出，到 2030 年，将 30~70 岁人群因心脑血管疾病、恶性肿瘤、慢性呼吸系统疾病和糖尿病导致的过早死亡率较 2015 年降至 13% 以下。我国将健康医疗大数据纳入国家战略体系。2016 年国务院《"健康中国 2030"规划纲要》明确要求"推进健康医疗大数据应用"；2020 年《中国数字健康发展报告（2020）》正式发布，推动健康医疗行业加速迈向数字健康新阶段。

综上所述，在大数据时代，"四级预防联动"的新模式为慢性病防控带来了全新的维度。在零级预防层面，政府通过对健康档案等医疗大数据管理，整合分析危险因素，制定了更精确的健康政策，有效削弱了慢性病危险因素在人群中的暴露。在一级预防层面，健康宣教和行为干预的结合起到了减少慢性病发病的关键作用，通过大数据的精准定位，宣传活动能够更有针对性，而行为干预可以通过个体健康数据的分析，提供更有效的个性化建议。在二级预防层面，筛查和早诊早治成为挽救生命的关键，大数据分析可以更好地识别高风险患者，为其提供早期干预措施，从而降低死亡率。最后，三级预防的规范化诊疗和全周期健康管理提高了患者的生存质量，通过大数据监测和数据驱动的医疗决策，患者可以获得更个性化、更高质量的医疗护理，提高生活质量。"四级预防联动"新模式强调了大数据的重要性，为慢性病的预防和管理提供了更精细化、更高效的方法。

第四节　挑战与展望

一、面临的挑战

如何将跨机构、跨领域、跨平台的数据库打通共享，实现数据的标准化和规范化，是目前大数据面临的重大挑战之一。健康医疗大数据由于管理共享机制的缺乏而分散在不同的部门和机构内部，医院对数据分享顾虑多，意愿不强，责权利不清；各个机构、领域的数据往往来源于不同的系统和软件平台，数据收集、存储和管理的标准规范也各不相同，多来源的数据在格式、结构、语义关联、质量等方面都存在差异。健康医疗大数据来源、收集和管理的共享机制尚不成熟，这些因素严重制约着健康医疗大数据的整合共享与转化利用。

在大数据时代的流行病学研究中，严格控制研究质量是一项重要挑战。健康医疗大数据存在系统偏倚，可能影响分析结果的真实性。相对于传统的随机抽样，大数据可能存在选择偏倚，其信息常常来自具有特定特征的人群，如医院就诊人群或携带可穿戴设备的人群。此外，健康医疗大数据多源异构，存在表型定义不确定性、变量测量不准确、数据缺失等问题，可能导致信息偏倚。部分信息的测量方法和获取途径难以确认，给质量控制带来困难。健康医疗大数据的流行病学研究通常属于观察性研究，存在混杂偏倚和反向因果关联等问题。

大数据应用还面临着对组学检测技术和大数据分析技术不断完善的需求。大规模人群开展的多组学检测依赖成熟的高通量组学技术，需要满足其对样本和检测条件的要求，检测成本低、检测方法快速、结果稳定性和准确度高，各组学检测技术仍有待进一步发展和完善。适用于健康医疗大数据的软硬件平台、大数据存储、传输、高性能计算和云计算等技术尚不成熟，制约着健康医疗大数据的研究和应用，因此多组学生物统计和信息学分析方法也有待进一步开发和提升。多组学构建的调控网络极为复杂，如何整合多组学信息从而形成系统层面的理解是健康医疗大数据研究面临的重要挑战。

最后，如何在法律和伦理框架下对健康医疗大数据进行规范和管理，也是大数据使用面临的重要挑战。健康医疗大数据在存储、共享、分析、挖掘等过程中可能对个人信息和隐私造成侵害。应尽快推动个人健康信息和隐私保护相关法律法规的确立，明确电子健康信息在存储、管理、利用、交换各环节的权责归属与过程标准，促进数据安全技术的与时俱进。相关部门应从保护个人安全和公平的角度，合理界定伦理风险，把握伦理审批的界限。我国于 2019 年颁布《人类遗传资源管理条例》；2021 年颁布《中华人民共和国个人信息保护法》和《中华人民共和国数据安全法》；《中华人民共和国宪法》和《中华人民共和国民法典》为保护个人隐私提供了法律依据。这些法律的颁布为推动我国健康大数据的采集、管理和应用迈出了重要探索性的一步。

二、机遇与展望

随着大数据技术的迅猛发展，慢性病的防控正逐步迈向精准化、智能化和个性化。然而，要充分释放大数据的潜力，还需要有效的政策和管理体系支撑。通过完善健康医疗大数据政策支持和管理共享平台的建设，可以更好地利用大数据技术和信息化手段，为慢性非传染性疾病的防控提供科学支撑。其次，为保证健康医疗大数据高效和合理利用，需完善专项法律法规建设，建立数据挖掘与共享开放的管理制度、划分数据的归属权与使用权划分。最后，建立管理生物医学大数据的规范和标准，鼓励和支持科学研究成果的转化，建设国家级健康医疗大数据中心，形成国家或区域性健康医疗大数据集中管理与共享服务平台，有效承接生物资源、人口健康、环境等大数据和支撑国家人类遗传资源有效管理。在此基础上，优化大型人群队列、提高数据整合深度、推动多组学研究等，已成为慢性病防控中大数据应用的重要方向。

优化大型人群队列和建设高质量健康医疗大数据将为健康医疗产业带来更多的发展机遇。在"大数据"的时代背景下，电子健康记录不断普及和完善，将这些数据与疾病登记数据、疾病筛查数据、多组学数据、环境数据等互融互通，建立大型动态队列已成为流行病学研究的热点。由于研究资源和经费的限制，大规模前瞻性队列难以实现全表型的收集和全组学的检测。因此，根据研究目的，研究的人力、物力等因素确定随访时长和随访间隔，选择具有代表性的研究对象，使用最先进的技术收集队列成员的表型组信息，对其进行多次动态随访，采集和储存多时点生物样本，开展多组学检测，由此构建精细队列，尽量提高应答率和依从性，预防潜在的选择偏倚及获取暴露、生物标志物、组学信息时可能出现的信息偏倚，具有深远的研究价值。

基于队列研究的多组学研究和转化是大数据应用的前景所在。通过整合基于队列的表型组数据及多组学数据（如基因组、蛋白质组、代谢组学等），推动大样本多中心研究和数据分享，实现疾病的危险因素、生活方式和遗传背景的整合。借助高通量组学技术和健康医疗大数据，系统流行病学的发展势不可挡。大数据结合系统生物学、流行病学和计算数学等多领域技术，将人体从暴露组到基因组、表观遗传组、蛋白质组、代谢组等多个层次有机整合，深入研究复杂因素之间的关系网络及其相互作用。这种综合研究方法有助于实现病因学推断，构建基于病因网络的疾病风险预测模型，推动精准预防、诊断和治疗的实现。

加快交叉学科人才引进与培养，促进跨学科的合作与协同创新，完善促进跨学科合作的学术评价和成果共享机制是推动大数据应用和发展的重要举措。慢性非传染性疾病的应用转化研究需要跨学科合作，包括医学、生物学、流行病学、社会学等多个领域的专家共同努力。跨学科的合作可以促进知识的交流和创新，推动研究成果更快地转化为实际应用。如探究心理因素对慢性病的影响，研究行为干预策略，促进患者积极管理和调整，提高生活质量等。大数据应用需聚焦国家重大需求，打破行政壁垒，注重系统整合协同，坚持开放创新，组建多学科、多领域、多系统融合的创新大团队。

综上所述，克服挑战、利用机遇，将有助于推动健康医疗大数据应用的发展。大数据挖掘技术将为慢性非传染性疾病的预防、诊断和治疗带来更多的创新和进步，有望为大众的健康提供更加精准、高效和个性化的医疗服务。

（李霓　秦朝）

🔍 思考题 ⋯⋯⋯∘

1. 相比于传统慢性病三级预防，基于大数据的三级预防有哪些优势？

2. 代表性健康大数据库有哪些共同点和不同点？

3. 以大数据为基础的防控实例对未来研究有哪些启示？

📧 数字资源详见　新形态教材网

📍学习目标　　💻内容提要　　📄本章小结　　🖨参考文献

第十九章

数智赋能的精准健康

思维导图

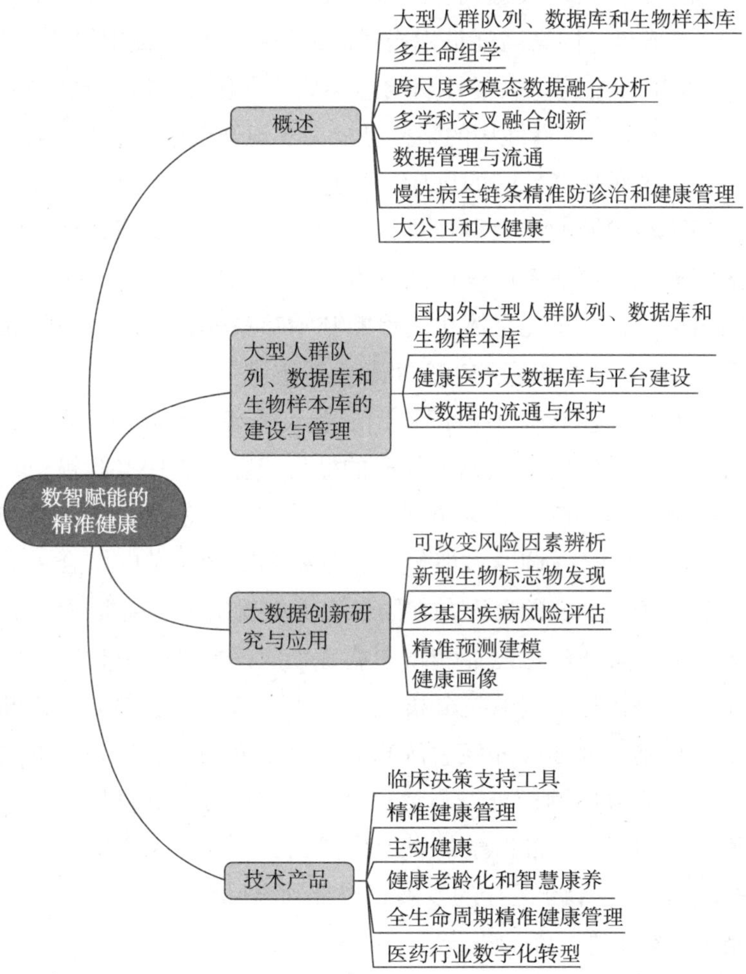
数智赋能的精准健康
概述
大型人群队列、数据库和生物样本库
多生命组学
跨尺度多模态数据融合分析
多学科交叉融合创新
数据管理与流通
慢性病全链条精准防诊治和健康管理
大公卫和大健康
大型人群队列、数据库和生物样本库的建设与管理
国内外大型人群队列、数据库和生物样本库
健康医疗大数据库与平台建设
大数据的流通与保护
大数据创新研究与应用
可改变风险因素辨析
新型生物标志物发现
多基因疾病风险评估
精准预测建模
健康画像
技术产品
临床决策支持工具
精准健康管理
主动健康
健康老龄化和智慧康养
全生命周期精准健康管理
医药行业数字化转型

第一节　概　　述

　　健康医疗大数据，这一在疾病预防、治疗及健康管理中产生的宝贵信息资源，涵盖临床、健康、生物和人口等多个领域的数据。中国已经将健康医疗大数据的发展提升至国家战略层面，国务院更是将其定位为国家基础性战略资源。在近期的疫情防控工作中，大数据技术在疫情监测、病毒追踪、溯源分析、精细化防控、资源调配及趋势预测等方面发挥了关键作用，彰显了其在推动健康医疗模式革新中的潜力。尽管如此，我国在利用健康医疗大数据进行重大慢性病的精准预防和控制方面仍处于初级阶段。2019 年的数据显示，慢性病导致的死亡占到了总死亡人数的88.5%。心脑血管疾病是我国居民死亡的主要原因，目前约有 3.3 亿名心血管病患者和 1.4 亿名糖尿病患者。2020 年，新发癌症病例数达到 457 万，相当于每分钟有 8 人被诊断出癌症，死亡人数约 300 万。面对这一严峻形势，国家高度重视慢性病的防控工作，提出了《"健康中国 2030"规划纲要》，目标之一是到 2030 年，将重大慢性病的过早死亡率比 2015 年降低 30%。随着慢性病发病率的逐年上升和疾病负担的加重，慢性病的防控已成为实现健康中国战略目标的紧迫任务。

　　慢性病的异质性在个体对环境暴露的反应、易感性、治疗反应及临床结局等方面表现出显著差异，这构成了慢性病防控领域的重大科技挑战。为了应对这一挑战，精准医学应运而生。精准医学是一种新型的医疗模式，旨在考虑个体间基因、环境和生活方式的差异，基于患者的分子生物学等特征，如基因组信息，来实施个体化的诊断和治疗策略，为疾病预防和治疗提供个性化方案，以最小化不良治疗效果，提高患者的生存率和生活质量。

　　精准医学的发展历史可以追溯到 20 世纪初，随着人类基因组计划的完成，精准医学的概念开始逐渐形成。2006 年，中国首次提出了精准外科的概念，随后这一概念被引用到肿瘤放疗、妇科等医学领域。2011 年，美国科学院、美国工程院、美国国立卫生研究院和美国科学委员会共同提出了"迈向精准医学"的倡议，强调通过遗传关联分析和临床医学的结合来实现疾病精准治疗和有效预警。2015 年，时任美国总统的奥巴马在国情咨文中提出了"精准医学计划"，标志着精准医学成为美国国家研究项目，旨在治愈癌症和糖尿病等疾病，推动个体化基因组学研究。精准医学的短期目标主要集中在癌症治疗上，通过分析癌症基因组数据，发现分子诊断工具，以及设计和测试新的疗法。长期目标则是为健康和疾病认知提供更全面的知识储备，通过新一代科学家的创新和发明，应用于生物信息方向的探查、测量和分析，包括分子、基因、细胞、临床、行为、生理和环境参数等方面。在中国，精准医学的发展也得到了国家的大力支持。2016 年，中国宣布将在 2030 年前投入 600 亿元用于精准医疗的发展，以推动全民医疗福利、疾病早期诊断、合理配置医疗资源、有效控制医保费用等方面的进步。

　　精准医学的实施也涉及多学科的交叉融合，包括流行病学、临床医学、大数据健康科学、计算机科学、人工智能等，它的发展对于构建强大的慢性病精准防诊治体系具有显著的科学意义，并且对于减少慢性病发病、降低医疗负担、提升全民健康、促进共同富裕具有重大战略价值。

一、大型人群队列、数据库和生物样本库

超大型前瞻性队列研究是获取高标准、高质量、跨尺度、多模态健康医疗大数据和生物样本库的理想途径。通过构建这样的队列，并深度融合生物技术与信息技术，有利于发现可改变的危险因素和新型生物标志物，构建精准风险预测模型，制定个性化筛查策略和有效的诊疗管理方案，建立真正符合社区和临床需求的智能精准防诊治体系，最终实现慢性病精准健康。为达到上述目的，需要优秀的顶层设计、规范化的获取流程和严格的质量控制，以建设面向不同场景需求的高质量前瞻性大型人群队列。而国内当前的一些临床队列和人群队列在顶层设计、变量标准化、数据共享利用、生物组学信息收集等方面存在或多或少的问题，影响了数据分析的准确性，导致因果推断存在偏差。因此，加强顶层设计、优化获取流程和加强质量控制，构建高质量前瞻性大型人群队列、大数据库和大生物样本库，对于提升健康医疗大数据的获取效率和准确性至关重要。

二、多生命组学

随着高通量、高特异性、高敏感性的前沿测序技术的突破与推广应用，医学研究已进入大数据和精准化并行融合的时代，为精准医学开辟了新的局面。在这一进程中，生命组学（omics）领域的多个分支发挥着至关重要的作用。

1. **基因组学**　致力于解码生物体的遗传信息，包括基因的结构、功能和相互作用。随着测序技术的进步，我们能够以前所未有的速度和规模生成基因组数据。这些数据的分析需要依赖大数据分析工具，以识别与疾病相关的基因变异和遗传标志物。

2. **转录组学**　关注 RNA 分子的表达模式，揭示基因如何在不同的环境和生理状态下被调控。高通量测序技术，如 RNA-Seq，使我们可以同时测量成千上万个基因的表达水平，产生的数据量巨大，需要通过大数据技术进行存储、管理和分析。

3. **蛋白质组学**　研究细胞或组织中所有蛋白质的表达、结构和功能。质谱技术的发展使得蛋白质组学数据的获取变得更加高效，但同时也产生了大量复杂的数据，这些数据的分析和解释依赖大数据和生物信息学工具。

4. **代谢组学**　分析生物样本中的小分子代谢物，以了解代谢途径和疾病标志物。由于代谢物种类繁多，代谢组学数据的采集和分析同样需要大数据技术的支持。

5. **表观遗传学**　研究基因表达的遗传和非遗传调控机制，如 DNA 甲基化和组蛋白修饰。这些数据对于理解基因如何在不改变 DNA 序列的情况下影响生物体的性状至关重要，其数据分析同样需要大数据技术。

6. **微生物组学**　研究宿主与其微生物群落之间的相互作用及其对健康的影响。随着高通量测序技术的应用，我们能够详细分析微生物群落的组成和功能，这些数据的分析和管理需要大数据技术的支持。

7. **脂质组学**　分析细胞或组织中的脂质种类和含量，以揭示脂质在疾病中的作用。脂质组学数据的获取和分析同样需要大数据技术的支持。

8. **环境组学**　探讨环境因素如何影响基因表达和生物体的适应性。这一领域的研究需要整合环境数据和生物组学数据，这通常涉及跨学科的大数据集成和分析。

此外，单细胞测序、液体活检等前沿技术日趋成熟，并逐渐被广泛应用到健康医疗研究和实

践中。单细胞测序技术为研究单个细胞的行为、机制、与机体的关系等提供了新方向，成为解决细胞异质性问题的有效途径。单细胞测序技术已经开始应用于肿瘤、心脑血管疾病等慢性病发生发展机制的前沿研究中，包括细胞谱系演进关系的分析、肿瘤微环境（TME）解析、血管衰老鉴别、疾病病理分型、生物标志物挖掘等。液体活检技术是近年来出现的新型检测方式，通过检测循环肿瘤细胞、DNA、外泌体等对癌症进行检测和诊断。尤其是随着近年来"第二代液体活检"技术的出现，我们可以通过借助第二代测序超大的数据量、全基因组的数据覆盖和精细分子特征的优势，弥补通过单一或少数特征检测癌症的不足，优化液体活检技术，建立利用癌症患者外周血进行无创分子分型及动态监测的体系。

上述这些生命组学技术都会产生超大量的数据。如何优化和提升这类大数据的获取技术，有效获取这些超大数据并进行深度挖掘，辨析新型跨尺度多模态分子病理生物标志物集群，是制约这类前沿技术在慢性病精准防诊治中有效应用的关键。为了有效获取和处理生命组学数据，不断推进测序技术、质谱技术、成像技术等的创新是关键，以提高数据采集的速度，降低成本，增强数据的分辨率和准确性。同时，开发新的算法和工具，以提高数据处理的效率和准确性。数据标准化与整合是确保数据可比性和可重复性的关键，而整合来自不同组学的数据，如基因组学、转录组学、蛋白质组学和代谢组学数据，可以提供更全面的生物学信息，有助于发现跨尺度的生物标志物。

三、跨尺度多模态数据融合分析

深度融合和辨析多源数据为我们提供了对事物全面和多角度的认知，这是大数据在精准健康领域应用的核心优势。近年来，随着生命组学、影像组学和临床表型组学等多组学领域的快速发展，生物技术与信息技术的跨界融合正在深度挖掘和利用海量的健康医疗大数据。这些数据涵盖了电子病历、数字影像、病理诊断、随访记录等临床数据，以及医疗保险数据、个人生活习惯、新兴的生命组学数据和知识图谱等。

近年来人工智能的快速发展，尤其是云计算、分布式架构、机器学习和深度学习技术的成熟，使得跨尺度、高维度、多模态生物医疗大数据的融合辨析及临床应用成为现实。实现健康医疗大数据深度融合辨析的关键在于融合生物技术与信息技术，统一表征跨尺度多模态健康医疗大数据，通过知识蒸馏提取高价值知识，并与人类先验知识有效融合，辨析健康医疗大数据中重要的时序特征等。通过各尺度各模态间信息的互补，多模态数据融合技术可以帮助我们从不同层面理解疾病的复杂性，发现新型的跨尺度多模态分子病理生物标志物集群，更准确地提取复杂数据特征，突破健康医疗大数据的关键问题，提升大数据的融合辨析与转化利用能力，为临床决策提供支持。

在多模态数据融合的研究中，学者们提出了多种融合策略及方法，这些方法在多模态融合中的应用情况与优缺点各有不同。同时，多模态对齐技术，包括显式对齐和隐式对齐，也是多模态融合技术中的难点和关键点。这些技术的发展和应用，将进一步推动多模态数据融合的发展与应用，为精准医疗提供更强大的支持。

四、多学科交叉融合创新

慢性病的精准健康研究正逐渐演变为一个多学科交叉融合的领域，从疾病的预测、预防、诊断、治疗到康复和管理，每个环节都需要不同学科之间的紧密合作和协同创新。例如，为了发现与慢性病早期筛查、早期诊断、早期治疗及疗效相关的新型生物标志物集群，高效获取和统一表征生命、影像和临床表型组学及流行病学等跨尺度多模态健康医疗大数据，需要流行病学、临床医学、大数据健康科学、计算机科学、人工智能等学科的交叉融合。通过这种跨学科的合作，研究人员可以更全面地理解数据，设计出更有效的实验方案，开发出创新的分析方法，从多个层面理解慢性病的发生发展机制，从而为疾病的精准干预提供科学依据。

在这一过程中，现代信息技术的发展，如联邦学习、云计算、分布式架构等，为解决隐私保护、数据安全与数据共享利用效率之间的矛盾提供了部分解决方案。同时，深度学习算法和人工智能技术在大数据分析中发挥着越来越重要的作用，它们可以帮助识别复杂的模式和关联，预测疾病的发展，以及发现新的生物标志物。

总之，慢性病的研究和治疗正逐渐成为一个多学科协同作战的战场。通过跨学科的合作，可以更有效地整合和分析来自不同来源和不同模态的数据，从而为慢性病的预防、诊断和治疗提供更加精准的解决方案。这种跨学科的融合和协同创新，是推动慢性病研究不断前进的动力。

五、数据管理与流通

在当今信息时代，数据获取与管理共享的重要性日益凸显。然而，随着数据量的爆炸性增长，我们面临着一系列挑战。首先，数据的规模和复杂性不断增加，单一尺度的数据往往难以全面反映事物的全貌。此外，不同模态的数据在信息价值上存在差异，数据类型的异质性和异构性给数据整合带来了难度。数据孤岛现象普遍存在，不同机构和部门之间的数据难以实现互通，这不仅限制了数据的共享和利用，也增加了数据整合的难度。在生物大数据领域，尽管生命组学技术的发展为健康医疗研究和实践带来了新的机遇，但生物样本的获取、存储和分子检测手段仍需进一步规范化和标准化。

在数据的深度融合辨析和转化利用方面，我们仍需解决基础理论方法和核心技术的不完善问题。跨尺度多模态大数据融合处理的困难、模型的难解释性、鲁棒性差等问题亟待解决。此外，智能防诊治系统的适用性弱，与医学应用的脱节也是当前研究的难点。

在数据共享方面，我国公共数据开放面临的问题包括数据实用性不高、平台功能不完善和长效机制待加强等。例如，数据更新不及时、监督约束机制弱、开放评价不到位等问题仍然突出。为了优化公共数据开放工作，有必要参考借鉴发达国家数据开放的经验做法，促进我国公共数据开放工作提质增效、服务数字经济发展。

随着数据量的增加，需要更强大的计算资源和更高效的存储解决方案。云计算和分布式计算提供了处理大规模数据集，而先进的存储技术则确保了数据的安全性和可访问性。深度学习算法和人工智能技术在大数据分析方面发挥着越来越重要的作用，有助于识别复杂的模式和关联，预测疾病的发展，以及发现新的生物标志物。

数据获取与管理共享的挑战需要多方面的措施来克服。在技术层面，需要发展更高效的数据融合辨析技术和智能算法；在管理层面，需要建立更加完善的数据共享机制和标准；在法律层面，需要制定相应的数据保护和隐私安全法规。通过这些措施，人们可以更好地利用大数据资源，以推动科学研究的发展和社会进步。

六、慢性病全链条精准防诊治和健康管理

为了实现慢性病的全链条精准防控和健康管理，我们需要从健康到疾病的整个动态过程中获取和辨析数据，包括健康疾病连续数据。目前，针对不同的健康场景，例如"社区人群""高危人群"和"临床人群"，面临着缺乏规模化前瞻性健康人群、亚健康人群、临床队列平台及大生物样本库的挑战。这限制了跨尺度多模态健康医疗大数据的高效获取，包括流行病学、临床表型组学、病理诊断、影像组学、多生命组学、治疗毒性、疗效、复发和预后随访等数据。此外，我们还需要深度融合辨析方法，包括对可改变危险因素，如吸烟、肥胖、运动、环境等和生物标志物，如代谢表型、免疫表型和 TCR 表型的深度辨析。对于"社区人群"，我们需要便捷、高效、易推广的个体化风险预测模型和个性化健康建议。对于"高危人群"，我们需要结构化、可视化、标准化的高精度风险预测模型和智能精准早筛、早诊、早治系统。对于"临床人群"，我们需要肿瘤精准分型方法和治疗效果、复发、预后的精准预测模型。在这一过程中，多学科交叉融合发挥着至关重要的作用。例如，通过"健康云平台"建设推进糖尿病全链条防治，实现医防融合、全程有序的慢性病综合防治服务平台建设。这展示了数字化在慢性病防控与健康管理中的新趋势，以及多方借力共助慢性病健康管理的重要性。为了提升慢性病的全链条精准防诊治和健康管理水平，我们还需要加强健康教育，提升全民健康素质，实施早诊早治，降低高危人群发病风险，强化规范诊疗，提高治疗效果，并促进医防协同，实现全流程健康管理。这不仅对于构建我国强大的慢性病精准防诊治体系具有显著的科学意义，而且对于降低慢性病发病率、减轻医疗负担、提升全民健康水平、促进共同富裕具有重大的战略价值。通过这些措施，我们可以更好地利用大数据资源，推动慢性病研究和治疗的不断前进。

七、大公卫和大健康

公共卫生的定义和内涵随着时间的推移和社会的发展而不断演变。在当代，公共卫生不仅仅是关注疾病的预防和控制，它已经扩展到包括社会健康不平等问题在内的广泛领域。这意味着公共卫生工作不仅要致力于疾病的防控，还要关注社会和环境因素对健康的影响，以及提高弱势群体的健康水平，努力缩小不同社会群体之间的健康差距。

在全球化的背景下，公共卫生的国际合作变得尤为重要。全球性的传染病、健康威胁等问题需要全球各国的共同努力和协作，这包括卫生援助、流行病学监测、应对全球性健康挑战等跨国界的卫生合作。全球卫生紧急事件的频发，凸显了公共卫生在应对传染病暴发和其他突发卫生事件中的关键作用，要求公共卫生体系具备更强大、更灵活的应对能力。公共卫生的内涵还扩展到了应对多样化的健康威胁，这不仅包括传统传染病的预防和控制，也涵盖慢性病、心理健康等方面的管理。例如，慢性病的全链条精准防治和健康管理，需要整合来自不同组学的数据，如临床数据、影像数据和环境数据等，这要求多学科专家的合作，包括生物学家、计算机科学家、统计学家、临床医生等。此外，公共卫生越来越依赖于先进的技术和大数据分析。通过收集和分析健康数据，公共卫生工作者能够更准确地理解健康问题的本质，制订更为精准的干预策略。例如，利用健康医疗大数据驱动的慢性病"预防—诊断—治疗—管理"的全链条精准防控和健康管理，需要覆盖从健康到疾病整个动态过程的数据获取与辨析。

面对多重疾病威胁共存和多元健康影响因素交织的复杂局面，公共卫生的定义已从传统的疾

病防控扩展到更为广义的"大公卫"层面，涵盖了社会、经济、文化、自然等所有影响人群健康的领域。这种广义的公共卫生观念要求我们采取全面的、多维度的方法来解决健康问题，而且不仅要关注个体的健康，还要关注整个社会的健康和福祉。通过这种全面的方法，我们可以更有效地提高人群的整体健康水平，实现健康公平，促进社会的可持续发展。

2016年8月，习近平在全国卫生与健康大会上正式提出"大健康、大卫生"理念，改变了我国传统卫生服务中的健康内容、工作重心和服务范围，扩展了健康服务的类别，加强了对疾病预防的重视程度，并以健康内涵扩展后的标准来调整卫生与健康服务的对象范围。我国传统的健康服务以患者为对象，"大健康、大卫生"的理念要求将尚未患病的老年人、儿童、亚健康人群等疾病易感人群也包含进服务范围中，以是否健康的判断标准来选择服务对象。"大健康"概念的提出标志着健康观念的一次重大转变，它不仅关注疾病的治疗，还涵盖了健康维护、健康促进和健康恢复的全方位服务，旨在实现全人群、全生命周期的健康照护。这一理念的核心在于预防为主、治疗为辅，强调通过健康教育、健康生活方式的推广和健康服务的普及，来提高公众的健康水平。大健康是根据时代发展、社会需求及医学模式改变提出的全新健康理念，追求的不仅是个体的身体健康，还包括精神、心理、生理、社会、环境、道德等方面的健康。

"大健康"理念的实施，也需要跨学科、跨部门的合作，包括医疗、教育、体育、环保等多个领域。它要求政府、企业、社会组织和个人共同努力，形成一个全社会参与的健康促进体系。这种全方位的健康管理模式，不仅能够提高个体的生活质量，还能够减轻医疗系统的负担，降低公共卫生成本。在"大健康"框架下，健康服务的类别得到了极大的扩展。从传统的医疗服务，到健康管理、健康咨询、健康保险、健康食品、健康住宅等多个领域，形成了一个多元化、综合性的产业体系。这个体系不仅包括健康产品的生产经营，还包括健康服务的提供和健康信息的传播。

同时，大健康产业也在不断创新。前瞻产业研究院的一份报告中提出，"大健康产业是指与维持健康、修复健康、促进健康相关的一系列健康产品生产经营、服务提供和信息传播等产业的统称。"例如，可穿戴设备、远程医疗、个性化医疗、基因检测等新兴技术的应用，为健康服务提供了新的手段和工具。这些技术的发展，使得健康服务更加个性化、精准化，能够更好地满足公众的健康需求。大健康产业的发展，对于促进社会经济的发展、增加就业机会具有重要意义。它不仅能够带动相关产业的发展，还能够提高人民群众的健康水平，促进社会的和谐稳定。同时，大健康产业的发展也需要政府的政策支持和社会资本的投入，需要培养更多的健康专业人才，提高公众的健康意识和健康素养。目前，全球大健康市场已经成为一个万亿级别的巨大市场。国内外各种健康管理平台、健康APP、健康保险、家庭医生等业态层出不穷，大健康产业链不断拓展，各种新技术、新产品和新服务层出不穷。

总之，"大健康"理念的提出和实践，是应对当代社会健康挑战的重要策略，是实现健康中国战略的重要途径，它不仅能够提高国民的健康水平，还能够推动经济社会的可持续发展，为全人类的健康事业做出积极贡献。

第二节 大型人群队列、数据库和生物样本库的建设与管理

大规模的前瞻性队列研究是获取高标准、高质量、跨尺度、多模态健康医疗大数据和生物样本库的有效手段。通过建立队列，深入整合生物技术与信息技术，能够识别可改变的危险因素和新的生物标志物，开发精确的风险预测模型，设计个性化的筛查策略和有效的治疗管理方案，构建真正满足社区和临床需求的智能精准防诊治体系，这是实现慢性病精准健康的关键。为此，需要精心的顶层规划、规范化的数据收集流程和严格的质量控制，以建立满足不同场景需求的高质量前瞻性大型人群队列、大数据库和大生物样本库，这对于提高健康医疗大数据的获取效率和准确性、推动精准健康发展至关重要。

一、国内外大型人群队列、数据库和生物样本库

辨析重大慢性病的决定因素是一项重大挑战。慢性病通常由生活方式、环境和基因因素的联合作用引起，各种暴露的个体效应较小但相互作用复杂，其检测和量化需要大量病例。虽然对特定疾病的回顾性病例对照研究或对特定风险因素的现有前瞻性研究可以帮助应对这一挑战，但最佳的方法是建立大型前瞻性队列，以研究各种疾病已知的和新的风险因素。前瞻性队列研究可以在疾病发作和治疗之前评估暴露水平，研究通过回顾性研究不易调查的疾病，以及特定暴露对不同疾病终生风险的不利和有益影响。

（一）弗雷明汉心脏研究

弗雷明汉心脏研究（Framingham Heart Study，FHS）是一个具有里程碑意义的长期流行病学研究项目，它开始于20世纪40年代，目的是揭示心血管疾病的病因和流行病学特征。该研究最初由美国联邦政府资助，由美国国立心脏、肺和血液研究所发起，旨在通过长期跟踪大规模人群来确定导致心血管疾病的共同作用因素和疾病特征。研究选择了美国马萨诸塞州的Framingham镇作为研究地点，该镇具有代表性的人群结构和稳定的人口，便于长期随访。研究开始于1948年，招募了5 209名30~62岁的男性和女性作为研究对象，这些参与者每两年回到研究组接受详细的医学史记录、体格检查和实验室检查。该研究的主要目标是获得动脉粥样硬化和高血压心血管病的流行病学数据，次要目标是获得代表性人群各种心血管疾病的患病率数据，以及验证各种诊断程序的有效性。研究假设心血管健康受环境因素和遗传因素的影响，包括高血压、吸烟、嗜酒、高体重、糖尿病、血胆固醇水平等因素。随着时间的推移，FHS不断发展壮大，1971年纳入了第二代人群——原参与者的成年子女及其配偶，1994年纳入了更加多样化的小镇居民群体，称为"Omni队列"，2002年纳入了第三代参与者——原队列参与者的孙子和孙女们。这些扩展的研究不仅增加了心脏病和脑卒中对家庭影响的了解，而且通过子代参与者的帮助，研究可能应用新的和更好的方法来预防、诊断和治疗心血管疾病。FHS的重大发现包括心血管疾病的危险因素，如高血压、高脂血症、糖尿病等，以及心血管疾病的家族聚集性。此外，研究还提出了心血管疾病的多因素致病假设，为心血管疾病的预防和治疗提供了科学依据。FHS的成果已经广泛应用于全球

心血管疾病的防治中，对降低心血管疾病的发病率和死亡率起到了重要作用。

（二）英国生物银行

英国生物银行（UK Biobank，UKB）是一个超大规模的前瞻性人群队列研究，旨在详细研究中晚年人群中各类疾病的遗传和非遗传因素。它将广泛和精确的暴露评估与全面随访和多种不同健康结局结合起来，并通过最大限度地利用资源来促进精准健康。在 2006 年至 2010 年，大约有920 万年龄在 40～69 岁、在英国国家医疗服务体系注册并且居住在英国 22 个评估中心之一（距离不超过 40 km）的潜在参与者受邀参加 UKB。共有 502 000 名成年人（占受邀者的 5.5%）被招募。参与者接受了广泛的基线评估，包括有关社会人口因素、家族史、生活方式、医疗史、认知功能测试和环境暴露的触摸屏问卷。研究对他们进行了身体测量，包括血压、骨密度、手握力、眼和肺功能，以及心肺健康水平；并收集了血液、尿液和唾液样本。部分队列参与者还接受了眼部检查（包括屈光指数、眼内压、视网膜摄影和光学相干断层扫描）、听力测试、带有 4 导联心电图测试的心肺健康水平测试、跟骨超声骨密度测量及脉搏波速度测试等。

UKB 纳入的参与者在 40～69 岁年龄范围，这既保证了在随访的最初几年有足够的案例，又保证了人群足够年轻以至于可以在发病前就评估到感兴趣的暴露水平。UKB 的样本量基于巢式病例对照研究的统计功效进行计算。例如，如果需要检测不同暴露的主要效应的比值比（OR）在1.3～1.5，需要 5 000～10 000 例任何特定状况的病例；如果 OR 至少为 2，则需要大约 20 000 例病例。因此，需要大量的参与者才能在合理的随访期内识别出特定疾病的大量病例。尽管 UKB 的样本量很大，但对于罕见的暴露或结果，一些基因与环境的分析仍无法进行，需要汇总其他队列研究的数据，以确保足够样本量进行可靠研究。

由于队列的志愿者性质，英国生物银行队列在多个方面并不代表当前英国普通人群。然而，队列代表性是否必要是一个值得商榷的问题，这在很大程度上取决于特定研究问题的研究目标。为了确保关联可以推广到更广泛的人口，可能更重要的是拥有足够数量的参与者，他们有不同的暴露水平和发生疾病。因此，UKB 不可用于估计癌症的患病率或发病率，但可以用来可靠地评估暴露与癌症结果之间的病因关联。

UKB 通过与电子医疗和其他健康相关记录进行链接，追踪参与者的健康状况。到目前为止，已经实现了与英国国家死亡和癌症登记及医院住院（包括重症监护）记录的链接，大约 45% 的队列初级保健数据也已链接。癌症登记数据提供了组织学肿瘤类型和诊断日期的整理数据，包括招募前的（从 20 世纪 50 年代中期开始）和随访期间的数据。UKB 的健康数据大约每年更新一次（除全科医生数据外）。UKB 还定期直接联系参与者，通过一系列基于网络的问卷，获取在医疗记录中不易捕捉的健康相关信息如认知功能、心理健康、疼痛等。

（三）全美研究项目

在 2015 年 1 月 20 日的国情咨文中，美国时任总统奥巴马宣布启动精准医学计划（Precision Medicine Initiative，PMI），该计划旨在"让我们更接近治愈癌症和糖尿病等，并让所有人都能获得保持自己和家人健康的个性化信息。"2015 年 3 月，美国国立卫生研究院（NIH）成立了精准医学计划工作组，并提出精准医学计划队列项目（PMI Cohort Program，PMI-CP），项目计划建立一个超过一百万美国人的大型研究队列。该队列项目具有两种不同的方法招募参与者。第一种方法旨在使居住在美国的任何个人都能自愿参加 PMI 队列，这些"直接志愿者"将同意成为 PMI 队列的一部分，并同意被调查和随访，进行 PMI 基线健康检查，并提供生物样本。他们将电子健康记录（EHR）数据直接传输给 PMI-CP 或通过在医疗保健提供者处进行初步检查来共享可用的健康数据。第二种方法将与医疗保健提供组织（HPO）合作招募参与者。HPO 将招募参与者，同意他们参加 PMI 队列，进行 PMI 基线检查，收集生物样本，并将 EHR 数据与 PMI-CP 共享。2016 年 10 月，PMI-CP 更名为"All of US"研究项目。

从 2018 年开始，全国招募不到 5 年的时间里，第 5 次数据发布已经包括了超过 413 000 名"All of Us"参与者的数据。通过公共数据浏览器可以获取汇总数据，而研究者可以通过"研究者工作台（workbench）"获取到个人参与者数据。参与者数据包括丰富的表型和基因组数据。在调查时，参与者被要求完成同意书，同意将数据用于研究、共享电子健康记录（EHR）、捐赠生物样本（血液、唾液和尿液）、亲自提供身体测量数据（身高、体重和血压）以及初步涵盖人口统计学、生活方式和整体健康的调查。参与者还同意在未来被跟踪随访。数据库中存有来自 50 多个医疗保健组织的超过 287 000 名参与者（69.42%）的 EHR 数据，有 25% 的参与者拥有 10 年的 EHR 数据。该数据库还包括 245 388 个全基因组测序（WGS）和 312 925 名参与者的全基因组基因分型。在这次数据发布中，进行测序和基因分型的个体并没有基于任何临床或表型特征进行优先选择。值得注意的是，99% 拥有 WGS 数据的参与者也有调查数据和身体测量数据，84% 还有 EHR 数据，有 77% 拥有基因组数据的个体认同在生物医学研究中历史上代表性不足的群体，包括 46% 自认为属于种族或民族少数群体的个体。

（四）中国慢性病前瞻性研究

中国慢性病前瞻性研究（Kadoorie Study of Chronic Disease in China，KSCDC，后更名为 China Kadoorie Biobank，CKB）项目于 2002 年由卫生部批准立项，于 2004 年 6 月至 2008 年 7 月在中国五个省的农村地区（河南省新乡市辉县市、甘肃省天水市麦积区、浙江省嘉兴市桐乡市、湖南省长沙市浏阳市、四川省成都市彭州市）和五个省（自治区）的城市地区（黑龙江省哈尔滨市南岗区、山东省青岛市、江苏省苏州市、广西壮族自治区柳州市、海南省海口市美兰区）进行了基线调查。

基线调查作为 CKB 项目初始阶段的核心工作，主要任务是对选定区域内符合入选标准的 35~74 岁成年人进行一次全面的身体健康状况调查，包括体格检查、生物样本采集和问卷三部分内容，以建立基础健康数据库，持续时间长达 4 年。其中体格检查项目包括身高、坐高、腰围、臀围、体重、体重指数、血压、心率、肺活量、肺一氧化碳浓度等指标测量；采血为现场采集 10 mL 血液，进行快速血糖及乙肝表面抗原两项检测；问卷内容涉及个人一般情况、饮茶、饮酒、吸烟、饮食、被动吸烟及室内空气污染、个人及家庭健康史、体力活动、女性生育史、精神睡眠情绪 10 个方面内容，通过计算机直接录入完成。每个调查对象在现场采集 10 mL 血样，除了小部分血样用于现场快速检测外，其余部分血样会临时放入现场的低温保存箱中，当天的调查结束之后，再将血样运回当地疾病预防控制中心的实验室。实验室的工作人员在 24 h 内将每个采血管里的血样低温离心后，分装到 4 个冷冻管之中，并通过计算机软件进行信息链接。分装好的样本会短期存放在当地实验室的 -40℃ 低温冰箱中。国家项目办会实时监测 10 个项目地区的样本储存情况，定期要求进行样本转运。最后，全部样本都会转运到北京的中心样本库中进行长期保存。

重复调查是 CKB 项目的主要工作内容之一。为了解与健康结局相关的各种因素随时间的变化情况，并校正基线调查中可能存在的"回归稀释偏倚"（regression dilution bias），项目每 4～5 年会对队列人群进行一次 5% 随机抽样的重复调查（resurvey）。重复调查的内容与基线调查基本保持一致，同样包括体格检查、生物样本采集和问卷 3 个部分。基线调查中的体格检查项目、问卷内容基本保留。同时，为了紧跟国际流行病学研究的发展潮流，使调查与研究更加深入和细化，在每次重复调查中也会新增一些调查项目与内容。2004 年 6 月—2008 年 8 月，该项目完成了对 51.2 万余人群的身体健康状况调查；项目于 2008 年 5 月至 10 月进行了第一次重复调查，调查了近 2 万人。此后，该项目在 2013 年 8 月至 2014 年 9 月进行了第二次重复调查，共涉及 25 000 余人。

为了解主要慢性病发病事件各系统上报信息的真实性、准确性以及不同地区、不同医院间诊断准确性的差异，加强项目监测工作的质量管理和控制，CKB 项目于 2011 年陆续启动了项目调查对象主要发病事件诊断准确性调查及各主要病种的病例复核（outcome validation）工作。病例复核的重点在于判断报告的准确性和诊断的准确性，从而了解病例的真实性，并收集相关资料。经过复核后，数据可靠性和丰富性都得到极大的提高。

长期随访监测是 CKB 项目的主要工作之一，通过对研究对象进行长期、连续、动态的跟踪随访，以全面收集全死因死亡事件、特定慢性病（恶性肿瘤、冠心病、脑卒中、糖尿病等）的发病事件、所有住院事件及迁移和失访等资料。队列人群中各类疾病的病例积累到一定数量后，可对基线调查时所获得的相关数据与疾病发生或死亡的关系进行系统分析，以科学地验证特定的病因假说。因此，随访周期越长，收集信息越全面、越准确，项目的科学价值越高。项目常规开展全死因和主要慢性病发病、住院事件监测，建立并完善了针对队列人群的死亡以及发病的长期随访监测体系，并通过各地已建立的医保系统获取项目人群的所有住院事件。截至 2022 年 6 月，项目对全部队列人群平均开展随访已达 15 年，累计观察 770 万人年，收集死亡事件 7.4 万人，医保结局事件 37.1 万人（累计 279.5 万人次），主动随访事件 1.1 万人（累计 1.2 万人次），发病监测事件 10.0 万人（累计 14.7 万人次）。

（五）泰州人群健康跟踪调查

泰州人群健康跟踪调查（Taizhou Longitudinal Study，TZL，简称"泰州队列"）于 2007 年在江苏省泰州市中国医药城启动。该研究采用三阶段分层抽样的策略，以泰州市全市 500 万居民为框架人群，旨在建设一个大型人群队列及人类遗传资源库，探索中国经济转型期重大慢性病流行病学队列研究需要解决的关键问题，阐明环境和遗传因素与疾病的发生、发展、治疗和转归的关系，为制订慢性病预防和控制对策、开发新的治疗和干预手段提供科学依据。经过多年的努力，目前泰州队列已经在泰州市下辖的海陵区、医药高新区 / 高港区和泰兴市等区域采集了 20 万人群规模的表型数据以及 200 余万份、20 余种的生物样本，包括血样及血液制品、尿液、唾液、粪便和 DNA 等，建成了占地近 1 000 m² 的生物样本库，成为我国单一地区最大遗传资源平台之一。该队列基线调查中表型收集内容和流程主要包括：① 调查对象受访登记，签署知情同意书；② 生物样本采集，血液、尿液、粪便、唾液等；③ 体格检查，身高、体重、血压、腹部超声等；④ 流行病学问卷调查，一般信息、居住史、饮食、体力活动、睡眠精神方面、疾病史、家族史等；⑤ 实验室检测，生化检查、粪便隐血等；⑥ 向调查对象反馈检测报告。这些数据和样本将为深入研究各种慢性病和疾病的发病机制提供重要的科学依据，对人类健康促进和疾病预防具有重要意义。

（六）队列联盟

大型人群队列往往受到其规模、人种和地理的限制，制约了队列研究结果的外推性。将不同大型队列中的数据链接起来，可以提供大量数据和样本，以解决这些队列中不能分别回答的问题，从而提高每个队列的价值。平台层面的整合可分为不同形式，如依托"父母队列"组建新的大型队列，又如各类队列共享平台、队列联盟等。

癌症基因组图谱（The Cancer Genome Atlas，TCGA）和癌症影像档案（The Cancer Imaging Archive，TCIA）是美国国家癌症研究所（National Cancer Institute，NCI）支持的两个重要数据库，它们为癌症研究提供了宝贵的资源。其中，TCGA 是一个大规模的癌症基因组学项目，旨在通过全面分析各种类型癌症的基因组来了解癌症的分子基础。该项目收集了超过 33 种不同类型癌症的数万个患者样本，包括基因组测序数据、基因表达数据、蛋白质组数据、代谢物组数据等。TCGA 的数据对研究人员是公开的，可以通过其官方网站或合作伙伴的门户网站访问。这些数据被广泛用于癌症的分子分型、生物标志物的发现、药物靶点的识别及个性化治疗策略的开发。TCIA 则是一个为癌症成像数据提供存储、管理和共享服务的数据库，旨在促进医学成像数据在癌症研究中的应用。该数据库收集了来自各种癌症临床试验和研究的医学成像数据，包括计算机体层成像（CT）、磁共振成像（MRI）、正电子发射断层成像（PET）等成像模式。TCIA 提供了一个用户友好的界面，研究人员可以通过它搜索、查看和下载成像数据，以及相关的临床信息。TCIA 的数据支持癌症的早期检测、诊断、治疗响应评估以及预后预测等方面的研究。这两个数据库的建立，极大地推动了癌症研究的进展，为全球的研究人员提供了丰富的数据资源，有利于癌症诊断和治疗的创新技术发展。研究人员可以通过这些数据库进行数据分析，发现新的生物学标志物，开发新的治疗策略。同时，这些数据库也为临床医生提供了有价值的信息，帮助他们更好地理解癌症的复杂性，为患者提供更精准的治疗。

睡眠心脏健康研究（SHHS）是由美国国立心脏、肺和血液研究所实施的一项多中心队列研究，参与者是从几个已有的流行病学研究中招募的，这些研究之前已经收集了心血管危险因素的数据。SHHS 的"父母队列"包括：① 弗雷明汉后代队列（The Framingham Offspring Cohort）；② 社区动脉粥样硬化风险研究［Atherosclerosis Risk in Communities（ARIC）study］；③ 心血管健康研究（Cardiovascular Health Study，CHS）；④ 强心脏研究（The Strong Heart Study，SHS）；⑤ 图森的呼吸系统疾病研究和纽约的高血压研究（Studies of respiratory disease in Tucson and of hypertension in New York）。

二、健康医疗大数据库与平台建设

健康医疗大数据的来源广泛，包括流行病学问卷、电子健康记录（EHR）、医学影像、生命组学和移动健康设备等。流行病学问卷通常包括有关人口统计学、病史、生活方式（饮食模式、饮酒、吸烟、体育活动和睡眠等）、环境暴露、家族史、药物使用、疾病结局、心理和认知功能、生殖信息和生活质量。EHR 主要提供详尽的患者病史资料，包括人口统计学信息、临床病史、药物记录、实验室结果、治疗计划、进展记录、账单数据和转诊情况，将这些信息作为临床医生的基本参考。医学影像数据可由各种类型的成像方式产生，如超声、MRI、CT 和 PET 扫描等，为实现精准健康提供了丰富的视觉层面的数据。生命组学数据一般来源于基因组学、转录组学、蛋白质组学、微生物组学、代谢组学等前沿组学的测序技术，提供了从分子、细胞到组织、器官和生物体的跨尺度全面视图。移动健康设备数据则来自可穿戴设备和移动健康应用程序，可实时监测患者的生命体征、活动水平、症状，甚至治疗反应，提供其行为模式的数据基础，并可以用来提高患者的依从性、管理与治疗相关的症状及提高身体活动水平等。此外，数据的来源还包括慢性病监测、癌症筛查记录、常规体检和医疗保险等。

健康医疗大数据库是指集成了上述数据的数据集合，这些数据类型多样，包括结构化数据（如诊断代码、药物处方）、半结构化数据（如临床笔记）、非结构化数据（如医学影像、视频监控）等，且数据规模通常非常庞大，涉及的数据量可以达到 PB 级别，需要高效的存储和计算资源来处理。这些数据可被广泛用于流行病学研究、疾病预测、个性化医疗、药物研发、公共卫生政策制定等。

（一）健康医疗大数据库的一般架构

健康医疗大数据库的一般架构包括数据采集层、存储层、处理层、分析层、应用层及安全和隐私层。以下分别作简要介绍。

1. **数据采集层**　医疗大数据的数据来源包括流行病学问卷、健康 EHR、医学影像、生命组学和移动健康设备等。但是，由于不同的数据来源存在着不同的数据格式和数据质量，因此在数据采集过程中需要考虑以下几个方面：

（1）数据格式的兼容性：不同数据来源的数据格式可能不同，因此在采集数据的同时需要将这些数据进行转换和整合，以满足后续数据处理和分析的需求。

（2）数据质量的保证：健康医疗大数据的质量需要满足数据的准确性、完整性、一致性、可靠性、及时性等方面的要求。为了保证数据质量，需要在数据采集过程中对数据进行实时监测和校验，并对异常数据进行清洗和处理。

（3）数据安全和隐私的保护：健康医疗大数据包含患者的个人隐私和敏感信息，因此在数据采集过程中需要采用安全的数据传输和存储方案，遵守相关的法律法规，保护患者的隐私和权益。

2. **数据存储层**　大数据的存储管理需要选择合适的存储方案进行，如关系型数据库、非关系型数据库、分布式文件系统等。存储方案需要考虑以下几个方面：

（1）数据容量和可扩展性：健康医疗大数据的数据量非常庞大，因此需要选择能够存储海量数据的存储方案，并能够实现数据的动态扩展和缩减。

（2）数据安全和可靠性：由于健康医疗大数据涉及患者的个人隐私和敏感信息，需要采用安全的数据存储方案，保证数据的机密性、完整性、可用性等。

（3）数据查询和分析的效率：为了满足后续数据分析和应用的需求，数据库需要具备高效的数据查询和分析能力，同时还需要考虑数据备份和恢复等方面的需求。

3. **数据处理层**　数据的处理需要进行数据清洗、预处理、挖掘、建模等工作，以便更好地理解数据、提取数据价值，并为下一步的数据分析和应用做好准备。数据清洗是指对数据中的异常值、缺失值、错误值等进行清理和处理，以保证数据的质量和准确性。数据预处理是指对数据进行转换、规范化等处理，以适应分析和建模的需求。数据挖掘和建模是指针对数据进行分析和建模，以挖掘数据中的规律、趋势和关系，并为下一步的数据分析和应用做好准备。在数据处理过程中，需要选择合适的数据处理工具和算法，并进行实时监控和校验，以保证数据的质量和可靠性。

4. 数据分析层 健康医疗大数据的分析可以使用各种数据分析工具和算法，如机器学习、人工智能、数据可视化等。这些技术可以帮助用户更好地理解数据，提取数据价值，并为下一步的数据应用做好准备。尤其值得注意的是，健康医疗大数据的融合分析与深度挖掘往往涉及跨尺度多模态数据运算。

（1）医学影像：深度学习算法在图像分析和模式识别方面表现出色，通常超越了人类的表现水平。影像组学采用先进的数学算法，如灰度共生矩阵、基于直方图的特征和支持向量机，对MRI、CT和PET扫描等高维特征进行定量分析，包括图像采集、预处理、分割、特征提取及模型验证等步骤。这些算法能够识别和量化图像中的各种纹理、基于形状和基于强度的特征，从而全面了解疾病的异质性、严重程度和其他临床相关特征。数字病理学通常被视为疾病诊断的"金标准"，而人工智能增强的数字病理学通过对标本进行数字捕获和全面分析，不仅改进了诊断过程，也减轻了病理学家的工作负担。

（2）数据融合分析：多尺度、多模态的高维数据通过数据融合分析得以充分利用。例如，有模型使用嵌入层将图像、非结构化文本和结构化临床数据转换为视觉和文本标记，然后通过具有模态内和模态间注意力的双向块学习整体表征，在肺部疾病识别和结果预测方面优于传统和纯图像模型。另一方面，基于深度学习的模型整合了组织病理学图像与基因表达谱，其表现优于单一数据模型。

（3）知识图谱：知识图谱整合了多个数据源，提供基因、蛋白质和患者结局等实体的全面视图，为个体健康状况提供可导航的快照。例如，REMAP是一种多模态机器学习方法，用于从结构化知识图和非结构化文本中提取疾病关系。通过对齐多模态数据源，该方法提高了识别的准确性和F1分数，对比基于图的方法在发现疾病关系方面更为优越。

（4）多生命组学联合分析：不同生命组学的数据可以在分析过程中进行联合，但由于数据类型的异构性和高维度，需要大量的计算资源和专门的算法进行处理。利用弱监督深度学习模型，整合多生命组学与组织病理学的分析策略，可以更好地探索组织病理学图像与遗传因素之间的联系（图19-1）。

（5）EHR分析：自然语言处理（NLP）技术有助于从EHR、医学文献和临床笔记中提取和解释非结构化文本数据。例如，缺失多视图知识图谱整合算法（MIKGI）将来自医疗代码共生模式的嵌入和来自文本字符串的语义嵌入相结合，并将它们合成为统一的语义向量，从而在检测相似或相关实体对和跨机构映射医疗代码等任务中达到较高精度。

在数据分析过程中，需要选择合适的数据分析工具和算法，并对其进行实时监控和校验，有效保证数据分析结果的准确性和可靠性。

5. 数据应用层 健康医疗大数据的应用需要将分析得到的结论和预测结果应用到医疗、健康管理等领域中。例如，可以利用健康医疗大数据来推动临床诊断的智能化、提高疾病预测的准确率、改善患者的用药效果等。同时，还可以利用健康医疗大数据来开发医疗、健康管理等领域的应用软件和工具，如电子病历系统、智能医疗助手、健康监测平台等，以提高医疗效率和人们的健康水平。

在数据应用过程中，需要考虑以下几个方面：首先，是数据安全和隐私保护。健康医疗大数据应用涉及患者的个人隐私和敏感信息，因此需要采用安全的数据存储方案，加密数据传输，遵

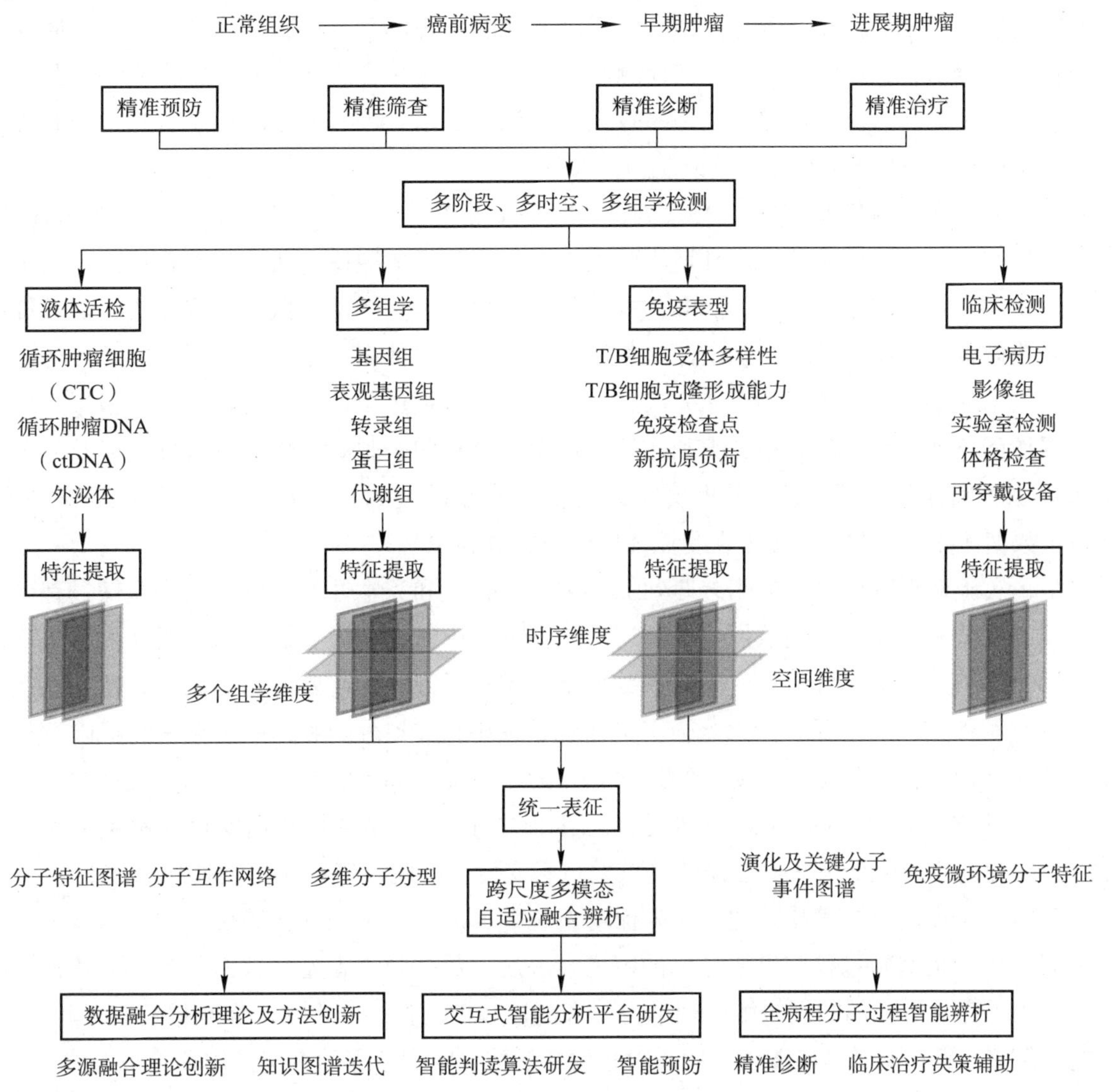

正常组织 ⟶ 癌前病变 ⟶ 早期肿瘤 ⟶ 进展期肿瘤

```
┌──────┐  ┌──────┐      ┌──────┐      ┌──────┐
│精准预防│  │精准筛查│      │精准诊断│      │精准治疗│
└──────┘  └──────┘      └──────┘      └──────┘
```

多阶段、多时空、多组学检测

液体活检	多组学	免疫表型	临床检测
循环肿瘤细胞（CTC）	基因组	T/B细胞受体多样性	电子病历
循环肿瘤DNA（ctDNA）	表观基因组	T/B细胞克隆形成能力	影像组
外泌体	转录组	免疫检查点	实验室检测
	蛋白组	新抗原负荷	体格检查
	代谢组		可穿戴设备

特征提取　　特征提取　　特征提取　　特征提取

时序维度

多个组学维度　　　　　　　空间维度

统一表征

分子特征图谱　分子互作网络　多维分子分型

跨尺度多模态自适应融合辨析

演化及关键分子事件图谱　免疫微环境分子特征

数据融合分析理论及方法创新	交互式智能分析平台研发	全病程分子过程智能辨析
多源融合理论创新　知识图谱迭代	智能判读算法研发　智能预防	精准诊断　临床治疗决策辅助

图 19-1　多组学分析与应用框架

守相关的法律法规，保障患者的隐私和权益。其次，是应用效果的监测和评估。在将健康医疗大数据应用到医疗、健康管理等领域时，需要对应用效果进行监测和评估，以确保应用能够真正地提高医疗效率和人们的健康水平。最后，是应用的持续改进和升级。健康医疗大数据应用是一个动态的过程，需要不断地进行改进和升级，以适应不断变化的市场和技术环境。

　　6. 安全和隐私层　这一层包括数据加密技术，以保护在传输过程中和存储时的数据不被未经授权的访问；严格的访问控制机制，以确保只有经过授权的用户才能访问敏感数据；数据脱敏处理，以在数据共享或发布前去除或替换个人身份识别信息。此外，定期的数据备份和恢复措施可保障数据的完整性和可用性，而合规性措施则可确保数据库遵守所有适用的法律法规，如HIPAA（健康保险流通和责任法案），该法案规定了医疗保健信息的隐私和安全标准。隐私影响评估（PIA）在处理数据前进行，以识别和解决潜在的隐私风险。与数据使用者签订的数据使用协议明确了数据的使用目的和保密义务，而获取患者的明确同意则是收集和使用患者健康医疗数据的前提。安全培训和意识提升是提高员工对数据保护意识的重要措施。安全审计和监控则通过定期审计和监控数据访问和使用情况，以便及时发现和响应潜在的安全威胁。此外，应急响应计划和强大的技术安全措施，如防火墙、入侵检测系统和安全信息和事件管理（SIEM）系统，共同构成了保护数据安全的防线。这些综合措施不仅满足了法律要求，也有助于赢得患者的信任和维护机构的声誉，是健康医疗大数据库不可或缺的一部分。

举例来说，数据脱敏是保护个人隐私和敏感信息的关键过程，它涉及多种方法和最佳实践，以确保数据在开发、测试和非生产环境中的安全使用。常见的脱敏方法包括：替换法，通过虚构数据替代真实数据；掩码法，部分隐藏数据，如显示信用卡号的部分数字；扰动法，对数据进行小幅度修改以保持其统计特性；加密法，使用加密算法保护数据；令牌化，用唯一替代值替换敏感数据；数据最小化，仅处理和存储完成任务所必需的数据；角色基础访问控制，根据用户角色限制数据访问。此外，实施数据分类和标签、定期审查和测试脱敏策略的有效性，以及遵守相关法律法规也是确保脱敏过程成功的重要实践项目。这些措施共同构成了一个多层次的保护框架，旨在防止数据泄露，同时允许数据在受控环境中被有效利用。

但是，实施数据脱敏时，可能会遇到保持数据一致性和完整性的挑战，因为脱敏过程可能会改变数据的格式和分布，影响数据分析的有效性。为了应对这一挑战，可以采用高级算法确保数据脱敏后仍保持原有的统计特性。同时，数据重新识别风险也是需要注意的问题，特别是在攻击者可能拥有额外信息的情况下。为此，实施强脱敏策略，如差分隐私，并定期进行风险评估至关重要。遵守合规性要求也是一个复杂的过程，因为不同地区和行业的法规不同。确保脱敏过程符合所有相关法律，如 HIPAA 和 GDPR（通用数据保护条例），是维护数据安全和避免法律风险的关键。自动化脱敏流程的建立可能需要复杂的技术支持，因此投资自动化工具和培训 IT 团队是提高效率和减少错误的重要策略。此外，确保跨系统数据的一致性和优化脱敏算法，以减少对系统性能的影响，也是实施过程中需要考虑的因素。最后，数据脱敏不是一次性任务，需要持续监控和维护，以及建立有效的数据脱敏管理平台，来监控和控制整个流程，确保数据的安全和合规性。通过这些策略，可以有效地克服数据脱敏过程中的挑战，实现数据的安全使用和隐私保护。

（二）数智驱动的健康大数据平台构想

为了有效整合和利用健康医疗大数据，有必要开发面向不同场景和患者需求的智能服务平台，涵盖数据采集、AI 健康助手、风险评估、健康画像、筛查方案推荐、物联网设备接入等主要模块。平台可通过移动设备和便携式数据采集设备，实现全天候的数据收集，包括人群的一般流行病学信息、体征信息、自我健康检查与症状反馈，以及其他新型暴露数据。嵌入慢性病筛查、诊断、治疗、复发和生存的风险预测模型可通过在线云计算平台实时计算实现对各类数据的融合分析、影像自动切割与辅助诊断、在线实时预测建模、风险评估等功能，并将使用大数据可视化技术生成个性化的健康档案，为个人提供风险评分、健康的生活方式建议，以及来自强化学习等人工智能算法的、实时更新的筛查和治疗计划。为了促进健康，个人将收到有关可改变的风险因素的建议，包括吸烟、饮酒、饮食摄入和睡眠习惯。一个由先进的大型语言模型支持的人工智能助手将被集成到该平台中。为了促进这一点，一个安全的、分布式的多模式生物医学数据库至关重要。该平台还将包括一个供研究人员使用的部分，提供资源和指导方针，以鼓励未来的合作。此外，该服务平台还可以兼容智能手机应用程序和可穿戴设备，采用自动化流程来帮助医生进行患者护理，并提高患者的自我管理能力，与健康管理和成本控制目标保持一致。该平台也需要具有可扩展性,有能力扩展其服务,以支持临床决策系统和接入其他平台,从而为更广泛的健康管理工作奠定坚实的基础,并提供前瞻性的解决方案。

(三)展望

健康医疗大数据库和数据平台建设是当今健康医疗领域中的重要研究和发展方向之一。在人工智能和大数据等技术的不断革新和应用下,健康医疗领域也在逐渐走向数据化、数字化、智能化的新时代。

1. 数据资源的多样化和共享 在未来的健康医疗领域,数据资源的多样化和共享将成为推动创新和发展的关键因素。随着技术的不断进步,尤其是人工智能、机器学习、大数据分析和云计算等领域的突破,我们将迎来一个数据驱动的医疗新时代。这些技术的应用将使医疗健康大数据平台能够处理和分析来自各种渠道的海量数据,包括远程医疗服务、个人健康监测设备、可穿戴技术、社交媒体互动、电子健康记录及基因组数据等。数据资源的积累和整合是构建高效健康医疗大数据库的基础。随着数据来源的多样化,我们将能够获得更全面的健康信息,从而为个体提供更精准的健康管理和医疗服务。例如,通过整合患者的基因信息、生活习惯、环境暴露数据和临床记录,研究人员和医生可以更好地理解疾病的复杂性,并为患者制订个性化的预防和治疗策略。

数据共享机制的完善对于实现数据资源的最大化利用至关重要。通过建立标准化的数据共享协议和平台,不同机构和研究者能够安全、合规地共享数据,从而加速科学发现和临床应用的进程。例如,国际癌症研究机构(IARC)和世界卫生组织(WHO)等已经建立了全球性的数据库,促进了全球健康数据的共享和分析。此外,随着数据共享的发展,数据的隐私和安全性问题也日益突出。因此,未来的健康医疗大数据平台需要采用先进的数据加密技术、访问控制机制和匿名化处理方法,以确保患者数据的安全和隐私。在数据共享和隐私保护的基础上,未来的健康医疗大数据平台将支持更广泛的跨学科研究,促进健康医疗领域的跨界合作和协同创新。这将有助于推动整个产业链的创新和发展,从药物研发、医疗设备制造到医疗服务提供,都将受益于数据驱动的洞察和创新。

例如,依托北京大学公共卫生学院建立的中国队列共享平台把已有各个队列资源进行规范化的信息展示,建立多层次立体化的合作策略和共享机制,形成包括信息管理、信息交互、工具开发和知识支持在内的多功能信息整合平台。平台整合了多个大型人群队列,包括但不限于心血管疾病、癌症、糖尿病、慢性呼吸系统疾病等领域的研究。这些队列涵盖了中国不同地区、不同民族和不同生活方式的人群,为研究提供了多样性数据。平台的主要功能包括数据收集、存储、管理和共享。它支持跨学科、跨领域的研究合作,提供数据查询、统计分析和结果可视化工具。此外,平台还提供数据安全和隐私保护措施,确保所有共享数据符合伦理和法律要求。

2. 数据分析的智能化和个性化 随着人工智能、机器学习和深度学习等技术的不断革新,数据分析正变得更加精准和高效,能够处理和解读日益增长的复杂数据集。这些技术的应用不仅提升了数据分析的自动化水平,还增强了其预测和诊断能力,为医疗专业人员提供了强大的决策支持工具。在个性化医疗方面,数据分析正朝着定制化的方向发展。通过对患者特定的遗传背景、生活方式、环境因素和临床数据的深入分析,健康医疗大数据平台能够为每位患者提供量身定制的治疗方案。这种个性化的数据分析有助于优化治疗效果,减少副作用,并为患者提供更加舒适和有效的治疗体验。为了实现这一目标，未来的数据分析算法需要不断优化，以提高其处理速度和准确性。这包括开发新的算法来处理大规模数据集，以及改进现有算法，以更好地适应特定的医疗场景。同时，随着计算能力的提高，特别是高性能计算和云计算技术的发展，数据分析将能够更快地处理和分析数据，为临床决策提供即时支持。此外，数据分析的智能化和个性化同样需要解决数据隐私和安全性的问题。随着越来越多健康数据的收集和分析，确保这些数据的安全和患者隐私不被侵犯变得尤为重要。因此，未来的数据分析平台将需要集成先进的数据加密、访问控制和匿名化技术，以确保数据的安全性和合规性。

3. 健康医疗大数据库和数据平台建设的商业化和应用创新 健康医疗大数据库和数据平台通过整合和分析庞大的医疗数据，为医疗设备的研发、医疗服务的提供及健康管理的优化提供了强大的数据支持和技术手段。随着人工智能、机器学习和大数据分析技术的不断进步，医疗设备制造商能够设计出更加智能化和个性化的设备，医疗服务提供者能够提高服务质量并实现精准医疗，同时药物研发过程得以加速，新药的靶向性和有效性得到提高。此外，大数据平台还能够为患者提供个性化的健康管理建议，帮助医疗机构和保险公司优化资源配置和制订有效的健康政策。健康医疗大数据的商业化不仅加速了健康医疗领域内部的创新，还推动了跨行业合作，如与信息技术、金融和消费品行业的结合，共同开发新的商业模式和服务。数据平台的建设有助于整合健康医疗领域的各个环节，从研发、生产到销售和服务，推动整个产业链的协同创新和发展（图 19-2）。在这一过程中，数据安全和合规性是至关重要的，需要确保患者数据的隐私得到保护，并遵守相关的法律法规。展望未来，健康医疗大数据平台有望拓展到全球市场，服务更广泛的用户群体，并通过数据驱动的创新，为患者提供更高质量的健康照护，推动医疗健康服务向智能化、精准化和个性化方向发展。

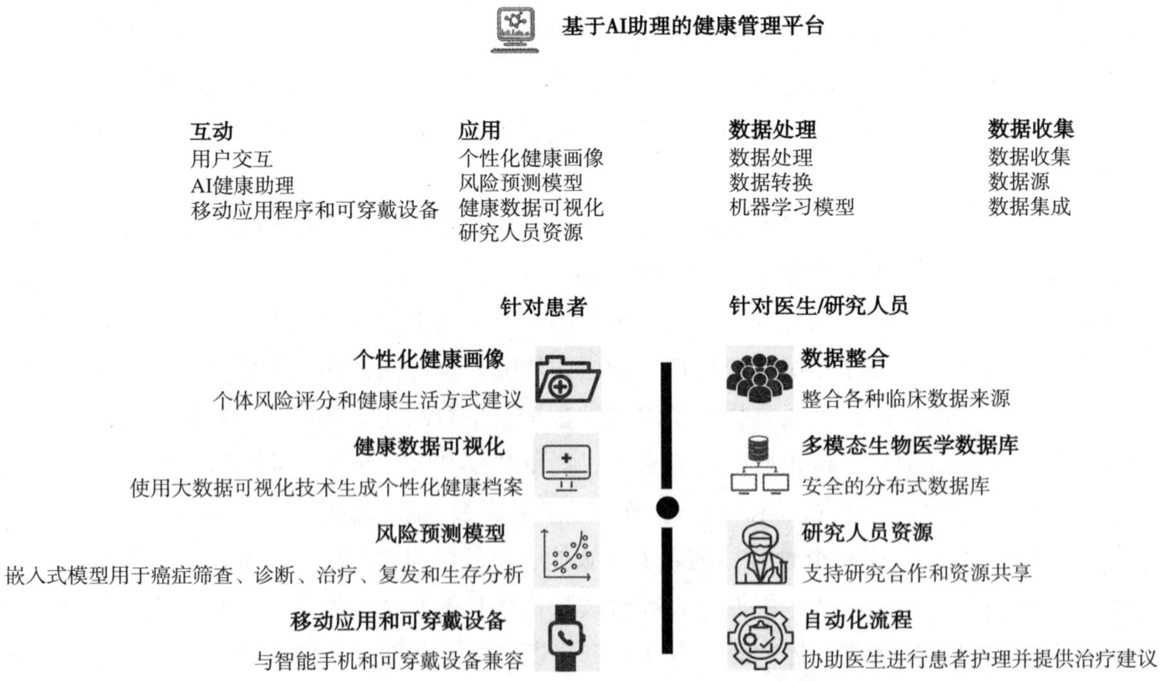

图 19-2 基于人工智能（AI）的健康医疗大数据平台架构

三、大数据的流通与保护

（一）相关法律法规

1.**《中华人民共和国个人信息保护法》** 该法是在数字化时代个人信息泄露与滥用问题日益严峻的背景下制定的重要法律。于 2021 年 8 月 20 日由第十三届全国人民代表大会常务委员会第三十次会议通过，并于 2021 年 11 月 1 日起正式实施。该法主要适用于在中华人民共和国境内处理自然人个人信息的活动，包括个人信息的收集、存储、使用、加工、传输、提供、公开、删除等各个环节。同时，特定情形下，在境外处理境内自然人个人信息的活动也受该法管辖，如以向境内自然人提供产品或者服务为目的，或分析、评估境内自然人的行为等。主要对象涉及所有处理个人信息的组织和个人，包括企业、政府机构、社会组织等。《个人信息保护法》明确了个人信息处理的基本原则，如合法、正当、必要和诚信原则，并规定了个人信息处理者的义务，如告知义务、同意原则、安全保障义务等。同时，该法还设立了个人信息跨境提供的规则，要求个人信息跨境流动需满足一定条件，并保障个人信息权益。此外，该法还赋予个人在个人信息处理活动中的多项权利，如知情权、决定权、查询权、更正权、删除权等。该法的实施对于保护个人信息安全、维护社会稳定和公共利益具有重要意义。它规范了个人信息处理活动，防止个人信息被非法收集、使用、泄露和滥用，保障了自然人的合法权益。同时，该法也为数字经济的发展提供了法律保障，促进了数据资源的合理利用和共享。作为我国第一部个人信息保护方面的专门法律，该法填补了我国在个人信息保护领域的法律空白，明确规定了个人信息处理的基本原则，强化了个人信息权益的法律保护；与国际个人信息保护通用原则接轨，提升了我国在个人信息保护领域的国际竞争力。

2.**《中华人民共和国网络安全法》** 该法于 2016 年 11 月 7 日由第十二届全国人民代表大会常务委员会第二十四次会议通过，并于 2017 年 6 月 1 日起正式实施。这是一部为了保障网络安全，维护网络空间主权和国家安全、社会公共利益，保护公民、法人和其他组织的合法权益，促进经济社会信息化健康发展而制定的法律。其主要适用场景涵盖了在我国境内进行的一切网络建设、运营、维护和使用活动，以及对这些活动的网络安全监管与管理。该法不仅规范了网络运营者的行为，明确了其在网络安全保护中的责任和义务，还涉及网络产品和服务的提供者，以及关键信息基础设施的运营者等。此外，该法还适用于所有在中华人民共和国境内通过网络提供服务的主体，无论其是内资企业还是外资企业，均需遵守规定。《网络安全法》的实施，标志着我国在网络空间法治化建设方面迈出了重要一步，对于提升全社会网络安全意识、保障网络数据安全和个人信息权益、维护网络空间秩序具有重要意义。

3.**《中华人民共和国数据安全法》** 这是在数据成为国家基础性战略资源，数据安全事关国家安全与经济社会发展的背景下制定的一部重要法律。该法于 2021 年 6 月 10 日由第十三届全国人民代表大会常务委员会第二十九次会议通过，并于 2021 年 9 月 1 日起正式实施。《数据安全法》适用于在中华人民共和国境内开展的数据处理活动及其安全监管，包括数据的收集、存储、使用、加工、传输、提供、公开等环节。同时，在中华人民共和国境外开展的数据处理活动如果损害了中国国家安全、公共利益或者公民、组织的合法权益，也将依法追究法律责任。因此，该法的适用范围广泛，涵盖了所有涉及数据处理活动的主体，包括企业、组织和个人。该法的出台填补了数据安全保护立法的空白，为数据领域的安全监管提供了法律依据。它明确了数据处理活动的规范，保障了数据安全和个人、组织的合法权益，同时促进了数据的开发利用和数字经济的健康发展。该法的实施对于提升国家数据安全保障能力、激活数字经济创新、扩大数据保护范围，以及鼓励数据产业发展和商业利用等方面都具有深远的影响。它有助于建立健全数据安全治理体系，提高全社会的数据安全保护意识和水平，推动形成全社会共同维护数据安全和促进发展的良好环境。同时，该法还促进了数据跨境安全、自由流动，提升了我国在国际数据安全领域的话语权和影响力。

4.《促进和规范数据跨境流动规定》　该规定是在全球化背景下，为应对数据跨境流动日益频繁、数据泄露风险加剧的挑战，同时促进数字经济健康发展而制定的一项重要法规。于2023年11月28日经国家互联网信息办公室审议通过，并于2024年3月22日起正式实施。该规定主要适用于中华人民共和国境内的数据处理者向境外提供数据的行为，包括个人信息的跨境传输和重要数据的跨境流动。该法覆盖了所有涉及数据跨境处理的企业、组织和个人，特别是那些处理大量个人信息或重要数据的企业。《促进和规范数据跨境流动规定》明确了数据跨境流动的管理框架，包括数据出境安全评估、个人信息出境标准合同、个人信息保护认证等制度的施行细则。它区分了重要数据和非重要数据，规定了不同数据类型的跨境流动条件和程序。同时，该规定还设立了一系列豁免情形，如特定场景下的个人信息跨境传输可免予申报安全评估等，以减轻企业负担。该规定的实施对于保障国家数据安全、保护个人信息权益具有重要意义。它通过明确数据跨境流动的条件和程序，为数据的合理流动提供了法律保障，促进了数据资源的有效利用；该法规范了数据跨境流动行为，加强了对重要数据和敏感个人信息的保护力度，避免了数据泄露和非法利用的风险，维护了国家安全和社会稳定；同时，该规定也设立了一系列豁免情形和简化程序，减轻了企业在数据跨境处理过程中的行政负担和合规成本，为数字经济的健康发展提供了法律保障，促进了数据的合理利用和共享。最后，该规定的实施有助于我国与国际社会在数据跨境流动领域开展合作与交流，推动我国形成公平、透明、可预测的国际数据治理环境。

（二）展望

随着健康医疗大数据的不断发展和应用，数据流通和保护问题将会越来越受到关注。未来，健康医疗大数据流通和保护的发展可能呈现以下趋势：

1. **数据安全和隐私保护将会受到重点关注**　随着个人信息的数字化趋势，数据泄露和安全问题也日益凸显。未来，健康医疗大数据的流通和保护将更加注重数据安全和隐私保护，加强数据加密、安全传输和安全存储等方面的措施，以保障数据的安全和隐私。

2. **数据交换和共享将更加便捷**　随着数字化技术的不断进步，未来健康医疗大数据的数据交换和共享将更加便捷。例如，区块链技术的应用可以更好地保障数据的安全和可信，促进跨机构和跨领域数据的共享和应用。

3. **数据治理和管理将更加规范**　未来，健康医疗大数据的流通和保护将更加规范和标准化，相关法律法规和管理制度也将更加健全。同时，企业和机构也需要加强数据治理和管理，建立健全的数据管理机制，规范数据使用和共享行为，保障数据的安全和隐私。

4. **数据应用将更加广泛和深入**　未来，随着健康医疗大数据的积累和深入研究，数据应用将更加广泛和深入。例如，数据挖掘和人工智能等技术的应用将更加普遍，有助于医疗机构和研究机构更好地理解健康和疾病，推动健康医疗领域的数字化转型和创新发展。

健康医疗大数据流通和保护是健康医疗领域数字化转型和创新发展的重要支撑。未来，健康医疗大数据的流通和保护将越来越受到关注，相关的技术、法律法规和管理制度也将逐步完善。企业和机构需要加强数据治理和管理，保障数据的安全和隐私，同时也需要关注数据的应用和创新，推动健康医疗领域的数字化转型和创新发展。

第三节 大数据创新研究与应用

健康医疗大数据的创新研究与应用正成为推动健康医疗领域发展的关键力量。这一领域的核心在于利用先进的数据分析技术，对海量的健康医疗数据进行深入挖掘，以发现新的生物标志物，辨析可改变的风险因素，构建精准的健康画像，并对多基因疾病风险进行评估，最终达到发现新知识、优化治疗方案、提高医疗服务质量、预测疾病趋势和制定公共卫生政策等目的。这一领域的研究不仅涉及传统的临床医学、流行病学和生物统计学，还融合了现代信息技术，如云计算、人工智能、机器学习和数据挖掘等。

在可改变风险因素辨析方面，研究者通过分析电子健康记录、生活方式调查数据和环境监测数据，能够识别出影响个体健康的关键因素，如吸烟、饮食、运动等，并探索这些因素如何与慢性病的发展相关联。新型生物标志物的发现是健康医疗大数据研究的另一个重要方向。利用高通量基因测序、蛋白质组学和代谢组学等技术，研究者能够在分子层面上发现与疾病发生、发展相关的新型生物标志物。这些生物标志物对于疾病的早期诊断、治疗反应监测和预后评估具有重要意义。精准建模则涉及利用机器学习和人工智能算法，结合多源数据构建预测模型。这些模型能够预测个体对特定疾病的易感性、疾病进展的风险及治疗的效果。例如，通过整合基因组数据、临床数据和生活方式信息，可以构建个性化的健康画像，为个体提供定制化的健康管理建议。在多基因疾病风险评估方面，研究者可以通过分析大量的遗传变异数据，评估个体对复杂疾病的遗传易感性。这些评估有助于识别患病的高风险人群，从而进行早期干预和预防。总之，健康医疗大数据的创新研究与应用正在开启一个全新的时代，它将极大地加强我们对疾病的认识，优化医疗资源的分配，提高医疗服务的质量和效率，最终实现更精准、个性化的健康照护。随着技术的进步和数据量的增加，未来的健康医疗大数据研究将更加深入和广泛。

一、可改变风险因素辨析

慢性病的发展与一系列可修改的风险因素密切相关，包括环境暴露、衰老、饮食习惯、运动模式，以及其他生活方式因素。健康医疗大数据涵盖了从 EHR、生命组学测序、患者报告数据、环境监测到生活方式调查等多个维度的信息。这些海量数据的集成，为研究者提供了一个全面审视个体健康状况及其潜在影响因素的窗口。数据的规模性使统计分析更为精确，模型更加稳健，能够揭示在传统小规模研究中难以察觉的微弱但重要的关联。慢性病往往不是由单一因素引起，而是多种风险因素相互作用的结果。通过对大数据的深度挖掘，研究者还能够识别和量化与慢性病发展密切相关的多种可改变风险因素，以及这些因素间的复杂交互作用。例如，分析饮食习惯、运动频率、吸烟史、饮酒史等生活方式数据，可以明确这些因素对心血管疾病、糖尿病等慢性病风险的具体贡献。同时，结合遗传信息，可以进一步探索基因－环境交互作用，为个性化预防策略提供依据，有助于设计更加精准的干预措施，针对高风险群体实施定制化预防策略。基于大数据的机器学习算法还能够针对可改变风险因素构建预测模型，评估个体将发展成特定慢性病的风险。这些模型不仅考虑了传统的风险因素，还纳入了新颖的生物标志物、生理参数等，使预测的准确性和时效性得到提高。早期识别高风险个体，使得预防措施可以更早地实施，有效延缓或阻止疾病的发生。

例如，在不同人群中的研究一致揭示了与交通相关的空气污染（包括各种气体和颗粒物污染物）与不同人群中肺癌风险增加之间的关系，强调了提高空气质量对预防癌症发生、发展的关键作用。衰老也会显著增大老年人的慢性病易感性。通过机器学习算法，研究人员能够构建稳健的衰老生物标志物模型，如生物学年龄，而衰老与慢性炎症之间复杂的相互作用为潜在的干预措施开辟了途径，这体现在慢性炎症标志物（如 IL-6 和 CRP）与肺癌风险增加之间的潜在关联。对超过 50 万名参与者的分析表明了遗传风险增加、吸烟和肺癌易感性增加之间的关系。此外，通过在大型人群队列的分析，研究人员可以发现饮食习惯，特别是超加工食品、红肉和加工肉的摄入对健康的关键作用，强调了做出正确饮食选择的重要性。相反，专注于运动和慢性病风险的研究则利用大型前瞻性队列，展示了阻力训练在降低癌症易感性方面的潜在益处，特别是对于膀胱癌和肾癌。当前，关于可改变风险因素与慢性病关联的分析大多源自广泛的大型前瞻性人群队列研究，强调了大型数据库在阐明环境、衰老、营养和运动相关因素与慢性病之间复杂关系中的重要作用，这反过来又促进了慢性病精准预防和控制策略的产生。

二、新型生物标志物发现

慢性病新型生物标志物集群的发现为精准医疗提供了重要支持。通过检测这些生物标志物，医生可以对患者进行更加精准的疾病诊断和风险评估，从而为其制定个性化的治疗方案。这种基于生物标志物的精准医疗模式能够显著提高治疗效果，降低医疗成本，改善患者的生活质量。传统的生物标志物发现方法往往需要耗费大量的时间和资源，且效率较低，而健康医疗大数据的应用则大大提高了生物标志物发现的效率。通过大数据挖掘和机器学习算法，研究者可以快速筛选出潜在的生物标志物，并进行进一步的验证和优化。这种高效的数据处理方法可使研究者能够在更短的时间内发现更多有价值的生物标志物。在慢性病新型生物标志物集群发现过程中，多组学数据的融合分析是关键。健康医疗大数据平台支持基因组学、转录组学、蛋白质组学、代谢组学等多组学数据的整合，使研究者能够从多个层面揭示疾病发生的分子机制。通过多组学数据的联合分析，可以识别出与慢性病发生发展密切相关的生物标志物集群，这些生物标志物可能具有更高的敏感性和特异性。

1. **易感性生物标志物**　是指个体在暴露于特定外源性物质（如环境污染物、药物、病原体等）时，由于其具有先天性遗传特征或后天获得缺陷，机体对该物质的反应能力或敏感性发生改变的生物指标。易感性生物标志物能够反映个体对特定外源性物质的敏感程度，因此可用于筛检对某种疾病或环境污染物易感的人群。通过检测这些标志物，可以早期识别出高风险个体，从而采取针对性的预防措施，降低疾病发生率。对于已经确定为易感人群的高危个体，易感性生物标志物的检测有助于制订个性化的保护方案。例如，对于对某种环境污染物敏感的人群，可以采取减少暴露、增强防护等措施，以降低健康风险。易感性生物标志物为评估个体在特定环境下的健康风险提供了科学依据。通过检测这些标志物，可以了解个体对特定物质的代谢能力、解毒能力等方面的差异，进而预测其在暴露于该物质时可能面临的健康风险。易感性生物标志物在疾病预防中也发挥着重要作用。例如，某些遗传易感性标志物可以预测个体患某种遗传性疾病的风险，有助于研究人员提前采取干预措施，如基因治疗、生活方式调整等，以降低疾病的发生概率。虽然易感性生物标志物本身不直接用于疾病诊断，但它们可以为疾病的诊断和治疗提供重要参考。通过了解个体的易感性特征，医生可以制订更加个性化的治疗方案，提高治疗效果，减少不良反应。易感性生物标志物的研究有助于深入了解疾病的发病机制和影响因素。通过分析这些标志物与疾病发生发展的关系，可以揭示遗传因素、环境因素等在疾病发生中的作用，为疾病的预防和治疗提供新的思路和方法。易感性生物标志物的检测结果还可以为公共卫生政策的制定提供科学依据。例如，针对易感人群制定特定的环境保护措施、职业健康监护计划等，可以保障公众健康。通过基因图谱识别出某些疾病风险较高的个体，使医生能够在早期实施个性化的预防措施，减轻总体疾病负担。全基因组关联分析（GWAS）为识别与慢性病相关的遗传风险因素提供了一种新的方法。建立多基因风险评分模型，计算多基因风险评分，可以提高对遗传性疾病的预测水平。

2. 诊断和预后生物标志物　诊断生物标志物是指能够检测或确认某种疾病或病症的存在，或识别具有该疾病亚型个体的生物指标。这类生物标志物通常具有较高的特异性和敏感性，能够在早期甚至无症状期就发现疾病的存在，对于疾病的早期诊断和分类具有重要意义。预后生物标志物则是用于确定患者发生临床事件、疾病复发或进展可能性的生物标志物，能够为医生提供关于患者疾病预后的关键信息。诊断和预后生物标志物可以是提示慢性病存在的分子、组织学、放射学或生理学特征，在慢性病的预防和诊断中至关重要。通过检测特定的诊断生物标志物，可以在疾病早期甚至无症状期就发现其存在，从而实现疾病的早期诊断。例如，前列腺癌特异性抗原（PSA）在前列腺癌的早期筛查中具有重要意义。某些诊断生物标志物不仅能够用于检测疾病，还能识别疾病的亚型，为精准医疗提供依据。在大规模人群中筛查特定诊断生物标志物，可以评估个体患病的风险，有助于制订个性化的预防措施。预后生物标志物能够预测患者发生临床事件、疾病复发或进展的可能性，为医生制订治疗方案和评估治疗效果提供参考。例如，在心血管疾病中，血清中的肌钙蛋白标志物可以用于评估心肌梗死后的预后。在临床试验中，预后生物标志物通常用于设定试验进入和排除标准，以识别高危人群，从而提高临床试验的统计能力和效率。基于标志物，通过了解患者的预后情况，医生可以更加合理地制订治疗方案，选择最适合患者的治疗方法。在医疗保健资源有限的情况下，预后生物标志物有助于区分哪些患者需要更密集的监测和评估，从而合理分配医疗资源。RNA测序和甲基化有助于识别各种类型癌症的新生物标志物。成像技术的进步也在这些生物标志物的发现中发挥了重要作用。鉴定特定的肠道微生物组特征，可以预测癌症，帮助医生在早期发现癌症，从而提高治疗成功率。通过结合放射科医生的协助、病理因素、医学影像成像指标和机器学习技术，可以实现更高的诊断准确性，极大地有利于患者健康管理。

3. 治疗反应和不良事件的生物标志物　指能够预测或反映个体在接受特定治疗后所产生的生物学应答或不良反应的生物指标。这些生物标志物在药物研发、临床应用以及患者管理中发挥着重要作用。治疗反应生物标志物能够直接反映药物在体内的活性及其对患者疾病状态的影响，从而评估药物的疗效。例如，在肿瘤治疗中，肿瘤标志物（如CEA、CA19-9）的下降常被用作抗肿瘤药疗效的初步判断依据。通过监测治疗反应生物标志物的变化，医生可以调整药物剂量，从而达到最佳的治疗效果。例如，在糖尿病治疗中，HbA1c 水平被用来评估降血糖药的治疗效果，并根据结果调整药物剂量。在早期药物研发阶段，治疗反应生物标志物可用于探索药物的适应证。通过观察不同患者群体在治疗过程中的生物标志物变化，可以确定哪些患者可能从特定治疗中获益。经过验证的治疗反应生物标志物可作为临床试验的替代终点，大大缩短药物的研发周期。这些生物标志物与临床结局之间存在明确的相关性，因此能够在较短的时间内评估药物的疗效。不良事件生物标志物能够在患者出现明显临床症状之前就预测不良反应的发生。通过监测这些生物标志物的变化，医生可以及时调整治疗方案或采取预防措施，以降低不良反应的风险。在药物研发过程中，不良事件生物标志物可用于评估药物的安全性。通过比较新药与对照药在生物标志物水平上的差异，可以初步判断药物是否存在潜在的安全性问题。不同患者对同一药物的反应可能存在差异。通过检测不良事件生物标志物，医生可以为患者制订个体化的用药方案，以降低不良反应的发生率，并提高治疗效果。不良事件生物标志物的数据还可用于支持药物监管决策。例如，在药物上市后的安全性监测中，如果发现某种生物标志物水平与药物不良反应之间存在关联，监管部门可能会要求制药公司修改药品说明书或采取其他措施以保障患者的安全。例如，用适当的生物标志物评估肿瘤微环境，可以确定在特定患者群体中使用的最佳治疗方法，并预测耐药性。分析肿瘤组织样本、基因表达、肠道微生物组特征和非侵入性血浆衍生生物标志物，可以提供肿瘤生物学信息，以评估癌症患者对免疫疗法的反应。

4. 药物发现和再利用　药物发现是指新药研究和开发的过程，这是一个复杂且耗时的系统工程，涉及多个学科领域的交叉合作，包括化学、药学、医学、生命科学和计算机科学等。药物发现的具体流程包括疾病和治疗靶点确定、先导化合物的筛选与优化、药代动力学和安全性研究、制剂学研究、临床试验和上市销售等环节。药物发现过程通常需要投入大量的资金和时间，且药物开发的成功率相对较低。然而，一旦成功开发出新药，将为治疗疾病提供新的有效手段，带来巨大的社会和经济效益。药物再利用（也称为药物重新定位或老药新用）是指重新评估已存在或已批准的药物，探索其在治疗其他疾病或病理条件中的新用途和潜在作用。这种策略可显著加速药物的研发进程，利用已知药物的安全性和有效性数据，可以大大缩短新药研发的时间周期；可以降低成本，避免从头开始研发新药所需的高昂投入；可以提高成功率，由于已有大量关于药物安全性、药代动力学和初步疗效的数据，因此药物再利用的成功率相对较高。例如，健康医疗大数据和人工智能的发展正在克服虚拟筛选和分子对接等传统技术的局限性，特别是在改善药物－靶点相互作用、基于结构的虚拟筛选和毒性表征方面。人工智能算法可以预测异构网络中的新药相互作用。深度生成模型在设计具有良好药代动力学的抑制特定受体的分子方面显示出前景。

5. 药物剂量调整　是指在医疗过程中，根据患者的疗效、病情、个体差异及药物特性，按照一定规律增加或减少药物剂量的行为，以达到有效和安全的治疗目的。在药物剂量调整中，生物标志物通常包括遗传生物标志物、药代动力学生物标志物、药效学生物标志物等，如基因突变、单核苷酸多态性（SNP）、药物清除率、分布容积、药物与靶点的结合能力、靶点抑制程度等。生物标志物的监测方法多种多样，包括基因组学、转录组学、药代动力学和药效动力学研究、免疫学、代谢组学、蛋白质组学及表观遗传学等。这些方法的应用取决于具体的生物标志物类型和监测目的。结合大数据和人工智能技术，有望通过整合患者特定因素，如年龄、体重、遗传和肾肝功能，描述药物在不同患者组中的吸收、分布、代谢和消除方式，可以开发药代动力学模型，以指导计算适合每个患者的最佳药物或辐射剂量。

三、多基因疾病风险评估

多基因疾病是指由多个基因的变异共同作用导致的疾病，这些疾病的发生不仅受到遗传因素的影响，还与环境因素、生活方式等非遗传因素密切相关。与单基因疾病（由单个基因的突变引起）不同，多基因疾病的遗传结构更为复杂，单个基因的变异通常只对疾病风险有较小的贡献。

1. 多基因疾病的特点

（1）遗传异质性：不同个体可能携带不同的基因变异组合，导致疾病风险的差异。

（2）环境因素的交互作用：环境因素如饮食、生活习惯、化学物质暴露等可以与遗传因素交互作用，影响疾病的发生。

（3）家族倾向性：虽然不是严格的遗传模式，多基因疾病在家族中可能表现出一定的聚集现象。

（4）阈值效应：疾病的风险可能随着风险等位基因数量的增加而增加，但通常存在一个阈值，超过这个阈值时疾病才可能发生。

（5）复杂的遗传模式：多基因疾病可能涉及加性效应、显性效应、上位效应等多种遗传模式。

常见的多基因疾病包括心血管疾病（如冠心病、高血压）、代谢性疾病（如 2 型糖尿病、肥胖）、神经退行性疾病（如阿尔茨海默病、帕金森病）、精神疾病（如抑郁症、精神分裂症）和某些癌症（如乳腺癌、结直肠癌）。

研究多基因疾病的遗传基础通常涉及全基因组关联分析（GWAS），这是一种扫描整个基因组以寻找与特定疾病相关的遗传变异的方法。通过 GWAS，研究人员可以识别出与疾病风险相关的单核苷酸多态性，并进一步探索这些变异如何影响疾病的发生和发展。这些研究成果有助于开发新的预防策略和治疗方法，也促进了精准医学的发展。

多基因疾病风险评估是一种新兴的方法，它随着基因组学的发展而逐渐成熟。简单地说，它通过整合多个遗传变异位点的累积效应来评估个体对某一复杂疾病的风险。这种方法在冠心病、糖尿病等复杂疾病的预测和预防中显示出了巨大的潜力。

早期的多基因疾病风险评估研究主要集中在单基因疾病上，但随着对复杂疾病遗传结构理解的加深，科学家们开始对多基因疾病的风险进行评估。GWAS 的出现为识别与复杂疾病相关的遗传变异提供了大量数据，这为构建多基因风险评分（polygenic risk score，PRS）提供了可能。PRS 的构建和应用在近年来得到了快速发展，特别是在 2015 年奥巴马提出的"精准医学计划"后，多基因风险评估受到了更广泛的关注。

2. 多基因风险评估步骤

（1）选择与特定疾病相关的 SNP。

（2）确定这些 SNP 的权重，通常基于 GWAS 中估计的效应量。

（3）计算个体的 PRS，即将每个 SNP 的权重乘以其在个体中的等位基因拷贝数，然后求和。

（4）使用独立样本验证 PRS 的预测能力。

3. 评估流程

（1）数据收集：收集大量样本的遗传数据和表型数据。

（2）GWAS：通过 GWAS 识别与疾病相关的 SNP。

（3）PRS 计算：根据 GWAS 结果计算 PRS，这可能包括对 SNP 进行加权和处理 SNP 间的相关性。

（4）模型验证：在独立样本中验证 PRS 的预测能力，确保其准确性和泛化能力。

（5）风险分层：根据 PRS 将人群分为不同风险等级，以指导预防和干预措施。

尽管 PRS 在多基因疾病风险评估中显示出潜力，但仍面临一些挑战，包括不同人群间的适用性、遗传数据的隐私保护，以及如何将 PRS 有效地整合到临床实践中。未来的研究需要解决这些问题，以充分发挥 PRS 在疾病预防和精准医学中的作用。

四、精准预测建模

健康医疗大数据在促进慢性病风险全链条精准预测建模方面发挥着关键作用。慢性病的发生是多种因素相互作用的结果。大数据分析可以揭示不同风险因素之间的复杂关系，如遗传与环境因素的交互作用，以及生活方式如何影响疾病的发生和发展。尤其是健康医疗大数据整合了来自不同来源的数据，包括 EHR、医学影像、基因组学、生活方式调查、环境监测数据等，这种多样性的数据为建立全面的慢性病风险预测模型提供了丰富的信息基础。

通过利用机器学习和人工智能算法分析个人的遗传信息、生活习惯、环境暴露历史等，如随机森林、支持向量机、神经网络等，可以从大量复杂的数据中识别出与慢性病发生相关的模式和趋势。这些算法能够处理和分析高维度的数据，提高预测模型的准确性和可靠性，帮助构建个性化的风险评估模型。这些模型能够预测个体发展成特定慢性病的可能性，从而实现精准预防。此外，健康医疗大数据本身的特性允许实时或近实时的数据分析，使得风险预测模型能够动态更新。随着新数据的不断加入，模型可以适应新的发现和趋势，提高预测的时效性和准确性。

基于大数据的精准预测模型可以帮助医疗保健提供者识别高风险人群，从而提前实施干预措施，如生活方式的改变、早期筛查和药物治疗等，以降低慢性病的发生风险。通过精准预测模型，也可以更有效地分配医疗资源，例如，将资源集中在最需要干预的高风险群体上，提高公共卫生干预的成本效益。大数据预测模型可以为患者提供个性化的健康信息和建议，增强患者的参与度和自我管理能力。通过移动健康应用、可穿戴设备等工具，患者可以实时监测自己的健康状况，并根据预测模型的指导采取行动。最后，大数据预测模型为政策制定者提供了科学依据，帮助他们理解慢性病在不同人群和地区的分布，以及未来可能的发展趋势，这有助于制定更有效的公共卫生政策和预防策略。总之，健康医疗大数据的应用为慢性病风险全链条精准预测建模提供了强大的支持，有助于实现慢性病的早期发现、有效干预和精准管理。随着技术的进步和数据的积累，大数据在慢性病防控中的作用将越来越显著。

（一）健康风险分层

健康风险分层是公共卫生和临床实践中的一个重要概念，它涉及将人群根据患病风险的不同等级进行分组，以便实施针对性的预防和干预措施。机器学习模型在健康风险分层方面的应用，特别是在慢性病风险预测中，已经显示出巨大的潜力。它能够处理大量的数据，并识别出复杂的非线性关系和交互效应，这使得它们在预测个体的慢性病风险时比传统统计方法更为精确。通过分析个人的遗传信息、生活方式、环境暴露和临床数据，机器学习模型可以生成个性化的风险评分，这些评分可以反映个体特有的风险因素。机器学习模型还可以实时更新，以反映个体健康状况的变化。这意味着风险分层不是静态的，而是随着新数据的获得和健康状况的变化而动态调整的。通过分析历史数据和进行模式识别，机器学习模型有助于在疾病发展早期识别出高风险个体，从而及时采取预防措施。精准的风险分层可以帮助医疗保健系统更有效地分配资源，将高风险个体作为预防干预的重点对象。另外，虽然机器学习模型通常被认为是"黑箱"，但模型解释性技术，如特征重要性排名和局部解释，可以使模型的预测过程更加透明，加强医疗专业人员和患者对模型的信任力度。例如，深度学习方法已成功用于从胸部 X 射线和 MRI 等不同模态的数据中预测癌症风险，并有一些模型致力于提升其可解释性，如通过热图显示癌症最可能发展的区域。

（二）治疗反应预测模型

治疗反应预测模型在临床医学中扮演着至关重要的角色，有助于医生为患者选择最合适的治疗方案，并预测患者对特定治疗的反应。这些模型的准确性对于临床决策、资源管理、患者安全和治疗效果都具有深远的影响。通过分析患者的遗传特征、生物标志物、临床病史和生活方式等信息，治疗反应预测模型能够为每个患者提供个性化的治疗方案，从而提高治疗的成功率。准确的预测模型可以帮助医生避免对可能无效或有害的治疗做出决策，降低医疗错误和不良事件的发生概率。尤其在有限的医疗资源下，预测模型能够确保治疗资源被分配给最有可能从中受益的患者，提高资源使用的效率。对于某些疾病，手术可能带来较大的风险和成本。治疗反应预测模型可以帮助医生预测手术的必要性和成功率，从而避免不必要的手术。通过预测治疗效果，患者可以避免接受可能无效的治疗，减少治疗过程中的痛苦和不便，提高生活质量。或是通过预测患者对药物的代谢和反应，预测模型可以指导医生调整药物剂量，以达到最佳的治疗效果和最小的副作用。此外，治疗反应预测模型可以用于临床试验的设计，帮助研究人员确定最有可能从试验治疗中受益的患者群体，提高临床试验的成功率和效率。最后，治疗反应预测模型可以帮助医生为患者制定长期的治疗计划，包括治疗选择、治疗顺序和治疗持续时间。例如有研究应用深度学习模型预测癌症对新辅助化疗的反应，为临床提供了有力的证据支持。

（三）复发模型

复发模型在慢性病管理，尤其是肿瘤学中扮演着至关重要的角色。这些模型的目的是预测患者在初次治疗后癌症复发的可能性，从而为医生提供关键信息，帮助他们制定最佳的治疗策略。现代复发模型不仅考虑传统的临床参数，如患者的年龄、性别、癌症分期，还结合了遗传学信息、分子标志物和组织学特征，对这些参数的综合分析可以提高模型预测的准确性。随着基因组学及其他先进测序技术的发展，复发模型开始纳入基因突变、拷贝数变异和表达谱、血液中的循环肿瘤细胞（CTC）和循环肿瘤 DNA（ctDNA）等信息，从而提供关于肿瘤生物学状态和患者预后的风险估计。利用先进的影像学技术，如 PET/CT、MRI 和超声，复发模型可以评估肿瘤的代谢活性、微环境和侵袭性。卷积神经网络（CNN）等深度学习模型在处理这些影像数据方面显示出了巨大潜力。此外，淋巴细胞的空间排列、肿瘤微环境中的免疫细胞浸润模式及染色质结构等高级特征，都为复发模型提供了额外的预后信息。最终，结合不同来源和类型的数据（如临床数据、影像数据、基因组数据和蛋白质组数据），可以提供更全面的疾病视图。多模态数据融合是提高复发模型预测性能的关键策略。

（四）生存模型

生存模型是用来预测患者生存时间和生存概率的重要工具。这些模型可以帮助医生评估患者的预后情况，从而为其制订更加个性化的治疗计划。人工智能和机器学习技术在这一领域的应用为生存模型的发展提供了新的可能性。与前述优点类似，机器学习模型能够处理和分析大量的患者数据，包括临床参数、治疗反应、基因组数据和生活方式因素，以预测患者的生存概率。这些算法擅长识别数据中的复杂模式和关联，这些模式可能难以通过传统的统计方法发现，但对预测患者的生存结果至关重要。应用于构建生存模型的机器学习算法同样具有实时更新和动态预测的能力，能够融合分析多模态数据，其建模结果可以用于对患者进行风险分层，识别那些需要更密切监测或更积极治疗的高风险患者，也可以辅助医生在治疗选择、剂量调整和治疗时机等方面做出更加精准的决策。

五、健康画像

健康画像（health portrait）是一个全面、多维度的个体健康信息档案，它通过整合和分析个人的健康数据来描述一个人的健康状况、生活方式、遗传倾向、心理状态、社会经济背景等多个方面的信息。健康画像的目的是为个人、医疗服务提供者和公共卫生机构提供一个深入理解个体健康状况的视图，以便更好地进行疾病预防、健康促进和个性化治疗。大数据时代，精准个人健康画像可能包括以下几类信息：① 基本信息：如年龄、性别、种族、教育水平等；② 医疗历史：个人的疾病史、手术史、药物使用记录、过敏反应等；③ 生活方式：饮食习惯、运动频率、吸烟和饮酒习惯、睡眠质量等；④ 生理指标：体重、血压、血糖、胆固醇水平等生理和生物标志物；⑤ 遗传信息：基因检测结果，包括遗传性疾病的风险、药物代谢的遗传变异等；⑥ 心理状态：情绪状态、压力水平、认知功能、社交活动等；⑦ 环境因素：居住环境、工作环境、暴露于有害物质的程度等；⑧ 社会经济状况，如职业、收入水平、社会支持网络等；⑨ 行为数据：通过可穿戴设备和移动应用收集的活动量、心率、睡眠模式等；⑩ 医疗影像：X 射线、CT、MRI 等医学影像数据；⑪ 电子健康记录：医生的诊断记录、处方记录、实验室检测结果等。健康画像在慢性病防治中的应用是多方面的，它通过整合和分析大量数据来提供深入且全面的个体健康信息，从而实现更有效的健康管理。

1. **风险评估** 通过分析个人的健康画像，评估个体患特定疾病的风险。包括家族病史、生活方式、环境暴露和遗传倾向等信息，帮助确定哪些人需要更密切的监测或早期干预。

2. **早期诊断** 健康画像可以揭示早期疾病迹象，使得在症状出现之前就进行诊断。例如，通过分析体检数据、生物标志物和行为模式，可以及早发现慢性病的早期变化。

3. **个性化干预** 利用健康画像中的信息，医生和健康专家可以为个体设计个性化的生活方式改变计划，如定制的饮食、运动和压力管理计划，以降低患病风险。

4. **精准治疗** 在治疗过程中，健康画像可以帮助医生选择最适合患者的治疗方案。例如，通过分析基因组数据，为患者提供针对性的药物疗法，提高治疗效果并减少副作用。

5. **健康教育与促进** 通过向患者提供其健康画像的详细信息，帮助他们更好地理解自己的健康状况，从而让患者更加积极地参与到自我管理中来。

6. 临床研究 健康画像可以为临床研究提供丰富的数据资源，帮助研究人员更好地理解疾病的发生和发展，以及测试新的治疗方法。

7. 患者分层 健康画像可以用来分层患者，确保研究参与者的多样性和代表性，从而提高研究结果的普适性。

8. 药物依从性 通过分析患者的健康画像，预测他们对治疗的依从性，从而设计干预措施，提高患者遵循医嘱的可能性。

9. 长期健康管理 健康画像可以用于长期跟踪患者的健康状况，评估治疗效果，有利于调整治疗计划，并预测未来健康风险。

六、挑战与展望

尽管健康医疗大数据的整合显著推动了精准健康和临床实践的进步，但健康医疗大数据与人工智能技术的发展仍然面临着诸多挑战，包括数据协调、数据缺失、数据存储、数据安全与隐私等问题。例如，不同队列研究从设计实施、变量定义、数据收集及整理等各个阶段的差异性，导致不同队列数据之间存在异质性，阻碍了数据的整合与共享。

1. **数据协调（data harmonization）** 是将来自不同来源和格式的数据整合成一个统一格式的过程，以便进行有效的分析和利用。在健康医疗大数据的背景下，这一挑战尤为突出，因为数据可能来自不同的医疗机构、研究项目、穿戴设备和电子健康记录系统，即数据源的异质性、格式的不一致性和可变的数据质量。这些问题因语义差异、时间变异性和伦理约束更加复杂。为了解决这些挑战可应用一些关键的策略，例如制订和遵循统一的数据收集和报告标准，如 HL7（Health Level Seven）和 FHIR（Fast Healthcare Interoperability Resources），可以减少数据源之间的异质性；开发映射工具和算法，将不同数据源中的相似概念和指标映射到一个共同的参考体系中，以实现数据的一致性；利用详细的元数据来描述数据的来源、格式、内容和质量，这有助于理解数据的含义和适用性；实施数据质量控制流程，包括数据清洗、验证和审计，可以确保数据的准确性和可靠性；实施版本控制机制，可以追踪数据和分析结果的变化，确保数据的可追溯性和透明度；通过本体论和语义技术来解决数据的语义差异，确保不同数据源中的数据可以被正确理解和比较。

2. **数据缺失** 数据缺失的问题一般来自不完整的记录、不一致的数据输入、队列失访等。为了解决这些问题，潜在的策略可能包括数据验证检查、应用插补缺失值的机器学习、建立数据处理标准化流程等。此外，电子病历也可以用于对数据进行交叉验证。例如，在数据收集阶段实施严格的验证检查，确保数据的完整性和一致性，包括对输入数据的格式、范围和逻辑进行验证；应用机器学习算法，如 k 近邻算法、决策树、随机森林和深度学习模型，来预测和插补缺失的数值，尤其是可以使用多重插补技术，通过创建多个完整的数据集来估计缺失数据的可能值，然后对这些数据集进行分析，以获得更稳定的结果；制订数据处理的标准化流程，包括数据收集、清洗、处理和分析的步骤，以降低数据缺失的发生概率；开发实时监控系统，及时发现数据收集和输入过程中的问题，从而降低数据缺失概率；选择对缺失数据不敏感的统计模型和机器学习算法，这些模型能够处理不完整的数据集。

3. **数据存储** 与传统数据相比，由于数据生成和更新速度的急剧加速，因此需要开发具有高度扩展性的存储系统。数据存储系统的主要组成部分可能包括硬件设备、数据库管理系统、数据备份和恢复工具等。存储在这些系统中的数据可能包括数据字典、知情同意文件、流行病学数据、生物样本数据、临床数据、生物标志物、遗传信息等。现有大型队列数据库的容量正在不断增加。为了有效地管理大量的数据卷，像 Hadoop 分布式文件系统（HDFS）这样的分布式存储系统可以将数据分散到多个服务器或节点上，以确保高可用性和可伸缩性。此外，谷歌 Spanner 等全球分布式数据库和 MongoDB 等 NoSQL 数据库也分别用于管理结构化和非结构化数据，提供了额外的灵活性和效率层。应用数据压缩技术和存储结构的优化也有助于减少存储资源的消耗。

4. 数据安全、隐私和伦理问题　如何在保护个人隐私和数据安全的同时，充分利用健康医疗大数据推动医疗卫生事业的发展是一个巨大挑战。为了确保这些数据在整个生命周期内的安全，包括收集、存储、处理和共享，尤其是包含敏感个人健康信息和基因数据的内容，必须采取一系列管理策略。首先，分布式和联合学习技术允许我们在本地对数据进行训练，避免数据集中存储带来的风险。这种方法不仅可保护患者的隐私，还允许多个机构在不共享原始数据的情况下共同训练模型，从而提高数据使用的效率。其次，区块链技术的应用为数据的安全传输提供了新的解决方案。区块链的分布式账本和加密技术可确保数据传输的透明性和不可篡改性，增强数据的安全性。此外，建立严格的数据治理框架对于明确数据访问权限和使用规则至关重要。这包括实施数据脱敏和匿名化处理，以及对数据访问进行日志记录和监控。定期进行安全审计也是确保数据管理系统安全的关键措施，它有助于及时发现并修复潜在的安全漏洞，防止数据泄露。在数据整合和共享的过程中，还必须严格遵守相关的伦理法规和标准，确保研究的目的、方法和潜在影响都符合伦理原则。这包括获取患者的知情同意，确保数据使用的透明度，以及在必要时对数据进行去标识化处理。同时，对于涉及患者数据的研究项目，伦理审查是必不可少的，它可确保研究的伦理性。

以欧美为例，《健康保险流通和责任法案》（HIPAA）是美国在 1996 年通过的一项联邦法律，旨在规范健康保险行业的行为，确保健康信息的隐私和安全。HIPAA 主要有两个关键部分：隐私规则和安全规则。隐私规则主要关注个人健康信息的保护，要求医疗机构和健康计划在未经患者授权的情况下，不得披露患者的健康信息。该法案赋予患者对个人健康记录的访问权，并规定了健康信息的使用和披露的最低标准。安全规则侧重于保护电子个人健康信息（ePHI）免受未经授权的访问、泄露、篡改或破坏。要求覆盖实体（covered entities）和业务关联方（business associates）采用一系列行政、物理和技术安全措施来保护 ePHI。《通用数据保护条例》（GDPR）是欧盟于 2016 年制定，并于 2018 年 5 月 25 日起正式实施的一系列关于数据保护和隐私的法规。它旨在赋予欧盟公民对其个人数据更多的控制权，并简化国际商业环境中的监管环境。GDPR 适用于所有在欧盟境内运营的企业，无论其总部是否位于欧盟，只要它们处理欧盟公民的个人数据。该条例涵盖了数据的收集、处理、存储和传输等方面，要求企业必须获得数据主体的明确同意才能处理其个人数据，并确保数据的安全性。GDPR 还规定了数据主体的权利，包括访问权、更正权、删除权（被称为"被遗忘的权利"）、数据携带权等。

第四节　技术产品

一、临床决策支持工具

临床决策支持工具是指基于人工智能、大数据、云计算等技术，通过对临床数据的分析和挖掘，为临床医生和患者决策提供辅助工具，以提高医疗质量和效率。

（一）国内临床决策支持工具发展概况

随着政策的支持和市场需求的不断增加，我国临床决策支持工具产业呈现出了快速发展的趋势。从应用领域来看，国内临床决策支持工具主要应用于临床诊疗、疾病预测、疾病管理等方面，以提高医疗质量和效率。从技术手段来看，临床决策支持工具主要依赖于人工智能、大数据、云计算等技术，以实现对临床数据的分析和挖掘。我国临床决策支持工具产业主要集中在一些大型医疗机构、医疗企业和互联网企业等领域。其中，大型医疗机构在临床决策支持工具的研发和应用方面具有较强的优势，如中国医学科学院、北京协和医院等。医疗企业和互联网企业则在技术创新和商业模式创新方面具有较强的优势。此外，一些新兴的临床决策支持工具企业也在崛起。

然而，我国临床决策支持工具产业的发展还面临着一些挑战。首先，临床决策支持工具的研发需要大量的临床数据和医学专业知识的支持，目前在数据共享和知识产权保护等方面仍存在一定的难度。其次，临床决策支持工具的标准化和规范化程度较低，缺乏一套统一的标准和流程，使得不同的临床决策支持工具之间互操作性较差。此外，临床决策支持工具的应用需要得到临床医生和患者的信任和认可，需要在临床实践中不断积累经验和验证效果，这需要时间和资金的支持。同时，政府、企业、医疗机构和患者等各方面需要加强合作，建立起多方参与的良好合作机制，以共同推动临床决策支持工具产业的发展和应用。

（二）国外临床决策支持工具发展概况

临床决策支持工具产业是一个全球性的产业，很多国家都在积极推进。以下列举了几个在临床决策支持工具产业发展方面表现较为优秀的国家。

1. **美国**　作为全球科技创新的领先者之一，美国在临床决策支持工具产业的技术研发和商业化方面都具有很强的实力。在临床决策支持工具技术的研发方面，美国的技术水平处于世界领先地位。美国拥有众多的高水平科研机构和公司，如 IBM、Google、Microsoft、Amazon 等，这些公司在人工智能、大数据、云计算等领域都有较强的技术实力和经验。其中，IBM 的 Watson 人工智能系统是全球知名的临床决策支持工具之一，可以对临床数据进行分析和挖掘，并为临床医生和患者提供个性化的医疗决策支持方案。此外，美国还拥有大量的医学研究机构和学术机构，如美国国立卫生研究院、美国医学会等，这些机构在临床数据的收集、整合和应用方面起着重要的作用，也积极出台政策支持临床决策支持工具的发展。2017 年，美国食品药品监督管理局发布了《数字健康创新行动计划》（Digital Health Innovation Action Plan），提出了加快数字健康创新的具体措施和方向。该计划旨在支持和加速数字医疗技术的发展和应用，同时保障公众的健康和安全。在临床决策支持工具的应用方面，美国也取得了不少成果。一些医疗机构和公司在临床决策支持工具的研发和应用方面取得了不少进展，如 Mayo Clinic 的临床指南、Kaiser Permanente 的病历管理系统等。此外，一些公司也在临床决策支持工具的商业化方面取得了不少成功。

2. 英国　英国作为全球医疗科技创新的重要中心之一，其临床决策支持工具产业发展也处于较为活跃的状态。英国拥有众多高水平的科研机构和公司，如英国国家卫生研究院、英国国家医学信息中心等，这些机构和公司在人工智能、大数据、云计算等领域都有着重要的研究成果。英国政府也积极出台政策支持临床决策支持工具的发展。英国卫生和社会保障部成立了数字卫生和技术创新部门，旨在促进数字卫生和医疗科技的发展和应用。此外，英国的国家医疗服务体系也在积极推动临床决策支持工具的应用，如 NHS 数字健康创新计划（NHS Digital Health Innovation Programme）。在临床决策支持工具的应用方面，一些医疗机构和公司在临床决策支持工具的研发和应用方面取得了不少成果，如英国国家医学信息中心的临床决策支持系统、Oxford Heartbeat 的心血管疾病风险评估系统等。

（三）展望

为了提高临床决策支持工具的设计水平和促进新系统的应用来更好地辅助临床医师进行诊疗，结合目前典型应用系统，以下从临床使用、系统技术和医疗数据 3 个关键的方面提出未来发展展望。

从临床医生使用角度看，临床决策支持工具应更加贴合临床工作流程，以提供实时、准确的辅助决策信息，包括整合患者的电子健康记录、实验室测试结果和医学影像数据，以及为患者提供个性化的治疗建议。例如，利用人工智能技术可以分析患者的医疗数据，预测其疾病风险，并为医生提供定制化的治疗方案。这就需要临床医生在临床决策支持工具研发阶段参与设计开发，提高系统的实用性，避免医生对系统决策的不信任；系统设计更加人性化可为临床医生提供决策方案的同时附有相对应的医学解释；为临床医生进行系统的使用培训，并配有相应的操作手册和其他培训材料。

从系统技术角度看，未来的临床决策支持工具将更加依赖于先进的数据分析技术，如机器学习和深度学习。这些技术可以帮助处理和分析大量的医疗数据，从而提高诊断的准确性和治疗的有效性。同时，随着云计算和大数据技术的发展，临床决策支持工具可以实现更高效的数据处理和存储，提高系统的可扩展性和可靠性。可能的措施包括实现知识来源"双引擎化"，即循证医学知识库＋医院临床数据库结合的模式能够更好地面对各种临床疾病；研究计算成本低计算速度快的分类或回归算法，能够实现高效给出方案的同时保证决策的准确性；针对病患数据集存在很多临床特征时，使用降维或者诊断相关分组等处理模式将数据分组，来加快数据挖掘的效率。

在医疗数据使用方面，未来的临床决策支持工具将需要处理更加多样化和复杂的数据类型。这包括基因组数据、生活方式数据、环境数据等，以及如何从这些数据中提取有用的信息来支持临床决策。例如，通过分析患者的基因组数据，预测患者对特定药物的反应，从而实现精准医疗。因此，临床决策支持工具应当实现与医生进行实时交互，获取患者动态特征属性，通过纵向比较制订更加个性化的诊疗方案；临床决策支持工具实施过程需要融入医院信息系统来共享临床数据，加快诊疗进程，提高医院工作和服务效率；历史数据量必须足够大且包括各类罕见病和特殊病例，系统以此为基础建模才能提高准确性和成功率。

二、精准健康管理

健康管理平台是以互联网和大数据技术为基础，以健康管理为主要服务内容的综合性平台。近年来，随着健康意识的不断提高和医疗服务的转型升级，健康管理平台逐渐成为健康管理和医疗服务领域的重要组成部分。

（一）国内健康管理平台发展概况

我国健康管理的起源可追溯到 20 世纪 90 年代，那时国内已面临未富先老的挑战。国人受到传染病和慢性病双重威胁，医疗费用急剧上升，因健康问题消耗的资源也达到惊人的地步。以上种种因素表明，中国的可持续发展非常需要健康管理，健康管理平台就是依托健康管理的需求在国内春雨般出现。随着互联网的发展，初期健康管理平台主要基于电子病历、医学影像等数据的数字化管理系统，其主要功能是医疗机构内部的管理与协作。随着移动互联网的普及和物联网技术的快速发展，健康管理平台逐渐发展出面向个人用户的形态。其快速发展始于 2010 年代初期，互联网健康管理平台相继推出，为人们提供了线上预约、问诊、咨询、体检等便捷的医疗服务，打破了传统医疗服务的时空限制，受到了越来越多人的青睐。2016 年，国务院办公厅正式发布《国务院办公厅关于促进和规范健康医疗大数据应用发展的指导意见》，用于推动健康医疗大数据的应用和推广，促进健康管理平台的快速发展。此后，各地医疗机构和企业纷纷加强了在健康管理平台领域的投入和开发，推动了健康管理平台的发展。

技术创新和发展是健康管理平台产业发展的核心动力。目前，国内的健康管理平台技术已经不断升级和完善，主要涵盖健康管理、远程医疗、数据分析和人工智能等方面。在健康管理方面，平台通过搜集、分析和应用个体的健康信息来提供个性化的健康管理服务，推动健康管理的智能化和精准化。在远程医疗方面，平台通过搭建远程医疗平台和使用智能医疗设备，实现了线上问诊、远程诊断、远程手术等医疗服务，提高了医疗服务的效率和便捷性。在数据分析和人工智能方面，平台通过分析搜集的健康数据进行数据挖掘和分析，发掘出潜在的健康问题，为患者提供个性化的健康管理服务和医疗服务，实现了医疗服务的精细化管理和运营。

目前，我国健康管理平台已经取得了显著的成果。国内的健康管理平台主要涉及互联网健康管理、移动医疗服务、家庭医生服务、健康数据分析等领域，为人们提供全方位、多元化的健康管理服务。根据市场研究机构的预测，未来几年，中国健康管理平台的市场规模将以每年 20% 以上的速度增长。该产业将主要依托于互联网技术和大数据技术的不断发展和升级，以提供更加个性化、精准化、专业化的医疗服务，进一步提高医疗服务的质量和效率。

政策和投资支持是推动健康管理平台发展的重要保障和推动力量。结合《"健康中国 2030"规划纲要》《国务院办公厅关于促进和规范健康医疗大数据应用发展的指导意见》及《国务院办公厅关于促进"互联网＋医疗健康"发展的意见》，提出鼓励医疗机构和企业开展健康管理服务，推动医疗服务向家庭、社区和移动端延伸，促进医疗信息化和健康管理的深度融合。此外，政府和资本市场也纷纷加强对健康管理平台产业的投资和支持，推动了健康管理平台的快速发展。据不完全统计，2019 年，国内共有超过 20 家健康管理平台企业获得了数亿元以上的投资，投资规模逐年扩大，为健康管理平台产业的发展提供了有力的资金保障。

（二）国外健康管理平台发展概况

全国健康信息网络（NHIN）是美国国家卫生信息技术协调员办公室（ONC）下属的一个项目，成立于2004年，旨在通过建立一套标准、服务和政策来实现通过互联网安全地交换健康信息，为不同实体之间、社区内以及全国范围内的健康信息交换提供基础，以支持健康信息的有效使用，提高医疗服务的质量和效率。这包括技术支持、政策、数据使用和服务级别协议以及其他要求，使得数据交换能够在不同组织之间或者全国范围内进行。结合信任模型、技术服务和成员验证流程，NHIN能够安全地交换健康信息。NHIN的发展和实施对于提高医疗服务的质量和效率至关重要，它通过促进健康信息的互操作性和可访问性，支持医疗保健系统的现代化和创新。随着技术的进步和合作的深化，NHIN将继续在美国乃至全球的健康信息技术领域发挥重要作用。此外，美国还有多个电子健康记录平台，它们通过提供电子健康信息交换服务，促进了医疗信息的数字化和互联互通。

英国国民医疗服务体系提出为每位居民建立覆盖终生的电子病历并实现所有医生能访问这些电子病历。在建立电子病例同时期国外的健康管理平台，可供针对单一疾病的深度诊疗与健康监控。通过其数字健康战略推动了健康管理平台的发展。其数字健康服务包括在线预约、电子处方和远程医疗服务。英国还投资建立了全国一体化医疗照护信息储存服务系统，收集和储存了大量居民的医疗信息，以支持医疗服务的改进和研究。

日本在"IT新改革策略"中，将医疗IT建设放在了重点项目中的首位，提出了包括构建国民健康数据库和应用管理平台，促进远程医疗，实现医疗结算完全在线化等在内的多项战略。日本在政府的主持下，依托Panasonic和Omron等大型医疗器械公司，将健康管理平台应用纳入其移动医疗体系中。日本还通过"活跃ICT日本"新综合战略，将大数据作为重点发展领域，以促进健康医疗大数据的应用。

以色列在健康信息化方面有着丰富的经验，其国家健康信息交换平台实现了医疗机构居民健康信息的互联互通，其国内电子病历基本覆盖全体居民，信息存储在各健康维护组织、医疗机构本地站点服务器。初级保健医生和专科医生每天负责更新电子健康记录信息，并推送到健康信息交换网络。只要在医疗机构输入患者唯一的身份账号，便可查询其在不同时期、不同医院的就诊信息，包括基本健康信息、病史、用药、过敏信息、检查检验结果、影像结果、病理结果、出院小结等，既避免了重复检查又便于医生进行科学诊断、合理用药和精准治疗。以色列还强化了信息化对医疗服务管理的支撑引领作用，实现了医疗服务的计算机网络化，并通过远程医疗服务提升了医疗服务的可及性。首先，患者所有的住院及门诊信息均可在社区卫生服务中心通过网络获取，有利于促进形成分级诊疗的就医秩序。其次，居民可通过远程医疗进行预约、咨询、开药、转诊等，医生能在线开处方，提升医疗服务的可及性。

在其他一些西方国家，如芬兰、德国等，健康管理服务也比较发达。芬兰的健康管理始于20世纪70年代，其社工人员利用互联网远程平台提供数字化家庭医护、配药机器人和健康管理，以满足居家老人的刚需，这已经成为了新常态。德国也建立了个人健康数据库、存储电子保健卡、电子病历等信息，有助于国家全局管理并分析公民的健康情况，减轻医生的负担。

（三）展望

健康管理平台正逐渐成为现代医疗保健体系的核心，它们的发展预示着医疗保健服务将变得更加智能化、个性化和全面化。随着人工智能和大数据技术的飞速进步，这些平台将能够提供更为精准的个性化健康管理。通过分析患者的医疗历史、遗传信息、生活习惯等数据，平台能够为每位患者提供定制化的诊断、治疗及预防性的健康管理建议，有效控制疾病进展并预防疾病的发生。此外，健康管理平台的数据收集将变得更加多元化，不再局限于传统的体检数据和医疗记录。未来，平台将能够整合来自穿戴设备、智能家居、社交媒体等新兴数据源的信息。这种多源数据的融合将更全面地反映患者的健康状况和生活方式，为制订更有效的治疗和预防策略提供支持。健康管理平台的未来愿景不仅限于单一疾病的治疗或特定人群的健康管理，而是将提供全方位的健康和疾病管理。这要求平台能够整合更广泛的医疗服务和社会资源，如心理咨询、营养指导、康复训练等，以满足患者的全面需求。人工智能技术的持续进步将使健康管理平台能够提供更加智能化的辅助诊断和决策支持工具，包括自动分析病历、生成诊断报告、预测疾病发展趋势等。综上所述，未来的健康管理平台将通过整合先进的技术和多元化的数据，提供更加智能化、个性化和全面的健康管理服务，从而为提升人们的健康水平和生活质量做出更大的贡献。

三、主动健康

（一）概念

2015 年科技部联合多部门颁布了"数字医疗和健康促进""十三五"规划，率先将主动干预作为控制慢性病、老龄化应对的重要方式，并提出主动健康概念。健康中国战略及其行动计划明确提出每个人是自己健康的第一责任人，提倡个人和家庭要主动学习健康知识，养成健康生活习惯，自觉维护和促进自身健康，和医务人员共同应对健康问题。自此，"主动健康"成为我国面向新时代人民群众健康需求的新理念和模式。

有研究提出，主动健康（proactive health）是以整体医学观和中医"治未病"为理论指导，以现代科技为支撑，坚持政府主导，调动社会和个人的积极主动性，通过开展健康干预、养成健康习惯、创建健康环境，实现更高水平全民健康的实践活动和医学模式。主动健康强调人们应该主动管理和维护自己的身体健康，而不是在患病后才去寻求医疗帮助。也有研究提出，主动健康是人类围绕健康开展的所有社会活动的总和，包括从源头控制危险因素，并从中创造健康价值，并在所有社会活动中积极应对人口安全危机。

主动健康的核心理念是围绕《"健康中国 2030"规划纲要》提出的从以治病为中心向以人民健康为中心转变的目标，利用物理、心理等非药物手段对人体施加可控刺激，激发并提高人体自我修复和组织能力，实现低成本、可持续的健康保障新路径，构建人类健康医学新范式，开辟健康保障"第二战场"。主动健康涉及复杂性科学、大数据和人工智能技术、生物科学、信息科学、新材料、中医现代化等多个领域。

（二）基于"主动健康"理念的慢性病管理

基于"主动健康"理念的慢性病管理是一种新兴的健康管理方式，它强调通过积极的预防和个性化的干预措施，使居民从被动接受治疗转变为主动维护健康。这种管理模式要求政府、医院、社区、家庭和个人共同参与，建立支持性的健康维护环境，引导居民采取积极的生活方式，提高健康素养，从而预防疾病的发生。

在实施过程中，主动健康研究与健康医疗大数据的结合至关重要。通过收集和分析个体和群体的大量数据，可以为慢性病的预防、诊断、治疗和康复提供科学依据。例如，通过分析居民的健康行为、生活环境和遗传因素，可以识别慢性病的风险因素，制订个性化的预防和干预措施。

"互联网＋"技术的应用为主动健康理念的实施提供了有力支持。利用智能穿戴设备、移动医疗终端和在线健康平台，可以实现对居民健康状况的连续动态监测，提供实时的健康评估和干预建议。这种技术的应用不仅提高了健康服务的可及性和便捷性，还有助于提升居民的健康素养和自我管理能力。

然而，要实现"互联网＋社区健康管理"的全面发展，还需要解决一些问题，如政府顶层设计的完善、法律法规的健全、行业标准的建立、服务供给能力的提高和居民使用意愿的提升。例如，政府需要制定更加全面的政策与规划，加大对"互联网＋主动健康"领域的投入，同时加强对居民健康素养和互联网知识的教育和培训，提高居民对主动健康服务的接受度和参与度。

在主动健康理念下，平衡医疗资源的分配以满足不同社区的需求，是一项复杂而重要的任务。这需要政府、医疗机构、社区组织和居民共同努力，确保资源得到合理分配和有效利用。首先，政府的角色至关重要。政府需要制定合理的政策和规划，以确保医疗资源能够根据社区的具体情况和需求进行分配。这包括对基层医疗机构的支持，提高其服务能力和技术水平，使其能够更好地服务于社区。例如，政府可以通过增加对基层医疗机构的资金投入、优化其医疗设备配置、提升基层医生的专业技能等方式，来增强基层医疗服务的能力。其次，医疗机构应与社区紧密合作，了解社区的具体需求，并为居民提供相应的服务。这可能包括定期的健康检查、健康教育、慢性病管理等服务。通过与社区的合作，医疗机构可以更有效地将资源用于最需要的地方。此外，社区组织和居民也应该参与到医疗资源的分配和管理中。社区可以通过建立健康促进项目、组织健康教育活动等方式，提高居民的健康意识和自我管理能力。居民则可以通过参与社区健康活动、定期体检、积极寻求医疗服务等方式，来提高自己的健康水平。在技术层面，利用信息技术，如电子健康记录和远程医疗服务，可以提高医疗服务的效率和可达性。通过这些技术，居民可以在自己的社区内获得更便捷、更个性化的医疗服务。最后，为了确保医疗资源的公平分配，需要对资源配置进行持续的监测和评估。这包括对医疗服务的质量和效果进行评估，以及对资源使用效率的监控，确保资源利用率更高。

（三）展望

未来的主动健康研究和应用还有许多待解决的问题和挑战，但同时也有着巨大的发展机遇：

1. 数据共享和标准化　随着健康医疗大数据的不断积累，如何保障数据的安全和隐私，同时又能实现数据的共享和标准化是一个非常重要的问题。未来可以通过制订统一的数据标准和开放的数据共享平台来解决这个问题。

2. 跨学科融合　主动健康的研究和应用需要跨学科的融合，包括医学、生物信息学、统计学、工程学等。未来需要加强不同领域之间的合作，共同推动主动健康的发展。

3. 个性化干预　主动健康的研究和应用需要考虑每个人的独特情况，包括基因、环境、生活方式等因素。未来可以通过个性化干预来促进健康，包括制订个性化的营养方案、运动计划、药物治疗等。

4. 创新技术的应用　随着技术的不断发展，未来可以应用更加创新的技术来实现主动健康的研究和应用。例如，人工智能、机器学习、物联网等技术的应用可以帮助更加准确地评估个人健康状况、预测疾病风险、实现个性化干预等。

5. 国际合作　未来可以通过建立国际合作的研究平台来推动主动健康的研究和应用。例如，联合研究可以加强不同国家之间的合作，共同探索主动健康的相关问题和解决方案。

四、健康老龄化与智慧康养

（一）概念

联合国发布《2023 年世界社会报告》（以下简称"报告"）称，到 21 世纪中叶，65 岁及以上人口数量预计将增加一倍以上，为了实现可持续未来，必须优先考虑老年人的权利和福祉，人口老龄化成为当今时代鲜明的全球趋势之一。报告还指出，2021 年，全球 65 岁及以上人口为 7.61 亿，到 2050 年这一数字将增加到 16 亿，而 80 岁及以上的人口增长速度更快。随着全球老龄化趋势的不断加速，健康老龄化已成为各国关注的焦点和研究热点。总之，老龄化已经成为全球面临的共同挑战，同时也是我国面临的重要问题。要应对老龄化带来的各种问题和挑战，需要政府、社会和个人的共同努力，推进医疗保健、养老机构建设、智慧健康等领域的创新发展，提高老年人的生活质量和健康水平。同时，老年人也需要积极主动地调整自己的生活方式，保持健康的生活习惯，为自己的晚年生活打下坚实的基础。

健康老龄化（healthy aging）是一个综合性的概念，包括身体、心理和社会多个方面，旨在促进老年人的生理和心理健康，提高其生活质量。健康老龄化的概念是在老龄化问题日益突出的背景下提出的，强调老年人不仅要长寿，还要保持身体健康、智力活跃和社交活跃，维持高质量的生活水平。《"十三五"健康老龄化规划》将健康老龄化定义为：从生命全过程的角度，从生命早期开始，对所有影响健康的因素进行综合、系统的干预，营造有利于老年健康的社会支持和生活环境，以延长健康预期寿命，维护老年人的健康。在我国，健康老龄化是中国共产党领导全体人民共同参与，以积极老龄观、健康老龄化理念为引领，以建设覆盖全过程的老年健康支撑体系为主线，通过优化卫生健康资源配置、要素组合、服务供给，提升老年健康服务能力，补偿或矫正制度性因素导致的健康不平等，提高全体老年人健康水平和生命质量的系统性发展战略。

健康老龄化的本质内涵包括：① 从预期寿命提高到健康预期寿命提高。健康是人和社会全面发展的基础，关系千家万户的幸福和城市的可持续发展。老百姓在解决了衣食住行问题之后，最盼望的不仅是长寿，而是健康、长寿。健康老龄化不只是寻求预期寿命的延长，更要寻求健康预期寿命的延长。相关数据统计显示，我国 2018 年人均预期寿命是 77 岁，但是健康预期寿命仅为 68.7 岁。也就是说，中国居民有 8.3 年的时间是带病生存。② 从生命长度延长到生命质量提高。健康老龄化不仅要延长生命的长度，更重要的是要提高生命的质量，减少老年人因功能减退，即身体的衰老带来的疾病，使慢性病能够得到有效的治疗和恢复，使大多数老年人能按正常衰老发展，维持老年人自身良好的生理、心理和社会适应功能，以实现活着时身体健康、功能正常、生活能自理，把功能受损、生活不能自理的时间压缩到生命最后一个短暂时期，拥有较高的生活质量和生命质量。③ 从身体健康到全面健康。世界卫生组织（WHO）指出，健康是指在身体、精神和社会适应上处于良好的状态，而不仅仅是指没有疾病或虚弱。健康老龄化追求的应是全面健康，对于个体而言，老年人不仅要做"康龄人士"，而且要做"乐龄人士""德龄人士"和"美龄人士"；对社会而言，要在生态健康的视角下高度关注环境健康、遗传健康和生活健康。④ 从老年健康到全生命周期健康。从时间维度看，健康老龄化体现了一种贯穿生命始终的健康加权过程，老年时期的健康状态是其生命历程中不同年龄阶段健康存量不断累积和消耗的结果。健康老龄化不仅是老年人或者老年期的事，还涉及前老年期的健康保护和健康储蓄，即涵盖从胎儿期到婴幼儿期，再到青少年期、青壮年期、准老年期和老年期整个生命历程。只有从全生命周期角度出发，将个体和群体发展的各个阶段整体考虑，才能夯实健康老龄化的政策基础。总之，健康老龄化不仅是一个医学问题，还涉及社会、经济、文化等多个领域的问题。

　　智慧康养的背景源于我国日益加深的老龄化问题。我国老年人口在不断增加，养老服务需求也在不断提升，传统的养老服务方式面临着巨大的压力。相对传统康养的以重固定资产、重劳动力为特点的商业模式而言，智慧康养是充分利用现代化信息管理技术、无线传感网络技术及健康医疗技术，使信息资源实现共通共享，打破传统时间、空间、人群边界的约束，将政府机构、服务机构、社区、老年人、医护人员、医疗机构、健康教育和社交互动等多元化因素进行有机整合，主要是围绕着老年人的日常生活、健康保障、医疗预防和娱乐休闲、安全管理等方面，通过数字化和智能化的手段，为老年人提供极具多元化、便捷性、契合性特征的养老服务，对养老服务的系统性进行了重点强调，从老年人身心层面入手，满足养老需求，在物质层面和精神层面，为老年人提供慰藉，并对老年人信息进行自动监测，实现智能预警、远程求助等功能，进而为老年人提供高质量的养老生活。智慧康养主要包含以下 3 个层面的特征：从技术层面，融合了物联网、云计算等先进技术；从数据和信息层面，通过采集人体体征、居家环境等数据，推动家庭、医疗机构、康养服务机构间信息的互联互通；从服务层面，提供了智能化、个性化、多元化的服务，从而满足日益提升的健康养老需求。信息化技术（包括物联网技术、云计算技术、大数据技术、人工智能技术等）、养老服务（包括日间照料、居家养老、社区养老、机构养老等多种形式）、医疗保健（主要包括健康监测、健康管理、远程医疗等方面）和社会参与（社交、文化、娱乐等活动）四个部分相互关联，构成了智慧康养的整体框架。智慧康养作为新兴养老服务方式的代表，在提高养老服务的质量、效率和可持续性，缓解老年人生活、护理和医疗方面的压力发挥着重要作用，同时也是一个面向未来的发展方向。

（二）应用案例

　　通过智能设备和互联网技术，个人可以随时随地进行健康数据的监测和管理，实现健康状态的实时掌握和管理。智能健康监测设备可以实时监测老年人的生理参数、活动量和睡眠质量等健康指标。例如，智能手环可以记录老年人的步数、心率和睡眠情况，并提供个性化的运动和睡眠建议。智能血压计可以帮助老年人定期测量血压并记录数据，以便医生评估和管理血压健康。这些设备通过与手机或平板电脑等设备连接，老年人可以随时获取自己的健康数据，并与医护人员进行远程交流和咨询。便携式的健康监测设备具有智能、便携和多功能等特点，相比健康管理类可穿戴设备，其监测结果更为准确，功能更为全面。主要包括心电监测类设备、血压监测类设备、血糖监测类设备、血氧监测类设备、体温监测类设备、体重/体脂监测类设备、多参数健康监测设备和基层诊疗随访设备八大类，其中心电监测或将成为热门发展趋势。

在智能医疗方面，智慧康养应用已经开始涉及医疗诊断、治疗、康复等方面。例如，一些智能设备可以通过采集人体数据、分析病情等方式，辅助医生进行医疗诊断，提高诊断准确率和效率；一些智能康复设备可以通过模拟真实场景、提供实时反馈等方式，帮助患者恢复身体功能。此外，智慧康养利用远程医疗技术实现医生与老年人之间的远程诊疗和健康咨询。通过视频通话、在线咨询和远程监护等方式，老年人可以方便地获得医生的专业指导和诊疗服务，缩短就医的时间，降低就医成本。此外，通过移动应用程序和在线健康平台，老年人还可以获取健康咨询、健康教育和自助管理工具，提高健康意识和健康管理能力。

智慧康养还可以通过老年人社交平台来促进老年人之间的社交互动和交流。这些平台可以提供专门针对老年人的社交功能，如在线聊天、论坛和兴趣小组等。老年人可以通过这些平台分享健康知识和经验，互相支持和鼓励，建立社区和友谊关系。此外，社交平台还可以提供健康教育和信息分享的功能，帮助老年人获取健康相关的知识和资源。

举例来说，搭建包含如下核心功能的智慧康养平台有望促进健康老龄化，迈向智慧康养。该平台需集成健康管理、医疗服务、生活照护等多方面功能，利用现代信息技术，如物联网、云计算、大数据和人工智能，为老年人提供全面的健康监护和生活支持。

（1）健康档案管理：平台能够全面掌控老年人的个人基本资料、健康数据、评估报告等，实现对长者健康状况的持续跟踪和管理。

（2）智能设备集成：支持与多种智能健康设备（如智能手表、血压计、体成分分析仪、智能床垫等）的连接，实时监测老年人的生命体征，并提供预警功能。

（3）生活照护服务：提供日常生活照护、紧急响应、康复训练等服务，以及通过智能设备监控老年人的活动和安全。

（4）医疗服务整合：与医疗机构合作，提供远程医疗服务、在线问诊、预约挂号、药物管理等服务，使老年人能够在家中接受专业的医疗服务。

（5）社区和居家养老服务：平台还可能与社区养老服务机构合作，提供居家养老服务，包括家政、餐饮、娱乐等。

（6）数据安全和隐私保护：智慧康养平台注重用户数据的安全性和隐私保护，确保所有个人信息和健康数据的安全。

（7）用户参与和反馈：鼓励老年人及其家属参与服务的评估和改进，通过用户反馈不断优化服务质量。

智慧康养平台的搭建使老年人可以方便地监测和管理自己的健康状况。平台可以整合个人健康数据、医疗记录、药物管理等信息，通过智能算法分析，为老年人提供个性化的健康建议和指导。同时，医护人员可以通过平台实时监测老年人的健康状况，并提供远程诊疗和指导，提高老年人的生活质量和健康水平。这不仅能够提高老年人的生活质量，还有助于缓解医疗资源的压力，实现医疗资源的优化配置。

（三）展望

推动康养产业发展及科技成果转化是为应对多重疾病威胁、多元健康影响因素挑战而采取的重要措施。构建康养产业供给侧结构改革的长效机制涉及多方面的举措。要在科学统筹资源方面，加快康养产业集群建设，形成协同创新的产业生态系统。鼓励科技创新，推动人工智能、穿戴设备等新技术在养老领域的广泛应用。还需制定鼓励和优惠政策，推动智慧康养模式和平台的全面推广，特别是针对经济相对滞后地区，确保老年人能够获得智慧康养服务。

健全老年人精神需求保障机制是关注和满足老年人全面健康需求的重要手段。社区卫生服务中心在提供服务中需加强心理健康宣传、心理疾病预防等服务项目，使其成为老年人精神健康的重要支持平台。同时，应在体适能评估中加强对老年人心理健康的评估，通过早期发现和干预，预防精神健康问题的发生。完善老年人关爱服务体系，特别是对独居、空巢老年人的巡访工作，可通过引入科技手段来提高工作效率，及时发现并解决老年人的身心健康问题。

完善老年人能力评估体系是构建全面老年健康服务模式的核心。积极应对人口老龄化，实施老龄观、健康老龄化理念。推进慢性病综合防控战略，加强对高发慢性病的筛查和早期发现。在老年人健康管理中，通过采用提前干预、体适能评估等手段，预防老年人的常见疾病，降低老年人的失能率。同时，为了保持体适能评估的普惠性，需要扩大其应用人群，包括无业老年人、农村老年人等，以确保服务的全面性。

注重个性化定制是顺应老年人口增多、科技进步的趋势。随着老年人口的增多和老龄化的加深，人们对智慧康养的需求呈现出多样化和个性化的趋势。未来的智慧康养服务将更加注重通过大数据和人工智能技术，深入分析老年人的健康状况、生活习惯、偏好等个性化信息，为老年人提供量身定制的康养服务。

构建智慧康养标准体系是确保老年智慧康养服务的高质量和规范化的关键。建议制定全国老年智慧康养标准，包括老年康养照护需求评估、康养平台建设、智能产品、服务人员的康复与护理等一系列标准，以确保服务流程的规范化。这涉及从评估到服务各个环节的细分标准，需要专业力量的参与，以确保服务的有效性和质量。

协调城乡智慧康养产业发展是确保老年人在不同地区都能享受高质量服务的关键。要关注农村老年智慧康养平台的建设，减小城乡服务差距。在推广智慧康养平台产品和服务的同时，要考虑农村地区的实际情况，鼓励企业推出适合农村老年人生活场景和经济条件的智能产品。此外，要加强农村基础设施建设，提高农村家庭智慧化养老的基础条件。

智慧康养通过整合多种先进技术（如物联网、大数据、人工智能），实现设备互联、信息传输和智能分析。技术标准和规范随技术的快速发展不断更新，同时需建立安全保障机制，确保老年人的健康和生命安全。智慧康养平台涉及大量个人健康数据，包括身体状况和生命体征，涉及老年人隐私和个人信息安全。在设备研发和使用中，需建立隐私和数据安全保护机制，确保老年人的个人隐私和信息安全。此外，老年人的需求差异大，需要个性化服务。但个性化服务难以标准化和规模化，增加了康养服务难度和成本。最后，智慧康养需要大量资金投入，包括技术、人才、设备等，但回报周期相对较长，难以保证投资的收益率和投资风险。

随着老龄化程度的加深，智慧康养将迎来庞大的市场需求。各国政府和社会对智慧康养的关注逐渐增加，政策支持力度不断加大，包括税收优惠、投资扶持等，为智慧康养提供有力保障。相关政策如《"健康中国 2030"规划纲要》《长三角一体化发展规划纲要》等。此外，来自政府和社会的资金支持、创业投资和风险投资等也在不断增加，为智慧康养提供了较为充足的资金支持。信息技术的发展也推动了智慧康养领域的数字化转型和智能化服务。在数字化转型方面，通过建立数字化的老年人健康档案、远程医疗和在线健康管理，实现全面、精准、高效的数据管理和分析，提升老年人的医疗服务和健康管理水平。在智能化服务方面，通过人工智能技术，建立在线康养服务平台，提供各种康养服务和健康管理工具，包括在线健康咨询、健康评估、疾病管理、智能推荐等。这些服务平台可为老年人提供全面、方便、实惠的康养服务，也为康养机构提供了更广泛、更高效的服务。

五、全生命周期精准健康管理

（一）概念

截至 2019 年底，我国 65 岁及以上人口已经达到 1.76 亿，占总人口的 12.6%。同时，我国慢性病患者数量也不断增加，慢性病已经成为我国卫生和健康领域的主要问题之一。针对这些问题，提出了全生命周期精准健康管理模式的概念。

全生命周期精准健康管理是一种基于大数据、人工智能等技术手段，通过对个体全生命周期的健康数据进行集中、精准的管理和干预，实现健康风险预警、疾病早期发现和干预、慢性病管理等目标的全方位、全周期、精准化的健康管理模式。全生命周期精准健康管理主要包括 4 个方面：个体化健康评估、个性化健康干预、慢性病精准管理、疾病防控和早期发现。其中，个体化健康评估旨在对个体的健康状况进行全面、系统的评估，制订个性化的健康管理计划；个性化健康干预是指根据个体的健康状况、生活方式等情况，为其制订个性化的健康干预措施；慢性病精准管理主要是对已经患有慢性疾病的个体进行全方位、精准化的管理和干预；疾病防控和早期发现则是通过大数据和人工智能等技术手段，实现对疾病的早期预警和发现，为疾病的治疗和预防提供科学依据。

1. **促进健康管理的精准化**　通过对大量的健康数据进行收集、整理和分析，为健康管理提供了更加精准、个性化的服务。通过对个体的生理、心理、社会、环境等多方面数据的全面分析，能够更准确地评估个体的健康状况和风险，为制订个性化的健康管理方案提供支持。这种精准化的健康管理能够更好地适应个体的特征和需求，提高健康管理的效果和满意度。

2. **提升疾病预防和早期诊断的能力**　全生命周期精准健康管理能够及早发现和诊断潜在的健康问题，为早期干预和治疗提供更加有效的手段。通过对个体的生理、生化、遗传等多种数据进行分析，实现对慢性病的早期预防和干预，降低疾病发生的风险。同时，还可以提高疾病早期诊断的准确性和敏感性，降低疾病的死亡率和残疾率。

3. **促进医疗卫生服务的优化**　全生命周期精准健康管理可以实现医疗卫生服务的智能化、个性化和综合化，提高医疗卫生服务的效率和质量。通过对个体的健康状况和需求进行全方位的分析和评估，可以制订出更加科学、合理的医疗卫生服务方案，提高服务的针对性和效果。同时，还可以实现医疗卫生服务的个性化，使每个个体都能够享受到最适合自己的医疗卫生服务。

4. **促进健康产业的发展**　全生命周期精准健康管理将促进健康产业的发展，增加产业的附加值。随着健康数据的不断积累和应用，健康产业将成为一个巨大的经济增长点。同时，健康产业的发展还将带动相关产业的发展，形成产业联动和协同效应，推动整个社会的经济发展。

5. **提高个体和社会的幸福感**　全生命周期精准健康管理能够提高个体的健康水平和生活质量，降低患病和残疾的风险，提升个体的幸福感和生命质量。同时，还能够促进社会向公平和健康方向发展，减少医疗资源的浪费，提高医疗服务的效率和质量，从而提高整个社会的幸福感。

（二）应用案例

习近平总书记在全国卫生与健康大会上强调："要坚定不移地贯彻以预防为主方针，坚持防治结合、联防联控、群防群控，努力为人民群众提供全生命周期的卫生与健康服务"，将全生命周期健康管理提到新的高度。《"健康中国 2030"规划纲要》提出健康中国建设的目标和任务，强调要"把健康融入所有政策，加快转变健康领域发展方式，全方位、全周期维护和保障人民健康"。党的十九大进一步强调"实施健康中国战略""完善国民健康政策，为人民群众提供全方位全周期健康服务"。《国务院关于实施健康中国行动的意见》从全方位干预健康影响因素、维护全生命周期健康和防控重大疾病三个方面明确了 15 个专项行动，为落实健康中国战略、推动全生命周期健康管理提供了"路线图"和"施工图"。

1. **生命孕育期健康管理** 生命孕育期的健康管理是确保母婴健康的重要环节，它涵盖了孕期的 3 个关键阶段。在孕早期，产前检查是至关重要的，这不仅涉及对胎儿发育的监测，以确保没有畸形，还包括为孕妇提供关于生活方式、卫生习惯和保健的专业指导，这些都是预防遗传病和促进健康妊娠的基础。孕中期的产前检查则更为频繁，大约每四周进行一次，目的是监测和评估孕妇及胎儿的健康状况。到了孕晚期，产前检查的频率增加到每两周一次，这不仅包括对孕妇和胎儿健康状况的评估，还涉及为孕妇提供自我监护、自然分娩和母乳喂养的知识，以及帮助孕妇缓解产前的紧张和恐惧情绪。为了帮助孕妇维持健康的生活方式，建议孕妇参与适度的运动，如游泳、瑜伽和普拉提等，这些运动有助于增强孕妇的体力和心理健康，同时减少孕期不适。孕妇在运动时应遵循医生的指导，注意安全，避免过度劳累。此外，孕期的营养管理也非常重要，孕妇应保证均衡的饮食，补充必要的营养素，如叶酸、铁和钙，以支持胎儿的健康发育。在孕期，孕妇的心理健康同样不容忽视。孕妇可能会经历情绪波动和压力，因此提供心理支持和干预措施对于维护孕妇的心理健康至关重要。家庭成员和医疗专业人员应共同努力，为孕妇创造一个支持和关爱的环境。

2. **儿童少年期健康管理** 儿童少年期健康管理的重点在于体格生长、智力发育、心理健康、疾病防护、生命安全教育及健康教育。针对儿童有两个健康管理时期，一是学龄前期和学龄期；二是青春期，这个时期应重点关注青少年的心理健康问题，开展家长和老师的双向监测，更有效地加强儿童少年期的健康管理。为了提升儿童少年期的健康管理，我国政府已经采取了一系列措施。例如，根据《健康儿童行动提升计划（2021—2025 年）》，政府提出了一系列目标，包括降低新生儿、婴儿和 5 岁以下儿童的死亡率，提高 6 个月内婴儿的纯母乳喂养率，控制 5 岁以下儿童的生长迟缓率，并确保适龄儿童的免疫规划疫苗接种率达到 90% 以上。此外，计划还强调了对儿童肥胖、贫血、视力不良和心理行为发育异常等问题的积极干预，以及对儿童常见疾病和恶性肿瘤的有效防治。在实施方面，政府提出了加强儿童健康管理、强化儿童营养喂养与运动指导、促进儿童心理健康、推进儿童眼保健服务和加强儿童重点疾病防控等重点行动。这些措施旨在通过提供综合的健康管理服务，促进儿童的全面发展。

3. **成年期健康管理** 成年期健康管理是慢性病防控的关键时期，它涉及个人和社会两个层面的策略。个人层面的健康管理包括健康体检、健康评估、健康指导及疾病管理等服务。为了更有效地预防慢性病，成年人应注重生活方式的改善，如控烟、规律运动、健康饮食（减油减盐）、减少饮酒等。此外，定期进行健康监测也是预防慢性病的重要措施。社会层面的健康管理则需要从全生命周期的角度出发，针对不同生命阶段的特点开展专项行动。例如，建立慢性病与营养监测系统、标准化的健康档案，以及研究慢性病的生长周期，这些都是为了更好地预防慢性病的发生。社会层面的策略还包括营造支持性环境、提供健康教育和促进健康行为的政策。中国政府已经意识到全生命周期健康管理的重要性，并在《"健康中国2030"规划纲要》中提出了相应的目标和任务。例如，国务院办公厅发布的《中国防治慢性病中长期规划（2017—2025年）》强调了要全方位、全周期维护和保障人民健康，提出了到2025年实现全人群全生命周期健康管理的目标，有效控制慢性病的危险因素。这些规划和政策旨在通过综合治理，降低慢性病的发病和死亡率，延长居民的健康期望寿命。因此，成年期健康管理是一个多维度、多层次的过程，它不仅需要个人积极参与健康生活方式的维护，也需要社会和政府层面的支持和干预，以实现慢性病的有效防控。通过这些综合措施，可以期待在未来可有效降低慢性病的发病率，提高全民的健康水平。

4. 老年期健康管理　老年期健康管理，特别是医养结合模式，是应对我国老龄化社会挑战的重要策略。这种模式将医疗和养老服务相结合，旨在为老年人提供全面的健康指导。健康管理的核心在于建立完善的健康档案，包括对老年人慢性病状况的详细了解，如患病历史、治疗过程和用药情况。同时，对老年人的心理健康状况，如抑郁、痴呆的早期识别和干预，以及预防意外伤害同样重要。为了实现这一目标，需要家庭、社区和专业医疗机构的共同努力。通过信息化手段，如远程监测和移动健康应用，可以全方位、全周期地监测老年人的健康状况。例如，利用智能穿戴设备监测生命体征，通过智能家居系统提供日常生活支持，以及利用人工智能技术进行数据分析和健康预测，都是提高老年人健康管理效率的有效手段。国家卫生健康委在《关于全面加强老年健康服务工作的通知》中强调了加强老年人功能维护的重要性，包括对重点慢性病的早期筛查、干预及分类指导，以及对阿尔茨海默病、帕金森病等神经退行性疾病的早期筛查和健康指导。此外，还提出了开展老年人心理健康服务，以及提高老年医疗多病共治能力的目标。在技术应用方面，远程监测、移动健康、物联网、智能家居、人工智能等技术在老年人健康管理中的应用正在不断探索和发展。这些技术可以帮助老年人更好地管理自己的健康，同时也为医疗服务提供者提供了更有效的工具来支持老年人的健康需求。

5. 临终关怀服务管理　临终关怀又称为"安宁疗护"。党中央、国务院高度重视包括安宁疗护在内的卫生健康事业发展。《"健康中国2030"规划纲要》提出，要为老年人提供治疗期住院、康复期护理、稳定期生活照料、安宁疗护一体化的健康和养老服务。《"十三五"卫生与健康规划》也鼓励基层医疗卫生机构根据需求增设安宁疗护病床，发展和加强安宁疗护等接续性医疗机构。近年来，国家卫生健康委会同有关部门在加强安宁疗护工作的顶层设计、完善支持政策、加强队伍建设、增加服务模式等方面开展了一系列工作，不断推进安宁疗护工作发展。2017年印发了《安宁疗护中心基本标准和管理规范（试行）》《安宁疗护实践指南（试行）》，指导各地加强安宁疗护机构建设和管理，规范安宁疗护实践行为。2022年印发了《全国护理事业发展规划（2021—2025年）》，明确要加快发展安宁疗护，着力增加安宁疗护中心和安宁疗护服务的床位数量，培训从事安宁疗护服务的专业人员，进一步推进安宁疗护的发展，满足人民群众健康的需求。临终关怀的管理体系主要有两个层面：一是患者自身，二是患者家属。针对患者本人，提供全方位的"居家式"的服务，开设临终病房，充分满足患者的精神需求，提高临终患者的生存质量。针对患者本人，提供全方位的"居家式"的服务。针对患者家属，提供实时的心理慰藉以及临终患者家属的居家照护，帮助患者家属尽快从悲痛的情绪中走出来。新时代临终关怀服务重点由养老机构 – 居家 – 社区体系负责，要加强对患者临终关怀的宣传教育，从而进一步提高生命末期的健康管理质量。

（三）展望

随着大数据、人工智能、生物技术等科技的不断发展和应用，全生命周期精准健康管理将拥有更多的数据和更精准的方法和工具，以提高数据的分析和预测能力。政策和社会对全生命周期精准健康管理的重视和支持不断增强，将为其发展提供更好的政策和社会环境。随着人们对健康管理需求的不断增加，全生命周期精准健康管理将有更广泛的应用场景和市场需求。

全生命周期的健康管理未来可能的突破口包括：从多个来源收集和整合数据，如医疗、健康监测、基因检测、生活方式等多个方面的数据，为每个人量身定制健康管理方案，从而实现个性化的健康管理；打造健康管理平台，将医疗机构、健康管理机构和患者联系在一起，通过互联网技术实现在线咨询、健康评估、诊断和治疗等功能，未来全生命周期精准健康管理将会更好地在健康管理平台上实现；开发生物传感技术可以实时监测患者的生物指标，如血糖、血压等，实现对患者健康状况的实时监测和管理；发挥市场在健康管理领域的作用，形成全生命周期健康管理的市场环境，拓宽健康管理的筹资渠道。创新商业健康保险支付健康管理费用模式，促进优质优效健康管理服务，满足居民多元健康管理需求。

六、医药行业数字化转型

健康医疗大数据赋能的医药卫生服务与产业创新，已成为当今健康医疗领域的热门话题。随着信息化技术的不断发展和普及，健康医疗领域中产生的大量数据也在不断增加，这些数据蕴含着健康医疗领域的宝贵信息和知识。通过大数据的分析和应用，医生可以更好地了解患者的病情和健康状态，从而提供更加便捷和高效的医疗服务，推动健康医疗领域数字化转型和创新发展。健康医疗大数据赋能的产业创新可以更好地了解市场需求和用户需求，从而为医药卫生产业提供更加符合市场和用户需求的产品和服务，促进医药卫生产业的数字化和智能化发展，提高产业的核心竞争力和创新能力。

（一）智慧医院和云上医共体

智慧医院是指在医疗机构中全面应用现代信息技术，实现医疗服务的智能化、精细化和人性化。智慧医院建立在以患者为中心的理念基础上，通过智能医疗设备、医疗信息系统、远程医疗、医疗大数据等手段，实现医疗服务全流程数字化、信息化、智能化，提高医疗效率和医疗质量，提升患者的就医体验。智慧医院的架构主要包括：① 信息化基础设施，包括网络基础设施、硬件设备、软件系统等；② 医疗信息系统，包括电子病历系统、影像诊断系统、药物管理系统等；③ 智能医疗设备，包括远程医疗设备、智能医疗机器人等；④ 医疗大数据，通过大数据技术对医疗信息进行整合和分析，提供决策支持和服务优化。随着数字化和信息化技术的不断发展，智慧医院已经成为未来医疗服务的重要形式之一。全球范围内的智慧医院建设正在不断推进。在国内，政府已经出台一系列政策，加快智慧医疗的推广和应用。

云上医共体是在互联网技术和移动医疗技术的推动下逐步形成的，起源于 2014 年，是国家卫生和计划生育委员会提出的一项重要战略。云上医共体是指将医疗机构、医生和患者联合起来，通过互联网技术建立一个开放、共享、协作的医疗服务平台。云上医共体以云计算、大数据、移动医疗等技术为基础，实现医疗资源整合、信息共享、业务协同，提高医疗服务效率和质量，为广大患者提供更便捷、更优质的医疗服务。云上医共体的架构主要包括以下几个方面：① 医疗服务平台，提供医疗服务、医疗资源整合和业务协同等功能；② 移动医疗终端，包括手机 APP、手环、智能手表等，提供患者的健康监测、医疗咨询、远程诊疗等服务；③ 数据中心，通过大数据技术对医疗信息进行整合和分析，提供决策支持和服务优化；④ 安全保障，通过信息安全技术确保医疗信息的安全性和隐私性。目前，国内的云上医共体建设正在不断推进。政府已经出台一系列政策，推动医疗信息化和移动医疗的发展。许多医疗机构和企业已经开始建立云上医共体平台，通过信息化手段实现医疗资源的整合和共享，为广大患者提供更加便捷、高效、优质的医疗服务。

（二）5G+ 智慧医疗

5G 技术是一项新兴技术，而智慧医疗是医疗行业在信息化、互联网化浪潮中的产物。5G+ 智慧医疗的融合发展可以追溯到 2018 年。当时，中国联通与上海复旦大学附属肿瘤医院联合发布了全国首个 5G 医疗应用示范项目，标志着 5G 技术在医疗领域的首次应用。此后，越来越多的医疗机构开始尝试将 5G 技术应用于智慧医疗领域，逐渐形成了 5G+ 智慧医疗的发展趋势。5G+ 智慧医疗是将 5G 技术与智慧医疗相结合，通过构建智慧医疗系统和设备，实现医疗资源共享和互联互通。这种融合将大大提高医疗设施的智能化、自动化和数字化水平，为医疗行业的数字化转型提供了更多的可能性。

中国政府高度重视 5G+ 智慧医疗的发展，并出台了一系列政策来推动相关产业的发展。2016年，国务院办公厅发布了《关于促进和规范健康医疗大数据应用发展的指导意见》，明确提出要加强 5G 技术在医疗领域的应用。此外，国家发改委、工信部等也相继发布了相关的政策文件，强调促进 5G+ 智慧医疗的发展。目前，5G+ 智慧医疗已经在国内外取得了一些实质性进展。在国内，已有多家医疗机构尝试将 5G 技术应用于医疗领域。在国外，美国、日本、韩国等国家的医疗机构也开始尝试将 5G 技术应用于医疗领域。总体来说，5G+ 智慧医疗的发展前景十分广阔。5G 技术的高速率、低延时、大连接等特点将提高医疗设施的智能化、自动化和数字化水平，为医疗行业的数字化转型提供了更多的可能性。随着 5G 技术的不断升级和智慧医疗的不断发展，相信 5G+ 智慧医疗将会成为医疗行业发展的新引擎，为人们带来更好的医疗服务体验。

（三）药物研发的数智化转型

5G、人工智能、大数据等数字化技术的快速发展使药物研发得到突破性进展，尤其是在 2020年 11 月，谷歌母公司 Alphabet 旗下人工智能公司 DeepMind 实现重大突破，解决了生物学界 50 年来的重大难题——蛋白质折叠预测。目前，数字化技术重塑生物医药行业，无论是医疗领域还是新药研发领域，都在提质降本增效。

药物研发是一个长期、复杂且高风险的过程，需要大量的研究和实验。随着科技的不断发展和进步，数智化转型已经成为了药物研发领域的一个重要趋势，其主要目的是通过数字化和数据化手段提高研发效率和成功率。人工智能技术的广泛应用打破了新药研发周期长、研发费用高、研发成功率低等困境，成为制药领域有力的突破性技术。在功能上，人工智能技术不仅是发现先导化合物的工具,更是一个促进生物学研究、发现新的生物靶点和开发新的疾病模型的通用工具。人工智能技术嵌入新药研发的各个环节,缩短了新药研发周期,提高了药品研发的质量和效率,实现了降本增效,推动了新药研发创新。例如,人工智能技术通过深度学习算法建立分子靶标数据库,在蛋白质或者酶、细胞水平等4个层面构建与疾病的相关性,能高效预测药物分子的潜在靶标,确保靶点真正有效。人工智能技术 + 化合物筛选从药化、生物学的大量数据中挖掘有效信息筛选化合物,准确预测它们的理化性质、成药性质和毒性风险,完成药性预测及优化,大幅缩短新药研发的时间,降低新药研发的成本。例如,Sanofi 公司使用人工智能技术来分析和处理药物研发过程中的大量数据,从而发现药物的作用机制和作用靶点,快速地筛选出具有潜在药效的化合物,提高药物研发的效率和精度。

数字化制造是数智化转型中的另一个关键技术。数字化制造可以将药物生产过程中的各个环节数字化,实现数据的实时监测和控制,从而提高药物生产的质量和效率。数字化制造可以帮助药厂实现智能化生产和个性化生产,满足不同患者的不同需求。数字化制造主要包括3个方面的技术:传感器技术、物联网技术和人工智能技术。传感器技术可以实现对药物生产过程中各个参数的实时监测和控制,从而保证药物生产的一致性和稳定性。物联网技术可以将药物生产过程中的各个设备和系统连接起来,实现自动化控制和管理。人工智能技术可以对生产数据进行分析和建模,提高生产效率和质量。例如,诺华制药公司建立了一个数字化制造平台,实现了从药物设计到生产的全过程数字化控制。这个平台可以实现对生产过程中各个参数的实时监测和控制,从而提高了药物生产的一致性和稳定性。

云计算和大数据技术可以为药物研发提供高效的计算方式和丰富的存储资源,同时可以实现数据的实时处理和分析。云计算和大数据技术可以为药物研发提供强大的数据处理和分析能力,从而实现对药物研发过程中各个环节的实时监测和控制。云计算和大数据技术还可以为药物研发提供高效的数据共享和协作环境,促进药物研发的合作和创新。区块链技术可以实现药物研发过程中各个环节的数据管理和共享,包括药物设计、药效评估、临床试验等。区块链技术可以实现数据的去中心化管理和安全共享,从而保护药物研发数据的隐私和安全。区块链技术还可以实现药物研发过程中数据的溯源和审计,从而提高药物研发的透明度和置信度。

(四)展望

1. 加速药品研发进程 传统的药品研发时间长、成本高,很多问题不能得以解决。而数智化技术可结合 AI 技术方案,让药品研发过程更加智能和高效。使用机器学习方案和算法模型分析数据,更快地筛选出潜在药物分子,并帮助企业优化药品研发过程和步骤,提高药品的研发速度和质量。

2. 实现智能制造和高效管理 医药行业的生产制造环节也可以用数智化技术进行智能化、高效化升级。传感器、物联网、大数据等技术可对各种制造环节进行实时监测和数据分析,帮助企业更好地管理分析生产环节,确保产品质量和生产效率;同时,供应链管理技术可以改善医药物流环节,实时监控药品库存、运输时间,提高供应链管理的精度和准确性。

3. 提高医疗服务质量和效率 未来医疗行业的新趋势是重技术、大数据、智能化。以数据挖掘技术为核心的医疗 AI 的应用将越来越广泛,可用于医学图像分析、数据挖掘、自然语言处理等方面,提高医疗服务质量和效率。同时,基于人工智能技术的移动医疗 APP 和智能健康设备及工具可实现自我管理与个性化服务，医患互动也会逐渐进入智能化时代。

4. 推动产业变革和重构 医药行业的数智化转型不仅是技术的升级换代和数字化转型，更是推动实现一系列的供应链和价值链的重构。以科技和数字化为核心可促进医药行业的合理、快速发展，实现产业链上各环节的高度协同互联。

（吴息凤 李文渊 徐小林）

🔍 **思考题** ⋯⋯○

1. 在精准健康领域，哪些因素影响了数据的高效获取？如何解决这些挑战？

2. 在资源整合与开放共享方面，健康医疗大数据和人工智能技术如何相互整合，以促进医疗资源的高效整合？

3. 大数据和人工智能对医疗技术产品研发和创新应用有哪些具体影响？

4. 大数据和人工智能在医疗服务和整个产业链创新中的关键作用是什么？

5. 在新时代的背景下，精准健康领域面临着哪些未来的机遇和挑战？

ℯ **数字资源详见　新形态教材网**

👣 学习目标　　💻 内容提要　　📝 本章小结　　🖨 参考文献

读者意见反馈

为收集对教材的意见建议，进一步完善教材编写并做好服务工作，读者可将对本教材的意见建议通过如下渠道反馈至我社。

咨询电话 400-810-0598
反馈邮箱 gjdzfwb@pub.hep.cn
通信地址 北京市朝阳区惠新东街4号富盛大厦1座 高等教育出版社总编辑办公室
邮政编码 100029

防伪查询说明

用户购书后刮开封底防伪涂层，使用手机微信等软件扫描二维码，会跳转至防伪查询网页，获得所购图书详细信息。

防伪客服电话 （010）58582300